엠브이피 보카

편입 VOCA 대표 수험서

MVP Vol.1

http://www.kimyoung.co.kr

김영편입
컨텐츠평가연구소
편저

김영편입

PREFACE

MVP is a smart and wise way to build your vocabulary!

수험생들이 편입 영어 시험을 준비할 때 가장 처음 접하는 책은 문법과 어휘 관련 교재일 것입니다. 두 교재 모두 영어 실력의 기초를 쌓는 데 우선이 되어야 한다는 것을 알고 있기 때문입니다. 그중 특히 어휘는 단순히 암기만 하면 된다는 생각으로 많은 수험생이 어휘책을 끝까지 무작정 외우려고 시도합니다. 하지만 어휘를 암기하는 과정 자체가 녹녹하지 않으며, 어휘 암기에 대한 부담감으로 인하여 이내 어휘 공부를 포기하게 됩니다.

『**MVP(More Vocabulary Power)**』는 수험생이 끝까지 편입 어휘를 포기하지 않고, "똑똑하고 현명하게" 어휘를 암기할 수 있도록 제작된 책입니다. 『**MVP**』의 표제어는 30년이 넘는 동안 각 대학에서 출제된 기출문제를 바탕으로 어휘, 문법, 논리완성, 독해 전 분야에서 출제된 기출어휘와 출제 예상 어휘를 골고루 섞어 선별했습니다. 수험생이 어휘를 지루하지 않고, 속도감 있게 암기할 수 있도록 각 DAY별로 초 · 중 · 고급 난도의 어휘를 균형 있게 배치했습니다. 그리고 표제어의 동의어, 파생어, 관련 어휘를 함께 수록하여 한 번에 표제어와 관련된 중요 표현을 익힐 수 있도록 구성했습니다. 또한 표제어의 의미를 문장과 함께 쉽게 익힐 수 있는 예문들로 책을 구성했습니다.

『**MVP Vol. 1**』은 편입영어 기출문제를 토대로 선별된 표제어 3,000개를 60일 동안 학습하는 것에 기본적인 목표를 두고 있습니다. 그리고 3,000개의 표제어 외에 수험생이 꼭 알아야 하는 숙어 · 관용어 및 속담을 일목요연하게 정리했습니다. 『**MVP Vol. 1**』과 함께 편입 영어 시험을 준비하여 수험생이 원하는 대학교에 합격하기를 기원합니다.

김영편입 컨텐츠평가연구소 편저

MVP CONTENTS

APPENDIX

INDEX

교재의 내용에 오류가 있나요?
www.kimyoung.co.kr
→ 온라인 서점 → 정오표 게시판

정오표에 반영되지 않은 새로운 오류가 있을 땐
게시판에 글을 남겨주세요. 정성껏 답변해 드리겠습니다.

01 DAY별 구성으로 학습 효과 극대화

DAY별로 표제어 50단어씩 60일 완성으로 총 3,000개의 어휘를 수록했습니다. 표제어는 최신 편입영어 기출문제를 토대로 자주 출제되는 필수 어휘들로 구성하여 실전에 완벽 대비할 수 있도록 했습니다. 또한 DAY별 어휘의 난이도는 기초 어휘부터 고급 어휘까지 고르게 구성하여 암기에 대한 부담을 덜어주었습니다.

02 표제어, 파생어, 동의어, 반의어를 통한 종합적 어휘 학습

편입영어 기출문제를 토대로 엄선된 표제어와 함께 동의어, 반의어, 파생어 등을 MVP(More Vocabulary Power)로 표시해 두었으며, 표제어의 특정 주제와 관련 어휘들도 함께 수록해 실전 어휘력을 확장시킬 수 있도록 구성했습니다. 수록된 관련 어휘를 표제어와 함께 학습하면 연상 작용을 일으켜 보다 많은 어휘를 학습할 수 있을 것입니다.

03 다의어와 관용어구 학습을 통한 어휘력 강화

편입 어휘 문제에는 일반적인 동의어 문제뿐만 아니라 문맥을 통해 뜻을 파악하는 "문맥상 동의어 문제"와 "관용어구를 활용한 대화 문제"도 출제됩니다. 다의어의 경우 다양한 뜻과 관련 예문을 함께 수록하여 어휘 능력과 문맥 파악 능력을 동시에 향상시킬 수 있도록 구성했습니다. 또한 관용어구로 대화문을 만들어 대화의 흐름상 적절하지 않은 것을 고르는 생활영어 문제를 대비하기 위해 편입영어 시험에 출제된 관용어구를 부록에 수록했습니다.

예제 01

2183
dense
He's too dense to understand our plan.
그는 너무 멍청해서 우리 계획을 이해하지 못한다.

→ '아둔한'이라는 뜻으로 쓰임

[2015 한국외대 기출문제]
This isn't terribly important and maybe I'm just a bit <u>dense</u>, but if someone could clarify, I'd really appreciate it.
① crowded ② heavy ③ opaque ④ **stupid**

이것은 대단히 중요한 게 아니고 아마도 제가 조금 아둔한 것일 수도 있습니다만, 누군가 명확하게 밝혀주시면 정말 감사하겠습니다.

예제 02 **[APPENDIX 숙어 · 관용어]**

eat[swallow] one's words

Reporters said that we would never make a success of our magazine; now that we have proved them wrong, they will have to eat their words.

기자들은 결코 우리가 잡지로 성공할 수 없을 거라고 했다. 우리는 그들이 틀렸음을 입증했기 때문에 그들은 앞서 한 말을 취소해야 할 것이다.

→ '먼저 한 말을 취소하다'라는 뜻으로 쓰임

[2016 중앙대 기출문제]

다음의 대화들 중 흐름이 가장 적절하지 <u>않은</u> 것을 고르시오.

③ A : Tom was right. This movie is just horrible!

   B : I can't agree more. Tom has to eat his words.

③ A : 톰(Tom)이 옳았어. 이 영화는 정말 최악이야!

   B : 네 말에 전적으로 동의해. 톰이 자기 말을 취소해야 돼.

→ Tom의 견해에 동조한 A의 말에 동의한 뒤에 다시 "Tom은 자신의 말을 취소해야 한다."라고 말하는 것은 대화의 흐름상 적절하지 않다.

04 REVIEW TEST를 통한 실력 점검

각 DAY별로 제공되는 REVIEW TEST는 두 가지 유형, 즉 "어휘의 뜻 쓰기" 문제와 "동의어 찾기" 문제로 구성되어 있습니다. 두 유형의 문제를 통해 암기한 어휘를 재확인할 수 있도록 했습니다.

05 APPENDIX 수록

표제어 외에 시험에 출제될 가능성이 높은 숙어 · 관용어, 속담을 정리했습니다.

MVP
책의 구성

● 01 60일 완성 과정
DAY별로 50단어씩 총 60일 동안 3,000개의 단어를 학습할 수 있도록
구성하여 필수 어휘를 단기간에 체계적으로 학습할 수 있습니다.

DAY 01

02 표제어 ●
편입영어 시험에서 출제 빈도가
높은 어휘들을 기초 어휘부터
고급 어휘까지 문법, 어휘, 논리
완성, 독해 등 전 영역에서
고르게 선별하였습니다.

03 출제 빈도 ●
출제 빈도에 따라 표제어에
별표를 표시하였습니다. 별표가
많을수록 중요 어휘이므로
학습하는데 참고하시기
바랍니다.

04 동의어 ●
편입영어 시험에 출제됐거나
출제될 가능성이 높은 동의어를
표제어와 함께 수록했습니다.

05 MVP ●
(More Vocabulary Power)
표제어와 관련한 파생어,
반의어, 혼동어휘 등을
수록하였으며, 특히 출제 빈도가
높은 접두어, 접미어, 어근의
경우 관련 어휘를 MVP로
표시해 정리했습니다.

06 실용예문 ●
표제어와 함께 편입영어 시험에
자주 출제되는 뜻의 예문을
수록해 어휘의 이해를 도왔으며,
예문을 통해 보다 효과적으로
암기할 수 있도록 했습니다.

0001 ★★★
abhor
[æbhɔ́ːr]

vt. 몹시 싫어하다, 혐오하다 = abominate, detest, hate, loathe

Most feminists abhor the thought of a woman being judged on her physical appearance.
대부분의 여권주의자들은 외모를 바탕으로 여성을 판단한다는 생각을 혐오한다.

MVP abhorrence n. 몹시 싫어함, 혐오(= aversion, loathing)
abhorrent a. 몹시 싫은, 혐오스러운

0002 ★★★
illicit
[ilísit]

a. 불법의, 부정한; 불의의 = illegal, illegitimate, unlawful

The police are trying to stop the illicit sale of drugs.
경찰은 마약의 불법판매를 막는 데 노력하고 있다.

MVP illicitly ad. 위법[불법]으로, 무면허로
↔ licit a. 허가받은, 합법적인, 적법한

0003 ★★
plausible
[plɔ́ːzəbl]

a. 타당한 것 같은, 이치에 맞는, 그럴듯한 = acceptable, believable, reasonable

His car broke down, so he has a plausible explanation as to why he is late.
차가 고장이 났었기 때문에, 그는 지각한 이유에 대해 그럴듯한 변명거리가 있는 셈이다.

MVP plausibility n. 그럴듯함, 타당성
↔ implausible a. 받아들이기 어려운, 믿기 어려운

0004 ★★★
differ
[dífər]

v. ① 다르다 = vary
② 의견이 다르다, 동의하지 않다 = disagree

French differs from English in many respects.
프랑스어는 많은 점에서 영어와 다르다.

I differed from him in the solution he offered.
그가 제안한 해결책에 대하여 나는 그와 의견이 달랐다.

MVP difference n. 다름, 차이
different a. 다른, 차이가 나는; 각각 다른, 각양각색의; 색다른, 특이한
differential a. 변별적인; 차별적인; <수학> 미분의; n. 차이, 격차; <수학> 미분
differentiate v. 구별하다; 구분 짓다

0005 ★★★
request
[rikwést]

n. ① (격식을 차려 정중히 하는) 요청; 청원서, 요청장, 요청서
② 수요, 인기, 주문
v. (격식을 차려 정중히) ~하도록 부탁하다, 요청하다, 요구하다

We made a request to them for the information.
우리는 그들에게 정보를 제공해 달라고 요청했다.

REVIEW TEST

A. Write the meaning of the following words.

□ abhor	□ amenable
□ plausible	□ nihilism
□ differ	□ homely
□ request	□ commit
□ shallow	□ transcribe
□ adequate	□ lawsuit
□ tacit	□ endear
□ settle	□ deadlock
□ macabre	□ secede
□ hail	□ elaborate
□ churlish	□ vanity
□ react	□ minimize
□ similarity	□ crestfallen
□ memoir	□ fabricate
□ guile	□ attitude
□ calamity	□ participate
□ insist	□ brutal
□ dogmatic	□ eclat
□ polemic	□ admire
□ exceed	□ dialect

07 A: 어휘 뜻 쓰기 문제
DAY별 학습이 끝날 때마다 40개의 표제어의 뜻을 빈칸에 써봄으로써 학습한 어휘의 암기여부를 스스로 확인해 볼 수 있도록 했습니다. 뜻이 생각나지 않는 표제어의 경우 옆의 체크박스에 표기해 두었다가 반드시 다시 학습하시기 바랍니다.

※ 주어진 단어의 뜻을 본문에서 확인하시고 틀린 단어의 경우 박스에 체크한 뒤에 나중에 다시 학습하시기 바랍니다.

B. Choose the synonym of the following words.

1. ominous	Ⓐ financial
2. imminent	Ⓑ agreement
3. pecuniary	Ⓒ counterfeit
4. famous	Ⓓ roam
5. pact	Ⓔ passion
6. bogus	Ⓕ impending
7. sacred	Ⓖ illegal
8. wander	Ⓗ divine
9. illicit	Ⓘ inauspicious
10. zeal	Ⓙ well-known

08 B: 동의어 찾기 문제
DAY별 학습이 끝날 때마다 10개의 핵심 표제어에 대한 적절한 동의어를 찾아봄으로써 동의어 문제를 대비할 수 있도록 했습니다.

B. 1. Ⓘ 2. Ⓕ 3. Ⓐ 4. Ⓙ 5. Ⓑ 6. Ⓒ 7. Ⓗ 8. Ⓓ 9. Ⓖ 10. Ⓔ

01 학습 플랜을 구체적으로 세워라.

『MVP』를 학습하기 전에 학습 플랜을 구체적으로 세우시기 바랍니다. 어휘를 완벽하게 암기하기 위해서는 처음부터 끝까지 완독을 3회 정도 반복하시는 것이 가장 좋은 방법입니다. 1회는 하루에 1DAY(표제어 50개)를 학습하는 것을 목표로 해서 60일, 2회는 하루에 2DAY(표제어 100개)를 학습하는 것을 목표로 30일, 3회는 하루에 4DAY(표제어 200개)를 학습하는 것을 목표로 해서 15일로 기간을 설정하시기 바랍니다. 1회는 연습장에 자세히 쓰면서 암기하고, 2회, 3회부터는 눈으로 책을 읽듯이 끝까지 정독해 나간다면 공부 시간을 단계적으로 줄여나갈 수 있을 것입니다.

02 표제어와 예문을 우선 학습하라.

한꺼번에 모든 사항을 공부하려하지 말고 우선 표제어와 예문을 중심으로 학습하시기 바랍니다. 표제어의 뜻을 암기하고 예문을 통해 반드시 그 쓰임을 확인하시는 것이 좋습니다. 특히 예문을 통해 표제어와 함께 쓰이는 전치사나 구조를 학습하고, 문맥상의 의미를 파악하는 연습을 하시면 어휘뿐만 아니라 문법, 논리완성, 독해 전 영역의 학습에도 도움이 될 것입니다.

03 표제어와 연관된 어휘를 함께 학습하라.

표제어를 학습한 뒤에는 '동의어―파생어―반의어―숙어'의 순서로 암기하시기 바랍니다. 특히 본 책에서는 MVP(More Vocabulary Power)에 혼동어휘나 중요 접두어, 접미어, 어근에 대한 관련 어휘를 따로 정리하여 어휘력을 확장시킬 수 있도록 하였습니다. 표제어만 학습하기보다 표제어와 연관된 어휘를 함께 엮어서 학습하면 보다 많은 어휘를 효과적으로 암기할 수 있을 것입니다.

04 REVIEW TEST를 통해 실력을 확인하라.

DAY별로 학습이 끝나면 바로 REVIEW TEST를 통해 실력을 점검하는 것이 중요합니다. 그리고 틀린 단어의 경우 표제어 옆의 체크박스에 표기해 두었다가 반드시 다시 학습하시기 바랍니다. 또한 동의어 찾기 문제는 출제빈도가 높은 어휘들로 구성되어 있으므로 시험보기 직전에 다시 학습하시면 어휘 영역에서 고득점을 얻는 데 도움이 될 것입니다.

05 인덱스를 통해 최종 점검하라.

본 책을 모두 학습하고 나면 인덱스를 통해 최종 점검하는 것이 좋습니다. 인덱스를 훑어보면서 어휘의 뜻을 숙지하고 있는지 여부를 확인하고 모르는 어휘의 경우 표시된 해당 페이지로 가서 다시 학습하셔서 어휘학습에 만전을 기하시기 바랍니다.

DAY 01
~
DAY 60

0001 ★★★
abhor
[æbhɔ́:r]

vt. 몹시 싫어하다, 혐오하다 = abominate, detest, hate, loathe

Most feminists **abhor** the thought of a woman being judged on her physical appearance.
대부분의 여권주의자들은 외모를 바탕으로 여성을 판단한다는 생각을 혐오한다.

> **MVP** abhorrence n. 몹시 싫어함, 혐오(= aversion, loathing)
> abhorrent a. 몹시 싫은, 혐오스러운

0002 ★★★
illicit
[ilísit]

a. 불법의, 부정한; 불의의 = illegal, illegitimate, unlawful

The police are trying to stop the **illicit** sale of drugs.
경찰은 마약의 불법판매를 막는 데 노력하고 있다.

> **MVP** illicitly ad. 위법[불법]으로, 무면허로
> ↔ licit a. 허가받은, 합법적인, 적법한

0003 ★★
plausible
[plɔ́:zəbl]

a. 타당한 것 같은, 이치에 맞는, 그럴듯한 = acceptable, believable, reasonable

His car broke down, so he has a **plausible** explanation as to why he is late.
차가 고장이 났었기 때문에, 그는 지각한 이유에 대해 그럴듯한 변명거리가 있는 셈이다.

> **MVP** plausibility n. 그럴듯함, 타당성
> ↔ implausible a. 받아들이기 어려운, 믿기 어려운

0004 ★★★
differ
[dífər]

v. ① 다르다 = vary
② 의견이 다르다, 동의하지 않다 = disagree

French **differs** from English in many respects.
프랑스어는 많은 점에서 영어와 다르다.

I **differed** from him in the solution he offered.
그가 제안한 해결책에 대하여 나는 그와 의견이 달랐다.

> **MVP** difference n. 다름, 차이
> different a. 다른, 차이가 나는; 각각 다른, 각양각색의; 색다른, 특이한
> differential a. 변별적인; 차별적인; <수학> 미분의; n. 차이, 격차; <수학> 미분
> differentiate v. 구별하다; 구분 짓다

0005 ★★★
request
[rikwést]

n. ① (격식을 차려 정중히 하는) 요청; 청원서, 요청장, 요청서
② 수요, 인기, 주문
v. (격식을 차려 정중히) ~하도록 부탁하다, 요청하다, 요구하다

We made a **request** to them for the information.
우리는 그들에게 정보를 제공해 달라고 요청했다.

The speaker is much in **request** on college campuses.
그 연사는 여러 대학에서 초청받고 있다.

MVP require v. 필요하다, 필요로 하다; (특히 법·규칙 등에 따라) 요구하다
requisition n. (격식을 갖춘 공식적인) 요청, 요구; vt. 징발[징용]하다; 요구하다
requirement n. 필요(한 것); 필요조건, 요건

0006 ★★★
shallow
[ʃǽlou]

a. ① 얕은 ② 천박한, 피상적인 = superficial, surface

The boat was nearing a **shallow** spot.
그 보트는 수위가 낮은 지점으로 접근하고 있었다.

At the meeting, the discussion remained at a **shallow** level.
회의에서 피상적인 논의가 계속되었다.

0007 ★★
pact
[pækt]

n. 계약, 협정, 조약 = agreement, compact, contract, deal, treaty

The United States and Canada have signed a free-trade **pact**.
미국과 캐나다는 자유 무역 협정에 서명했다.

0008 ★★★
adequate
[ǽdikwit]

a. 적당한, 충분한 = enough, sufficient

One of Africa's greatest problems is providing **adequate** water to meet the needs of its expanding population.
아프리카의 가장 큰 문제 가운데 하나는 늘어나고 있는 인구가 필요로 하는 바를 충족시키기에 충분한 물을 공급하는 것이다.

MVP adequacy n. 적당함, 타당함; 충분함
↔ inadequate a. 부적당한, 부적절한; 불충분한
inadequacy n. 부적당, 불완전; 불충분

0009 ★★
zeal
[zi:l]

n. 열의, 열중, 열심 = ardor, enthusiasm, fervor, passion, zest

They put their **zeal** in whatever they wanted to do.
그들은 자신들이 하고 싶어 하는 무슨 일에든 열의를 보였다.

MVP zealous a. 열심인, 열광적인, 열성적인
zealot n. 열중하는 사람, 열광자, 광신자

0010 ★★★

tacit
[tǽsit]

a. 무언의, 암묵적인 = implicit, unspoken

Since mother offered no objections, I felt that we had her **tacit** consent to go ahead with our plans for a winter trip to Australia.
어머니가 이의를 제기하지 않았기 때문에, 나는 우리가 호주로의 겨울 여행 계획을 진행해도 된다는 무언의 승낙을 얻었다고 생각했다.

MVP tacitly ad. 말없이, 잠자코

0011 ★★★

settle
[sétl]

v. ① (논쟁 등을) 해결하다 = resolve, solve
② (~에) 정착하다 = fixate, root
③ (주어야 할 돈을) 지불[계산]하다, 정산하다

She **settled** in Vienna after her father's death.
그녀는 아버지가 돌아가신 후 비엔나에 정착했다.

Please **settle** your bill before leaving the hotel.
호텔을 떠나시기 전에 숙박비를 다 지불[계산]해 주세요.

MVP settlement n. (분쟁 등의) 해결, 조정; 정착지; 정착; (갚을 돈의) 지불, 계산
settler n. (논쟁 따위의) 해결자; 결말을 내는 것, 결정타; 이주자, 식민지 정착자
unsettled a. 불확실한; 해결되지 않은; (통지서 등이) 납부가 안 된, 미지불의

0012 ★

macabre
[məkάːbrə]

a. 무시무시한, 소름끼치는 = grisly, gruesome, horrible

Alfred Hitchcock's **macabre** masterpiece, *Psycho*, broke all of the existing rules for horror films and film-makers.
알프레드 히치콕(Alfred Hitchcock) 감독의 명작 공포물인 "싸이코(Psycho)"는 공포 영화와 그 영화 제작자들에 대한 기존의 법칙을 모두 깨뜨렸다.

0013 ★★★

hail
[heil]

v. ① 환호하여 맞이하다, ~에게 인사하다, 환영하다 = greet, salute, welcome
② ~을 큰 소리로 부르다; 불러서 세우다 = shout, yell
③ (신문 등에서 아주 훌륭한 것으로) 묘사하다[일컫다] = describe
n. 싸락눈, 우박 = hailstone

The unanimous ruling was **hailed** by civil libertarians as a signal moment in the struggle for free speech.
시민권 옹호자들은 그 만장일치의 판결을 언론의 자유를 쟁취하기 위한 투쟁에 있어 주목할 만한 순간으로 환호하며 받아들였다.

He's been **hailed** as the greatest artist this century.
그는 금세기 최고의 예술가로 일컬어져 왔다.

MVP haily a. 싸락눈[우박]의, 싸락눈[우박]이 섞인
hailer n. 환호하는 사람; 휴대용 확성기

0014 ★★
ominous
[ámənəs]

a. ① 불길한, 나쁜 징조의 = inauspicious, portentous, sinister
② 전조(前兆)의
③ (날씨가) 험악한

Thirteen is an **ominous** number in western culture.
13은 서양문화에서 불길한 숫자다.

The sky looks **ominous** this morning; the rainclouds are gathering in the west.
오늘 아침에는 하늘이 험악해 보이는데, 이는 비구름이 서쪽에서 모여들고 있기 때문이다.

MVP omen n. 징조, 조짐; 예감

0015 ★
churlish
[tʃə́:rliʃ]

a. ① 막된, 무례한 = boorish, crude, impolite, rude
② 인색한, 비열한, 돈에 눈이 먼 = mean, miserly

Kids today are rude, surly and **churlish**.
요즘 아이들은 무례하고, 무뚝뚝하고 막돼먹었다.

0016 ★★★
react
[riǽkt]

v. ① 반작용하다; (상호) 작용하다, 영향을 미치다[on, upon] = operate, work
② (자극·상황 등에) 반응하다, 반응을 나타내다[to] = reply, respond
③ 반대하다, 반항하다[against] = oppose, rebel against

Oxygen and iron **react** together to form rust.
산소와 철은 함께 반응하여 녹을 생성한다.

MVP reaction n. 반응, 반작용; 반항, 반발

0017 ★★★
similarity
[sìməlǽrəti]

n. 비슷함, 닮음, 유사; 유사성, 유사점, 닮은 점 = likeness; resemblance

There is a wonderful **similarity** between the twins.
그 쌍둥이는 놀랍도록 닮았다.

The report highlights the **similarity** between the two groups.
그 보고서는 그 두 집단 사이의 유사성을 강조하고 있다.

MVP similar a. 비슷한, 유사한, 닮은
dissimilar a. 같지 않은, 다른
bio-similar n. 바이오시밀러(바이오의약품 분야의 복제약)

0018 ★★
imminent
[ímənənt]

a. (나쁜 일이) 금방이라도 닥칠 듯한, 절박한, 임박한 = forthcoming, impending

The darkening sky indicated to all of us that a thunderstorm was **imminent**.
어두워지는 하늘은 폭풍우가 곧 몰아칠 것임을 우리 모두에게 알려주었다.

MVP imminence n. 절박, 위급, 급박; 절박[급박]한 위험[사정]
imminentness n. 임박함, 일촉즉발

0019 ★★
memoir
[mémwɑːr]

n. ① 전기; (고인의) 언행록; (pl.) 회고록 = autobiography, reminiscences
② 연구 보고, 논문 = dissertation, monograph, thesis, treatise

The posthumous publication of the actor's **memoirs** aroused a lot of interest.
그 배우의 사후에 출판된 회고록은 많은 흥미를 불러일으켰다.

0020 ★★★
wander
[wɑ́ndər]

v. ① 돌아다니다, 헤매다, 방랑하다 = roam, rove, saunter
② (옆으로) 빗나가다, 길을 잃다; (이야기가) 옆길로 빗나가다; 탈선하다

It seemed queer for her to **wander** around all night.
그녀가 밤새 배회하는 것은 이상해 보였다.

His story began to **wander** off the topic.
그의 이야기는 주제에서 빗나가기 시작했다.

MVP wanderer n. 방랑자
wandering a. 헤매는, 방랑하는

0021 ★★
pecuniary
[pikjúːnièri]

a. ① 금전적인, 재정상의 = financial, monetary
② 벌금을 물려야 할

His only interest was **pecuniary** advantage.
그의 관심사는 오직 금전적인 이익이었다.

0022 ★★★
sacred
[séikrid]

a. 신성한; 종교적인 = divine, hallowed, holy; religious, spiritual

The sun was held **sacred** in ancient times.
고대에는 태양이 신성시됐다.

0023 ★★
guile
[gail]

n. 교활; 간사한 꾀, 술책, 기만 = deceit, trickery

The President will need to use all her political **guile** to stay in power.
대통령은 권력을 유지하기 위해 자신의 모든 정치적 술책을 사용해야 할 것이다.

The offences are committed with a great deal of **guile**.
그 반칙들은 아주 교활하게 행해진다.

MVP beguile v. ~을 현혹시키다; ~을 속이다; (어린아이를) 즐겁게 하다
guileful a. 교활한, 음험한

0024 ★★★
famous
[féiməs]

a. ① 유명한, 고명한, 이름난 = noted, renowned, well-known
② 멋진, 훌륭한, 뛰어난, 굉장히 좋은, 최고급의 = excellent, first-rate

Switzerland is **famous** for its mountains.
스위스는 산으로 유명하다.

Britney Spears dazzled the audience in a **famous** performance.
브리트니 스피어스(Britney Spears)는 멋진 공연에서 관중을 현혹시켰다.

MVP fame n. 명성, 명망; 평판
infamy n. 불명예, 악명, 오명; 악평; (pl.) 추행, 비행; 불명예스러운 행동
cf. notorious a. 악명 높은, (보통 나쁜 뜻으로) 유명한, 소문이 자자한
↔ infamous a. 수치스러운, 불명예스러운; 악명 높은, 오명이 난

0025 ★★
calamity
[kəlǽməti]

n. 재앙, 재난; 불행 = catastrophe, disaster; misfortune

That age will be one of scarcity and environmental **calamity** unless governments push cleaner sources of energy.
만약 정부가 보다 깨끗한 에너지원을 계속 밀고 나가지 않는다면, 그 시대는 에너지 부족과 환경 재앙의 시대가 될 것이다.

MVP calamitous a. 재난을 가져오는; 불행한

0026 ★★★
insist
[insíst]

v. ① (~해야 한다고) 고집하다[주장하다, 우기다] = hold, persist, stick
② (특히 다른 사람들이 믿지 않는 것을 사실이라고) 주장하다 = assert, claim

I didn't really want to go but he **insisted**.
나는 사실 가고 싶지 않았는데 그가 우겼다.

He **insists** that he saw a UFO.
그는 비행접시를 보았다고 우긴다.

MVP insistence n. 고집, 주장, 강조; 강요, 무리한 요구; 집요
insistent a. 고집[주장]하는, 우기는; (요구 따위가) 끈덕진, 집요한

0027 ★★
dogmatic
[dɔ:gmǽtik]

a. ① 독단적인, 고압적인 = arbitrary, opinionated
② 교리의, 교의의

Foreigners who have talked to Kim Jongil describe him as a more **dogmatic** Marxist than his father.
김정일과 이야기해본 외국인들은 그를 그의 아버지보다 더 독단적인 마르크스주의자로 평한다.

MVP dogma n. 교의, 교리; 교조, 신조
dogmatize v. 독단적인 주장을 하다, 교리로 나타내다
dogmatism n. 독단(적인 태도), 교조주의

0028 ★

polemic

[pəlémik]

n. 논쟁, 격론; 논객(論客)

a. 논쟁의, 논쟁을 좋아하는

Her speech was memorable for its **polemic** rather than its substance.

그녀의 연설은 그 내용보다는 논쟁술로 더 기억할 만했다.

MVP polemicize v. 논쟁하다, 논박하다

0029 ★★★

exceed

[iksíːd]

v. ① (특정한 수·양을) 넘다, 초과하다; (정도가) 도(度)를 넘다, 도를 지나치다

② 우월하다, 능가하다, 뛰어나다 = excel

U.S. exports **exceeded** imports by $2 billion in October.

10월에 미국의 수출액은 수입액을 20억 달러 초과했다.

Gold **exceeds** silver in value.

금은 은보다 값어치가 있다.

MVP exceeding a. 과도한; 대단한, 굉장한

0030 ★★

amenable

[əmíːnəbl]

a. 기꺼이 따르는, 순종하는, 잘 받아들이는

= docile, obedient, receptive, responsive

Gallup polling in India reveals Indians are more **amenable** than hostile to closer ties with China.

인도에서 실시한 갤럽 조사에 따르면, 인도인들은 중국과의 관계 개선에 반대하기보다는 그것을 흔쾌히 받아들이는 태도를 보이고 있다.

I always tried to follow my parents' wishes and be an **amenable** child.

나는 늘 부모님의 뜻을 받들고 따르는 아이가 되고자 노력했다.

0031 ★

nihilism

[náihəlìzm]

n. ① 허무주의, 니힐리즘

② 무정부주의

Nihilism is the belief that life and traditional values are both futile and useless.

허무주의는 인생과 전통적인 가치가 모두 무익하고 쓸모없다는 생각이다.

MVP nihilist n. 허무[무정부]주의자

0032 ★★

homely

[hóumli]

a. ① (사람의 외모가) 매력 없는, 못생긴 = plain, ugly, unattractive

② (여자가) 가정적인

③ (자기 집처럼) 아늑한, 편안한 = comfortable, comfy, cozy

She thought she was too **homely** to get a date.

그녀는 자신이 너무 못생겨서 데이트를 못한다고 생각했다.

MVP cf. comely a. 잘 생긴, 미모의, (얼굴이) 아름다운

0033 ★★★

commit
[kəmít]

vt. ① (죄·과실 등을) 저지르다, 범하다 = perpetrate
② 위임하다, 맡기다 = confide, delegate, entrust, intrust
③ 약속하다, 맹세하다 = promise, swear, vow
④ (일·활동 등에) 전념[헌신]하다 = dedicate, devote

There are 12,000 suicides, half of which are **committed** with firearms.
1만 2천 건의 자살사고가 있었는데, 이 중 절반은 총기에 의한 사고이다.

Our company is **committed** to providing customers with top quality services.
우리 회사는 최고 수준의 서비스를 고객들에게 제공하는 데 전념하고 있다.

MVP commitment n. 약속; 전념, 헌신
commission n. 위임; 위원회; 수수료
committee n. 위원회, 위원

0034 ★★

bogus
[bóugəs]

a. 가짜의, 위조의 = counterfeit, fake, spurious

The system requires netizens to reveal their real names instead of using **bogus** identities in all website postings.
그 제도는 네티즌들이 웹사이트에 올리는 모든 글에 가명이 아닌 실명을 밝히도록 요구한다.

0035 ★★

transcribe
[trænskráib]

vt. ① 베끼다, 복사하다; 기록하다 = copy, duplicate, reproduce; record
② (다른 언어·기호로) 옮겨 쓰다, 번역하다 = interpret, translate

This novel has been **transcribed** into braille for the blind.
이 소설은 시각 장애인들을 위해 점자로 옮겨졌다.

MVP transcript n. 베낀 것; 사본, 등본; (연설 등의) 필기록; (학교의) 성적 증명서
transcription n. 필사(筆寫), 전사; 사본, 등본; 편곡

0036 ★★★

lawsuit
[lɔ́ːsùːt]

n. 소송, 고소 = action, case, litigation, suit

The **lawsuit** cost him an arm and a leg, but he won.
그 소송으로 막대한 경비가 들었지만 그는 결국 승소했다.

0037 ★★

endear
[indíər]

vt. 애정을 느끼게 하다; 〈재귀용법〉 (~에게) 사랑받다[to]

The sweet temper of the child **endeared** him to all.
그 아이는 마음씨가 고와서 모든 사람의 귀여움을 받았다.

MVP endearment n. 친애, 애정; 애정이 어린 행위[말]
endearing a. 애정을 느끼게 하는, 귀여운, 사랑스러운

0038 ★★★
deadlock
[dédlàk]

n. 교착 상태, 막다름 = impasse, stalemate, standoff

The negotiations between the labor union and the management are in a **deadlock**.
노사 간의 교섭이 교착 상태에 빠져 있다.

0039 ★★
secede
[sisí:d]

vi. (교회·정당 등에서) 정식으로 탈퇴[분리]하다[from] = separate, withdraw

He has decided to **secede** from the association.
그는 그 협회에서 탈퇴하기로 작정했다.

MVP secession n. 탈퇴, 분리

0040 ★★★
elaborate
a. [ilǽbərət]
v. [ilǽbərèit]

a. 정교한, 공들인 = delicate, exquisite
v. ① 상술하다, 자세히 설명하다 = detail, explain, explicate, expound
② 정교하게 만들어내다, 공들여 만들다 = craft

The **elaborate** bridal costumes of the Indians are handed down from mother to daughter.
인디언들의 정교한 혼례 의상은 어머니가 딸에게 물려주는 것이다.

Reading in this manner alerts readers to nuances, to things rendered but not explained or **elaborated** by the writer.
이러한 방식의 독서는 독자로 하여금 미묘한 차이, 즉 작가가 표현은 했으나 설명이나 상술을 하지 않은 것들에 항상 주의를 기울이도록 만들어준다.

0041 ★★
vanity
[vǽnəti]

n. ① 자만심, 허영심 = arrogance, conceit, egotism
② 헛됨, 무의미 = futility, uselessness, worthlessness

Pride is an established conviction of one's own paramount worth in some particular respect, while **vanity** is the desire of rousing such a conviction in others.
자존심이라는 것은 어떤 특정한 점에 있어서 자신의 가치가 최고라는 데 대한 확고한 확신이지만, 허영심이라는 것은 다른 사람들 속에서 그러한 확신이 일어나게끔 하려는 욕구이다.

MVP vain a. 헛된; 허영심[자만심]이 강한

0042 ★
minimize
[mínəmàiz]

v. ① (특히 좋지 못한 것을) 최소화하다; 축소하다 = curtail, reduce
② 과소평가하다, 얕보다, 깔보다 = belittle, underrate, underestimate

He always tried to **minimize** his own faults, while exaggerating those of others.
그는 항상 자기 잘못은 축소하고 다른 사람들의 잘못은 과장하려 들었다.

Although Paul **minimizes** the importance of training, he does not dismiss it as worthless.
비록 폴(Paul)이 훈련의 중요성을 과소평가하지만, 그는 훈련이 가치 없는 것으로 묵살하지는 않는다.

MVP ↔ maximize v. 극대화하다; 최대한 활용하다

0043 ★

crestfallen
[krɛstfɔ̀ːlən]

a. 의기소침한, 풀이 죽은 = dejected, despondent, dispirited, downcast

The tennis player did not win a game in the final set and looked entirely **crestfallen** in defeat.
그 테니스 선수는 결승전 마지막 세트에서 한 게임도 이기지 못했고 패배에 완전히 풀이 죽은 것 같아 보였다.

MVP crest n. 볏; 관모(冠毛); (투구의) 깃털 장식; 최고조, 정점

0044 ★★★

fabricate
[fǽbrikèit]

vt. ① (이야기·거짓말 따위를) 날조[조작]하다, 위조하다 = concoct, invent
② 제작[조립]하다 = assemble, build, make, manufacture

We are witnessing the proliferation of fake tweets, which are screen shots of what appear to be tweets but in fact are **fabricated**.
우리는 가짜 트윗들이 급증하는 것을 목격하고 있는데, 이것들은 겉보기에는 트윗의 스크린샷(컴퓨터 등의 화면을 캡처한 것)처럼 보이지만, 실제로는 조작된 것들이다.

The furniture was **fabricated** from pieces of old wood.
오래된 목재로 그 가구를 만들었다.

MVP fabrication n. 제작, 조립; 꾸밈, 날조; 위조(물)
prefabricate vt. 미리 제조하다; 조립식으로 만들다

0045 ★★★

attitude
[ǽtitjùːd]

n. ① 태도; 마음가짐 = mind-set
② (신체의) 자세, 몸가짐 = pose, posture
③ 사고방식, 의견, 견해 = idea, opinion, view

Prepare for the changes with a positive and open **attitude**.
긍정적이고 열린 마음가짐으로 변화를 준비하라.

What is your **attitude** to the ruling?
그 판결에 대해 어떻게 생각합니까?

MVP attitudinize vi. 점잔빼다, 젠체하다
attitudinal a. 태도의, 사고방식의

0046 ★★★
participate
[pɑːrtísəpèit]

v. ① 참가하다, 참여하다, 관여하다 = partake in, take part in
② (특성 따위를) 어느 정도 가지다, ~의 기미가 있다[of]
③ (기쁨·괴로움 등을) 함께 하다, 같이 나누다 = share

She didn't **participate** in the discussion.
그녀는 그 논의에 참가하지 않았다.

The drama **participates** of the nature of farce.
그 연극에는 다소 희극적인 데가 있다.

He **participated** suffering with other people.
그는 다른 사람들과 괴로움을 같이 나눴다.

MVP participant n. 참가자, 참여자, 관계자; a. 참여하는, 더불어 하는, 함께하는, 한몫 끼는
participation n. 관여, 참가, 참여; (이익 등의) 분배, 한몫 끼기
participatory a. 참여의, 참가의

0047 ★★
brutal
[brúːtl]

a. 잔인한; 폭력적인, 난폭한 = atrocious, cruel, ferocious, ruthless, savage

The people have been kept down for years by a **brutal** regime.
그 사람들은 오랜 세월 동안 잔인한 정권에 의해 억압을 받아 왔다.

MVP brutality n. 잔인, 무자비; 야만적 행위

0048 ★
eclat
[eiklάː]

n. 대성공; 갈채, 명성

To the delight of his audience, he completed his task with **eclat** and consummate ease.
청중들이 기뻐하게도, 그는 자신의 임무를 성공적으로 매우 쉽게 완수했다.

0049 ★★★
admire
[ædmáiər]

v. ① ~을 높이 평가하다, 칭찬하다; 존경하다 = compliment; esteem, respect
② 감탄하며 바라보다

I really **admire** your enthusiasm.
나는 당신의 열정을 정말 높이 평가한다.

Visitors to Korea always **admire** its fine weather.
한국에 오는 관광객은 한 결 같이 한국의 좋은 날씨에 감탄한다.

MVP admirable a. 감탄할 만한; 칭찬할 만한; 존경스러운; (물건이) 훌륭한, 우수한
admiration n. 감탄; 칭찬; 칭찬의 대상; 감탄하여 바라봄; 존경

0050 ★★

dialect
[dáiəlèkt]

n. ① 방언, 지방 사투리 = vernacular
② (어떤 직업·계급 특유의) 통용어, 말씨 = jargon, lingo

The name koala comes from an Australian Aboriginal **dialect**.
'코알라'라는 이름은 호주 원주민의 방언으로부터 생겨났다.

A. Write the meaning of the following words.

□ abhor	_____	□ amenable	_____
□ plausible	_____	□ nihilism	_____
□ differ	_____	□ homely	_____
□ request	_____	□ commit	_____
□ shallow	_____	□ transcribe	_____
□ adequate	_____	□ lawsuit	_____
□ tacit	_____	□ endear	_____
□ settle	_____	□ deadlock	_____
□ macabre	_____	□ secede	_____
□ hail	_____	□ elaborate	_____
□ churlish	_____	□ vanity	_____
□ react	_____	□ minimize	_____
□ similarity	_____	□ crestfallen	_____
□ memoir	_____	□ fabricate	_____
□ guile	_____	□ attitude	_____
□ calamity	_____	□ participate	_____
□ insist	_____	□ brutal	_____
□ dogmatic	_____	□ eclat	_____
□ polemic	_____	□ admire	_____
□ exceed	_____	□ dialect	_____

※ 주어진 단어의 뜻을 본문에서 확인하시고 틀린 단어의 경우 박스에 체크한 뒤에 나중에 다시 학습하시기 바랍니다.

B. Choose the synonym of the following words.

1. ominous	Ⓐ financial
2. imminent	Ⓑ agreement
3. pecuniary	Ⓒ counterfeit
4. famous	Ⓓ roam
5. pact	Ⓔ passion
6. bogus	Ⓕ impending
7. sacred	Ⓖ illegal
8. wander	Ⓗ divine
9. illicit	Ⓘ inauspicious
10. zeal	Ⓙ well-known

B. 1. Ⓘ 2. Ⓕ 3. Ⓐ 4. Ⓙ 5. Ⓑ 6. Ⓒ 7. Ⓗ 8. Ⓓ 9. Ⓖ 10. Ⓔ

0051 ★★

yell
[jel]

v. 고함치다, 소리 지르다 = cry, scream, shout, yelp

n. 외침[고함] 소리

The press photographers started **yelling** at the television crews to get out of the way, so that they could get a better look.
언론사의 사진기자들은 더 나은 모습을 찍기 위해 텔레비전 방송사 직원들에게 비켜달라고 고함치기 시작했다.

0052 ★★★

laconic
[ləkánik]

a. (어구 등이) 간결한, 간명한; 말수가 적은 = brief, compact, concise, terse

His **laconic** speech was clear enough to convey his point of view.
그의 간결한 연설은 그의 관점을 전달하기에 충분히 명확했다.

MVP ↔ verbose a. 말이 많은, 장황한

0053 ★★★

narrow
[nǽrou]

a. ① 폭이 좁은; (공간·장소가) 좁아서 답답한; (지역·범위가) 한정된
= confined, cramped, limited, restricted, small
② 마음[도량]이 좁은, 편협한
= biased, insular, intolerant, narrow-minded, prejudiced
③ 아슬아슬한, 간신히[가까스로] 된 = close, tight

The team scraped a **narrow** victory last year.
그 팀은 작년에 아슬아슬하게 승리를 거두었다.

MVP narrow escape 가까스로 모면하기, 구사일생
narrow down (선택 가능한 수효를) (~까지) 좁히다[줄이다]
a close call (간신히 사고 등을 면하는) 아슬아슬한 상황

0054 ★★

gracious
[gréiʃəs]

a. ① (아랫사람에게) 호의적인, 정중한 = amiable, cordial, courteous, polite
② 자비로운; 인자한 = compassionate, merciful
③ (생활 등이) 품위 있는, 우아한 = elegant, graceful

She distributed gifts in a bountiful and **gracious** manner.
그녀는 자애롭고 우아하게 선물을 나누어 주었다.

MVP grace n. 우아, 품위, 세련
graciousness n. 친절, 정중; 예의바름
graceful a. 우아한, 단아한, 품위 있는

0055 ★★★

pale
[peil]

a. ① (사람·얼굴 등이) 창백한, 핼쑥한 = ashen, pallid, pasty, wan, white
② (색깔이) 엷은; (빛이) 희미한 = dim, faint, feeble, light, thin

She turned **pale** at the sight of blood.
피를 보자 그녀는 창백해졌다.

MVP cf. pail n. 물통, 버킷

0056 ★★

telling
[téliŋ]

a. ① 효과적인, 강력한 = cogent, effective, forceful
② (어떤 것의 실상을 무심결에) 효과적으로 보여주는

The most **telling** criticism of this theory comes from the increasing evidence that symptoms of autism are present at birth.
그 이론에 대한 가장 강력한 비판은 자폐증 증상들이 태어날 때 존재한다는 증거가 늘어나고 있다는 점이 뒷받침한다.

0057 ★★

machination
[mækənéiʃən]

n. (보통 pl.) 음모, 모략 = conspiracy, intrigue, plot, scheme

As his **machination** accelerated, he dealt his political rivalry a series of blows insidiously and then succeeded in taking the throne, trying to hold it.
술수에 더 능해지면서, 그는 교활하게 정적들을 연이어 공격했다. 그리고 왕좌에 오르는 데 성공했고, 그 왕좌를 유지하기 위해 애썼다.

0058 ★

dainty
[déinti]

a. ① 고상한, 우아한 = delicate, elegant, fine, graceful, refined
② 맛있는, 풍미가 있는 = delectable, delicious, palatable, savory, tasty
③ 기호[취미]가 까다로운, (음식을) 가리는 = choosy, fastidious, fussy

We were given tea and some **dainty** little cakes.
우리는 차와 맛 좋은 작은 케이크들을 받았다.

0059 ★★★

scold
[skould]

v. (어린애 등을) 꾸짖다, ~에게 잔소리하다
= chide, rebuke, reprimand, reproach

I was **scolded** by him because I was showing bad attitude.
나의 태도에 잘못이 있었기 때문에 나는 그에게 꾸지람을 들었다.

0060 ★★

boredom
[bɔ́ːrdəm]

n. 지루함, 따분함; 지루하게[따분하게] 하는 것

Travel was an escape from the **boredom** of her everyday life.
여행은 지루한 그녀의 일상으로부터의 도피였다.

> **MVP** bore v. (특히 말을 너무 많이 해서) 따분하게 만들다; (깊은 구멍을) 뚫다[파다]
> boring a. 재미없는, 지루한
> bored a. 지루해[따분해]하는

0061 ★★★

earnest
[ə́ːrnist]

a. ① (인품이) 성실한, 진지한, 착실한, 열심인 = ardent, eager, fervent, sincere
② (사태가) 중대한, 신중히 고려하여야 할 = grave, serious

To do him justice, he is **earnest**, but unfortunately he's not qualified for the job.
공정하게 말하자면, 그는 성실한 사람이지만 유감스럽게도 그 일에는 부적합하다.

0062 ★

theology
[θiálədʒi]

n. (기독교) 신학

The most fundamental question in the arena of **theology** in general is "does God exist?"
일반적으로 신학의 영역에서 가장 기본적인 질문은 "신은 존재하는가?"이다.

> **MVP** theologize v. 신학을 연구하다
> theologian n. 신학자
> theocracy n. 신정[신권(神權)] 정치
> theological a. 신학(상)의, 신학적인

0063 ★★

vacillate
[vǽsəlèit]

vi. 흔들리다, 동요하다, 망설이다, 머뭇거리다 = fluctuate, oscillate, waver

He could not decide whether to risk his inheritance by investing it in stocks or to play safe by putting it into government bonds. The fluctuation of the stock market made him **vacillate** between the two plans.
그는 유산을 증권에 투자해서 모험을 하느냐, 정부 채권에 넣어서 안전을 꾀하느냐를 결정 짓지 못했다. 주식 시장의 동요로 인해 그는 그 두 계획 사이에서 머뭇거리게 되었다.

> **MVP** vacillation n. 동요, 흔들림; 우유부단
> vacillating a. 동요하는, 망설이는, 우유부단한

0064 ★★

piety
[páiəti]

n. 경건함, 독실함 = devotion, devoutness

Known for her **piety**, she would walk miles to attend communion services in the neighboring villages.
신앙심이 깊기로 유명한 그녀는 이웃 마을들에서 열리는 성찬식에 참여하기 위해 수 마일을 걸어가곤 했다.

> **MVP** pious a. 신앙심이 깊은, 경건한, 독실한(= devout)
> ↔ impiety n. 불신앙, 경건하지 않음

0065 ★

climactic
[klaimǽktik]

a. 정점의, 절정의 = culminating

History was reaching its **climactic** moment and there were signs and wonders to prove it.
역사는 절정의 순간에 이르고 있었고 그것을 증명할 기적들이 있었다.

> **MVP** climax n. (사건·극 따위의) 최고조, 절정; 정점
> climacteric n. 갱년기
> anticlimax n. 큰 기대 뒤의 실망, 용두사미
> cf. climatic a. 기후(상)의

0066 ★★

savior
[séivjər]

n. 구조자; 구세주

The Jews had a long tradition of believing that a **savior** would come to them in a time of trouble.
유태인들은 고난의 시기에 구세주가 자신들에게 나타날 거라고 믿는 오랜 전통을 가지고 있었다.

0067 ★★★

rebellious
[ribéljəs]

a. 반항적인, 완고한; 반역적인 = obstinate, recalcitrant

I happen to be **rebellious** in nature and enjoy the challenge of disproving assumptions made about me.
나는 천성이 반항적이어서, 나에 대해 내린 가정이 틀렸음을 입증하는 도전을 즐긴다.

MVP rebel n. 반역자; v. 모반하다, 배반하다
rebellion n. 모반, 반란, 폭동; 반항

0068 ★★

hallucination
[həlù:sənéiʃən]

n. 환각, 환영, 망상 = delusion, illusion, phantom, vision

Hallucinations are a false perception where an individual believes in something that doesn't exist in reality.
환각은 현실에 존재하지 않는 것을 존재한다고 느끼는 잘못된 인지과정이다.

MVP hallucinate v. 환각을 일으키게 하다, 환각을 느끼다
hallucinative a. 환각의, 환상의

0069 ★★★

aggravate
[ǽgrəvèit]

vt. ① 악화시키다 = deteriorate, exacerbate, worsen
② 괴롭히다, 화나게 하다 = annoy, bother, exasperate, irritate, provoke

Concentration of the population in Seoul is **aggravating** traffic conditions day after day.
서울의 인구 집중으로 교통난이 날로 가중되고 있다.

Never shy away from speaking one's mind in public for fear of **aggravating** others or losing popularity.
다른 사람들을 화나게 하거나 인기를 잃는 것이 두려워 대중들 앞에서 솔직하게 말하는 것을 겁내서는 안 된다.

0070 ★

unctuous
[ʌ́ŋktʃuəs]

a. ① 기름 같은, 기름기 있는 = greasy, oily
② 겉으로만 감동한, (사람을) 살살 녹이는

Linda recalled being offended by the phoniness that stemmed from the contradiction between her mother's **unctuous** public manner and her anger in private.
린다(Linda)는 가식적인 모습에 불쾌했던 기억을 떠올렸는데, 그것은 어머니가 공적인 자리에서는 사람을 살살 녹이는 태도를 보이고 사적인 자리에서는 화를 내는 모순으로부터 비롯된 것이었다.

0071 ★★★

intuition
[ìntjuːíʃən]

n. 직관(력), 직감 = hunch, instinct

Her **intuition** tells her that he is telling a lie.
그녀의 직감상 그는 거짓말을 하고 있다.

MVP intuitive a. 직관적으로 인식하는, 직관력이 있는
intuitively ad. 직관적으로
cf. tuition n. 수업료

0072 ★★

sagacious
[səgéiʃəs]

a. 총명한, 현명한 = discerning, judicious, wise

Rosa's decision to move the chickens into the barn turned out to be **sagacious**;
about an hour later, the hailstorm hit.
닭을 축사로 옮기기로 한 로사(Rosa)의 결정은 현명했던 것으로 드러났다. 약 1시간 뒤에
우박을 동반한 폭풍이 덮쳤기 때문이다.

MVP sagaciously ad. 빈틈없이; 현명하게
sagacity n. 총명, 현명
sage n. 현인(賢人), 철인(哲人); 경험이 풍부한 사람; a. 슬기로운, 현명한

0073 ★★

denounce
[dináuns]

vt. ① 공공연히 비난하다 = censure, condemn, reproach
② 고발[고소]하다 = accuse, charge, impeach

In the early 21st century, fundamentalist Christian preachers **denounced** the
Harry Potter series as a work of the devil.
21세기 초에, 기독교 근본주의 목사들은 『해리포터(Harry Potter)』 시리즈를 악마가 쓴
작품이라고 비난했다.

MVP denunciation n. 공공연한 비난, 탄핵; 고발(= denouncement)

0074 ★★★

simultaneous
[sàiməltéiniəs]

a. 동시의, 동시에 일어나는, 동시에 존재하는[with] = coinciding, concurrent

We will have **simultaneous** labor disputes across the country.
우리는 노동쟁의를 전국에 동시다발적으로 일으킬 예정이다.

MVP simultaneity n. 동시에 일어남, 동시성(= simultaneousness)
simultaneously ad. 동시에; 일제히(= at the same time)

0075 ★★★

adjustment
[ədʒʌstmənt]

n. ① (약간의) 수정, 조정 = alteration, modification
② 적응 = adaptation

I've made a few **adjustments** to the design.
내가 그 디자인에 몇 가지 수정을 했다.

He tried to make an **adjustment** to American culture.
그는 미국 문화에 적응하려고 애썼다.

MVP adjust v. (약간) 조정[조절]하다; (매무새 등을) 바로잡다; 적응하다
adjustable a. 적응[순응]할 수 있는; 조절[조정]할 수 있는

0076 ★★★

measure
[méʒər]

v. ① (치수·양 등을) 측정하다, 재다 = gauge, quantify
② (중요성·가치·영향 등을) 판단하다, 평가하다 = assess, evaluate
n. ① (특정 목적을 달성하기 위한) 조치[정책]
② (비교·평가의) 기준, 척도
③ (치수·양·정도를 나타내는) 단위; 도량법

The government took **measures** to promote domestic industry.
정부는 국내 산업을 증진시킬 조치를 취했다.

MVP measurable a. 잴 수 있는; 적당한, 알맞은

0077 ★★

rhyme
[raim]

n. ① 운, 압운(押韻), 각운(脚韻)
② (pl.) 운문, 시 = poem, poetry, verse

She wrote doggerel in which **rhyme** or rhythm were not proper.
그녀는 각운이나 운율이 적절하지 않은 엉터리 시를 썼다.

MVP alliteration n. 두운(頭韻)

0078 ★★

shorten
[ʃɔ́:rtn]

v. ① 짧게 하다, 줄이다, 단축하다; 짧아지다
② 생략하다 = abbreviate

Injury problems could **shorten** his career.
부상 문제로 인해 그의 경력이 단축될 수도 있을 것이다.

The days are rapidly **shortening**.
하루가 다르게 해가 짧아지고 있다.

MVP shortage n. 부족, 결핍; 부족액, 부족량; 결점, 결함
short a. (길이가) 짧은; 키가 작은; (어떤 자질이) 부족한[모자라는]
shortlist n. 최종 선발 후보자 명단; v. 최종 선발자 명단에 올리다

0079 ★
iconoclastic
[aikɑ̀nəklǽstik]

a. 우상 파괴적인; 인습 타파의

Deeply **iconoclastic**, Jean Genet deliberately set out to shock conventional theatergoers with his radical plays.
인습 타파 주의적인 성향이 매우 강했기 때문에, 장 주네(Jean Genet)는 그의 급진적인 희곡작품을 통해 의도적으로 기존 관객들에게 충격을 주고자 했다.

MVP iconoclast n. 우상 파괴자; 인습 타파주의자

0080 ★★
probation
[proubéiʃən]

n. ① 검정(檢定), 시험, 심사 = test, trial
　② (직장에서의) 수습 (기간)
　③ 보호 관찰 (기간), 판결[집행] 유예, 가석방
　④ (처벌 학생의) 근신 (기간)

To get **probation**, the prison term should be under three years.
집행 유예를 위해서는 선고형이 징역 3년 이하여야 한다.

0081 ★★
bewitch
[biwítʃ]

vt. 매혹하다, 황홀케 하다; 마법을 걸다 = captivate, charm, enchant, fascinate

Marylin Monroe **bewitched** men around the world with her sex appeal.
마릴린 먼로(Marylin Monroe)는 전 세계의 남성을 성적 매력으로 매혹시켰다.

MVP bewitchery n. 매혹, 매력(= bewitchment)
bewitching a. 매혹시키는, 황홀하게 하는
witch n. 마녀, 여자 주술사

0082 ★★
competition
[kɑ̀mpətíʃən]

n. ① 경쟁 = contest, race, rivalry
　② (경연) 대회, 시합 = contest
　③ 경쟁자, 경쟁 상대 = competitor, rival

There is now intense **competition** between schools to attract students.
지금 학교들 간에 학생 유치를 위한 경쟁이 치열하다.

She won first prize in the **competition**.
그녀는 그 대회에서 1등상을 받았다.

We'll be able to assess the **competition** at the conference.
그 협의회에서 경쟁 상대를 평가해 볼 수 있을 것이다.

MVP compete v. 경쟁하다; (시합 등에) 참가하다; (시합·경기 등에서) (~와) 겨루다
competitive a. 경쟁의; 경쟁력 있는, 뒤지지 않는; (사람이) 경쟁심이 강한
competitor n. 경쟁자, 경쟁 상대; (시합) 참가자

0083 ★★★

dignity
[dígnəti]

n. 존엄, 위엄; 품위; (태도·말 등의) 무게, 장중함 = decorum, grandeur, gravity

Human beings are born free and equal in **dignity** and rights.
인간은 태어날 때부터 자유로우며 그 존엄과 권리에 있어 동등하다.

MVP dignify vt. ~에 위엄을 갖추다; 고귀[고상]하게 (보이게) 하다
dignified a. 위엄[관록, 품위]있는, 고귀한, 당당한
indignity n. 모욕, 경멸, 무례; 모욕적인 대우, 냉대

0084 ★★

miscellaneous
[mìsəléiniəs]

a. 여러 가지 종류의, 이것저것 잡다한 = diversified, various

She keeps all sorts of **miscellaneous** items in her garage.
그녀는 차고에 온갖 잡다한 물건들을 보관한다.

MVP miscellany n. 잡다, 혼합, 잡동사니

0085 ★★★

accidental
[æksədéntl]

a. ① 우연한, 돌발적인, 뜻밖의 = casual, fortuitous, inadvertent, incidental
② 비본질적인, 종속적인, 부수적인 = collateral, incidental, subordinate

That they captured this beautiful moment was completely **accidental**.
그들이 이 아름다운 순간을 포착해낸 것은 순전히 우연이었다.

The statement "A puppy is brown," although it may be true of some, is not true of all puppies; and it describes what is not an essential but merely an **accidental** property of the defined term.
"강아지는 갈색이다"라는 진술은, 강아지 몇 마리에게는 적용될 수 있지만, 모든 강아지에게 적용되는 것은 아니다. 그리고 그 진술은 정의하는 용어의 본질적인 속성이 아니라 부수적인 속성만을 기술하고 있는 것이다.

MVP accident n. 사고, 재난; 우연
accidentally ad. 우연히, 뜻밖에; 부수적으로

0086 ★★

peruse
[pərú:z]

vt. ① 숙독하다, 정독하다 = read carefully
② (안색·마음 등을) 살피다[읽다] = scan

My father **peruses** the newspaper as he drinks tea every morning.
우리 아빠는 매일 아침 차를 마시면서 신문을 꼼꼼하게 읽으신다.

MVP perusal n. 숙독, 정독

0087 ★★

cache
[kæʃ]

n. 은닉처, 숨겨두는 장소 = hiding place
v. (은닉처에) 저장하다, 숨기다 = conceal, ensconce, hide

They found an arms **cache** of their enemy.
그들은 적의 무기 은닉처를 찾아냈다.

0088 ★★

abase

[əbéis]

vt. ① (지위·품격 등을) 떨어뜨리다 = debase, degrade, demean
② 창피를 주다 = humiliate, shame

I would never do something that would **abase** myself.
나는 나의 품격을 떨어뜨리는 행동을 결코 하지 않을 것이다.

MVP abasement n. (품위의) 실추, 굴욕

0089 ★★

efface

[iféis]

vt. 지우다, 삭제하다, 말살하다 = erase, expunge, obliterate

The signs of battle here were slowly **effaced** as peace came about.
평화가 다가오면서 이곳의 전쟁의 흔적들이 서서히 지워졌다.

0090 ★★★

float

[flout]

v. 뜨다[띄우다]; 떠다니다, 표류하다 = drift, hover, sail, waft

In space, objects **float** because there is no gravity.
우주에서는 중력이 없기 때문에 물체가 떠다닌다.

0091 ★

ponderous

[pándərəs]

a. ① 크고 무거운, 육중한 = heavy, hefty, massive
② (이야기·문체 등이) 지루한, 답답한, 장황한 = dull, prosaic, tedious

Japanese banks need changing from a **ponderous** Sumo wrestler into a lean and agile Samurai swordsman.
일본의 은행들은 육중한 스모 선수에서 마르고 재빠른 사무라이 검객으로 변신할 필요가 있다.

The teacher always speaks in a **ponderous** manner.
그 선생님은 항상 지루하게 말씀하신다.

0092 ★★★

aspiration

[æspəréiʃən]

n. 열망, 포부 = craving, desire, longing, yearning

Whatever your **aspirations** in life, there are not many fields in which people can get by on intellect alone.
인생에 있어서 당신의 포부가 무엇이든, 지적 능력에만 의지하여 살아나갈 분야는 많지가 않다.

MVP aspire vi. 열망하다, 갈망하다

0093 ★★
certify
[sə́:rtəfài]

v. 증명[보증]하다; 공인하다 = confirm, guarantee, verify

Experts recently examined the postage stamp and **certified** it as genuine.
전문가들은 최근에 이 우표를 검사했고 그것을 진품으로 공인했다.

MVP cf. CPA n. 공인회계사(= Certified Public Accountant)

0094 ★★
hygienic
[hàidʒiénik]

a. 위생적인; 보건상의; 위생학의 = sanitary

Indians believe that eating with a clean hand is much more **hygienic** than eating with a fork or chopsticks.
인도인들은 깨끗한 손으로 음식을 먹는 것이 포크나 젓가락으로 먹는 것보다 훨씬 더 위생적이라고 생각한다.

MVP hygiene n. 위생학(= hygienics); 위생상태

0095 ★★
spank
[spæŋk]

vt. (아동에 대한 체벌로 엉덩이 등을) 찰싹 때리다 = slap, smack
n. 손바닥으로 때리기

Spanking the child is only going to result in more provocations.
아이를 찰싹 때리는 것은 보다 많은 반발을 일으킬 뿐이다.

0096 ★
facade
[fəsá:d]

n. ① (건물의) 정면, 앞면 = front, frontage
② (사물의) 표면, 겉모양; 겉치레 = appearance, exterior; guise, veneer

The **facade** of the building is made of glass.
그 건물의 정면은 유리로 되어 있다.

Worse still, the pressure to maintain a cheery **facade** in the workplaces can be stressful and exhausting in itself.
더 나쁜 것은, 직장에서 억지로 쾌활한 척해야 한다는 압박감이 그 자체로 스트레스를 주고 지치게 만들 수 있다는 점이다.

0097 ★★★
inquire
[inkwáiər]

v. 묻다, 문의하다; 조사하다[into] = ask, query, question

We **inquired** weather conditions of the weather bureau.
우리는 기상청에 날씨를 문의했다.

MVP inquiring a. 묻는; 조회하는; 캐묻기 좋아하는, 탐구적인; 미심쩍은 듯한
inquiry n. 질문, 문의; 조사, 심리; 연구, 탐구

0098 ★★

dolorous
[dóulərəs]

a. 슬픈, 비통한 = doleful, grievous, sorrowful

Rachel is so touched by the **dolorous** poem that she is crying.
레이첼(Rachel)은 슬픈 시에 너무 감동한 나머지 울고 있다.

> **MVP** dolor n. 비애, 상심(= grief)

0099 ★★★

offense
[əféns]

n. ① 위반, 위법 행위, 범죄 = crime, sin, transgression, violation
② 화를 냄, 기분 상함; 모욕; 기분을 상하게 하는 것 = anger, resentment
③ 공격 = assault, attack

Espionage is a capital **offense** in this country.
이 나라에서 간첩 행위는 사형에 해당하는 중범죄다.

Don't be mad about that. No **offense**.
너무 화내지 말게. 기분 상하게 할 뜻은 없었다네.

The most effective defense is **offense**.
가장 효과적인 방어는 공격이다.

> **MVP** offend v. 기분을 상하게 하다; 성나게 하다; (법 따위를) 위반하다
> offensive a. 모욕적인, 무례한; 불쾌한
> offender n. 범죄자
> ↔ defense n. 방어, 수비

0100 ★★

embryo
[émbriòu]

n. ① (보통 임신 8주까지의) 태아 = fetus
② 배(胚), 눈; 싹
③ (발달의) 초기 = beginning

The sex of the **embryo** is predetermined at fertilization.
태아의 성별은 수정 때 이미 결정된다.

> **MVP** embryonic a. 배(胚)의; 태아의; 초기의, 미발달의
> cf. fetus n. (포유동물, 특히 사람의 임신 3개월이 넘은) 태아

A. Write the meaning of the following words.

- □ laconic _____
- □ narrow _____
- □ gracious _____
- □ pale _____
- □ dainty _____
- □ boredom _____
- □ earnest _____
- □ theology _____
- □ piety _____
- □ climactic _____
- □ savior _____
- □ rebellious _____
- □ aggravate _____
- □ unctuous _____
- □ sagacious _____
- □ denounce _____
- □ simultaneous _____
- □ adjustment _____
- □ measure _____
- □ rhyme _____

- □ shorten _____
- □ iconoclastic _____
- □ probation _____
- □ competition _____
- □ dignity _____
- □ miscellaneous _____
- □ accidental _____
- □ peruse _____
- □ cache _____
- □ abase _____
- □ float _____
- □ ponderous _____
- □ aspiration _____
- □ certify _____
- □ spank _____
- □ facade _____
- □ inquire _____
- □ dolorous _____
- □ offense _____
- □ embryo _____

※ 주어진 단어의 뜻을 본문에서 확인하시고 틀린 단어의 경우 박스에 체크한 뒤에 나중에 다시 학습하시기 바랍니다.

B. Choose the synonym of the following words.

1. machination
2. scold
3. intuition
4. bewitch
5. hygienic
6. telling
7. efface
8. hallucination
9. yell
10. vacillate

Ⓐ illusion
Ⓑ effective
Ⓒ chide
Ⓓ conspiracy
Ⓔ erase
Ⓕ scream
Ⓖ fluctuate
Ⓗ sanitary
Ⓘ captivate
Ⓙ hunch

B. 1. Ⓓ 2. Ⓒ 3. Ⓙ 4. Ⓘ 5. Ⓗ 6. Ⓑ 7. Ⓔ 8. Ⓐ 9. Ⓕ 10. Ⓖ

0101 ★★★

cogent
[kóudʒənt]

a. 설득력 있는 = convincing, persuasive

When I listened to his **cogent** arguments, all my doubts were dispelled and I was forced to agree with his point of view.
그의 설득력 있는 주장을 들었을 때, 나의 모든 의구심은 떨쳐졌고 그의 관점에 동의할 수밖에 없었다.

MVP cogency n. (의론·추론의) 설득력(= persuasiveness)

0102 ★★

earmark
[íərmàːrk]

vt. (자금·물건 등을 특정한 용도에) 배당[할당, 책정]하다 = allocate, assign
n. 기호; 특징 = characteristic, feature, hallmark

The waste ground next to the theater has been **earmarked** for office development.
극장에 인접한 공터가 사무실 개발 부지로 할당되었다.

0103 ★★

pacific
[pəsífik]

a. 평화로운, 평온한, 태평한; (바다 따위가) 잔잔한
n. (the P~) 태평양(Pacific Ocean)

Britain is looking for a **pacific**, diplomatic solution.
영국은 평화적이고 외교적인 해결책을 찾고 있다.

MVP pacifist n. 평화주의자

0104 ★★

sack
[sæk]

vt. ① 해고하다 = discharge, dismiss, fire
② (점령군이 도시를) 약탈하다, 노략질하다 = loot, pillage, plunder
n. ① 부대, 마대, 자루 = bag, pocket, poke
② 해고, 파면 = discharge, dismissal
③ (점령지의) 약탈, 강탈 = looting, pillage

Her work was so poor that she was given the **sack**.
그녀는 업무가 너무 부실해서 해고당했다.

0105 ★

tactile
[tǽktil]

a. 촉각의; 감촉할[만져서 알] 수 있는 = palpable, tangible, touchable

The right hemisphere of the brain is specialized for the perception of complex patterns, both visual and **tactile**.
우뇌는 시각적으로 또 촉각적으로 복잡한 패턴을 인식하는 기능을 전담한다.

0106 ★★
jealous
[dʒéləs]

a. ① 질투하는, 시기[시샘]하는 = envious
② (자기가 자랑스럽게 여기는 것을) 지키려고 애쓰는[경계하는] = vigilant

Children often feel **jealous** when a new baby arrives.
아이들은 집안에 새로 아기가 태어나면 흔히 시샘을 한다.

They are very **jealous** of their good reputation.
그들은 좋은 평판을 지키려고 몹시 애쓴다.

MVP jealousy n. 질투[시기](심), 시샘; 빈틈없는 주의, 경계심
jealously ad. 시기하여, 질투하여; 방심하지 않고, 빈틈없이

0107 ★★★
abandon
[əbǽndən]

vt. ① (사람·집·고향 등을) 버리다 = desert, forsake
② (습관·일·계획 등을) 단념하다, 그만두다 = quit, relinquish, renounce

A key to human progress has been the willingness to **abandon** ideas that are no longer true.
인류 발전의 관건은 더 이상 사실이 아닌 생각들을 기꺼이 버리려고 하는 데 있었다.

MVP abandonment n. 버림, 포기, 유기

0108 ★
factotum
[fæktóutəm]

n. 잡역부, 막일꾼 = handyman

Although we had hired him as a messenger, we soon began to use him as a general **factotum** around the office.
우리는 그를 전령으로 고용했지만, 우리는 곧 그를 사무실 주변의 통상적인 잡역부로 일을 시키기 시작했다.

0109 ★★★
mediate
[mí:dièit]

v. 조정[중재]하다, 화해시키다 = arbitrate, intercede, intervene

He **mediated** the secret talks between the U.S. and Cuba as an espionage.
그는 첩보활동의 일환으로 미국과 쿠바 간의 비밀 회담을 중재했다.

MVP mediation n. 조정, 중재
mediator n. 중재인, 조정자
cf. meditate v. 명상하다

0110 ★★
wayward
[wéiwərd]

a. ① 제멋대로인; 고집 센 = disobedient, intractable, unmanageable, unruly
② 변덕스러운, 불규칙적인 = capricious, erratic, fickle

A **wayward** barge hit a supertanker in December.
12월에 통제를 따르지 않던 바지선이 대형 유조선을 들이받았다.

0111 ★★★
thrift
[θrift]

n. 검소, 절약 = austerity, economy, frugality, parsimony, prudence

His habit of **thrift** has become a part of him.
절약하는 삶이 그의 몸에 배었다.

MVP thrifty a. 절약하는, 검소한
spendthrift a. 돈을 헤프게 쓰는, 낭비하는; n. 돈 씀씀이가 헤픈 사람, 낭비가

0112 ★★
diffuse
[difjúːz]

v. ① 흩뜨리다, (빛·열 따위를) 발산하다, 퍼뜨리다 = disperse, disseminate
② (지식·소문 따위를) 퍼뜨리다, 유포하다; 흩어지다, 퍼지다

New information was **diffused** immediately through the internet.
새로운 정보는 인터넷을 통해 즉시 퍼뜨려졌다.

MVP diffusion n. 방산, 발산; 보급, 유포; 확산
diffuser n. 유포자, 전파자; (기체·광선 등의) 확산기

0113 ★★
effeminate
[ifémənət]

a. 여성적인, 사내답지 못한, 나약한, 유약한 = effete, feminine, unmanly

People thought it **effeminate** to think of home.
사람들은 집을 그리워하는 것을 나약하다고 생각했다.

MVP effeminacy n. 여성적임, 나약, 유약, 우유부단

0114 ★
vane
[vein]

n. (풍차·터빈·추진기 등의) 날개; 풍향계, 바람개비 = anemoscope, weathercock

The **vane** turns with the wind.
풍향계는 바람을 따라 돌아간다.

MVP weather vane 풍향계; 기회주의자, 변덕스러운 사람
cf. vain a. 헛된, 소용없는; 허영심이 많은

0115 ★★
peep
[piːp]

v. ① 엿보다, 슬쩍 들여다보다[at, into, through] = look, peek
② (성질 등이) 모르는 사이에 나타나다, (본바탕 등이) 드러나다[out]
= emerge, pop up

He **peeped** into the room through the crack of the door.
그는 문틈으로 방 안을 들여다보았다.

The stars **peeped** through the clouds.
별이 구름 사이로 보이기 시작했다.

MVP peeping Tom 엿보기 좋아하는 사람, 호색가, 관음증 환자

0116 ★★★
negotiation
[nigòuʃiéiʃən]

n. 협상, 교섭, 절충 = bargaining, parley

Diplomacy signifies "**negotiation**," as when we say "the problem is one which might well be solved by diplomacy."
"그 문제는 외교적으로 해결되어야 하는 것이다."라고 말하는 경우에서의 외교는 '협상'을 뜻한다.

MVP negotiate v. 협상[교섭]하다
negotiator n. 교섭자, 협상자

0117 ★★
scandalous
[skǽndləs]

a. 소문이 나쁜, 수치스러운; 중상적인 = defamatory, disgraceful, shameful

People love reading about gossip of the rich and famous; the more **scandalous** the better.
사람들은 부유하고 유명한 사람들에 관한 뜬소문들에 관해 읽는 것을 좋아하는데, 더 수치스러운 것일수록 더 좋아한다.

MVP scandal n. 추문, 스캔들; 불명예

0118 ★★
hype
[haip]

n. ① 과대광고[선전]; 속임(수) = ballyhoo
② 마약 주사; 마약 중독자
vt. ① 과대선전하다, 강매하다
② (마약 주사로) 흥분시키다, 기력을 북돋우다

People went to see the movie because of all the big media **hype**.
사람들이 그 영화를 보러 간 것은 대형 언론매체의 과대선전 때문이었다.

MVP hyper n. 과대 선전꾼; a. 매우 흥분[긴장]한

0119 ★★★
perspective
[pərspéktiv]

n. ① 견해, 관점, 시각 = outlook, position, view
② 원근법, 투시화법

The death of my son gave me a whole new **perspective** on life.
내 아들의 죽음으로 나는 삶에 대해 완전히 다른 눈으로 보게 되었다.

The artist shows a fine command of **perspective**.
그 화가는 원근법을 훌륭히 구사한다.

0120 ★★★
realize
[ríːəlàiz]

v. ① 깨닫다, 알아차리다, 인식[자각]하다
② (목표 등을) 실현[달성]하다
③ 여실히 보여주다, 실감나게 그리다, 사실적으로 묘사하다
④ (유가증권·부동산을) 현금으로 바꾸다; (재산·이익을) 얻다, (돈을) 벌다

His dream of going abroad was finally **realized**.
외국에 가는 그의 꿈은 마침내 실현되었다.

He tried to **realize** these events on screen.
그는 이들 사건을 영화에서 사실적으로 나타내려고 하였다.

She **realized** $5,000 from the investment.
그녀는 그 투자로 5,000달러를 벌었다.

> **MVP** realization n. 깨달음, 자각, 인식; (목표 등의) 실현; 자산 실현(자산의 현금화)
> self-realization n. 자아 실현, 자기 개발

0121 ★★
acerbic
[əsə́:rbik]

a. ① (맛이) 신, 떫은 = acid, sour
② (기질·태도·표현 등이) 거친, 표독한, 신랄한
= acrid, bitter, pungent, scathing, sharp

The letter was written in her usual **acerbic** style.
그 편지는 그녀가 늘 쓰는 신랄한 어투로 쓰여 있었다.

> **MVP** acerbity n. 신맛, 쓴맛, 떫은맛; (말 등의) 신랄함

0122 ★★★
cease
[si:s]

v. 그만두다, 그치다, 중지하다 = desist, discontinue, halt
n. 중지, 정지 = cessation, halt

The spirit of Confucianism has continued on without **ceasing** until now.
유교 정신은 지금까지 면면히 이어져 내려왔다.

> **MVP** cessation n. 정지, 휴지(休止), 중지
> ceaseless a. 끊임없는
> unceasing a. 끊임없는, 부단한, 쉴 새 없는

0123 ★★
sect
[sekt]

n. 분파, 종파; 교파; 당파; (철학 등의) 학파
= denomination, faction, party, school, wing

He belongs to a small **sect** which abnegates pleasure.
그는 쾌락을 거부하는 작은 종파의 일원이다.

> **MVP** sectarian a. 분파의, 종파의; 학파의; 당파심이 강한; 편협한

0124 ★
itinerary
[aitínərèri]

n. 여정, 여행 계획[일정표]
a. 여행의; 순회하는

The most important stop on her **itinerary** may have been a ribbon-cutting ceremony for a new deepwater shipping terminal at Cai Mep.
그녀의 여정 중 가장 중요한 곳은 아마도 카이멥(Cai Mep)에 있는 새로운 원양 선박 터미널 준공식이었을 것이다.

0125 ★★

predicate
v. [prédikèit]
n. [prédikət]

v. ① 단언하다; 진술하다, 서술하다 = affirm, assert, aver, declare, state
② (판단·행동 등을 어떤 근거에) 입각시키다, 기초를 두다[on, upon]
= base, ground, rest
n. 〈문법〉 술부, 술어

His theory **predicates** the system of the universe.
그의 이론은 우주의 체계를 설파하고 있다.

0126 ★★

shabby
[ʃǽbi]

a. 초라한, 허름한; 낡아빠진, 누더기의 = ragged, scruffy, worn-out

The **shabby** neighborhood has changed into a new town.
허름하던 동네가 신도시로 바뀌었다.

Although her mother gave the coat to her, it looked rather **shabby**.
그녀의 어머니가 그녀에게 준 것이긴 해도, 그 코트는 다소 낡아 보였다.

MVP cf. shaggy a. 털북숭이의, 털이 텁수룩한; 단정치 못한

0127 ★★

ennui
[áːnwíː]

n. 권태, 지루함 = boredom, languor, tedium

Work with the majority is their only refuge from **ennui**.
대다수의 사람들에게 일은 그들의 권태로부터의 유일한 도피처이다.

0128 ★

boorish
[búəriʃ]

a. (사람이나 행동이) 촌스러운, 상스러운, 천박한
= churlish, coarse, impolite, uncouth, unrefined

I found him **boorish** and aggressive.
나는 그가 상스럽고 공격적이라고 생각했다.

0129 ★★★

adversary
[ǽdvərsèri]

n. 적(敵), 적수, 상대 = antagonist, competitor, enemy, foe, opponent, rival

Since the days of Vietnam and Watergate, journalists have become **adversaries** of the government.
베트남 전쟁과 워터게이트 사건 이후로, 신문 기자들은 정부의 적이 되었다.

MVP cf. adversity n. (종종 pl.) 역경; 불행, 불운

0130 ★★★

damp
[dæmp]

a. 축축한, 습기 있는 = dank, humid, moist

After twenty minutes in the dryer, my socks were still **damp**.
건조기에서 20분간 돌린 후에도 내 양말은 여전히 축축했다.

MVP dampen v. 풀이 죽게 하다, 기를 꺾다

0131 ★★

complain
[kəmpléin]

v. ① 불평하다, 불만을 제기하다, 투덜거리다 = grouse, grumble
   ② (고통·병의 상태를) 호소하다[of]

I'm going to **complain** to the manager about this problem.
이 문제에 대해 매니저에게 불평했다.

She left early, **complaining** of a headache.
그녀는 머리가 아프다며 조퇴를 했다.

MVP complaint n. 불평, 불평거리; (몸의) 이상, 질환, 병

0132 ★

sinecure
[sáinikjùər]

n. (명예 또는 수입이 있는) 한직, 명예직 = easy post, pushover, soft touch

My job is no **sinecure**; I work long hours and have much responsibility.
나의 직업은 한직이 아니다. 왜냐하면 나는 오랜 시간을 일하며, 책임도 무겁기 때문이다.

0133 ★★

imperative
[impérətiv]

n. 명령; 의무, 필요, 요구 = command; demand

a. 피할 수 없는, 긴급한, 필수적인 = essential, urgent, vital

A man becomes more and more a social being, and as the world becomes more and more a social community, communication grows ever more **imperative**.
인간은 더욱 더 사회적 존재가 되어가고 있으며, 세상이 더욱 더 사회적 공동체가 되어감에 따라 의사소통도 더욱 긴요하게 된다.

0134 ★★

magnanimous
[mægnǽniməs]

a. 도량이 넓은, 관대한, 아량 있는 = broad-minded, generous, tolerant

He assumed a **magnanimous** attitude toward a conquered enemy.
그는 정복당한 적에게 관대한 태도를 취했다.

MVP magnanimity n. 도량, 아량, 너그러움
magnanimously ad. 관대하게; 고결하게

0135 ★
legerdemain
[lèdʒərdəméin]

n. ① 요술, 마술; 날랜 손재주 = jugglery, magic, prestidigitation
② 속임수 = deception, manipulation, trickery

There is a certain knack or **legerdemain** in argument.
논쟁에는 어떤 교묘한 기교나 속임수가 있다.

0136 ★★
solidify
[səlídəfài]

v. ① 공고히 하다, 강화하다 = assure, consolidate, strengthen
② 고체화하다, 응고시키다 = coagulate, congeal, harden

She won Wimbledon convincingly, **solidifying** her No. 1 ranking.
그녀는 윔블던 대회에서 압도적으로 우승하여 랭킹 1위 자리를 굳혔다.

MVP solid a. 고체의; 견고한, 튼튼한; n. 고체, 고형물

0137 ★★★
ambivalent
[æmbívələnt]

a. 반대 감정이 병존하는, 애증이 엇갈리는; 불확실한
= conflicting, equivocal, uncertain, undecided

She has an **ambivalent** attitude towards the guy.
그녀는 그 남자에 대해 애증이 엇갈리는 태도를 보인다.

MVP ambivalence n. 반대 감정 병존, 감정의 교차; 양면가치; 주저; 모호함

0138 ★★
flagrant
[fléigrənt]

a. ① (거짓·잘못 등이) 명백한, 노골적인 = blatant
② 악명 높은, 극악(무도)한 = atrocious, egregious, heinous, notorious

He showed a **flagrant** disregard for anyone else's feelings.
그는 누구든 다른 사람의 감정을 노골적으로 무시했다.

MVP flagrance n. 극악, 악명(= notoriety)
cf. fragrant a. 향기로운

0139 ★★
architect
[áːrkətèkt]

n. ① 건축가, 건축 기사
② (사상·행사 등의) 설계자, 기획자, 창조자, 개척자
③ (the (Great) A~) 조물주, 신
v. 설계하다, 구성하다

The **architect** built a tall building in the town.
그 건축가는 마을에 높은 건물을 지었다.

He was one of the principal **architects** of the revolution.
그는 그 혁명을 설계한 주요 인물들 중의 한 명이었다.

MVP architecture n. 건축학, 건축술; 건축 양식
architectural a. 건축의, 건축학의

0140 ★★★

detail
[ditéil]

n. ① (작고 덜 중요한) 세부사항 = nicety, specifics
② (무엇에 대한) 정보[사항] = information
v. ① 자세히 말하다, 상세히 설명하다 = elaborate, exposit, expound
② 〈군사〉 (군인 등을 특별한 임무에) 파견하다 = detach, dispatch

Tell me the main points now; leave the **details** till later.
지금은 주요 사항들만 말씀해 주세요. 세부적인 것들은 나중으로 미루고.

The brochure **details** all the hotels in the area and their facilities.
그 안내 책자에 그 지역에 있는 모든 호텔과 시설이 상세히 나와 있다.

Many police officers were **detailed** to guard the President.
많은 경찰이 대통령의 경호를 위해 파견되었다.

MVP detailed a. 상세한, 자세한; 파견된
in detail 상세하게, 자세히

0141 ★★

poignant
[pɔ́injənt]

a. 마음 아픈, 통렬한; 신랄한; 통쾌한 = bitter, incisive, pungent

It is **poignant** that he missed his last chance.
그가 마지막 기회를 놓쳤다는 것이 마음 아프다.

His writing is famous for its **poignant** sarcasm about politics.
그의 글은 정치에 대한 통렬한 풍자로 유명하다.

MVP poignancy n. 날카로움, 매서움, 통렬함(= intensity, piquancy, sharpness)

0142 ★★

decadence
[dékədəns]

n. ① 타락, 퇴폐; 쇠퇴 = corruption, decline, degeneration, deterioration, fall
② (문학·예술의) 쇠퇴기; 데카당스(19세기 말의 허무적·탐미적 문예 사조)

The fall of ancient Rome was due to the **decadence** of the leaders of the society.
고대 로마의 멸망은 사회 지도층의 타락에 기인했다.

MVP decadent a. 쇠퇴기에 접어든; 퇴폐적인; 데카당파의

0143 ★★★

belie
[biláі]

vt. ① 거짓[잘못] 전하다, 속이다 = deceive, mislead, misrepresent
② 거짓[잘못]임을 나타내다 = disprove

His looks **belie** his character.
그는 겉보기와는 다른 사람이다.

The reporter **belied** the facts.
신문 기자는 사실을 잘못 보도했다.

The evidence **belied** what he said.
그 증거로 그의 말이 거짓임이 드러났다.

0144 ★
respite
[réspit]

n. ① (곤경·불쾌한 일의) 일시적인 중단, 한숨 돌리기 = pause, recess
② (힘들거나 불쾌한 일의) 유예[연기]

She continued to work without **respite**.
그녀는 한숨 돌릴 새도 없이 계속 일을 했다.

0145 ★★
hefty
[héfti]

a. ① 장대한, 크고 무거운 = heavy, massive
② (돈의 액수가) 많은, 두둑한

Her brothers were both **hefty** men in their forties.
그녀의 오빠들은 둘 다 기골이 장대한 40대였다.

They sold it easily and made a **hefty** profit.
그들은 그것을 쉽게 팔았고 두둑한 수익을 남겼다.

0146 ★★★
minority
[minɔ́:rəti]

n. ① 소수; 소수파; 소수 민족[집단]
② 미성년(기)

Kurds, an ethnic **minority** group in Iraq, are moving to expand their areas.
이라크(Iraq)의 소수민족인 쿠르드(Kurds)족은 그들의 영역을 확장시키려고 움직이고 있다.

MVP minor a. 보다 작은; 소수의; 중요하지 않은; n. 미성년자; 부전공 과목
↔ majority n. 대부분, 대다수; 다수당, 다수파

0147 ★
cabal
[kəbǽl]

n. ① 음모, 권모술수 = conspiracy, intrigue, plot, scheme
② 비밀결사; 도당, (문학·예술계의) 파벌 = clique, coterie, faction, ring

A **cabal** of less than a handful of people at party headquarters is trying to overrule the democratic decision-making process.
당 지도부의 단 몇 명으로 이루어진 집단이 민주적 의사결정 과정을 좌우하려고 한다.

0148 ★★★
inflict
[inflíkt]

vt. (고통·타격·형벌 등을) 주다, 입히다, 가하다, 과하다 = impose, levy, wreak

He **inflicted** a big loss on me.
그는 나에게 큰 손해를 입혔다.

MVP infliction n. (고통·타격 등을) 가함[줌]; 형벌; 고통, 시련

0149 ★★★

doctrine
[dάktrin]

n. ① 교의, 교리 = creed, dogma, tenet
　② 주의; (정치·종교·학문상의) 신조, 학설

Priests are representatives and followers of the **doctrines** of their religion.
사제는 자신이 믿는 종교 교리의 대리인이자 신봉자이다.

MVP doctrinism n. 교리 지상주의
　　 doctrinist n. 교조주의자, 교리지상주의자

0150 ★★

outdistance
[àutdístəns]

vt. (경주·경마 등에서) 훨씬 앞서다, 능가하다 = beat, outdo, outstrip, surpass

Korean movies took a 60 percent market share, **outdistancing** foreign films that took a 40 percent market share.
한국 영화는 60%의 시장 점유율을 보임으로써, 40%의 시장 점유율을 보인 외국 영화를 앞질렀다.

MVP distance n. 거리, 간격; vt. 떼어놓다, 멀리하다; (경주·경쟁에서) 앞지르다

A. Write the meaning of the following words.

- □ earmark _____
- □ pacific _____
- □ sack _____
- □ tactile _____
- □ abandon _____
- □ mediate _____
- □ wayward _____
- □ diffuse _____
- □ effeminate _____
- □ vane _____
- □ scandalous _____
- □ hype _____
- □ perspective _____
- □ realize _____
- □ sect _____
- □ itinerary _____
- □ predicate _____
- □ boorish _____
- □ adversary _____
- □ damp _____

- □ complain _____
- □ sinecure _____
- □ imperative _____
- □ magnanimous _____
- □ legerdemain _____
- □ solidify _____
- □ ambivalent _____
- □ flagrant _____
- □ architect _____
- □ detail _____
- □ poignant _____
- □ decadence _____
- □ belie _____
- □ respite _____
- □ hefty _____
- □ minority _____
- □ cabal _____
- □ inflict _____
- □ doctrine _____
- □ outdistance _____

※ 주어진 단어의 뜻을 본문에서 확인하시고 틀린 단어의 경우 박스에 체크한 뒤에 나중에 다시 학습하시기 바랍니다.

B. Choose the synonym of the following words.

1. factotum
2. negotiation
3. cease
4. cogent
5. ennui
6. shabby
7. thrift
8. peep
9. acerbic
10. jealous

Ⓐ sour
Ⓑ peek
Ⓒ handyman
Ⓓ envious
Ⓔ convincing
Ⓕ bargaining
Ⓖ austerity
Ⓗ discontinue
Ⓘ boredom
Ⓙ ragged

B. 1. Ⓒ 2. Ⓕ 3. Ⓗ 4. Ⓔ 5. Ⓘ 6. Ⓙ 7. Ⓖ 8. Ⓑ 9. Ⓐ 10. Ⓓ

0151 ★★★

facilitate
[fəsílətèit]

vt. (행위 따위를) 용이하게 하다; 촉진하다 = expedite, promote

The moderator's role is to **facilitate** the discussion by asking appropriate questions.
사회자의 역할은 적절한 질문들을 던짐으로써 토론을 원활하게 촉진시키는 것이다.

0152 ★

salubrious
[səlúːbriəs]

a. (기후·장소·음식물 등이) 몸에 좋은, 건강에 좋은 = healthful, wholesome

People with hay fever move to more **salubrious** sections during the months of August and September.
건초열에 걸린 사람들은 8월과 9월에 보다 건강에 좋은 지역으로 이동한다.

0153 ★★

quack
[kwæk]

n. 돌팔이[가짜] 의사; 사기꾼 = charlatan, medicaster; impostor, swindler

In Anglo-Saxon days in England there were many **quacks**.
앵글로 색슨 시대의 영국에서는 돌팔이 의사들이 많이 있었다.

0154 ★★★

hackneyed
[hǽknid]

a. 진부한, 흔해빠진 = banal, commonplace, stale, trite, worn—out

"Whiter than snow" is an expression that sounds rather **hackneyed**.
"눈보다 희다"는 다소 진부하게 들리는 표현이다.

0155 ★★★

thorough
[θə́ːrou]

a. ① 완전한, 전적인, 진짜의
　② 빈틈없는, 철저한, 철두철미한, 꼼꼼한, 세심한 = close, exact, rigorous
　② (예술가 등이) 충분히 숙달한, 더할 나위 없는

Everything was in a **thorough** mess.
모든 것이 완전히 엉망진창이었다.

After a **thorough** investigation, the company performed the massive recall.
철저한 조사를 한 이후, 그 회사는 대규모 리콜을 실시했다.

Her writing is discursive but **thorough**.
그 여자의 글은 산만하지만 빈틈이 없다.

MVP thoroughly ad. 대단히, 완전히; 철저히, 철두철미하게
　　　cf. through prep. ~을 통과하여; ~동안 내내; ~때문에

0156 ★
pant
[pænt]

v. ① 헐떡거리다, 숨차다; 몹시 두근거리다 = gasp, puff
② 갈망[열망]하다, 그리워하다[for, after] = crave, long

I **pant** for breath even when climbing up a gentle slope.
나는 완만한 비탈길을 올라가는 데도 숨이 차다.

0157 ★★
veracious
[vəréiʃəs]

a. 정직한, 진실을 말하는; 진실한, 정말인 = faithful, honest, sincere, truthful

The **veracious** reporter refused to continue the interview after the candidate would answer only pre-selected questions.
그 정직한 기자는 그 후보가 사전에 선택한 질문에만 대답하려 하자 인터뷰를 계속하길 거부했다.

MVP veracity n. 진실성

0158 ★★★
bilateral
[bailǽtərəl]

a. 쌍방의, 쌍무적인 = mutual, reciprocal

The contract was annulled by **bilateral** agreement.
계약은 쌍방의 합의로 취소되었다.

MVP cf. multilateral a. 다자간[다국간]의
cf. unilateral a. 한쪽만의, 일방적인(= one-sided)

0159 ★★
emaciated
[iméiʃièitid]

a. 야윈, 수척한 = gaunt, haggard

At a hospital, two brothers lie side by side in a ward filled with **emaciated** children.
한 병원에서 두 형제가 수척한 아이들로 넘쳐나는 병실에 나란히 누워있다.

MVP emaciate vt. 쇠약하게 하다; (땅을) 메마르게 하다

0160 ★★★
mushroom
[mʌʃruːm]

n. 버섯
a. (버섯처럼) 급성장하는; 갑자기 출세한 = burgeoning, fast-growing
vi. 빨리 성장[발전]하다, 급격히 퍼지다 = burgeon, flourish

Factories of this sort **mushroomed** along the river.
강을 따라 이런 종류의 공장들이 우후죽순처럼 늘어났다.

MVP cf. toadstool n. 식용이 아닌 버섯, (특히) 독버섯
cf. fungus n. 진균류, 버섯

0161 ★★
penchant
[péntʃənt]

n. **경향, 애호, 취미**[for] = disposition, inclination, leaning, liking

He has a **penchant** for sports.
그는 스포츠를 굉장히 좋아한다.

Many citizens have a **penchant** to crowd in front of subway cars and not let exiting passengers leave before trying to push inside.
많은 시민들이 지하철 앞에 모여 승객이 내리기 전에 안으로 밀고 들어가는 경향이 있다.

0162 ★★
scowl
[skaul]

v. ① **얼굴을 찌푸리다; 노려보다**[at, on, into] = frown, glare, glower, grimace
　 ② **(날씨가) 험악해[거칠어]지다**

n. **찌푸린 얼굴; 찌푸린 날씨**

He rarely spoke and always walked around with a **scowl** on his face.
그는 좀처럼 말을 하지 않고 항상 성난 표정으로 걸어 다녔다.

0163 ★★★
ignoble
[ignóubl]

a. **(성품이) 비열한, 야비한; (태생·신분이) 비천한** = despicable, mean; lowly

It is **ignoble** to cheat on a test.
시험에서 부정행위를 하는 것은 비열한 짓이다.

MVP nobility n. 고귀, 숭고, 고결함; 귀족
cf. ennoble vt. 품위 있게 하다
↔ noble a. (계급·지위·출생 따위가) 귀족의, 고귀한; 고상한, 숭고한

0164 ★★
undo
[ʌndúː]

v. ① **(일단 해버린 것을) 원상태로 돌리다, 취소하다** = annul, cancel, reverse
　 ② **파멸로 이끌다, 망하게 하다, 몰락하게 하다** = destroy, ruin, wreck
　 ③ **(잠기거나 묶인 것을) 풀다[열다, 끄르다]** = loosen, unravel

It is difficult to **undo** the damage from an initial error.
처음의 실수로 인한 피해를 원상태로 되돌리는 것은 어렵다.

MVP undone a. 마무리 짓지 않은; 달성[완결]되지 않은, 미완성의

0165 ★★
mellow
[mélou]

a. ① **(과일이) 익은, 감미로운; (포도주가) 향기로운, 잘 빚어진**
　 　 = mature, ripe, sweet
　 ② **(가락·소리·빛깔·문체 등이) 부드럽고 아름다운** = dulcet, melodious, tuneful
　 ③ **(사람·기질이) 원숙한, 원만한, 온화한** = amiable, clement, gentle, mild

His voice was deep and **mellow** and his speech had a soothing and comforting quality.
그의 음성은 그윽하고 감미로웠으며, 그의 말에는 사람의 마음을 진정시키고 위안을 주는 데가 있었다.

0166 ★★

sediment
[sédəmənt]

n. 앙금, 침전물; 퇴적물 = deposition, dregs

Since 1830, suspended **sediment** in the river has risen continuously.
1830년 이후로, 그 강 속의 부유 퇴적물이 계속해서 늘어났다.

0167 ★★★

consecutive
[kənsékjutiv]

a. 연속적인, 계속되는 = straight, successive, uninterrupted

Interest among new college freshmen in pursuing business careers continued to decline for the fourth **consecutive** year.
대학 신입생들이 직장과 직결되는 이력을 쌓는 것에 대해 가지는 관심이 4년째 계속해서 하락하는 추세에 있다.

Korean presidents cannot serve **consecutive** terms.
한국 대통령들은 연임을 할 수 없다.

MVP consecutively ad. 연속적으로, 잇따라

0168 ★★

pitfall
[pítfɔ:l]

n. ① (사람·동물 등을 잡는) 함정 = pit, trap
② 〈비유〉 생각지 않은 위험, 함정, 곤란 = difficulty, hazard, peril, snag

He said there is the potential **pitfalls** of buying that house.
그는 그 집을 사는 데 잠재적인 위험이 있다고 말했다.

0169 ★★

obdurate
[ábdjurit]

a. 고집 센, 완고한 = obstinate, stubborn, unyielding

Given that he came to the mediation with such an **obdurate** attitude, it is no wonder there was little movement toward any harmonious agreement.
그가 대단히 고집스러운 태도로 중재하러 왔다는 점을 고려하면, 조화로운 합의를 향한 진척이 거의 없었다는 것은 매우 당연한 일이다.

MVP obduracy n. 고집, 완고

0170 ★★★

elevate
[éləvèit]

vt. ① (사람이나 물건을) (들어) 올리다 = hoist, lift up, raise
② 승진시키다 = advance, exalt, promote
③ 향상시키다, 고상하게 하다; 기분을 돋우다 = cheer, exhilarate, uplift

The program **elevated** the awareness and interest of software's importance.
그 프로그램은 소프트웨어의 중요성에 대한 인식과 흥미를 높였다.

MVP elevation n. 높이, 고도, 해발; 고상, 숭고; 승진; 향상
elevated a. 높은; 숭고[고결]한, 고상한; 쾌활한

0171 ★★
accountable
[əkáuntəbəl]

a. ① 책임이 있는 = liable, responsible
   ② 설명할 수 있는 = explicable

I am not **accountable** for his failure.
그의 실패는 내 탓이 아니다.

MVP accountability n. 책임, 책무, 의무(= responsibility)

0172 ★★
shorthand
[ʃɔ́ːrthænd]

n. ① 속기 = stenography
   ② 약칭; 편법

He took down the speech in **shorthand**.
그는 연설을 속기로 받아 적었다.

MVP cf. longhand n. (타이핑·속기와 대조되는) 손으로 쓰기

0173 ★
dabble
[dǽbl]

vt. (손발 등을 물에 담그고) 첨벙거리다[튀기다] = paddle, splash
vi. (스포츠·활동 등을 오락이나 취미 삼아) 조금 해보다[잠깐 손대다][in, with]
   = tinker with

They **dabbled** in art.
그 사람들은 취미삼아 미술을 했다.

MVP dabbler n. 물장난을 치는 사람; 취미[장난]삼아 해보는 사람, 애호가(= dilettante)

0174 ★★
plebeian
[pləbíːən]

a. ① 대중의, 평민의, 서민의 = base-born, common
   ② 보통의, 진부한, 평범한; 비속한 = vulgar
n. 서민, 평민 = commoner

His face plainly indicates that he is of **plebeian** origin.
그의 얼굴은 평민출신임을 명백히 가리키고 있다.

0175 ★★
nascent
[nǽsnt]

a. 생기려고[발생하려고] 하는, 초기의 = embryonic, fledgling, incipient, initial

The **nascent** party was formed by politicians who had left the ruling party.
그 신생 정당은 여당을 떠난 정치인들에 의해 결성되었다.

MVP nascence n. 발생, 기원

0176 ★★★

camouflage
[kǽməflɑ̀:ʒ]

n. 위장, 변장; 기만 = disguise; deceit, deception
v. 위장[변장]하다; 감추다 = disguise; conceal, mask

The insect's color provides **camouflage** from its enemies.
곤충의 색깔은 적으로부터의 위장 수단이 된다.

Daniel is five feet five inches tall and inclines toward stoutness, but his erect bearing and quick movements tend to **camouflage** this.
다니엘(Daniel)은 키가 5피트 5인치이고 뚱뚱한 것에 가깝다. 하지만 그의 곧은 자세와 민첩한 동작은 이것을 감추는 경향이 있다.

0177 ★★★

illuminate
[ilú:mənèit]

v. ① 조명하다, 밝게 하다, 비추다 = brighten, irradiate, light
　② (문제 등을) 설명[해명]하다 = clarify, elucidate, explain, expound
　③ 계발(啓發)하다, 계몽하다 = develop, edify, educate, enlighten

The room was poorly **illuminated** by one candle.
그 방에는 초 한 자루만 켜져 있어서 별로 밝지가 않았다.

MVP illumination n. 조명; 계몽
illuminant a. 밝게 하는, 빛을 내는, 비추는; n. 광원(光源), 발광체[물]
illuminating a. 조명하는, 비추는; 설명적인, 계몽적인

0178 ★★

abnegate
[ǽbnigèit]

vt. ① (소신·권리 등을) 버리다, 포기하다 = relinquish, renounce
　② (쾌락 등을) 끊다 = abstain, forbear, refrain

The teacher compelled the students to **abnegate** their desires to play around.
그 교사는 학생들이 놀고 싶은 욕구를 자제하도록 강요했다.

MVP abnegation n. (권리 등의) 포기; 자제, 금욕(= self-denial)

0179 ★

foliage
[fóuliidʒ]

n. [집합적] 잎; 잎의 무성함 = leaf; leafage

If you listen carefully you can hear the caterpillar eating the **foliage**.
귀를 잘 기울이면, 잎을 먹는 애벌레의 소리를 들을 수 있다.

0180 ★★

corpulent
[kɔ́:rpjulənt]

a. 뚱뚱한, 살찐, 비만한 = fat, obese, plump, portly

Mrs. Byron was a short and **corpulent** person and rolled considerably in her gait.
바이론(Byron) 부인은 키가 작고 비만해서 몸을 상당히 흔들면서 걸었다.

MVP corpulence n. 비만, 비대
cf. opulent a. 부유한, 풍부한, 풍족한

0181 ★★
slacken
[slǽkən]

v. ① 늦추다, 완화되다 = decrease, lessen, reduce
　② 약간 풀다, 느슨해지다 = loosen, relax

Our attention on saving seems to be already **slackening** though the loud cries for frugality after suffering the foreign exchange crisis are not far off yet.
외환위기를 경험한 뒤 절약에 대한 외침이 높던 때가 엊그제 같은데 벌써 마음이 해이해진 것 같다.

0182 ★★★
adolescence
[æ̀dəlésns]

n. 청소년기, 사춘기, 청춘기 = juvenescence, puberty, teens, youth

Adolescence is a time when you establish your identity.
사춘기는 자신의 정체성을 확립하는 시기다.

MVP adolescent a. 청춘기의; 미숙한, 풋내 나는; n. 청년, 청소년

0183 ★★
destruction
[distrʌ́kʃən]

n. ① 파괴; (문서의) 파기; 멸망, 파멸 = ruination; fall, subversion
　② 파멸의 원인 = ruin

Destruction of the environment is one of the most serious challenges we face.
환경 파괴는 우리가 당면한 가장 심각한 도전 중 하나이다.

Overconfidence was his **destruction**.
자만심이 그의 파멸의 원인이었다.

MVP destroy v. 파괴하다, 말살하다; 구제(驅除)하다
destructive a. 파괴적인, 해를 끼치는; 파괴주의적인; 부정적인

0184 ★★★
agitate
[ǽdʒitèit]

v. 선동하다, 동요시키다, (마음이나 감정을) 흔들다; 휘젓다
　= disturb, instigate, perturb, provoke; stir up

He **agitated** the mob with extreme nationalism.
그는 극단적인 민족주의로 우매한 군중들을 선동했다.

Carl and Martin may inherit their grandmother's possessions when she dies. The thought **agitates** her.
할머니가 돌아가시면 칼(Carl)과 마틴(Martin)이 재산을 상속받을지도 모른다. 이 생각은 그녀를 심란하게 만든다.

MVP agitator n. 선동자, 선전원

0185 ★★
entity
[éntəti]

n. ① 실재(물), 존재(물) = being, existence, presence
　② 본질; 실체 = essence, substance

The true root of violence is human greed, not an external **entity**.
폭력의 진정한 근원은 외부의 실체가 아니라 인간의 탐욕이다.

MVP cf. nonentity n. 존재[실재]하지 않음; 보잘것없는 사람[것]

0186 ★★★

generate
[dʒénərèit]

vt. ① 낳다, 산출[생기게]하다 = breed, produce
　　② (전기·열 등을) 발생시키다, 일으키다
　　③ (결과·행동·감정 등을) 야기[초래]하다 = bring about, cause, engender

We can **generate** electricity from our own body heat, physical movement, and vibrations.
우리는 몸의 열, 물리적 움직임, 진동으로 전기를 발생시킬 수 있다.

MVP generation n. 세대; 자손, 일족; 산출, 발생; (전기·열 등의) 발생
　　　　 generator n. 발전기

0187 ★★

homonym
[hámənim]

n. 동음이의어(同音異議語); 이름이 같은 물건[사람], 동명이인

A **homonym** is a word that sounds like another word.
동음이의어란 다른 단어와 소리가 같은 단어를 일컫는다.

MVP heteronym n. 동철 이음 이의어(철자는 같으나 음과 뜻이 다른 단어: '찢다'는 뜻의 tear와 '눈물'이라는 뜻의 tear)
　　　　 homograph n. 동형이의어(同形異義語)(bark(짖다; 나무껍질) 등)
　　　　 homophone n. 동음이의[이철]어(some과 sum처럼, 발음/sʌm/은 같지만 철자나 뜻은 다른 단어)

0188 ★★★

procure
[proukjúər]

v. ① 획득하다, (필수품을) 조달하다 = acquire, gain, get, obtain
　　② (매춘부를) 주선하다 = pimp

Companies have to **procure** and cultivate talented personnel.
기업은 인재를 확보하고 육성해야 한다.

MVP procurement n. 획득, 조달; 처리; 주선

0189 ★★

discernible
[disə́:rnəbl]

a. 인식[식별]할 수 있는, 보고 알 수 있는 = apparent, obvious, recognizable

The ships in the harbor were not **discernible** in the fog.
안개 때문에 항구의 배들을 알아볼 수 없었다.

The influence of Rodin is **discernible** in the younger artist.
로댕의 영향을 그 젊은 화가에게서 볼 수 있다.

MVP discern v. 분별하다, 식별하다

0190 ★★★

impose
[impóuz]

v. ① (의무·벌·세금 등을) 지우다, 부과하다 = inflict, levy
　　② 강요하다 = compel, enforce

Very high taxes have been **imposed** on cigarettes.
담배에 매우 높은 세금이 부과됐다.

I don't want to **impose** my views on anyone.
나는 남들에게 내 생각을 강요하고 싶진 않다.

(MVP) imposition n. 과세, 부과; 강요

0191 ★★★

spontaneous
[spantéiniəs]

a. ① 자발적인, 자진해서 하는, 임의의 = impromptu, impulsive, voluntary, willing
② 저절로 일어나는, 자연 발생적인

The audience burst into **spontaneous** applause.
관객들은 마음에서 우러난 박수갈채를 보냈다.

(MVP) spontaneity n. 자발성; 무의식; 자발적 행위
spontaneously ad. 자발적으로, 자연스럽게

0192 ★

anthropomorphic
[æn̪θrəpəmɔ́ːrfik]

a. 의인화[인격환]된, 사람의 모습을 닮은 = anthropoid, humanoid

The world of the ancient Greek gods was **anthropomorphic**.
고대 그리스 신들의 세계는 의인화되었다.

(MVP) anthropomorphism n. 의인화, 인격화

0193 ★★★

celebrate
[séləbrèit]

v. ① 기념하다, 축하하다; (의식·제전을) 거행하다 = commemorate, observe
② 찬양하다, 기리다 = glorify, honor, laud

We **celebrate** Children's Day, Parents' Day, and Teachers' Day in May.
우리는 5월에 어린이날, 어버이날, 그리고 스승의 날을 기념한다.

(MVP) celebration n. 축하, 축전, 의식; 칭찬, 찬양
celebrated a. 고명한, 유명한; 세상에 알려진(= famous, renowned)

0194 ★

ramshackle
[ræmʃǽkəl]

a. 금방이라도 무너질 듯한, 흔들거리는 = crumbling, dilapidated, tumble—down

Most streets in central London were still narrow and **ramshackle**, laid out largely
as they had been before the fire.
런던 중심가에 있는 도로 대부분은 대체로 대화재가 일어나기 전에 설계되었기 때문에,
여전히 폭이 좁고 금방이라도 무너질 듯 했다.

0195 ★★

dominion
[dəmínjən]

n. ① 지배력, 통치권; 주권; 통제[over] = authority, command, sovereignty
② (종종 pl.) 영토, 영지 = domain, territory

The King holds **dominion** over the people of his nation.
왕은 그 나라 국민들에 대해 통치권을 가진다.

0196 ★★

tamper
[tǽmpər]

vi. ① 참견하다, 간섭하다[with] = interfere, intervene, meddle
② 손대다; (서류 등을) 함부로 변경하다[with]
③ 뇌물을 주다, 매수하다, 뒷거래하다[with] = bribe

That the original document had been **tampered** with was one of the Prosecutor's theories.
서류 원본이 위조됐다는 것이 검찰 측 주장 중 하나였다.

The lawyer tried to **tamper** with the witnesses by offering them bribes to change their testimony.
그 변호사가 증인들에게 뇌물을 주어 그들의 증언을 번복하도록 뒷거래를 하려 했다.

MVP tamper-proof a. 쉽게 변경[조작]할 수 없는

0197 ★★

lackadaisical
[lækədéizikəl]

a. ① 활기 없는, 열의 없는 = inert, languid, lethargic, limp, listless
② 게으른, 나태한, 부주의한 = idle, indolent, lazy, negligent, remiss

Regular school teachers have guaranteed jobs, which allow them to be more **lackadaisical** in their duties.
정규 학교 교사들에게는 일자리가 보장돼 있기 때문에, 직무에 있어 더 나태해질 수 있다.

0198 ★

backbite
[bǽkbàit]

v. (뒤에서) 험담하다, 중상하다 = defame, malign, slander, traduce

If you have anything to say, say it out to my face instead of **backbiting**.
할 말이 있으면 뒤에서 욕하지 말고 내 앞에서 떳떳이 말해라.

MVP backbiter n. 험담하는 사람

0199 ★★

magnitude
[mǽgnətjùːd]

n. ① (길이·규모·수량) 크기, 양
② 중대(성), 중요함; 위대함, 고결
③ (지진의) 진도(震度)

No historical event of any **magnitude** can be described in complete detail.
그 어떤 규모의 역사적 사건도 완전히 상세하게 기술(記述)할 수는 없다.

I had not realized the **magnitude** of the case even until then.
나는 그때까지도 사태의 심각성을 깨닫지 못했다.

Recently, a 9.0 **magnitude** earthquake hit Japan.
최근에 진도 9.0의 지진이 일본을 강타했다.

0200 ★★★

refuse
v. [rifjúːz]
n. [réfjuːs]

v. (부탁·요구·명령 등을) 거절하다, 거부하다 = decline, reject, spurn, turn down

n. 폐물, 쓰레기; 나머지; 찌꺼기; 인간쓰레기 = garbage, junk, rubbish, trash

Under-funded hospitals now **refuse** treatment to the poor.
자금난에 시달리는 병원들이 지금 가난한 사람들에 대한 치료를 거부하고 있다.

MVP refusal n. 거절, 거부, 사퇴

REVIEW **TEST**

A. Write the meaning of the following words.

- facilitate _____
- salubrious _____
- quack _____
- hackneyed _____
- thorough _____
- pant _____
- veracious _____
- bilateral _____
- emaciated _____
- mushroom _____
- penchant _____
- scowl _____
- ignoble _____
- undo _____
- mellow _____
- sediment _____
- pitfall _____
- elevate _____
- accountable _____
- shorthand _____

- dabble _____
- plebeian _____
- nascent _____
- illuminate _____
- abnegate _____
- foliage _____
- slacken _____
- destruction _____
- entity _____
- generate _____
- homonym _____
- procure _____
- impose _____
- anthropomorphic _____
- celebrate _____
- ramshackle _____
- dominion _____
- tamper _____
- lackadaisical _____
- magnitude _____

※ 주어진 단어의 뜻을 본문에서 확인하시고 틀린 단어의 경우 박스에 체크한 뒤에 나중에 다시 학습하시기 바랍니다.

B. Choose the synonym of the following words.

1. refuse
2. spontaneous
3. agitate
4. camouflage
5. backbite
6. obdurate
7. adolescence
8. consecutive
9. corpulent
10. discernible

Ⓐ slander
Ⓑ recognizable
Ⓒ puberty
Ⓓ fat
Ⓔ reject
Ⓕ instigate
Ⓖ disguise
Ⓗ successive
Ⓘ stubborn
Ⓙ voluntary

B. 1. Ⓔ 2. Ⓙ 3. Ⓕ 4. Ⓖ 5. Ⓐ 6. Ⓘ 7. Ⓒ 8. Ⓗ 9. Ⓓ 10. Ⓑ

0201 ★★★

definite
[défənit]

a. ① (한계가) 뚜렷한, 확실한; (태도 따위가) 명확한 = certain, explicit, specific
② 한정된, 일정한

She made no **definite** plans for her future.
그녀는 자신의 미래에 대해 명확한 계획이 아무 것도 없다.

MVP definition n. (윤곽·한계 따위의) 한정; 명확; 정의(定義); 설명; 선명도
↔ indefinite a. 불명확한, 막연한; (수·양·크기 따위가) 일정하지 않은, 한계가 없는
indefinitely ad. 막연히; 무기한으로

0202 ★★

timid
[tímid]

a. 겁이 많은, 소심한 = cowardly, pusillanimous, timorous

A strict upbringing by over-caring parents can make a child so **timid** and inhibited.
과잉보호하는 부모의 엄격한 가정교육은 아이를 매우 소심하고 내성적으로 만들 수 있다.

MVP timidity n. 겁 많음, 소심

0203 ★

malefactor
[mǽləfæktər]

n. 악인, 죄인, 범인 = convict, criminal, evildoer, villain, wrongdoer

Innocent Jews were killed indiscriminately alongside the **malefactors**.
죄 없는 유대인들이 죄인들과 함께 마구잡이로 처형됐다.

MVP malefaction n. 범죄, 비행
↔ benefactor n. 자선을 베푸는 사람, 은인, 후원자

0204 ★

sapid
[sǽpid]

a. ① (음식이) 맛좋은, 풍미 있는 = delicious, palatable, savory, tasty, zestful
② (이야기·문체 등이) 흥미[매력] 있는 = appealing, engaging, enticing

This chef has the knack of making most foods more **sapid** and appealing.
이 요리사는 대부분 음식들을 맛있고 구미를 당기게 만드는 비결을 갖고 있다.

MVP sapidity n. 맛, 풍미; (문장 등의) 멋, 흥미
cf. insipid a. 맛이 없는, 풍미 없는; 재미없는
cf. tepid a. 미지근한; 열의 없는, 시들한
cf. vapid a. 맛이 없는, 김빠진; 활기[흥미]가 없는, 지루한

0205 ★★★

vacuum
[vǽkjuəm]

n. ① 진공 (공간); 진공 상태
② 공허, 공백 = emptiness, vacuity, void

All sounds travel through a medium and can not exist in a **vacuum**.
모든 소리는 매개물을 통해 이동하며 진공 상태에서는 존재할 수 없다.

MVP vacuous a. 빈, 공허한; 멍청한, 얼빠진
↔ plenum n. 물질이 충만한 공간; 충만; 총회, 전체 회의

0206 ★★★

abbreviate
[əbríːvièit]

v. (어구를) 줄여 쓰다, 생략하다, 단축하다
= abridge, condense, encapsulate, shorten

'United Nations' is commonly **abbreviated** to 'UN.'
'United Nations'는 흔히 'UN'으로 줄여 쓴다.

Most people prefer to call Los Angeles LA, which is its **abbreviated** form.
로스앤젤레스를 대부분의 사람들은 줄여 쓴 형태인 LA라고 부르는 것을 선호한다.

MVP abbreviation n. 약어(略語), 약자, 생략형

0207 ★★

capacious
[kəpéiʃəs]

a. 넓은, 널찍한, 큼직한 = commodious, spacious

I usually choose a bag with **capacious** pockets.
나는 주로 큼직한 주머니가 있는 가방을 고른다.

0208 ★★★

racism
[réisizm]

n. 인종 차별; 민족[인종] 차별주의[정책]; 인종적 편견 = racialism, segregation

African-Americans had a hard time finding jobs and getting married because of **racism**.
흑인들은 인종 차별 때문에 직업을 찾고 결혼을 하는 데 어려움을 겪었다.

MVP race n. 인종, 종족; 민족
racist n. 민족[인종] 차별주의자; a. 민족주의적인; 인종 차별주의(자)의
racial a. 인종의, 종족의, 민족의
multiracial a. 다민족의[으로 이루어진]

0209 ★

parch
[pɑːrtʃ]

v. ① 바싹 마르게 하다; 태우다, 그을리다 = burn, dry, scorch, sear
② (콩 등을) 볶다, 굽다 = roast

Hot, dry indoor air can **parch** sensitive skin and worsen itching and flaking.
덥고 건조한 실내공기는 민감한 피부를 건조하게 하고 가려움과 각질을 악화시킬 수 있다.

MVP parched a. (토지 등이) 바싹 마른; 목이 바싹 마른
parching a. 찌는 듯한, 타는 듯한
cf. parchment n. 양피지(羊皮紙)
cf. perch n. (새의) 횃대; <비유> 높은 지위, 안전한 지위

0210 ★
nemesis
[néməsis]

n. ① 응당 받아야 할[피할 수 없는] 벌, 천벌, 인과응보 = retribution, scourge
② 정복[달성, 도달]할 수 없는 것, 강한 상대, 강적, 천적 = adversary, rival

Nemesis is hard on the heels of hubris.
오만의 끝에는 가혹한 천벌이 기다린다.

Chemistry was my nemesis in college.
대학 시절에 화학은 나에게 어려운 과목이었다.

0211 ★★★
scoff
[skɔːf]

v. 비웃다, 조롱하다[at] = gibe, ridicule, sneer
n. 비웃음, 냉소, 조롱; 조롱거리 = jeer, mockery

Many at home and abroad scoffed at the Wright brothers and refused to believe they had even actually flown.
국내외의 많은 사람들은 라이트(Wright) 형제를 비웃었으며, 그들이 실제로 비행한 것조차 믿으려하지 않았다.

0212 ★★
impassive
[impǽsiv]

a. ① 무표정한, 아무런 감정이 없는, 냉정한
= apathetic, callous, phlegmatic, reserved, stolid
② 의식이 없는 = unconscious

His face was impassive when the judge sentenced him to death.
판사가 그에게 사형을 선고했을 때, 그의 얼굴은 무표정했다.

0213 ★★★
analyze
[ǽnəlàiz]

v. ① 분석하다 = examine, inspect, survey, study
② 〈물리·화학〉 분해하다 = dissolve, divide

The scientist analyzed the past 60 years of global temperatures.
그 과학자는 지난 60년간의 지구 온도를 분석했다.

Water can be analyzed into oxygen and hydrogen.
물은 산소와 수소로 분해할 수 있다.

(MVP) analyse v. 분석하다; 분해하다
analysis n. 분석; 분해
analytic a. 분석적인; 분해의, 해부적인

0214 ★★
semblance
[sémbləns]

n. ① 외관, 외형; 겉보기; 모양, 꾸밈 = appearance, guise, pretense, show
② 유사, 닮음 = likeness, resemblance, similarity

His story had the semblance of truth, but was really false.
그의 이야기는 겉으로는 사실처럼 들렸지만, 실제로는 거짓이었다.

0215 ★★
fastidious
[fæstídiəs]

a. 세심한, 꼼꼼한, 까다로운 = choosy, fussy, meticulous, picky

My father is a **fastidious** eater and won't eat overcooked vegetables.
나의 아버지는 음식에 까다로운 사람이어서 너무 익힌 야채는 드시지 않는다.

0216 ★★★
weary
[wíəri]

a. ① (몹시) 지친, 피곤한 = exhausted, fatigued, tired, worn−out
② 싫증나는, 따분한, 진저리나는 = bored, fed−up, tedious, tiresome

The unaccustomed heat made him **weary**.
익숙하지 않은 더위가 그를 지치게 만들었다.

MVP weariness n. 피로; 권태, 지루함
wearisome a. 지치게[피곤하게] 하는; 지루한, 싫증나는
wearily ad. 지루하게, 피곤하여; 싫증나서

0217 ★★
recuperate
[rikjúːpərèit]

v. (건강·원기·손실 등을) 회복하다, 되찾다 = convalesce, recoup, recover

It took the man several days to **recuperate**, but soon he was walking around.
그 남자는 건강을 회복하는 데 며칠이 걸렸지만, 얼마 지나지 않아 걸어서 돌아다녔다.

MVP recuperation n. 회복, 만회
recuperative a. 회복시키는, 회복력이 있는

0218 ★★
perennial
[pəréniəl]

n. 다년생 식물
a. ① 지속되는, 영원한; 계속 반복되는; 연중 끊이지 않는 = continual, lasting
② 〈식물〉 다년생의

Illegal logging and mining activities have been blamed for the **perennial** problems of flooding and landslides in certain parts of the country.
그 나라의 특정 지역에 홍수와 산사태라는 문제가 끊이지 않는 것은 불법 벌목과 불법 채굴의 탓이라는 비난이 있어왔다.

He will be starting his fifth season with **perennial** powerhouse Manchester United, and has firmly established himself as a key figure on the squad.
그는 이번에 만년 우승 후보인 맨체스터 유나이티드에서의 5번째 시즌을 맞이할 것인데, 그는 이미 팀의 주역으로 굳건히 자리를 잡은 상태다.

MVP perennially ad. 연중 내내, 사시사철(= year-round)

0219 ★★★
shrewd
[ʃruːd]

a. ① 예민한, 날카로운, 영리한 = astute, clever
② 빈틈없는, (판단이) 재빠른

Machiavelli wrote the text for the Medici family and included a number of **shrewd** political actions that one could use to acquire and hold power.
마키아벨리(Machiavelli)는 메디치(Medici) 가문을 위해 이 책을 저술했으며, 그 책에는 권력을 획득하고 유지하기 위해 이용할 수 있는 여러 가지 날카로운 정치적 계략이 담겨 있었다.

He may seem dopy, but he is actually quite **shrewd**.
그는 어수룩해 보이지만 실은 상당히 빈틈없는 사람이다.

MVP shrewdly ad. 기민[현명]하게; 날카롭게

0220 ★★
bounty
[báunti]

n. ① 관대함, 너그러움 = generosity, magnanimity, tolerance
② 보상금, 상금; (정부의) 장려[보조]금 = bonus, grant, incentive, subsidy

Poor Charlie lived on the **bounty** of his rich cousin.
가난한 찰리(Charlie)는 부유한 사촌의 보조를 받아서 생활했다.

MVP bounteous a. 물건을 아까워하지 않는; 관대한, 인정 많은; 풍부한
bountiful a. 아낌없이 베푸는; 많은, 풍부한

0221 ★★★
utter
[ʌ́tər]

v. (소리·말·신음·탄식을) 입 밖에 내다, 발언하다; 말하다 = say, state, voice
a. ① 전적인, 완전한
② 무조건의, 절대적인

The accused sat silently throughout the proceedings and did not **utter** a word.
피고인은 변론이 진행되는 동안 내내 조용히 앉아서 한마디도 말하지 않았다.

To my **utter** astonishment, she remembered my name.
정말 너무 놀랍게도 그녀가 내 이름을 기억하고 있었다.

MVP utterance n. 말함, 발언, 발성
utterly ad. 완전히, 아주

0222 ★
siesta
[siésta]

n. (점심 후의) 낮잠 = nap, snooze

The **siesta** has proven to help raise student test scores and improve concentration throughout the day.
낮잠은 학생들의 시험 성적을 올리고 하루 종일 집중을 개선하는 데 도움을 주는 것으로 드러났다.

MVP nap n. 낮잠; v. 졸다, 낮잠 자다

0223 ★★

mendacious
[mendéiʃəs]

a. 거짓의; 거짓말하는, 부정직한 = false, lying, untrue, untruthful

This statistical analysis is so poor that it can only be mendacious
이 통계분석은 너무 부실해서 허위일 수밖에 없다.

MVP mendacity n. 거짓, 허위(= falsehood)

0224 ★

karma
[káːrmə]

n. ① 인과응보, 업보(業報), 숙명(론); 인연 = destiny, fate, kismet
② (사람·물건·장소가 풍기는) 특징적인 분위기 = atmosphere, aura

He criticized the traditional Buddhist doctrines of karma and rebirth.
그는 인과응보와 환생이라는 전통적인 불교 교리를 비판했다.

MVP karmic a. 인과응보의, 숙명적인

0225 ★★

given
[gívən]

prep. ~을 고려해 볼 때, ~을 감안하면
a. ① (이미) 정해진, 특정한 = particular, specific
② ~하는 버릇[경향]이 있는, ~에 빠져 버린

Given his age, he's remarkably active.
그 분의 연세를 고려해 볼 때, 그 분은 놀랄 만큼 활동적이시다.

They were to meet at a given time and place.
그들은 정해진 시간과 장소에서 만나기로 되어 있었다.

0226 ★★

fumble
[fʌmbl]

v. ① (손으로) 더듬다, 더듬어 찾다 = feel about, grope
② 분명치 않게 이야기하다, 말을 더듬다 = stammer, stutter

Her glasses fell off and she fumbled around to retrieve them.
안경이 떨어져서 그녀는 다시 주우려고 손으로 더듬거렸다.

0227 ★★★

improvement
[imprúːvmənt]

n. ① 개량, 진보, 증진; 개선점, 진보한[향상된] 점
② (시간·기회 따위의) 이용, 활용 = employment, use, utilization

Sales figures continue to show signs of improvement
판매 수치가 계속 향상되는 조짐을 보이고 있다.

The hospital recently unveiled a waiting-time improvement plan.
그 병원은 대기시간 활용 계획을 최근에 공개했다.

MVP improve v. 개량[개선]하다, 향상시키다; (시간·기회 등을) 이용[활용]하다

DAY 05

0228 ★★
egalitarian
[igæ̀lətɛ́əriən]

n. a. 평등주의자(의) = equalitarian

In egalitarian societies, no individual or group has more access to resources, power, or prestige than any other.
평등한 사회에서는 그 어떤 개인이나 단체도 다른 개인이나 단체보다 자원, 권력, 또는 위신을 더 많이 가질 수 없다.

MVP egalitarianism n. 평등주의
↔ inegalitarian a. (사회적·경제적으로) 불평등[불공평]한

0229 ★★★
sovereign
[sávərin]

a. 주권이 있는, 독립한, 자주적인 = autonomous, independent, self-governing
n. 주권자, 지배자, 군주

Georgia is a sovereign state in the Caucasus region.
그루지야는 카프카스 산맥 지역에 있는 독립국이다.

The English sovereign reigns, but does not rule.
영국의 왕은 군림은 하되 통치는 하지 않는다.

MVP sovereignty n. 주권; 통치권

0230 ★★
pilgrim
[pílgrim]

n. ① 순례자, 성지 참배자 = palmer, visitant
② 나그네, 방랑자 = traveller, wanderer

Pope Francis appeared on the balcony of the basilica about an hour later to the cheers of pilgrims carrying rosaries in hand.
교황 프란치스코(Pope Francis)는 약 한 시간 후에 묵주를 손에 든 순례자들의 환호 속에 대성당 발코니에 모습을 드러냈다.

MVP pilgrimage n. 순례 여행; 긴 여행; 인생행로, 생애

0231 ★★
chew
[tʃuː]

v. ① 씹다; 물어뜯다, 깨물다 = bite, chomp, masticate, munch
② 깊이 생각하다, (심사) 숙고하다[over, upon]
= consider, contemplate, deliberate, ponder

Beavers keep their teeth from getting too long by chewing and gnawing on trees.
비버는 나무를 씹거나 갉아서 이빨이 너무 길어지지 않게 한다.

0232 ★
dastard
[dǽstərd]

n. 비겁한 사람, 겁쟁이 = coward, craven, faintheart, poltroon

The politician antagonized the leader of his own party by calling him a dastard.
그 정치인은 자신이 속해 있는 당의 대표를 겁쟁이라고 불러서 그 지도자의 반감을 샀다.

MVP dastardly a. 비겁한, 비열한; ad. 비겁한 방법으로
cf. bastard n. 서자(庶子), 사생아

0233 ★★
plummet
[plʌ́mit]

vi. 곤두박질치다, 급락하다, 수직으로 떨어지다 = drop, plunge

Semiconductor prices have **plummeted** due to excessive supply.
공급과잉으로 반도체 가격이 폭락했다.

At night, temperatures **plummet** below freezing.
밤에는 기온이 영하로 떨어진다.

0234 ★★
ingenuous
[indʒénjuəs]

a. 순진한, 천진난만한; 솔직한, 정직한, 꾸밈없는 = guileless, naive; frank

You'd have to be completely **ingenuous** to believe such a stupid story like that.
당신이 그와 같은 어리석은 이야기를 믿으려면 아주 순진해야 할 것이다.

The boy gave an **ingenuous** account of his acts, concealing nothing.
그 소년은 아무 숨김없이 자기가 한 일을 솔직히 이야기했다.

MVP cf. ingenious a. (발명품·장치 등이) 기발한, 독창적인; 창의력이 풍부한

0235 ★★★
mourn
[mɔːrn]

v. (사람의 죽음을) 애도[슬퍼]하다 = bemoan, deplore, grieve

Many British people **mourn** for the great leader, who had been nicknamed "Iron Lady."
많은 영국인들이 '철의 여인'이라는 별명을 가졌던 위대한 지도자를 추모하고 있다.

MVP mourning n. 비탄, 슬픔; 애도; 상(喪), 거상(기간); 상복, 조기(弔旗)
mournful a. 슬픔에 잠긴; 음산한, 쓸쓸한; 애처로운

0236 ★★
porous
[pɔ́ːrəs]

a. 작은 구멍이 많은; (물·공기가) 스며드는, 투과성의
= penetrable, permeable, pervious

The word "osteoporosis" means **porous** bone.
'골다공증'이라는 단어는 뼈에 구멍이 많다는 의미이다.

MVP pore n. 작은 구멍; v. 숙고하다, 곰곰이 생각하다

0237 ★★★
tendency
[téndənsi]

n. 성향, 경향; 추세, 동향
= disposition, inclination, leaning, proclivity, propensity

She has a strong natural **tendency** towards caution.
그녀는 천부적으로 신중한 성향이 강하다.

MVP tend vi. ~하는 경향이 있다; (특정한) 동향[성향]을 보이다

0238 ★★
adjacent
[ədʒéisənt]

a. 이웃의, 인접한, 부근의[to] = adjoining, contiguous, nearby, next to

The planes landed on **adjacent** runways.
그 비행기들은 부근에 있던 활주로에 착륙했다.

Our farm land was **adjacent** to the river.
우리 농지는 그 강에 인접해 있었다.

0239 ★★★
obligatory
[əblígətɔ̀:ri]

a. 의무적인, 강제적인; 필수의 = compulsory, imperative, mandatory, required

Civil disobedience is justified and, in fact, **obligatory** in terms of the highest principles of citizenship when legitimate processes break down.
합법적인 절차들이 무너지는 경우 시민 불복종은 정당화되며, 사실, 시민권이라는 최상위의 원칙의 견지에서 보면 이것은 의무적인 것이다.

Wearing safety belts is **obligatory** while driving.
운전 중에는 의무적으로 안전벨트를 매야 한다.

MVP obligation n. 의무, 책임
oblige v. ~에게 의무를 지우다; ~에게 은혜를 베풀다

0240 ★★
languish
[lǽŋgwiʃ]

vi. ① 쇠약해지다, 녹초가 되다; (식물이) 시들다, 퇴색하다 = weaken, wither
② (활동·장사 등이) 활기를 잃다; 괴로운 생활을 하다
③ 연모하다, 그리워하다

The project would provide new impetus to a **languishing** R&D program of South Korea.
그 사업은 부진을 겪고 있는 한국의 연구개발 프로그램에 새로운 활력을 불어넣을 것이다.

MVP languid a. (움직임이) 힘없는; 나른한
languor n. 권태, 피로; 무기력

0241 ★★
gadget
[gǽdʒit]

n. (기계의) 간단한 장치, 도구 = appliance, device, gizmo

In a matter of a few years, tablets went from nice-to-have to must-have **gadgets**.
몇 년 사이에 태블릿 PC는 가지고 있으면 좋은 장치에서 반드시 가지고 있어야 하는 기기가 되었다.

0242 ★★★
cripple
[krípl]

vt. 불구[절름발이]가 되게 하다; 손상하다, 못쓰게 만들다
= disable, hamstring, incapacitate, lame, maim
n. 불구자, 지체[정신] 장애자; 절름발이 = crippler, gimp

He returned from war a **cripple**.
그는 전쟁에서 불구자가 되어 돌아왔다.

MVP crippling a. (기능을 상실할 정도의) 큰 손해를[타격을] 주는

0243 ★
euphony
[júːfəni]

n. 듣기 좋은 음조[소리], (특히) 듣기 좋은 어조[말투]

I may come up with a better term eventually, but the current term has a certain **euphony** that pleases me.
결국에는 더 좋은 용어를 생각해낼 수도 있겠지만, 지금 쓰고 있는 용어는 소리가 듣기에 좋고, 나는 그 점이 맘에 든다.

MVP euphonious a. 음조가 좋은, 듣기 좋은
↔ cacophony n. 불협화음; 불쾌한 음조; 소음

0244 ★★★
diligent
[díləʤənt]

a. 근면한, 부지런한 = assiduous, industrious, sedulous

I don't know why he got the hook. He was a **diligent** guy!
나는 그가 왜 해고됐는지 모르겠어. 그는 성실한 사람이었는데 말이야.

MVP diligence n. 근면

0245 ★
befall
[bifɔ́ːl]

v. (좋지 않은 일이) 일어나다, 생기다 = happen to, occur, take place

I offer my sincere sympathy for the tragic loss that has **befallen** your family.
당신의 가족에게 닥친 비극적인 죽음에 깊은 애도를 표합니다.

0246 ★★★
habitual
[həbítʃuəl]

a. ① 습관적인, 습성적인; 버릇이 된 = accustomed, customary
② 평소의, 여느 때와 같은, 예(例)의 = common, usual
③ 상습적인, 끊임없는 = chronic, inveterate, repeated

His boss discharged him because of his **habitual** absenteeism.
그의 상사는 습관적인 결근 때문에 그를 해고했다.

MVP habituate v. 익히다, 익숙하게 하다; 습관을 들이다
habitually ad. 습관적으로, 상습적으로, 늘

0247 ★★
coincidence
[kouínsidəns]

n. 우연의 일치, 부합; 동시발생(한 사건) = accord; synchronism

She approached me pretending that it was just a **coincidence**.
그녀는 우연의 일치를 가장해 나에게 접근했다.

MVP coincident a. 일치하는; 동시에 일어나는
coincide vi. 동시에 일어나다; (생각·의견 등이) 일치하다

0248 ★★★

tear

n. [tiər]
v. [tɛər]

n. (보통 pl.) 눈물 ; 비애, 비탄
vi. ① 찢다, 째다, 잡아 뜯다; 째지다, 찢어지다 = rend, rip, rupture, shred, split
② ～을 찢어서 상처를 내다, ～에 열상(裂傷)을 입히다 = lacerate, scratch
③ 억지로 떼어놓다 = divide, separate

The cover of the book is so thin that it may ^{tear} apart.
책 표지가 너무 얇아서 뜯어질 것 같다.

MVP tear and wear 손상, 손모, 소모, 질[가치]의 저하

0249 ★★

doom

[duːm]

n. ① 운명, 숙명 = destiny, fate, fortune, lot
② 파멸, 멸망, 죽음 = catastrophe, death, destruction, downfall, ruin
③ (신이 내리는) 최후의 심판 = the Last Judgment
vt. ～의 운명을 정하다, 운명 짓다 = destine, foreordain

The plan was ^{doomed} to failure.
그 계획은 실패할 운명이었다.

In retrospect I think my marriage was ^{doomed} from the beginning.
돌이켜보면, 나의 결혼은 처음부터 운명 지어져 있었다는 생각이 든다.

She could not resist her ^{doom}.
그녀의 운명은 피할 수 없는 것이었다.

MVP doomsday n. 최후의 심판일, 운명이 정해지는 날

0250 ★★

hideous

[hídiəs]

a. 무시무시한, 소름끼치는, 끔찍한 = dreadful, frightful, repulsive

The man living next door to Jessica is the most ^{hideous} looking person I have ever seen.
제시카(Jessica)의 옆집에 사는 그 사람은 내가 봤던 사람 중에서 가장 끔찍하게 생긴 사람이다.

A. Write the meaning of the following words.

- □ definite _____
- □ timid _____
- □ malefactor _____
- □ sapid _____
- □ vacuum _____
- □ abbreviate _____
- □ capacious _____
- □ racism _____
- □ parch _____
- □ scoff _____
- □ impassive _____
- □ analyze _____
- □ semblance _____
- □ fastidious _____
- □ recuperate _____
- □ perennial _____
- □ shrewd _____
- □ bounty _____
- □ siesta _____
- □ karma _____

- □ given _____
- □ fumble _____
- □ improvement _____
- □ sovereign _____
- □ pilgrim _____
- □ chew _____
- □ plummet _____
- □ mourn _____
- □ porous _____
- □ tendency _____
- □ adjacent _____
- □ languish _____
- □ cripple _____
- □ euphony _____
- □ befall _____
- □ habitual _____
- □ coincidence _____
- □ tear _____
- □ doom _____
- □ hideous _____

※ 주어진 단어의 뜻을 본문에서 확인하시고 틀린 단어의 경우 박스에 체크한 뒤에 나중에 다시 학습하시기 바랍니다.

B. Choose the synonym of the following words.

1. weary
2. mendacious
3. dastard
4. utter
5. ingenuous
6. nemesis
7. gadget
8. obligatory
9. egalitarian
10. diligent

Ⓐ say
Ⓑ compulsory
Ⓒ retribution
Ⓓ equalitarian
Ⓔ industrious
Ⓕ coward
Ⓖ device
Ⓗ exhausted
Ⓘ naive
Ⓙ false

B. 1. Ⓗ 2. Ⓙ 3. Ⓕ 4. Ⓐ 5. Ⓘ 6. Ⓒ 7. Ⓖ 8. Ⓑ 9. Ⓓ 10. Ⓔ

0251 ★★★

vacant
[véikənt]

a. ① 빈, 비어 있는 = empty, unoccupied, void
② (마음·머리·표정이) 멍한 = abstracted, blank

Many city dwellers are turning **vacant** lots into thriving gardens.
많은 시민들이 공터를 북적거리는 유원지로 변모시키고 있다.

MVP vacantly ad. 멍하니, 넋을 잃고, 멍청하게
vacancy n. 공허, 공간; 틈, 간격

0252 ★★

acme
[ǽkmi]

n. 절정, 정점, 극치, 전성기 = apex, climax, culmination, peak, summit, zenith

His success in this role marked his **acme** as an actor.
이 배역에서 그의 성공은 배우로서 그가 절정에 이르렀음을 보여줬다.

MVP acmatic a. 절정의, 정점의

0253 ★★★

indicate
[índikèit]

v. ① (사실임·존재함을) 나타내다, 보여주다 = display, show
② (특히 간접적으로) 내비치다, 시사하다 = suggest
③ (특히 손가락이나 고갯짓으로) 가리키다, 지적하다 = point

Record profits in the retail market **indicate** a boom in the economy.
소매 시장의 기록적인 수익은 경제가 호황임을 나타낸다.

In his letter he **indicated** to us that he was willing to cooperate.
그는 편지에서 기꺼이 협력할 것임을 우리에게 내비쳤다.

She took out a map and **indicated** the quickest route to us.
그녀가 지도를 꺼내더니 우리에게 가장 빠른 지름길을 가리켜 보였다.

MVP indication n. 지시, 지적; 표시, 암시; 조짐, 징조
indicative a. ~을 나타내는, ~을 보여주는, ~을 시사하는
indicator n. 지시하는 사람[사물]; 지표, 표준, 척도; <경제> 경제 지표

0254 ★★

palatable
[pǽlətəbl]

a. ① 입에 맞는, 맛있는 = delicious, savory, tasty
② 기분 좋은, 마음에 드는[to] = agreeable, attractive, pleasant

The meal was barely **palatable** — in fact, I thought it was disgusting.
그 식사는 거의 입에 맞지 않았다. 사실 역겹다는 생각이 들었다.

They changed the wording of the ad to make it more **palatable** to women.
그들은 여성들의 비위에 보다 맞게끔 그 광고의 문구를 바꿨다.

MVP palate n. 입천장; 취미, 기호
↔ unpalatable a. 맛없는; 싫은, 불쾌한

0255 ★★
jam
[dʒæm]

v. ① 쑤셔 넣다, 채워 넣다 = pack, squeeze, stuff
　② (장소에) 몰려들다, (장소를) 가득 메우다, 막다 = block, congest, crowd
　③ (기계 등이 막혀서) 움직이지 않다
n. ① 꽉 들어참, 혼잡 = congestion, gridlock
　② (기계의) 고장, 정지; 오(誤)동작 = breakdown, malfunction, trouble

The road was jammed up with cars.
도로는 자동차들로 움직일 수 없게 꽉 차 있었다.

0256 ★★★
radical
[rǽdikəl]

a. 급진적인, 과격한 = drastic, extreme
n. 급진당원, 과격론자 = extremist

The teachings of Socrates in his time were considered to be very radical.
소크라테스의 가르침들은 그가 살던 시대에 매우 급진적인 것으로 여겨졌다.

MVP radically ad. 철저하게; 급진적으로; 과격하게

0257 ★★★
ban
[bæn]

v. 금(지)하다
n. ① 금지; 금지령 = prohibition, veto
　② (여론의) 반대, 비난

Chemical weapons are banned internationally.
화학 무기는 국제적으로 금지되고 있다.

A ban on nuclear testing has been a key objective of the United States.
핵실험 금지는 미국의 핵심 목표였다.

0258 ★★★
eccentric
[ikséntrik]

a. ① 별난, 괴짜인, 기이한 = bizarre, odd, peculiar, strange
　② (원이 다른 원과) 중심을 달리하는, 편심(偏心)의

The research lab was run by an eccentric but brilliant scientist named John Baek.
그 연구소는 존 백(John Baek)이라 불리는 유별나지만 뛰어난 한 과학자에 의해 운영되었다.

MVP eccentricity n. 별남, 기이함
concentric a. 동심(同心)의, 중심이 같은

0259 ★★
salvation
[sælvéiʃən]

n. 구제, 구조, 구원 = deliverance, redemption, restoration

The company is in trouble, so a plan for its salvation has been proposed.
그 회사는 곤경에 처해 있어서, 그 회사를 구제하기 위한 계획이 제안되었다.

0260 ★★
reprieve
[riprí:v]

vt. ① (특히 사형수의) 형 집행을 유예[취소]하다 = respite
② 일시적으로 구제[경감]하다
n. ① 집행 유예
② 일시적 경감[유예, 구제]

He was sentenced to death but was granted a last-minute **reprieve**.
그는 사형 선고를 받았지만 최후의 순간에 집행을 유예 받았다.

0261 ★★★
prevalent
[prévələnt]

a. (습관·병 등이) 널리 퍼진, 만연한, 유행하는 = prevailing, rampant, widespread

Outbreaks of cholera and other diseases were **prevalent** in mining camps.
광산촌에는 콜레라와 다른 질병들의 발병이 만연했다.

MVP prevail vi. 만연[팽배]하다; 승리하다[이기다]
prevalence n. 널리 퍼짐, 유행, 보급; 발병률, 유병율

0262 ★
monograph
[mánəgræf]

n. (특정 테마에 관한) 전공[연구] 논문 = dissertation, thesis, treatise

He has just published a **monograph** on Beethoven's symphonies.
그는 이제 막 베토벤(Beethoven)의 교향곡에 관한 전공 논문을 출간했다.

MVP monographer n. 전공 논문 집필자
cf. monogram n. 모노그램, 결합[합일] 문자(주로 이름의 첫 글자들을 합쳐 한 글자
모양으로 도안한 것)

0263 ★★★
sensual
[sénʃuəl]

a. 관능적인; 호색(好色)의; 육감적인 = voluptuous; erotic, sexual; carnal

He kissed her full **sensual** lips.
그가 그녀의 육감적인 통통한 입술에 입을 맞추었다.

MVP cf. sensuous a. 감각적인; 심미적인

0264 ★★
debacle
[deibá:kl]

n. ① 붕괴, 와해; 대실패 ; (군대의) 패주; (시장의) 폭락, 도산
= breakdown, collapse, downfall
② 산사태 = landslide

The **debacle** in a system of government can only result in anarchy.
정부 시스템의 대실패는 무정부 상태를 가져올 수밖에 없다.

0265 ★★★
organization
[ɔ̀rgənənizéiʃən]

n. ① 기구, 체제; 조직체, 단체, 조합 = association, group, institution
② 조직화, 구성, 편제, 편성 = structuring, systematization

The **organization** was established right after the Korean War.
그 단체는 6·25 전쟁 직후에 창설되었다.

MVP organize v. (단체 등을) 조직하다, 편제[편성]하다; 구성하다
organized a. 정리된, 규칙 바른; 조직화된

0266 ★
undulate
v. [ʌ́ndʒulèit]
a. [ʌ́ndʒulət]

v. (수면 등이) 물결치다, 파동을 일으키다, 흔들리다
= billow, ripple, roll, surge, wave
a. 파상의, 물결 모양의 = undulant, undulatory, wavy

The wind caused prairie grass to **undulate**.
바람이 대초원의 목초를 흔들리게 했다.

MVP undulation n. 파동, 굽이침; 기복

0267 ★★★
adept
a. [ədépt]
n. [ǽdept]

a. 능숙한, 숙달된, 정통한 = deft, proficient, skillful, versed
n. 숙련자, 명인, 달인 = expert, master, maven, whiz

The left brain is better at language and analytical skills and the right brain is more **adept** at spatial relations and pattern recognition.
좌뇌는 언어와 분석력에 있어 더 뛰어나고, 우뇌는 공간 관계와 도형 인식에 더 능하다.

0268 ★★
equality
[ikwάləti]

n. ① (수량·가치·능력 따위의) 같음, 동등; 평등, 균등
② 〈수학〉 등식(等式) = equation

Everyone should be given the **equality** of opportunity.
모든 사람에게 평등한 기회가 주어져야 한다.

Equality is one of the most important relations in mathematics.
등식은 수학에서 가장 중요한 관계들 중 하나이다.

MVP equal a. (수·양·가치 등이) 동일한, 같은; 평등한; n. 대등한 사람[것]
equable a. (날씨가) 기온 변화가 적은, 한결같은; (사람이) 온화한, 차분한, 침착한
equality sign 등호(等號)
↔ inequality n. 불평등, 불균등, 불공평; 〈수학〉 부등(식)

0269 ★★
disapprove
[dìsəprúːv]

v. ① ~을 안 된다고 하다; 인가하지 않다 = deprecate, dislike, object
② 찬성하지 않다, 탐탁찮아[못마땅해] 하다[of]

She wants to be an actress, but her parents **disapprove**.
그녀는 배우가 되고 싶지만 부모님이 탐탁찮아 하신다.

MVP disapproval n. 안 된다고 하기; 불찬성; 반대 의견
↔ approve v. 승인하다, 찬성하다; 허가[인가]하다

0270 ★★★
maintain
[meintéin]

vt. ① 유지[보유, 지속]하다 = keep, preserve, retain, sustain
② 주장하다, 단언하다 = argue, assert, claim, contend, insist

The two countries have always **maintained** close relations.
그 두 나라는 항상 긴밀한 관계를 유지해 왔다.

His attorneys **maintain** he is innocent.
그의 변호인들은 그가 결백하다고 주장한다.

MVP maintenance a. 유지, 지속; 주장, 옹호

0271 ★
cadence
[kéidns]

n. ① 리듬, 운율, 가락 = beat, meter, rhythm, tempo
② (목소리의) 억양 = accent, inflection, intonation

James has learned to speak in a flawless New York **cadence**.
제임스(James)는 완벽한 뉴욕 억양으로 말하는 것을 배웠다.

0272 ★★
factitious
[fæktíʃəs]

a. 인위적인, 인공적인; 부자연스러운; 가짜의
= artificial, synthetic; unnatural; sham

Hollywood actresses often create **factitious** tears by using glycerine.
할리우드의 여배우들은 종종 글리세린을 이용해서 가짜 눈물을 만든다.

0273 ★
pique
[pi:k]

n. 화, 불쾌, 기분이 언짢음 = anger, annoyance, vexation
v. ① 분개하게 하다, 감정을 상하게 하다 = affront, insult, offend
② (호기심·흥미를) 불러일으키다 = arouse, excite, stir

She slapped on his face in a fit of **pique**.
그녀는 화가 나서 그의 뺨을 때렸다.

His curiosity was **piqued** by the locked box.
자물쇠로 잠긴 상자는 그의 호기심을 자극했다.

MVP piquant a. (맛 따위가) 짜릿한, 톡 쏘는; (말 따위가) 통쾌한, 신랄한

0274 ★★★
hierarchy
[háiərà:rki]

n. ① (피라미드형의) 계층제, 계급제 = pecking order, ranking, social order
② [집합적] (조직 내의) 지배층, 권력층 = ruling class

Organization is everywhere and **hierarchy** is in every organization.
조직은 어디 가나 있고, 위계(질서)는 어느 조직에나 있다.

0275 ★

shortchange
[ʃɔ́ːrttʃéindʒ]

vt. ① 거스름돈을 덜 주다
② 부당한 대우를 하다, ~을 속이다 = cheat, defraud, swindle
n. 부족한 거스름돈

Because of money illusion, we allocate an excessive amount of time to monetary goals, and **shortchange** nonpecuniary ends such as family life and health.
돈에 대한 환상으로 인해, 우리는 금전적인 목표에는 과도한 시간을 할애하고, 가족생활과 건강과 같은 비금전적인 목표는 소홀히 한다.

MVP change n. 거스름돈, 잔돈

0276 ★★

discordant
[diskɔ́ːrdənt]

a. ① 조화[일치]하지 않는 = conflicting, inconsistent, inconsonant
② 불협화음의, 귀에 거슬리는 = cacophonous, dissonant

The two neighbors have a **discordant** relationship.
그 두 이웃은 서로 조화롭게 지내지 못하고 있다.

Opposition Members do not wish to strike a **discordant** note.
야당 의원들은 서로 다른 목소리를 내고 싶어 하지 않는다.

MVP discord n. 불화, 불일치; vi. 일치하지 않다; 사이가 나쁘다
↔ concordant a. 화합하는, 조화하는, 일치하는; 협화음의

0277 ★★★

prospect
[práspekt]

n. ① (종종 pl.) 가망, (장래에 대한) 전망; 기대 = expectation, likelihood
② 조망(眺望), 전망, 경치 = landscape, perspective, sight, view

Lon has no job, no job **prospects** and no desire to get a job.
론(Lon)은 직업도 없고, 직업을 얻을 가망도 없으며, 직업을 구하려는 의사도 없다.

MVP prospective a. 가망이 있는; 장래의; 선견지명이 있는

0278 ★★

champion
[tʃǽmpiən]

vt. 옹호하다, 지지하다 = defend, support

That policy was first **championed** by Conservative Members.
처음에 그 정책은 보수당 의원들의 지지를 받았다.

0279 ★★

altar
[ɔ́ːltər]

n. 제단; 분향소

The coffin lying before the **altar** was bare, except for a single wreath of white roses.
제단 앞에 놓여 있는 관에는 백장미 화환 하나를 제외하고는 아무것도 없었다.

MVP cf. alter v. (모양·성질 등을) 바꾸다, 변경하다

0280 ★★

slender
[sléndər]

a. ① 호리호리한, 날씬한, 가냘픈 = lanky, lean, slight, slim
② 얼마 안 되는, 빈약한 = meager, scanty

I prefer voluptuous women over the slender type.
나는 날씬한 스타일보다는 관능적인 여자를 좋아한다.

0281 ★★★

engage
[ingéidʒ]

v. ① 약속하다; (맹세·약속 등으로) 속박하다; 보증하다, 맡다 = pledge, promise
② 약혼시키다[to] = affiance, betroth
③ 고용하다 = employ, hire
④ 종사[관여]시키다; 종사[관여]하다[in] = involve, occupy
⑤ (흥미·주의 등을) 끌다, 사로잡다 = attract, draw
⑥ 교전하다, 참전하다

She didn't want to engage in conversation.
그녀는 대화에 끼어들고 싶지가 않았다.

He is engaged at a bank.
그는 은행에 고용되어 있다.

MVP engagement n. 약속; 계약; 약혼; 고용; 교전
engaging a. 마음을 끄는, 매력적인

0282 ★★

illustrious
[ilʌ́striəs]

a. ① (사람이) 저명한, 유명한, 이름난 = famed, famous
② (행위·업적 따위가) 빛나는, 눈부신, 화려한 = glorious, remarkable

His illustrious achievements will be permanently remembered.
그의 빛나는 업적은 영원히 기억될 것이다.

0283 ★★

label
[léibəl]

n. ① 라벨, 딱지, 쪽지, 꼬리표 = sticker, tab, tag
② 상표, 브랜드 = brand, trademark
③ (사람·단체·사상 등의 특색을 나타내는) 호칭 = appellation, nomen
vt. ① 라벨[상표, 표]을 붙이다 = tag
② ~에 명칭을 붙이다, 분류하다, 낙인찍다 = brand, call, name

The newspapers had unjustly labelled him as a coward.
신문들은 부당하게 그를 겁쟁이로 낙인찍었다.

0284 ★★

beforehand
[bifɔ́ːrhæ̀nd]

ad. 미리, 사전에, 전부터 = ahead, before, earlier, in advance

Although he had inspected the engines beforehand, he experienced several small problems during the flight.
그는 사전에 엔진을 점검했지만 비행 중에 몇몇 사소한 문제를 겪었다.

0285 ★★

odious
[óudiəs]

a. 싫은, 불쾌한, 혐오스러운 = abhorrent, hateful, offensive, repugnant

Greg always puts off mowing the lawn because it is such an **odious** task for him.
그렉(Greg)은 항상 잔디를 깎는 일을 미루는데, 그 일이 그에게는 불쾌하기 때문이다.

MVP odium n. 증오, 혐오

0286 ★★★

necessity
[nəsésəti]

n. ① 필요, 필요성 = demand, need, requirement
② 필연(성), 불가피(성) = certainty, inevitability
③ (종종 pl.) 필요 불가결한 것, 필수품 = essential, indispensable, requisite
④ 궁핍, 빈곤 = indigence, penury, poverty, privation

Diversification is almost a **necessity** for business nowadays.
오늘날 다각화는 사업에서 거의 필수불가결한 것이다.

MVP necessitate v. 필요로 하다, 요하다; (결과를) 수반하다
necessary a. 필요한; 필연적인
necessarily ad. 필연적으로, 반드시

0287 ★★

tarnish
[táːrniʃ]

v. ① 흐리게 하다, 변색시키다 = discolor, fade
② (명예 등을) 더럽히다, 손상시키다 = besmirch, blemish, defame, taint

The copper pot has become **tarnished** after many years of neglect.
그 구리 항아리는 오랜 세월 동안 방치해 두어 녹이 슬고 말았다.

Michael's need to play basketball again was stronger than his fear of **tarnishing** his legacy.
마이클(Michael)에게는 농구를 다시 하고 싶은 욕구가 자신이 이제껏 이뤄놓은 것을 퇴색시킬 수 있다는 두려움보다 더 강했다.

0288 ★★

clairvoyant
[klɛ́ərvɔ́iənt]

a. 투시의, 천리안의; 통찰력이 있는 = discerning, intuitive, visionary
n. 천리안을 가진 사람; 통찰력이 있는 사람

The **clairvoyant** has vowed to exorcise all the ghosts.
통찰력을 가진 그 사람은 모든 유령들을 쫓아버리겠다고 맹세했다.

MVP clairvoyance n. 투시력; 천리안; (비상한) 통찰력(= insight, perspicacity)

0289 ★★★

irrigate
[írəgèit]

v. (토지에) 물을 대다, 관개(灌漑)하다 = water

He built reservoirs to **irrigate** land in the southern region.
그는 남쪽 지역의 땅에 물을 공급하기 위해 저수지를 만들었다.

MVP irrigation n. 물을 댐, 관개
cf. irritate v. 초조하게 하다, 노하게 하다, 짜증나게 하다

0290 ★★

mercenary

[mə́:rsənèri]

a. 돈을 목적으로 일하는, 돈을 위한 = hireling, venal

n. (외국인) 용병; 고용된 사람; 돈이라면 무슨 짓이든 하는 사람

He has a **mercenary** scheme to marry a wealthy widow.

그는 돈을 목적으로 부유한 과부와 결혼할 계획을 갖고 있다.

MVP mercenarily ad. 돈을 바라고, 돈이 탐나서

0291 ★

torpor

[tɔ́:rpər]

n. 마비 상태, 무감각; 무기력; 휴면[휴지]상태 = inactivity, inertia, lethargy

In the heat they sank into a state of **torpor**.

더위 속에서 그들은 무기력한 상태에 빠졌다.

MVP torporific a. 마비시키는, 둔하게 만드는, 무기력하게 하는

0292 ★★

lure

[luər]

n. ① 매력, 매혹 = allurement, attraction, charm
　 ② 미끼 = bait, decoy

vt. 유혹하다, 꾀어내다 = allure, attract, entice

The desire for quick profits **lured** them into questionable dealings.

그들은 손쉽게 이익을 올리려는 데 눈이 멀어 수상쩍은 거래에 손을 댔다.

MVP allure vt. 꾀다, 부추기다, 유혹하다

0293 ★★★

abate

[əbéit]

v. ① (기세·격렬함이) 줄다, 약해지다; (홍수·노여움 등이) 가라앉다, 누그러지다
　　 = dwindle, lessen, slacken, subside, wane
　 ② (양·정도를) 줄이다; (값을) 내리다; (고통·기세 따위를) 덜다, 누그러뜨리다
　　 = decrease, diminish

The tourist group waited for the snow storm to **abate**.

여행객들은 눈보라가 그치기를 기다렸다.

This medicine will **abate** the pain.

이 약을 먹으면 통증이 가라앉을 것이다.

MVP abatement n. 감소, 감퇴; 경감, 완화
　　　 unabated a. 줄지 않는, 약해지지 않는

0294 ★

gaffe

[gæf]

n. (사교·외교상의) 과실, 실수, 결례 = blunder, mistake, solecism

President Bush has delivered a series of memorable verbal **gaffes**.

부시 대통령은 몇 가지 기억에 남을 만한 말실수를 계속 했다.

0295 ★★★

sweep
[swi:p]

v. ① (어떤 장소를) 청소하다 = clean, clear, dust, scour
② (사상·유행 등이) 급속히 퍼지다, 휩쓸다 = overrun, permeate, spread

Rumours of his resignation **swept** through the company.
그가 사임한다는 소문이 회사 전체에 급속히 퍼졌다.

MVP sweeping a. 전면적인; 광범위한, 포괄적인; 압도적인

0296 ★★

haggard
[hǽgərd]

a. 야윈, 수척한, 초췌한 = emaciated, gaunt

I could imagine the hardship he had been through when I saw his **haggard** look.
그의 초췌한 모습을 보자 그동안의 고생을 짐작할 수 있었다.

MVP cf. laggard n. 느림보; (경제 활동의) 정체 분야; a. 느림보의, 꾸물거리는

0297 ★

dowry
[dáuəri]

n. ① (신부의) 지참금
② 천부(天賦)의 재능 = endowments, gift, natural talent

It is a violation of human rights when women are burned to death because their marriage **dowries** are deemed too small.
결혼 지참금이 너무 적다고 생각해서 여성들을 불에 태워 죽이는 것은 인권 침해다.

0298 ★★★

allege
[əlédʒ]

vt. (증거 없이) 주장하다, 단언하다, 혐의를 제기하다 = assert, claim, maintain

The prosecution **alleges** that she was driving carelessly.
검찰은 그녀가 난폭운전을 하고 있었다고 주장한다.

It is **alleged** that he mistreated the prisoners.
그가 죄수들을 학대했다는 혐의가 있다.

MVP allegation n. 주장, 진술; 단언
alleged a. (근거 없이) 주장된; 추정된; 진위가 의심스러운
allegedly ad. 주장(하는 바)에 의하면; 소문에 의하면

0299 ★★

foible
[fɔ́ibl]

n. (성격의) 사소한 약점, 결점, 흠 = defect, fault

Patti's **foibles** included a tendency to prefer dogs to people.
사람보다 개를 더 좋아하는 성향은 패티(Patti)가 가지고 있던 결점에 속했다.

0300 ★

commandeer

[kàməndíər]

vt. 징집[징용]하다; (물자를) 징발하다 = conscript; confiscate, expropriate

When the war started, the government **commandeered** schools and used them as hospitals.
전쟁이 나자 국가에서는 학교를 징발하여 병원으로 사용했다.

The police officer **commandeered** a taxi cab to chase the bank robbers.
경찰관은 아무 택시나 잡아타고 은행 강도들을 추적했다.

A. Write the meaning of the following words.

▫ vacant	_____	▫ champion	_____
▫ indicate	_____	▫ altar	_____
▫ palatable	_____	▫ slender	_____
▫ jam	_____	▫ engage	_____
▫ radical	_____	▫ label	_____
▫ ban	_____	▫ beforehand	_____
▫ eccentric	_____	▫ odious	_____
▫ salvation	_____	▫ necessity	_____
▫ reprieve	_____	▫ tarnish	_____
▫ monograph	_____	▫ clairvoyant	_____
▫ debacle	_____	▫ irrigate	_____
▫ organization	_____	▫ mercenary	_____
▫ undulate	_____	▫ torpor	_____
▫ equality	_____	▫ lure	_____
▫ disapprove	_____	▫ sweep	_____
▫ cadence	_____	▫ haggard	_____
▫ pique	_____	▫ dowry	_____
▫ hierarchy	_____	▫ allege	_____
▫ shortchange	_____	▫ foible	_____
▫ prospect	_____	▫ commandeer	_____

※ 주어진 단어의 뜻을 본문에서 확인하시고 틀린 단어의 경우 박스에 체크한 뒤에 나중에 다시 학습하시기 바랍니다.

B. Choose the synonym of the following words.

1. gaffe
2. abate
3. illustrious
4. discordant
5. factitious
6. maintain
7. adept
8. sensual
9. prevalent
10. acme

Ⓐ inconsistent
Ⓑ famous
Ⓒ blunder
Ⓓ dwindle
Ⓔ apex
Ⓕ artificial
Ⓖ keep
Ⓗ skillful
Ⓘ voluptuous
Ⓙ widespread

B. 1. Ⓒ 2. Ⓓ 3. Ⓑ 4. Ⓐ 5. Ⓕ 6. Ⓖ 7. Ⓗ 8. Ⓘ 9. Ⓙ 10. Ⓔ

0301 ★★★

generous
[dʒénərəs]

a. ① 관대한, 아량 있는 = benevolent, charitable, lavish, lenient, magnanimous
② 푸짐한, 풍부한 = abundant, ample, plentiful

Father always sends me **generous** living allowances.
아버지는 항상 내게 생활비를 넉넉하게 보내 주신다.

MVP generosity n. 관대함, 아량

0302 ★★

rampant
[ræmpənt]

a. ① (사람·짐승이) 과격한, 사나운, 광포한, 날뛰는 = violent
② (잡초 등이) 무성한, 우거진 = exuberant, lush
③ (병·범죄·소문 등이) 만연[횡행]하는 = prevalent, rife, widespread

The infectious disease is running **rampant**.
전염병이 창궐하고 있다.

He grew up in a city where violence was **rampant**.
그는 폭력이 난무하는 도시에서 성장했다.

0303 ★★

accentuate
[ækséntʃuèit]

vt. 강조[역설]하다, 두드러지게 하다
= emphasize, highlight, stress, underline, underscore

Opposition Members always **accentuate** negative aspects.
야당 의원들은 항상 부정적인 측면들을 강조한다.

Her dress was tightly belted, **accentuating** the slimness of her waist.
그녀는 옷에 띠를 꼭 매고 있었는데, 그것이 그녀의 가는 허리를 더 두드러지게 했다.

MVP accent n. 악센트, 강세; 강조

0304 ★

elegy
[élədʒi]

n. 비가(悲歌), 애가 = dirge, lament, requiem, threnody

Pop star Elton John performed his song "Candle in the Wind" at Diana's funeral,
written as an **elegy** to movie star Marilyn Monroe.
팝스타 엘튼 존(Elton John)은 영화배우 마릴린 먼로(Marilyn Monroe)에게 바치는 애가였던
"바람 앞의 촛불(Candle in the Wind)"을 다이애나(Diana)의 장례식에서 불렀다.

MVP elegiac a. 애가[비가]의; 애가조의(= elegiacal)

0305 ★★★

magnificent
[mægnífəsnt]

a. ① 웅장한, 장엄한, 장대한 = grand, grandiose, impressive, splendid
② 최상(급)의, 최고의, 비길 데 없는, 훌륭한 = excellent, outstanding, superior

The view from the window was really **magnificent**.
창문에서 내다보는 경치는 정말로 웅장했다.

MVP magnificence n. 장대, 장엄, 장엄한 아름다움, 훌륭함

0306 ★★
henceforth
[hènsfɔ́:rə]

ad. 이제부터는, 이후에는 = from now on, hence, hereafter, in the future

The American continents are **henceforth** not to be considered as subjects for future colonization by any European powers.
아메리카 대륙은 앞으로는 유럽의 어느 강대국도 이를 미래의 식민지화 대상으로 간주할 수 없다.

0307 ★★★
taboo
[təbú:]

n. 금기, 터부; (사회적·종교적인) 금지, 금제 = ban, prohibition

Cosmetic surgery is no longer a **taboo** topic in Korea.
성형수술은 한국에서 더 이상 금기의 주제가 아니다.

0308 ★
saline
[séilain]

a. 소금의; 염분이 있는; 짠 = brackish, briny, salty

In the glaciers of the Antarctic, ancient microbes are still living in frigid **saline** water.
남극의 빙하에서, 고대의 미생물들은 여전히 차갑고 염분이 함유된 물에서 살고 있다.

MVP salinity n. 염분, 염도
    cf. brackish a. 소금기 있는; 맛없는, 불쾌한

0309 ★★
palliative
[pǽlièitiv]

a. (병·아픔을) 일시적으로 가볍게 하는, 완화하는 = alleviative, mitigative

n. ① 완화제 = painkiller, sedative, tranquillizer
   ② 임시방편 = stopgap, temporary expedient

Since no cure for AIDS has yet been discovered, treatment is **palliative** at best.
에이즈에 대한 치료법이 아직 발견되지 않았기 때문에, 치료는 기껏해야 일시적으로 완화시키는 수준이다.

0310 ★
cajole
[kədʒóul]

vt. 감언으로 꾀다[속이다] = coax, wheedle

Ted didn't want to go to the dance, but he got **cajoled** into it by his girlfriend.
테드(Ted)는 댄스파티에 가고 싶지 않았지만, 여자친구의 감언에 속아서 거기에 가고 말았다.

0311 ★★★
edible
[édəbl]

a. 식용에 적합한, 먹을 수 있는, 식용의 = comestible, eatable, esculent
n. (보통 pl.) 식품, 음식 = comestibles, viand, victuals

According to her, there are more than 1,000 kinds of **edible** bugs in the world.
그녀의 말에 따르면, 이 세상에서 인간이 음식으로 먹을 수 있는 곤충의 종류는 무려 1천 종이 넘는다.

0312 ★★
scrutinize
[skrúːtənàiz]

v. 세심히 살피다, 면밀히 조사[검토]하다 = canvass, examine, inspect

Every piece is closely **scrutinized**, and if there is the slightest blemish on it, it is rejected.
모든 물건이 철저한 검사를 거치며, 아주 작은 흠이라도 있을 때는 불량품으로 처리된다.

MVP scrutiny n. 정밀조사, 철저한 검토

0313 ★★
anecdote
[ǽnikdòut]

n. 일화, 기담; 비화 = story, tale; yarn

He told a funny **anecdote** at the opening of his speech.
그는 연설의 첫머리에서 재미있는 일화를 하나 소개했다.

MVP anecdotage n. [집합적] 일화(집)

0314 ★★
sloppy
[slápi]

a. ① (일 따위가) 엉성한, 조잡한 = slipshod, slovenly
　② 질척질척한; (물에) 흠뻑 젖은 = muddy, slushy, splashy, wet

The manager can't afford to pay for **sloppy** work.
그 관리자는 대충 일하는 것에 대해서 봉급을 줄 수 없다.

0315 ★★
witness
[wítnis]

n. 목격자; (법정에서 증언을 하는) 증인 = eyewitness
v. (사고를) 목격하다; 입증[증언]하다; (사물이) ~의 증거가 되다

He is a living **witness** to my innocence.
그는 나의 무죄에 대한 살아 있는 증인이다.

Many people **witnessed** the accident.
그 사고를 목격한 사람이 많았다.

Her red face **witnessed** her embarrassment.
벌겋게 상기된 그녀의 얼굴이 당황하고 있다는 증거였다.

0316 ★★★
identity
[aidéntəti]

n. ① 일치, 동일성 = sameness, unity
　② 독자성, 개성 = character, individuality, personality
　③ 정체, 신원

Language is the expression of ideas; and if the people of our country cannot preserve an **identity** of ideas, they cannot retain an identity of language.
언어는 생각의 표현이므로, 우리나라 사람들이 생각의 동일성을 지킬 수 없다면, 언어의 동일성을 유지할 수 없다.

He changed his name to conceal his **identity**.
그는 신원을 감추기 위해 이름을 바꾸었다.

MVP identify v. (본인·동일물임을) 확인하다; 동일시하다
identical a. 아주 동일한; (~와) 모든 점에서 같은

DAY 07

0317 ★★
bigoted
[bígətid]

a. 편협한, 옹졸한, 고집불통의 = closed-minded, hidebound, intolerant

She's so **bigoted** that she refuses to accept anyone who doesn't think like her.
그녀는 몹시 옹졸해서 자기와 다르게 생각하는 사람을 받아들이지 않는다.

MVP bigotry n. 편협함, 심한 편견, 고집
bigot n. 편견이 아주 심한 사람

0318 ★★
sentient
[sénʃənt]

a. 지각[감각]이 있는 = cognizant, conscious

Animal rights advocates define animals as **sentient** beings who can think, feel, and suffer.
동물권리 옹호론자들은 동물을 생각할 수 있고, 느낄 수 있고, 괴로워 할 수 있는 지각 있는 존재로 정의한다.

0319 ★★★
renovate
[rénəvèit]

vt. ① 새롭게 하다, 혁신하다; 수리하다 = refurbish, remodel, renew, repair
② 원기를 회복시키다 = revitalize, revive

He **renovated** old houses and sold them at a profit.
그는 낡은 주택들을 개조하여 이익을 남기고 그 집들을 팔았다.

MVP renovation n. 쇄신, 혁신; 수리, 수선; 원기 회복

0320 ★★
memento
[məméntou]

n. 기념물, 기념으로 남긴 물건, 추억거리; 기억 = keepsake, remembrance

These picture postcards are **mementos** of our trip abroad.
이 그림엽서들은 우리 해외여행의 기념물이다.

0321 ★★★
negligible
[néglidʒəbl]

a. 무시해도 좋은, 하찮은, 사소한 = insignificant, trifling, trivial

The side effects of this medication are **negligible**, so don't worry about taking it.
이 약물의 부작용은 무시할 만합니다. 그러니 그 약물을 복용하는 문제에 대해 걱정하지 마십시오.

Nuclear power stations produce **negligible** CO_2 emissions.
원자력 발전소는 무시해도 될 만한 양의 이산화탄소를 배출한다.

MVP neglect v. (의무·일 따위를) 게을리 하다; 무시하다, 간과하다
cf. negligent a. 소홀한, 태만한; 부주의한; 무관심한

0322 ★★

dazzle
[dǽzəl]

v. ① (강한 빛이) 눈이 부시게 하다; 눈이 부시다 = bedazzle, blind, daze
② (화려함 등으로) 현혹[감탄]시키다, 압도하다 = impress, amaze, overwhelm

Visitors were **dazzled** by the mansion's ornate rooms.
방문객들은 화려하게 장식한 대저택의 방을 보고 눈이 부셨다.

MVP dazzling a. 눈부신, 현혹적인
cf. daze vt. 현혹시키다; 눈부시게 하다; 멍하게 하다

0323 ★★

quadruple
[kwadrú:pl]

a. 네 배의; 네 겹의 = fourfold, quadruplicate
v. 네 배로 하다; 네 배가 되다

The number of counseling sessions for game addiction **quadrupled** last year.
게임중독으로 인한 상담건수가 작년에는 4배가 되었다.

MVP double a. 두 배의, 갑절의
triple a. 세 배의, 세 겹의
quintuple a. 다섯 배의, 다섯 겹의

※ quadr-(quadri-, quadru-): 4(= four)

quadrangle n. 사각형, 사변형; 사각형 안뜰
quadrate a. 정사각형의; n. 정사각형; v. 적합[일치, 조화]시키다
quadrennial a. 4년간의, 4년마다의
quadruped a. <동물> 네 발이 있는; n. 네발짐승

0324 ★★★

plead
[pli:d]

v. ① 변호하다, 변론하다 = defend
② 이유로서 내세우다[주장하다]
③ 탄원하다, 간청하다[with, for] = beseech, entreat

They hired a top lawyer to **plead** their case.
그들은 자신들의 소송을 변호하도록 최고 변호사를 고용했다.

MVP plea n. 탄원, 청원; 변명; 구실, 핑계
plead guilty (심문에 대해 피고가) 죄상을 인정하다
plead the fifth 발언을 거부하다, 이유의 진술을 거부하다

0325 ★

cronyism
[króuniìzm]

n. 정실인사, 연줄, 연고; 족벌주의; 편애, 편파 = favoritism, partiality

Cronyism and corruption are hollowing out the foundations of the state itself.
정실인사와 부패가 그 나라 자체의 토대를 송두리째 파내어 허물고 있다.

MVP crony n. 친구, 옛 친구(= chum)
nepotism n. 친족 등용, 족벌주의, 정실인사

0326 ★★
implore
[implɔ́:r]

v. 애원하다, 간청하다, 탄원하다 = beseech, entreat, plead, solicit, supplicate

Knowing the danger of riding a bike without headgear, the mother earnestly **implored** her son to wear his helmet.
머리 보호 장구 없이 오토바이를 타는 것의 위험성을 알고 있었기 때문에, 어머니는 아들에게 헬멧을 쓰라고 진지하게 간청했다.

0327 ★★★
feature
[fí:tʃər]

n. ① 특징, 특색 = characteristic, quality, trait
　② (종종 pl.) 용모, 얼굴 = appearance, countenance, looks
v. ① 특징으로 삼다, 특징을 이루다
　② 특집 기사로 다루다 = banner, headline
　③ (배우를) 주연시키다 = star

The spacious gardens are a special **feature** of this house.
넓은 정원이 이 집의 두드러진 특징이다.

The latest, popular trend in literature is to **feature** a dystopian landscape.
문학에 있어 가장 최근의 인기 있는 경향은 반(反)이상향의 풍경을 특징으로 하는 것이다.

Bollywood films are **featuring** more western actors these days.
발리우드(Bollywood) 영화들은 최근 들어서 더 많은 서양 배우들을 주연으로 삼고 있다.

0328 ★★
thorny
[θɔ́:rni]

a. 가시가 많은; (문제 등이) 곤란한, 골치 아픈 = prickly, spiny; difficult

The southern half of Puerto Rico has fewer trees and more **thorny** shrubs.
푸에르토리코(Puerto Rico)의 남쪽 절반은 나무가 더 적고, 보다 가시덤불이 많다.

The creative ideas and innovative solutions that help to solve the **thorny** problems we encounter in life and on the job don't come from stasis.
삶과 일에서 마주치게 되는 고통스러운 문제들을 해결하는 데 도움을 주는 창의적 사고와 혁신적 해결책들은 정체된 상태에서는 나오지 않는다.

MVP thorn n. (식물의) 가시; 고통의 근원

0329 ★★★
border
[bɔ́:rdər]

n. ① 국경[경계] (지역) = frontier
　② 가장자리, 변두리; (사진 등의) 테두리
v. ① ~와 경계를 이루다, 인접하다
　② ~에 아주 가깝다, 거의 ~와 같다[on, upon]

The U.S. and Canada share **border** and many other things.
미국과 캐나다는 국경과 다른 많은 것들을 공유한다.

The city is **bordered** by a large airport on the south.
그 시(市)는 남쪽으로 큰 공항에 접해 있다.

She felt an anxiety **bordering** on hysteria.
그녀는 히스테리에 가까운 불안을 느꼈다.

MVP borderline a. 이도저도 아닌, 경계선상의; n. (두 가지 성격조건 사이의) 경계
borderless a. 경계 없는, 국경 없는

0330 ★★
specify
[spésəfài]

v. 이름을 일일이 열거하다, 구체적으로 명시하다 = detail, stipulate

Remember to **specify** your size when ordering clothes.
의류를 주문할 때 치수를 명시할 것을 기억해 두세요.

MVP spec n. (자세한) 설명서, 사양(仕樣)
specification n. (자세한) 설명서, 사양(仕樣)

0331 ★★
debris
[dəbríː]

n. 부스러기, 파편, 잔해 = fragment, rubble, wreckage

Meteorites are the **debris** left on the surface of the earth after meteors fall from the sky.
운석은 하늘에서 지표면으로 떨어진 유성의 잔해이다.

0332 ★
endue
[indjúː]

vt. ① 〈보통 수동태〉 (능력·재능 등을) 부여하다[with] = endow, invest
② (옷을) 입다; (~에게) 입히다[with] = clothe, put on

Endue him with grace, fill him with strength, enlighten his heart.
그에게 품격을 부여하고, 강하게 하고, 굳은 마음을 갖게 하라.

0333 ★★
lethargic
[ləθáːrdʒik]

a. ① 기면성의, 혼수(상태)의 = drowsy, sleepy
② 무기력한, 활발하지 못한, 둔감한 = inactive, languid, sluggish

I got increasingly **lethargic** as the days turned hot.
날씨가 더워지면서 나는 점점 무기력해졌다.

The story was so predictable and the characters so dull that it's no wonder the show met such a **lethargic** response.
줄거리가 너무 뻔했고 등장인물들 또한 너무 따분했기 때문에, 그 연극이 그와 같이 무기력한 반응을 얻은 것은 전혀 이상한 일이 아니다.

MVP lethargy n. 혼수(상태); 무기력, 활발치 못함

0334 ★★★
obesity
[oubíːsəti]

n. 비만, 비대 = fatness, overweight

Obesity is caused by overeating and bad eating habits.
비만은 과식과 나쁜 식습관으로 인해 유발된다.

MVP obese a. 살찐, 뚱뚱한

0335 ★
incandescent
[ìnkəndésnt]

a. ① 백열의; 눈부신, 빛나는 = effulgent, glowing, luminous, radiant
② 열렬한, 의욕에 불타는 = ardent

She is changing the bulbs in the **incandescent** lamps.
그녀는 백열등의 전구를 교체하고 있다.

She was **incandescent** with rage.
그녀는 극도로 화를 냈다.

MVP cf. fluorescent a. 형광성의, 형광을 발하는

0336 ★★★
fundamental
[fʌndəméntl]

a. ① 근본적인, 본질적인, 기본의, 기초의 = basic, elementary
② 중요한, 주요한, 핵심적인, 필수적인 = core, essential, key
n. (보통 pl.) 기본, 기초, 원리, 근본법칙; (경제의) 기초조건

There is a **fundamental** difference between the two points of view.
그 두 가지 관점 사이에는 근본적인 차이가 있다.

He taught me the **fundamentals** of the job.
그가 나에게 그 일의 원리를 가르쳐 주었다.

MVP fundamentally ad. 근본[본질]적으로, 원래
fundamentalism n. 근본주의, 원리주의

0337 ★
solecism
[sɑ́lisìzm]

n. (말·글에서의) 실수, 결례 = faux pas, gaffe, slip

He then repeated the **solecism** at his inauguration balls on Tuesday night, when the eyes of billions around the world were upon him.
전 세계에서 수십억 명의 시선이 주시하고 있던 화요일 밤에 그는 취임 파티석상에서 무례한 실수를 반복했다.

0338 ★★
abash
[əbǽʃ]

vt. 〈보통 수동태〉 부끄럽게 하다; 당황하게 하다, 무안하게 하다
= humiliate; bewilder, confound, embarrass

He was not at all **abashed** by her criticisms.
그녀의 비판에 그는 전혀 당황해하지 않았다.

MVP abashed a. [서술적] 부끄러워하는, 당혹한

0339 ★★★
charity
[tʃǽrəti]

n. ① 자애, 자비, 박애; 동정, 관용 = generosity, philanthropy
② 자선(행위); 보시(布施), 구호금 = beneficence; alms, donation
③ 자선단체

He donates 10 percent of his salary to a **charity** every month.
그는 매달 월급의 10%를 자선단체에 기부한다.

MVP charitable a. 자비로운, 관대한; 자선의

0340 ★★★
discreet
[diskrí:t]

a. ① 분별 있는, 사려 깊은, 현명한 = politic, sagacious, sensible, wise
② (언행이) 신중한, 조심성 있는 = careful, considerate, judicious, prudent

The manager is always **discreet** in giving his opinion.
그 관리자는 자신의 의견을 말하는 데 항상 신중하다.

MVP cf. discrete a. 분리된, 별개의; 불연속의
↔ indiscreet a. 무분별한, 지각없는, 경솔한

0341 ★★
vitiate
[víʃièit]

vt. ① ~의 질[가치]을 손상하다, 해치다 = debase, deprave, mar, spoil
② (공기를) 오염시키다, 더럽히다
③ (법률적으로) 무효화하다 = annul, cancel, invalidate, nullify

Carbonic acid gas **vitiates** the air of the room.
탄산가스는 방의 공기를 오염시킨다.

MVP vitiation n. (가치·신뢰가) 떨어짐, 악화; 부패; 무효화
vitiated a. 손상된, 오염된; 타락한; (법률적으로) 무효화된

0342 ★★★
utility
[ju:tíləti]

n. ① 쓸모가 있음, 유익; 유용성
= benefit, convenience, practicality, use, usefulness
② (pl.) 실용품, 유용물
③ (수도·전기·가스 등의) 공익사업 = public service, public utility

a. 다용도[다목적]의; 실용적인 = useful, practical, serviceable

The **utility** of the rescue equipment has to be assessed in an emergency.
구조 장비의 유용성은 위급상황에서 평가받아야 한다.

MVP utilize vt. 활용하다, 소용되게 하다
utilization n. 이용, 활용
utilitarian a. 공리적인, 실리적[실용적]인; n. 공리주의자
utilitarianism n. 공리설, 공리주의

0343 ★★
ascetic
[əsétik]

a. 고행의, 금욕적인 = abstemious, abstinent, austere, puritanical

n. 금욕주의자; 고행자, 수도자

The monks lived a very **ascetic** life.
그 승려들은 매우 금욕적인 생활을 했다.

MVP asceticism n. 금욕주의, 수도생활

0344 ★★
drawback
[drɔ́:bæk]

n. 결점, 약점 = defect, disadvantage, flaw

The major **drawback** of the car is its high fuel consumption.
이 차의 가장 큰 단점은 기름을 많이 먹는다는 것이다.

DAY 07

0345 ★★

lodge
[ladʒ]

v. ① 숙박[투숙]하다, 묵다; 하숙하다 = board, reside, sojourn, stay
② ~에 꽂히다[박히다]; ~에 꽂다[박다] = catch, embed, implant, stick
③ 숨기다, 보호하다 = harbour, hide, protect, shelter
n. (일시적인 숙박을 위한) 오두막집 = cabin, cottage, hut, shelter

The refugees are being **lodged** at an old army base.
그 난민들은 옛 군사 기지에 머물고 있다.

MVP lodging n. 하숙; 숙박, 투숙; (pl.) 셋방, 하숙방

0346 ★★★

coherent
[kouhíərənt]

a. 일관성 있는, 논리정연한 = consistent, logical, orderly

The flow of this mystery story was **coherent** from beginning to end.
이 추리소설의 흐름은 처음부터 끝까지 일관성이 있었다.

MVP coherence n. 응집(성); 결합; (문체·이론 등의) 통일, 시종일관성

0347 ★★

placebo
[plətʃéibou]

n. ① 플라시보, 위약(僞藥, 환자를 안심시키기 위해 주는 약; 약효는 없으나
생체에 유효한 약제의 효용 실험을 위해 대조약으로서 투여하는 물질)
② 아첨, 알랑거림 = flattery

Taking action often produces temporary relief of symptoms and it is called a
placebo effect.
병을 치료하기 위해 어떤 행동을 하면 종종 일시적으로 증상이 호전되는데, 이것을 위약
효과라고 한다.

0348 ★

mulct
[mʌlkt]

vt. ① 벌금을 과하다[in, of] = amerce, fine
② 속여 빼앗다, 사취하다[of] = bilk, cheat, defraud, fleece
n. 벌금, 과료 = amercement, fine, forfeit, penalty

The lawyer was accused of trying to **mulct** the boy of his legacy.
그 변호사는 소년을 속여서 유산을 빼앗으려고 한 혐의로 고발을 당했다.

0349 ★★

bliss
[blis]

n. 더 없는 행복, 환희; 희열 = beatitude, ecstasy, euphoria, felicity, rapture

It's a **bliss** to be able to lie your back and just forget all about your worries.
등을 대고 드러누워 근심 걱정을 완전히 잊어버릴 수 있다는 것은 더 없는 행복이다.

MVP blissful a. 더 없이 행복한, 기쁨에 찬(= beatific)

0350 ★★★

prompt
[prɑmpt]

a. 신속한, 기민한; 즉석의 = expeditious, immediate, rapid, swift

v. ① 자극하다, 격려[고무]하다 = inspire, motivate, spur, stimulate
   ② (행동·감정 등을) 촉구하다; 일으키다, 유발하다 = provoke, cause

He could have fallen into a critical condition without her **prompt** action and the subsequent treatment at the hospital.
그는 그녀의 즉각적인 조치와 병원에서의 후속 치료가 없었다면 중태에 빠질 수도 있었다.

MVP promptly ad. 신속히, 재빠르게(= quickly); 즉석에서

A. Write the meaning of the following words.

- □ generous _____
- □ rampant _____
- □ magnificent _____
- □ henceforth _____
- □ taboo _____
- □ palliative _____
- □ scrutinize _____
- □ anecdote _____
- □ sloppy _____
- □ witness _____
- □ identity _____
- □ sentient _____
- □ renovate _____
- □ negligible _____
- □ dazzle _____
- □ plead _____
- □ cronyism _____
- □ implore _____
- □ feature _____
- □ thorny _____

- □ border _____
- □ debris _____
- □ endue _____
- □ lethargic _____
- □ obesity _____
- □ incandescent _____
- □ fundamental _____
- □ solecism _____
- □ abash _____
- □ charity _____
- □ discreet _____
- □ vitiate _____
- □ utility _____
- □ ascetic _____
- □ lodge _____
- □ coherent _____
- □ placebo _____
- □ mulct _____
- □ bliss _____
- □ prompt _____

※ 주어진 단어의 뜻을 본문에서 확인하시고 틀린 단어의 경우 박스에 체크한 뒤에 나중에 다시 학습하시기 바랍니다.

B. Choose the synonym of the following words.

1. cajole
2. bigoted
3. drawback
4. elegy
5. specify
6. quadruple
7. accentuate
8. memento
9. edible
10. saline

Ⓐ eatable
Ⓑ emphasize
Ⓒ keepsake
Ⓓ fourfold
Ⓔ detail
Ⓕ salty
Ⓖ defect
Ⓗ coax
Ⓘ closed-minded
Ⓙ requiem

B. 1. Ⓗ 2. Ⓘ 3. Ⓖ 4. Ⓙ 5. Ⓔ 6. Ⓓ 7. Ⓑ 8. Ⓒ 9. Ⓐ 10. Ⓕ

0351 ★★★

harmful
[hάːrməl]

a. 해로운, 해가 되는 = bad, deleterious, detrimental

In 1964, the Surgeon General of the United States announced that smoking had been proven by scientific research to be **harmful** to health.
1964년에, 미국의 공중위생국장은 흡연이 과학적 연구에 의해 건강에 해로운 것으로 드러났다고 발표했다.

MVP harm n. (정신적·물질적인) 해(害), 위해, 상해; 손해

0352 ★★

sanctuary
[sǽŋktʃuèri]

n. ① 거룩한 장소, 성역, 성당(聖堂), 신전(神殿) = church, shrine, temple
② 은신처, 피난처 = harbor, haven, hideout, refuge, shelter
③ 조수(鳥獸) 보호구역; 자연 보호구역 = reserve

There can be no such thing as a **sanctuary** in a criminal investigation.
범죄 수사에 있어서 성역이란 있을 수 없다.

One of the world's great wildlife **sanctuaries** is located near Chiang Mai.
세계에서 가장 큰 야생동물 보호구역 중 하나는 치앙마이 근처에 있다.

0353 ★★

ebullient
[ibʌ́ljənt]

a. ① 비등하는, 끓어 넘치는 = effervescent
② 원기 왕성한, 열광적인 = buoyant, exuberant, enthusiastic

The **ebullient** young girl with dark hair and blue eyes decided to become a screen actress.
검은 머리에 푸른 눈을 가진 활력이 넘치는 그 어린 소녀는 영화배우가 되기로 결심했다.

MVP ebullience n. 비등; (감정·기운 등의) 넘쳐흐름, 내뿜침

0354 ★

peccadillo
[pèkədílou]

n. 가벼운 죄, 조그마한 과오; 작은 결점 = error, lapse, misdeed, slip

The sexual **peccadilloes** of celebrities aren't necessarily news.
유명인사의 성적인 과오가 항상 뉴스가 되는 것은 아니다.

0355 ★★

abut
[əbʌ́t]

v. 인접하다, 접경하다 = adjoin, border on, neighbor

They reside at a house **abutting** on the seashore.
그들은 해안에 인접해 있는 집에 살고 있다.

0356 ★
dilettante
[dìlitá:nti]

n. 아마추어 평론[예술]가, 문학[예술]의 애호가; 어설픈 지식의 사람
= amateur, dabbler
a. 아마추어의, 어설픈 지식의; 예술을 좋아하는 = amateurish, nonprofessional

She's a professional artist, not a **dilettante**.
그녀는 전문적인 화가이지, 아마추어 예술가가 아니다.

0357 ★★
ransack
[rǽnsæk]

vt. ① 샅샅이 뒤지다 = comb, rake
② 빼앗다, 약탈하다 = loot, pillage, plunder

The detective **ransacked** the room for the key.
그 형사는 열쇠를 찾으려고 온 방안을 뒤졌다.

Offices have been **ransacked**, company cars stolen, and communications systems destroyed.
사무실은 약탈당했고, 회사 차들은 도둑맞았고, 통신장비들은 파괴되었다.

0358 ★★★
palpable
[pǽlpəbl]

a. ① 뚜렷한, 명백한, 감지할 수 있는 = apparent, conspicuous, obvious, patent
② (손으로) 만질 수 있는 = tactile, tangible

The pain of the lover's death was still **palpable** in her voice.
사랑하는 사람을 여읜 고통은 아직도 그녀의 목소리에서 느낄 수 있었다.

MVP ↔ impalpable a. 감지[인지]하기 어려운

0359 ★★
callow
[kǽlou]

a. ① 경험이 없는, 미숙한, 풋내기의 = immature, inexperienced, naive, puerile
② 아직 깃털이 나지 않은 = unfledged

He is a **callow** 20-year-old man who behaves like a 12-year-old boy.
그는 행동하는 게 12살짜리 아이 같은 철없는 20살 청년이다.

0360 ★★★
embrace
[imbréis]

v. ① (생각·제의 등을 기꺼이) 받아들이다[수용하다] = accept, espouse, receive
② 껴안다, 포옹하다 = cuddle, hug
③ 포괄하다, 아우르다 = comprise, include

The Arabic people quickly **embraced** the new religion of Islam.
아라비아 사람들은 신흥종교인 이슬람교를 빠르게 받아들였다.

The returning husband **embraced** his wife joyfully.
귀환한 남편이 그의 아내를 기쁘게 안아주었다.

0361 ★★

nadir
[néidər]

n. ① 〈천문학〉 천저(天底)
② 최하점, 최저점, 밑바닥, 구렁텅이, 절망상태 = depths, rock bottom

The day his wife died was the **nadir** of his life.
그의 아내가 죽은 날이 그의 인생에서 가장 절망적인 날이었다.

MVP ↔ zenith n. 천정(天頂); <비유> (성공·힘 등의) 정점, 절정(= apex); 전성기

0362 ★

martinet
[mà:rtənét]

n. 규율에 엄격한 사람(특히 군인), 몹시 까다로운 사람 = disciplinarian

The commanding officer was a **martinet** who observed each regulation to the letter.
그 지휘관은 모든 규정을 문자 그대로 준수했던 규율에 엄격한 사람이었다.

0363 ★★

pinpoint
[pínpɔ̀int]

vt. ① ~의 위치를 정확히 나타내다[찾아내다] = locate, spot
② (원인·본질을) 정확히 지적[설명]하다 = diagnose, identify

It was almost impossible to **pinpoint** the cause of death.
정확한 사인 규명이 거의 불가능했다.

0364 ★★★

bare
[bɛər]

a. ① 벌거벗은, 알몸의, 가리지 않은 = naked, nude, unclad, unclothed
② (일·이야기가) 사실 그대로의, 적나라한 = bald, plain, stark
③ 부족한, 겨우 ~한; 그저[겨우] ~뿐인 = mere, only

We are left with our mouths wide open whenever Taekwondo masters manage to break bricks with their **bare** hands.
우리는 태권도 선수들이 맨손으로 벽돌을 깰 때마다 입을 다물지 못하고 감격한다.

MVP barely ad. 간신히, 가까스로, 빠듯하게
bare bones n. (the ~) 골자, 요점
bare-bones a. 지독히 여윈, 빼빼 마른; 빈약한(= meager); (서비스 등이) 전혀 없는, 셀프서비스인
barefaced a. 뻔뻔스러운, 파렴치한

0365 ★★

skim
[skim]

v. ① (액체 위에 뜬 기름기 등을) 걷어내다 = remove
② (수면 등을) 스쳐 지나가다, 미끄러지듯 가다 = glide
③ 대충 훑어 읽다[보다] = browse, glance, scan

Every morning, I always **skim** the financial section of the newspaper.
매일 아침, 나는 항상 신문의 경제면을 훑어본다.

0366 ★★★

efficient

[ifíʃənt]

a. 유능한; 효율적인 = capable, competent, ept; economical, effective

As we get older, our bodies become less **efficient** at burning up calories.
우리는 나이가 들어갈수록 신체의 칼로리 소모 효율성이 떨어진다.

MVP efficiency n. 능률, 능력; 효율
efficiently ad. 능률적으로; 유효하게
↔ inefficient a. 무능한; 효력이 없는

0367 ★★★

lack

[læk]

n. 부족, 결핍; 부족한[결핍된] 것, 필요한 것 = dearth, shortage
v. ～이 없다, ～이 부족하다[모자라다], ～을 필요로 하다

The number of obese children is increasing due to **lack** of exercise.
운동 부족으로 비만 아동 수가 늘어나고 있다.

Some houses still **lack** basic amenities such as bathrooms.
일부 주택들에는 아직도 욕실 같은 기본적인 설비가 되어 있지 않다.

MVP lacking a. (～이) 없는[부족한], 빠져 있는, 결핍된

0368 ★★★

tentative

[téntətiv]

a. ① 시험적인, 임시의, 일시적인, 잠정적인 = interim, provisional, temporary
② 망설이는; 애매한, 불확실한 = hesitant; uncertain

Labor and management have drawn a **tentative** agreement.
노사는 잠정적인 합의를 이끌어냈다.

MVP tentatively ad. 시험[실험]적으로, 임시로

0369 ★★★

mitigate

[mítəgèit]

v. ① (분노·고통·슬픔·고민 따위를) 누그러뜨리다, 가라앉히다 = alleviate, ease
② (병·형벌 따위를) 경감하다, 가볍게 하다 = extenuate, palliate

He's developed a vaccine that can **mitigate** the symptoms.
그는 그 증상을 완화할 수 있는 백신을 개발했다.

MVP mitigation n. 완화, 경감
unmitigated a. 누그러지지 않은, 경감되지 않은; 순전한, 완전한

0370 ★★★

sensible

[sénsəbl]

a. 현명한, 분별 있는, 사리를 아는 = prudent, rational, reasonable

It is **sensible** to take an umbrella on rainy days.
비가 오는 날에는 우산을 가지고 가는 것이 현명하다.

MVP sensibility n. 감각, 지각; 감수성
sensibly ad. 현명하게; 재치 있게; 상당히
↔ insensible a. 무감각한; 의식을 잃은; 감각이 둔한; (느끼지 못할 정도로) 적은
cf. sensitive a. 민감한, 예민한

cf. sensuous a. 감각적인, 심미적인
cf. sensual a. 관능적인; 호색의; 육감적인

0371 ★

drizzle

[drízl]

n. 이슬비, 보슬비, 가랑비 = dribble

The **drizzle** had now stopped and the sun was breaking through.
보슬비가 이제 멈추고 태양이 구름 사이를 헤치고 나오고 있었다.

0372 ★★

impeccable

[impékəbl]

a. 나무랄 데 없는, 결점 없는 = faultless, flawless, immaculate

If a person's behavior or appearance is **impeccable**, it is excellent and cannot be faulted.
한 사람의 행동이나 겉모습이 완벽하면, 그것은 매우 훌륭하고 흠 잡을 데가 없다는 것이다.

0373 ★★★

equation

[ikwéiʃən]

n. ① 같게 함, 균등화; 평균화; 동일시; 평형 (상태)
　② 〈수학〉 방정식; 등식

He proposed the Pythagorean theorem, as an **equation** relating the lengths of the three sides of a triangle: $a^2+b^2=c^2$.
그는 삼각형의 세변의 길이와 관련된 방정식인 피타고라스의 정리, 즉 $a^2+b^2=c^2$를 내놓았다.

MVP equate v. 동일시하다; 필적하다, 같다[with]

0374 ★★

debilitate

[dibílətèit]

vt. (사람을) 약하게 하다, 쇠약하게 하다 = enervate, enfeeble, weaken

Substance abuse **debilitates** character as well as physical stamina.
약물 남용은 육체적인 힘뿐만 아니라 인격마저도 쇠약하게 만든다.

MVP debilitation n. 쇠약, 허약
　　debilitating a. 쇠약하게 만드는

0375 ★★

ambience

[æmbiəns]

n. 분위기; 주위, 환경 = atmosphere, environment, surroundings

By decorating their house with plastic beach balls, the Flemmings created a playful **ambience** that delighted young children.
플레밍(Flemming) 부부는 비닐로 된 비치볼로 집을 꾸며 어린 자녀가 즐거워할 만한 친근한 분위기를 만들었다.

MVP ambient a. 주위의, 환경의; 에워싼

0376 ★★★

coerce
[kouə́ːrs]

vt. 강요하다, 강제하다 = compel, force

There is no gainsaying the fact that the privileged seldom give up their privileges of their own accord without being **coerced** into doing so.
특권을 가진 자들이 강요받지 않고서는 자발적으로 자기의 특권을 포기하는 경우가 드물다는 사실은 부정할 수 없다.

MVP coercion n. 강제, 강요
coercive a. 강압적인, 강제적인

0377 ★

retinue
[rétənjùː]

n. [집합적] (특히 왕·귀족의) 수행원, 수행원단 = attendant, cortege, entourage

When he travels, the President has a large **retinue** of aides and bodyguards.
여행 시에 대통령은 보좌관들과 경호원들로 구성된 상당히 많은 수의 수행원을 대동한다.

0378 ★★

undaunted
[ʌndɔ́ːntid]

a. 불굴(不屈)의, 기가 꺾이지 않는, 대담한 = indomitable, unshaken, dauntless

He has overcome difficulties with an **undaunted** fighting spirit.
그는 불굴의 투지로 역경을 극복했다.

MVP daunt v. 으르다, 움찔하게 하다, ~의 기세를 꺾다
daunting a. (일 따위가) 벅찬, 힘겨운, 귀찮은

0379 ★★

bleach
[bliːtʃ]

v. 희게 하다, 표백하다; (태양 등이 물건을) 바래게[희게] 하다 = blanch, whiten
n. 표백; 표백제 = decolorant

He has hair which is naturally black but which has been **bleached** by the sun.
그의 머리카락은 원래 검은색이지만 햇볕에 탈색되었다.

MVP cf. breach n. (법률·의무·약속 등의) 위반, 불이행, 침해(= infraction); 불화(= rift)

0380 ★★★

quest
[kwest]

n. ① 탐색, 탐구, 추구 = pursuit, search
② 탐색여행, (특히 중세 기사의 모험을 찾아서의) 원정 = expedition, journey
v. 탐색[탐구, 추구]하다 = pursue, seek

Nothing will stop them in their **quest** for truth.
아무것도 그들이 진실을 추구하는 것을 멈추게 할 수 없을 것이다.

0381 ★★

infest

[infést]

vt. (해충·도둑·병 등이) 떼지어 몰려들다, 들끓다; 횡행하다; 만연하다
= swarm, overrun

The average human mouth is **infested** with both good and bad bacteria.
평균적인 인간의 입에는 좋은 박테리아와 나쁜 박테리아가 모두 우글거리고 있다.

MVP infestation n. 떼 지어 엄습함; 횡행, 출몰; 만연

0382 ★★★

satisfaction

[sætisfǽkʃən]

n. ① 만족, 만족시킴, 충족; 만족을 주는 것
② 〈법〉 (의무의) 이행; (손해의) 배상, 보상; (빚의) 상환
③ (의문·이의 등에 대한) 납득, 이해

Listening to music is one of his greatest **satisfactions**.
음악 감상이 그에게는 가장 큰 기쁨의 하나이다.

I complained to the manager but I didn't get any **satisfaction**.
나는 매니저에게 항의를 했지만 아무런 보상도 받지 못했다.

For your **satisfaction**, I will let you know the details of my proposal.
이해가 가도록 내 제안을 상세히 말하겠다.

MVP satisfy v. (필요·욕구 등을) 만족시키다, 충족시키다; 확신하게 하다, 납득시키다
satisfactory a. 만족스러운, 더할 나위 없는, 충분한

0383 ★

appellation

[æpəléiʃən]

n. 명칭, 호칭 = name, title

The **appellation** of the cat is written on its name tag.
그 고양이의 이름은 이름표 위에 쓰여 있다.

0384 ★★

officiate

[əfíʃièit]

v. ① 공무[직무]를 수행하다; (의식 등을) 사회[집행, 집전]하다 = perform; preside
② (시합 등의) 심판을 보다 = referee, umpire

She **officiated** as chairman at the conference.
그녀는 그 학회에서 의장으로서 사회를 보았다.

0385 ★★★

ingredient

[ingríːdiənt]

n. ① (특히 요리 등의) 재료, 성분
② (~을 이루는 데 중요한) 구성 요소

Coconut is a basic **ingredient** for many curries.
코코넛은 많은 카레 요리의 기본 재료이다.

It has all the **ingredients** of a good mystery story.
그것에는 훌륭한 추리 소설의 구성 요소들이 모두 들어 있다.

0386 ★

snowball
[snoubɔ:l]

n. ① 눈뭉치, 눈덩이
② 눈덩이처럼 커지는 것, 눈덩이처럼 불어나는 상황
v. 눈덩이식[가속적]으로 커지다 = escalate, proliferate

All this publicity has had a **snowball** effect on the sales of their latest album.
이런 모든 평판 덕분에 그들의 최신 앨범 판매고가 눈덩이처럼 불어나고 있다.

MVP snowball chance 거의 가망이 없는 희망

0387 ★★

commodity
[kəmɑ́dəti]

n. ① 상품, 물품; 일용품, 생필품 = goods; necessaries
② (농업·광업의) 제1차 상품, 미가공품, 원자재
③ 유용[편리]한 것 = convenience

Clean water is a precious **commodity** in that part of the world.
이 세상의 그 지역에서는 깨끗한 물이 귀한 생필품이다.

Energy is a necessary **commodity**.
에너지는 없어서는 안 될 유용한 것이다.

0388 ★★★

abruptly
[əbrʌ́ptli]

ad. ① 갑자기, 돌연히 = suddenly, unexpectedly
② 무뚝뚝하게, 퉁명스럽게 = bluntly, brusquely

Ice doesn't get progressively softer and jelly-like as it approaches zero degrees;
instead, it stays hard until it melts **abruptly** to water.
0도에 가까워짐에 따라, 얼음은 서서히 부드러워지는 것도, 젤리처럼 되는 것도 아니다.
그 대신, 얼음은 딱딱한 상태를 유지하다가 갑자기 녹아서 물이 된다.

MVP abrupt a. 돌연한, 갑작스러운; 퉁명스러운

0389 ★★

plethora
[plέθərə]

n. 과잉, 과다 = excess, glut, surfeit

Society faces a **plethora** of problems.
사회는 매우 많은 문제들에 직면하고 있다.

Judging from the **plethora** of fat reduced products in the supermarkets, we have
become a "fat-phobic" culture.
슈퍼마켓의 저지방 상품의 과잉으로 판단하건대, 우리는 "지방을 두려워하는" 문화를 갖게
되었다.

0390 ★★★

specious
[spí:ʃəs]

a. 허울뿐인, 외양만 좋은, 진실 같은, 그럴듯한 = ostentatious, plausible

The reasons that they went upon were **specious**.
그들이 내세운 이유는 허울만 그럴듯한 것이었다.

0391 ★★

fragrant
[fréigrənt]

a. 냄새가 좋은, 향기로운 = aromatic, balmy, odorous, redolent

The name Hong Kong means "**Fragrant** Harbor."
홍콩이라는 이름은 '향기로운 항구'를 의미한다.

MVP fragrance n. 향기
cf. flagrant a. 극악무도한, 악명 높은

0392 ★★

genocide
[dʒénəsàid]

n. 대량학살, 집단학살 = massacre, slaughter

Hitler felt a prejudice towards all Jews and non-Arians which resulted in mass **genocide**.
히틀러는 모든 유대인들과 비아리아계 인종들에 대해 편견을 갖고 있었고, 이것은 대량학살을 초래하였다.

MVP genocidal a. 집단[대량] 학살의

0393 ★★

vehement
[víːəmənt]

a. 격렬한, 맹렬한 = fervent, fierce, furious

Some expressed **vehement** opposition to the idea.
몇몇 사람들은 그 의견에 격렬한 반대의사를 표명했다.

MVP vehemence n. 격렬함; 열의, 열정
vehemently ad. 격렬하게; 열정적으로

0394 ★★★

ordeal
[ɔːrdíːəl]

n. 호된 시련, 고된 체험 = hardship, suffering, trial

The **ordeal** left her looking pale and drawn.
호된 시련으로 인해 그녀는 얼굴이 핼쑥하게 야위어 있었다.

0395 ★★

confidential
[kànfədénʃəl]

a. ① 기밀의, 비밀의, 은밀한 = clandestine, covert, secret
② 신임이 두터운, 신뢰할 수 있는 = trustworthy

These documents must be kept completely **confidential**.
이 문서들은 전적으로 기밀로 유지되어야 한다.

Department managers have been asked to keep all official employee evaluations **confidential**.
부서장들은 모든 공식적인 직원 인사고과를 비밀로 하라는 지시를 받았다.

MVP confidentiality n. 기밀성, 비밀성

0396 ★★★
morale
[mərǽl]

n. (군대 혹은 집단의) 사기, 의욕 = mettle, spirit, vigor

The wage freeze has lowered **morale** among the employees.
임금동결은 직원들의 사기를 저하시켰다.

0397 ★★
topple
[tápl]

v. ① 넘어지다; 넘어뜨리다 = collapse, fall, tumble
　② 실각시키다, 전복시키다 = overthrow, overturn, subvert

The coup **toppled** the dictator from his position.
쿠데타로 독재자는 자리에서 쫓겨났다.

0398 ★★
hiatus
[haiéitəs]

n. (일·행동 등의) 중단, 휴게; 틈, 사이 = pause; gap, lapse

The miners' strike caused a **hiatus** in coal production.
광부들의 파업으로 인해 석탄 생산이 중단되었다.

What did you do during your two-year-long **hiatus**?
2년이라는 공백 기간 동안 뭘 하셨나요?

0399 ★★★
laboratory
[lǽbərətɔ̀:ri]

n. 실험실, 연구소 = lab

The botanist works 12 hours per day at his **laboratory**.
그 식물학자는 자신의 실험실에서 매일 12시간씩 연구한다.

MVP cf. lavatory n. 세면소, 화장실; (수세식) 변기; 세면대

0400 ★★
blur
[blə:r]

v. ① 흐릿하게 만들다 = becloud, bedim, befog
　② 모호하게 만들다 = confuse, obnubilate, obscure
n. 더러움, 얼룩; 결점, 오명; 흐림; 흐릿한 것

Fiction and reality were increasingly **blurred**.
허구와 사실의 구분이 점점 모호해졌다.

Out of the corner of my eye I saw a **blur** of movement on the other side of the glass.
나는 유리창 건너편에서 뭔가 흐릿하게 움직이는 것을 곁눈으로 보았다.

MVP blurred a. 선명하지 않은, 흐릿해진

A. Write the meaning of the following words.

- ☐ harmful _____
- ☐ sanctuary _____
- ☐ ebullient _____
- ☐ peccadillo _____
- ☐ abut _____
- ☐ ransack _____
- ☐ palpable _____
- ☐ callow _____
- ☐ embrace _____
- ☐ nadir _____
- ☐ martinet _____
- ☐ pinpoint _____
- ☐ skim _____
- ☐ efficient _____
- ☐ lack _____
- ☐ sensible _____
- ☐ equation _____
- ☐ retinue _____
- ☐ undaunted _____
- ☐ bleach _____

- ☐ quest _____
- ☐ infest _____
- ☐ satisfaction _____
- ☐ officiate _____
- ☐ ingredient _____
- ☐ snowball _____
- ☐ commodity _____
- ☐ abruptly _____
- ☐ plethora _____
- ☐ specious _____
- ☐ fragrant _____
- ☐ genocide _____
- ☐ vehement _____
- ☐ ordeal _____
- ☐ confidential _____
- ☐ morale _____
- ☐ topple _____
- ☐ hiatus _____
- ☐ laboratory _____
- ☐ blur _____

※ 주어진 단어의 뜻을 본문에서 확인하시고 틀린 단어의 경우 박스에 체크한 뒤에 나중에 다시 학습하시기 바랍니다.

B. Choose the synonym of the following words.

1. tentative
2. impeccable
3. ambience
4. debilitate
5. bare
6. mitigate
7. coerce
8. appellation
9. drizzle
10. dilettante

Ⓐ alleviate
Ⓑ compel
Ⓒ amateur
Ⓓ provisional
Ⓔ dribble
Ⓕ atmosphere
Ⓖ name
Ⓗ weaken
Ⓘ faultless
Ⓙ naked

B. 1. Ⓓ 2. Ⓘ 3. Ⓕ 4. Ⓗ 5. Ⓙ 6. Ⓐ 7. Ⓑ 8. Ⓖ 9. Ⓔ 10. Ⓒ

0401 ★★★

bizarre
[bizáːr]

a. 기이한, 기괴한, 특이한 = eccentric, odd, peculiar, strange, weird

Their **bizarre** attitude ultimately prompted unexpected reactions.
그들의 기이한 태도는 결국 예상치 못한 반응을 불러일으켰다.

That was such a **bizarre** story that I had never heard of.
그것은 한 번도 들어본 적이 없는 참으로 기묘한 이야기였다.

0402 ★

trailblazer
[tréilblèizər]

n. 개척자, 선구자 = groundbreaker, pathfinder, pioneer, vanguard

Michelangelo was a **trailblazer** in the renaissance period.
미켈란젤로는 르네상스 시대의 선구자였다.

MVP trailblaze v. (새 분야를) 개척하다

0403 ★★

messy
[mési]

a. 지저분한, 어질러진, 엉망인; 난잡한 = disordered, sloppy, untidy

The kitchen floor was **messy** with spilled food.
주방 바닥은 엎질러진 음식들로 어질러져 있었다.

The walls got **messy** with all the graffiti.
낙서 때문에 벽이 더러워졌다.

0404 ★★

calibrate
[kǽləbrèit]

vt. ① (직경·구경 따위)를 재다, 측정하다 = gauge, measure
② (계기)의 눈금을 정확히 조정하다 = adjust, correct, fine-tune

Measurement of temperatures must be carefully **calibrated** to account for changes in measuring technology.
기온 측정은 측정 기술에 있어서의 변화를 설명할 수 있도록 반드시 면밀하게 조정되어야 한다.

MVP caliber n. 직경; (총포의) 구경; (탄알의) 직경; 도량, 재간

0405 ★★

pandemonium
[pæ̀ndəmóuniəm]

n. 대혼란, 아수라장 = bedlam, chaos, uproar

There was **pandemonium** when the company announced it was cutting wages.
회사가 임금을 삭감하겠다고 발표하자 아수라장이 되었다.

0406 ★★

rancid
[rǽnsid]

a. 고약한 냄새가 나는, 썩은 냄새가 나는 = fetid, putrid, rotten

When exposed to air for extended periods of time, the food goes **rancid**.
그 음식은 공기에 장기간 노출되면, 악취가 난다.

0407 ★★

sequester
[sikwéstər]

v. ① 격리시키다 = isolate, insulate, seclude, separate
② 압류하다, 몰수하다 = confiscate, impound, seize

She and her mother were **sequestered** inside the presidential palace.
그녀와 그녀의 어머니는 대통령궁 안에 격리됐다.

Their own small estate was **sequestered** by the Tsar for the family's part in the uprising.
가문이 봉기에 참여했다는 이유로 그들의 작은 영지는 황제에 의해 몰수됐다.

MVP sequestered a. 외딴, 한적한, 후미진
sequester oneself from ~에서 은퇴하다
sequestration n. 격리, 추방; 은퇴; 몰수

0408 ★★★

opponent
[əpóunənt]

n. (경기·논쟁 등의) 적, 상대 = adversary, antagonist, competitor, foe

The worst thing you can do is underestimate an **opponent**.
당신이 할 수 있는 최악의 행동은 상대를 얕잡아 보는 것이다.

0409 ★★

expenditure
[ikspéndit∫ər]

n. ① (자금 따위의) 지출, 지불; (시간·노력 따위의) 소비, 소모
② 경비, 비용, 소비액, 지출액

This study represents a major **expenditure** of time and effort.
이 연구는 대단한 시간과 노력 소모를 의미한다.

You must ask permission for all major **expenditure**.
모든 주요 경비에 대해서는 허락을 구해야 한다.

MVP expend v. (많은 돈·시간·에너지를) 쏟다, 들이다
expendable a. 소모용의, 소모성의; (병력·자재 등이) 희생될 수 있는; n. (pl.) 소모품

0410 ★★

impart
[impá:rt]

v. ① (정보·지식 등을) 전달하다, 알리다[to] = communicate, transmit
② (특정한 특성을) 주다[to] = accord, bestow

Your presence will **impart** an air of elegance to the party.
당신이 참석하여 주신다면 파티의 분위기가 한결 우아해질 것입니다.

I have no information to **impart** to you.
나는 너에게 전해줄만한 정보가 아무것도 없다.

DAY 09

0411 ★★★

furious
[fjúəriəs]

a. ① 성난, 격노한; 광포한, 무서운 = angry, enraged, livid, raging
② (바람·폭풍우 등이) 사납게 몰아치는, 격렬한 = fierce, turbulent, violent, wild

My wife was **furious** because I drove my car after drinking.
내가 음주운전을 하는 바람에 집사람이 엄청나게 화가 났다.

MVP fury n. 격노, 격분; 격정; (병·날씨·전쟁 등의) 격심함, 맹렬함
furiously ad. 미친 듯 날뛰며, 맹렬하게; 극단적으로

0412 ★★

bode
[bóud]

v. 징조[전조]가 되다; (좋은·나쁜) 징조이다[for] = augur, forebode, portend

We hope that the calamity will not **bode** ill for the successful hosting of the world's largest sports event.
우리는 이번 참사가 세계 최대의 스포츠 행사의 성공적인 개최에 나쁜 징조가 되지 않기를 바란다.

MVP bode well[ill] 좋은[나쁜] 징조이다

0413 ★★★

plastic
[plǽstik]

a. ① 플라스틱[비닐]으로 된
② 형태를 만들[바꾸]기가 쉬운, 가소성의 = fictile, flexible
③ (정신·성격 등이) 유연한, 감수성이 강한, 순응성이 있는 = pliable, supple
④ 인공[합성]의, 부자연스러운 = artificial, synthetic
⑤ 〈의학〉 성형의

The plates are supported by a weak, **plastic** layer of the lower mantle called the asthenosphere.
이 층들은 암류권이라 불리는 하단 맨틀의 약하고 가소성이 있는 층에 의해 지탱된다.

MVP plasticity n. 가소성; 유연성; 적응성
plastic surgeon 성형외과 의사
plastic surgery 성형수술

0414 ★

motley
[mátli]

a. ① 잡다한, 혼성의, 뒤섞인 = assorted, miscellaneous, mixed
② 잡색의, 얼룩덜룩한 = mottled, piebald, variegated
n. ① 잡동사니, 뒤범벅 = medley, miscellany
② 잡색, 얼룩덜룩함

The party was a **motley** mixture of well-dressed business people and poor students.
그 파티에는 잘 차려 입은 사업가들과 가난한 학생들이 잡다하게 섞여 있었다.

MVP motley crew 오합지졸

0415 ★★★

taciturn

[tǽsətə̀:rn]

a. 무언의, 말수가 적은 = mute, reticent, silent

The chairman was so **taciturn** that we had absolutely no idea what he was thinking.

그 회장은 너무 말수가 적었기 때문에, 우리는 그가 무슨 생각을 하고 있는지를 전혀 알 수 없었다.

0416 ★★

embellish

[imbéliʃ]

vt. ① 아름답게 꾸미다, 장식하다 = adorn, decorate, ornament
　　② (이야기 등을) 재미있게 꾸미다, 윤색하다 = embroider

They **embellished** the house with expensive furniture.
그들은 값비싼 가구로 집을 꾸몄다.

Each time the soldier told about the combat, he **embellished** the plot.
그 군인은 전투에 관해 이야기할 때마다 과정을 윤색해서 말했다.

MVP belle n. 미인, 미녀; (the ~) (어떤 자리에서의) 최고 미인

0417 ★★★

sculpture

[skʌ́lptʃər]

n. 조각, 조각술, 조소(彫塑); 조각 작품 = figure, statue
v. 조각하다 = carve, engrave

Some **sculptures** were spotted in the garden of the museum.
몇몇 조각 작품들이 박물관 정원에 띄엄띄엄 놓여 있었다.

MVP sculptor n. 조각가
　　cf. relief n. 부조(浮彫); 양각(陽刻)

0418 ★★

distraught

[distrɔ́:t]

a. 괴로운, 마음이 산란한; 미친 = agitated, crazy, distracted, frantic

He was **distraught** with grief when his wife died.
아내가 죽었을 때 그는 슬픔으로 제 정신이 아니었다.

0419 ★★★

reside

[rizáid]

vi. ① 살다, 거주하다; 주재하다[in, at] = dwell, inhabit, live
　　② (물건·성질 등이) 존재하다; (권력·권리 등이) ～에 귀속되다[in]
　　　= consist, exist, inhere, lie

He **resides** in Boston, but is now staying in the country.
그는 보스턴에 살지만 지금은 시골에 머물고 있다.

MVP residence n. 주거, 주택; 저택; 거주; 주재
　　resident a. 거주하는; 내재하는, 고유의; n. 거주자, 거류민

0420 ★
laity
[léiəti]

n. ① (성직자가 아닌) 평신도, 일반 신자, 속인(俗人) 계급
    = congregation, layman, layperson
  ② (전문가에 대하여) 문외한, 아마추어
    = amateur, non-expert, nonprofessional

The new proposals affect both clergy and laity.
그 새로운 제안들은 성직자들과 평신도 모두에게 영향을 미친다.

MVP layperson n. 평신도, 속인; 아마추어, 문외한

0421 ★★★
sluggish
[slʌgiʃ]

a. ① 게으른, 나태한; 둔한, 느린 = idle, indolent, slothful
  ② 활기 없는, 부진한 = inactive, languid, lethargic, slack

The players have become sluggish from fatigue.
지쳐서 선수들의 움직임이 둔해졌다.

The government will ease some "anti-market" housing regulations soon, in a bid to stimulate the sluggish property market.
정부는 부진한 부동산 시장을 활성화시키려는 목적으로 곧 몇 가지 '반(反)시장적인' 주택 규제를 완화할 것이다.

MVP sluggard n. 게으름뱅이

0422 ★★
pensive
[pénsiv]

a. 생각에 잠긴, 수심에 잠긴; 구슬픈 = meditative, thoughtful, wistful

Oedipus is a play that will make you pensive.
『오이디푸스 왕(Oediopus)』은 당신을 생각에 잠기게 할 연극이다.

She cast a pensive glance toward her house.
그녀는 자신의 집을 구슬픈 눈으로 흘긋 보았다.

MVP pensively ad. 수심에 잠겨, 골똘히(= thoughtfully)

0423 ★★★
activate
[ǽktəvèit]

vt. ① 활동[작동]시키다 = actuate, switch on, turn on
  ② 활성화하다; (가열 등으로 반응을) 촉진하다 = stimulate, trigger

The gene is activated by a specific protein.
그 유전자는 특정 단백질에 의해 활성화된다.

0424 ★★
chivalry
[ʃívəlri]

n. ① 기사도, (여성에게 상냥하고 약자를 돕는) 기사도 정신
    = cavalierism, knighthood
  ② (여성·약자에 대한) 정중한 태도, 친절 = kindness, gallantry

Knights were servants and warriors, but they came to symbolize much more, namely chivalry.
기사들은 하인이자 전사였지만 그들은 더 많은 것 즉, 기사도라고 하는 것을 상징하게 되었다.

MVP chivalrous a. 기사의, 기사적인; 여성에게 정중한
knight n. (중세의) 기사, 무사
cf. cavalry n. 기병, 기병대, 기마대

0425 ★★★
everlasting
[èvərlǽstiŋ]

a. ① 영원[영구]한, 불후의 = eternal, immortal, permanent, perpetual
② 끝없는, 끊임없는 = ceaseless, constant, incessant, interminable

Only a love that asks for no returns is truly **everlasting**.
보상을 바라지 않는 사랑만이 진실로 영원하다.

0426 ★
sangfroid
[saːŋfrwάː]

n. (위험·긴급한 때의) 침착, 냉정 = aplomb, calmness, composure, equanimity

The captain's **sangfroid** helped to allay the fears of the passengers.
선장의 침착함 덕분에 승객들의 공포는 진정되었다.

0427 ★★
undercover
[ʌndərkʌ́vər]

a. 비밀의, 비밀리에 하는, 위장근무의 = clandestine, covert, secret

Barbara Ehrenreich went **undercover** for three months and lived in three different American cities to find out what it's like to be earning a minimum wage.
바버라 에런라이크(Barbara Ehrenreich)는 최저임금을 번다는 것이 어떤 것인지를 알기 위해 석 달 동안 위장근무를 하면서 미국 내의 서로 다른 세 도시에서 생활했다.

0428 ★
physiognomy
[fìziάgnəmi]

n. ① 인상학, 관상학
② (성격 등을 나타내는) 얼굴, 인상 = countenance, face, features, phiz

Physiognomy is based upon the belief that the study of a person's outer appearance, especially the face, reflects their personality.
관상학은 사람의 외모, 특히, 얼굴을 보면 그 사람의 성격을 알 수 있다는 믿음에 기초하고 있다.

MVP cf. phrenology n. 골상학

0429 ★★
demote
[dimóut]

vt. ~의 지위를[계급을] 떨어뜨리다, 강등시키다[from, to]
= degrade, downgrade, relegate

He was **demoted** from being a section head to the status of ordinary employee.
그는 과장에서 평사원으로 강등되었다.

MVP ↔ promote vt. 승진시키다; 조장하다, 장려하다

DAY **09**

0430 ★★

heave
[hiːv]

v. ① (무거운 것을) (들어) 올리다 = lift, haul, hoist, raise
　② 융기시키다; 부풀리다 = expand, swell

It took five strong men to **heave** the stone up a ramp and lower it into place.
그 돌을 경사로 위로 들어 올려 제자리로 내려놓는 데 힘센 남자 다섯 명이 필요했다.

0431 ★

gaiety
[géiəti]

n. ① 유쾌, 쾌활, 명랑 = glee, hilarity, mirth, vivacity
　② (주로 pl.) 환락, 법석 = conviviality, festivities, merrymaking, revelry

The colourful flags added to the **gaiety** of the occasion.
온갖 색깔의 국기들이 행사의 흥겨움을 더해 주었다.

MVP gay a. 명랑한, 즐거운; (색채가) 화려한; 동성애(자)의; n. 동성애자

0432 ★★

colloquial
[kəlóukwiəl]

a. 구어[회화]체의, 일상회화의 = conversational, informal

The different varieties of **colloquial** Latin eventually developed into the standard languages of France, Italy, Spain, Portugal and Romania.
구어체 라틴어의 다양한 변형들이 결국에 가서는 프랑스, 이탈리아, 스페인, 포르투갈, 루마니아의 표준어로 발전하였다.

MVP colloquy n. 대화, 대담

0433 ★★★

withhold
[wiðhóuld]

v. ① ~을 (…에게) 주기를 보류하다, 허락하지 않다 = refuse, reserve, retain
　② (감정을) 억제하다, 억누르다 = hold back, keep back, restrain, suppress
　③ (세금 등을 급료에서) 공제하다, 원천 징수하다 = deduct

Doctors do not have the right to **withhold** necessary treatment from a patient.
의사들은 환자에게 필요한 치료를 보류시킬(거부할) 권리가 없다.

MVP withholding tax 원천세, 원천 징수 세액

0434 ★★

allowance
[əláuəns]

n. ① (정기적으로 지급하는) 수당, 급여; 용돈
　② (보통 pl.) 참작; 여유
　③ (허가되는) 한도, 정량

Ad people know all too well that children influence parental spending and, as they get older, have their own purchasing power from gifts and **allowances**.
아이들은 부모의 소비에 영향을 끼치며, 그들이 나이를 먹어가면서, 선물과 용돈을 통해 나름의 구매력을 갖게 된다는 것을 광고주들은 너무나 잘 알고 있다.

The workplace makes few **allowances** for women who want to take a career break.
직장에서는 휴직을 원하는 여성에 대해 어떤 배려도 하지 않는다.

A glass of orange juice provides the recommended daily **allowance** of Vitamin C.
오렌지 주스 한 컵은 일일 권장량의 비타민 C를 제공한다.

> MVP make allowance(s) for ~을 참작하다, 고려하다(= take into consideration)

0435 ★★★

immense
[iméns]

a. ① 광대한, 거대한, 막대한 = enormous, huge, vast
② 헤아릴 수 없는, 한없는 = immeasurable

There is still an **immense** amount of work to be done.
아직도 해야 할 일의 양이 엄청나다.

> MVP immensity n. 광대; 무한, 무한한 공간; (pl.) 막대한 것[양]
> immensely ad. 무한히, 막대하게; 굉장히

0436 ★

snap
[snæp]

v. ① 덥석 물다, 물어뜯다[at] = bite, nip
② (기다렸다는 듯이) 덤벼들다, 움켜쥐다
n. 찰칵하는 소리; 뚝 부러지기[부러뜨리기]; 스냅 사진; 쉬운 일
a. 급히 하는, 즉석의 = abrupt, immediate, instant, sudden

I think this is too important for a **snap** decision.
이것이 성급한 결정을 내리기에는 너무나 중대한 사안이라고 나는 생각한다.

> MVP snapback n. 갑작스러운 반동, 빠른 회복; <미식축구> 스냅백
> snapper n. <어류> 도미(의 일종); 사진 기재[작가](신문·잡지를 위해 유명인의 사진
> 을 찍는 사람)
> snap back (용수철 등이) 튀어 돌아오다; (병 등에서) 빨리 회복하다
> cf. snappy a. (말·제목 등이) 짧고 분명한, 산뜻한; 멋진

0437 ★★

brim
[brim]

n. (컵 등의) 가장자리, 언저리; (시내·못 등의) 물가 = brink, edge, margin, rim
v. 넘칠 정도로 차다; 넘치도록 붓다 = fill, overflow

The cup was full to the **brim**, so when I picked it up the coffee spilt over.
그 컵은 가득 차 있었고, 내가 들어 올리자 커피가 흘러 넘쳤다.

> MVP brimful(l) a. 넘칠 정도의
> brimming a. 넘칠 듯한, (물 등을) 넘치게 따른

0438 ★★

dilatory
[dílətɔ̀:ri]

a. 꾸물거리는, 더딘; 지연시키는, 시간을 끄는 = laggard, slow, tardy

Your **dilatory** tactics may compel me to cancel the contract as the job must be
finished on time.
그 일은 제시간에 끝마쳐져야 하므로 당신의 지연 작전이 나로 하여금 그 계약을 취소하게
할 수도 있다.

DAY 09

0439 ★

cozy
[kóuzi]

a. 아늑한, 포근한, 편안한, 안락한 = comfortable, homely, snug

My room is small but **cozy**, and so, I feel very relaxed when I am in there.
내 방은 작지만 아늑해서 거기 있으면 무척 편안함을 느낀다.

0440 ★★★

investigation
[invèstəgéiʃən]

n. ① 조사, 수사, 연구 = examination, inquiry, research
② 조서, 조사 보고, 연구 논문

They called for further **investigation** into the long-term effects of artificial sweeteners.
그들은 인공 조미료의 장기적인 효과에 대해서 더 많은 연구를 요구했다.

He was under **investigation** on suspicion of embezzlement.
그는 공금을 횡령한 혐의로 수사를 받았다.

MVP investigate v. 수사하다, 조사하다, 연구하다
investigator n. (사건·진상 따위의) 조사원[관], 연구자, 수사관

0441 ★★

verbal
[və́:rbəl]

a. ① 언어의, 말(듣)의
② (글이 아니라) 말로 된, 구두의

Some countries recognize **verbal** abuse as a serious problem.
일부 국가들은 언어폭력을 심각한 문제로 생각한다.

I am calling you to confirm the **verbal** arrangements.
구두로 한 약속을 확인하기 위해 전화 드린 겁니다.

MVP verbalize v. 말로 나타내다; 장황하다
verbally ad. 말로; 구두로

0442 ★

jargon
[dʒá:rgən]

n. (특정한 직업·집단의) 특수 용어, 전문어, 은어 = argot, lingo, parlance

The surgeon tried to describe the procedure in terms of a layman, but he used so much medical **jargon** that I had no idea what he was talking about.
그 외과의사는 비전문가의 관점에서 그 과정을 설명하려고 애썼지만, 너무나 많은 의학 용어를 사용했기 때문에 나는 그가 무엇에 관해 말을 하고 있는지를 이해할 수 없었다.

MVP jargonize v. 뜻을 알 수 없는[어려운] 말을 쓰다; 전문어[어려운 말]로 바꿔 말하다
jargony a. 특수 용어로 이루어진; 은어의
jargonist n. 특수 용어[은어]를 쓰는 사람

0443 ★★
arrogate
[ǽrəgèit]

vt. ① (권리 등을) 가로채다, 침해하다 = seize, usurp
② 사칭하다 = appropriate

After all, these people are our employees, not our masters; although they have **arrogated** to themselves the latter role.
비록 그들이 자신들을 후자의 역할로 사칭했긴 해도, 결국 이 사람들은 우리의 직원들이지, 고용인이 아니다.

0444 ★★★
manufacture
[mænjufǽktʃər]

v. ① (특히 대규모로) 제조하다 = build, construct, produce
② (이야기 등을) 꾸며내다, 날조하다 = concoct, fabricate, forge, invent
n. ① (대규모의) 제조; 제조업 = production
② (pl.) 제품 = goods, product

Oil is used in the **manufacture** of many goods.
석유는 많은 상품의 제조에 사용되고 있다.

0445 ★★
duel
[djúːəl]

n. 결투; (양자간의) 싸움, 투쟁 = battle, contest, fight
v. (~과) 다투다, 결투하다[with] = compete, contend, struggle

The sport of fencing developed from the **duel** of honor which originated in Europe during the 11th century.
펜싱 경기는 11세기에 유럽에서 기원한 명예를 건 결투에서부터 발전되었다.

MVP cf. dual a. 둘의, 이중의, 이원적인

0446 ★
vengeful
[véndʒfəl]

a. 앙심을 품은, 복수심에 불타는 = revengeful, spiteful, unforgiving, vindictive

She sprayed paint all over his car in a **vengeful** act.
그녀는 앙심을 품은 행동으로 그의 차에 온통 페인트를 뿌렸다.

MVP avenge v. 원수를 갚다, 복수하다
revenge n. 보복, 복수; v. 원수를 갚다, 앙갚음[복수]하다

0447 ★★
fidelity
[fidéləti]

n. ① (주의·사람 등에 대한) 충실; (배우자에 대한) 정절; (약속 따위의) 엄수
= allegiance, faithfulness, loyalty
② 진짜 그대로임; 박진성, 정확함
③ (재생음의) 충실도

The Nazis followed Hitler with absolute **fidelity**.
나치주의자들은 히틀러를 충성을 다해 추종했다.

That symphony is recorded in high **fidelity**.
저 교향곡은 최고의 음질로 녹음되었다.

MVP ↔ infidelity n. (배우자나 애인에 대한) 부정(不貞), 간통

0448 ★★

linger
[líŋgər]

v. ① (습관·의심 등이) 좀처럼 없어지지 않다, 남아 있다 = remain, stay
② 근처를 서성거리다, 어슬렁거리다 = loiter, saunter

The legacy of teenage smoking can **linger** after the smoke has cleared.
담배를 끊은 이후에도 10대 때 흡연을 했던 흔적은 좀처럼 사라지지 않을 수 있다.

0449 ★★★

austerity
[ɔːstérəti]

n. ① 엄격함, 준엄함 = rigor, severity
② 내핍, 내핍 생활; 긴축; 금욕생활 = abstinence

His **austerities** scared his son.
그의 엄격함은 그의 아들에게 겁을 주었다.

European ministers are insisting that Greece implement a severe **austerity** plan
to quickly reduce its fiscal deficit.
유럽의 장관들은 그리스가 신속하게 재정적자를 줄이기 위한 엄격한 긴축계획을 실시해야
한다고 주장하고 있다.

MVP austere a. 엄한, 엄격한; 꾸미지 않은, 간소한, 내핍의(= plain)

0450 ★★

spare
[spɛər]

v. ① 모면하게[겪지 않아도 되게] 하다 = exonerate, pardon, save
② (시간·돈 등을) 할애하다, 내어주다 = afford, bestow, grant
③ (부정어와 함께 쓰여 노력·경비 등을) 아끼다

He tried to **spare** his friend trouble.
그는 친구에게 폐를 끼치지 않으려고 애썼다.

I'd love to have a break, but I can't **spare** the time just now.
나는 몹시 쉬고 싶지만 지금 당장은 그럴 시간을 낼 수가 없다.

He **spared** no effort to make her happy again.
그는 그녀를 다시 행복하게 해 주기 위해 노력을 아끼지 않았다.

MVP sparing a. 절약하는, 검소한, 알뜰한; (사람이) 관대한
sparingly ad. 절약하면서; 관대하게; (말 따위를) 삼가고; 드물게

A. Write the meaning of the following words.

□ bizarre _____
□ messy _____
□ calibrate _____
□ rancid _____
□ sequester _____
□ expenditure _____
□ impart _____
□ bode _____
□ plastic _____
□ motley _____
□ taciturn _____
□ embellish _____
□ sculpture _____
□ distraught _____
□ laity _____
□ sluggish _____
□ pensive _____
□ activate _____
□ everlasting _____
□ undercover _____

□ physiognomy _____
□ heave _____
□ gaiety _____
□ withhold _____
□ allowance _____
□ immense _____
□ snap _____
□ brim _____
□ dilatory _____
□ investigation _____
□ verbal _____
□ jargon _____
□ arrogate _____
□ manufacture _____
□ duel _____
□ vengeful _____
□ fidelity _____
□ linger _____
□ austerity _____
□ spare _____

※ 주어진 단어의 뜻을 본문에서 확인하시고 틀린 단어의 경우 박스에 체크한 뒤에 나중에 다시 학습하시기 바랍니다.

B. Choose the synonym of the following words.

1. cozy
2. colloquial
3. demote
4. sangfroid
5. opponent
6. reside
7. chivalry
8. furious
9. pandemonium
10. trailblazer

Ⓐ pioneer
Ⓑ chaos
Ⓒ angry
Ⓓ knighthood
Ⓔ aplomb
Ⓕ degrade
Ⓖ conversational
Ⓗ comfortable
Ⓘ dwell
Ⓙ adversary

B. 1. Ⓗ 2. Ⓖ 3. Ⓕ 4. Ⓔ 5. Ⓙ 6. Ⓘ 7. Ⓓ 8. Ⓒ 9. Ⓑ 10. Ⓐ

0451 ★★★

temporary
[témpərèri]

a. ① 일시적인, 잠깐 동안의, 순간의; 덧없는
= momentary; ephemeral, transitory
② 임시적인, 임시변통의 = interim, makeshift, provisional

Britain called for the EU to impose a **temporary** ban on imports of pet birds.
영국은 애완용 조류에 대해 일시적인 수입금지 조처를 취해줄 것을 유럽연합에 요청했다.

This building is being used as a **temporary** store.
이 건물은 임시 창고로 사용되고 있다.

MVP temporize vi. 임시변통하다. 미봉책을 쓰다; 우물쭈물하다
temporarily ad. 일시적으로, 임시로

0452 ★★

abode
[əbóud]

n. ① 거주; 주소, 거처 = dwelling, residence
② 체재, 체류 = sojourn, stay

The phone book lists his **abode** as 400 East 45th Street.
이 전화번호부에는 그의 주소가 이스트 45번가 400번지로 돼 있다.

MVP cf. abide v. 머무르다; 견디다. 참다

0453 ★

recalcitrant
[rikǽlsitrənt]

a. 저항[반항]하는, 고집 센; 다루기 힘든 = defiant, intractable, rebellious

South Korea persuaded North Korea's **recalcitrant** leader to engage in talks.
한국은 북한의 고집 센 지도자를 회담에 참여하도록 설득했다.

0454 ★★★

counterfeit
[káuntərfit]

a. 모조의, 가짜의 = fake, sham, spurious
n. 가짜, 모조품, 위조품, 위작(僞作) = forgery
vt. (화폐·문서 따위를) 위조하다 = fabricate, forge

A swindler hoodwinked an old man into buying **counterfeit** coins.
사기꾼이 노인을 속여 위조 동전을 사게 했다.

0455 ★★

galvanize
[gǽlvənàiz]

vt. 갑자기 활기를 띠게 하다 = energize, inspire, invigorate, stimulate

It took the words and actions of Dr. Martin Luther King Jr. to renew and **galvanize** the movement.
마틴 루터 킹(Martin Luther King Jr.) 박사의 언행으로 인해 그 운동은 재개되고 활기를 띠게 되었다.

MVP galvanization n. 직류전기를 통함; 활기를 띠게 함

0456 ★
onslaught
[ánslɔ̀:t]

n. 돌격, 습격 = assault, incursion, onset, raid

Our forces had to retreat at the sudden **onslaught** of the enemy.
적군이 갑작스레 밀려오자 아군은 후퇴해야 했다.

0457 ★★
impending
[impéndiŋ]

a. (불쾌한 일이) 임박한, 곧 일어날 듯한 = forthcoming, imminent

Scientists warn of the **impending** extinction of many species of plants and animals.
과학자들은 많은 동식물이 멸종 위기에 처해 있다고 경고한다.

MVP impend vi. (위험·사건 등이) 임박하다

0458 ★★★
delinquent
[dilíŋkwənt]

a. ① 의무 불이행의, 직무태만의 = derelict, irresponsible, remiss
   ② (특히 청소년이) 범죄 성향을 보이는, 비행의; 비행소년의
   ③ (부채 등이) 연체[체납]되어 있는 = overdue, unpaid
n. 의무 불이행자; 비행 소년[소녀], 미성년 범죄자 = offender, wrongdoer

Citizens who fail to vote out of indifference or laziness are **delinquent** in their civic duties.
무관심이나 나태함으로 인해 투표하지 않은 시민들은 시민으로서의 의무를 이행하는 데 태만한 것이다.

Supporters of teen courts say they are an effective way to control **delinquent** teens before they become serious criminals.
청소년 법정제도의 지지자들은 그것이 비행을 저지르는 10대들을 중대한 범죄자가 되기 전에 통제할 수 있는 효과적인 방법이라고 말한다.

MVP delinquency n. 직무 태만, 불이행; (특히 청소년의) 범죄; (세금 등의) 연체
   juvenile delinquency 청소년 범죄

DAY 10

0459 ★★
majesty
[mǽdʒəsti]

n. ① 위엄, 위풍당당, 존엄, 장엄 = dignity, grandeur, magnificence, sublimity
   ② 권위, 권세; 주권, 통치권 = sovereignty, supremacy
   ③ 왕; 왕족; (M−) 폐하 = czar, emperor, king, monarch, sovereign

Abyssal rivers flow with silent **majesty**.
깊은 강은 고요하고 장중하게 흐른다.

MVP majestic a. 장엄한, 위엄 있는, 웅대한, 당당한

0460 ★★

adjourn
[ədʒə́:rn]

v. (재판·회의 등을) 휴회[휴정]하다; 연기하다 = defer, delay, postpone, put off

The meeting was **adjourned** until the next week.
회의는 다음 주까지 연기되었다.

MVP cf. sojourn v. 머무르다, 체류하다

0461 ★

emissary
[éməsèri]

n. 사자(使者); 밀사; 간첩 = envoy, messenger; spy

My uncle was the president's special **emissary** to Afghanistan.
우리 삼촌은 아프가니스탄으로 보낸 대통령 특사였다.

0462 ★★

merciless
[mə́:rsilis]

a. 무자비한, 인정사정없는, 잔인한 = pitiless, ruthless, unrelenting

Having been a sailor myself, I know well how **merciless** the sea can be sometimes.
나도 선원으로 일한 적이 있기 때문에, 바다가 때로는 얼마나 무자비해지는지 잘 알고 있다.

MVP mercy n. 자비, 인정; 고마운[다행스러운] 일
↔ merciful a. 자비로운, 인정 많은; 다행스러운

0463 ★★

utmost
[ʌ́tmòust]

a. ① 최대한의, 더할 나위 없는, 극도의 = extreme, maximum, supreme
② 가장 먼, 맨 끝의; 최후의 = farthest, outermost; last
n. 최대한도

The boxer did his **utmost** to win the bout.
그 권투선수는 경기에서 이기기 위해 최대한 노력을 다했다.

0464 ★★

panacea
[pæ̀nəsíːə]

n. 만병통치약 = catholicon, cure–all, elixir, heal–all

Technology is not a **panacea** for all our problems.
기술이 우리가 안고 있는 모든 문제를 풀어줄 만병통치약인 것은 아니다.

0465 ★★

channel
[tʃǽnl]

n. ① 해협; 수로 = canal, strait, watercourse, waterway
② (지식·보도 등의) 경로, 루트; 매개(媒介) = course, means, medium, route
v. ① 수로를 통해서 나르다[보내다]; (정보 등을) 전달하다 = convey, transmit
② (관심·노력·돈 등을) (~에) 돌리다, 쏟다[into] = direct, guide

Facial expressions are an important **channel** for nonverbal communication.
얼굴 표정은 비언어적 의사소통의 중요한 경로이다.

0466 ★

raft
[ræft]

n. ① 뗏목 = catamaran, float
② 많음, 다수, 다량[of] = abundance, heap

Crossing the Pacific on a **raft** seemed mad.
뗏목을 타고서 태평양을 횡단한다는 것은 미친 짓처럼 보였다.

0467 ★★★

eligible
[élidʒəbl]

a. 적격의, 적임의; 피선거 자격이 있는; 바람직한, (특히 결혼상대로서) 적당한
= entitled, qualified, suitable

Married people are **eligible** for several tax deductions.
결혼한 사람들은 몇 가지 세금 감면 혜택을 받을 자격이 있다.

Modern Indians are breaking with tradition by using internet matchmaking web sites in search of **eligible** marriage partners.
현대 인도인들은 어울리는 결혼 상대자를 찾아주는 인터넷 결혼 중매 웹사이트를 사용함으로써 전통과 결별하고 있다.

MVP ↔ ineligible a. (법적으로) 선출될 자격이 없는; 부적임인, 비적격의

0468 ★★

sacrilege
[sǽkrəlidʒ]

n. 신성한 것을 더럽힘; 신성 모독(죄) = blasphemy, profanity

Muslims consider it **sacrilege** to wear shoes inside a mosque.
이슬람교도들은 사원 안에서 신발을 신는 것을 신성 모독이라 여긴다.

MVP sacrilegious a. 신성모독의, 신성을 더럽히는; 무엄한

0469 ★★

facetious
[fəsíːʃəs]

a. 우스운, 익살스러운 = comical, droll, humorous, jocular, risible

Our proposal about shipping our town's garbage to the moon was **facetious**.
우리 도시에서 발생하는 쓰레기를 달로 보내는 것에 관한 우리의 제안은 우스꽝스러운 것이었다.

0470 ★

pediatrician
[pìːdiətríʃən]

n. 소아과 의사

Sick people normally go to a **pediatrician** until they are 13 years old.
보통, 13세까지의 아픈 아이들은 소아과 의사에게 간다.

0471 ★★★
boost
[buːst]

vt. ① (뒤 혹은 아래에서) 밀어 올리다
② 후원하다, 밀어주다; ~의 경기를 부양하다, 선전하다
③ 〈가격을〉 인상하다; 〈생산량을〉 증가하다; 〈사기·기력 등을〉 돋우다
n. 후원, 지지; 경기의 활성화; (값·임금의) 인상; (생산량의) 증가

The movie helped **boost** her screen career.
그 영화가 그녀의 영화계 경력 신장에 도움이 되었다.

They are working to **boost** the economy in this area.
이들은 이 지역의 경제를 활성화하기 위해 노력하고 있다.

0472 ★★
analogous
[ənǽləgəs]

a. 유사한, 비슷한, 닮은 = alike, similar

The wings of an airplane are **analogous** to those of a bird.
비행기의 날개는 새의 날개와 유사하다.

MVP analogy n. 유사; 유추

0473 ★★★
scare
[skɛər]

v. ① 놀라게[겁나게] 하다 = frighten, startle, terrify
② 겁먹다, 무서워하다

The silence and emptiness of the house did not **scare** her.
집안이 텅 비어 고요해도 그녀는 무섭지 않았다.

MVP scared a. 무서워하는, 겁먹은
scary a. 무서운, 두려운; 잘 놀라는, 겁 많은
scarecrow n. 허수아비

0474 ★★
excoriate
[ikskɔ́ːrièit]

vt. ① (책·연극 등을) 혹평하다, 심하게 비난하다 = condemn, denounce, rebuke
② ~의 껍질을 벗기다; ~의 피부를 벗어지게 하다 = abrade, flay, peel, strip

The deal was almost unanimously **excoriated** in newspaper commentaries.
그 거래는 신문 사설에서 거의 만장일치로 혹평을 받았다.

0475 ★★
phenomenal
[finάmənl]

a. 놀랄만한, 경이적인, 굉장한 = extraordinary, outstanding, remarkable

Phenomenal changes took place in nearly every facet of ship design and operation.
선박의 디자인과 기능의 거의 모든 측면에서 놀라운 변화가 일어났다.

Korea has achieved **phenomenal** economic development in the last 50 years.
대한민국은 지난 50년간 경이로운 경제발전을 이룩했다.

MVP phenomenonally ad. 현상적으로; 놀랍도록, 비상하게

0476 ★
neologism
[niːálədʒìzm]

n. 신조어 = coinage, neology

The phrase "Gangnam Style" is a Korean **neologism** that refers to a lifestyle associated with the Gangnam District of Seoul.
'강남스타일'이란 표현은 서울의 강남 지역과 관련된 라이프 스타일을 일컫는 한국어의 신조어이다.

MVP neologize vi. 신어를 만들다[쓰다]

0477 ★★
social
[sóuʃəl]

a. ① 사회의, 사회적인(사회의 구조와 관련된)
   ② 사교적인, 사교상의, 친목을 위한
   ③ 사교성[붙임성] 있는, 상냥한
n. 사교 파티, 친목회

Social divisions in the city are stark.
그 도시에서는 사회적 분열이 극명하다.

He has a nice **social** character.
그는 사교성 있는 좋은 성격을 지니고 있다.

MVP society n. 사회; (특정한) 집단, 단체; 상류 사회, 사교계; (남들과) 어울림, 교제
sociology n. 사회학; 군집 생태학
socialize v. (사람들과) 사귀다[어울리다]; 사회화시키다; 사회주의화하다
antisocial a. 반사회적인; 사회 질서 반대의; 비사교적인; 비우호적인; n. 비사교적[반사회적]인 사람

0478 ★★★
translate
[trænsléit]

v. ① 번역하다 = interpret, render
   ② 해석하다, 설명하다 = explain

Please introduce someone who can **translate** French into Korean.
불어를 한국어로 번역할 수 있는 사람을 소개해주세요.

MVP translation n. 번역; 해석

0479 ★
wirepuller
[wáiərpùlər]

n. 막후의 인물, 배후 조종자 = eminence grise, gray eminence, mastermind

The police are suspecting him as the **wirepuller** in the recent terror attack.
경찰은 최근 테러 사건의 배후 인물로 그를 의심하고 있다.

MVP wire-pull v. 뒤에서 조종[책동]하다, 이면공작을 하다

0480 ★★★

inspect
[inspékt]

vt. ① (세밀히) 조사하다, 검사하다, 감사[점검]하다
= examine, investigate, scrutinize, survey
② 검열[사열]하다, 시찰[순시]하다 = go over, review

The police went to **inspect** the scene of the accident.
경찰은 사건 현장을 조사하러 갔다.

MVP inspection n. 검사, 조사, 점검; 시찰, 검열
inspector n. 검사관, 조사관; 검열관

0481 ★★

slipshod
[slípʃàd]

a. 되는 대로의, 엉성한, 부주의한 = careless, slapdash, slovenly

"What a **slipshod** job this is!" Mr. Jenkins shouted "Go back and do it again."
"뭔 일을 이렇게 아무렇게나 했나! 처음부터 다시 해."라고 젠킨스(Jenkins)씨는 고함쳤다.

0482 ★

heckle
[hékl]

vt. (강연자 등을) 당돌한 질문으로 애먹이다, 괴롭히다, (이야기에) 야유를 퍼붓다
= badger, jeer, pester, taunt

In the women's archery competitions, the Chinese audience **heckled** and whistled in an effort to distract Korean players.
여자 양궁 경기에서, 중국 관중들은 한국 선수들을 방해하기 위해 야유를 하고 휘파람을 불었다.

MVP heckler n. 야유하는 사람

0483 ★★

vacuous
[vǽkjuəs]

a. ① 빈, 공허한 = empty, vacant, void
② 멍청한, 얼빠진 = fatuous, inane, stupid

I could tell from the **vacuous** look on his face that we were wasting time asking him questions.
그의 얼굴에 나타난 멍청한 표정을 통해 그에게 질문하는 것은 시간 낭비인 것을 알 수 있었다.

MVP vacuum n. 진공; 공허
vacuity n. 공허, 텅 빔; 마음의 공허

0484 ★★

mutiny
[mjúːtəni]

n. (특히 군인·선원들의) 폭동, 반란 = insurrection, rebellion, revolt, uprising
vi. 폭동[반란]을 일으키다[against] = rebel, revolt

Discontent among the ship's crew finally led to the outbreak of **mutiny**.
그 배의 선원들 사이에 있던 불만이 터져 마침내 폭동이 일어났다.

MVP mutinous a. 폭동의; 반항적인, 불온한

0485 ★

debar
[dibá:r]

vt. ① (어떤 장소·상태에서) 내쫓다, 제외하다[from]
= exclude, expel
② (∼하는 것을) 금하다, 방해하다[from doing]
= ban, forbid, hinder, prohibit

He was consistently **debarred** from attending the meetings.
그는 계속 모임에 참석할 수 없었다.

0486 ★★★

keen
[ki:n]

a. ① 날카로운, 예리한 = acute, cutting, incisive, sharp
② (경쟁·고통 등이) 격렬한; (빛·냄새 등이) 강렬한 = fierce, intense
③ (지력·감각·감정 등이) 예민한, 민감한 = perceptive, sensitive
④ 열심인, 간절히 ∼하고 싶어 하는 = eager, enthusiastic, fervent

They described him as a man of **keen** intellect.
그들은 그를 예리한 지성의 소유자로 묘사했다.

MVP keenly ad. 날카롭게, 격심하게; 예민하게; 열심히, 빈틈없이

0487 ★★★

shudder
[ʃʌdər]

vi. (공포·추위 등으로) 떨다, 전율하다; 몸서리치다
= shake, shiver, tremble, quake, quiver
n. (몸을) 떪, 전율; 몸서리 = shiver, trembling, tremor, quiver

I **shudder** just to think of what you did to me.
당신이 내게 한 짓을 생각하면 지금도 치가 떨린다.

0488 ★★

carnage
[ká:rnidʒ]

n. 살육, 대학살 = massacre, slaughter

As soldiers indiscriminately killed civilians, that place became a scene of **carnage**.
군인들이 민간인들을 무차별적으로 살해함에 따라, 그 장소는 대학살의 현장이 되었다.

0489 ★★

poise
[pɔiz]

v. ① 균형 잡히게 하다, 평형이 되게 하다 = balance
② (어떤 자세를) 취하다, (어떤 상태로) 유지하다 = hold, position
n. ① 평형, 균형 = balance, equilibrium
② 평정(平靜); 안정 = composure, equanimity

The world stood **poised** between peace and war.
세계는 평화와 전쟁 사이에서 아슬아슬하게 균형을 이루고 있었다.

MVP counterpoise n. 균형, 평균; 평형추
equipoise n. 균형, 평형

0490 ★★

intermingle
[ìntərmíŋgl]

v. 혼합하다, 섞다; 섞이다 = blend, mix

The playwright **intermingles** realism and fantasy in her work so well that the audience is never sure whether the characters' experiences are actual or imaginary.
그 극작가는 작품 속에 현실과 가상을 너무나 잘 섞어놓아서 관객은 등장인물의 경험이 사실인지 상상인지 확신할 수 없다.

0491 ★★

annoyance
[ənɔ́iəns]

n. ① 짜증, 불쾌감, 분노; 성가심
　② 성가신 사람[일], 골칫거리, 두통거리 = headache, nuisance, trouble

He could not conceal his **annoyance** at being interrupted.
그는 방해를 받아 짜증스러운 걸 숨길 수가 없었다.

Mosquitoes are an **annoyance** in many places around the world.
모기들은 세계 여러 곳에서 골칫거리이다.

MVP annoy v. 짜증나게 하다; 귀찮게 하다, 성가시게 굴다
annoying a. 짜증스러운

0492 ★★

drowsy
[dráuzi]

a. 졸음이 오는, 졸리게 하는; 졸리는 = sleepy, soporific

Other people believe that drinking warm milk will help make you **drowsy**.
어떤 사람들은 따뜻한 우유를 마시는 것이 잠을 청하는 데 도움이 된다고 생각한다.

MVP drowse v. 꾸벅꾸벅 졸다, 졸다

0493 ★★★

freeze
[fri:z]

v. ① 얼다, 빙결[동결]하다; 얼게 하다 = congeal
　② 간담을 서늘하게 하다, 오싹하게 하다; 굳어지다
　③ (자산·예금 등을) 동결하다, 봉쇄하다; (물가·임금 등을) 동결하다 = suspend

The Swiss government has **frozen** his assets kept with their country's banks.
스위스 정부는 스위스 은행에 보관되어 있는 그의 재산을 동결했다.

MVP freezer n. 냉동기, 냉동차; 구치소, 교도소
frozen a. 결빙한, 냉동한; 차가운, 냉담한; (자금 등이) 동결(凍結)된
antifreeze n. 부동액

0494 ★

lecherous
[létʃərəs]

a. 호색적인, 음란한; 색욕을 자극하는
　= lascivious, lewd, libidinous, lustful, salacious

The show's **lecherous** host abducts the young woman, and sends her boyfriend to an insane asylum.
그 쇼에서는 호색한 주인공이 젊은 여자를 납치하고 그녀의 남자친구를 정신병원에 보낸다.

MVP lecher n. 호색한, 음탕한 남자
lechery n. 호색, 음란

0495 ★★
sprawl
[sprɔːl]

v. ① 제멋대로 퍼져 나가다, 불규칙하게 퍼지다 = ramble, straggle
② 팔다리를 아무렇게나 벌리고 앉다; 큰대자로 드러눕다

The town **sprawled** along the side of the lake.
그 도시는 호숫가를 따라 제멋대로 퍼져 나갔다.

0496 ★★
backbone
[bǽkbòun]

n. ① 등뼈, 척추 = spinal[vertebral] column, spine, vertebrae
② 중심적인 지주, 중견, 주력, 중추

Everyone knows that education is **backbone** of our modern world.
모든 사람들은 교육이 현대 세계의 중추라는 사실을 알고 있다.

MVP vertebrate n. 척추동물

0497 ★★★
haphazard
[hæphǽzərd]

a. 우연한, 계획성 없는, 되는 대로의 = casual, indiscriminate, random

The books were piled on the shelves in a **haphazard** fashion.
책들이 아무렇게나 선반 위에 쌓여 있었다.

Haphazard development caused severe environmental pollution.
마구잡이식 개발은 심각한 환경오염을 야기했다.

MVP haphazardly ad. 우연히, 무턱대고, 되는 대로

0498 ★★
complicit
[kəmplísət]

a. (범죄 등에) 공모한, 공범의, 연루된
= collusive, conspiratorial, implicated, involved

Several people were **complicit** in the cover-up.
몇몇 사람들이 그 은폐 공작에 연루되었다.

MVP complicity n. 공모, 공범, 연루

0499 ★
disquisition
[dìskwizíʃən]

n. 논문, 논고 = discourse, dissertation, thesis, treatise

This subject is no place to enter into a lengthy **disquisition** on recent trends.
최근 경향에 비추어 볼 때, 이 주제는 긴 논문을 쓸 만한 여지가 없다.

0500 ★★★

applaud
[əplɔ́:d]

v. ① 박수갈채하다 = acclaim, cheer, clap
② 칭찬하다 = commend, compliment, extol, laud, praise

Despite the fact that over time the originally antagonistic response to his sculpture has lessened, any individuals hardly **applaud** his art.
그의 조각품에 대한 본래의 적대적인 반응이 시간이 지나면서 줄어들었다는 사실에도 불구하고, 그의 작품에 대해 칭찬하는 사람들은 거의 없다.

MVP applause n. 박수갈채, 칭찬
applausive a. 박수갈채의, 칭찬의

A. Write the meaning of the following words.

☐ temporary	☐ wirepuller
☐ abode	☐ slipshod
☐ galvanize	☐ heckle
☐ onslaught	☐ mutiny
☐ delinquent	☐ debar
☐ majesty	☐ keen
☐ adjourn	☐ shudder
☐ emissary	☐ carnage
☐ utmost	☐ poise
☐ channel	☐ intermingle
☐ raft	☐ annoyance
☐ eligible	☐ drowsy
☐ pediatrician	☐ freeze
☐ boost	☐ lecherous
☐ analogous	☐ sprawl
☐ excoriate	☐ backbone
☐ phenomenal	☐ haphazard
☐ neologism	☐ complicit
☐ social	☐ disquisition
☐ translate	☐ applaud

※ 주어진 단어의 뜻을 본문에서 확인하시고 틀린 단어의 경우 박스에 체크한 뒤에 나중에 다시 학습하시기 바랍니다.

B. Choose the synonym of the following words.

1. merciless   Ⓐ humorous
2. impending   Ⓑ cure-all
3. sacrilege   Ⓒ frighten
4. facetious   Ⓓ fake
5. counterfeit   Ⓔ empty
6. inspect   Ⓕ investigate
7. vacuous   Ⓖ defiant
8. scare   Ⓗ imminent
9. recalcitrant   Ⓘ profanity
10. panacea   Ⓙ ruthless

B. 1. Ⓙ   2. Ⓗ   3. Ⓘ   4. Ⓐ   5. Ⓓ   6. Ⓕ   7. Ⓔ   8. Ⓒ   9. Ⓖ   10. Ⓑ

0501 ★★

aboriginal
[æbərídʒənl]

a. 토착의, 원주민의 = autochthonous, indigenous

Thousands of people are flocking to the funeral of the **aboriginal** chief.
수천 명의 사람들이 원주민 추장의 장례식에 몰려오고 있다.

MVP aborigine n. 원주민, 토착민

0502 ★★

recourse
[ríːkɔːrs]

n. 의지; 의지가 되는 사람[것] = resort

He urged the committee to settle the issue without **recourse** to court action.
그는 위원회로 하여금 법적인 조치에 의지하지 않고 당면 문제를 해결할 것을 촉구했다.

0503 ★★★

ubiquitous
[juːbíkwətəs]

a. 어디에나 있는, 편재하는 = omnipresent

Cell phones are the most **ubiquitous** devices in the world.
휴대폰은 세계에서 가장 편재하는 기기이다.

MVP ubiquity n. 도처에 있음, 편재

0504 ★★

taint
[teint]

v. ① 더럽히다, 오염시키다 = contaminate, pollute, spot
② (명예 등을) 손상시키다 = blemish, impair, sully, tarnish
n. 얼룩; 오점, 오명 = blot, stain; disgrace, dishonor, smirch, stigma

Seven people died from eating turkey **tainted** by listeria.
7명이 리스테리아균에 감염된 칠면조 고기를 먹은 후에 사망했다.

The Platonists held the notion that the Earth was **tainted**.
플라톤 학파들은 속세가 부패해 있다는 생각을 갖고 있었다.

MVP tainted a. 더럽혀진, 썩은, 부패한

0505 ★

lassitude
[læsətjùːd]

n. (정신적·육체적) 나른함, 권태, 피로 = languor, lethargy, weariness

The hot, tropical weather created a feeling of **lassitude**.
더운 열대지방의 날씨는 나른한 기분이 들게 했다.

0506 ★★
perpendicular
[pə̀:rpəndíkjulər]

a. 수직의, 직각을 이루는 = upright, vertical

The cliffs are **perpendicular** to the ground.
그 절벽은 지면과 수직을 이루고 있다.

We scrambled up the nearly **perpendicular** side of the mountain.
우리는 거의 수직의 경사를 이루는 산면을 기어올랐다.

0507 ★
serpentine
[sə́:rpəntì:n]

a. ① 구불구불한 = convoluted, meandering, winding
② 음흉한, 교활한 = crafty, cunning, shrewd

The 1640 kilometer **serpentine** system of fences, barricades, and checkpoints reduced attacks from the enemies to almost nil.
1640km에 달하는 구불구불한 방벽, 바리케이드, 검문소가 적으로부터의 공격을 거의 없다시피 할 정도로 줄여놓았다.

MVP serpent n. 뱀; 교활한 사람; 악마

0508 ★★★
enact
[inǽkt]

vt. ① (법률을) 제정하다, 법제화하다 = establish, legislate, ordain
② 상연[연기]하다; 〈보통 수동태〉 행하다, 일어나다 = act, perform, play

Enacting the death penalty can save countless lives by reducing the rate of violent crimes.
사형을 법으로 제정하면 폭력적인 범죄의 발생률을 줄임으로써 수없이 많은 생명을 구할 수 있다.

0509 ★
middle-of-the-road
[mídləvðəróud]

a. 중도의, 온건한 = moderate

The democratic party took a **middle-of-the-road** stance on educational issues.
민주당은 교육 문제에 대해 중도적인 입장을 취했다.

0510 ★★
outcast
[áutkæ̀st]

n. 추방당한 사람, 집 없는 사람, 부랑자; 폐물 = pariah, vagabond
a. (집·사회에서) 내쫓긴, 버림받은; 집 없는; 폐기된

In these days, smokers are often treated as social **outcasts**.
요즘에는 흡연자들이 사회의 부랑자 취급을 흔히 당하고 있다.

DAY 11

0511 ★★★
barren
[bǽrən]

a. ① (땅이) 불모인; (초목이) 열매를 맺지 못하는 = infertile
　② (여성이) 아이를 낳지 못하는, 불임의 = sterile
　③ 재미없는, 시시한; 무기력한; (내용 등이) 빈약한; 무익한

The greater part of the land is still **barren**.
그 땅의 대부분은 아직도 황무지다.

The woman wanted to have children, but she was **barren**.
그녀는 아이를 가지고 싶어 했지만 불임이었다.

MVP barrenness n. 불임; 불모
　↔ fertile a. (땅이) 비옥한, 기름진; (인간·동물이) 다산(多産)의, 자식을 많이 낳는

0512 ★★
pragmatism
[prǽgmətìzm]

n. 실용주의; 실제적인 사고방식

In his speech, he announced that it is time for Korea to move away from an era of ideology, and start an age of **pragmatism**.
자신의 연설에서, 그는 한국이 이데올로기의 시대에서 벗어나 실용주의 시대를 시작할 시간이라고 말했다.

MVP pragmatist n. 실용주의자

0513 ★★★
scarce
[skɛərs]

a. ① 드문, 희귀한 = rare
　② (음식물·돈 등이) 부족한, 적은, 결핍한 = deficient, insufficient

Reasonably priced accommodation in Britain is **scarce**.
영국에는 적당한 가격의 숙박 시설이 드물다.

MVP scarcity n. 부족(= lack); 결핍; 기근, 식량 부족

0514 ★
rubicund
[rúːbikʌnd]

a. (사람의 얼굴이) 붉은, 혈색 좋은, 홍조를 띤 = florid, flushed, reddish, sanguine

His clean-shaven face was **rubicund** and his eyes had a cheery light.
말끔히 면도한 그의 얼굴은 혈색이 좋았으며, 그의 두 눈의 광채는 사람의 기분을 유쾌하게 만들어 주었다.

0515 ★★
decipher
[disáifər]

vt. (암호 등을) 판독[해독]하다 = decode, decrypt

Researchers are gradually **deciphering** the genetic structure found in the cells of organisms.
연구원들은 유기체의 세포에서 발견한 유전 구조를 단계적으로 해독하고 있다.

0516 ★★★

comparison
[kəmpǽrisn]

n. ① 비교 = parallel
② 〈부정문에서〉 비교의 여지; 필적하는 것[between]
③ 〈수사학〉 비유; 비유적 표현

The second half of the game was dull by **comparison** with the first.
그 경기의 후반전은 전반전에 비해 재미가 없었다.

The **comparison** of the heart to a pump is a very common one.
심장을 펌프에 비유하는 것은 아주 흔한 비유다.

MVP compare v. 비교하다[with]; 비유하다[to]
comparable a. 비슷한, 비교할 만한, 필적하는
comparative a. 비교의; 상대적인

0517 ★★

eclectic
[ikléktik]

a. ① (여러 재료·학설 따위에서) 취사선택하는 = selective
② (취미·의견이) 폭넓은, 다방면에 걸친 = comprehensive, wide-ranging

The works of the writer Issac Asimov demonstrate that he had remarkably **eclectic** interests.
작가 아이작 아시모프(Issac Asimov)의 작품들은 그가 매우 폭넓은 관심사를 갖고 있었음을 보여준다.

MVP eclecticism n. 절충주의; 절충방식

0518 ★★

paralyze
[pǽrəlàiz]

vt. 마비시키다; 무력[무능]하게 만들다; 쓸모없게 만들다 = numb, stupefy

After the first stroke, he was **paralyzed** down his waist.
뇌졸중이 처음 발병하고 난 이후, 그는 허리 아래쪽이 마비되었다.

MVP paralysis n. 마비, 마비상태
paralyzation n. 마비시킴, 마비 상태, 무력화
polio n. <의학> 소아마비

0519 ★★★

monopoly
[mənápəli]

n. ① (상품·사업 등의) 독점, 전매; 독차지
② 독점[전매] 상품, 전매 사업

A good education should not be the **monopoly** of the rich.
좋은 교육이 부자들의 전유물이어서는 안 된다.

MVP monopolize vt. 독점하다; ~의 전매[독점]권을 얻다
monopolistic a. 독점적인, 전매의; 독점주의(자)의

0520 ★★

somber

[sάmbər]

a. ① 어두컴컴한, 거무스름한 = dark
② 침울한, 우울한 = dismal, doleful, gloomy, melancholy

His face grew **somber** after he heard the news about the coup.
쿠데타에 관한 뉴스를 들은 후 그의 얼굴은 어두워졌다.

The **somber** news keeps piling up for the housing market.
주택 시장에 관한 우울한 뉴스들이 쌓이고 있다.

0521 ★★

aggrandize

[əgrǽndaiz]

vt. ① 확대[증대, 강화]하다 = amplify, enlarge, expand, increase, magnify
② 과장하다 = exaggerate, overstate

The king sought to **aggrandize** his power at the expense of his people.
왕은 국민을 희생시켜 자신의 권력의 강화를 꾀하였다.

0522 ★

diametric

[dàiəmétrik]

a. ① 정반대의, 서로 용납되지 않는, 대립적인 = contrary, diametrical, opposite
② 직경의

The event brought about results **diametric** to what we had hoped for.
그 사건은 우리의 기대와는 정반대의 결과를 초래했다.

MVP diameter n. 직경, 지름; (렌즈의) 배율
diametrically ad. 정반대로; 전혀, 바로

0523 ★

howl

[haul]

v. ① (개·이리 등이) 짖다, 멀리서 짖다 = bark, bay, yelp
② 바람이 윙윙거리다
③ (사람이) 울부짖다, 악쓰다 = cry, roar, scream, wail, yell

Somewhere a dog suddenly **howled**, baying at the moon.
어디선가 개 한 마리가 갑자기 달을 보고 짖었다.

MVP howling a. 짖는, 울부짖는; (풍경이) 쓸쓸한, 황량한; 엄청난, 터무니없는

0524 ★★★

alert

[ələ́:rt]

a. ① 방심하지 않는, 경계하는 = attentive, careful, vigilant, wary, watchful
② 기민한, 민첩한 = agile, nimble, shrewd
n. 경계태세, 경계경보
vt. 경보를 발하다, 주의를 환기시키다, 경계시키다 = alarm, warn

Visitors should be **alert** in public places and tourist sites.
관광객들은 공공장소와 관광지에서 방심하지 않아야 한다.

China remained on high **alert** ahead of an important Communist Party meeting.
중국은 중요한 공산당 회의를 앞두고 높은 경계 태세를 유지하였다.

0525 ★

puny
[pjúːni]

a. ① 왜소한, 아주 작은 = dwarf, pygmyish, tiny, undersized
　② 하찮은, 보잘것없는 = insignificant, meagre, petty, trifling, trivial

His size might have been **puny**, but his strength and passion made up for it all.
그의 체격은 왜소했을지 모르나, 그의 힘과 열정이 그 모든 것을 만회했다.

0526 ★★

segment
n. [ségmənt]
v. [ségment]

n. 단편, 조각; 부분, 구획 = bit, piece; division, section
v. 나누다, 분할하다 = divide, split

A gene is a short **segment** of DNA.
유전자는 짤막한 DNA 조각이다.

0527 ★★

estate
[istéit]

n. ① 토지; (별장·정원 등이 있는) 사유지 = land; domain
　② 재산, 유산; 재산권 = assets, fortune, possessions, property

Before he died, Nobel donated his **estate** to create a fund for prizes in chemistry, physics, literature, medicine, and peace.
노벨(Nobel)은 죽기 전에 화학, 물리학, 문학, 의학, 평화의 상을 위한 기금을 마련하기 위해 자신의 재산을 기부했다.

MVP cf. realty n. 부동산(= real estate)

0528 ★★

quake
[kweik]

vi. ① 떨다, 전율하다 = quiver, shiver, shudder, tremble
　② 흔들리다, 진동하다 = shake, vibrate
n. ① 떨림, 전율; 흔들림, 동요, 진동 = tremor, vibration
　② 지진 = earthquake, temblor

If you stand up straight, you'll give an impression of self-confidence, even if you're **quaking** in your boots.
비록 오금이 저릴지라도 똑바로 서 있기만 하면 자신감이 있어 보인다는 인상을 줄 것이다.

0529 ★

nebulous
[nébjuləs]

a. ① 흐린, 안개 낀; 애매한, 모호한, 불분명한 = cloudy, hazy; obscure
　② 성운(星雲)의

The corporation is reluctant to build a casino in the UK while the laws surrounding gaming are so **nebulous**.
도박에 관한 법률이 상당히 모호한 탓에, 그 회사는 영국에 카지노를 세우는 것을 다소 망설이고 있다.

MVP nebulously ad. 희미하게, 안개가 끼어; 모호하게(= vaguely)
　　nebula n. 성운(星雲)

DAY 11

0530 ★★

dull
[dʌl]

a. ① 무딘, 둔한; 둔감한, 우둔한
② 단조로운, 지루한 = boring, monotonous, tedious
③ 활기 없는, 활발치 못한

All work and no play makes Jack a **dull** boy.
일만 하고 놀지 않으면 우둔한 사람이 된다.

Playing with him is as **dull** as playing alone.
그와 함께 노는 것은 마치 혼자 노는 것처럼 재미가 없다.

0531 ★★

censure
[sénʃər]

vt. 비난하다, 책망하다 = blame, condemn, denounce, reprimand
n. 비난, 책망 = condemnation, rebuke, reproach

The student was **censured** for his indiscreet act.
그 학생은 분별없는 행동 때문에 비난을 받았다.

MVP censurable a. 비난할 만한
cf. censor v. 검열하다, 검열하여 삭제하다; n. 검열관

0532 ★★

immutable
[imjúːtəbl]

a. 변경할 수 없는, 불변의 = unalterable, unchangeable

Unlike medicine, politics is more art than science, and it has its own **immutable** laws.
의학과는 달리, 정치학은 과학보다는 예술에 더 가깝다. 그리고 정치학에는 변하지 않는 고유의 법칙들이 있다.

MVP ↔ mutable a. 변하기 쉬운; 변덕스러운

0533 ★★

ferment
n. [fə́ːrment]
v. [fərmént]

n. ① 발효 = zymolysis
② (정치·사회적) 소요, 동요 = agitation, commotion
v. ① 발효시키다[하다] = leaven, yeast
② 동요[흥분]시키다 = agitate, commove

Rumors of war caused national **ferment**.
전쟁이 일어날 거라는 소문으로 전국이 어수선해졌다.

Kimchi is the best **fermented** food of all.
김치는 최고의 발효 식품이다.

MVP fermentation n. 발효(작용); 소동, 동요, 흥분
cf. foment v. (반란·불화 등을) 빚다, 조장하다; 도발[선동]하다

0534 ★
spew
[spjuː]

v. ① (연기 등을) 뿜어[토해]내다, 분출하다 = emanate, emit, spout
② (먹은 것을) 토하다 = throw up, vomit

Massive chimneys were **spewing** out smoke.
육중한 굴뚝들이 연기를 뿜어내고 있었다.

0535 ★★
opportune
[ùpərtjúːn]

a. 형편이 좋은; 시의적절한 = propitious, seasonable, timely

Scientific debate about global warming started at an **opportune** time.
지구 온난화에 대한 과학적인 논의가 적절한 시기에 시작되었다.

MVP opportunity n. 기회, 호기; 행운
↔ inopportune a. 시기를 놓친, 시기가 나쁜(= ill-timed)

0536 ★
tenement
[ténəmənt]

n. ① (특히 도시빈민 지역 내의) 공동주택 = apartment, flat
② 가옥, 주택; 셋방
③ 〈법〉 (토지·가옥 등의) 보유 재산

They live in a **tenement** block on the edge of the city.
그들은 도시 변두리의 공동 주택 건물에서 살고 있다.

0537 ★★
liquidate
[líkwidèit]

v. ① (빚을) 청산하다, 갚다, 변제하다 = clear, pay off, settle
② (회사 등을) 정리[해산]하다 = dissolve, terminate
③ (정치적으로) 숙청하다; 죽이다 = eliminate, kill, murder, wipe out
④ (증권 등을) 현금으로 바꾸다 = cash, realize

The company closed down operations and began **liquidating** its assets.
그 회사는 영업을 중지하고 자산을 정리하기 시작했다.

MVP liquidation n. (부채의) 청산, 정리; (회사의) 파산; 폐지, 종료; 제거, 살해
cf. liquefy v. 녹이다, 용해시키다; 액화시키다

0538 ★★★
dynasty
[dáinəsti]

n. ① (역대) 왕조
② (어떤 분야의) 명가(名家), 명문

Confucianism was the ruling principle in the Joseon **dynasty**.
유교는 조선왕조의 통치이념이었다.

0539 ★

gild

[gild]

vt. ① ～에 금[금박]을 입히다, 금도금하다; 금빛으로 칠하다
② 보기 좋게 꾸미다, 겉치레하다, 치장하다 = adorn, bedeck, decorate

He **gilded** the picture frame.
그는 액자에 도금을 했다.

MVP gilded a. 금박을 입힌, 금빛의; 돈 많은, 부자의; 상류계급의, 귀족의

0540 ★★★

collision

[kəlíʒən]

n. ① 충돌 = bump, crash, impact, smash
② (의견·이해 등의) 불일치 = clash, conflict, disagreement

Auroras are caused by the **collision** of charged particles directed by the Earth's magnetic field.
오로라는 지구 자기장에 의해 이끌려온 전하를 띤 입자들이 충돌하면서 생성된다.

MVP collide v. 충돌하다; (의견·이해 등이) 일치하지 않다, 상충[저촉]되다

0541 ★★

via

[váiə, víːə]

prep. ① ～경유로, ～을 지나서, 거쳐 = by way of
② ～의 매개로, ～에 의해 = by means of, through the medium of

The virus is transmitted **via** physical contact.
그 바이러스는 신체적 접촉을 통하여 감염된다.

MVP via media 중도(中道), 중용
cf. vie vi. 다투다, 경쟁하다(= compete)

0542 ★★★

shield

[ʃiːld]

n. ① 방패 = escutcheon
② 보호물, 방어물; 후원자, 보호자; 보호, 보장 = protection, safeguard
v. ① 보호하다; 수호하다, 막다 = defend, guard, protect, shelter
② 가리다, 차폐하다, 숨기다 = cover, hide, screen

The ozone layer forms a thin **shield** high up in the sky.
오존층은 상공에 얇은 보호막을 형성한다.

0543 ★★

intermission

[ìntərmíʃən]

n. ① 휴지(休止); 중지, 중단 = abeyance, interruption, pause, suspension
② (극장·수업 등의) 막간, 중간휴식시간 = break, interlude, recess, respite

There was an **intermission** after the first half of the play.
연극의 전반부가 끝나고 휴식 시간이 있었다.

MVP intermit v. 일시적으로 멈추다, 중단되다[시키다]

0544 ★★★

assume
[əsúːm]

vt. ① 추정[가정]하다 = presume, suppose
② (태도·책임·임무 등을) 취하다, 떠맡다 = shoulder, undertake
③ 가장하다, ~인 체 하다 = pretend
④ (성질·양상을) 띠다, 나타내다

Little is known of the writer Theophilus, but from his writings, we can **assume** that he was well-educated.
작가 티오필러스(Theophilus)에 대해서 거의 알려진 것이 없지만, 그의 작품으로 볼 때 우리는 그가 교육수준이 높은 사람이었다고 추측할 수 있다.

Within the next decade, these young men and women will **assume** leadership roles in their societies and in the region as a whole.
향후 10년 이내에 이 젊은이들은 사회와 지역 전반에 걸쳐 지도자 역할을 맡게 될 것이다.

MVP assumption n. 추정, 상정; 인수, 수락

0545 ★

filibuster
[fíləbʌstər]

n. ① (의회에서의) 의사 진행 방해 (연설), 필리버스터
= obstruction, stonewalling
② 혁명[폭동] 선동자; 불법 침입자; 해적 = corsair, freebooter, pirate
v. 법안의 심의를 지연하다, 의사 진행을 방해하다 = obstruct, stonewall

During a **filibuster**, senators can talk about whatever they want for as long as they can.
필리버스터 동안, 상원의원들은 가능한 한 긴 시간 동안 원하는 어떤 발언도 할 수 있다.

MVP filibusterer n. 의사 진행 방해자; 불법 침입자(= obstructionist)

0546 ★★

blot
[blat]

n. ① (잉크 등의) 얼룩, 더러움 = smear, smudge, speck, spot, stain
② (인격·명성 등의) 흠, 오점; 오명(汚名)[on] = blemish, stigma, taint
v. 더럽히다, 얼룩지게 하다; (명성 등에) 오점을 남기다 = soil, tarnish

His misbehavior cast a **blot** on our name.
그의 비행으로 인해 우리의 명예가 더럽혀졌다.

0547 ★★

contiguous
[kəntígjuəs]

a. 인접한, 근접한; 접촉하는 = adjacent, adjoining, neighboring, proximate

In the USA, 48 of the 50 states are **contiguous**.
미국에서는 50개의 주 가운데 48개의 주가 서로 인접해 있다.

MVP contiguity n. 접촉, 접근, 인접

DAY 11

0548 ★★
indict
[indáit]

vt. 기소[고발]하다 = accuse, charge, prosecute

He served a two-year sentence when he was **indicted** for fraud.
그는 사기죄로 기소되어 2년간 복역했다.

MVP indictment n. 기소, 고발

0549 ★
apothecary
[əpάθəkèri]

n. 약제사, 약국 주인 = dispenser, druggist, pharmacist

In the past, an **apothecary** prepared medicines for people without a doctor's prescription.
과거에는, 약제사가 의사의 처방전 없이 사람들을 위해 약을 지어주었다.

0550 ★
stash
[stæʃ]

v. (안전한 곳에) 넣어 두다, 숨기다 = cache, conceal, hide
n. 숨겨둔 것 = cache, hoard, stock

She has a fortune **stashed** away in various bank accounts.
그녀는 다양한 은행 계좌들에 거액을 은닉해 두었다.

A. Write the meaning of the following words.

▫ aboriginal	_____	▫ quake	_____
▫ taint	_____	▫ dull	_____
▫ lassitude	_____	▫ censure	_____
▫ perpendicular	_____	▫ ferment	_____
▫ serpentine	_____	▫ spew	_____
▫ enact	_____	▫ opportune	_____
▫ outcast	_____	▫ tenement	_____
▫ barren	_____	▫ liquidate	_____
▫ pragmatism	_____	▫ dynasty	_____
▫ rubicund	_____	▫ gild	_____
▫ comparison	_____	▫ via	_____
▫ eclectic	_____	▫ shield	_____
▫ monopoly	_____	▫ intermission	_____
▫ somber	_____	▫ assume	_____
▫ aggrandize	_____	▫ filibuster	_____
▫ diametric	_____	▫ blot	_____
▫ howl	_____	▫ contiguous	_____
▫ alert	_____	▫ indict	_____
▫ segment	_____	▫ apothecary	_____
▫ estate	_____	▫ stash	_____

※ 주어진 단어의 뜻을 본문에서 확인하시고 틀린 단어의 경우 박스에 체크한 뒤에 나중에 다시 학습하시기 바랍니다.

B. Choose the synonym of the following words.

1. scarce	Ⓐ omnipresent
2. paralyze	Ⓑ moderate
3. recourse	Ⓒ decode
4. puny	Ⓓ numb
5. immutable	Ⓔ resort
6. middle-of-the-road	Ⓕ tiny
7. collision	Ⓖ obscure
8. ubiquitous	Ⓗ unalterable
9. nebulous	Ⓘ crash
10. decipher	Ⓙ rare

B. 1. Ⓙ 2. Ⓓ 3. Ⓔ 4. Ⓕ 5. Ⓗ 6. Ⓑ 7. Ⓘ 8. Ⓐ 9. Ⓖ 10. Ⓒ

0551 ★★

complacent
[kəmpléisnt]

a. 자기만족의, 마음속으로 즐거워하는 = self-satisfied, smug

All his life he had to work hard under extreme conditions and now he has a **complacent** feeling about what he has done.
평생 동안 그는 극한 상황에서 열심히 일해야 했으며 지금 그는 그가 해온 것에 대해 스스로 만족하고 있다.

(MVP) complacency n. 자기만족(= complacence, self-satisfaction)

0552 ★★★

abduct
[æbdʌkt]

vt. 유괴하다 = kidnap

The terrorist group has **abducted** hundreds of people to use as soldiers and sex slaves.
그 테러 집단은 수백 명의 사람들을 납치하여 군인과 성노예로 부려먹었다.

(MVP) abduction n. 유괴, 납치(= kidnapping)

0553 ★

metaphysics
[mètəfíziks]

n. ① 형이상학, 순수 철학 = metaphysical philosophy
② 탁상공론 = armchair theory, blue sky, deep-think

Metaphysics investigates reason, which is the foundation of science.
형이상학은 과학의 토대인 이성을 탐구한다.

(MVP) metaphysical a. 형이상학의, 순수 철학의; 극히 추상적인, 난해한

0554 ★★★

excessive
[iksésiv]

a. 과도한, 지나친, 엄청난, 터무니없는 = exorbitant, immoderate, inordinate

The **excessive** obsession of weight loss caused her anorexia.
체중감량에 대한 지나친 집착이 그녀에게 거식증을 유발했다.

(MVP) excess n. 과다, 과잉, 초과, 잉여
excessively ad. 지나치게, 과다하게

0555 ★★

satiate
[séiʃièit]

vt. 물리게 하다, 물릴 정도로 주다; 충분히 만족시키다 = glut, surfeit; satisfy

When they eat fast, people normally feel less **satiated** than those who eat slower, and therefore end up overeating.
빨리 먹게 되면 사람들은 대개 천천히 먹는 사람들보다 만족감을 덜 느끼게 되고, 결국 과식하게 된다.

(MVP) sate vt. 충족시키다; 물리게 하다
satiety n. 포만감; 싫증남
insatiable a. 만족을[물릴 줄] 모르는, 탐욕스러운

0556 ★★

yen
[jen]

n. 갈망, 열망, 동경 = craving, longing, yearning

I've always had a **yen** to travel around the world.
난 항상 세계를 두루 여행하고 싶은 열망을 지녀 왔다.

0557 ★★★

plague
[pleig]

vt. ① 애태우다, 괴롭히다; 성가시게[귀찮게] 하다 = afflict
　② 역병[재앙 따위]에 걸리게 하다

n. ① 역병, 전염병; 페스트, 흑사병 = epidemic; pestilence
　② (유해 동물, 해충의) 대량 발생; (많은 수의 동물이나 곤충) 떼
　③ 재앙, 천벌, 저주
　④ 성가신 사람, 귀찮은 일, 골칫거리

Financial problems are **plaguing** the company.
그 회사는 재정 문제에 시달리고 있다.

The whole family died of a **plague** three years ago.
그 가족 전체가 3년 전에 전염병으로 죽었다.

We are suffering from a **plague** of flies.
우리들은 파리 때문에 죽을 지경이다.

0558 ★

deciduous
[disídʒuəs]

a. ① 낙엽성의
　② (이·뿔 등이 어느 시기에) 빠지는
　③ 일시적인, 덧없는 = ephemeral, fleeting, temporary, transitory

As time goes by, the leaves of **deciduous** trees turn yellow and red.
시간이 흐르면, 낙엽수의 잎들은 노랗고 빨갛게 변한다.

MVP ↔ evergreen a. 상록의; 불후의

0559 ★

impugn
[impjú:n]

vt. 이의를 제기하다; 비난 공격하다, 논박하다 = challenge; criticize

The lawyer **impugned** the witness's story.
변호사는 증인의 이야기에 이의를 제기했다.

Freedom of expression does not include the freedom to **impugn** someone else's freedom of expression.
표현의 자유는 다른 사람의 표현의 자유를 비난하는 자유는 포함하지 않고 있다.

0560 ★★★

optimistic
[ὰptəmístik]

a. 낙관적인, 낙천적인 = hopeful, roseate, sanguine

These are difficult times and we cannot afford to be too **optimistic** about the future.
지금은 어려운 시기이며, 우리에겐 미래에 대해 지나치게 낙관할 여유가 없다.

MVP optimist n. 낙천주의자, 낙관론자
optimism n. 낙관론, 낙관[낙천]주의
↔ pessimistic a. 비관적인

0561 ★

spleen
[spliːn]

n. ① 〈해부〉 지라, 비장(脾臟)
② 울화, 불쾌; 악의; 원한 = anger; malice, spite; grudge

He vented his **spleen** on the assembled crowd.
그는 모인 군중에게 분통을 터뜨렸다.

MVP splenetic a. 화를 잘 내는, 성질을 잘 부리는
vent one's spleen on ~에게 화풀이하다

0562 ★

elongate
[ilɔ́ːŋgeit]

v. 〈물건·일을〉 (시간·공간적으로) 연장하다, 늘이다
= extend, lengthen, prolong

Senior party officials argued the government's tax audit was aimed at **elongating** its rule at next year's presidential election.
고위직 당 간부들은 정부의 세무 사찰은 내년도 대통령 선거에서 정권을 연장하는 데 목적을 두고 있다고 주장했다.

0563 ★★

inchoate
[inkóuət]

a. ① 이제 막 시작한, 초기의 = beginning, inceptive, incipient, nascent
② 불완전한, 미완성의 = immature, imperfect, unfinished

We wanted to introduce some coherence to an **inchoate** mess.
우리는 초기의 혼란스러운 상태에 약간의 일관성을 부여하고 싶었다.

0564 ★★

charlatan
[ʃάːrlətn]

n. (지식·기술이 있는 척하는) 사기꾼, 돌팔이, 협잡꾼
= deceiver, imposter, mountebank, quack, swindler

Charlatans hoodwink people out of their money.
협잡꾼들은 사람들을 속여 돈을 빼앗아간다.

0565 ★

whine

[ʍain]

v. ① 애처로운 소리로 울다, 흐느껴 울다 = moan, sob, wail, whimper
② 우는 소리를 하다, 푸념하다 = complain, grouse, grumble
n. 칭얼거리는 소리; (기계·엔진 등의) 윙 하는 소리; 불평, 넋두리

He started to calm down, and the screams turned into whispered **whines**.
그는 진정이 되기 시작했고, 절규는 작게 속삭이는 칭얼거림으로 바뀌었다.

MVP whinny vi. (말이 조용히) 울다
whiny a. 불평하는, 투덜대는; 짜증나는

0566 ★★

terse

[təːrs]

a. (문체·표현 등이) 간결한, 생동감 있는 = concise, laconic, succinct

Hemingway wrote in short, declarative sentences and was known for his tough, **terse** prose.
헤밍웨이(Hemingway)는 짧은 서술체로 작품을 썼으며, 강인하고 간결한 글로 유명했다.

0567 ★★★

comment

[kámment]

n. ① (시사문제 등의) 논평, 비평, 견해, 의견 = remark, statement
② 주석, 주해; 설명, 해설 = annotation; elucidation
v. ① 비평[논평]하다, 의견을 말하다 = mention, note, remark
② 주석을 달다 = annotate

All participants **commented** that they were deeply impressed by the rich history of Korean food and ingredients.
모든 참가자들이 한국 음식과 재료의 풍부한 역사에 깊게 감명 받았다고 언급했다.

MVP commentate v. 논평하다; 시사해설[실황방송]을 하다
commentator n. (신문·방송의) 해설자; (라디오·TV의) 실황 방송 아나운서
commentary n. 주석, 주해; 논평, 해설; 실황방송

0568 ★★

maladroit

[mæ̀lədrɔ́it]

a. 솜씨[재치] 없는, 서투른 = awkward, clumsy, gauche, inept, unskillful

He was so **maladroit** while dancing that nobody could watch him.
그는 춤을 너무 서투르게 춰서 아무도 그의 춤을 차마 지켜볼 수 없었다.

MVP maladroitness n. 솜씨 없음, 서툼, 어색함
↔ adroit a. 손재주가 있는; (특히 대인 관계에서) 노련한

0569 ★

deform

[difɔ́ːrm]

v. ① ~을 기형으로 만들다
② ~의 미관[아름다움]을 훼손하다, 망가뜨리다

The disease had **deformed** his spine.
그 병으로 그는 척추가 기형이 되었다.

MVP deformity n. (신체의) 기형, 불구; (인격 따위의) 결함, 흠
deformed a. 기형의, 모양이 흉하게 변형된, 불구의; (성격이) 싫은, 불쾌한

0570 ★★

hub

[hʌb]

n. ① (활동·상업 등의) 중심, 중추; 중심지 = centre, core, focus, heart
② (차륜의) 바퀴통; (선풍기·프로펠러 등의) 축 = axis, pivot

Los Angeles is the **hub** of the American film industry.
로스앤젤레스는 미국 영화 산업의 중심지이다.

0571 ★★

garrulous

[gǽrələs]

a. **수다스러운, 말이 많은** = chatty, loquacious, talkative, verbose, wordy

She never interrupted, and she never, for one moment, looked bored, although she thought he was **garrulous**.
그녀는 그가 말이 많다고 생각했지만, 결코 그가 하는 이야기를 끊지 않았고, 단 한순간도 지루해 하는 모습을 보이지 않았다.

MVP garrulity n. 수다, 다변
garrulously ad. 수다스럽게; 장황하게

0572 ★★★

prose

[prouz]

n. ① 산문, 산문체
② 평범, 단조; 단조로운 이야기[문장] = monotony; commonplace

Her translation is too literal, resulting in heavy, colorless **prose**.
그녀의 번역은 너무 직역에 치중했기 때문에, 단조롭고 개성이 없는 산문이 되고 말았다.

MVP prosaic a. 산문체의; 평범한, 단조로운; 지루한
cf. verse n. 운문, 시(詩)

0573 ★

idyllic

[aidílik]

a. **전원시의; 목가적인, 한가로운** = Arcadian, bucolic, pastoral

The restaurant adds to the romance of **idyllic** setting with its open-air dining area bordered by a pond.
그 식당은 연못에 인접한 야외 식사 장소가 있어서 전원적인 로맨틱한 분위기를 더한다.

MVP idyll n. 전원시, 목가

0574 ★★★

ravage

[rǽvidʒ]

v. **약탈[파괴]하다, 황폐하게 하다** = destroy, devastate, ruin
n. **파괴, 황폐** = destruction, devastation

Korea has suffered terribly at the hands of many nations whose armies invaded and **ravaged** it.
한국은 여러 나라들의 손아귀에서 모진 고통을 겪었는데, 그 나라들의 군대는 한국을 침입하여 유린하였다.

The civilization of ancient Greece is known only from a few historic remains which historical chance has preserved from the **ravages** of the years.
고대 그리스 문명은 역사적으로 우연히 오랜 세월에도 파괴되지 않고 보존되어온 몇몇 역사적 유적을 통해서만 알 수 있다.

0575 ★★★
embargo
[imbá:rgou]

n. 출항[입항] 금지; 통상[수출] 금지; 금지령, 제한; (뉴스의) 발표시간 제한
vt. (선박의) 출항[입항]을 금지하다; 수출을 금지하다; (통상을) 금지하다

The only feasible solution is a nuclear-arms **embargo** throughout all countries in the areas, supervised by the UN with regular inspections.
실천 가능한 유일한 해결책은 그 지역 모든 국가에서 유엔의 감독 하에 정기적인 사찰을 받는 핵무기 금지 조치이다.

When Japan and Italy joined on the side of Germany, the US **embargoed** oil to Japan.
일본과 이탈리아가 독일편으로 가담했을 때, 미국은 일본에 대한 석유 수출을 금지했다.

0576 ★★
sober
[sóubə:r]

a. ① 술에 취하지 않은, 술을 마시지 않은, 맑은 정신의
　② (성질·태도 등이) 진지한; 근엄한; 차분한, 냉정한 = serious, solemn
v. 침착하게 하다, 정신이 들게 만들다 = calm down, cool down, steady

He was as **sober** as a judge.
그는 술이 하나도 취하지 않았었다.

On **sober** reflection, I don't think I really need a car.
진지하게 심사숙고해 보니, 내게 승용차가 정말로 필요하지는 않다.

0577 ★
tickle
[tíkl]

v. ① 간질이다 = titillate
　② 기쁘게[즐겁게] 하다, 만족시키다 = gratify, please
　③ (남을) 자극[고무]하다[up] = excite, stimulate
n. 간지러움; 간지러운[근질근질한] 느낌

He **tickled** the baby's feet and made her laugh.
그는 아기 발을 간지럽혀 웃게 만들었다.

MVP ticklish a. 간지럼을 잘 타는; (상황이) 곤란한(= tickly)

0578 ★★
niche
[nitʃ]

n. ① 벽감(壁龕), (조각품·꽃병 등을 두는 벽 등의) 움푹 들어간 곳
　　= alcove, recess
　② (사람·물건에) 적합한 지위[장소], 적소 = place, position
　③ (시장의) 틈새

There are lots of **niche** markets in the Internet business.
인터넷 사업에는 틈새시장이 많이 있다.

DAY 12

0579 ★★★

annihilate

[ənáiəlèit]

v. ① 전멸[절멸]시키다 = crush, eradicate, exterminate, wipe out
② (법률 등을) 무효로 하다, 폐지하다 = annul, repeal

Admiral Soonshin Yi and his men **annihilated** the Japanese navy.
이순신 장군과 그 부하들은 일본 해군을 전멸시켰다.

The law was **annihilated** two years ago.
그 법률은 2년 전에 폐지되었다.

MVP annihilation n. 전멸, 절멸

0580 ★★

standstill

[stǽndstìl]

n. 정지, 멈춤, 휴지(休止); 정체, 답보상태 = halt, stop; stalemate

The talks between two countries are at a **standstill**.
두 나라 간의 회담은 교착 상태에 빠져 있다.

The train was brought to a **standstill** by the blizzard.
열차가 눈보라에 갇혀 꼼짝을 못했다.

0581 ★

redoubtable

[ridáutəbl]

a. 경외할만한, 강력한, 가공할, 무서운 = formidable, strong

He met a **redoubtable** opponent in the ring.
그는 링 위에서 가공할 상대를 만났다.

0582 ★★★

mobile

[móubəl]

a. ① 움직이기 쉬운, 이동성[기동성]이 있는 = locomotive, movable, portable
② (마음·생각이) 변하기 쉬운, 변덕스러운; 융통성 있는
= capricious, changeable, fickle; flexible

Dancing may help keep joints more supple and **mobile**.
춤을 추는 것은 관절을 좀 더 유연하고 잘 움직일 수 있도록 도와줄 수 있을지도 모른다.

MVP mobility n. 이동성, 변동성; 변덕
↔ immobile a. 움직일 수 없는, 고정된, 부동의

0583 ★★★

pacify

[pǽsəfài]

v. ① 달래다, 진정시키다 = assuage, calm
② (식욕 등을) 채우다 = appease

It was difficult for the police to **pacify** the angry crowd.
경찰이 성난 군중을 진정시키기란 힘든 일이었다.

MVP pacific a. 평화로운, 평온한
pacification n. 강화, 화해; 분쟁 제거
pacifier n. 달래는 사람, 조정자; 고무 젖꼭지(= dummy)

0584 ★★
cacophony
[kəkáfəni]

n. 불협화음; 불쾌한 음조, 소음 = discord, dissonance

The melancholy melody of Beethoven's Moonlight Sonata rang through the **cacophony** of the Manhattan street.
베토벤(Beethoven)이 작곡한 월광 소나타의 우울한 멜로디가 맨해튼 거리의 불협화음 속에 울려 퍼졌다.

MVP cacophonous a. 불협화음의; 음조가 나쁜, (음이) 귀에 거슬리는
↔ euphony n. 기분 좋은 음조[소리]

0585 ★★★
disguise
[disgáiz]

n. ① 변장, 가장, 위장, 분장 = camouflage, mask, masquerade
② 속이기, 겉꾸미기, 거짓 행동; 구실
vt. 변장[가장]하다; (사실·감정 등을) 감추다, 속이다 = camouflage, cloak

Their **disguises** were so convincing that other people on the street seemed to take no notice.
그들의 변장이 너무나 그럴듯해서 거리에 있던 다른 사람들은 전혀 알아차리지 못하는 것 같았다.

MVP guise n. 외관, 외양; 겉치레, 겉보기; 변장, 가장

0586 ★
seismic
[sáizmik]

a. ① 지진의, 지진에 의한 = seismal
② (영향·규모가) 엄청난 = enormous, immense, tremendous

Scientists often refer to tidal waves as **seismic** sea waves, far more appropriate in that they do result from undersea **seismic** activity.
과학자들은 흔히 해일을 지진해일이라고 부르는데, 해일이 해저에서 일어나는 지진 활동의 결과라는 점에서 보면 그렇게 부르는 것이 훨씬 더 적절하다.

MVP seismometer n. 지진계

0587 ★★★
favorable
[féivərəbl]

a. ① 우호적인, 호의적인; 찬성[승낙]하는 = amicable, friendly; approving
② 유리한 = advantageous
③ (인상 따위가) 좋은, 호감을 주는 = prepossessing, sweet-tempered

The settlement was **favorable** to the labor union.
그 합의는 노동조합에 유리했다.

People should be motivated to make a **favorable** impression on others.
사람들은 다른 사람들에게 좋은 인상을 주도록 동기부여를 받아야 한다.

MVP favor n. 호의, 친절; v. ~에게 호의를 보이다; 찬성하다
favorite a. 매우 좋아하는; 특히 잘하는; n. 좋아하는 사람, 인기 있는 사람
favoritism n. 편애; 편들기

0588 ★

herculean
[hə̀ːrkjulíːən]

a. ① (H~) 헤라클레스의, 힘이 장사인 = athletic, muscular
② 아주 어려운, 매우 힘든, 큰 힘을 요하는, 대단한 = arduous, demanding

They have mounted **herculean** efforts to provide the necessary support.
그들은 필요한 지원을 제공하기 위해 어마어마한 노력을 해왔다.

0589 ★★

ventilate
[véntəlèit]

vt. ① (방 등을) 환기하다 = air
② (감정·의견 등을) 표명하다 = express, utter, vent

Most modern barns are insulated, **ventilated**, and equipped with electricity.
대부분의 현대적인 헛간은 단열과 환기가 되며 전기설비도 갖춰져 있다.

MVP ventilation n. 통풍, 환기; (감정의) 표출
ventilator n. 통풍기, 송풍기, 환기장치

0590 ★★

fortress
[fɔ́ːrtris]

n. 요새, 성채; 요새지; 견고[안전]한 곳
= bulwark, citadel, fort, redoubt, stronghold

The **fortress** was heavily armed and seemed impregnable.
그 요새는 중무장 되어 있었기 때문에 난공불락처럼 보였다.

0591 ★

pharisaic
[færəséiik]

a. (신앙보다) 형식에 치중하는; 위선적인
= hypocritical, insincere, sanctimonious

Pharisaic people insist too much on religious rules without following them in spirit.
형식에 치중하는 사람들은 종교적인 규칙들을 마음속으로 따르지 않은 채 그것들을 지나치게 강조한다.

0592 ★★★

sphere
[sfiər]

n. ① (기하학상의) 구(球), 구체, 둥근 물체 = ball, circle, globe, orb
② (활동·영향·관심) 영역, 범위, 분야 = domain, field, range, scope

This country was formerly within the **sphere** of influence of the US.
이 나라는 이전에 미국의 영향권 안에 있었다.

0593 ★★

brag
[bræg]

v. 자랑하다, 뽐내다, 허풍떨다 = boast, flaunt, swagger, vaunt
n. ① 자랑, 허풍; 자랑거리 = boasting, braggadocio, gasconade, jactation
② 허풍선이, 자랑꾼 = blowhard, boaster, braggart, gasbag

You shouldn't **brag** or show off your expensive things in front of poor people.
너는 가난한 사람들 앞에서 네가 가진 비싼 물건들을 자랑해서는 안 된다.

MVP braggadocio n. 자랑, 허풍; 허풍선이; 거만
braggart n. 허풍선이, 자랑꾼; a. 허풍을 떠는, 자랑하는

0594 ★
dole
[doul]

n. ① 시주, 구호품, 의연품; 분배물 = allocation, alms, donation, grant
② (the ~) 실업[실직] 수당 = allowance, susso, unemployment benefit

He became unemployed and is getting the **dole** at the moment.
그는 실직해서 지금은 실직 수당을 받고 있다.

0595 ★★★
appraise
[əpréiz]

vt. ① (사람·능력 등을) 평가하다 = evaluate
② (자산·물품 등을) 감정하다, 값을 매기다 = assess, gauge

I had an expert **appraise** the house beforehand.
나는 전문가에게 미리 그 집을 감정하게 했다.

MVP appraisal n. 평가, 감정, 견적
cf. apprise vt. 알리다, 통지하다

0596 ★★★
urgent
[ə́ːrdʒənt]

a. ① 긴급한, 시급한, 다급한 = pressing
② 마구 재촉하는, 귀찮게 조르는; (탄원·청구 따위가) 성가신

There is an **urgent** need for qualified teachers.
자격을 갖춘 교사들이 긴급히 필요하다.

They are **urgent** for payment of arrears of wages.
그들은 체불된 임금 지불을 강경히 요구하고 있다.

MVP urgently ad. 긴급하게, 절박하게; 억지로, 강요하여
urgency n. 긴급, 절박, 위급, 위기; (pl.) 긴급한 일; 끈덕진 재촉, 강요

0597 ★★★
local
[lóukəl]

a. ① 공간의, 장소의 = spatial
② (특정한) 지방의, 고장의; 한 지방 특유의
③ (몸·조직의) 일부분만의, 국부[국소]적인
n. 지방 거주인, 그 지방사람

The doctors have been warmly welcomed by **local** people.
그 의사들은 현지 주민들에게 따뜻한 환영을 받았다.

MVP locale n. 현장, 장소
locality n. 위치, 장소, 소재; 현장
locally ad. 장소[위치]상으로; 지방[국부]적으로

※ local은 '전역·전국'에 대한 '특정 지역의, 지방의'라는 뜻이고, provincial은 '수도'에
대한 '지방의, 시골의'라는 뜻으로 쓰인다.

0598 ★★

benefactor
[bénəfæ̀ktər]

n. 은인; 후원자, 기부자 = backer, patron

An anonymous **benefactor** donated 2 million dollars.
한 익명의 후원자가 2백만 달러를 기증했다.

MVP beneficiary n. 수혜자, 수익자

0599 ★★★

abundant
[əbʌ́ndənt]

a. 풍부한, 많은 = affluent, ample, bountiful, copious, plentiful, rich

Toyota, Hyundai, Daimler and Honda announced plans to build vehicles that run on the most **abundant** element in the universe and emit only water vapor as a byproduct.
도요타, 현대, 다임러, 혼다는 우주에서 가장 풍부한 원소를 이용하여 움직이고 부산물로 수증기만을 방출하는 자동차를 만들 계획을 발표했다.

MVP abundance n. 풍부

0600 ★★

decoy
n. [díːkɔi]
v. [dikɔ́i]

n. 유인하는 사람[물건], 미끼 = bait, lure
vt. (미끼로) 유인하다, 꾀어내다 = entice, tempt

They used him as a **decoy** to lure people into buying the goods.
그들은 그를 바람잡이로 내세워 사람들이 물건을 사도록 유도했다.

A. Write the meaning of the following words.

▢ complacent	_____	▢ annihilate	_____
▢ abduct	_____	▢ redoubtable	_____
▢ metaphysics	_____	▢ mobile	_____
▢ satiate	_____	▢ pacify	_____
▢ plague	_____	▢ disguise	_____
▢ deciduous	_____	▢ seismic	_____
▢ impugn	_____	▢ favorable	_____
▢ spleen	_____	▢ Herculean	_____
▢ inchoate	_____	▢ ventilate	_____
▢ charlatan	_____	▢ fortress	_____
▢ whine	_____	▢ pharisaic	_____
▢ terse	_____	▢ sphere	_____
▢ comment	_____	▢ brag	_____
▢ deform	_____	▢ dole	_____
▢ prose	_____	▢ appraise	_____
▢ idyllic	_____	▢ urgent	_____
▢ embargo	_____	▢ local	_____
▢ sober	_____	▢ benefactor	_____
▢ tickle	_____	▢ abundant	_____
▢ niche	_____	▢ decoy	_____

※ 주어진 단어의 뜻을 본문에서 확인하시고 틀린 단어의 경우 박스에 체크한 뒤에 나중에 다시 학습하시기 바랍니다.

B. Choose the synonym of the following words.

1. yen	Ⓐ craving
2. maladroit	Ⓑ lengthen
3. garrulous	Ⓒ centre
4. ravage	Ⓓ halt
5. optimistic	Ⓔ roseate
6. hub	Ⓕ discord
7. standstill	Ⓖ talkative
8. cacophony	Ⓗ destroy
9. excessive	Ⓘ immoderate
10. elongate	Ⓙ awkward

B. 1. Ⓐ 2. Ⓙ 3. Ⓖ 4. Ⓗ 5. Ⓔ 6. Ⓒ 7. Ⓓ 8. Ⓕ 9. Ⓘ 10. Ⓑ

0601 ★★

periodic
[pìəriádik]

a. ① 주기적인, 정기적인 = recurrent, regular
   ② 간헐적인, 이따금의 = intermittent, occasional, sporadic

Periodic checks are carried out on the equipment.
그 장비에 대해서는 주기적인 점검이 이뤄지고 있다.

MVP period n. 기간, 시기; 시대
       periodical n. (일간 신문 이외의) 정기 간행물, 잡지

0602 ★★

dank
[dæŋk]

a. 눅눅한, 축축한 = damp, humid, moist

It is natural that the air is **dank** and stale in the basement during the long rainy season.
긴 장마철 동안 지하실의 공기가 눅눅하고 퀴퀴한 것은 당연하다.

0603 ★★★

obey
[oubéi]

v. (명령·법 등을) 따르다, 순종[복종]하다
   = follow, submit to, surrender to, yield to

Soldiers take it for granted that they should **obey** orders.
군인은 명령에 복종하는 것을 당연한 것으로 생각한다.

MVP obedience n. 복종; 순종
       ↔ disobey v. 복종하지 않다, 위반하다

0604 ★

lopsided
[lάpsáidid]

a. 한쪽으로 기운, 균형이 안 잡힌, 편향적인
   = biased, disproportionate, one-sided, unequal

The article presents a somewhat **lopsided** view of events.
그 기사는 사건에 대해 다소 한쪽으로 치우친 견해를 제시하고 있다.

0605 ★

jaunty
[dʒɔ́:nti]

a. ① (태도 등이) 경쾌한, 명랑한, 쾌활한 = jocund, jovial, merry, vivacious
   ② 말쑥한, 멋진 = dapper, smart, spruce, stylish, trim

The well-dressed man gave a **jaunty** laugh.
잘 차려 입은 그 남자는 경쾌한 웃음을 지었다.

MVP cf. jaunt vi. 짧은 여행을 하다, (여기저기) 놀러 다니다; n. 짧은 여행, 소풍

0606 ★★★

abnormal
[æbnɔ́:rməl]

a. 비정상적인 = eccentric, irregular, unnatural

It is often difficult to draw a line between normal and **abnormal** behavior.
정상적인 행동과 비정상적인 행동을 명확하게 구분하는 것은 종종 어려운 일이다.

0607 ★★

sanctity
[sǽŋktəti]

n. 신성함, 존엄성; 성스러움 = divinity, holiness

To preserve the mosque's **sanctity**, non-worshippers were required to use the north entrance.
그 이슬람 사원의 신성함을 보존하기 위해, 이교도들은 북쪽 출입문을 사용하도록 했다.

MVP sanctitude n. 깨끗함, 고결함, 신성함
sanctify vt. 신성하게 하다, 축성하다; 정당화하다; 인가[재가]하다

0608 ★★★

miserly
[máizərli]

a. 인색한, 구두쇠[수전노]인, 욕심 많은 = greedy, stingy, tight-fisted

His **miserly** behavior faced condemnation from neighbors.
그의 인색한 행동은 이웃들의 비난에 직면했다.

MVP miserliness n. 인색함, 욕심 많음, 탐욕
miser n. 구두쇠, 수전노
cf. misery n. 불행, 고통

0609 ★

electrify
[iléktrəfài]

vt. ① ~에 전기를 통하게 하다; 감전시키다; ~에 충전하다
② 깜짝 놀라게 하다, 충격을 주다, 흥분시키다
= amaze, excite, shock, thrill

The band's performance **electrified** the audience.
그 밴드의 연주는 청중을 열광시켰다.

MVP electricity n. 전기; 전류
electrifying a. 흥분시키는, 짜릿한
electric a. 전기의, 전기를 띤; 전기와 같은, 자극적인

0610 ★★

noblesse oblige
[noublés oublíːʒ]

n. 높은 신분에 따르는 도덕상의 의무, 노블리스 오블리제

Noblesse oblige is a sense that those who are wealthy have a moral obligation to use their position to help those who are not.
노블리스 오블리제는 부유한 사람들이 자신들의 위치를 부유하지 못한 사람들을 돕기 위해 사용해야 한다는 도덕상의 의무를 의미한다.

MVP nobility n. 고귀, 숭고, 고결함, 기품; 귀족, 귀족 계급
noble a. 귀족의, 고귀한; 고상한, 숭고한

0611 ★★★

shrink
[ʃriŋk]

v. ① (천 등이) 오그라들다; (수량·가치 등이) 줄다
= contract; decrease, diminish, dwindle, lessen
② 움츠리다, 겁내다, 주춤하다, 뒷걸음을 치다 = cower, flinch, recoil

Watching the scene, her heart seemed to **shrink** with fear.
그녀는 그 장면을 보고 두려움에 심장이 오그라드는 것 같았다.

DAY 13

0612 ★★

circumscribe
[sə̀:rkəmskráib]

vt. ① 제한하다 = limit, restrict
② ~의 둘레에 선을 긋다, ~의 경계를 정하다 = delimit, demarcate

The processes to which a dead body may be subjected are to some extent **circumscribed** by law.
시체를 처리하는 과정들이 어느 정도는 법에 의해 제한돼 있다.

Free expression of the people was **circumscribed** by a dictator.
시민들의 표현의 자유가 독재자에 의해 억압되었다.

0613 ★★

whimsical
[hwímzikəl]

a. ① 변덕스러운, 마음이 잘 변하는 = capricious, fickle
② 엉뚱한, 기발한

Much of his writing has a **whimsical** quality.
그의 글은 상당 부분 기발한 점이 있다.

MVP whim n. 변덕, 잘 변하는 마음

0614 ★

tactless
[tǽktlis]

a. 재치 없는, 분별없는 = thoughtless, witless

The **tactless** preaching of the Anglican priest brought him into disfavor with Queen Elizabeth Ⅰ.
그 성공회 사제는 분별없는 설교 때문에 엘리자베스(Queen Elizabeth) 1세의 미움을 사게 되었다.

MVP tact n. 재치, 약삭빠름
tactic n. (어떤 일을 달성하기 위한) 전략[작전]
↔ tactful a. 재치 있는, 기지가 넘치는, 약삭빠른

0615 ★★★

confide
[kənfáid]

v. ① (비밀 등을) 털어놓다[to] = confess, disclose, divulge, reveal
② 신용하다, 신뢰하다[in] = believe, trust

She **confided** to her father that her daughter was not born from her husband.
그녀는 아버지에게 딸이 자신의 남편에게서 태어난 아이가 아니라고 털어놓았다.

MVP confidence n. 신용, 신뢰; 자신
confidant n. (연애 비밀 등도 털어놓을 수 있는) 막역한 친구

0616 ★

plutocracy
[plu:tάkrəsi]

n. 금권 정치; 금권주의; 금권 정치 국가

America is becoming a **plutocracy**; half of all members of Congress are millionaires.
미국은 금권주의 국가가 되어가고 있다. 전체 의회 의원 중 절반이 백만장자다.

MVP plutocrat n. 금권주의자; 부자, 재산가

0617 ★★
blanch
[blæntʃ]

v. ① 표백하다, 희게 하다; (공포·질병으로) 창백하게 하다 = bleach, whiten
② (채소·고기 등을) 데치다, 더운 물에 담그다 = scald

His face was **blanched** with the strange sound.
괴상한 소리를 듣고 그의 얼굴은 새파래졌다.

If you limit the vitamin loss, **blanch** vegetables by boiling for a couple of minutes, then refresh by plunging into cold water very quickly.
비타민 손실을 줄이려면 채소를 1~2분 정도 끓는 물에 데치고 나서 차가운 물에 빠르게 담가서 식힌다.

0618 ★★
seamless
[síːmlis]

a. ① 이음매[솔기]가 없는
② 매끄러운, 완벽한 = coherent, logical

His excuse is **seamless**, I have to admit; I know he's lying, but I can't find a hole in his story.
나는 그의 변명이 완벽하다고 인정할 수밖에 없다. 그가 거짓말을 하고 있다는 것을 알고 있지만, 그의 이야기 속에서 허점을 찾을 수 없기 때문이다.

MVP seam n. (천 따위의) 솔기; (판자 따위의) 이음매
seamy a. 솔기가 있는; 이면의, 초라한

0619 ★★★
egregious
[igríːdʒəs]

a. 지독한, 터무니없는, 엄청난 = absurd, flagrant, outrageous, ridiculous

The flaws, to the real friend, can be endearing, as long as they're not too **egregious**.
너무 지독한 것이지 않는 한, 진정한 친구에게는 결점들도 사랑스러울 수 있다.

Misspelling the title of a book is an **egregious** blunder to make in a book report.
서평에서 책 제목의 철자가 틀린 것은 터무니없는 큰 실수이다.

MVP egregiousness n. 지독함, 터무니없음

0620 ★★
glitch
[glitʃ]

n. 자그마한 결함; 작은 기술상의 문제, (전기 기구 등의) 갑작스러운 고장
= bug, defect, flaw, malfunction

A computer software **glitch** fouled up their presentation.
컴퓨터 소프트웨어의 작은 결함이 그들의 프레젠테이션을 엉망으로 만들었다.

0621 ★★
mete
[miːt]

vt. (상·벌·보수 등을) 할당하다, 주다, 분배하다[out] = allot, assign, distribute

Nature always **metes** out a retribution for any transgression of her law.
자연은 그것의 법칙을 조금이라도 깨뜨리는 경우에는 항상 보복을 가한다.

DAY 13

0622 ★★
internal
[intə:rnl]

a. ① 내부의, 안의; 체내의 = inner, inside, interior
② 내면적인, 정신적인

We live in perpetual self-confrontation between the external success and the **internal** value.
우리는 외면적인 성공과 내면의 가치 사이에서 끊임없이 스스로와 대립하면서 산다.

MVP internalize vt. 자기 것으로 하다, 내면화하다; 습득하다
↔ external a. 외부의, 외면의, 밖의

0623 ★★★
aim
[eim]

n. ① 목적, 목표 = end, goal, object, objective, purpose
② 겨냥, 조준 = target
v. ① (무엇을 성취하는 것을) 목표하다, ~을 목표로 하다 = pitch, target
② 겨누다, 겨냥하다 = target

She went to London with the **aim** of finding a job.
그녀는 직장을 구할 목적으로 런던에 갔다.

The government is **aiming** at a 50% reduction in unemployment.
정부는 실업률 50% 감소를 목표로 하고 있다.

MVP aimful a. 목표가 뚜렷한, 목표가 많은
aimless a. 목적이 없는, 방향을 잃은

0624 ★★
creed
[kri:d]

n. (종파·교파의) 교리, 신조 = doctrine, dogma

Race, nationality and **creed** shouldn't matter in sport.
스포츠에서는 인종, 국적, 종교적 신념이 문제되지 않아야 한다.

0625 ★★
oppressive
[əprésiv]

a. ① 압제적인, 억압적인, 포악한 = harsh, repressive, tyrannical
② 답답한, 숨이 막힐 듯한 = close, cramped, stifling

The king's rule was so **oppressive** that no one could stand it anymore.
왕의 통치가 너무나 억압적이어서 아무도 더 이상은 버틸 수가 없었다.

Our new office was beautifully airy and yet remarkably **oppressive**.
우리의 새 사무실은 굉장히 통풍이 잘 됐지만 몹시 답답했다.

MVP oppress vt. 압박하다, 억압하다
oppression n. 압박, 압제, 억압
oppressor n. 억압자, 압제자
oppressed a. 억압당하는, 탄압받는

0626 ★★
slay
[slei]

v. ① 죽이다, 살해하다; 학살하다
= assassinate, kill, massacre, murder, slaughter
② 절멸시키다 = annihilate, destroy, eliminate, exterminate

Goliath was **slain** by David in a single combat.
골리앗(Goliath)은 일대일의 승부에서 다윗(David)에게 죽음을 당했다.

MVP slayer n. 살해자
cf. murder n. 살인; v. 살해하다, 살인하다
cf. murderer n. 살인자, 살인범

0627 ★★★
career
[kəríər]

n. ① (직업상의) 경력, 이력, 생애 = record, work experience
② (일생의) 직업 = calling, employment, occupation, profession, vocation
③ 출세, 성공 = advancement, success

She began her modeling **career** in 1950 at the age of 20.
그녀는 스무 살이던 1950년에 모델 경력을 시작했습니다.

0628 ★★★
incipient
[insípiənt]

a. 시초의, 발단의, 초기의 = embryonic, initial, nascent

Despite **incipient** signs of recovery, the economy fell into a deeper recession.
회복의 초기 조짐에도 불구하고, 경제는 더욱 극심한 불황에 빠졌다.

MVP incipience n. 시초, 발단; (병 따위의) 초기

0629 ★★
mammal
[mǽməl]

n. 포유동물

The **mammal** with the longest recorded lifespan is man.
가장 수명이 길다고 기록된 포유동물은 인간이다.

0630 ★★
disingenuous
[dìsindʒénjuəs]

a. 솔직하지 않은, 불성실한 = deceitful, dishonest, insincere

It would be **disingenuous** of me to claim I had never seen it.
내가 그것을 한 번도 본 적이 없다고 주장한다면 솔직하지 못한 일이 될 것이다.

DAY 13

0631 ★★★

preserve
[prizə́ːrv]

v. ① 보존하다, 유지하다 = conserve, maintain, sustain
  ② (위험 등에서) 보호하다, 지키다 = protect, shelter, shield
  ③ (식품 등을) 보존 가공하다; (과일·야채 등을) 설탕절임으로 하다
  ④ (조수·물고기 등의) 사냥[어로]을 금하다
n. ① (보통 pl.) 보존 식품, 설탕조림, 잼, 통조림의 과일 = conserves, jam
  ② 자연자원 보호 구역 = reservation, reserve, sanctuary
  ③ (개인의) 영역, 분야 = area, department, province, sphere

We must **preserve** the environment.
우리는 환경을 보존해야만 한다.

MVP preservation n. 보존, 저장; 보호, 보관
  preservative a. 보존하는, 보존력 있는; 방부의; n. 방부제

0632 ★★

specimen
[spésəmən]

n. 견본, 표본 = example, model, sample

Astronauts have brought back **specimens** of rock from the moon.
우주 비행사들이 달에서 암석 샘플들을 가지고 돌아왔다.

0633 ★

annotate
[ǽnətèit]

v. 주석[주해]을 달다 = comment, footnote, gloss, note

Historians **annotate**, check and interpret the diary selections.
역사가들이 선별된 그 일지에 주석을 달고, 대조 및 해석을 한다.

MVP annotation n. 주석, 주해
  annotator n. 주석자

0634 ★★

ensemble
[aːnsάːmbl]

n. ① 총체(總體); (예술 작품 등의) 전체적 효과[조화]
  ② (소규모의) 합주[합창, 무용]단, 앙상블; (가구 따위의) 갖춘 한 세트
ad. 함께; 동시에, 일제히 = all together, at once, at the same time, en masse

The newly regrouped **ensemble** are touring for the first time in 27 years.
새롭게 재결성된 합주단이 27년 만에 처음으로 순회공연을 하고 있다.

0635 ★★★

torture
[tɔ́ːrtʃər]

n. ① 고문
  ② 심한 고통, 고뇌, 고민 = agony, anguish, distress, suffering
vt. ① 고문하다 = excruciate
  ② (몹시) 괴롭히다 = abuse, excruciate, persecute, torment

They **tortured** people with electrical surges and hot water.
그들은 전기 충격과 뜨거운 물로 사람들을 고문했다.

MVP torturer n. 고문하는 사람, 괴롭히는 사람
torturous a. 고문의, 고통스러운

0636 ★★
bulk
[bʌlk]

n. ① 크기, 부피, 용적 = dimension, magnitude, size, volume
② 대부분, 큰 규모 = majority, mass
③ (포장하지 않은) 낱짐, 상품; 적하(積荷) = cargo, load

The **bulk** of the population lives in cities.
인구의 대부분이 도시에 산다.

Despite its **bulk** and weight, the car is extremely fast.
그 차는 덩치가 크고 무게가 많이 나가지만 엄청나게 빠르다.

0637 ★★★
reciprocal
[risíprəkəl]

a. ① 상호간의, 호혜적인 = mutual, correlative
② 교환으로 주는, 답례의; 보복의, 보답으로 얻는

Learning between grown ups and kids should be **reciprocal**.
성인들과 어린 아이들 사이의 배움은 상호간에 이루어져야 한다.

MVP reciprocate v. 교환하다, 주고받다; 보답[답례]하다
reciprocation n. 교환; 앙갚음, 보복, 보답, 답례
reciprocity n. 상호성, 상호관계; 호혜주의

0638 ★★
deity
[díːəti]

n. ① 신(神) = god
② 신위, 신성, 신격 = divinity, godhead

Atheism is simply the lack of a belief in a theistic **deity**.
무신론은 단순히 유신론적 신에 대한 믿음의 결여이다.

MVP deify vt. 신으로 모시다, 신격화하다
deification n. 신으로 숭상함[섬김], 신격화, 신성시

0639 ★★★
furnish
[fə́ːrniʃ]

v. ① (필요한 물건을) 공급하다, 제공하다, 주다 = provide, supply
② ~에 (필수품, 특히 가구를) 갖추다, 설비하다 = equip, fit

He **furnished** the library with his own collection of books and helped to fund the renovation.
그는 도서관에 그의 소유인 도서 소장품을 제공했고, 보수하는 데도 자금을 댔다.

0640 ★★

vintage

[víntidʒ]

n. ① (특정 지역·수확기의) 포도주; 포도의 수확(기)
② (어떤 해[시기]의) 생산품; ~형, ~년식, 제조 연도

a. ① 오래되고 가치 있는, 낡은, 유서 있는 = antique, classic, old
② (같은 종류 중에서) 가장 뛰어난, 최상[최고]의 = best, high-quality, prime

She collected **vintage** cars and built up a valuable stamp collection.
그녀는 골동품 자동차들을 수집하고 값나가는 우표들도 수집했다.

MVP cf. vantage n. 우월, 우세; 유리한 위치[입장]

0641 ★★★

humble

[hʌmbl]

a. ① 겸손한, 겸허한 = modest, unassuming, unpretentious
② (신분·지위 등이) 천한, 비천한 = lowly, mean
③ 초라한, 변변찮은; 작은 = poor, shabby, simple

Be it ever so **humble**, there's no place like home.
아무리 초라해도 내 집이 최고다.

MVP humbly ad. 겸손하게

0642 ★★★

dominate

[dάmənèit]

v. ① 지배하다, 위압하다 = control, govern, rule
② 우위를 차지하다, 좌우하다; 특색지우다
③ (산 따위가) ~에 우뚝 솟아 있다, 내려다보다

The strong **dominate** over the weak.
강자는 약자를 지배한다.

The train crash **dominated** the news.
그 열차 사고가 가장 중요한 뉴스거리가 되었다.

The cathedral **dominates** the city.
그 성당이 그 시에서는 가장 높이 솟아 있다.

MVP domination n. 지배; 권세; 우월
dominance n. 우세, 우월; 지배
dominant a. 지배적인, 우세한
predominant a. 우세한, 유력한; 탁월한; 널리 퍼진

0643 ★

libertine

[líbərtìːn]

n. 방탕자, 난봉꾼 = debauchee, profligate

a. 방탕한 = debauched, dissolute, licentious

He was a **libertine**, always chasing after women.
그는 난봉꾼이었던 까닭에 항상 여자들을 쫓아다녔다.

0644 ★★

despot
[déspət]

n. 전제 군주, 독재자; 폭군 = autocrat, dictator, oppressor, tyrant

People are fighting to bring an end to the rule of the evil **despot**.
사람들은 그 악랄한 독재자의 통치를 끝내기 위해 싸우고 있다.

MVP despotism n. 독재, 전제; 전제 정치; 폭정(= tyranny)
despotic a. 전제 정치의, 독재적인(= dictatorial, tyrannical)

0645 ★★★

feeble
[fíːbl]

a. ① (신체적으로) 약한, 가냘픈, 연약한 = debilitated, frail, infirm, weak
② (정신적으로) 약한, 박약한; (지능이) 낮은, 저능의
③ (양(量)·음성·밝기 따위가) 약한, 미약한, 희미한; (효과·힘 따위가) 약한

Now Russia is a far cry from the **feeble** country it was in 1998, when it almost went bankrupt.
현재 러시아는 1998년 당시 거의 파산 지경에 있었던 연약한 나라와는 큰 차이가 있다.

The heartbeat was **feeble** and irregular.
심장 박동 소리가 아주 약하고 불규칙했다.

His **feeble** attempts at solving the problem are worthless.
문제 해결을 위한 그의 미미한 시도는 효과가 없다.

0646 ★★

imperil
[impérəl]

vt. 위태롭게 하다, 위험에 빠뜨리다 = endanger, jeopardize

The economic downturn and the crisis in our financial markets further **imperiled** our domestic automobile industry and its work force.
경기 침체와 금융 시장의 위기가 한층 더 국내 자동차 업계와 노동자들을 위태롭게 했다.

MVP peril n. 위험, 모험

0647 ★

backwater
[bǽkwɔ̀ːtər]

n. ① 역류(逆流), 역수(逆水), 배수(背水)
② (문화 등의) 침체 상태[지역], 벽지(僻地) = backwoods, hinterland

Before 1700 AD, Russia was a European **backwater**, possessing neither military nor cultural influence on the world scene.
서기 1700년 이전에, 러시아는 유럽의 벽지였고, 세계무대에서 군사적, 문화적 영향력이 전혀 없었다.

0648 ★★★

adapt
[ədǽpt]

v. ① 적합[적응]시키다, 조정하다 = acclimate, accommodate, adjust, fit, suit
　　② 개작[각색, 번안]하다 = modify
　　③ (상황·환경 등에) 적응[순응]하다 = adjust

Most of these tools have been specially **adapted** for use by disabled people.
이 도구들 대부분은 장애인분들이 사용하실 수 있도록 특별히 맞춰져 있었다.

Three of her novels have been **adapted** for television.
그녀의 소설 세 권이 텔레비전 극으로 각색되었다.

It took him a while to **adapt** himself to his new surroundings.
그는 새 환경에 적응하는 데 한참이 걸렸다.

> **MVP** adaptation n. 적응, 순응; 각색
> adaptability n. 적응성, 순응성
> adaptive a. 적응할 수 있는
> adaptable a. 적응[순응]할 수 있는; 융통성 있는
> cf. adopt v. 채택하다; 양자로 삼다

0649 ★★

script
[skript]

n. ① 손으로 쓴 글 = handwriting, writing
　　② 원고; (연극·영화·방송 등의) 각본, 대본 = manuscript, text

Upon reading the **script**, he showed a special interest in it.
이 대본을 읽자마자, 그는 남다른 관심을 보였다.

> **MVP** scripture n. 성서; 경전
> unscripted a. (방송의 대사가) 대본에 없는, 즉흥적인

0650 ★★

ramble
[rǽmbl]

v. ① 산책[소요]하다, (이리저리) 거닐다, 어슬렁거리다
　　= amble, perambulate, roam, rove, walk, wander
　　② 두서없이 이야기하다[쓰다] = babble, jabber, maunder, waffle
　　③ (강·길이) 굽이치다; (초목 등이) 아무렇게나 뻗어나가다 = meander

n. 산책, 소요; 만담; 꼬부랑 길

He had lost track of what he was saying and began to **ramble**.
그는 자신이 무슨 말을 하던 중이었는지를 잊어버리고 횡설수설하기 시작했다.

> **MVP** rambling a. 어슬렁거리는, 만보하는; (말·글 등이) 산만한, 두서없는

A. Write the meaning of the following words.

- periodic _____
- obey _____
- jaunty _____
- abnormal _____
- miserly _____
- electrify _____
- noblesse oblige _____
- shrink _____
- circumscribe _____
- whimsical _____
- confide _____
- plutocracy _____
- blanch _____
- seamless _____
- glitch _____
- mete _____
- aim _____
- oppressive _____
- career _____
- incipient _____

- mammal _____
- preserve _____
- specimen _____
- annotate _____
- ensemble _____
- torture _____
- bulk _____
- deity _____
- furnish _____
- vintage _____
- humble _____
- dominate _____
- libertine _____
- despot _____
- feeble _____
- imperil _____
- backwater _____
- adapt _____
- script _____
- ramble _____

※ 주어진 단어의 뜻을 본문에서 확인하시고 틀린 단어의 경우 박스에 체크한 뒤에 나중에 다시 학습하시기 바랍니다.

B. Choose the synonym of the following words.

1. sanctity
2. tactless
3. disingenuous
4. lopsided
5. reciprocal
6. slay
7. dank
8. creed
9. internal
10. egregious

Ⓐ damp
Ⓑ biased
Ⓒ absurd
Ⓓ witless
Ⓔ doctrine
Ⓕ mutual
Ⓖ murder
Ⓗ dishonest
Ⓘ divinity
Ⓙ inner

B. 1. Ⓘ 2. Ⓓ 3. Ⓗ 4. Ⓑ 5. Ⓕ 6. Ⓖ 7. Ⓐ 8. Ⓔ 9. Ⓙ 10. Ⓒ

0651 ★★

harness
[hɑ́:rnis]

vt. (동력으로) 이용[활용]하다 = utilize

Dams can **harness** the power of rivers, but they may also destroy their beauty.
댐은 강의 힘을 이용할 수 있지만, 강의 미관을 해칠 수도 있다.

0652 ★★

impetuous
[impétʃuəs]

a. 성급한, 충동적인 = hasty, impulsive

We tried to curb his **impetuous** behavior because we felt that in his haste he might offend some people.
서두르다가 그가 사람들을 불쾌하게 할 수도 있다고 생각했기 때문에, 우리는 그의 충동적인 행동을 억제하려 했다.

0653 ★

manifesto
[mænəféstou]

n. 선언문, 성명서 = announcement, declaration, proclamation

Futurism was first announced on Feb. 20, 1909, when the Paris newspaper *Le Figaro* published a **manifesto** by the Italian poet and editor Filippo Tommaso Marinetti.
미래주의는 1909년 2월 20일에 프랑스의 『피가로(Le Figaro)』지가 이탈리아 시인이자 편집자인 필리포 토마소 마리네티(Filippo Tommaso Marinetti)가 쓴 선언서를 게재하면서 처음으로 소개되었다.

0654 ★★★

rehearse
[rihə́:rs]

v. ① 연습하다, 시연하다; 예행연습을 하다 = practice, prepare, train
　② 자세히 이야기하다; 열거하다; 되풀이해 말하다
　　= enumerate, recite, recount; repeat

Anticipate any tough questions and **rehearse** your answers.
곤란할 만한 어떤 질문이든 예상을 해 보고 답할 수 있도록 연습하십시오.

MVP rehearsal n. (연극·음악 등의) 리허설, 예행연습; 복창, 암송; 이야기

0655 ★★

commotion
[kəmóuʃən]

n. 동요; 소동, 소란, 폭동 = agitation; riot

A **commotion** broke out in the classroom when the students heard the news.
학생들이 그 소식을 듣고 교실에서 소동이 일어났다.

0656 ★★★

numerous
[njúːmərəs]

a. ① 다수의, 수많은, 셀 수 없이 많은
  ② 다수로 이루어진

The advantages of this system are too **numerous** to mention.
이 시스템의 장점은 너무 많아서 언급하기가 어려울 정도이다.

The orchestra and chorus are **numerous**.
관현악단과 합창단은 다수로 이루어져 있다.

MVP numeric n. 수; 숫자; 분수(分數); 서로 약분할 수 없는 것; a. 수의
  numeral n. 숫자; a. 수의; 수를 나타내는

0657 ★

sequel
[síːkwəl]

n. ① 속편, 후편 = follow—up
  ② 귀추, 결과, 결말 = conclusion, consequence, outcome, result

It is rare for a movie **sequel** to be a box-office hit.
영화의 속편이 흥행에 성공하는 경우는 드물다.

0658 ★★★

distinguish
[distíŋgwiʃ]

v. ① 구별[식별]하다[from]; 분류하다[into] = differentiate; sort
  ② 특징지우다; ~의 차이를 나타내다[from] = characterize, mark
  ③ 눈에 띠게 하다, 두드러지게 하다 = signalize

It's very hard to **distinguish** wheat from barley.
밀과 보리를 구별하는 것은 매우 어렵다.

MVP distinguished a. 눈에 띄는, 현저한; 출중한; 유명한
  cf. extinguish vt. (빛·불 등을) 끄다; (화재를) 진화하다

0659 ★★

partisan
[páːrtizən]

a. 당파적인, 편파적인 = biased, one—sided, prejudiced

n. 한동아리, 도당; 당파심이 강한 사람; 열성적인 지지자; 유격병, 빨치산

He said the **partisan** positions he's taken over the years would not color his judgments in the future.
그는 자신이 여러 해 동안 취해온 당파적인 입장이 향후 자신의 판단에 영향을 주지 않을 것이라고 말했다.

MVP partisanship n. 당파성, 당파의식
  bipartisan a. 두 정당의, 양당 제휴의; 초당파의
  nonpartisan a. 초당파의; 객관적인, 공정한, 공평한; 무소속의
  suprapartisan a. 초당파적인

DAY 14

0660 ★

additive
[ǽditiv]

a. 부가적인; 덧셈의
n. 부가물, 첨가물, 첨가제 = supplement

Processed cheese is made by processing natural cheese with **additives**.
가공 치즈는 천연 치즈에 첨가제를 넣고 가공하여 만들어진다.

0661 ★★★

qualify
[kwálǝfài]

v. ① ~에게 자격[권한]을 주다; 적격[적임]으로 하다
　　= authorize, empower, enable, entitle
　② 제한하다, 한정하다; 〈문법〉 (단어·구를) 수식하다, 꾸미다
　　= limit; modify, restrict
　③ 자격을[면허를] 따다; 적임이다, 적격이 되다 = be cut out for, be fit for
　④ 예선을 통과하다

New businesses may **qualify** for tax remission.
신규 사업체들은 세금 감면의 자격을 얻을 수 있다.

> **MVP** qualification n. 자격, 권한; 자격 부여; 조건, 제한
> qualifier n. 자격[권한]을 주는 사람[것]; <문법> 한정사, 수식어
> qualified a. 자격 있는; 적임의, 적당한; 제한[한정]된

0662 ★★

generic
[dʒǝnérik]

a. ① 일반적인, 포괄적인 = common, general, universal
　② (상품이나 약 따위가) 상표등록이 되어 있지 않은

Aspirin was originally a brand name used by the Bayer Company, but as use of the product spread rapidly, the name became so common that it was accepted as a **generic** term.
아스피린은 원래 바이엘(Bayer) 제약회사가 사용한 상표명이었으나, 그 제품의 사용이 급속히 확대됨에 따라, 그 이름은 널리 통용되어 일반적인 용어로 받아들여졌다.

> **MVP** over-the-counter a. (약이) 처방전 없이 살 수 있는; (주식이) 비상장(非上場)의

0663 ★★

sanguine
[sǽŋgwin]

a. ① 낙관적인, 쾌활한 = buoyant, cheerful, optimistic, positive, upbeat
　② 혈색이 좋은 = florid, high-colored, rubicund, ruddy

Considering the havoc the price drop has wrought, most notably on Russia, Ms. Yellen was remarkably **sanguine**.
가격 하락이 특히 러시아에 불러일으킨 큰 혼란을 고려하면, 옐렌(Yellen)씨는 놀라우리만치 낙관적이었다.

Her normally **sanguine** complexion lost its usual glow when she heard the news of her brother's accident.
남동생의 사고 소식을 듣고 나자, 평소 혈색이 좋았던 그녀의 안색이 빛을 잃었다.

> **MVP** sanguinity n. 쾌활(함), 낙천성
> sanguineous a. 피의, 붉은 핏빛의; 다혈질의, 낙천적인; 유혈의, 살벌한
> sanguinary a. 피가 동반된, 피비린내 나는; 피[살육]를 좋아하는

0664 ★
elixir
[ilíksər]

n. 만병통치약, 영약[묘약] = cure-all, panacea

Industrial-age quacks got rich off their patent **elixirs**.
산업시대의 사기꾼들은 특허를 낸 불로장생의 영약을 팔아서 부자가 되었다.

0665 ★★★
abound
[əbáund]

vi. 많이 있다, 풍부하다 = be plentiful, proliferate, swarm, teem

Rumors **abound** as to the reasons for her death.
그녀가 죽은 이유에 대한 소문이 무성하다.

Deer and rabbits **abound** in this forest.
이 숲에는 사슴과 토끼가 많이 서식한다.

MVP abundance n. 풍부, 많음; 부유
abundant a. 풍부한, 많은

0666 ★
underdog
[ʌndərdɔ̀g]

n. (생존경쟁 따위의) 패배자; (사회적 박해 등에 의한) 희생자, 약자 = loser, victim

You know, on any given day, an **underdog** can rise up.
모두가 알고 있듯이, 약자도 언젠가는 일어설 수 있다.

Most of the crowd were cheering for the **underdog** to win just this one time.
대부분의 관중들은 만년 꼴찌가 이번 한번만이라도 이기라고 응원하고 있었다.

0667 ★★★
tedious
[tíːdiəs]

a. 지루한, 싫증나는 = boring, dull, irksome, tiresome

I found his most recent movie to be extremely **tedious**.
그의 가장 최근 영화는 무척 지루했다.

MVP tedium n. 지루함

0668 ★★
bequeath
[bikwíːð]

vt. ① 유언으로 증여하다, 유증하다 = legate, will
② (이름·작품 따위를) 남기다, (후세에) 전하다

She **bequeathed** no small sum of money to him.
그녀는 그에게 적지 않은 돈을 유산으로 남겼다.

One age **bequeaths** its civilization to the next.
한 시대의 문명은 다음 시대로 계승된다.

MVP bequest n. 유물; 유품; 유증; 유산
cf. will n. 유언장

DAY 14

0669 ★★★
entry
[éntri]

n. ① 들어감, 입장; (배우의) 등장 = admission, entrance
② 참가, 가입 = initiation, joining
③ 들어가는 길; 입구, 현관; 통로 = access, door; opening, passage
④ 기입, 기재; 기입사항 = listing, record
⑤ (사전 등의) 표제어 = entry word, headword

Marking its **entry** to the World Trade Organization in 2001, China has been increasingly turning friendly toward foreign investors.
중국은 2001년에 세계무역기구에 가입한 후 해가 갈수록 외국인 투자자에 대해 호혜적인 태도를 보여 왔다.

0670 ★★
laudatory
[lɔ́ːdətɔ̀ːri]

a. 칭찬의, 찬미의 = complimentary, eulogistic, panegyrical

The majority of the city's police officers have nothing but **laudatory** things to say about their new chief.
그 도시 경찰관 대다수는 새로 온 경찰서장에 대해 칭찬할 것밖에 없다.

MVP laud vt. 칭찬[찬미, 찬양]하다(= praise)
laudable a. 칭찬할 만한

0671 ★★★
soil
[sɔil]

n. ① 토양, 흙; 땅 = clay, dirt, earth; land, ground
② (해악 등의) 온상
v. 더럽히다 = besmirch, defile, dirty, foul, stain, sully

It was the first time I had set foot on African **soil**.
그때가 내가 처음으로 아프리카 땅에 발을 디디게 된 때였다.

0672 ★
pittance
[pítns]

n. ① 적은 생활비[수입] = a small allowance[wage]
② 소량, 약간 = bit, mite, modicum, trifle

He could not live on the **pittance** he received as a pension and had to look for an additional source of revenue.
그는 연금으로 받는 적은 수입으로는 살 수 없어서 부수입원을 찾아야만 했다.

0673 ★★★
venerate
[vénərèit]

vt. 존경하다, 숭배하다 = admire, esteem, revere, worship

Mother Teresa is **venerated** all over the world.
테레사 수녀는 전 세계적으로 추앙받고 있다.

MVP veneration n. 존경, 숭배
venerable a. (나이·인격·지위로 보아) 존경할 만한, 훌륭한, 덕망 있는

0674 ★★
thesis
[θíːsis]

n. ① 명제; (논의의) 주제, 논제, 의제 = proposition; subject, topic
② 학위[졸업] 논문 = dissertation, paper, treatise

My **thesis** is that all men are not created equal.
나의 명제는 모든 인간이 동등하게 창조되지 않았다는 것이다.

He wrote his doctoral **thesis** on contemporary French literature.
그는 현대 프랑스 문학에 대한 박사학위 논문을 썼다.

0675 ★★★
discipline
[dísəplin]

n. ① 훈련, 규율, 훈육; 단련, 수양 = drill, exercise, practice, training
② 통제, 자제(自制) = control, restraint, self-control, self-restraint
③ 훈계, 징계, 징벌 = castigation, correction, penalty, punishment
④ 학과, 교과; (학문의) 분야 = course, subject

vt. ① 훈련[단련]하다 = drill, educate, teach, train
② 훈계하다, 징계하다, 징벌하다 = castigate, chasten, punish, reprimand

Years of **discipline** and efforts are required to gain knowledge or experience.
지식이나 경험을 쌓는 데는 오랜 세월 동안의 훈련과 노력이 필요하다.

MVP disciplinary a. 훈련의; 규율의; 훈계[징계]의; 학과의
interdisciplinary a. 둘 이상의 학문 분야에 걸치는

0676 ★★
posthumous
[pάstʃuməs]

a. 사후(死後)의; 저자 사후에 출판된; 유복자로 태어난
= after-death, postmortem

These creations have won **posthumous** acclaim from many of the art critics and historians.
이러한 작품들은 사후에 많은 예술 비평가와 역사가들로부터 갈채를 받았다.

MVP posthumously ad. 사후에

0677 ★★★
shed
[ʃed]

v. ① (눈물을) 흘리다 = spill
② (빛·열·소리·향기 등을) 발산하다 = diffuse, emit
③ (불필요한 것을) 버리다; ~와 결별하다, 이혼하다
④ (잎·씨 따위를) 떨어뜨리다

n. 보관하는 곳, (작은) 헛간 = hut, shack

They will **shed** a few tears at their daughter's wedding.
그들은 딸의 결혼식에서 약간의 눈물을 흘릴 것이다.

Last year, factories **shed** 1.3 million jobs, or about 7 percent of their work force.
작년에 공장은 130만 명, 즉 노동인력의 약 7%를 해고했다.

I'm going on a diet to see if I can **shed** a few kilos.
다이어트에 돌입해서 내가 살을 뺄 수 있는지 없는지를 볼 거야.

The trees **shed** their leaves in autumn.
나무는 가을에 잎을 떨군다.

0678 ★

hirsute
[hə́ːrsuːt]

a. 털이 많은; 텁수룩한 = hairy, shaggy

He was a **hirsute** individual with a heavy black beard.
그는 덥수룩한 검은 턱수염을 기르고 있던 털이 많은 사람이었다.

MVP beard n. 턱수염
moustache n. 콧수염
whisker n. 구레나룻

0679 ★★★

instinct
[ínstiŋkt]

n. ① 본능; (종종 pl.) 직관, 육감, 직감 = gut feeling, hunch, intuition
② 천성

Maternal **instinct** makes mothers protect their children.
모성 본능으로 어머니들은 자식들을 보호한다.

MVP instinctive a. 본능적인, 직감적인
instinctively ad. 본능적으로

0680 ★★

condescend
[kàndəsénd]

vi. ① 자신을 낮추다; 자기를 낮추어[겸손하게] ~하다 = deign, stoop
② (우월감을 의식하면서) 친절히 하다, 생색을 내다 = patronize

He often **condescended** to help his friend with the homework.
그는 흔히 생색을 내며 친구의 숙제를 도와주었다.

MVP condescension n. 겸손, 정중; 생색을 내는 태도[행동]
condescending a. 겸손한; 짐짓 겸손하게 구는, 생색을 부리는

0681 ★★★

apathetic
[æpəθétik]

a. 무관심한, 냉담한 = aloof, callous, indifferent, nonchalant, uninterested

The voters are **apathetic** about the candidate running for office.
유권자들은 그 후보가 입후보하는 것에 대해 냉담하다.

The general public was **apathetic** as to whether Scotland Yard would solve the mystery.
일반 대중들은 런던 경찰국이 그 미해결 사건을 해결할 것인가 하는 데는 관심이 없었다.

MVP apathy n. 냉담, 무관심

0682 ★★

perjury
[pə́ːrdʒəri]

n. 위증(죄) = false statement, lying under oath

He was found guilty of having lied when giving evidence in court and, as a result, was sentenced to two years' imprisonment for **perjury**.
그는 법정에서 증언할 때 거짓말을 했던 것이 유죄로 판결되어, 그 결과 그는 위증죄로 2년의 금고형을 선고받았다.

MVP perjure vt. <재귀용법> 위증하다(= forswear)

0683 ★★

stealthy
[stélθi]

a. 살며시 하는, 남몰래 하는, 은밀한 = clandestine, covert, furtive, surreptitious

He approached me with **stealthy** steps.
그는 발소리를 죽인 채 내게 다가왔다.

> **MVP** stealth n. 몰래 하기, 은밀, 비밀
> stealthily ad. 몰래, 은밀히

0684 ★★★

excel
[iksél]

v. ① 빼어나다, 뛰어나다, 탁월하다 = shine
② (남을) 능가하다, ~보다 낫다 = exceed, surpass

She has always **excelled** in foreign languages.
그녀는 항상 외국어에 뛰어났다.

Dick **excels** all his classmates in mathematics.
딕(Dick)은 수학이 학급에서 제일 뛰어났다.

> **MVP** excellence n. 탁월, 우수, 우월; 장점, 미덕
> excellent a. 뛰어난, 우수한; (성적이) 수(秀)의; (기쁨을 나타내는 말로) 아주 좋아

0685 ★★

depredation
[dèprədéiʃən]

n. 약탈; (보통 pl.) 약탈 행위; 파괴 (흔적) = pillage, plunder

After the **depredations** of the pirates, the people were penniless.
해적의 약탈 이후 사람들은 무일푼이 되었다.

> **MVP** depredate v. 약탈하다
> cf. deprecation n. 불찬성, 반대

0686 ★★

contemn
[kəntém]

vt. 경멸[모욕]하다, 업신여기다 = despise, disdain, scorn, slight

If you **contemn** my thanks, then I have no other way to show my gratitude.
당신이 제 감사의 뜻을 업신여긴다면, 저는 감사의 마음을 보여드릴 다른 방법이 없습니다.

> **MVP** cf. condemn vt. 비난하다, 규탄하다; ~에게 유죄 판결을 내리다

0687 ★★

vendor
[véndər]

n. ① 행상인, 파는 사람, 매각인 = dealer, merchant, peddler
② 자동판매기 = vending machine

The purchaser may ask the **vendor** to warrant the certificate of title.
구매자는 판매인에게 권리 증서를 보장해줄 것을 요구할 수 있다.

> **MVP** vend v. 팔다, 판매[행상]하다
> vendible n. 팔리는 물건, 판매 가능한 물건, 매물; a. 팔 수 있는, 팔리는
> ↔ vendee n. 매입자, 매수인

DAY 14

0688 ★★★

faithful
[féiθfəl]

a. ① 충실한, 성실한, 믿을 수 있는 = dependable, loyal, reliable, sincere
② (사실·원본 등에) 충실한, 정확한 = accurate, exact, precise, true

She had been **faithful** to her promise to guard this secret.
그녀는 이 비밀을 지키겠다는 자신의 약속을 충실히 지켜왔었다.

MVP faith n. 신념; 신앙; 신뢰
faithfulness n. 충실, 성실; 정확
↔ unfaithful a. 충실하지 않은, 부정직한; (남편·아내에게) 부정(不貞)한

0689 ★

asseverate
[əsévərèit]

vt. 언명[단언]하다; (~라고) 단호히 주장하다 = affirm, assert, aver, declare

She did not **asseverate** any more, nor even say she was innocent.
그녀는 더 이상 단언하지 않았고, 자신이 결백하다고 얘기하지도 않았다.

0690 ★★★

candid
[kǽndid]

a. ① 솔직한, 정직한; 노골적인 = forthright, frank, outspoken
② 공정한, 공평한 = even-handed, fair, impartial, just

Having made an error, she was **candid** in her explanation.
잘못을 저지른 후에, 그녀는 솔직하게 해명했다.

I have tried to be **candid** about the many problems.
나는 수많은 문제들에 대해 공정하도록 노력해왔다.

MVP candor n. 정직, 솔직; 공정

0691 ★

sophist
[sáfist]

n. 궤변가 = casuist

A **sophist** is someone who will win an argument by forcing his opponent to defend it on the sophist's own grounds.
궤변가는 자신이 만들어낸 근거에 입각하여 상대방이 반론하도록 함으로써 논쟁에서 승리하는 사람이다.

MVP sophism n. 궤변(= casuistry)
pansophism n. 박식, 백과사전적 지식

0692 ★★

rally
[rǽli]

v. 불러 모으다; (공통의 목적을 위해) 모이다, 결집하다 = assemble, gather
n. (어떤 생각·정당을 지지하기 위한 대규모) 집회, 대회 = assembly, convention

Both sought to **rally** Americans to a new era of civic engagement.
두 사람 모두 시민참여의 새로운 시대로 미국인들을 결집시키려고 노력했다.

A major **rally** is also planned in Los Angeles.
대대적인 집회가 LA에서도 벌어질 예정이다.

0693 ★★

bout
[baut]

n. ① 한 판 승부, (권투·레슬링 등의) 시합, 경기 = competition, match
② (일·활동의) 한 차례, 한바탕
③ (일시적인) 기간; (병의) 발작 = fit, spell

No accurate date has been announced for the **bout**.
시합의 정확한 날짜는 발표되지 않았다.

0694 ★

ogle
[óugl]

v. 추파를 던지다 = leer

The man **ogled** the woman so hard that she became angry.
그가 자신에게 너무 심하게 추파를 던져서 그 여자는 화가 났다.

0695 ★★★

legend
[lédʒənd]

n. ① 전설, 설화, 전해 오는 이야기 = fable, saga, story, tale
② 전설적인 인물 = big name, celebrity, phenomenon
③ (지도·도표 등의) 범례, 기호 설명표 = key

A dragon is a creature of myth and **legend**.
용은 신화와 전설 속에서 등장하는 동물이다.

MVP legendary a. 전설상의; 전설적인; 믿기 어려운, 터무니없는

0696 ★★

inculcate
[inkʌlkeit]

vt. (사상·지식 등을) 가르치다, 심어주다 = implant, indoctrinate, infuse, instill

My father and my mother **inculcated** in us the idea of service to others.
나의 아버지와 어머니는 남에게 봉사하는 정신을 우리에게 심어주셨다.

MVP inculcation n. 설득함, 터득시킴

0697 ★★

dejected
[didʒéktid]

a. 낙담한, 낙심한 = crestfallen, depressed, despondent

When Mary refused to go out with him, John felt really **dejected**.
존(John)은 메리(Mary)가 그와 데이트하기를 거절하자 매우 낙담했다.

MVP deject vt. 기를 죽이다, 낙담시키다(= dampen, daunt, dismay)
dejectedly ad. 기가 죽어, 낙심[낙담]하여(= desperately, sadly)

DAY 14

0698 ★★★
marvel
[máːrvəl]

n. ① 놀라운 일, 경이(驚異), 불가사의 = miracle, phenomenon, wonder
  ② 놀라운 것[사람], 비범한 사람 = prodigy
v. 놀라다, 경탄하다[at]; 이상하게 여기다

How I have succeeded in my business is still a **marvel** to me.
내가 어떻게 해서 사업에 성공하였는지는 아직도 불가사의하다.

MVP marvelous a. 불가사의한, 놀라운; 기적적인; 훌륭한, 최고의, 굉장한

0699 ★★
advert
v. [ædvə́ːrt]
n. [ǽdvəːrt]

vi. ① 언급하다[to] = allude, mention, refer
  ② 주의를 돌리다[to] = divert, prescind
n. 광고 = advertisement

The speaker only **adverted** to the main points of his arguments.
연사는 자신의 주장의 요점만 언급했다.

0700 ★★★
miserable
[mízərəbl]

a. ① 불쌍한, 비참한, 가련한 = abject, pathetic, pitiable, wretched
  ② 초라한, 볼품없는, 빈약한, 궁핍한 = mean, poor, shabby

Despite her historic feat, her life was **miserable**.
역사에 남을 위업을 이뤘음에도 불구하고 그녀의 인생은 비참했다.

MVP cf. miser n. 구두쇠, 수전노

A. Write the meaning of the following words.

□ harness _____

□ impetuous _____

□ manifesto _____

□ rehearse _____

□ commotion _____

□ numerous _____

□ distinguish _____

□ partisan _____

□ additive _____

□ qualify _____

□ generic _____

□ sanguine _____

□ abound _____

□ bequeath _____

□ entry _____

□ laudatory _____

□ soil _____

□ pittance _____

□ thesis _____

□ discipline _____

□ shed _____

□ instinct _____

□ condescend _____

□ perjury _____

□ excel _____

□ contemn _____

□ vendor _____

□ faithful _____

□ asseverate _____

□ candid _____

□ sophist _____

□ rally _____

□ bout _____

□ ogle _____

□ legend _____

□ inculcate _____

□ dejected _____

□ marvel _____

□ advert _____

□ miserable _____

※ 주어진 단어의 뜻을 본문에서 확인하시고 틀린 단어의 경우 박스에 체크한 뒤에 나중에 다시 학습하시기 바랍니다.

B. Choose the synonym of the following words.

1. sequel
2. venerate
3. hirsute
4. elixir
5. apathetic
6. stealthy
7. underdog
8. depredation
9. posthumous
10. tedious

Ⓐ loser
Ⓑ boring
Ⓒ follow-up
Ⓓ indifferent
Ⓔ pillage
Ⓕ cure-all
Ⓖ esteem
Ⓗ clandestine
Ⓘ hairy
Ⓙ after-death

B. 1. Ⓒ 2. Ⓖ 3. Ⓘ 4. Ⓕ 5. Ⓓ 6. Ⓗ 7. Ⓐ 8. Ⓔ 9. Ⓙ 10. Ⓑ

0701 ★★
weird
[wiərd]

a. 기묘한, 이상한; 수상한; 섬뜩한 = bizarre, odd, strange; eerie

Interviewers often ask **weird** questions to see how well you can think on your feet.
면접관들은 순간 대처 능력이 있는지 보기 위해 이상한 질문들을 물어보는 경우가 종종 있다.

MVP weirdo n. 기인, 별난 사람
weirdly ad. 초자연으로, 무시무시하게; 기묘[괴상]하게

0702 ★★★
impede
[impí:d]

vt. 방해하다, 지체시키다 = hamper, hinder, obstruct, thwart

A negative thought may **impede** the flow of your work.
부정적인 생각은 일의 흐름을 방해할 수 있다.

MVP impediment n. 방해, 장애; 장애물

0703 ★★
deleterious
[dèlitíəriəs]

a. 해로운, 유해한 = detrimental, harmful, noxious

Mercury has **deleterious** effects on the human body.
수은은 인체에 해로운 영향을 끼친다.

0704 ★★★
rate
[reit]

n. ① 비율, 율(率) = proportion, ratio
② 속도, 진도
③ 가격, 시세 = price
④ 요금, 사용료 = charge, cost, fee
v. ① 평가하다, 어림잡다 = estimate, evaluate, value
② 간주하다, 생각하다 = consider, count, reckon, regard

South Korea has the lowest fertility **rate** in the world.
한국은 세계에서 출산율이 가장 낮다.

MVP rating n. 평가; 등급; (시험의) 평점; (기업 등의) 신용도; (라디오·TV의) 시청률
overrate vt. 과대평가하다, 지나치게 어림잡다
underrate vt. 과소평가하다, 깔보다, 얕보다

0705 ★★
sardonic
[sɑːrdánik]

a. 냉소적인, 조소하는, 빈정대는 = cynical, mocking, sarcastic, scornful

Our boss received the proposal with a true **sardonic** grin.
우리의 상사는 매우 냉소적으로 싱긋 웃으면서 제안을 받아들였다.

0706 ★★

throe
[θrou]

n. (보통 pl.) 심한 고통, 격통, 심한 고민, 단말마의 고통 = agony, pain, pang

Our country is in the **throes** of change.
우리나라는 지금 변화의 진통을 겪고 있다.

0707 ★★★

moral
[mɔ́:rəl]

a. ① 도덕의, 윤리의, 도덕에 관한
   ② 훈계적인, 교육적인

n. (우화·사건 따위에 내포된) 교훈, 타이르는 말

Some people have **moral** objections to cloning animals.
어떤 사람들은 동물 복제에 대해 윤리적인 거부감을 지니고 있다.

Puppet plays were **moral** in the Middle Ages of Europe.
중세 유럽의 꼭두각시 인형극은 교훈적이었다.

MVP morality n. 도덕, 도의
    ↔ immoral a. 부도덕한; 행실이 나쁜
    cf. morale n. (군대·국민 등의) 사기

0708 ★

gnaw
[nɔ:]

v. ① 쏠다, 갉아먹다, 물어 끊다[away, off] = bite, chew, chomp, nibble
   ② 부식하다, 침식하다 = corrode, erode
   ③ (근심·질병 등이) 괴롭히다; 약하게 하다 = distress, trouble

A mouse is **gnawing** at the cover of the box.
생쥐가 상자 뚜껑을 계속 쓸고 있다.

0709 ★

regimen
[rédʒəmən]

n. ① 식이요법; 처방; 투약용법
   ② 통치, 관리

Former President Bill Clinton now strictly follows an all-plant **regimen** and is throwing his weight behind veganism.
빌 클린턴(Bill Clinton) 전 대통령은 지금은 채식위주의 식이요법을 엄격하게 준수하면서, 완전한 채식주의를 적극 지지하고 있다.

0710 ★★

slack
[slæk]

a. ① (옷 등이) 느슨한, 늘어진 = baggy, loose
   ② 부주의한, 태만한; 꾸물거리는, 느린, 더딘 = careless, idle, lax, negligent
   ③ 침체된, 한산한, 부진한 = dull, inactive, slow, sluggish, quiet

The criminal escaped when police security was **slack**.
범인은 경찰의 감시가 허술한 틈을 타 도망쳤다.

MVP slacken v. 느슨해지다, 늦추다; 완화하다

0711 ★★★

complicated
[kámpləkèitid]

a. 복잡한, 까다로운; 번거로운, 알기 어려운 = complex, convoluted, intricate

It is more **complicated** than you think to determine which foods are unhealthful.
어떤 음식이 건강에 좋지 않은지를 결정하는 것은 당신이 생각하는 것보다 더 복잡하다.

MVP complicate vt. (일을) 복잡하게[뒤얽히게] 하다; (병을) 악화시키다

0712 ★★

neophyte
[níːəfàit]

n. ① 초보자, 초심자 = beginner, novice, tyro
② 신개종자 = convert, proselyte

The new mayor is a political **neophyte** who has only worked in finance.
새 시장은 재정 분야에서만 일해 왔기 때문에 정치적으로는 초보자다.

0713 ★★★

old-fashioned
[óuldfǽʃənd]

a. 구식[고풍]의, 시대[유행]에 뒤진
= antiquated, outdated, outmoded, out-of-date

He has a very **old-fashioned** notion of marriage.
그는 결혼에 대해 매우 구닥다리 같은 생각을 가지고 있다.

MVP ↔ newfangled a. 신식의, 최신 유행의

0714 ★

dirge
[dəːrdʒ]

n. 장송곡, 애도가, 만가(挽歌), 비가(悲歌) = elegy, lament, requiem, threnody

The anti-tax groups planned a funeral procession of tax in front of federal building while a **dirge** is being played.
세금에 반대하는 단체들은 연방 건물 앞에서 장송곡이 연주되는 가운데 세금의 장례식 행렬을 계획했다.

MVP dirgeful a. 장송의, 구슬픈

0715 ★★

permeate
[pə́ːrmièit]

v. ① 스며들다, 침투하다, 투과하다 = filter, percolate, sink in
② 충만하다, 가득 퍼지다 = imbue, pervade

Water will easily **permeate** a cotton dress.
물은 무명옷에 쉽게 배어든다.

Our beliefs surround and **permeate** every aspect of our lives.
우리의 신념들은 삶의 모든 측면에 영향을 미치고 있다.

The smell of roast beef **permeated** the air.
구운 쇠고기 냄새가 공기 중에 퍼졌다.

MVP permeable a. 투과[침투]할 수 있는, 침투성이 있는[to]
↔ impermeable a. (액체·기체를) 통과시키지 않는, 불침투성의

0716 ★★★
identical
[aidéntikəl]

a. 동일한, 똑같은 = alike, equal, same

It's impossible for people to have **identical** fingerprints.
지문이 완전히 같은 사람들은 있을 수 없다.

0717 ★
spate
[speit]

n. ① 홍수, 호우(豪雨) = deluge, flood, inundation
② 대량, 다수[of] = deal, mass, plenty

After heavy rain, the river was in **spate**.
폭우가 내린 후에, 그 강에는 물이 넘쳐났다.

Kabul is also experiencing a **spate** of kidnappings.
카불에서 또한 납치가 빈발하고 있다.

0718 ★★
bother
[báðər]

v. ① (몹시) 걱정하다, 근심[고민]하다
② 신경 쓰이게 하다, 괴롭히다; 귀찮게 하다, 귀찮게 말을 걸다
n. 성가심; 성가신 일[사람]

Don't **bother** about the expenses.
비용 걱정은 하지 마라.

Stop **bothering** me when I'm working.
내가 일할 때는 말 좀 시키지 마.

I hope I haven't been a **bother**.
제가 성가시게 해 드린 거나 아닌지 모르겠어요.

MVP bothersome a. 성가신

0719 ★
fiesta
[fiéstə]

n. ① (일반적으로) 축제, 제전 = carnival, festival
② (종교적) 축제, 성인의 축일(祝日) = feast, holiday

The town was clearly in **fiesta** mood.
그 도시는 확실히 축제 분위기에 젖어 있었다.

0720 ★★
effete
[ifíːt]

a. ① 기운[활력]이 빠진, 지친; 퇴폐적인; 쇠약해진 = exhausted, feeble
② (남자가) 여성적인, 나약한 = effeminate, feminine, unmanly, womanly

Ballet used to be considered an **effete** career for a young man.
발레는 젊은 남자가 하기에 나약한 직업으로 여겨지곤 했다.

DAY 15

0721 ★★★

possess
[pəzés]

vt. ① 소유하다, 가지고 있다 = hold, own
② (능력·성격 등을) 지니다, 갖추고 있다
③ (감정·관념 등이) ~을 지배하다, ~의 마음을 사로잡다
= control, dominate, seize

You are not allowed to **possess** a pistol in this country.
이 나라에서는 권총을 소지할 수 없습니다.

MVP possession n. 소유; 소유물, 소지품; (pl.) 재산; (감정의) 사로잡힘
possessed a. 홀린, (귀신이) 씐, 미친; 침착한, 냉정한
possessive a. 소유의; 소유욕이 강한; <문법> 소유를 나타내는

0722 ★★

indignation
[ìndignéiʃən]

n. 분개, 분노 = anger, fury, rage, resentment, wrath

She was filled with **indignation** at the conditions under which miners were forced to work.
그녀는 광부들이 처해 있던 근무 여건을 보고 분노를 느꼈다.

MVP indignant a. 분개한, 성난

0723 ★★★

acquaint
[əkwéint]

vt. 숙지시키다, 익숙하게[정통하게] 하다; 알리다[with]
= accustom, familiarize; inform

Tragedies **acquaint** the young citizen with the bad things that may happen in a human life, long before life itself does so.
비극 작품은 인생에서 일어날 수 있는 나쁜 일들이 실제로 발생하기 훨씬 이전에 젊은이들로 하여금 그것에 익숙해지도록 해준다.

Let me **acquaint** you with the facts of the case.
그 사건과 관련된 사실들을 알려 드리지요.

MVP acquaintance n. 아는 사람, 지인; 면식; 지식

0724 ★★

pliant
[pláiənt]

a. 고분고분한, 순종적인 = biddable, tractable, yielding

He was deposed and replaced by a more **pliant** successor.
그는 폐위되었고 좀 더 고분고분한 후임자가 그를 대신하였다.

The dog became **pliant** in front of the wild cat.
그 개는 사나운 고양이 앞에서 얌전해졌다.

0725 ★★★

stiff
[stif]

a. ① 뻣뻣한, 경직된, 굳은; (근육이) 결리는 = firm, hard, inflexible, rigid
② (경쟁이) 치열한, 심한 = fierce, intense, keen, severe
③ 고된, 힘든, 어려운 = difficult, exacting, hard, tough

The company faces **stiff** competition from its rivals.
그 회사는 경쟁사들과의 치열한 경쟁에 직면해 있다.

MVP stiffen v. 뻣뻣하게 하다; 딱딱하게 하다, 경직시키다

0726 ★★

haul
[hɔ:l]

v. ① (세게) 잡아끌다, 끌어당기다 = drag, draw, pull
② (차로) 운반하다, 수송하다 = carry, convey, transport
n. 세게 끌기, 견인; 운반, 수송

Trucks **haul** sand to build a new road.
새 도로를 건설하기 위해 트럭으로 모래를 운반한다.

0727 ★★★

courteous
[kə́:rtiəs]

a. 예의 바른, 정중한 = civil, polite, respectful

Although she often disagreed with me, she was always **courteous**.
종종 나와 의견이 일치하지 않긴 했어도, 그녀는 항상 예의 바른 사람이었다.

MVP courtesy n. 예의바름, 공손함, 정중함

0728 ★★

emanate
[émənèit]

v. (어떤 느낌·특질 등을) 발하다[내뿜다] = emit, exude, radiate

Her face **emanates** a curious mystique.
그녀의 얼굴은 묘한 신비감을 발산했다.

We heard a strange noise that seemed to be **emanating** from the cave.
우리는 동굴에서 나오는 것 같은 이상한 소리를 들었다.

0729 ★★

ken
[ken]

n. ① 시야, 시계(視界); 이해, 지식; 지식의 범위 = purview
② (도둑·거지 등의) 소굴, 은신처 = den, haunt, nest

The reason for such a strange behavior is beyond my **ken**.
그런 이상한 행동을 하는 이유를 나는 도저히 이해할 수 없다.

MVP beyond a person's ken ~의 시야 밖의; ~의 이해력 밖의
in[within] a person's ken ~의 시야 안에, ~가 이해할 수 있는
Ken doll 켄 인형(바비 인형의 남자친구 인형); 전형적인[평범한] 미국인

0730 ★★
maudlin
[mɔ́:dlin]

a. 눈물 잘 흘리는, 감상적인 = mawkish, mushy, sentimental

You should not debase yourself by becoming **maudlin**.
걸핏하면 눈물을 쥐어짜서 당신 자신의 품위를 떨어뜨리는 일을 하지 마십시오.

0731 ★★★
loosen
[lú:sn]

v. ① 풀다, 늦추다, 느슨하게[헐겁게] 하다[되다] = slacken, unbind, undo, untie
② (통제·규제 등을) 완화하다 = alleviate, ease

The government should **loosen** regulations to encourage foreign companies to move here.
정부는 외국 기업이 이곳으로 발길을 돌리도록 규제를 완화해야 한다.

> **MVP** loose a. 매지 않은, 풀린, 헐거운, 엉성한
> ↔ fasten v. 묶다; 죄다, 잠그다; 고정하다

0732 ★★
solstice
[sɑ́lstəs]

n. 지점(至點: 하지와 동지); 최고점, 극점, 전환점

Today tourists from around the world still go to Stonehenge to watch the sun on the summer **solstice**.
오늘날 전 세계 관광객들은 하지 때 태양을 보기 위해 스톤헨지로 여전히 가고 있다.

> **MVP** summer solstice 하지(夏至)
> winter solstice 동지(冬至)
> cf. spring equinox 춘분(春分)
> cf. autumnal equinox 추분(秋分)

0733 ★★★
authentic
[ɔ:θéntik]

a. ① 진짜의, 진본인; 사실의, 실제의 = genuine, bona fide
② 믿을 만한, 신뢰할 수 있는, 확실한 = credible, reliable, trustworthy

The Korean residents imported materials from Germany to achieve an **authentic** look to the village.
한국인 거주자들은 마을이 진짜처럼 보이게 하기 위해 독일로부터 재료들을 수입했다.

> **MVP** authenticity n. 확실성, 신뢰성; 진짜임

0734 ★
behemoth
[bihí:məθ]

n. 거대한 사람[동물, 것, 조직, 기업체]; (기계 등의) 강력한 것

Mobile phone **behemoth** Verizon Wireless signaled it would support laws requiring hands-free devices.
이동통신 업계의 거물 버라이즌 와이어리스는 핸즈프리 장치를 의무화하는 법을 지지할 것이라고 알렸다.

0735 ★★★

abstract

a. v. [æbstrǽkt]
n. [ǽbstrækt]

a. 추상적인, 이론적인 = abstruse, intangible, notional, theoretical

vt. 추출하다; 발췌하다, 요약하다 = extract, summarize

n. 개요, 발췌, 요약 = extract, summary, synopsis

This philosophy paper is extremely confusing. Its key concepts are so **abstract**.
이 철학 논문은 매우 혼란스럽다. 그 논문의 주요 개념들이 너무나도 추상적이다.

We can **abstract** the idea of blueness from the color of all blue objects.
우리는 모든 푸른 물체들의 색으로부터 푸르다는 개념을 뽑아낼 수 있다.

This book includes **abstracts** of famous speeches.
이 책에는 유명한 연설들의 발췌문이 실려 있다.

MVP abstraction n. 추상 (작용), 추상 관념; 방심; 추출
abstract A from B B에서 A를 분리[추출]하다

0736 ★★★

germane

[dʒərméin]

a. 밀접한 관련이 있는, 적절한 = appropriate, pertinent, relevant

That is an interesting point, but it is not **germane** to our discussion.
그것은 흥미로운 점이지만, 우리가 하고 있는 토론에는 적절치 않다.

0737 ★★

vaccination

[væksənéiʃən]

n. 백신[예방] 접종, (특히) 종두 = inoculation

Doctors suggest getting a tetanus **vaccination** every ten years.
의사들은 10년에 한 번씩 파상풍 예방 접종을 할 것을 권고합니다.

MVP vaccinate v. 예방 접종을 하다
immunize vt. 면역이 되게 하다
inoculate v. 예방 접종하다

0738 ★★

tantalize

[tǽntəlàiz]

vt. 감질나게[안타깝게] 하여 괴롭히다, 감질나게 하다 = tease, torment

Groundless rumors **tantalize** us, but in the end, they don't matter much.
뜬소문들은 우리를 감질나게 하지만, 결국에는 크게 중요하지 않다.

MVP tantalization n. 감질나게[애타게] 함, 약 올림
tantalizer n. 감질나게 하는 사람[것]; 사람을 애먹이는 사람[것]
tantalizing a. 애타게 하는, 감질나게 하는

DAY 15

0739 ★★★

default

[difɔ́:lt]

n. ① (의무·약속 등의) 불이행, 태만; 채무 불이행 = delinquency ; nonpayment
② 〈법〉 (재판에의) 궐석; 〈스포츠〉 (시합에의) 결장
③ 결핍, 부족, 결여 = dearth, lack

v. (채무·의무 등을) 이행하지 않다 = dodge, evade, neglect

He took a forfeit of all his assets due to his **default**.
그는 채무 불이행으로 전 재산을 몰수당했다.

0740 ★★

alienate

[éiljənèit]

vt. ① 멀리하다, 소원(疏遠)하게 하다 = distance, estrange
② 딴 데로 돌리다, 양도하다, 매각하다

The writer's arrogance **alienated** him from everyone including the publishers.
그 작가의 오만함은 그를 출판업자를 포함한 모두로부터 멀어지게 했다.

> **MVP** alienation n. 멀리 함; 이간; 소외
> inalienable a. (권리 등이) 양도할 수 없는, (아무에게서) 빼앗을 수 없는

0741 ★

megalomania

[mègəlouméiniə]

n. 과대망상, 과대망상증

She has a bad case of **megalomania**, and always wants to take charge of everything she gets involved in.
그녀는 구제불능의 과대망상증이 있어서, 항상 자신이 관련되는 모든 일에 주도권을 잡고 싶어 한다.

> **MVP** megalomaniac n. 과장하는 버릇이 있는 사람; 과대망상증 환자; a. 과대망상의

※ -mania, -maniac : ~광, ~열(熱)

bibliomania n. 장서벽, 서적광   bibliomaniac n. a. 장서광(의)
dipsomania n. 음주광, 알코올 중독   dipsomaniac n. 음주광, 알코올중독자
erotomania n. 음란증   erotomaniac n. a. 음란증(의)
kleptomania n. (병적인) 도벽   kleptomaniac n. a. 도벽이 있는 (사람)
monomania n. 편집광   monomaniac n. 편집광자; a. 편집광적인
nymphomania n. 여자 색정증   nymphomaniac n. a. 색정증 환자(의)
pyromania n. 방화벽(放火癖)   pyromaniac n. 방화벽이 있는 사람

0742 ★★★

compliment

[kámpləmənt]

n. 칭찬, 찬사 = admiration, praise, tribute

vt. 칭찬하다, 찬사를 보내다 = flatter, praise

Please accept these flowers with the **compliments** of the manager.
매니저가 드리는 감사의 표시로 이 꽃을 받아 주십시오.

I have to **compliment** your taste in men.
당신의 남자 보는 안목을 칭찬하지 않을 수 없군요.

> **MVP** complimentary a. 칭찬의, 찬사의; 무료의
> cf. complement n. 보충, 보완; vt. 보완하다, 보충하다

0743 ★★

lackluster
[lǽklʌstə:r]

a. 광택이 없는; 활기 없는, 흐리멍텅한, 시들해진 = dim, dull, flat

Lackluster domestic sales remain a headache for local carmakers.
내수 침체는 국내 자동차 업체들에게 골칫거리가 되고 있다.

0744 ★★★

fallacy
[fǽləsi]

n. 잘못된 생각; 오류 = delusion, error, illusion, misbelief, misconception

It's a common **fallacy** that women are worse drivers than men.
여성들이 남성들보다 운전을 더 못한다는 것은 흔히 하는 잘못된 생각이다.

MVP fallacious a. 불합리한, 틀린

0745 ★

cavernous
[kǽvərnəs]

a. ① 동굴 같은, 동굴이 많은 = cavate, cavelike
② (눈·뺨 등이) 움푹 들어간 = deep-set, hollow, sunken

Only the **cavernous** prayer hall is reminiscent of traditional Tibet.
동굴 같은 기도 공간만이 전통적인 티베트를 연상시킨다.

MVP cave n. 동굴, 굴; v. 굴을 파다; 꺼지다, 함몰하다
cavern n. 큰 동굴; v. (동굴에) 가두다
cavate a. 동굴 같은; 바위에 구멍을 뚫은

0746 ★★★

essential
[isénʃəl]

a. ① 필수적인, 불가결한, 극히 중요한
= crucial, important, indispensable, necessary, vital
② 본질적인, 근본적인 = basic, fundamental, inherent, intrinsic

Strawberries contain a lot of **essential** nutrients, including vitamin C and fiber.
딸기에는 비타민 C와 섬유질을 비롯한 필수 영양소가 많이 들어있다.

MVP essence n. 본질, 진수, 정수(精髓); 핵심, 요체

0747 ★

shrill
[ʃril]

a. (목소리가) 째는 듯한, 날카로운, 쩡쩡한 = high-pitched, strident
v. 날카로운[새된] 소리를 내다; 날카로운[새된] 소리로 말하다 = squeal

All at once, a **shrill** scream broke the silence.
갑자기 날카로운 비명 소리가 정적을 깨뜨렸다.

0748 ★

anthem
[ǽnθəm]

n. 성가, 찬송가; 축가 = canticle, chant, hymn, psalm

The national **anthem** rang out from the stadium with gravity.
경기장에서 애국가가 장중하게 울려 퍼졌다.

MVP a national anthem 국가

0749 ★★★

dispense
[dispéns]

v. ① 분배하다, 나누어 주다; 베풀다 = allocate, allot, assign, distribute
② (약을) 조제하다, 투약하다 = administer, prepare
③ 면제하다[from] = exempt, release

The volunteers **dispensed** food and clothing to the poor.
자원봉사자들이 가난한 사람들에게 옷과 음식을 나누어 주었다.

MVP dispensation n. 분배; 시혜, 베풂
dispensary n. (병원 등의) 약국, 조제실; (학교·공장의) 양호실, 의무실
dispenser n. 약사(藥師); 디스펜서(휴지·종이컵 등을 하나씩 뽑아 쓰게 하는 장치);
자동판매기
dispense with ~없이 지내다(= do without); ~할 수고[절차]를 덜다, 필요 없게 하다

0750 ★

pantry
[pǽntri]

n. 식료품 저장실, 찬방(饌房), 식기실 = larder, store

Store sealed jars in **pantry** or under sink or in a cool, dark place.
밀봉된 단지들은 식품 저장실 안에 또는 싱크대 아래나 시원하고 어두운 장소에 두세요.

A. Write the meaning of the following words.

- □ weird _____
- □ rate _____
- □ throe _____
- □ moral _____
- □ gnaw _____
- □ regimen _____
- □ slack _____
- □ permeate _____
- □ identical _____
- □ spate _____
- □ bother _____
- □ effete _____
- □ acquaint _____
- □ pliant _____
- □ stiff _____
- □ haul _____
- □ courteous _____
- □ emanate _____
- □ ken _____
- □ maudlin _____

- □ loosen _____
- □ solstice _____
- □ authentic _____
- □ behemoth _____
- □ abstract _____
- □ germane _____
- □ vaccination _____
- □ tantalize _____
- □ default _____
- □ alienate _____
- □ megalomania _____
- □ compliment _____
- □ lackluster _____
- □ fallacy _____
- □ cavernous _____
- □ essential _____
- □ shrill _____
- □ anthem _____
- □ dispense _____
- □ pantry _____

※ 주어진 단어의 뜻을 본문에서 확인하시고 틀린 단어의 경우 박스에 체크한 뒤에 나중에 다시 학습하시기 바랍니다.

B. Choose the synonym of the following words.

1. sardonic
2. neophyte
3. indignation
4. dirge
5. possess
6. deleterious
7. fiesta
8. complicated
9. old-fashioned
10. impede

Ⓐ hinder
Ⓑ complex
Ⓒ beginner
Ⓓ harmful
Ⓔ outdated
Ⓕ elegy
Ⓖ own
Ⓗ cynical
Ⓘ fury
Ⓙ festival

B. 1. Ⓗ 2. Ⓒ 3. Ⓘ 4. Ⓕ 5. Ⓖ 6. Ⓓ 7. Ⓙ 8. Ⓑ 9. Ⓔ 10. Ⓐ

0751 ★★★
clarify
[klǽrəfài]

v. ① (의미·견해 등을) 분명[명료]하게 하다
　　= elucidate, explain, explicate, illuminate
② (공기·액체 등을) 맑게 하다, 정화하다
　　= cleanse, clear up, purify, refine

We must **clarify** our goal and gather the trust in order to anchor at the final port of denuclearization.
우리는 한반도 비핵화라는 최종 목적지에 도달하기 위해서 목표를 분명히 하고 신뢰를 모아야 한다.

0752 ★★
metaphor
[métəfɔ̀ːr]

n. 은유(隱喻), 비유; 은유[비유] 표현 = figuration, trope

A **metaphor** is a comparison between two objects or ideas that do not at first seem related.
은유는 언뜻 보기에 관련 없을 것 같은 두 대상이나 생각을 비교하는 것이다.

MVP metaphorical a. 은유적인, 비유적인(= figurative)
metaphorically ad. 은유적으로, 비유적으로
cf. simile n. 직유(直喻)

0753 ★
irate
[airéit]

a. 성난, 격노한 = angry, enraged, furious, indignant, wrathful

An employee may respond differently to an **irate** customer and to a pleasant one.
직원은 화를 내는 고객과 상냥한 고객에게 다르게 응대할지도 모른다.

MVP ire n. 분노

0754 ★★★
vague
[veig]

a. 막연한, 애매한, 모호한 = ambiguous, equivocal, nebulous

His speeches are always too **vague**.
그의 연설은 언제나 너무 모호하다.

Anne was very **vague** about her plans for the future.
앤(Anne)은 미래에 관해 매우 막연한 계획을 갖고 있었다.

MVP vaguely ad. 막연하게, 애매하게

0755 ★
recount
[rikáunt]

vt. 자세히 말하다, 이야기하다; 열거하다 = describe, narrate, recite, relate

He **recounted** to her in vivid detail how he had caught the thief.
그는 그녀에게 자신이 어떻게 도둑을 잡았는지를 생생하고 상세하게 얘기해 주었다.

0756 ★

stud
[stʌd]

n. 장식 못[정]; 장식 단추 = rivet, tack
vt. ① ~에 온통 박다, 흩뿌리다
② ~에 점재[산재]해 있다 = dot, fleck, spot, sprinkle

He wore a leather jacket with **studs** on the back.
그는 뒤에 장식용 단추들이 달린 가죽 재킷을 입었다.

MVP star-studded a. 별이 빛나는; 별을 박아 넣은; 유명 스타들이 참석한
cf. stub n. 토막, 부스러기; (담배) 꽁초; 몽당연필; (표·입장권 등의) 반쪽

0757 ★★★

pollutant
[pəlúːtənt]

n. 오염물질; 오염원 = contaminant

Zero-emission vehicles help the environment by putting less **pollutants** into the
air than traditional vehicles.
배기가스를 배출하지 않는 차량들은 기존 차량들보다 대기 중에 오염물질들을 덜 배출함으
로써 환경에 도움이 된다.

MVP pollute vt. 더럽히다, 불결하게 하다, 오염시키다; 모독하다
pollution n. 오염, 환경파괴, 공해

0758 ★★

ensnare
[insnέər]

vt. 덫으로 잡다; (함정에) 빠뜨리다, 유혹하다 = enmesh, entangle, entrap, trap

The federal government steroids probe has **ensnared** a number of athletes.
연방정부의 스테로이드 수사는 많은 운동선수들을 덫에 걸려들게 했다.

MVP snare n. 덫, 올가미; <비유> (사람이 빠지기 쉬운) 함정, 유혹

0759 ★

skimp
[skimp]

v. 인색하게 굴다, (돈·음식 따위를) 감질나게 주다, 절약하다 = scant, stint

Older people should not **skimp** on food or heating.
노인들은 식품이나 난방에 너무 인색해서는 안 된다.

0760 ★★

heathen
[híːðən]

n. ① 이교도; 불신앙자 = heretic, infidel, pagan
② 미개인, 교양이 낮은 사람 = barbarian, savage
a. ① 이교도의; 신앙심 없는 = pagan; irreligious
② 야만의, 미개의 = barbarous, primitive, savage, uncivilized

Those people from without are **heathen** as long as they deny our doctrine of God
creating man.
신이 인간을 창조했다는 우리의 교의를 부정하는 한, 외부에서 온 저 사람들은 이교도이다.

MVP heathendom n. 이교, 이단; 이교국; [집합적] 이교도

0761 ★★★

factor
[fǽktər]

n. 요인, 인자, 요소 = cause, component, element, part

Your height depends on many **factors**, including your genes and health conditions.
키는 유전자와 건강 상태 등을 비롯한 여러 요인들에 의해 결정된다.

0762 ★★

salient
[séiliənt]

a. 현저한, 두드러진 = conspicuous, noticeable, outstanding

Among Joe's **salient** features is his square jaw.
사각턱은 조(Joe)의 두드러진 특징 중 하나이다.

0763 ★★★

malicious
[məlíʃəs]

a. 악의[적의] 있는, 심술궂은 = malevolent, spiteful, wicked

The actor has dismissed the recent rumors about his private life as **malicious**.
그 배우는 자신의 사생활에 관한 최근의 소문을 악의적인 것이라고 일축했다.

MVP malice n. 악의, 적의
maliciously ad. 악의를 갖고, 심술궂게

0764 ★★

pose
[pouz]

v. ① 자세[포즈]를 취하다 = posture
  ② (문제·위험 등을) 제기하다 = raise
n. 자세, 포즈; 마음가짐 = attitude, bearing, position, posture, stance

Advances in technology **pose** new security challenges for companies that rely on intellectual property.
기술 발전은 지적 재산권에 의존하는 회사들에게 새로운 보안 문제를 제기하고 있다.

0765 ★★

referendum
[rèəréndəm]

n. 국민투표, 총선거 = ballot, plebiscite, popular vote

Ireland is holding a **referendum** on abortion.
아일랜드는 낙태 문제를 국민투표에 부치고 있다.

The government holds **referendums** on political issues.
정부는 정치적 사안들에 대해 국민투표를 실시한다.

0766 ★★

diction
[díkʃən]

n. ① 말씨, 말투; 용어의 선택, 어법
  ② 발성법, 발음

It goes without saying that teachers must have good **diction**.
선생님들이 좋은 말씨를 가져야 한다는 것은 말할 것도 없다.

0767 ★★

acquit

[əkwít]

vt. ① 석방하다, 무죄를 선언하다[of] = absolve, exculpate, exonerate
② (책임 등으로부터) (사람을) 해제하다, 면제해 주다[of] = exempt

The jury **acquitted** him of murder.
배심원단이 그의 살인 혐의에 대해 무죄를 선언했다.

He was **acquitted** of his responsibility.
그는 책임이 면제되었다.

MVP acquittal n. 무죄 선고, 석방

0768 ★★★

subsidy

[sʌ́bsədi]

n. (국가의) 보조[장려]금, 교부금, 기부금 = bounty, contribution, grant

Government **subsidies** help spread the high-speed Internet.
정부 보조금은 초고속 인터넷을 보급하는 데 도움을 준다.

MVP subsidize vt. 원조하다, 후원하다

0769 ★★

empirical

[impírikəl]

a. 경험[실험]에 의한, 실증적인 = experimental, practical, pragmatic

Religious systems tend not to be open to **empirical** testing.
종교 체계는 경험에 의거한 실험을 받아들이지 않는 경향이 있다.

MVP empiricism n. 경험주의, 경험론

0770 ★

oblation

[abléiʃən]

n. ① 봉헌, 봉납; 봉납물, 공물 = offering
② 기부 = contribution, donation, endowment, subscription

On this altar, they burn small wax-lights, and offer up **oblations** of meat and drink.
이 제단 위에, 그들은 작은 양초에 불을 켜며 공물로 고기와 음료를 바친다.

0771 ★★

decimate

[désəmèit]

vt. ① (특정 지역의 동식물이나 사람들을) 대량으로 죽이다 = annihilate
② 심하게 훼손하다[약화시키다]

Nearly **decimated** by disease and the destruction of their habitat, koalas are now found only in isolated parts of eucalyptus forests.
질병과 서식지의 파괴로 매우 많은 수가 죽었기 때문에, 코알라는 지금 유칼리나무 숲 속의 아주 외진 곳에서만 찾아볼 수 있다.

DAY 16

0772 ★★★
implicit
[implísit]

a. ① 함축적인, 암시적인, 은연중의 = implied, unspoken
  ② 절대적인, 맹목적인, 무조건적인 = absolute, unconditional

He interpreted her condemnation of recent political developments as an **implicit** criticism of the government.
그는 최근 정치적 전개상황에 대한 그녀의 비난을 정부에 대한 은연중의 비판으로 해석했다.

MVP ↔ explicit a. (진술 따위가) 뚜렷한, 명백한, 분명한; 솔직한, 숨김 없는

0773 ★
misprision
[mispríʒən]

n. ① (공무원의) 직무 태만, 부정행위 = delinquency, knavery, obliquity
  ② 범죄 은닉

She was accused of **misprision** of felony.
그녀는 중죄 은닉으로 고소당했다.

0774 ★★
jaundiced
[dʒɔ́:ndist]

a. ① 황달에 걸린 = icteric
  ② 편견을 가진 = biased, distorted, prejudiced

Why do you always take such a **jaundiced** view of everything?
당신은 왜 항상 모든 것에 대해 그렇게 편견에 사로잡힌 태도를 취합니까?

MVP jaundice n. 황달; 편견

0775 ★★★
rob
[rab]

v. ① ~에서 강탈[약탈]하다; 훔치다, 도둑질하다 = extort; steal
  ② ~에서 …을 빼앗다[잃게 하다] = deprive

The gangsters **robbed** the bank.
그 갱들은 은행을 털었다.

The malnutrition **robbed** him of his sight.
그는 영양실조로 시력을 잃었다.

MVP robbery n. 강도(질), 도둑질, 약탈, 강탈; 강도 사건
robber n. 강도, 도둑; 약탈자

0776 ★★★
argument
[á:rgjumənt]

n. 논의, 논쟁; 말다툼 = contention, controversy, debate, dispute; quarrel

He tends to rely on name-calling than logical **argument**.
그는 논리적으로 논쟁하기보다는 인신공격에 의존하는 경향이 있다.

MVP argue v. 논하다, 논의하다; 주장하다
argumentative a. 논쟁적인, 논쟁을 좋아하는(= contentious, disputatious)
arguably ad. (충분한 근거를 갖고) 주장하건대, 거의 틀림없이

0777 ★★

bigotry
[bígətri]

n. 편견, 편협 = intolerance, prejudice

It is often said that isolation breeds ignorance and ignorance breeds **bigotry**.
고립은 무지를 낳고 무지는 편협함을 낳는다는 말이 있다.

MVP bigoted a. 편협한, 고집불통의

0778 ★★★

lament
[ləmént]

v. ① 슬퍼하다, 비탄하다; 애도하다 = bemoan, deplore, grieve; mourn
　② (깊이) 후회하다, 애석히 여기다, 안타까워하다 = regret
n. ① 비탄, 한탄; 애도 = grief; condolence, mourning
　② 비가, 애가, 만가 = dirge, elegy

My father **lamented** the decline in sexual morality in today's society.
아버지는 요즘 우리 사회의 성도덕의 문란에 대해 개탄했다.

MVP lamentation n. 비탄; 애도; 통곡, 비탄의 소리
　　　lamentable a. 슬퍼할, 통탄할; 가엾은

0779 ★★

connotation
[kànətéiʃən]

n. ① 언외의 의미, 함축 = implication, overtone, suggestion
　② 〈논리학〉 내포

Words often carry a **connotation** that goes beyond the dictionary definition.
단어에는 종종 사전적 의미를 넘어서는 함축적 의미가 있다.

MVP connote vt. 암시[의미]하다, 언외에 내포하다
　　　↔ denotation n. 명시적 의미, 원뜻; 지시, 표시; <논리학> 외연

0780 ★★★

insert
[insə́ːrt]

vt. ① 끼워 넣다, 끼우다, 삽입하다 = interpose, slot
　② 적어 넣다, 써 넣다 = interpolate

A microchip can be **inserted** under a pet's skin with a syringe.
마이크로칩을 주사기를 통해 애완동물의 피부에 삽입할 수 있다.

MVP insertion n. 삽입, 끼워 넣기

DAY 16

0781 ★★

fecund
[fíkənd]

a. ① 다산의; (땅이) 비옥한, 기름진 = fertile, productive, prolific
　② 상상력[창조력]이 풍부한 = creative, imaginative, originative

The soil in the southern part of Korean peninsula is **fecund**.
한반도 남부지방의 토양은 비옥하다.

MVP fecundity n. 풍요, 비옥; 다산

0782 ★★★

demonstrate
[démənstrèit]

v. ① 논증[증명]하다; 실물로 선전하다; 시범교수하다 = explain; illustrate
② (감정·의사 등을) 밖으로 나타내다, 드러내다
③ 시위 운동을 하다, 데모를 하다 = march, protest, rally

Can you **demonstrate** to me how to operate this machine?
이 기계의 작동법을 좀 알려주시겠습니까?

Our tests **demonstrate** this device is very efficient.
수차례의 테스트 결과 이 장비가 아주 효과적이라는 사실이 입증되었습니다.

We **demonstrated** our approval by loud applause.
우리는 큰 박수로 찬성을 표시했다.

MVP demonstration n. 시위; 증명, 논증, 입증; 설명

0783 ★

necrology
[nekrálədʒi]

n. ① 사망자 명부, 사망자 명단 = death-roll
② 사망 기사[광고] = obit, obituary

The **necrology** of those buried in this cemetery is available in the office.
이 묘지에 묻힌 사람들의 명부는 사무실에서 확인가능하다.

0784 ★★★

arbitrary
[άːrbətrèri]

a. ① 임의의, 제멋대로의 = discretionary, optional, random, willful
② 전횡적인, 독단적인 = autocratic, despotic, dictatorial, tyrannical

The choice of players for the team seemed completely **arbitrary**.
그 팀의 선수 선발은 완전히 제멋대로인 것처럼 보였다.

Most people are willing to accept just and well-considered decisions; it is the **arbitrary** ones that provoke dissent.
대부분의 사람들은 충분한 고려 끝에 얻어진 공정한 결정을 기꺼이 받아들인다. 독단적인 결정은 반대를 불러일으킨다.

MVP arbitrarily ad. 독단적으로; 임의로, 제멋대로

0785 ★★

gear
[giər]

n. ① 기어, 톱니바퀴 (장치) = cog, cogwheel
② (특정 목적을 위한) 장비, 도구 = apparatus, equipment, instrument
③ 의복 = apparel, attire, clothing, dress, outfit
v. ① 기어를 넣다; (장치·도구 등을) 설치하다 = equip, fit
② (계획·요구 등에) 맞게 하다, 조정하다 = adapt, adjust

The goods in our shop are **geared** to the younger end of the market.
우리 가게의 상품들은 시장에서의 젊은 층의 기호에 맞게 만들어진 것이다.

0786 ★★★
unanimous
[juːnǽnəməs]

a. 만장일치의 = consentaneous, consentient, solid

A **unanimous** vote was taken to liquidate the company.
투표 결과 전원이 그 회사를 정리해야 한다는 데에 찬성했다.

MVP unanimously ad. 만장일치로

0787 ★★
telepathy
[təlépəθi]

n. 텔레파시, 정신 감응(능력) = psychomancy, thought transference

Some can use **telepathy** to communicate with each other without using speech.
어떤 사람들은 텔레파시를 사용해서 말을 하지 않고 서로 의사소통할 수 있다.

MVP telepathic a. 정신감응의, 이심전심의
cf. empathy n. 감정 이입, 공감

0788 ★★★
condense
[kəndéns]

v. ① (기체가) 응결되다; 응결시키다 = concretize, congeal, curdle
② (사상·문장 따위를) 요약하다 = abridge, abbreviate, compress

Steam **condenses** into water when it cools.
수증기는 식으면 응결되어 물이 된다.

In a poster, extensive information must be **condensed** into a few words and images.
포스터에는 광범위한 정보가 몇 개의 단어와 이미지로 요약되어야 한다.

MVP condensation n. 압축, 응축

0789 ★★
dementia
[diménʃə]

n. 〈의학〉 치매(癡呆)

Dementia is a brain illness that severely impairs memory and reasoning ability.
치매는 기억력과 추론 능력을 심각하게 손상하는 두뇌 질환이다.

MVP senile dementia 노인성 치매증(= Alzheimer's disease)
cf. amentia n. (선천성) 백치(白痴), 정신박약

0790 ★★★
scrupulous
[skrúːpjuləs]

a. ① 빈틈없는, 꼼꼼한 = meticulous, strict
② 양심적인 = conscientious, moral, upright

He was **scrupulous** in all his business dealings.
그는 자신의 모든 비즈니스 거래에 있어서 꼼꼼했다.

A **scrupulous** politician would not lie about his or her business interests.
양심적인 정치인이라면 자신의 사업적 이해관계에 대해 거짓말을 하지 않을 것이다.

MVP scrupulously ad. 양심적으로; 꼼꼼하게, 세심하게(= meticulously)
scruple n. 도덕관념, 윤리관, 양심의 가책
↔ unscrupulous a. 부도덕한, 파렴치한

DAY 16

0791 ★
behoove
[bihú:v]

v. (~하는 것이) 의무이다; ~할 필요가 있다 = be incumbent on[upon]

If your girlfriend wants to attend more social gatherings, then it might behoove you to consider her feelings and needs.
만약 여러분의 여자 친구가 더 많은 사회적인 모임에 참여하기를 원한다면, 그녀의 감정과 필요를 고려하는 것이 마땅합니다.

0792 ★★
latitude
[lǽtətjù:d]

n. ① 위도
② (견해·사상·행동 등의) 폭, (허용) 범위, 자유 = freedom, leeway, scope

The seasonality of the Mediterranean climate differs profoundly by latitude.
지중해성 기후의 계절적 변화는 위도에 따라 크게 다르다.

The Supreme Court has given considerable latitude to police in the areas of person and vehicle searches.
대법원에서는 몸수색이나 차량수색의 경우에는 경찰에 상당한 재량권을 허용해왔다.

MVP cf. longitude n. 경도

0793 ★★★
tranquil
[trǽŋkwil]

a. 고요한, 평온한 = calm, halcyon, serene

After the hurricane, the river was once again tranquil.
허리케인이 지나간 후에, 강은 다시 잔잔해졌다.

MVP tranquilize v. 잠잠하게 하다[되다], 진정시키다; 조용해지다
tranquility n. 고요, 평온

0794 ★★
omniscient
[amníʃənt]

a. 모든 것을 다 아는, 전지(全知)의, 박식한 = all-knowing, pansophic

This book has the author recount the story as an omniscient narrator.
이 책은 작가가 전지적 시점 화자로서 이야기를 하고 있다.

MVP omniscience n. 전지(全知), 박식

0795 ★★★
avenge
[əvéndʒ]

v. 복수하다, 원수를 갚다, 앙갚음하다 = requite, retaliate, revenge

He has devoted the past five years to avenging his daughter's death.
그는 딸의 죽음에 대한 복수를 하는 데 지난 5년의 세월을 바쳤다.

0796 ★★
eerie
[íəri]

a. <u>으스스한</u>, 기분 나쁜, 무시무시한 = spooky, uncanny, weird

In a total eclipse, the moon covers the entire surface of the sun, bringing an **eerie** feeling to observers.
개기일식이 일어나면 달이 태양표면 전체를 가리게 되는데, 이것은 지켜보고 있는 사람들에게 무시무시한 기분을 가져온다.

When he got home, he found an **eerie** image of a figure in his picture.
집으로 돌아왔을 때, 그는 자신이 찍은 사진에서 오싹한 이미지의 물체를 발견했다.

0797 ★★★
paradigm
[pǽrədàim]

n. ① 사고의 틀, 패러다임(특정 영역·시대의 지배적인 과학적 대상 파악 방법)
② 모범, 범례, 실례 = pattern, example

While there is a **paradigm** shift in the development of software and services, the changes will not happen overnight.
소프트웨어 및 서비스 개발과 관련해 근본적인 패러다임의 변화가 있기는 하나, 이와 같은 변화가 하루아침에 완성되지는 않을 것이다.

The teacher often used **paradigms**, or models, to illustrate difficult concepts.
그 선생님은 어려운 개념을 설명하기 위해서 종종 범례 혹은 모형을 사용했다.

MVP paradigm shift (방법론·철학 등의) 근본적 변화; 패러다임[사고틀]의 변화

0798 ★
cantankerous
[kæntǽŋkərəs]

a. 성미가 고약한, 심술궂은, 불평을 달고 사는 = grumpy, irascible, irritable

Jake is a **cantankerous** student who thinks he is always right.
제이크(Jake)는 항상 자기가 옳다고 생각하는 성미가 고약한 학생이다.

0799 ★★
painstaking
[péinztèikiŋ]

a. 수고를 아끼지 않는, 근면한, 성실한 = diligent, earnest, thorough

For many students, getting into a university that they want requires much **painstaking** effort.
많은 학생들은 자기가 가고 싶어하는 대학교에 가기 위해서는 힘든 노력을 해야만 한다.

0800 ★
hedonism
[híːdənìzm]

n. 쾌락[향락]주의 = epicureanism

According to **hedonism**, the only thing that is good for us is pleasure and the only thing that is bad for us is pain.
쾌락주의에 따르면, 우리에게 유일하게 이로운 것은 쾌락이고 우리에게 유일하게 해로운 것은 고통이다.

MVP hedonist n. 향락[쾌락]주의자
hedonistic a. 쾌락주의(자)의

DAY 16

A. Write the meaning of the following words.

- clarify _____
- metaphor _____
- vague _____
- recount _____
- stud _____
- ensnare _____
- skimp _____
- factor _____
- salient _____
- malicious _____
- pose _____
- referendum _____
- diction _____
- acquit _____
- subsidy _____
- empirical _____
- oblation _____
- decimate _____
- misprision _____
- jaundiced _____

- rob _____
- bigotry _____
- connotation _____
- insert _____
- fecund _____
- demonstrate _____
- necrology _____
- gear _____
- unanimous _____
- telepathy _____
- condense _____
- dementia _____
- behoove _____
- latitude _____
- tranquil _____
- eerie _____
- paradigm _____
- cantankerous _____
- painstaking _____
- hedonism _____

※ 주어진 단어의 뜻을 본문에서 확인하시고 틀린 단어의 경우 박스에 체크한 뒤에 나중에 다시 학습하시기 바랍니다.

B. Choose the synonym of the following words.

1. heathen
2. pollutant
3. lament
4. arbitrary
5. scrupulous
6. avenge
7. omniscient
8. argument
9. irate
10. implicit

Ⓐ all-knowing
Ⓑ retaliate
Ⓒ contention
Ⓓ implied
Ⓔ angry
Ⓕ pagan
Ⓖ bemoan
Ⓗ meticulous
Ⓘ random
Ⓙ contaminant

B. 1. Ⓕ 2. Ⓙ 3. Ⓖ 4. Ⓘ 5. Ⓗ 6. Ⓑ 7. Ⓐ 8. Ⓒ 9. Ⓔ 10. Ⓓ

0801 ★★★

quaint
[kweint]

a. ① 기묘한, 기이한, 이상한 = odd, strange, unusual, weird
② 예스런 멋이 있는 = old-fashioned

Many of America's **quaint** customs, spawned by the exigencies of pioneer days, have fallen into desuetude.
개척 시대의 절박함 때문에 생겨났던 미국의 여러 기묘한 관습들이 더 이상 통용되지 않는 상태가 되었다.

Electricity would rob the cottage of its **quaint** charm and romance.
전기가 들어옴으로 인해, 시골집의 예스런 멋과 낭만이 사라져 갈 것이다.

> **MVP** quaintness n. 색다름; 예스러움
> quaintly ad. 색다르게; 예스럽게

0802 ★

epicure
[épikjùər]

n. 미식가, 식도락가 = gastronome, gourmand, gourmet

The seafood restaurant serves great food and wine that would appeal to any **epicure**, whether the old or the young.
그 해산물 식당은 나이를 불문하고 어떤 미식가에게도 관심을 끄는 좋은 음식과 와인을 선보인다.

> **MVP** cf. sinecure n. (명예 또는 수입이 있는) 한직(閑職)

0803 ★★

autocratic
[ɔ̀:təkrǽtik]

a. 독재자의; 독재적인; 독재[전제] 정치의 = despotic, dictatorial, tyrannical

The people of Libya were tired of the **autocratic** ruler and their lack of political and economic freedom.
리비아 국민들은 독재자와 정치 및 경제적 자유의 억압에 질렸다.

> **MVP** autocrat n. 전제 군주, 독재자
> autocracy n. 독재정치, 전제정치

0804 ★★

proponent
[prəpóunənt]

n. 제안자, 발의자; 옹호자, 지지자 = exponent; advocate, backer

Daylight saving time **proponents** believe it could boost tourism, leisure, retail and service industries.
섬머타임제를 옹호하는 이들은 이 제도가 관광, 레저, 소매, 그리고 서비스 산업을 활성화시킬 수 있을 것으로 믿고 있다.

> **MVP** ↔ opponent n. (경기·논쟁 등의) 적, 상대; 반대자

0805 ★★★

obtain

[əbtéin]

v. ① (특히 노력 끝에) 얻다, 구하다, 입수하다
② (규칙·시스템·관습 등이) 존재하다, 유행하다, 통용되다

The new album **obtained** him a fortune.
그는 새 앨범으로 큰돈을 벌었다.

The custom still **obtains** in some districts.
그 풍습은 곳에 따라 아직 행해지고 있다.

MVP obtainment n. 입수, 획득
obtainable a. 얻을 수 있는, 입수할 수 있는

0806 ★

concave

[kankéiv]

a. 오목한 = dented, hollow

Concave lenses are used to correct nearsightedness.
근시 교정에는 오목렌즈가 쓰인다.

MVP ↔ convex a. 볼록한

0807 ★★

sibling

[síbliŋ]

n. (보통 pl.) 형제, 자매; 의형제
a. 형제의, 자매의

Kids who do not have **siblings** are usually not altruistic.
형제자매가 없는 아이들은 대개 이타적이지 않다.

MVP sib n. 근친, 친척, 일가

0808 ★★

rapacious

[rəpéiʃəs]

a. 강탈하는; 탐욕스러운 = marauding; avaricious, greedy, insatiable

Politicians are patting themselves on the back for enacting the home-mortgage laws that will protect struggling homeowners from **rapacious** bankers.
정치인들은 생활고에 시달리는 집주인들을 탐욕스러운 은행가들로부터 보호하게 될 주택 담보 관련 법안을 제정한 것에 대해 스스로를 칭찬하고 있다.

MVP rapacity n. 강탈; 탐욕

0809 ★★★

intervene

[intərvíːn]

vi. ① 끼어들다, 개입하다; 간섭하다, 훼방 놓다 = interfere, interpose
② 중재하다 = arbitrate, intercede, interpose, mediate

If there were a breakdown of law and order, the army might be tempted to **intervene**.
법과 질서가 파괴된다면 군이 개입하고 싶을지도 모른다.

Something usually **intervened** in my study.
늘 뭔가가 내 공부를 방해했다.

The government **intervened** in the recent labor disputes.
정부가 최근 발생한 노사 분규를 중재했다.

> **MVP** intervention n. 개입, 간섭; 중재
> interventionism n. (타국 내정·자국 경제에 대한) 간섭주의

0810 ★★
bombastic
[bambǽstik]

a. 과장된, 허풍떠는 = grandiloquent, magniloquent, pompous

The manifesto's rhetoric was passionately **bombastic**.
그 선언문의 수사(修辭)는 매우 과장돼 있었다.

0811 ★★★
decline
[dikláin]

v. ① (정중하게) 거절[사양]하다 = refuse, reject
  ② (아래로) 기울다, 내리막이 되다 = incline, lean, sink, tilt
  ③ (힘 등이) 쇠퇴하다, 감퇴하다; (인기·물가 등이) 떨어지다; 감소하다
    = deteriorate, dwindle, fall, wane
n. ① 내리막 경사, 내리받이 = declivity, descent, downhill
  ② 쇠퇴, 쇠약, 퇴보; (물가의) 하락; 감소 = downturn, falling

In Jordan, it is usually polite to **decline** the offer of a meal three times before accepting.
요르단에서는 대체로 식사 초대를 수락하기 전에, 세 번 거절하는 것이 예의 바른 태도이다.

0812 ★★
impertinent
[impə́ːrtənənt]

a. ① 주제넘은, 뻔뻔스러운, 무례한 = impudent, insolent, presumptuous
  ② 무관계한, 적절하지 않은 = inappropriate, irrelevant

He was **impertinent** enough to talk back to the older people.
그는 손위 사람들에게 말대꾸를 할 정도로 버릇이 없었다.

0813 ★★★
scatter
[skǽtər]

v. 흩어지다, 흩어버리다; 분산시키다, 쫓아버리다 = disperse, spread, strew

The crowded people were **scattered** by the police.
군중은 경관에게 쫓겨 뿔뿔이 흩어졌다.

A pile of papers dropped and **scattered** everywhere.
서류가 바닥에 와르르 쏟아져 여기저기로 흩어졌다.

DAY 17

0814 ★
vertex
[və́ːrteks]

n. ① 정점, 절정 = apex, peak, pinnacle, summit
  ② 〈천문학〉 천정(天頂) = zenith

The smaller the angle at that **vertex**, the farther away the star.
그 천정의 각도가 더 작을수록 별은 더 멀리 떨어져 있다.

0815 ★★

aberrant
[əbérənt]

a. 정도(正道)를 벗어난, 비정상적인, 일탈적인
= abnormal, anomalous, deviant, odd

Jim's **aberrant** behavior at the dance raised some eyebrows.
무도회에서 짐(Jim)이 벌인 별난 행동은 사람들의 비난을 초래했다.

We noticed that alcohol and drugs were a major factor influencing **aberrant** behavior.
우리는 술과 마약이 탈선에 영향을 미치는 주된 요인이라는 것을 깨달았다.

MVP aberration n. 상궤를 벗어남, 착오, 탈선, 일탈(= deviation)

0816 ★★★

interact
[íntərækt]

vi. 상호 작용하다, 서로 영향을 주다; 교류하다 = interplay, mingle

Smartphones have changed the way we communicate and **interact**.
스마트폰은 우리가 의사소통하고 상호 교류하는 방법을 바꾸어 놓았다.

MVP interaction n. 상호작용

0817 ★★

sly
[slai]

a. ① 교활한, 간교한, 음흉한 = cunning, scheming, tricky, wily
② 남모르게 살짝 하는, 은밀한 = clandestine, covert, furtive, stealthy
③ 장난꾸러기의, 장난기 있는 = mischievous, naughty, roguish, wicked

He took his cigar from his mouth and gave the man a **sly** look.
그는 입에서 담배를 빼내고는 그 남자를 교활한 눈빛으로 쳐다보았다.

0818 ★

casuistry
[kǽʒuistri]

n. 궤변, 속임수, 견강부회 = chicanery, fallacy, sophism, sophistry

You are using **casuistry** to justify your obvious violation of decent behavior.
점잖지 않은 행동을 정당화시키기 위해 너는 궤변을 사용하고 있다.

0819 ★★

torment
n. [tɔ́ːrment]
v. [tɔːrmént]

n. 고통, 고뇌 = agony, anguish, misery, suffering
vt. 괴롭히다; 고문하다 = distress; torture

Death released him from his **torments**.
죽음이 그를 고통에서 해방시켰다.

He was **tormented** by feelings of guilt.
그는 죄의식으로 번민했다.

0820 ★★★
legitimate
[lidʒítəmət]

a. 합법적인, 정당한; 정통의; 적출의 = justifiable, lawful, legal

His claim to be promoted to the post was quite **legitimate**.
그 직위로 승진시켜 달라는 그의 요구는 전적으로 정당한 것이었다.

MVP legitimacy n. 합법성, 적법
⟶ illegitimate a. 불법의, 위법의; 서출(庶出)의

0821 ★★
second-hand
[sékəndhænd]

a. ① 중고의, 고물의; 중고품 매매의 = old, used
② 간접적인, 전해들은 = derivative, indirect, secondary
ad. 간접적으로 = indirectly

I stumbled upon a rare book at a **second-hand** bookstore.
나는 중고책방에서 희귀한 책을 우연히 발견했다.

She got the news **second-hand**.
그녀는 그 소식을 간접적으로 들었다.

MVP ⟶ firsthand ad. 직접적으로; a. 직접의

0822 ★
percussion
[pərkʌʃən]

n. ① 충격, 충돌 = blow, collision, crash, impact
② (충돌에 의한) 진동, 격동 = concussion, shock
③ 타악기 연주; 타악기

Recently, I came across a **percussion** therapy treatment device which caught my attention.
최근에, 나의 시선을 사로잡았던 충격요법 치료기기를 우연히 접하게 되었다.

MVP cf. repercussion n. (사건·행동의 간접적인) 영향, 반향

0823 ★★
relapse
[rilǽps]

vi. ① (원상태·습관으로) 되돌아가다, 다시 빠지다, 퇴보하다[into]
= backslide, regress, retrogress, revert
② (병이) 재발하다 = recrudesce, recur
n. ① (원상태·습관으로) 되돌아감, 퇴보 = backsliding, retrogression
② (병의) 재발 = recrudescence, recurrence

The poor girl **relapsed** after leaving the hospital.
그 불쌍한 소녀는 퇴원 이후 병이 재발했다.

DAY 17

0824 ★
manumit
[mænjumít]

vt. (농노·노예를) 석방[해방]하다 = emancipate, free, liberate, release

Enlightened slave owners were willing to **manumit** their slaves and thus put an end to the evil of slavery in the country.
개화된 노예 소유주들은 기꺼이 그들의 노예를 풀어주어, 그 나라에서 노예제도라는 악을 종식시켰다.

MVP manumission n. (농노·노예의) 석방, 해방

0825 ★★
diabolical
[dàiəbálikəl]

a. ① 끔찍한, 불쾌한 = terrible
② 사악한, 악마 같은; 잔인한, 극악무도한
= devilish, fiendish, satanic; cruel

He is so **diabolical** that I am very scared to see him.
그는 너무나 극악무도해서 보기만 해도 매우 겁이 난다.

MVP diabolism n. 마법, 요술; 악마 같은 행위[성질]

0826 ★
spillover
[spílòuvər]

n. ① 넘침, 과잉 = excess, glut, plethora, surplus
② (어떤 일의) 여파 = aftereffect, aftermath

The room was needed for the **spillover** of reporters.
기자들이 넘쳐서 그 방이 필요했다.

0827 ★★
gainsay
[géinsèi]

vt. 부정하다, 반대하다 = contradict, deny

There is no **gainsaying** the fact that the privileged seldom give up their privileges
of their own accord without being coerced into doing so.
특권을 가진 자들이 강요받지 않고서 자발적으로 자기의 특권을 포기하는 경우는 드물다는
사실을 부정할 수 없다.

0828 ★★
barrack
[bǽrək]

n. (보통 pl.) 막사, 병영 = camp, quarters

Defense Ministry plans to upgrade soldiers' quarters and install computer rooms
in the **barracks**.
국방부는 병사들의 숙소를 업그레이드하고 병영 내에 컴퓨터실을 설치할 계획이다.

0829 ★
sapient
[séipiənt]

a. 매우 지적인, 현명한, 박식한 = judicious, prudent, sage, smart

The attentive and **sapient** reader will no doubt see what's coming here.
주의 깊고 매우 지적인 독자는 여기서 무엇이 나올지 틀림없이 알 것이다.

0830 ★★★
pillage
[pílidʒ]

n. 약탈, 강탈; 약탈품, 노획품 = booty, loot
v. 약탈하다 = plunder, sack

The invaders **pillaged** the town and slaughtered its inhabitants.
침략자들이 마을을 약탈하고 주민들을 학살했다.

MVP pillager n. 약탈자, 강탈자

0831 ★★

desolate
a. [désələt]
v. [désəlèit]

a. ① 황량한, 황폐한 = barren, bleak, dreary
② 사는 사람이 없는; 쓸쓸한, 외로운, 고독한
vt. ① 황폐하게 하다
② 외롭게 하다

There is a house in a **desolate** desert.
황량한 사막에 집 한 채가 있다.

The death of his wife left him **desolate**.
아내가 죽자 그는 쓸쓸해졌다.

0832 ★★★

various
[véəriəs]

a. 여러 가지의, 가지각색의, 다양한 = assorted, diverse

Artists use **various** techniques in their pictures.
미술가들은 자신의 그림에 다양한 기법들을 사용한다.

Many people from **various** countries attended the conference.
그 회의에는 세계 각지에서 많은 사람들이 참가했다.

MVP vary v. 가지각색이다, 서로 다르다; 변화하다
variety n. 변화, 다양성; 종류

0833 ★★

flatter
[flǽtər]

v. ① ~에게 아첨하다; 우쭐하게[의기양양하게] 하다; 치켜세워 ~시키다
= adulate, blandish
② 〈재귀용법〉 (~이라고) 우쭐대다, 득의만면해지다
③ (실제보다) 돋보이게 하다 = embellish, enhance

A person who likes to **flatter** others is not to be trusted.
남에게 아첨하기 좋아하는 사람은 믿을 수 없다.

MVP flatterer n. 아첨꾼, 빌붙는[발림 말하는] 사람
flattery n. 아첨
flattering a. 아첨[아부]하는(= ingratiating); (옷·사진 등이) 실물보다 돋보이게 하는
unflattering a. 아첨하지 않는, 노골적인

0834 ★★★

economical
[ìːkənámikəl]

a. 경제적인; 실속 있는; 절약하는, 검약한 = frugal, provident, sparing, thrifty

An **economical** way to be able to read more is to borrow books from a library.
더 많은 독서를 위한 경제적인 방법 가운데 하나는 도서관에서 책을 빌리는 것이다.

MVP economize v. 경제적으로 쓰다, 절약하다; (노동력·돈 등을) 효율적으로 사용하다
economy n. 절약(= frugality); 경제
economic a. 경제(상)의; 경제학의

DAY 17

0835 ★
tavern
[tǽvərn]

n. ① 선술집 = bar, pub
② 여인숙, 여관 = hotel, inn, lodge

Most **taverns** offered a good dinner with wine and beer.
대부분의 선술집에서는 포도주 및 맥주와 함께 괜찮은 식사를 제공했다.

0836 ★★★
assure
[əʃúər]

vt. ① 보증하다, 보장하다 = ensure, guarantee, warrant
② 안심시키다, 확신시키다 = convince, persuade

Google hopes to decrease the high price of its product to **assure** that it is available to a wider market.
구글은 자사의 제품이 더 넓은 시장에서 이용이 가능할 수 있도록 하기 위해 그 제품의 높은 가격을 낮추고자 한다.

MVP assurance n. 보증, 보장; 확신
cf. insure v. 보험을 계약하다; 보증하다

0837 ★★
colossal
[kəlάsəl]

a. 거대한, 엄청난 = enormous, gigantic, huge, immense

It was Daniel Chester French who created the **colossal** figure of Abraham Lincoln in the Lincoln Memorials in Washington, D.C.
워싱턴 D.C.의 링컨 기념관에 있는 거대한 에이브러햄 링컨(Abraham Lincoln) 상(像)을 제작한 사람은 다니엘 체스터 프렌치(Daniel Chester French)였다.

We should not let our descendants suffer the **colossal** consequences of our negligence.
우리의 태만으로 인해 우리의 후손이 엄청난 결과를 겪게 내버려 두어서는 안 된다.

0838 ★★
nepotism
[népətìzm]

n. 친족 등용, 족벌주의 = cronyism, favoritism

Richard left his position with the company because he felt that advancement was based on **nepotism** rather than on ability.
리처드(Richard)는 승진이 능력보다는 연고주의에 바탕을 두고 있다고 느꼈기 때문에 사직했다.

0839 ★
weld
[weld]

v. ① 용접하다, 밀착[접착]시키다 = bond, connect, fuse, join, link
② 결합시키다[뭉치게 하다], 합치다 = blend, combine, consolidate, unite

The coach **welded** the players into a winning team.
코치는 선수들을 하나로 뭉치게 하여 우승팀으로 만들었다.

MVP weldability n. 용접성
welder n. 용접공

0840 ★★

adversity
[ædvə́:rsəti]

n. 역경; 불행, 불운 = hardship, misfortune, mishap, suffering

He has never given up hope in the face of **adversity**.
그는 역경 속에서도 희망을 버리지 않았다.

> **MVP** adverse a. 반대하는, 거스르는; 불리한, 불운한
> cf. adversary n. 적, 상대

0841 ★★★

mandatory
[mǽndətɔ̀:ri]

a. 의무적인, 강제적인 = compulsory, obligatory, required

The **mandatory** military service steals two years from every young man's life.
의무적인 군 복무는 모든 젊은 남성들의 삶에서 2년을 빼앗아간다.

0842 ★

high-end
[haiend]

a. 최고급인, 최첨단의, 최고의, 고성능의 = sophisticated, top-notch

Hit by increasing competition from China, developing countries are busy churning out **high-end** products.
중국과의 경쟁 심화로 타격을 입고 있는 개발도상국들은 고급 제품 대량 생산하는 데 전념하고 있다.

0843 ★★★

emulate
[émjulèit]

vt. ① 모방하다, 흉내내다, 본받다 = imitate, mimic
② 우열을 다투다, 경쟁하다 = compete, contend, rival

We need to **emulate** his passion for his study.
우리는 그의 학구열은 본받을 필요가 있다.

Everyone is searching for the next Tiger Woods, who might **emulate** what Tiger has done.
모든 사람은 타이거 우즈(Tiger Woods)가 이룬 성과들과 경쟁할 수 있는 제2의 타이거 우즈를 찾고 있다.

> **MVP** emulation n. 경쟁[대항], 겨룸; 모방

0844 ★

logomachy
[lougáməki]

n. ① 언쟁, 말다툼, 입씨름, 설전 = bicker, quarrel, squabble, wrangle
② 글자 맞추기 놀이

He treated the controversy as a useless **logomachy**.
그는 그 논쟁을 불필요한 언쟁으로 여겼다.

> **MVP** logomachist n. 말다툼하는 사람; 글자 맞추기 놀이를 하는 사람

DAY 17

0845 ★★★
cheat
[tʃiːt]

v. ① 속이다, 기만하다; 사취하다, 사기 치다 = deceive, defraud, swindle, trick
② (시험 등에서) 부정(不正)한 짓을 하다
③ 바람을 피우다
n. ① 속임수, 사기; (시험의) 부정행위 = deception, fraud, humbug, trickery
② 사기꾼, 협잡꾼 = charlatan, impostor, swindler

If he or she knows you saw him or her **cheat**, the cheater will feel embarrassed about these actions.
만약 부정행위를 한 사람이 당신이 자신이 부정행위를 하는 것을 목격했다는 것을 알면, 그는 이러한 행동에 대해 창피해할 것입니다.

MVP cheater n. 사기꾼, 협잡꾼; (pl.) 안경

0846 ★★
parochial
[pəróukiəl]

a. ① (편협한) 지역주의의
② (생각 따위가) 좁은, 편협한 = insular, narrow-minded, provincial

The newcomer was dissatisfied with the **parochial** attitudes of the people in the workplace.
그 신참은 직장에서 사람들의 태도가 편협한 것에 불만족스러웠다.

MVP parochialism n. 지방근성, 파벌주의; (시야의) 편협함

0847 ★★
determination
[ditə̀ːrmənéiʃən]

n. ① 결심, 결의, 투지, 결단(력) = resolution, resolve, resoluteness
② (공식적인) 결정; 〈법〉 (쟁의 따위의) 판결, 해결, 종결
③ 〈물리〉 측정(법) = measurement, mensuration

He showed great courage and **determination**.
그는 대단한 용기와 결의를 보였다.

Both methods rely on the accurate **determination** of the pressure of the gas.
두 방법 다 기압의 정확한 측정에 기대고 있다.

MVP determine v. 알아내다, 밝히다; (공식적으로) 확정[결정]하다
determined a. 단단히 결심한; 단호한, 완강한
determinant a. 결정하는; n. 결정요인; <논리> 한정사; <수학> 행렬식

0848 ★★★
accumulate
[əkjúːmjəlèit]

v. (서서히) 모으다, 축적하다 = amass, collect, gather, hoard

Other vitamins, especially Vitamins A and D, **accumulate** in the body and can cause damage if taken in extremely high amounts over a period of time.
다른 비타민들, 특히 비타민 A와 D는 몸에 축적되므로 일정 기간에 걸쳐 과도한 양을 섭취하면 몸을 해칠 수도 있다.

The farmer uses the savings that he **accumulated** during the good year until they are drained.
그 농부는 풍년에 저축했던 돈을 탕진할 때까지 쓴다.

MVP accumulation n. 축적, 누적

0849 ★

mien
[miːn]

n. 행실, 태도, 몸가짐, 처신 = bearing, demeanor, manner

Her kind **mien** reminded me of her mother.
그녀의 친절한 태도는 내게 그녀의 어머니를 생각나게 했다.

0850 ★★

far-fetched
[fɑːr-fétʃt]

a. 억지스러운, 믿기지 않는 = implausible, improbable, unlikely

Everyone found his stories rather **far-fetched**.
모든 사람들은 그의 이야기가 다소 억지스럽다고 느꼈다.

DAY **17**

A. Write the meaning of the following words.

□ quaint _____
□ proponent _____
□ obtain _____
□ concave _____
□ sibling _____
□ intervene _____
□ bombastic _____
□ decline _____
□ scatter _____
□ aberrant _____
□ interact _____
□ sly _____
□ casuistry _____
□ legitimate _____
□ second-hand _____
□ percussion _____
□ relapse _____
□ diabolical _____
□ spillover _____
□ barrack _____

□ sapient _____
□ pillage _____
□ desolate _____
□ flatter _____
□ tavern _____
□ assure _____
□ colossal _____
□ nepotism _____
□ weld _____
□ adversity _____
□ mandatory _____
□ high-end _____
□ emulate _____
□ logomachy _____
□ cheat _____
□ parochial _____
□ determination _____
□ accumulate _____
□ mien _____
□ far-fetched _____

※ 주어진 단어의 뜻을 본문에서 확인하시고 틀린 단어의 경우 박스에 체크한 뒤에 나중에 다시 학습하시기 바랍니다.

B. Choose the synonym of the following words.

1. rapacious
2. vertex
3. economical
4. various
5. autocratic
6. torment
7. gainsay
8. manumit
9. impertinent
10. epicure

Ⓐ emancipate
Ⓑ agony
Ⓒ impudent
Ⓓ dictatorial
Ⓔ gourmet
Ⓕ greedy
Ⓖ apex
Ⓗ diverse
Ⓘ frugal
Ⓙ deny

B. 1. Ⓕ 2. Ⓖ 3. Ⓘ 4. Ⓗ 5. Ⓓ 6. Ⓑ 7. Ⓙ 8. Ⓐ 9. Ⓒ 10. Ⓔ

0851 ★★★

clumsy
[klʌmzi]

a. 서투른; 어색한 = awkward, gauche, maladroit

I heard voices calling my name with a **clumsy** Korean pronunciation.
나는 서툰 한국어 발음으로 내 이름을 부르는 목소리를 들었다.

0852 ★★

decry
[dikrái]

vt. 헐뜯다, 공공연히 비난하다 = condemn, denounce, disparage

Many people today **decry** the killing of whales under any circumstances, but this was not always the case.
오늘날 많은 사람들은 어떤 상황 하에서도 고래를 죽이는 것을 비난하지만, 예전에는 항상 이런 것은 아니었다.

MVP cf. descry v. (관측·조사하여) 발견하다, 찾아내다; (멀리 있는 것을) 어렴풋이 식별하다

0853 ★★★

introduction
[ìntrədʌ́kʃən]

n. ① 도입, 전래; (의안 따위의) 제출 = arrival; submission
　② (사람) 소개; 첫 경험, 처음 접함; 개론, 입문서, 안내서
　③ (책·연설의) 도입부[서문, 서론]; 〈음악〉 서곡, 전주곡 = preface; prelude

The **introduction** of the new system has been suspended until next year.
새 시스템 도입은 내년까지 연기되었다.

Introductions were made and the conversation started to flow.
소개가 이뤄지고 대화가 진행되기 시작했다.

This album was my first **introduction** to modern jazz.
이 앨범으로 나는 현대 재즈를 처음 접했다.

MVP introduce vt. 소개하다; (상품·서비스 등을) 내놓다; (법안을) 제출하다
　　introductory a. 서문[도입부]의; 입문자들을 위한; (신상품) 소개용의

0854 ★★★

viable
[váiəbl]

a. ① 실행 가능한 = feasible, practicable, workable
　② (태아·신생아가) 살아갈 수 있는, 생명력 있는
　③ (나라가) 독립[존속]할 수 있는; (경제가) 성장[발전]할 수 있는

We believe a negotiated political settlement is the only **viable** solution.
우리는 협상을 통한 정치적 타결이 실현 가능한 유일한 해결책이라고 생각한다.

The infant, though prematurely born, is **viable** and has a good chance to survive.
그 신생아는, 미숙아로 태어났음에도 불구하고, 생명력이 있고 살 가능성이 있다.

MVP viability n. 생존력; 실행 가능성

0855 ★★
backfire
[bǽkfàiər]

vi. 역효과를 낳다, 엉뚱한 결과를 낳다 = be counterproductive, boomerang

She noted that government controls tend to backfire.
그녀는 정부의 통제가 역효과를 일으키는 경향이 있다고 지적했다.

0856 ★
underpinning
[ʌ́ndərpìniŋ]

n. ① (벽 따위의) 지주, 받침대 = brace, buttress
   ② (종종 pl.) 기초, 기반, 지지 = basis, foundation

The economic underpinnings in America are pretty strong.
미국의 경제적 토대는 매우 굳건하다.

MVP underpin vt. 밑에서 떠받치다; 지지하다, 입증하다

0857 ★★★
tender
[téndər]

a. ① 상냥한, 다정한 = affectionate, gentle
   ② (고기 따위가) 부드러운, 약한 = frail, soft
v. 제출하다, 제공하다, 신청하다 = offer, submit

His tender words melted my heart.
그의 부드러운 말에 내 마음이 누그러졌다.

He tendered his resignation to his boss.
그는 상사에게 사표를 제출했다.

0858 ★★
scapegoat
[skéipgòut]

n. 희생양, 남의 죄를 대신 지는 사람 = victim
vt. ~에게 죄[책임]를 전가하다

Using Jews as the scapegoat, Hitler and his cronies orchestrated what they called "the big lie."
히틀러(Hitler)와 그의 측근들은 유대인을 희생양으로 삼아 이른바 '터무니없는 거짓말'을 조작했다.

MVP scapegoatism n. 죄를 남에게 전가하기; 책임전가

0859 ★
doublespeak
[dʌ́blspìːk]

n. 얼버무리는 말, 애매모호한 말, 사실을 호도하기 위한 말 = fuzzword

Doublespeak is another way people communicate.
사람들은 의사소통 하는 데 있어 고의로 모호하게 말하는 방식을 쓰기도 한다.

0860 ★★

quantify
[kwántəfài]

vt. 수량화하다, 양을 재다 = measure, quantitate

Quantifying reputation is one of the dumbest ideas I've heard in a long time.
평판을 수량화하겠다는 것은 오랫동안 들어온 것 중 가장 어리석은 발상 중 하나이다.

> **MVP** quantity n. 양(量); 분량, 수량
> quantitative a. 양(量)에 관한, 양적인

0861 ★

perigee
[péridʒì:]

n. 〈천문학〉 근지점(近地點)(달·행성이 지구에 가장 가까워지는 지점)

The moon usually comes closest to the Earth once every month which is called **perigee**.
보통 달은 한 달에 한번 지구에 가장 가까워지는데 이를 근지점이라고 한다.

> **MVP** ↔ apogee n. 최고점, 정점; <천문학> 원지점(遠地點)

0862 ★★★

squeeze
[skwi:z]

v. ① 짜다, 압착하다; 꽉 잡다, 꼭 껴안다 = clutch, crush, grip, press
② 수분을 짜다, (즙을) 짜다[내다] = express, extract
③ (좁은 곳에) 밀어[집어]넣다; 비집고 들어가다 = cram, crowd, pack, stuff

n. 짜기; 꽉 쥐기; 꼭 껴안기; 무엇에서 조금 짜낸 액체

He **squeezes** juice from an orange.
그는 오렌지에서 주스를 짜낸다.

0863 ★★

aisle
[ail]

n. (좌석의 사이·건물·열차 내 등의) 통로; 복도 = corridor, lane, passageway

Extra legroom for leg elevation is not possible in Economy class; however, an **aisle** seat can be reserved.
이코노미 클래스의 경우 다리를 올려놓을 수 있는 여분의 공간은 없습니다. 하지만 복도 쪽 좌석을 예약할 수는 있습니다.

0864 ★★★

naive
[nɑːíːv]

a. ① 순진한, 천진난만한, 때 묻지 않은, 소박한 = ingenuous, innocent
② 고지식한, 생각이 얕은, 잘 속아 넘어가는 = credulous, green, gullible

It's **naive** to think that doctors can cure every disease.
의사가 모든 병들을 고칠 수 있다고 생각하는 것은 순진하다.

> **MVP** naivete n. 천진난만, 순진; 순진한 말[행위]
> naively ad. 소박하게, 순진하게

DAY18

0865 ★★

detached

[ditǽtʃt]

a. ① 분리된, 고립된 = isolated, separated
② 초연한, 무관심한 = aloof, disinterested
③ 사심 없는, 공정한 = impartial, unbiased

Authoritarian parents are more **detached** and less warm than other parents.
권위주의적인 부모들은 다른 부모들보다 무심하고 덜 다정다감하다.

He should view the matter in a more **detached** way.
그는 그 문제를 더욱 공정한 시선에서 바라보아야 한다.

MVP detach vt. 떼어내다, 분리하다

0866 ★★★

incite

[insáit]

vt. 선동[조장]하다; 격려하다, 고무하다 = abet, instigate, provoke; encourage

He **incited** the workforce to come out on strike.
그는 노동자들에게 파업을 하러 나오도록 선동했다.

She **incited** her son to make greater efforts.
그녀는 아들을 격려하여 한층 더 노력하게 했다.

MVP incitement n. 격려, 고무, 선동, 자극

0867 ★★

plaintive

[pléintiv]

a. 애처로운, 구슬픈 = doleful, lamentable, melancholy, mournful

The **plaintive** cries of the mourners filled the amphitheater.
조문객들의 구슬픈 울음소리가 강당을 채웠다.

0868 ★

hemorrhage

[héməridʒ]

n. 출혈 = bleeding

v. (다량으로) 출혈하다 = bleed

The doctors speculate that he died of a cerebral **hemorrhage** caused by a blow on the head.
의사들은 그가 두부 타격에 의한 뇌출혈로 사망한 것으로 추측한다.

MVP hemophilia n. 혈우병
hemorrhoids n. 치질, 치핵
hemostatic a. 지혈(止血)의, 지혈 작용이 있는

0869 ★★

snatch

[snætʃ]

v. ① 와락 붙잡다, 움켜쥐다, 잡아[낚아]채다, 강탈하다 = grab, pluck, seize
② (식사 따위를) 급히 먹다; 뜻밖에 얻다; (기회를 보고) 급히 덤벼들다

The boy **snatched** her purse away.
소년은 그녀의 지갑을 낚아채 갔다.

The film **snatched** up a million viewers in the shortest time this year.
그 영화는 올해 운 좋게도 가장 단기간에 백만 관객을 얻었다.

0870 ★★★
affable
[ǽfəbəl]

a. 상냥한, 붙임성 있는, 친절한 = agreeable, amiable, congenial, friendly

At times you are extroverted, **affable**, and sociable, but at other times you are wary and reserved.
때때로 당신은 외향적이고, 붙임성 있고, 또 사교적이지만, 다른 때에는 신중하고 내성적이다.

0871 ★★
massacre
[mǽsəkər]

n. 대량학살 = carnage, genocide, holocaust, slaughter

vt. 대량학살하다 = annihilate, butcher, exterminate, slaughter

The **massacre** of the American buffalo almost made them extinct.
대량 살육으로 인해 미국 들소는 거의 멸종 상태에 이르렀다.

0872 ★★★
poll
[poul]

n. 투표; 득표집계, 투표결과, 투표수; 선거인 명부; 여론 조사

v. ① 투표하다 = ballot, vote
② 여론 조사를 하다

The opinion **poll** suggests a clean sweep for the Democrats.
여론 조사에서는 민주당이 압승을 거둘 것으로 나온다.

MVP pollster n. 여론 조사원
outpoll vt. (투표·여론 조사 따위에서) ~보다 많은 표[지지]를 얻다

0873 ★
effulgent
[ifʌ́ldʒənt]

a. 찬란히 빛나는, 광휘 있는, 눈부신 = brilliant, incandescent, luminous, radiant

In the night sky, nothing is brighter and more **effulgent** than the moon.
밤하늘에서, 달보다 더 밝고 더 빛나는 것은 없다.

MVP effulgence n. 눈부심, 광휘

0874 ★★
recapitulate
[rìːkəpítʃulèit]

v. 요점을 되풀이하여 말하다, 요약[개괄]하다 = epitomize, reiterate, summarize

After giving us detailed instructions for more than two hours, the manager **recapitulated** briefly and then sent us on our assignments.
우리에게 2시간 이상 동안 자세한 지시를 한 후에, 그 관리자는 간단히 요점을 되풀이해서 말하였고, 그러고 나서 우리를 할당한 일에 배치해 보냈다.

MVP recapitulation n. 요점의 되풀이; 요약, 개요
cf. capitulate vi. (조건부로) 항복하다

DAY 18

0875 ★
opium
[óupiəm]

n. 아편

Afghanistan has boosted the growing of poppies for **opium**.
아프가니스탄은 아편을 얻기 위해 양귀비를 키우는 것을 추진하고 있다.

Karl Marx said that religion is the **opium** of the masses.
칼 마르크스(Karl Marx)는 종교가 대중의 아편이라고 말했다.

0876 ★★★
meditate
[médətèit]

v. 명상[숙고]하다 = contemplate, muse, ponder, reflect, ruminate

While staying at a temple for a few days, you can **meditate**, look back over the past, and plan for the future.
사찰에 머무르는 며칠 동안, 여러분은 명상을 하고 과거를 되돌아보고 미래의 계획을 세울 수 있습니다.

MVP meditation n. 명상, 묵상
meditative a. 묵상에 잠기는, 명상적인

0877 ★★★
ransom
[rǽnsəm]

n. (포로·유괴된 사람·노획품 등의) 몸값, 배상금
　　= compensation

The kidnapper demanded **ransom** for the hostage's release.
납치범은 인질을 풀어 주는 조건으로 몸값을 요구했다.

0878 ★★
tantamount
[tǽntəmàunt]

a. 동등한, 같은, 상당하는[to] = equal, equivalent, identical

Smoking around kids is **tantamount** to child abuse.
아이들 주변에서 담배를 피우는 것은 아동학대나 다름없다.

0879 ★★★
load
[loud]

n. ① 적하(積荷), (특히 무거운) 짐 = cargo, freight, lading, shipment
　　② (정신적인) 무거운 짐, 부담; 근심, 걱정 = burden, encumbrance, onus
　　③ (차 등의) 적재량, 한 차, 한 짐
v. ① (짐을) 싣다, (사람을) 태우다 = carry, ship
　　② (총에) 탄환을 재다 = charge

Dragging the **load** was a tough work for me.
그 짐을 끌고 가는 건 내게 힘든 일이었다.

MVP ↔ unload v. (차·배 등에서) 짐을 내리다

0880 ★★
concoct
[kankákt]

vt. ① (수프·음료 등을) 혼합하여 만들다 = blend, mix
② (이야기·변명 등을) 지어내다, (계획·음모 등을) 꾸미다
= contrive, devise, fabricate, invent

She **concocted** some elaborate story to explain her absence.
그녀는 결근한 것을 변명하기 위해 상당히 정교한 이야기를 지어냈다.

MVP concoction n. 조제약, 혼합물(= melange)

0881 ★★★
skeptical
[sképtikəl]

a. 의심 많은, 회의적인 = doubtful, dubious, incredulous, suspicious

The reporter was **skeptical** about the government report.
그 기자는 정부 보도에 대해 회의적이었다.

MVP skeptic n. 회의론자; 무신론자
skepticism n. 회의론; 무신론

0882 ★★
formula
[fɔ́ːrmjulə]

n. ① 〈수학·화학〉 공식, 식
② (식사·편지 등의) 정해진 말씨[문구]
③ (일정한) 방식, 방법; 판에 박힌 방식[절차] = method, plan, policy, rule
④ 제조법; (약 등의) 처방(전); (요리의) 조리법 = prescription; recipe

Einstein's **formula** was a ground-breaking idea that changed modern physics.
아인슈타인(Einstein)의 공식은 현대 물리학을 바꾼 획기적인 생각이었다.

MVP formulate vt. 공식으로 나타내다, 공식화하다; 명확하게 말하다
formulation n. 공식화, 정식화

0883 ★★★
hazardous
[hǽzərdəs]

a. 위험한; 모험적인 = dangerous, perilous, precarious

Smoking is **hazardous** to your health.
흡연은 건강에 해롭습니다.

MVP hazard n. 위험(= danger)

0884 ★★
saunter
[sɔ́ːntər]

vi. 산책하다, 어슬렁거리다; 빈둥거리다 = ramble, stroll, wander

The man **sauntered** by, looking as if he had all the time in the world.
그 남자는 세상 모든 시간을 다 가진 것처럼 어슬렁거렸다.

MVP saunterer n. 어슬렁거리는[산책하는] 사람

DAY 18

0885 ★

monotheism
[mánəθì:ìzm]

n. 일신교(一神敎), 유일신교

They brought in the idea of **monotheism** which is still used today in religions such as Christianity and Judaism.
그들은 기독교와 유대교와 같은 종교에서 오늘날 여전히 사용되는 유일신교라는 개념을 도입했다.

MVP cf. polytheism n. 다신교, 다신론

0886 ★★

elucidate
[ilú:sədèit]

v. 해명[설명]하다, 명료하게 하다 = clarify, explain, explicate

The teacher **elucidated** the main topics of the course.
선생님은 강의 주제에 대해 명확히 설명해 주셨다.

MVP elucidation n. 설명, 해명
elucidative a. 밝히는, 설명적인

0887 ★★★

passionate
[pǽʃənət]

a. 열정적인, 열렬한, 정열적인 = ardent, eager, enthusiastic

What was once the most **passionate** marriage in Hollywood has found itself at an impasse.
한때 할리우드에서 가장 정열적이었던 이들의 부부관계가 지금은 막다른 골목에 몰려 있다.

MVP passion n. 열정, 열성

0888 ★

choreography
[kɔ̀(:)riágrəfi]

n. 안무, 연출

Jerome Robbins' electrifying **choreography** broke new ground for musical theater in the 1950s.
제롬 로빈스(Jerome Robbins)의 깜짝 놀랄만한 안무는 1950년대 뮤지컬극의 새로운 장을 열었다.

MVP choreographer n. 안무가

0889 ★★

atone
[ətóun]

v. (죄 등을) 속죄[보상]하다, 벌충하다[for] = compensate, expiate, redeem

He knew no way in which he could **atone** for his brutal crime.
그는 자신이 저지른 잔인한 범죄를 보상할 수 있는 길을 알지 못했다.

MVP atonement n. 보상, 속죄, 죗값

0890 ★★

global
[glóubəl]

a. ① 공 모양의, 구형(球形)의
② 세계적인, 전 세계의, 지구상의, 지구 전체의
③ 전반적인, 전체적인, 포괄적인

The commission is calling for a **global** ban on whaling.
그 위원회에서는 전 세계적인 고래잡이 금지를 요구하고 있다.

We need to take a more **global** approach to the problem.
우리가 그 문제에 대해 좀 더 포괄적인 접근법을 쓸 필요가 있다.

MVP globe n. 구(球), 공, 구체; 지구; 세계; 지구본
globalism n. 세계적인 관여주의, 대외 개입주의; 세계화, 세계화 (추진) 정책

0891 ★★

falsify
[fɔ́ːlsəfài]

v. ① (서류·문서 등을) 위조[변조]하다 = counterfeit, fake, forge
② ~의 거짓[틀림]을 입증하다

From time to time, you might receive e-mails that look like they come from our company, but they are, in fact, **falsified**.
때때로 당신은 우리 회사에서 보낸 것처럼 보이는 이메일을 받을지도 모르지만, 실제로 그것들은 위조된 것이다.

The easiest way to tell that this statement is not descriptive is by trying to **falsify** it based upon the information provided.
이러한 진술이 설명적이지 않다는 것을 입증하는 가장 손쉬운 방법은 제공된 정보를 바탕으로 그것이 거짓임을 입증하는 것이다.

MVP falsification n. 위조, 변조

0892 ★

bivouac
[bívuæ̀k]

n. 야영, 야영지 = camp, cantonments, encampment
vi. 야영하다, 노숙하다 = camp out, encamp, pitch camp

The bad weather got even worse and the expedition was forced to **bivouac** on the summit.
악천후가 더 나빠졌기 때문에 원정대는 정상에서 야영을 해야 했다.

0893 ★★★

odd
[ad]

a. ① 이상한, 기묘한; 색다른 = bizarre, peculiar, strange, queer; unusual
② 홀수의 = uneven

It's very **odd** that my boss lives in such a small house.
우리 사장님이 그렇게 작은 집에 살다니 정말 이상하다.

MVP odds n. 차이; 불평등; 승세, 승산; 다툼, 불화; 가망, 가능성, 확률
odds and ends 나머지; (이것저것) 잡동사니
↔ even a. 짝수의

DAY 18

0894 ★★
somersault
[sʌ́mərsɔ̀:lt]

n. ① 재주넘기, 공중제비 = circumgyration, flip, handspring, tumble
　② (의견·태도 등의) 180도 전환, 전향 = about-face, about-turn, turnaround
vi. 재주넘기[공중제비]를 하다 = do a flip[handspring], tumble

The acrobat turned back **somersaults**.
그 곡예사는 뒤로 공중제비를 했다.

MVP cartwheel n. (짐마차의) 수레바퀴; 옆으로 재주넘기; vi. (손을 짚고) 옆으로 재주넘다

0895 ★
ethos
[íːθɑs]

n. (어떤 문화의 근본적) 특질; (사회·집단의) 기풍; (한 민족·시대의) 풍조

Many of the values of the Islamic world are sharply antithetical to the American social **ethos**.
이슬람 세계의 인생의 가치 기준 가운데 상당수는 미국의 사회적 기풍과 현격한 대조를 이룬다.

MVP cf. pathos n. 연민의 정을 자아내는 힘, (예술 작품 등의) 비애감, 페이소스

0896 ★★★
immediate
[imíːdiət]

a. ① (공간적) 아주 가까이의, 바로 이웃한 = close, near, next-door
　② (시간적) 즉각적인, 즉시의, 당면한, 곧 일어나는 = instant, instantaneous
　③ (관계가) 직접적인(영향을 미치는), 직속의; 직계의 = direct; lineal

Earthquake victims have an **immediate** need for help.
지진으로 인한 피해자들은 즉각적인 도움을 필요로 한다.

The **immediate** cause of his death is unknown.
그의 죽음의 직접적인 원인은 알려져 있지 않다.

MVP immediately ad. 곧, 즉시, 당장에
　immediacy n. 즉시성, 긴박

0897 ★★
thread
[θred]

n. ① 실, 꼰 실; (실같이 가느다란) 줄기[가닥] = fiber, filament, string, yarn
　② (이야기 등의) 줄거리, 맥락 = plot, story line

He darned up a hole in his sock with a needle and **thread**.
그는 바늘과 실로 양말에 난 구멍을 기웠다.

MVP threadbare a. (낡아서) 올이 다 드러난; 초라한; 진부한

0898 ★★★

accommodate
[əkámədèit]

v. ① 숙박시키다, 수용하다 = house, lodge, shelter
② 적응하다 = adapt, adjust
③ 조절하다; (모순된 것을) 조화시키다; (분쟁을) 조정하다

In the developing world, urban areas are increasing in population at a rate faster than can be **accommodated** by the infrastructure of housing, schools, hospitals, and roads.
개발도상국에서, 도시지역은 주택, 학교, 병원, 도로와 같은 기간시설이 수용할 수 있는 것보다 더 빠른 속도로 인구가 증가하고 있다.

They **accommodate** easily to the new environment.
그들은 새로운 환경에 쉽게 적응한다.

MVP accommodation n. 숙박 시설; 편의; 적응
accommodating a. 선뜻 부응하는; 잘 돌봐 주는, 친절한(= obliging)

0899 ★

coffin
[kɔ́:fin]

n. 관(棺), 널 = casket

As his fellow actors and friends carried the **coffin**, sobbing fans screamed his name.
동료 배우들과 친구들이 출상할 때, 흐느껴 우는 팬들은 그의 이름을 소리쳐 불렀다.

0900 ★★

dissension
[disénʃən]

n. 의견 차이; 불화; (pl.) 알력, 분쟁 = conflict, disagreement, discord, friction

Because there was much **dissension** among the members of the jury, they could reach no common verdict.
배심원들 사이에 의견 차이가 많아서 모두가 합의한 평결을 내릴 수가 없었다.

MVP dissent vi. 의견을 달리하다, 이의를 말하다[from]
dissenter n. 불찬성자, 반대자
dissenting a. 이의 있는, 반대 의견의

DAY 18

A. Write the meaning of the following words.

☐ clumsy	☐ load	
☐ introduction	☐ concoct	
☐ backfire	☐ formula	
☐ underpinning	☐ saunter	
☐ tender	☐ monotheism	
☐ doublespeak	☐ elucidate	
☐ quantify	☐ passionate	
☐ perigee	☐ choreography	
☐ squeeze	☐ atone	
☐ aisle	☐ global	
☐ naive	☐ falsify	
☐ detached	☐ bivouac	
☐ plaintive	☐ odd	
☐ snatch	☐ somersault	
☐ affable	☐ ethos	
☐ massacre	☐ immediate	
☐ poll	☐ thread	
☐ opium	☐ accommodate	
☐ meditate	☐ coffin	
☐ ransom	☐ dissension	

※ 주어진 단어의 뜻을 본문에서 확인하시고 틀린 단어의 경우 박스에 체크한 뒤에 나중에 다시 학습하시기 바랍니다.

B. Choose the synonym of the following words.

1. hazardous	Ⓐ equal
2. effulgent	Ⓑ summarize
3. incite	Ⓒ denounce
4. scapegoat	Ⓓ bleeding
5. viable	Ⓔ doubtful
6. hemorrhage	Ⓕ feasible
7. skeptical	Ⓖ dangerous
8. tantamount	Ⓗ brilliant
9. decry	Ⓘ victim
10. recapitulate	Ⓙ abet

B. 1. Ⓖ 2. Ⓗ 3. Ⓙ 4. Ⓘ 5. Ⓕ 6. Ⓓ 7. Ⓔ 8. Ⓐ 9. Ⓒ 10. Ⓑ

0901 ★★

rebuke

[ribjúːk]

vt. 비난하다, 꾸짖다[for] = reprimand, reproach

The teacher continually **rebuked** the pupil for the missing assignments.
그 교사는 숙제를 해 오지 않은 학생을 계속 꾸짖었다.

0902 ★★★

genuine

[dʒénjuin]

a. ① 진짜의, 진품의 = authentic, real
② 진실한, 성실한 = bona fide, sincere, veritable
③ 순종의 = purebred

There was a signature at the bottom of the document, but it was not clear whether the signature was **genuine**.
문서 아래쪽에 서명이 있었지만, 그 서명이 진짜인지는 명확하지 않았다.

They listened to me with **genuine** interest.
그들은 진심어린 관심을 가지고 내 얘기를 들어주었다.

0903 ★

chunk

[tʃʌnk]

n. ① (장작 등의) 큰 나무 토막; (치즈·빵·고기 등의) 큰 덩어리
 = block, hunk, lump, mass
② 상당한 양[액수] = lot, mass, plenty, tons

Icebergs are giant **chunks** of ice that float in the ocean.
빙산은 바다에서 떠다니는 얼음의 거대한 덩어리이다.

0904 ★★★

inadvertent

[ìnədvə́ːrtnt]

a. ① 고의가 아닌, 우연의 = accidental, unintended, unintentional, unwitting
② 부주의한, 소홀한, 경솔한 = careless, inattentive, negligent, thoughtless

His rudeness was **inadvertent**, and I forgave it.
그의 무례함은 고의가 아니어서 용서해 주었다.

MVP inadvertently ad. 무심히; 부주의로(= accidentally, unintentionally, unwittingly)

0905 ★★

brood

[bruːd]

v. ① 알을 품다, 보금자리에 들다 = hatch, incubate
② 곰곰이 생각하다[on, over] = contemplate, meditate, mull, ponder
n. 한 배 병아리; (동물의) 한 배 새끼 = clutch, litter

There is no point **brooding** on what happened in the past.
과거에 일어난 일을 가지고 고민해봐야 아무 소용없다.

0906 ★
stenography
[stənágrəfi]

n. 속기(速記); 속기술, 속기법 = shorthand

The student is taking lessons in **stenography**.
그 학생은 속기를 배우고 있다.

> **MVP** stenographer n. 속기사(= shorthand typist)

0907 ★★
malignant
[məlígnənt]

a. ① 악의[적의] 있는 = evil, malevolent, spiteful, wicked
   ② (병이) 악성의 = malign, virulent

It has been believed that certain persons have the power to injure or even kill other persons or animals or to destroy crops by no more than a **malignant** glance.
단지 악의에 찬 눈빛만으로도 다른 사람들이나 동물들을 다치게 하거나 심지어 죽이고, 또는 농작물들을 못 쓰게 만들어 버리는 힘을 가진 그런 사람들이 있다고 믿어왔다.

Ted Kennedy has been diagnosed with a **malignant** brain tumor.
테드 케네디(Ted Kennedy)는 악성 뇌종양 판정을 받았다.

> **MVP** ↔ benign a. 양성의

0908 ★★
plenary
[plí:nəri]

a. ① 충분[완전]한; 무조건의, 절대적인 = absolute, complete, whole
   ② 전원 출석의

The Council has **plenary** powers to administer the agreement.
그 위원회는 그 합의안을 집행할 전권을 가지고 있다.

0909 ★★★
slim
[slim]

a. ① 호리호리한, 가는, 가냘픈 = lank, lean, slender, svelte, thin
   ② 얼마 안 되는, 불충분한; 빈약한 = scanty, slight

He was **slim** and blond, with a strong and intelligent face.
그는 호리호리한 체구에 금발이었고, 강렬하면서도 지적인 얼굴을 하고 있었다.

0910 ★
taunt
[tɔ:nt]

n. 비웃음, 모욕, 조롱 = derision, jeer, mockery
vt. 비웃다 = deride, mock

Zidane suffered **taunts** throughout his career because of his Algerian heritage.
지단(Zidane)은 알제리 출신이라는 이유로 선수 생활 내내 조롱을 당했다.

0911 ★★★

embark
[imbá:rk]

v. ① 승선하다, 탑승하다; 출항하다 = board; set sail
② 착수하다, 시작하다, 종사하다[on] = commence, launch, start out

Mary **embarked** on a ship for France.
메리(Mary)는 프랑스행 배에 승선했다.

She quit her job and **embarked** on her own business.
그녀는 직장을 그만두고 자기 사업을 시작했다.

MVP debark v. 상륙시키다, 상륙하다

0912 ★★

daring
[déəriŋ]

a. 대담한, 용감한 = audacious, bold, brave, intrepid
n. 대담성, 용기 = audacity, bravery, courage

Dopamine is responsible for the high we feel when we do something **daring** like skydiving out of a plane.
도파민은 우리가 비행기에서 스카이다이빙을 하는 것과 같이 대담한 무언가를 할 때 느끼는 최고의 기분을 초래한다.

MVP dare v. 감히 ~하다, 대담하게[뻔뻔스럽게도] ~하다; ~할 용기가 있다

0913 ★★★

nod
[nad]

v. ① (고개를) 끄덕이다; (승낙 등을) 끄덕여 나타내다
② 졸다, 꾸벅꾸벅 졸다 = doze, drowse, slumber, snooze
③ 방심하다, 무심코 실수하다

She showed her consent by **nodding** to me.
그녀는 내게 고개를 끄덕여 동의를 표시했다.

0914 ★★

disposition
[dispəzíʃən]

n. ① 배열, 배치
② 처분, 매각, 정리
③ 성향, 기질 = bent, propensity

She has a natural **disposition** to catch cold.
그녀는 감기에 잘 걸리는 체질이다.

MVP indisposition n. 기분이 언짢음, 내키지 않음; 가벼운 병
predisposition n. 성향, 경향; 질병에 대한 소인(素因)

0915 ★

shoal
[ʃoul]

n. ① 모래톱, 여울목; 얕은 곳
② (물고기의) 떼, 무리 = group, school
v. 얕아지다; 여울이 되다 = shallow

Squids move around in **shoals**.
오징어는 떼를 지어 몰려다닌다.

DAY 19

DAY 19

0916 ★★★
inherit
[inhérit]

v. ① 상속하다, 물려받다
② (성질·특성 등을) 물려받다, 유전하다

She **inherited** a fortune from her father.
그녀는 아버지부터 많은 돈을 물려받았다.

He has **inherited** his mother's patience.
그는 어머니의 인내심을 물려받았다.

MVP inheritance n. 상속, 계승

0917 ★★
far-reaching
[fáːríːtʃiŋ]

a. (영향 등이) 멀리까지 미치는, 광범위한; (계획 등이) 원대한
= broad, extensive, widespread

The key decisions of the summit were **far-reaching**.
그 정상 회담의 주요 결정은 광범위한 영향을 끼쳤다.

0918 ★★★
charge
[tʃaːrdʒ]

v. ① 비난하다 = accuse, blame, indict
② (의무·책임 등을) 지우다, 과(課)하다
n. ① 책임, 담당 = care, responsibility
② 비난; (경찰의) 기소, 고발
③ 돌격, 급습 = onset, raid, sally

People **charge** that a knowledge of mathematics leads to the illusion of certainty.
사람들은 수학 지식이 확실성에 대한 환상을 초래한다고 비난한다.

A $10 penalty will be **charged** if you renew your license more than 60 days after it has expired.
기한 만료일로부터 60일 이상 경과하여 운전면허를 갱신할 경우 벌금으로 10달러가 부과될 것이다.

0919 ★★
effrontery
[efrʌntəri]

n. 뻔뻔스러움, 철면피, 염치없음 = audacity, boldness, impudence

He has the **effrontery** to use my lighter without asking.
그는 내 라이터를 묻지도 않고 사용할 정도로 뻔뻔하다.

MVP have the effrontery to do 뻔뻔스럽게도 ~하다

0920 ★★★
solid
[sálid]

n. 고체, 고형물
a. ① 고체의, 고형의
② 견고한, 튼튼한 = hard, sturdy, substantial
③ 〈명사 앞에만 씀〉 순수한(다른 물질이 섞이지 않은) = pure, unalloyed

Interestingly, the coveted Olympic gold medal was not **solid** gold.
흥미롭게도, 이 갈망의 대상인 올림픽 금메달은 순금이 아니었다.

0921 ★

long-winded
[lɔ́ːŋwíndid]

a. 숨이 긴; 길고 지루한, 장황한 = prolix, rambling, tedious, verbose

I'm not interested in **long-winded** explanations.
나는 장황한 설명엔 흥미 없어.

0922 ★★★

acquired
[əkwáiərd]

a. ① 취득한, 획득한 = obtained
② 습득한; 후천적인 = learned

Geneticists believe that **acquired** characters are not inherited.
유전학자들은 획득 형질은 유전되지 않는다고 믿고 있다.

MVP AIDS n. 후천성면역결핍증(= Acquired Immune Deficiency Syndrome)
↔ innate a. 타고난, 선천적인(= congenital, inborn)

0923 ★★

haven
[héivn]

n. ① 항구, 정박소 = anchorage, harbor, port
② 안식처, 피난처 = asylum, refuge, retreat, sanctuary, shelter

Religion gives persons a **haven** of peace.
종교는 사람들에게 평화로운 안식처를 제공한다.

0924 ★★

percolate
[pə́ːrkəlèit]

v. ① 거르다, 여과하다 = filter
② 스며들다, 서서히 퍼지다 = penetrate, pervade

Water **percolates** through the sandy beach.
물이 모래로 뒤덮인 해변에 스며든다.

New wealth is **percolating** down in many parts of the country to newly empowered members of the working class.
새로운 부(富)는 이 나라 여러 지역에서 새로 권력을 갖게 된 노동자들에게 스며들고 있다.

MVP percolation n. 여과, 거름; 삼투; (뉴스 등의) 전파, 보급
percolator n. 여과기, 여과하는 사람

0925 ★★★

terrific
[tərífik]

a. ① 굉장한, 대단한; 훌륭한 = excellent, great, wonderful
② 격심한, 맹렬한; 무서운 = intense, severe, terrible, tremendous

He has a **terrific** sense of humor and a quick wit.
그는 뛰어난 유머 감각과 기지를 지니고 있다.

MVP terrify vt. 겁나게 하다
terrified a. 무서워하는, 겁이 난
terrifying a. 겁나게 하는, 놀라게 하는; 무서운

DAY 19

0926 ★★★

warrant
[wɔ́:rənt]

n. ① (체포·수색 등을 허락하는) 영장 = subpoena, summons, writ
② 정당한 이유, 근거 = grounds, justification, reason
③ 보증, 보증이 되는 것 = guarantee, warranty
vt. 정당화하다 = justify

Officers armed with a search **warrant** entered the apartment.
수색영장을 가진 경관들이 그 아파트에 들어갔다.

We have every **warrant** for believing him.
그를 믿을 이유는 충분히 있다.

Diligence is a sure **warrant** of success.
근면은 성공을 확실히 보장한다.

MVP warranty n. (품질 등의) 보증(서); 정당한 이유; 영장

0927 ★★

passive
[pǽsiv]

a. ① 수동의, 수동적인, 수세의
② 무저항의, 거역하지 않는, 순종하는, 소극적인 = resigned, submissive
③ 활동적이 아닌, 활기가 없는 = inactive, inert

He becomes **passive** when it comes to cooking with his wife.
그는 부인과 함께 요리를 할 때는 수동적으로 변한다.

MVP passivity n. 수동성, 소극성; 무저항, 복종
↔ active a. 활동적인; 적극적인

0928 ★

javelin
[dʒǽvlin]

n. 던지는 창; (the ~) 창던지기 (경기) = dart, harpoon, lance, spear

Goliath was outfitted with the glittering coat of armor and a sword and a **javelin** and a spear, and all David had was a sling.
골리앗(Goliath)은 번쩍번쩍 빛나는 갑옷을 입고 칼과 투창과 창을 가지고 있었던 데 반해, 다윗(David)이 가진 것은 고무줄 새총뿐이었다.

0929 ★★

smuggle
[smʌ́gl]

v. 밀수입[밀수출]하다; 밀항하다 = bootleg, sneak; stow away

When he decided to go back home to Ghana, he **smuggled** cacao seeds into the country.
그가 고향인 가나로 돌아가기로 결심했을 때, 그는 카카오 씨앗을 몰래 갖고 들어왔다.

MVP smuggler n. 밀수입자, 밀수꾼
contraband n. 밀수품(= smuggled goods), 밀매품

0930 ★★★
exact
[igzǽkt]

a. ① 정확한, 정밀한 = accurate, correct, precise
② 꼼꼼한; 엄격한, 가혹한 = rigorous, severe, strict
v. ① 요구하다 = claim, demand
② (지급·항복·실행 등을) 강요[강제]하다, (세금 따위를) 강제로 거두다
= compel, extort, extract

It's difficult for parents to identify the **exact** reasons why babies cry.
부모들은 아기들이 왜 우는지 정확한 이유를 확인하기가 어렵다.

MVP exaction n. 강요, 강탈; 부당한 요구; 가혹한 세금
exacting a. 엄한, 강요하는; 착취적인, 가혹한; (일이) 힘든
exactly ad. 정확하게; 정확히 말해; 틀림없이, 꼭

0931 ★★
afflict
[əflíkt]

vt. 괴롭히다, 피해를 입히다 = aggrieve, distress

About 40% of the country's population is **afflicted** with the disease.
그 나라 인구의 40% 가량이 그 질병으로 고통 받고 있다.

0932 ★★★
out-of-date
[áutəvdéit]

a. 구식인, 시대에 뒤떨어진, 낡은 = ancient, dated, old-fashioned, outdated

They find the procedures arcane, **out-of-date** and inefficient.
그들은 절차가 난해하고 시대에 뒤떨어졌으며 비효율적이라고 생각한다.

MVP ↔ up-to-date a. 최신의, 최근의, 현대[최신]식의, 현대적인

0933 ★
vomit
[vámit]

v. 토하다, 게우다 = bring up, heave, puke, spew, throw up
n. 구토; 분출; 구토물

The child **vomited** when he had the flu.
그 아이는 독감에 걸렸을 때 먹은 것을 토했다.

MVP emetic a. 토하게 하는; n. 구토제

0934 ★★★
circumstance
[sə́:rkəmstæns]

n. (보통 pl.) 상황, 환경; 주위의 사정 = condition, situation

The President firmly announced that any abuse of power should never be condoned under any **circumstances**.
대통령은 권력 남용은 어떤 상황에서도 절대 용서될 수 없다고 확고히 말했다.

MVP circumstantiate vt. 상세하게 설명하다
circumstantial a. (증거 등이) 상황에 의한, 추정상의; 상세한

DAY 19

0935 ★
lesion
[líːʒən]

n. 외상(外傷); (조직·기능의) 장애, 손상; 병변 = injury, wound

Mammography is a medical procedure employing X-ray technology to detect **lesions** in the breast that may be indicative of breast cancer.
유방조영술은 유방암을 나타내는 것일 수도 있는 유방 속의 병변을 X선을 이용해서 발견하는 의료 시술이다.

0936 ★★★
merger
[mə́ːrdʒər]

n. (기업의) 합병, 합동; 흡수 합병 = amalgamation, consolidation

One big company was formed by **merger** of four small ones.
작은 회사 4개의 합병으로 큰 회사 하나가 만들어졌다.

MVP merger and acquisition (기업의) 인수 합병(= M&A)

0937 ★★
bestial
[béstʃəl]

a. 짐승의, 짐승 같은, 흉포한, 야만스러운 = barbarous, brutal, savage

Jane did her best to propitiate her **bestial** husband.
제인(Jane)은 그녀의 흉포한 남편을 달래기 위해 최선을 다했다.

MVP beast n. 짐승, 짐승 같은 놈

0938 ★★★
deficiency
[difíʃənsi]

n. ① 결핍, 부족 = dearth, lack
② 결함, 결점 = defect, fault, flaw, shortcoming

Vitamin C **deficiency** can lead to scurvy.
비타민 C가 결핍되면 괴혈병에 걸릴 수 있다.

MVP deficient a. 부족한, 모자라는; 결함 있는

0939 ★★★
apologize
[əpάlədʒàiz]

v. ① 사과하다, 용서를 빌다, 사죄하다
② 변호하다, 변명하다, 해명하다 = defend, explain, represent, plead

Harry **apologized** to his teacher for coming to school late.
해리(Harry)는 선생에게 지각한 것을 사과했다.

MVP apology n. 사과, 사죄; 변명, 해명; 임시변통하는[명색뿐인] 것
apologetic a. 미안해하는, 사과하는
apologist n. (신앙·주의 등을) 변호하는 사람

0940 ★★★

illusion

[ilúːʒən]

n. ① 환상, 환각 = fantasy, hallucination
② 오해, 착각 = delusion, misconception

Although many people believe that we are making continual progress toward a better world, this may be an **illusion**.
많은 사람들은 우리가 더 나은 세상을 향해 계속해서 진보를 이루고 있다고 생각하지만, 이것은 환상일지도 모른다.

MVP illusory a. 환영의, 착각의(= illusive)
illusionary a. 환영의, 환상의, 착각의

0941 ★★

cognitive

[kágnitiv]

a. 인식[인지]의; 인식력이 있는 = intellectual, mental

Orangutans who spend a lot of time with human beings when they are young turn out to be much more inquisitive, and, apparently as a result, better at all sorts of **cognitive** tests.
어렸을 때 인간들과 많은 시간을 보낸 오랑우탄은 호기심이 훨씬 더 많은 모습을 보이며, 분명히 그로 인해, 모든 종류의 인지 검사에서 더 좋은 성적을 낸다.

MVP cognition n. 인지, 인식

0942 ★★

velocity

[vəlásəti]

n. 속도 = pace, speed

A typhoon is approaching at a **velocity** of 20 km per hour.
태풍이 시속 20km의 속도로 접근하고 있다.

0943 ★

flabbergast

[flǽbərgæst]

vt. 소스라쳐 놀라게 하다, 어리둥절케 하다, 당황하게 하다
= amaze, astonish, astound, dumbfound, stun

I was **flabbergasted** and asked him why he would do such a thing.
나는 너무 놀라서 왜 그런 짓을 했는지 그에게 물어보았다.

0944 ★★★

deft

[deft]

a. 교묘한, 능숙한, 손재주[솜씨]가 좋은. = adroit, proficient, skillful

He's very **deft** at handling awkward situations.
그는 거북한 상황을 다루는 데 아주 솜씨가 좋다.

MVP deftly ad. 솜씨 좋게, 교묘히(= skillfully)

DAY **19**

0945 ★★

appendix
[əpéndiks]

n. ① 부속물, 부가물; 부록 = addendum, adjunct, appendage, supplement
　② 〈해부〉 충수(蟲垂), 맹장

Most books have an **appendix** that lists additional information.
대부분 책에는 추가 정보를 기재한 부록이 있다.

MVP append vt. 덧붙이다, 첨부하다, 추가[부가]하다
appendicitis n. 충수염, 맹장염
appendectomy n. 맹장수술
appendage n. 부가물, 부속물; 수행원; 부하

0946 ★★★

boundary
[báundəri]

n. 경계, 경계선; (보통 pl.) 한계, 범위, 영역 = border, bounds, frontier, perimeter

The river forms the **boundary** between the US and Mexico.
그 강은 미국과 멕시코의 국경을 이르고 있다.

0947 ★★

pallid
[pǽlid]

a. (특히 아파서 얼굴이) 창백한, 핼쑥한 = pale, pasty, wan

Because his occupation required that he work at night and sleep during the day, he had an exceptionally **pallid** complexion.
자신의 직업 때문에 그는 밤에 일하고 낮에 잠을 자야 했다. 그래서 그는 매우 안색이 창백했다.

MVP pallor n. (얼굴 색깔이 특히 병·두려움으로) 창백함

0948 ★★★

responsible
[rispánsəbl]

a. ① 책임이 있는, 책임을 져야 할 = accountable, answerable, bound, liable
　② ~의 원인이 되는, ~을 초래하는[for]
　③ (사람이) 신뢰할 수 있는 = credible, dependable, reliable, trustworthy

Cigarette smoking is **responsible** for about 90% of deaths from lung cancer.
흡연은 폐암으로 인한 사망의 약 90%에 대한 원인이 된다.

MVP responsibility n. 책임, 책무, 의무(= duty)
　↔ irresponsible a. 책임을 지지 않는, 무책임한

0949 ★

muzzle
[mʌzl]

n. ① 입마개, 재갈 = bit, gag
　② (개·말 등의) 코끝, 주둥이 = mouth, snout
　③ 총구(銃口) = gunpoint
v. ① (동물에) 재갈을 물리다 = gag
　② (남을) 말 못하게 하다, 입을 틀어막다; 언론을 억압하다
　　= curb, restrain, silence; suppress

They accused the government of **muzzling** the press.
그들은 정부가 언론에 재갈을 물리려 든다고 비난했다.

0950 ★★

scrap
[skræp]

n. 조각, 단편[of] = fragment, morsel
vt. 폐기하다, 버리다 = discard

A crumpled **scrap** of paper was found in her handbag.
그녀의 핸드백에서 구겨진 종잇조각이 발견되었다.

They had been forced to **scrap** plans for a new school building.
그들은 어쩔 수 없이 신설 학교 수립 계획을 폐기해야만 했었다.

A. Write the meaning of the following words.

□ rebuke _____   □ terrific _____
□ chunk _____   □ warrant _____
□ inadvertent _____   □ passive _____
□ brood _____   □ javelin _____
□ plenary _____   □ smuggle _____
□ slim _____   □ afflict _____
□ embark _____   □ out-of-date _____
□ daring _____   □ vomit _____
□ nod _____   □ circumstance _____
□ disposition _____   □ lesion _____
□ shoal _____   □ merger _____
□ inherit _____   □ bestial _____
□ far-reaching _____   □ apologize _____
□ charge _____   □ illusion _____
□ effrontery _____   □ cognitive _____
□ solid _____   □ appendix _____
□ long-winded _____   □ boundary _____
□ acquired _____   □ responsible _____
□ haven _____   □ muzzle _____
□ percolate _____   □ scrap _____

※ 주어진 단어의 뜻을 본문에서 확인하시고 틀린 단어의 경우 박스에 체크한 뒤에 나중에 다시 학습하시기 바랍니다.

B. Choose the synonym of the following words.

1. stenography   Ⓐ amaze
2. pallid   Ⓑ spiteful
3. velocity   Ⓒ derision
4. deficiency   Ⓓ pale
5. taunt   Ⓔ shorthand
6. exact   Ⓕ authentic
7. flabbergast   Ⓖ skillful
8. genuine   Ⓗ speed
9. malignant   Ⓘ accurate
10. deft   Ⓙ dearth

B. 1. Ⓔ 2. Ⓓ 3. Ⓗ 4. Ⓙ 5. Ⓒ 6. Ⓘ 7. Ⓐ 8. Ⓕ 9. Ⓑ 10. Ⓖ

0951 ★★★

accelerate
[æksélərèit]

v. 가속하다, 촉진시키다; 빨라지다 = expedite, hasten, precipitate, quicken

The reader can **accelerate** his pace of reading when the material is easy.
책을 읽는 사람은 (읽고 있는) 내용이 쉬울 경우 읽는 속도를 더 낼 수 있다.

MVP acceleration n. 가속, 촉진; (차량의) 가속도
accelerator n. (자동차의) 액셀러레이터, 가속장치; <물리> 입자 가속기
↔ decelerate v. 속도를 줄이다, 감속하다

0952 ★★

tenuous
[ténjuəs]

a. ① 가느다란; (공기 등이) 희박한, 엷은 = slender, thin
② 미약한, 빈약한, 보잘것없는 = flimsy, insubstantial, weak

We can understand why substances change from a dense solid to a fluid liquid to a **tenuous** gas as they are heated.
우리는 물질이 가열될 때, 왜 조밀한 고체에서 유동적인 액체로, 그리고 엷은 기체로 변하는지를 이해할 수 있다.

I found an excuse to phone her, but it was rather **tenuous**.
그녀에게 전화할 구실을 찾긴 했지만 (그 구실은) 다소 빈약했다.

MVP tenuously ad. 희미하게, 희박하게, 가늘게

0953 ★

mayhem
[méihem]

n. ① 신체 상해, 폭력
② 대혼란, 소동, 아수라장, 난장판 = chaos, confusion, disorder
③ 명예훼손, 중상

Dogs should not be blamed for any **mayhem** that they may cause — it is the fault of their owners.
개가 가할 수 있는 그 어떤 상해에 대해서도 개가 비난을 받아서는 안 된다. 그것은 주인의 잘못이다.

We only left the children's party unattended for a few minutes, but it was **mayhem** when we returned.
잠시 몇 분 동안 저희들끼리 두고 자리를 비웠을 뿐인데, 돌아오니 아이들의 파티는 난장판이 돼 있었다.

0954 ★★★

deceit
[disíːt]

n. 속임수, 사기, 기만, 책략 = deception, duplicity, fraud, guile, trickery

When the newspapers published the full story, all his earlier **deceits** were revealed.
신문이 이야기의 전모를 발표하자 그가 예전에 저지른 모든 사기행각이 드러났다.

MVP deceive v. 속이다, 기만하다, 현혹시키다
deceitful a. 사람을 속이는, 거짓의
cf. conceit n. 자부심, 자만

0955 ★★

commodious

[kəmóudiəs]

a. 넓은, 널찍한 = ample, capacious, spacious

My wife was quite happy to see the **commodious** closet in the room.
내 아내는 그 방의 넓은 옷장을 보고 대단히 만족스러워 했다.

0956 ★★★

reconcile

[rékənsàil]

vt. ① 화해시키다 = conciliate, reunite
② 조화[일치]시키다 = accommodate, coordinate, harmonize

I tried to **reconcile** my two friends.
나는 나의 두 친구를 화해시키기 위해 노력했다.

The two sides failed to **reconcile** their differences, but agreed to continue negotiations.
양측은 의견차를 해소하는 데는 실패했지만, 협상을 계속하기로 합의했다.

MVP reconciliation n. 중재, 조정; 화해(= pacification)
reconciliatory a. 화해[조정]의

0957 ★★

kernel

[kə́ːrnl]

n. ① (쌀·보리 등의) 낟알, (과실의) 인(仁) = grain, nut
② 핵심, 요점 = core, gist, heart, nub, pith

The **kernel** of that message was that peace must not be a source of advantage or disadvantage for anyone.
그 메시지의 핵심은 평화가 어느 누구에게도 이익이나 불이익의 근원이 돼서는 안 된다는 것이었다.

0958 ★★

sedulous

[sédʒuləs]

a. 근면한, 부지런한, 꾸준히 공부하는 = assiduous, diligent, industrious

When the public accused the museum director of malingering, his staff members were quick to point out that their own **sedulous** attitude toward work was a direct reflection of the director's zeal for his.
대중들이 그 박물관장이 꾀병을 부린다고 비난했을 때, 그의 직원들은 일에 대한 그들 자신의 근면한 태도가 박물관장의 일에 대한 열정을 직접적으로 보여주고 있는 것이라고 곧바로 지적했다.

0959 ★★★

chance

[tʃæns]

n. 우연; 기회; 승산, 가능성, 가망
a. 우연한, 요행의 = accidental, casual

There will be a strong **chance** of showers tomorrow.
내일은 소나기가 올 가능성이 매우 높다.

He attended art events after a **chance** conversation with a stranger.
낯선 사람과 우연히 대화를 나눈 이후 그는 미술행사에 참여했다.

0960 ★
bulge
[bʌldʒ]

v. 부풀다, 불룩해지다; 부풀리다 = distend, expand, protrude, swell
n. ① 부푼 것, 돌출 = projection, protrusion
② (수량의) 일시적 증가, 팽창, 급증 = jump, surge

The large number of babies born from the mid-1940s to the mid-1960s produced the "baby boom," a **bulge** in the population.
1940년대 중반에서 1960년대 중반까지 매우 많은 아기들이 태어나서 인구가 급격히 증가하는 것을 의미하는 '베이비 붐'이 초래됐다.

0961 ★★★
misconception
[mìskənsépʃən]

n. 오해, 잘못된 생각 = delusion, misapprehension, misunderstanding

Believing that the world under the sea is silent is a common **misconception**.
바다 밑 세상이 고요하다고 믿는 것은 흔히 하는 오해이다.

MVP misconceive v. 오해하다, 오인하다
misconceived a. 계획[판단]이 잘못된

0962 ★★
defy
[difái]

vt. ① 무시하다, 문제시하지 않다 = disregard, ignore
② (권위·법률·규칙 등에) 반항[저항, 거역]하다 = disobey, rebel, resist

The owner seemed determined to **defy** his guests, not to mention his employees.
그 주인은 종업원들은 말할 것도 없고, 손님들도 무시하기로 작정한 듯 보였다.

Death is a course of nature that no one can **defy**.
죽음은 누구도 거스를 수 없는 자연의 섭리다.

MVP defiant a. 도전적인, 반항적인; 대담한

0963 ★★★
persistent
[pərsístənt]

a. ① 고집하는, 완고한, 버티는 = determined, dogged, persevering, stubborn
② 영속하는, 끊임없는 = constant, continuous, incessant, perpetual

Persistent effort was involved in completing the work.
그 일을 완료하는 데는 끊임없는 노력이 필요했다.

MVP persist vi. 고집하다, 주장하다, 집착하다; 지속하다, 살아남다
persistently ad. 끈덕지게, 고집스럽게

0964 ★★
liable
[láiəbl]

a. ① 책임이 있는[for, to] = accountable, answerable, responsible
② ~하기 쉬운; ~할 것 같은[to] = apt, likely, prone

You will not be **liable** for any unauthorized use of the lost card.
분실된 카드의 불법적인 사용에 대해 당신에게는 일체 책임이 없습니다.

Every man is **liable** to error.
사람은 누구든지 실수하기 마련이다.

MVP liability n. 책임, 의무

DAY 20

0965 ★★★

specialize
[spéʃəlàiz]

v. 전공하다, 전문적으로 다루다[in] = major

This shop **specializes** solely in books about ballet.
이 가게는 발레에 관한 책만을 전문으로 다룬다.

MVP specialization n. 특수화, 전문화; (의미의) 한정; <생물> 분화
specialized a. 전문의, 전문적인; 특별한 목적을 위한; <생물> 분화한

0966 ★

frolic
[frálik]

vi. 들떠서 떠들다, 야단법석을 떨다; 장난치다 = gambol, lark, play
n. 장난, 들떠서 떠들어댐, 야단 법석; 유쾌한 모임 = revel, spree

At the pool, I hear the clamour of children **frolicking** in the water.
수영장에서는, 아이들이 물속에서 장난치며 노는 떠들썩한 소리가 들린다.

MVP frolicsome a. 흥겨운, 들뜬, 장난치며 뛰노는

0967 ★★★

desirable
[dizáiərəbl]

a. ① 바람직한, 호감 가는, 가치 있는 = preferable, valuable, worthwhile
② (사람이) 성적 매력이 있는 = attractive, charming, enticing, seductive

The **desirable** birthrate to maintain a nation's population status quo is around 2.2, according to experts.
전문가에 따르면 한 나라의 현 인구 상태를 유지하기 위해 바람직한 출산율은 약 2.2명이라고 한다.

MVP cf. desirous a. 원하는, 열망하는

0968 ★★

belated
[biléitid]

a. 늦은, 뒤늦은 = delayed, tardy

I would like to offer you my **belated** thanks.
뒤늦게나마 감사의 말씀을 드립니다.

I gave her a **belated** birthday present.
나는 그녀에게 뒤늦은 생일선물을 주었다.

MVP belatedly ad. 뒤늦게

0969 ★★★

aggressive
[əgrésiv]

a. ① 침략적인, 공격적인 = belligerent, hostile, offensive
② 적극적인 = active, positive

In many Asian cultures, making direct eye contact with someone is often considered bold or **aggressive**.
많은 아시아 문화에서는 어떤 사람과 똑바로 시선을 마주치는 것은 종종 버릇이 없거나 대드는 것이라 여겨진다.

MVP aggression n. 공격, 침략
aggressor n. 침략자, 침략국

0970 ★★

parliament
[pάːrləmənt]

n. 국회; (영국 또는 영국의 자치령·캐나다의) 의회 = assembly, council

Parliament passed a law that regulates the disposal of waste.
의회는 폐기물 처리를 규제하는 법안을 통과시켰다.

MVP congress n. (미국 및 라틴 아메리카 공화국의) 의회, 국회
diet n. (덴마크·스웨덴·일본 등지의) 국회, 의회

0971 ★

obstreperous
[əbstrépərəs]

a. ① 떠들썩한, 시끄러운 = boisterous, clamorous, loud, noisy
② (사람·행동 등이) 사납게 날뛰는, 다루기[감당하기] 힘든 = disorderly, unruly

The crowd became **obstreperous** and shouted their disapproval of the proposals made by the speaker.
군중들은 떠들썩해졌고 연사가 제안한 것을 받아들일 수 없다고 외쳐댔다.

0972 ★★★

statistics
[stətístiks]

n. ①〈복수취급〉통계, 통계표, 통계 자료
② 〈단수취급〉통계학

The **statistics** say that prices went up two percent last year.
통계자료에 따르면, 물가는 작년에 2% 상승했다고 한다.

MVP statistician n. 통계학자, 통계가
statistical a. 통계상의
cf. demographics n. 인구통계, 인구통계자료

0973 ★★★

inactive
[inǽktiv]

a. 활동하지 않는, 활발하지 않은; 게으른 = dormant, inert

The volcano is not dangerous now because it is **inactive**.
그 화산은 활동을 멈추었기 때문에 지금은 위험하지 않다.

0974 ★★★

uproot
[ʌprúːt]

v. ① 뿌리째 뽑다 = extirpate, root out
② (악습을) 근절[절멸]시키다 = annihilate, eradicate, exterminate

We need to **uproot** partisan strife from the parliament.
우리는 국회에서 당파 간 갈등을 뿌리 뽑아야 한다.

0975 ★★★

nasty
[næsti]

a. ① 불쾌한, 싫은; 몹시 불결한, 더러운; (맛·냄새 등이) 메스꺼운
= disagreeable, disgusting, horrid, offensive, repugnant, unpleasant
② (성격·행동 등이) 못된, 고약한, 심술궂은
= malicious, spiteful, vicious, vile
③ (날씨 등이) 험악한, 거친
= inclement, rough, severe, stormy, threatening
④ 추잡한, 음란한 = indecent, lewd, obscene, vulgar

At last, my son broke the **nasty** habit of sucking his thumbs.
내 아들이 드디어 손가락을 빠는 고약한 버릇을 고쳤다.

0976 ★★

askew
[əskjúː]

ad. a. 비스듬히[비스듬한], 비뚤어지게[비뚤어진], 일그러져[일그러진]
= askance, awry, oblique

Pictures hung **askew** in that house.
그 집에서는 그림들이 비스듬히 걸려 있었다.

0977 ★★★

impel
[impél]

vt. ① 재촉하다, 몰아대다, 강제하여 ~하게 하다 = compel, force, oblige, press
② 추진시키다, 앞으로 나아가게 하다 = actuate, propel, push forward

There are various reasons that **impel** me to that conclusion.
내가 그런 결론에 이를 수밖에 없는 이유는 여러 가지이다.

0978 ★

hangover
[hǽŋòuvər]

n. ① 잔존물, 유물
② 숙취(宿醉); (약의) 부작용 = side effect
③ 후유증, 여파 = aftereffect

This alcohol does not leave a **hangover** no matter how much you drink.
이 술은 아무리 많이 마셔도 숙취가 없다.

0979 ★★

exponential
[èkspounénʃəl]

a. ① 설명[해설]자의; 대표적 인물의, 전형의 = exemplary, typical
② (증가율 등이) 기하급수적인, 급격한
③ 〈수학〉 지수(指數)의

Income disparities are consistently widening and the middle-class has been disappearing at an **exponential** rate.
계속해서 빈부 격차는 심해지고 있고, 중산층은 기하급수적인 속도로 사라지고 있었다.

MVP exponentially ad. 지수로; 기하급수적으로

0980 ★★★
gauge
[geidʒ]

vt. ① (치수·양 등을) 재다, 측정하다 = calculate, measure
② (사람·행동 등을) 평가[판단]하다 = estimate, judge
n. ① 표준 치수, 규격
② (판단의) 척도, 표준; (평가·계량·검사의) 수단

It's difficult to **gauge** how he is going to respond.
그가 어떤 반응을 보일지 요량하기 어렵다.

0981 ★★
conglomerate
[kənglάmərit]

n. 집합체; (거대) 복합기업 = aggregate, assortment, complex

Conglomerates such as Samsung, SK and LG offer less than 1 percent of their jobs to the disabled.
삼성, SK, LG와 같은 대기업들은 1% 이하를 장애인으로 고용한다.

0982 ★★★
include
[inklúːd]

v. 포함하다, 포함시키다

Does the rate they quote **include** tax?
그들이 청구하는 요금에 세금도 포함된 건가요?

You should **include** some examples in your essay.
에세이에 예를 몇 가지 포함시켜야 한다.

MVP inclusion n. 포함, 포괄
inclusive a. (~을) 포함한, 계산에 넣은[of]; 포괄적인
including prep. ~을 포함하여
↔ exclude vt. 제외하다, 배제하다, 배척하다

0983 ★
encyclopedia
[insàikləpíːdiə]

n. 백과사전, 전문사전 = cyclopedia

Wikipedia is an online **encyclopedia** made by its users.
'위키피디아'는 사용자에 의해 만들어지는 온라인 백과사전이다.

MVP encyclopedic a. 백과사전의; 박식한, 해박한; (특정 주제에) 정통한

0984 ★★
sift
[sift]

v. ① 체로 치다, 거르다 = filter, pick out, sieve
② 면밀히 조사하다, 심문하다 = examine, investigate

The flamingo eats in a peculiar manner: It plunges its head underwater and **sifts** the mud with a fine hairlike "comb" along the edge of its bent bill.
홍학은 특이한 방법으로 먹이를 잡아먹는다. 고개를 물 아래에 집어넣고서는 구부러진 부리의 가장자리에 있는 고운 머리카락 같은 '빗'으로 진흙을 걸러낸다.

He has **sifted** through tens of thousands of pages of documents.
그는 수만 페이지에 이르는 문서들을 면밀히 검토해 왔다.

MVP sieve n. (고운) 체; 조리; vt. 체로 치다, 거르다

0985 ★★

perfunctory
[pə:rfʌ́ŋktəri]

a. 마지못한, 형식적인, 겉치레의 = cursory, superficial

He gave his face a **perfunctory** washing.
그는 세수하는 시늉만 했다.

He overlooked many weaknesses when he inspected the factory in his **perfunctory** manner.
그는 공장을 형식적으로 검사하면서 많은 취약점들을 간과했다.

0986 ★★

fidgety
[fídʒiti]

a. 안절부절못하는, 조바심 내는 = antsy, fretful, impatient, restless, restive

She's usually very **fidgety** around new people.
그녀는 새로운 사람들 사이에 있으면 매우 안절부절못하곤 한다.

MVP fidget v. 안절부절못하다, 초조해 하다

0987 ★★★

emerge
[imə́:rdʒ]

vi. ① 나타나다, 출현하다 = appear, materialize, surface
② (빈곤·낮은 신분 등에서) 벗어나다, 빠져나오다

As the clouds drifted away the sun **emerged**.
구름이 흘러가고 해가 나왔다.

Smoking has **emerged** as the third top risk for health loss in India.
흡연은 인도에서 건강을 위협하는 세 번째 주요 위험요인으로 부상했다.

MVP emergence n. 출현, 발생(= appearance)
emerging a. 최근 생겨난; 새로 독립국이 된
emergent a. 신생의, 신흥의

0988 ★

taper
[téipər]

v. ① 점점 가늘어지다, 뾰족하게 하다 = point, sharpen
② (빗발 등이) 차차 약해지다, 점점 줄어들다[줄이다][off] = abate, decrease

Hazardous road conditions are expected tomorrow after the snow **tapers** off overnight.
눈이 밤새 잦아들면서 내일은 도로상태가 위험할 것으로 예상된다.

0989 ★★★

severe
[sivíə:r]

a. ① 극심한, 심각한 = extreme, intense
② 가혹한, 혹독한 = harsh, rigorous

The heat of late summer is **severe** this year.
올해는 늦더위가 심하다.

He deserves the most **severe** punishment allowed by law.
그는 엄벌을 받아 마땅하다.

MVP severity n. 엄격함, 가혹함

0990 ★★
vanguard
[vǽngɑ̀ːrd]

n. (군대의) 전위, 선봉; 선구자 = forerunner, herald, pathfinder, precursor

The university has been in the **vanguard** of the battle to eradicate social inequality in America for over 140 years.
그 대학교는 140년 이상 동안 미국에서 사회적 불평등을 근절하기 위한 투쟁의 선두에 서왔다.

0991 ★★★
obliterate
[əblítərèit]

vt. (흔적을) 없애다, 지우다; (문자 등을) 삭제하다 = erase; efface

I couldn't see the chalk marks on the sidewalk since they were **obliterated** by the rain.
나는 보도 위에서 분필 자국을 볼 수 없었는데, 비로 인해서 분필 자국이 지워졌기 때문이다.

Their nuclear warheads are strong enough to **obliterate** the world.
그들이 가진 핵탄두들은 전 세계를 없애버릴 정도로 충분히 강력하다.

MVP obliteration n. 말소, 삭제; 망각

0992 ★★
tempest
[témpist]

n. ① 사나운 비바람, 폭풍우, 폭설 = hurricane, storm
② 야단법석, 대소동, 동란 = commotion, tumult, upheaval, uproar

The unceasing **tempest** spoiled the crops.
쉴 새 없이 몰아친 폭풍우가 농작물을 다 망쳐 놓았다.

MVP tempestuous a. 사나운 비바람의, 폭풍에 의한; 격렬한(= turbulent, violent)
a tempest in a teapot 사소한 일로 빚어진 헛소동[야단법석]

0993 ★★★
marginal
[mɑ́ːrdʒinl]

a. ① 가장자리의, 경계의, 변두리의 = bordering, peripheral
② 미미한, 중요하지 않은, 하찮은 = insignificant, minor, negligible, slight

The story will only be of **marginal** interest to our readers.
그 기사는 우리 독자들에게는 미미한 관심거리 밖에 되지 못할 것이다.

MVP marginalize vt. 무시하다, 과소평가하다; (특히 사회의 진보에서) 처지게 하다
margin n. 가장자리; (책 페이지의) 여백; 수익; (시간·득표 수 등의) 차이[차]; (시간·돈 등의) 여유
marginally ad. 가장자리에; 난외[여백]에; 조금, 약간

0994 ★★
stillborn
[stílbɔ̀ːrn]

a. ① 사산(死産)된, 유산된 = aborted, abortive, deadborn
② 효과가 없는, 빛을 보지 못한, 무익한 = bootless, futile, inutile, resultless
n. 사산아 = stillbirth

His identical twin brother was **stillborn**.
그의 일란성 쌍둥이 동생은 사산되었다.

DAY 20

0995 ★
clutter
[klʌtər]

v. 어질러놓다, 어지럽히다 = derange, disarrange, litter, mess
n. 잡동사니; 어수선함, 혼란 = confusion, disorder, jumble, litter, muddle

There's always much **clutter** on your desk.
네 책상 위에는 항상 잡동사니가 많다.

0996 ★★
premium
[príːmiəm]

n. ① 할증금; 할증가격; 프리미엄 = extra charge, surcharge
② 상금; 포상금, 상여 = bonus, reward
③ 보험료; 수수료; 사례금 = fee

If you have an accident, your insurance **premium** will go up.
만약 사고를 내면, 보험료가 올라가게 될 겁니다.

0997 ★★
heinous
[héinəs]

a. 악랄한, 극악[흉악]한, 가증스런 = atrocious, flagrant

The judge was especially severe in his sentencing because he felt that the criminal had shown no compunction for his **heinous** crime.
판사는 그 범죄자가 자신의 극악무도한 범죄에 대해 전혀 뉘우침을 보이지 않았다고 생각했기 때문에 특별히 가혹한 형을 선고했다.

0998 ★★★
deluge
[déljuːdʒ]

n. ① 대홍수 = cataclysm, flood
② 쇄도, 범람 = flood, inundation
vt. ① 쇄도하다 = flood, pour
② 물에 잠기게 하다, 범람시키다 = inundate, swamp

The horrific tale of the 2004 **deluge** will be told for generations to come.
무시무시했던 2004년의 대홍수에 관한 이야기는 다가올 여러 세대에 걸쳐 회자될 것이다.

We are living in a **deluge** of information.
우리는 정보의 홍수 속에서 살고 있다.

Reporters **deluged** the President with questions.
기자들이 대통령에게 질문을 퍼부었다.

0999 ★★
extenuate
[iksténjuèit]

vt. ① (죄·과실을) 가볍게 하다, 경감하다, 정상을 참작하다 = mitigate, palliate
② 변명하다, ~의 구실이 되다 = excuse, justify

Nobody can **extenuate** his relentless cruelty.
그의 무자비한 잔인함은 정상 참작의 여지가 없다.

> **MVP** extenuation n. (죄의) 경감, 정상 참작; 참작할 점[사정]
> cf. attenuate v. 묽게 하다; 가늘게 하다, 얇게 하다; 약하게 하다(= weaken)

1000 ★

tropic
[trάpik]

a. 열대 지방의, 열대성의, 열대 지방 특유의
n. ① 〈천문〉 (때로 T~) 회귀선(回歸線)
　② (the ~s) 열대 지방

Bananas are considered a major staple of the **tropic** countries.
바나나는 열대 국가의 주요 산물로 여겨진다.

Night descends quickly in the **tropics**.
열대지방에서는 밤이 빨리 다가온다.

MVP tropical a. 열대 지방의, 열대의, 열대성의; 열렬한, 정열적인; 〈천문〉 회귀선의
cf. topic n. (대화·토론의) 화제, 이야깃거리, (강연·책 등의) 주제, 테마, 제목

A. Write the meaning of the following words.

☐ accelerate   _____   ☐ nasty   _____

☐ tenuous   _____   ☐ impel   _____

☐ mayhem   _____   ☐ hangover   _____

☐ commodious   _____   ☐ exponential   _____

☐ reconcile   _____   ☐ conglomerate   _____

☐ kernel   _____   ☐ include   _____

☐ chance   _____   ☐ encyclopedia   _____

☐ bulge   _____   ☐ sift   _____

☐ misconception   _____   ☐ perfunctory   _____

☐ defy   _____   ☐ fidgety   _____

☐ persistent   _____   ☐ emerge   _____

☐ liable   _____   ☐ taper   _____

☐ frolic   _____   ☐ severe   _____

☐ desirable   _____   ☐ tempest   _____

☐ belated   _____   ☐ marginal   _____

☐ aggressive   _____   ☐ stillborn   _____

☐ parliament   _____   ☐ clutter   _____

☐ obstreperous   _____   ☐ premium   _____

☐ statistics   _____   ☐ extenuate   _____

☐ inactive   _____   ☐ tropic   _____

※ 주어진 단어의 뜻을 본문에서 확인하시고 틀린 단어의 경우 박스에 체크한 뒤에 나중에 다시 학습하시기 바랍니다.

B. Choose the synonym of the following words.

1. sedulous   Ⓐ annihilate
2. askew   Ⓑ major
3. vanguard   Ⓒ erase
4. deceit   Ⓓ atrocious
5. uproot   Ⓔ flood
6. heinous   Ⓕ askance
7. deluge   Ⓖ measure
8. obliterate   Ⓗ industrious
9. gauge   Ⓘ deception
10. specialize   Ⓙ forerunner

B. 1. Ⓗ 2. Ⓕ 3. Ⓙ 4. Ⓘ 5. Ⓐ 6. Ⓓ 7. Ⓔ 8. Ⓒ 9. Ⓖ 10. Ⓑ

1001 ★★

wane
[wein]

vi. ① 약해지다, 쇠퇴하다 = decline, dwindle, fade, weaken
　② (달이) 이지러지다

n. 쇠퇴, 감퇴

The therapeutic power of the drugs appeared to be steadily **waning**.
그 약의 치료 효과가 점차 떨어지는 것으로 보였다.

A nation rises and falls just as the moon waxes and **wanes**.
달이 차면 기우는 것처럼 나라도 흥망성쇠를 겪는다.

MVP wan a. 창백한, 안색이 나쁜; 병약한, 힘없는
↔ wax vi. 커지다, 증대하다; (달이) 차다

1002 ★★★

individuality
[ìndəvidʒuǽləti]

n. 개성, 특성, 인격 = character, personality

The singer's new album is full of tracks which demonstrate her **individuality**.
그 가수의 새 앨범은 그녀의 개성을 보여주는 노래들로 가득 차 있다.

MVP individualism n. 개인주의; 이기주의; 개성
individual a. 개개의; 개인적인; 독특한, 개성적인; n. 개인, 개체

1003 ★★

exhilarating
[igzílərèitiŋ]

a. 기분을 돋우어 주는, 유쾌하게 하는; 상쾌한 = cheering, exciting, invigorating

Innovative work can be very **exhilarating**, but it also can be really downright scary.
혁신적인 일은 매우 즐거울 수도 있지만, 정말로 대단히 끔찍할 수도 있다.

MVP exhilarate vt. 원기를[기분을] 돋우다, 유쾌[상쾌]하게 하다
exhilaration n. 기분을 돋우어 줌; 유쾌, 상쾌

1004 ★★

detergent
[ditə́:rdʒənt]

n. 세제

Do not use too much **detergent** when doing the laundry.
빨래를 할 때 세제를 너무 많이 쓰지 마세요.

1005 ★★

recipient
[risípiənt]

n. 수령인, 수취인 = receiver
a. 받아들이는, 감수성[수용성]이 있는 = acceptive, receptive

A gift is something that should make the **recipient** happy.
선물은 받는 사람을 행복하게 하는 것이어야 한다.

DAY **21**

1006 ★★★

compatible
[kəmpǽtəbl]

a. ① 양립할 수 있는, 모순되지 않는, 조화되는, 적합한
　　= agreeable, congruous, harmonious
　② (특히 컴퓨터가) 호환되는

Some Muslims insist that Islam and modernization are perfectly **compatible**.
일부 이슬람교도들은 이슬람과 현대화가 완벽하게 양립가능하다고 주장한다.

The new system will be **compatible** with existing equipment.
새 시스템은 기존 장비와 호환이 될 것이다.

MVP compatibility n. 적합성; 호환성
　　↔ incompatible a. 양립하지 않는, 모순된; 사이가 나쁜

1007 ★★

squat
[skwat]

v. ① 웅크리다, 웅크리고[쪼그리고] 앉다 = crouch, hunker
　② (남의 땅·건물에서) 불법 거주하다, 무단 점유하다
a. ① 웅크린, 웅크리고 앉은
　② 땅딸막한 = chunky, dumpy, pudgy, stumpy, thickset
n. ① 웅크리기; 웅크린 자세 = crouch
　② 불법 거주 건물, 무단 점유 건물

She **squatted** down by the fire.
그녀는 모닥불 곁에 웅크리고 앉았다.

MVP squatter n. (공유지의) 불법 거주자; v. 물속을 철버덕거리며 나아가다

1008 ★★

horizon
[həráizn]

n. ① 수평선, 지평선 = skyline
　② 시계, 시야 = view, vista
　③ (학식·사고력 등의) 범위, 영역 = range, scope

The sun began to rise above the **horizon**.
수평선 위로 해가 떠오르기 시작했다.

MVP horizontal a. 수평의, 가로의; 수평선의

1009 ★★★

incessant
[insésnt]

a. 끊임없는, 부단한 = constant, continual, perpetual, unceasing

The students were so poor that only through **incessant** efforts could they realize their own dreams.
그 학생들은 너무나 가난해 부단한 노력을 통해서만 꿈을 이룰 수 있었다.

MVP incessantly ad. 끊임없이

1010 ★★
mastermind
[mǽstərmàind]

n. (머리가 좋은) 기안자, 지도자, 주모자 = director, manager, organizer
vt. (배후에서) 지휘[조종]하다 = direct, manage, manipulate, organize, plan

There is a need to reach the real **masterminds** behind these incidents.
이 사건들의 실제 주모자에게 접근할 필요가 있다.

1011 ★
garish
[gǽəriʃ]

a. 지나치게 화려한, 야한 = flashy, gaudy, showy

She wears **garish** clothing and fake jewelry.
그녀는 화려한 옷에다가 모조 보석을 걸치고 있다.

Conservative Saudi leaders seek to modernize without the **garish** libertine free-for-all that Western secular individualism has promoted.
보수적인 사우디아라비아의 지도자들은 서방의 세속적인 개인주의가 조장해 온 지나치게 자유로운 무질서를 겪지 않고서 현대화를 이루려 한다.

1012 ★★★
impoverish
[impávəriʃ]

vt. ① 빈곤하게 하다
② (질을) 떨어뜨리다, 저하시키다

Economic poverty is not the only kind of poverty that **impoverishes** human lives.
경제적 가난이 인간의 삶을 피폐하게 만드는 유일한 가난은 아니다.

The demise of the newspaper is **impoverishing** our civil discourse.
신문의 종말은 우리 시민의 토론의 질을 저하시키고 있다.

1013 ★★
seasoned
[síːznd]

a. ① 조미된, 맛을 낸 = flavored
② 경험 많은, 노련한 = adroit, experienced, veteran

Being a **seasoned** traveler, he was prepared for the dangers.
노련한 여행가였기 때문에, 그는 여러 가지 위험한 일에 대비가 돼 있었다.

1014 ★
penal
[píːnəl]

a. 형(刑)의, 형벌의; 형법상의, 형사상의 = disciplinary, punitive

A strong **penal** system is necessary to ensure a safe society.
엄격한 형벌 제도는 안전한 사회를 보장하기 위해 반드시 필요하다.

MVP penalty n. 처벌, 형벌, 벌금
penalize v. 벌하다; 형을 과하다, ~에게 유죄를 선고하다
penal code 형법

1015 ★★

deputy
[dépjuti]

n. 대리(인); 부관; 대표자, 대의원 = agent, delegate, proxy, surrogate

I'm acting as **deputy** till the manager returns.
저는 팀장님이 돌아오실 때까지 대행을 하고 있습니다.

MVP depute vt. 대리로 명하다; 위임하다(= appoint, entrust)

1016 ★★★

persuade
[pərswéid]

v. 설득하다, 권유하여 ~하게 하다 = convince

He **persuaded** me to forgive her.
그는 그녀를 용서하도록 나를 설득했다.

MVP persuasion n. 설득, 납득; (종교적·정치적) 신념[신조]
persuasive a. 설득력 있는, 말솜씨가 능란한
persuasively ad. 설득력 있게

1017 ★★

onlooker
[ánlùkər]

n. 구경꾼, 방관자 = bystander, observer, spectator

The customer protested in such a loud, violent, and maniacal manner that **onlookers** thought he had lost his sanity.
그 손님은 큰 소리로 격렬하게 미친 듯이 항의했기 때문에 구경꾼들은 그가 제정신이 아니라고 생각했다.

1018 ★★★

amend
[əménd]

v. ① (의안 등을) 수정하다, 개정하다, 정정하다 = revise
② (행실·잘못 등을) 고치다, 바로잡다 = correct

He **amended** the constitution with an aim of long-term seizure of power.
그는 장기 집권을 노리고 헌법을 개정했다.

MVP amendment n. (법안 등의) 개정[수정](안)
amends n. <단수·복수 취급> 보상(= compensation, reparation)

1019 ★★

sojourn
[sóudʒəːrn]

n. 체류 = stay, visit
vi. 머무르다, 살다, 체류하다 = abide, dwell, reside

During his **sojourn** in Asia, he learned much about native customs.
그는 아시아에 잠시 머무는 동안 그곳 고유의 풍습에 관해 많은 것을 배웠다.

MVP cf. adjourn v. ~을 휴회[산회, 폐회]하다; 연기하다

1020 ★★
philanthropy
[filǽnθrəpi]

n. ① 박애(주의), 자선, 인자, 인류애
  ② 자선활동, 자선단체

Warren Buffett showed his commitment to **philanthropy** by donating over 3 billion dollars to different charities last year.
워렌 버핏(Warren Buffett)은 작년에 여러 자선단체에 30억 달러를 기부하면서 자선활동에 대한 약속을 증명해 보였다.

MVP philanthropic a. 박애주의의, 인정 많은, 자선의
philanthropist n. 박애주의자, 자선가

1021 ★
lissome
[lísəm]

a. (몸이) 호리호리한, 유연한, 날씬한 = slender, svelte

This year's resolution is to exercise enough to become as **lissome** as my aerobics instructor.
올해 결심은 운동을 열심히 해서 나의 에어로빅 강사만큼 날씬하게 되는 것이다.

1022 ★★
marital
[mǽrətl]

a. 결혼의, 혼인의, 부부간의 = conjugal, matrimonial, nuptial

Marital discord is the fundamental reason why people get divorced.
부부 사이의 불화가 사람들이 이혼하는 근본적인 이유다.

Couples that communicate well are better able to navigate the choppy **marital** waters.
의사소통을 잘하는 부부들은 결혼이라는 요동치는 바다를 더 잘 헤쳐 나간다.

1023 ★★★
bolster
[bóulstər]

vt. ① 북돋우다, 강화하다, 개선하다 = encourage
  ② (학설·운동 등을) 지지하다; 보강하다 = support

Falling interest rates may help to **bolster** up the economy.
금리 하락이 경제 부양에 도움이 될지도 모른다.

A new statistical analysis **bolsters** the evidence that the Earth is growing warmer, and that humans are substantially to blame.
지구의 온도가 실제로 증가하고 있으며 여기에는 인간의 책임이 크다는 증거를 뒷받침해 주는 새로운 통계 분석 결과가 나왔다.

1024 ★★
stale
[steil]

a. ① (음식 등이) 신선하지 않은, 상한; (술 따위가) 김빠진 = flat, vapid
  ② (공기·냄새 등이) 퀴퀴한, 고약한 냄새가 나는 = fusty, musty
  ③ (생각·표현 등이) 케케묵은, 흔해빠진, 진부한 = banal, trite

He took out the bread, but it was hard, and **stale**.
그는 그 빵을 꺼냈으나 그것은 딱딱하고 상해 있었다.

After ten years in the job, she felt **stale** and needed a change.
그 직장에서 10년을 보낸 이후, 그녀는 싫증난 기분이었고 변화가 필요했다.

1025 ★★
cosmic
[kázmik]

a. ① 우주의 = universal
② 무한한, 광대무변한, 장대한 = immense, infinite, limitless, vast
③ 질서 있는, 정연한 = orderly

It is generally assumed that planets were formed by accretion of gas and dust in a **cosmic** cloud.
행성은 우주 구름 속에 있는 가스와 먼지의 축적으로 형성되었다고 일반적으로 추정된다.

MVP cosmology n. 우주론
cosmos n. 우주; 질서, 조화(↔ chaos)
↔ chaotic a. 무질서한, 혼란한, 혼돈된

1026 ★★★
deplore
[diplɔ́:r]

vt. 슬퍼하다, 한탄[개탄]하다 = bemoan, lament, regret

We would very much **deplore** it if a popular programme were taken off as a result of political pressure.
만약 인기 있는 어떤 프로그램이 정치적 압력으로 인해 중단된다면, 우리는 그것을 매우 개탄할 것이다.

MVP deplorable a. 통탄할, 비참한; 애처로운

1027 ★
tonic
[tánik]

n. 강장제, 활기를 돋우는 것 = roborant

The Chinese used ginger as a **tonic**.
중국인들은 생강을 강장제로 사용했다.

I think my golf has been a **tonic** for my mum, although she never really talks about it that way.
엄마가 실제로 그렇게 말한 적은 없지만, 엄마의 인생에 있어서 내 골프가 삶의 활력소가 되어온 것으로 보인다.

1028 ★★★
preferable
[préfərəbl]

a. (~보다) 차라리 나은, 오히려 더 나은, 바람직한[to]
= better, favored, preferred, superior

He finds country life infinitely **preferable** to living in the city.
그는 전원생활이 도시에서 사는 것보다 한없이 더 좋다고 생각한다.

MVP prefer v. (오히려) ~을 좋아하다, 차라리 ~을 택하다; 등용하다, 승진시키다
preference n. 더 좋아함, 좋아함, 편애(偏愛)
preferred a. 우선의; 발탁된, 승진한
preferential a. 우선의, 선취권이 있는; 차별적인
preferably ad. 차라리, 오히려, 되도록이면

1029 ★★

veto
[víːtou]

vt. (제안·의안 등을) 거부[부인]하다 = deny, refuse, reject
n. ① 거부권
② 금지 = ban, prohibition

Because the governor disagreed with their purposes, he **vetoed** three bills passed by the legislature.
주지사는 법안의 취지에 반대했기 때문에 의회에서 통과된 그 세 개의 법안을 거부했다.

The president exercised his **veto** on this bill.
대통령은 이 법안에 대해 거부권을 행사했다.

MVP line-item veto (대통령의) 개별 조항 거부권
pocket veto (대통령의) 법안 거부권

1030 ★★★

agile
[ǽdʒail]

a. ① 날렵한, 민첩한 = nimble, prompt, quick, swift
② (생각이) 재빠른, 기민한 = acute, astute, sharp, shrewd

A typical carnivore is an **agile** runner with sharp teeth and claws, acute hearing and eyesight, and a well-developed sense of smell.
전형적인 육식동물은 날카로운 이빨과 발톱, 예리한 청각과 시력 그리고 잘 발달된 후각을 가진 민첩한 달리기 선수다.

She was quick-witted and had an extra ordinarily **agile** mind.
그녀는 재치가 있었고 머리 회전이 매우 빨랐다.

MVP agility n. 민첩; 예민함

1031 ★

fealty
[fíːəlti]

n. ① (영주·군주에 대한) 충성, 충성의 맹세[의무] = homage
② 충실, 충성, 성실 = allegiance, faith, faithfulness, fidelity, loyalty

The nobles swore **fealty** to the king.
귀족들은 왕에게 충성을 맹세했다.

1032 ★★★

threaten
[θrétn]

v. ① 위협[협박]하다 = intimidate, menace
② (나쁜 일이 있을) 조짐을 보이다, 임박하다 = be imminent, impend

The hijackers **threatened** to kill one passenger every hour if their demands were not met.
항공기 탈취범들은 자신들의 요구를 들어주지 않으면 인질을 한 시간에 한 명씩 살해하겠다고 협박했다.

Now e-books **threaten** to undermine sales of the old-fashioned kind.
현재, 전자책이 기존 책의 매출을 약화시키는 조짐을 보이고 있다.

MVP threat n. 협박, 위협
threatened a. (야생 동식물이) 멸종 위기에 있는, 멸종될지 모르는

1033 ★
aphorism
[ǽfərìzm]

n. 금언, 격언, 경구 = apothegm, dictum, maxim, proverb

An **aphorism** differs from an adage in that it is more philosophical or scientific.
경구는 보다 철학적이거나 과학적이라는 점에서 속담과는 다르다.

MVP aphoristic a. 경구적인, 격언체의, 금언적인

1034 ★★★
concentration
[kànsəntréiʃən]

n. ① (노력·정신 등의) 집중, 전념 = absorption, convergence
　② 〈화학〉 농도 = density

Tiredness affects your powers of **concentration**.
피로는 사람의 집중력에 영향을 미친다.

If the **concentration** of greenhouse gases in the atmosphere were to increase, then more heat likely would be retained.
만약 대기 중 온실가스의 농도가 증가하면 아마도 더 많은 열을 보유하게 될 것이다.

MVP concentrate v. 집중하다, 전념하다; 한 점에 모으다
　　concentration camp 강제 수용소

1035 ★★
ungainly
[ʌngéinli]

a. 우아하지 않은, 보기 흉한, 어색한 = clumsy, gawky, inelegant, ungraceful

High ceilings and unpainted walls made the rooms seem bleak and **ungainly**.
높은 천장과 칠해지지 않은 벽은 그 방들을 황량하고 보기 흉하게 만들었다.

MVP ↔ gainly a. 뛰어나게 아름다운, 단정한, 우아한, 맵시 있는

1036 ★★★
shortcoming
[ʃɔ́ːrtkʌ̀miŋ]

n. 결점, 단점 = defect, flaw, weakness

He is a very competent servant, but has many **shortcomings** to his character.
그는 매우 유능한 하인이지만, 성격적으로 결함이 많다.

His grave **shortcoming** is his lack of concentration.
그의 중대한 결점은 집중력이 부족하다는 것이다.

1037 ★★
remark
[rimά:rk]

n. ① 발언, 말, 논평, 언급 = comment
　② 주의, 주목 = attention
v. ① 언급하다, 말하다, 논평하다, 발언하다 = comment
　② 알아채다, 깨닫다, 눈치 채다 = notice, perceive, sense

Their **remarks** reflect their deep concerns over regional security.
그들의 발언은 지역 안보에 대해 갖는 깊은 우려를 반영하고 있다.

The judges **remarked** on the high standard of entries for the competition.
심사위원들이 그 대회 참가재[참가작]들의 높은 수준에 대해 언급했다.

I **remarked** the unpleasant odor as soon as I entered the house.
그 집에 들어서자마자 고약한 냄새가 나는 것을 알아챘다.

> **MVP** remarkable a. 놀랄 만한, 놀라운, 주목할 만한; 비범한, 뛰어난
> remarkably ad. 주목할 만하게, 눈에 띄게; 몹시, 매우; 이상하게도

1038 ★

mountebank
[máuntəbæŋk]

n. ① 엉터리 약장수, 돌팔이 의사 = charlatan, quack
② 사기꾼, 협잡꾼 = cheat, fraud, impostor, juggler, swindler

People are quite ready to listen to the philosophers for a little amusement, just as they would listen to a **mountebank**.
돌팔이의 말을 듣곤 하는 것과 마찬가지로, 사람들은 철학자들의 말을 재미삼아 들을 준비가 돼 있다.

1039 ★★

debunk
[diːbʌŋk]

vt. (생각·믿음 등이) 틀렸음을 밝혀내다; (정체를) 폭로하다; 헐뜯다

In 2014, German scientists published their own study in an attempt to **debunk** Changizi's work.
2014년에 독일 과학자들은 챈기지(Changizi)의 연구가 틀렸다는 것을 밝히려는 목적으로 시행한 자신들의 연구를 발표했다.

Reporters **debunked** the candidate's story about his misbehavior.
기자들은 그 후보의 비행에 관한 이야기를 폭로했다.

1040 ★★★

quality
[kwáləti]

n. ① 질, 품질; 성질, 특성, 속성, 자질 = attribute, caliber, nature, property
② 양질, 우수성; 재능 = excellence, fineness
a. 양질의, 고급의 = high-class, high-end

The fine **quality** justifies the high cost.
질이 좋기 때문에 값이 비싼 것은 당연하다.

> **MVP** qualitative a. 성질상의, 질적인
> qualitatively ad. 질적으로

1041 ★

affiance
[əfáiəns]

vt. 〈보통 수동태 또는 재귀용법〉 약혼시키다[to] = betroth, engage
n. ① 약혼 = betrothal, engagement
② 서약 = oath, pledge, promise, vow

They were **affianced** in their early twenties.
그들은 20대 초반일 때 약혼했다.

> **MVP** affiant n. 선서 진술인
> affidavit n. 선서 진술서
> fiance n. 약혼자; 약혼 중인 남성
> fiancee n. 약혼녀

1042 ★★
testy
[tésti]

a. 화[짜증]를 잘 내는, 성미가 급한 = irascible, irritable, petulant, touchy

The uncertainty left everyone confused and **testy**.
그 불확실성은 모든 이를 혼란스럽고 짜증나게 했다.

1043 ★★★
encounter
[inkáuntər]

v. 만나다, 부닥치다 = come across, confront, meet
n. (우연히) 만남, 조우 = confrontation, rendezvous

Everyday we **encounter** new and different people.
매일 우리는 새롭고 색다른 사람들을 만난다.

This fortuitous **encounter** was the cause of his death.
이 우연한 조우가 그의 죽음의 원인이 되었다.

1044 ★
vendetta
[vendétə]

n. 피의 복수, 앙갚음, 복수 = retaliation, revenge, vengeance

One of the gang members began a **vendetta** against her after she testified.
그녀가 증언한 후에 갱단의 일원이 그녀에게 복수를 시작했다.

1045 ★★★
classify
[klǽsəfài]

vt. ① 분류[구분]하다, 등급별로 나누다 = assort, categorize
② (정보·문서 등을) 기밀 취급하다

Last year, the World Health Organization **classified** cellphone radiation as "possibly carcinogenic."
작년에 세계보건기구는 휴대폰 전자파를 '암을 유발할 수 있는' 것으로 분류했다.

MVP classification n. 분류, 구별; 범주, 등급
classified a. 분류된, 유별의; (서류 등이) 비밀의, 기밀의

1046 ★★
fatuous
[fǽtʃuəs]

a. 어리석은, 얼빠진 = foolish, inane, silly, stupid

Insisting on a luxury car you cannot afford is **fatuous**.
비용을 감당할 수 없는 고급 승용차를 고집하는 것은 얼빠진 짓이다.

MVP fatuity n. 어리석음, 우둔

1047 ★★
palliate
[pǽlièit]

vt. ① (고통 따위를) 일시적으로 완화시키다 = alleviate, mitigate, relieve
② (과실·죄 따위를) 가볍게 하다, 참작하다 = extenuate

Even if cancer is incurable, it can be **palliated**.
암은 치유될 수는 없더라도 증상이 나아질 수는 있다.

> **MVP** palliative a. 일시적으로 완화하는; n. (문제의 근본 원인을 해결하는 것이 아닌) 일시적인 처방, 임시방편
> palliation n. (병 따위의) 일시적 완화; 변명; (허물 등의) 경감, 참작

1048 ★
extemporaneous
[ekstèmpəréiniəs]

a. ① (연설·연주 등이) 즉흥적인, 즉석의, 준비 없이 하는
= ad lib, impromptu, improvised, offhand
② 일시적인, 임시변통의 = makeshift, temporary

Because his **extemporaneous** remarks were misinterpreted, he decided to write all his speeches in advance.
그는 자신의 즉흥적인 발언들이 오해를 불러일으켰기 때문에 연설하기 전에 모두 글로 써 놓기로 했다.

> **MVP** extemporize v. (연설·연주 등을) 즉흥적으로 하다; 임시변통으로 만들다
> extempore ad. a. 즉석에서[의], 즉흥적으로[인]

1049 ★★
bastard
[bǽstərd]

n. ① 서자, 사생아 = illegitimate child, love child
② (동식물의) 잡종; 가짜; 열등[조악]품
③ 〈미국속어·경멸적〉 자식, 새끼; 놈, 녀석
a. ① 서출의, 사생아의; 잡종의 = illegitimate, misbegotten
② 가짜의, 모조[위조]의 = counterfeit, false, phony, sham

Some thoughtless **bastards** park their cars however they like.
일부 몰상식한 인간들이 아무렇게나 차를 세워놓는다.

1050 ★★★
sponsor
[spánsər]

n. ① (방송·행사 등의) 스폰서, 광고주; 후원자 = backer, patron, promoter
② (법안 등의) 발기인, 주창자 = animateur, initiator, organizer, originator
③ (다른 사람에 대한) 보증인, 보증 책임자 = guarantor, surety
vt. ① (방송·행사 등을) 후원하다, 지원하다 = patronize, promote, subsidize
② (공식 행사를) 주관[주최]하다 = conduct, hold, host, run
③ (법안 등을) 발의하다 = initiate, move

If I'm going to go and live in the US, I must get an American **sponsor**.
내가 만약에 미국에 가서 살려면 미국인 보증인을 구해야 한다.

REVIEW TEST

A. Write the meaning of the following words.

□ wane	_____	□ deplore	_____
□ individuality	_____	□ preferable	_____
□ exhilarating	_____	□ agile	_____
□ detergent	_____	□ fealty	_____
□ compatible	_____	□ aphorism	_____
□ squat	_____	□ concentration	_____
□ horizon	_____	□ ungainly	_____
□ incessant	_____	□ remark	_____
□ mastermind	_____	□ mountebank	_____
□ garish	_____	□ debunk	_____
□ impoverish	_____	□ quality	_____
□ seasoned	_____	□ affiance	_____
□ penal	_____	□ encounter	_____
□ deputy	_____	□ vendetta	_____
□ persuade	_____	□ classify	_____
□ amend	_____	□ fatuous	_____
□ sojourn	_____	□ palliate	_____
□ philanthropy	_____	□ extemporaneous	_____
□ lissome	_____	□ bastard	_____
□ stale	_____	□ sponsor	_____

※ 주어진 단어의 뜻을 본문에서 확인하시고 틀린 단어의 경우 박스에 체크한 뒤에 나중에 다시 학습하시기 바랍니다.

B. Choose the synonym of the following words.

1. marital   Ⓐ reject
2. testy   Ⓑ roborant
3. cosmic   Ⓒ universal
4. shortcoming   Ⓓ support
5. threaten   Ⓔ matrimonial
6. bolster   Ⓕ receiver
7. onlooker   Ⓖ irascible
8. veto   Ⓗ bystander
9. recipient   Ⓘ intimidate
10. tonic   Ⓙ defect

B. 1. Ⓔ 2. Ⓖ 3. Ⓒ 4. Ⓙ 5. Ⓘ 6. Ⓓ 7. Ⓗ 8. Ⓐ 9. Ⓕ 10. Ⓑ

1051 ★★★

obsolete

[ὰbsəlíːt]

a. 더 이상 쓸모가 없는, 한물간, 구식의 = antiquated, outdated, outmoded

"Happily ever after" and "Till death do us part" are expressions that seem on the way to becoming **obsolete**.
'평생 행복하게'와 '죽음이 우리를 갈라놓을 때까지' 등은 진부한 것이 돼 가고 있는 표현이다.

Gas lamps became **obsolete** when electric lighting became possible.
전기 조명이 가능해지면서 가스램프는 쓰이지 않게 되었다.

1052 ★★

perspicacious

[pə̀ːrspəkéiʃəs]

a. 이해가 빠른, 총명한, 통찰력[선견지명]이 있는
= acute, clever, discerning, perceptive, sharp

The brilliant lawyer was well-known for his **perspicacious** deductions.
그 뛰어난 변호사는 통찰력 있는 추론으로 잘 알려져 있었다.

MVP perspicacity n. 명민, 총명; 통찰력

1053 ★

enamor

[inǽmər]

vt. 〈보통 수동태〉 반하게 하다, 매혹하다[of, with]
= captivate, charm, enchant

Narcissus became **enamored** of his own beauty.
나르시소스(Narcissus)는 자신의 아름다움에 반했다.

MVP enamored a. 사랑에 빠진, 매혹된, 반한

1054 ★★

heretic

[hérətik]

n. 이교도, 이단자 = heathen, infidel, pagan

He was excommunicated from the church as a **heretic**.
그는 이단자로 몰려 교회에서 추방되었다.

MVP heretical a. 이교의, 이단의
heresy n. 이교, 이단

1055 ★★★

impatient

[impéiʃənt]

a. ① 성급한, 성마른, 안달하는 = fretful, irritable, restless
② 몹시 ~하고 싶어 하는 = anxious, eager

We were **impatient** for the airplane to start.
우리는 비행기가 빨리 출발해 주었으면 하고 조바심했다.

MVP impatience n. 성마름; 성급함, 조급함, 초조
impatiently ad. 성급하게, 조바심하며
patience n. 참을성; 인내력, 인내심
↔ patient a. 인내심이 강한, 끈기 있는; n. 환자
inpatient n. 입원 환자
outpatient n. 외래 환자

1056 ★★
salute
[səlúːt]

v. ~에게 (특히 깍듯하게) 인사하다, ~에 경례하다; 맞이하다 = greet; welcome
n. 인사, 경례; 갈채 = greeting

The president **saluted** the courage of those who had fought for their country.
대통령은 조국을 위해 싸운 사람들의 용기에 경의를 표했다.

MVP salutation n. 인사, 인사말
salutatory a. 인사의, 환영의
cf. salutary a. 유익한, 건전한, 이로운

1057 ★
mawkish
[mɔ́ːkiʃ]

a. ① 몹시 감상적인 = maudlin, sentimental
② 역겨운 = nauseating, sickening

The resulting film was neither **mawkish** nor rounded off with a happy ending.
완성된 그 영화는 지나치게 감상적이지도 않았고 해피엔딩으로 적당히 얼버무리지도 않았다.

MVP mawkishness n. 역겨움, 구역질; 몹시 감상적임(= sentimentality)

1058 ★★★
pamphlet
[pǽmflət]

n. ① (가제본한) 팸플릿, 소책자 = booklet, brochure, leaflet
② 시사 논문[논평], 소논문 = tract, treatise

The **pamphlet** contains full details of the national park's scenic attractions.
그 소책자에는 국립공원의 경치 좋은 곳에 대한 완벽한 세부 정보가 담겨 있다.

MVP cf. brochure n. (광고·상품 설명 등의) 팸플릿, 소책자
cf. leaflet n. 낱장으로 된 인쇄물; 전단광고; (신문 속에 끼어 넣는) 인쇄물

1059 ★★
deflect
[diflékt]

v. ① (특히 무엇에 맞고 난 뒤) 방향을 바꾸다[바꾸게 하다] = deviate
② (관심·비판 등을) 피하다[모면하다]

The ball **deflected** off Tom's body into the goal.
공은 톰의 몸에 맞고 꺾이면서 골문 안으로 들어갔다.

All attempts to **deflect** attention from his private life have failed.
그의 사생활에 관심이 쏠리지 않게 하려는 모든 노력이 실패했다.

MVP deflection n. 비낌, 기울어짐; 편향도

1060 ★★
outdated
[àutdéitid]

a. 구식인, 시대에 뒤진 = antiquated, obsolete, old-fashioned, out of date

The car has been criticized for its **outdated** body styling.
그 자동차는 차체 디자인[스타일]이 구식이라고 비판을 받아 왔다.

1061 ★

tally
[tǽli]

n. 계산서, 장부, 득점표; 계정, 계산; 기록 = count, record, score, total
v. ① 부합[일치]하다[with] = accord, agree, coincide, match
② (득점 등을) 기록하다 = mark, record, score
③ 계산하다, 합계하다[up] = count, total

There has never been an accurate **tally** of the dead.
정확한 사망자 수는 아직 밝혀지지 않았다.

1062 ★★★

inflate
[infléit]

v. ① 부풀리다[부풀다], 팽창시키다 = expand, swell
② (말·의견·생각 등을) 과장하다 = exaggerate, overstate
③ (통화를) 팽창시키다, (물가를) 올리다 = increase, raise

Don't **inflate** an incident to make it outlandish than it actually was.
어떤 사건을 실제보다 색다르게 보이도록 과장해서는 안 된다.

Plenty of air was pumped into the already **inflated** market for fine art last year.
작년에 이미 과열됐던 미술 시장에 많은 거품이 끼게 됐다.

> **MVP** inflation n. 인플레이션, 통화 팽창; 물가 인상[폭등]
> inflated a. 부푼, 팽창한; 과장된; 폭등한, (통화가) 현저히 팽창한

1063 ★★

commensurate
[kəménsərət]

a. (크기·중요도·자질 등에) 어울리는[상응하는] = corresponding, proportionate

Starting salary for all positions is **commensurate** with qualifications and experience.
모든 직종의 초임은 능력과 경력에 따라 지급된다.

1064 ★

smut
[smʌt]

n. ① 검댕, 얼룩; 오점 = blot, smear, smudge
② 음담; 음란, 외설물 = bawdry, obscenity, pornography

They removed dust, **smuts**, and grease on the floor.
그들은 바닥에 있던 먼지, 얼룩, 기름때를 제거했다.

Parents do not want their children to see **smut**.
부모들은 자녀들이 음란물을 보지 않길 원한다.

1065 ★★

baffle
[bǽfl]

v. ① 당황하게 하다 = bewilder, confuse, perplex, puzzle
② 좌절시키다 = frustrate, thwart

An apple tree producing square fruit is **baffling** experts.
네모난 열매가 열리는 사과나무가 전문가들을 당혹스럽게 만들고 있다.

They were **baffled** in their search.
그들의 수색은 실패했다.

> **MVP** baffling a. 저해하는; 당황하게 하는; 이해할 수 없는(= perplexing)

1066 ★★★

transparent
[trænspέərənt]

a. ① 투명한 = crystalline, limpid, pellucid
　② 명백한, 명료한 = lucid, obvious, plain

The advertisement should have a **transparent** point to show off.
광고에는 보여주고자 하는 요점이 명료하게 드러나야 한다.

That press conference was a **transparent** attempt to mislead the people.
그 기자회견은 국민을 오도하기 위한 뻔히 들여다보이는 시도였다.

> **MVP** transparency n. 투명, 투명도; 명백
> ↔ opaque a. 불투명한

1067 ★★

sob
[sab]

v. ① 흐느끼다, 흐느껴 울다; 흐느끼며[흐느껴 울며] 말하다 = weep, whimper
　② (바람·증기기관·파도가) 윙윙[쉭쉭, 쏴쏴] 소리 내다
n. 흐느껴 울기, 흐느껴 우는 소리, 흐느낌, 오열
a. 눈물 나게 하는, 눈물을 자아내는

The poor boy **sobbed** himself to sleep.
그 가여운 소년은 흐느껴 울다가 잠이 들었다.

The cold wind was **sobbing** outdoors.
밖에서는 찬바람이 윙윙 소리를 내며 불고 있었다.

The girl gave a deep **sob**.
그 소녀는 한바탕 서럽게 흐느꼈다.

> **MVP** sobber n. 흐느껴 우는 사람; 윙윙 소리내며 부는 바람
> sob story 눈물을 자아내는 이야기; 동정을 자아내는 변명

1068 ★★

maelstrom
[méilstrəm]

n. 큰 소용돌이; 대혼란, 큰 동요 = agitation, turbulence, turmoil, whirlpool

The Holocaust plunged deeper into the **maelstrom** of human depravity.
나치의 유태인 대학살은 보다 깊숙이 인간 악행의 소용돌이에 빠져들었다.

1069 ★

larceny
[lɑ́ːrsəni]

n. 절도죄, 도둑질 = burglary, pilfering, purloining, robbery, theft

Bill's ten previous convictions for **larceny** made the jury verdict that he is not innocent.
빌(Bill)은 절도 전과가 10건 있었기 때문에 무죄가 아니라는 배심원의 평결이 내려졌다.

> **MVP** larcenous a. 절도의, 절도질하는; 손버릇이 나쁜

1070 ★★
recur
[rikə́:r]

vi. ① 재발하다, 되풀이하다
② 되돌아가다; (생각·기억 등이) 되살아나다[to]

The themes of freedom and independence **recur** throughout much of his writing.
자유와 독립이라는 주제는 그의 저작 전체에 걸쳐 되풀이해 나타난다.

MVP recurrence n. 재발, 재현, 반복
recurring a. 되풀이하여 발생하는
recurrent a. 재발하는, 빈발하는, 되풀이되는
recurrently ad. 주기적으로

1071 ★★★
yearn
[jə́:rn]

v. ① 동경하다, 갈망하다 = crave, desire, hanker, long
② 그리다, 사모하다

It was a triumphant victory of people who had so long **yearned** for freedom and democracy.
그것은 자유와 민주주의를 오랫동안 갈망해 온 사람들의 위대한 승리였다.

At sea for many weeks, the sailor **yearned** for his home.
여러 달 동안 배를 타고 멀리 나가 있다 보니 그 선원은 집이 그리워졌다.

MVP yearning n. 그리워 함, 사모; 열망

1072 ★★
pastoral
[pǽstərəl]

a. 전원생활의, 목가적인 = arcadian, bucolic

n. 목가, 전원시

The painting showed a typical **pastoral** scene of shepherds watching over their grazing sheep.
그 그림은 풀을 뜯어 먹는 양을 지키는 목동들이라는 전형적인 목가적 풍경을 보여주었다.

MVP pastor n. 목사(= minister); 정신[종교]적 지도자
pasture n. 목장, 목초지

1073 ★★
gateway
[geitwèi]

n. ① (문으로 여닫게 된) 입구, 통로 = entrance, entry, portal
② ~에 이르는 길, 수단[to] = means, way

A solid education is the best **gateway** to success.
탄탄한 교육은 성공으로 가는 최고의 관문이다.

1074 ★★★
hasten
[héisn]

v. 서두르다, 재촉하다, 촉진하다 = hurry, rush

Nothing **hastens** the process of social change so much as war.
전쟁만큼 사회의 변화 과정을 더 많이 촉진시키는 것은 없다.

MVP haste n. 급함, 신속; 성급, 서두름

1075 ★★

ailment
[éilmənt]

n. (가벼운) 병(病) = disease, illness, malady, sickness

Most doctors believe that a wide range of chronic **ailments** can be prevented or mitigated by maintaining a reasonable body weight.
대부분의 의사들은 다양한 만성 질환이 적절한 체중을 유지함으로써 예방되거나 완화될 수 있다고 생각한다.

> **MVP** ailing a. 병든, 앓고 있는, 병약한
> cf. aliment n. 영양물, 음식; (마음의) 양식

1076 ★★★

dreary
[dríəri]

a. ① 황량한; 쓸쓸한; 음산한 = bleak, depressing, dismal, gloomy, somber
　② 따분한, 지루한 = boring, dull, monotonous, tedious

The day was **dreary** because it drizzled all day long.
그날은 종일 이슬비가 내렸기 때문에 음산했다.

1077 ★★

titanic
[taitǽnik]

a. 거대한, 엄청난 = gigantic, mammoth, tremendous

America is leading the civilized world in a **titanic** struggle against terror.
미국은 테러와의 거대한 싸움에서 문명세계를 이끌고 있다.

1078 ★★★

affect
[əfékt]

vt. ① 영향을 미치다 = influence
　② (병·고통이 사람·인체를) 침범하다 = attack
　③ 감동시키다 = move, stir, touch
　④ ~인 체하다, 가장하다 = assume, feign, pretend

Dr. Burroughs learned too late that his health had already been **affected** by his almost continuous exposure to radiation from the damaged pile.
버로우스(Burroughs) 박사는 손상된 원자로에서 나온 방사선에 거의 지속적으로 노출됨으로써 자신의 건강이 이미 나빠졌다는 사실을 너무 늦게 알게 되었다.

He **affected** not to see me.
그는 나를 보고도 못 본 체했다.

The condition **affects** one in five women.
이 질병[증상]은 여성 5명 중 1명에게서 발생한다.

> **MVP** affectation n. ~인 체 함, 짐짓 꾸미는 태도
> affected a. 영향을 받은; (병 등에) 걸린; 짐짓 꾸민, ~인 체 하는
> ↔ unaffected a. 영향을 받지 않은; 꾸밈없는, 자연스러운

1079 ★★

felicity
[filísəti]

n. ① 더없는 행복 = beatitude, bliss, happiness
   ② (표현의) 멋들어짐, 적절함; 적절한 표현

Human **felicity** is produced not so much by great pieces of good fortune that seldom happen, as by little advantages that occur every day.
인간의 행복은 좀처럼 일어나지 않는 큰 행운에 의해서 보다는 매일매일 일어나는 작은 좋은 일들에 의해서 만들어진다.

MVP felicitous a. (행동·태도·표현이) 적절한, 들어맞는
↪ infelicity n. 불행, 불운; (표현·행동 등의) 부적절

1080 ★★★

construct
[kənstrʌ́kt]

vt. ① 조립하다; 세우다, 건설[건조, 축조]하다 = build, erect, make, put up, raise
   ② (기계·이론 등을) 꾸미다, 구성하다, 연구하다 = compose, design, form

It took five years and six months to **construct** the 35-meter-wide bridge.
폭이 35미터인 이 다리를 건설하는 데 5년 6개월이 걸렸다.

MVP construction n. 건설; 구조; 건조물, 건축물

1081 ★★

envy
[énvi]

n. ① 부러움, 선망; 질투, 시기 = enviousness; jealousy
   ② 선망의 대상, 부러워하는 것

v. 부러워하다, 선망하다; 시기하다, 질투하다

Her new dress was the **envy** of all.
그녀의 새 옷은 모두의 선망의 대상이었다.

He **envied** her because she seemed to have everything.
그녀가 모두 다 가진 듯이 보였기 때문에, 그는 그녀를 부러워했다.

MVP envious a. 부러워하는, 선망하는; 시기[질투]하는, 샘내는
enviable a. 부러운, 샘내는; 선망의 대상이 되는

1082 ★

anadromous
[ənǽdrəməs]

a. 소하성(溯河性)의, (연어 등이 산란을 위해) 강을 거슬러 올라가는

Salmon are **anadromous** species that are born and develop in freshwater and then move to the ocean as adults.
연어는 민물에서 태어나고 자란 후 다 크면 바다로 가는 소하성 종이다.

MVP ↪ catadromous a. 강하성의(물고기가 산란을 위하여 하류[바다]로 내려가는)

1083 ★★★

devout
[diváut]

a. 독실한, 경건한 = pious, religious

Most shamans in Central Asian countries, where Islam predominates, regard themselves as **devout** Muslims.
이슬람교가 우위를 차지하고 있는 중앙아시아의 국가들에서, 대부분의 샤먼들은 그들 스스로를 독실한 무슬림으로 여긴다.

1084 ★★

uncharted
[ʌntʃáːrtid]

a. 미지의, 지도에 실려 있지 않은 = undiscovered, unexplored, unknown

America is the home of you, the **uncharted** land where pilgrims and convicts set out to remold themselves from scratch.
미국은 바로 여러분들의 고향이다. 그곳은 순례자와 죄수들이 무에서부터 스스로를 개조하기 위해 찾아 나선 미지의 땅이다.

1085 ★★★

commission
[kəmíʃən]

n. ① 임무, 책무; 명령, 지령 = duty, mission, task; mandate
② (임무·직권의) 위임, 위탁 = authorization, delegation, mandate
③ [집합적] 위원회 = board, committee
④ 수수료, 커미션 = charge, fee

Travel agents charge 1 percent **commission** on tickets.
여행사들은 티켓에 대해 1%의 수수료를 부과한다.

MVP commissioner n. 위원, 이사; 국장, 장관

1086 ★

bibliophile
[bíbliəfàil]

n. 애서가, 서적 수집가 = bibliophilist, booklover, philobiblist

Some conservative **bibliophiles** are having a hard time adjusting to Internet retail, also known as 'e-tail.'
일부 보수적인 애서가들은 '이-테일'로도 알려진 인터넷 판매에 적응하는 데 어려움을 겪고 있다.

MVP bibliomaniac n. a. 장서광(의)

1087 ★★★

awake
[əwéik]

v. (잠에서) 깨우다[깨다]; 각성[자각]시키다[하다]
= arouse, awaken, wake, waken
a. [서술적] 깨어서, 자지 않고

He **awoke** to find himself famous.
그는 하룻밤 사이에 유명해져 있었다.

1088 ★★

defamation
[dèfəméiʃən]

n. 비방, 중상, 명예 훼손 = calumny, denigration, libel, slander

The Internet real-name system could be an effective way to end cyber violence and **defamation**.
인터넷 실명제가 사이버 범죄와 명예 훼손을 끝낼 수 있는 효과적인 방법이 될 수 있다.

MVP defame vt. 비방하다, 중상하다, ~의 명예를 훼손하다

1089 ★★★

elastic
[ilǽstik]

a. ① 탄력 있는 = resilient
   ② 유연한, 융통성이 있는 = adjustable, flexible

When stretched, a rubber band produces an **elastic** force.
고무줄을 잡아당기면 탄력이 발생한다.

My timetable for this week is fairly **elastic**.
이번 주, 나의 시간표는 상당히 융통성이 있다.

MVP elasticity n. 탄력성, 신축성(= resilience)

1090 ★

petrify
[pétrəfài]

v. ① (식물·동물 등을) 석화하다, 돌같이 만들다 = fossilize, harden
   ② (놀람·공포 등으로) 멍하게 하다, 아연실색케 하다 = amaze, horrify, terrify

There are **petrified** forests, places where the remains of trees have turned to stone.
화석화된 숲이 있는데, 그 곳은 나무의 잔해가 돌로 변한 장소이다.

Hiding under furniture while your life is in mortal danger from aerial bombardment is a **petrifying** experience.
공습으로 목숨을 잃을 위험에 처해 있는 동안 가구 밑에 숨는 것은 무서운 경험이다.

MVP petrified a. 극도로 무서워하는, 겁에 질린; 석화된, 화석이 된; 고대 유물의

1091 ★★★

sophisticated
[səfístəkèitid]

a. ① 세련된, 교양 있는 = cultivated, cultured, urbane
   ② 복잡한, 정교한 = complex, delicate, elaborate
   ③ 세상물정에 밝은, 닳고 닳은, 노련한

Her **sophisticated** way of speaking seems to be second nature to her.
그녀는 세련된 말투가 자연스럽게 몸에 밴 것 같다.

Medical techniques are becoming more **sophisticated** all the time.
의학 기술은 계속 더 정교해지고 있다.

MVP sophistication n. 궤변을 부리기; 궤변; 지적 교양; 세련; 정교

1092 ★★

inertia
[inə́:rʃə]

n. ① 〈물리〉 관성, 타성
   ② 활발하지 못함, 무기력함 = inactivity, languor, lassitude, lethargy, torpor

When a bus stops suddenly, passengers fall forward due to the law of **inertia**.
버스가 급정거하면 승객들은 관성의 법칙 때문에 앞으로 넘어진다.

MVP inert a. 활발하지 못한, 둔한; 비활성[불활성]의

1093 ★★

whip
[hwip]

v. ① 채찍질하다 = flog, lash
② 편달하다, 격려하다, 자극하다 = drive, incite, spur, stir
③ (크림·달걀 등을) 휘저어 거품이 일게 하다[up] = beat, whisk
n. 채찍, 채찍질 = cane, lash, scourge

The animal trainer seldom used his **whip** on his horse.
그 동물 조련사는 말에게 채찍을 거의 사용하지 않았다.

MVP whiplash n. 채찍질
whip hand 채찍을 쥐는 손, 오른손; 유리한 입장, 우위

1094 ★★★

vigorous
[vígərəs]

a. ① 원기 왕성한, 활발한, 격렬한 = active, dynamic, energetic, strenuous
② 강력한; 강경한, 단호한

After a **vigorous** workout in gym, Jim wanted to rest.
체육관에서 격렬한 운동을 한 후에 짐(Jim)은 휴식을 원했다.

They are still **vigorous** and do not show their years.
그들은 아직 원기왕성해서 나이처럼 보이지 않는다.

MVP vigor n. 활기; 정력; 생기
vigorously ad. 정력적으로; 힘차게
invigorate vt. 기운[활기] 나게 하다; 고무[격려]하다

1095 ★★

outgrow
[àutgróu]

v. ① (옷 등이) 몸이 커져서 입지 못하게 되다
② ~보다도 커지다[빨리 자라다]
③ 성장하여 (습관·취미 등을) 벗어나다[잃다]

The boy has **outgrown** babyish habits.
그 소년은 자라서 어린애 같은 버릇이 없어졌다.

MVP outgrowth n. 자연적인 발전[산물], 결과; 부산물

1096 ★

firmament
[fə́:rməmənt]

n. 하늘, 창공; 천계(天界) = empyrean, heaven, sky, welkin

There wasn't a star in the **firmament** he hadn't named.
하늘에 그가 이름 붙이지 않은 별은 없었다.

MVP firmamental a. 하늘의, 창공의

1097 ★★

capitalize
[kǽpətəlàiz]

v. ① ~을 대문자로 쓰다[인쇄하다, 쓰기 시작하다] = cap
② ~에 자본을 투재[공급]하다, 출자하다 = invest
③ 이용하다, 기회로 삼다, 편승하다[on] = exploit

The opposition party is politically **capitalizing** on the president's slip of the tongue.
야당은 대통령의 말실수를 정치적으로 이용하고 있다.

MVP capital n. 수도; 대문자; 자본(금), 원금; a. 사형의; (알파벳이) 대문자의

1098 ★

shrine
[ʃrain]

n. ① 성체 용기(聖體容器); (성인들의 유골 등을 모신) 사당(祠堂), 묘(廟)
② 전당, 성지(聖地), 신성시되는 장소, 순례지 = sanctuary, temple

Yasukuni **Shrine** honors 2.5 million of Japan's war dead, including some executed war criminals.
야스쿠니(Yasukuni) 신사는 처형당한 일본전범들을 포함하여 총 250만 명의 일본 전사자들을 기리기 위한 곳이다.

1099 ★★

abiding
[əbáidiŋ]

a. 지속[영속]적인, 변치 않는 = continuing, enduring, lasting, persistent

I have an **abiding** desire to become a teacher.
나는 선생님이 되고자 오랫동안 계속 갈망해 왔다.

MVP abide v. 머무르다; 오래 지속하다

1100 ★★★

modest
[mάdist]

a. ① 겸손한, 삼가는, 조심성 있는 = humble, unassuming, unpretending
② 규모·수량 등이) 그다지 대단하지 않은, 보통의 = moderate, ordinary
③ 적절한, 알맞은, 온당한 = appropriate, proper
④ (특히 여성의 행동·복장이) 정숙한, 얌전한 = decorous, demure
⑤ 검소한, 간소한, 수수한 = homely, plain, simple

He is getting by on a very **modest** income.
그는 얼마 되지 않는 수입으로 살고 있다.

MVP modesty n. 겸손, 겸양, 수줍음; 정숙; 수수함, 검소

A. Write the meaning of the following words.

- obsolete _____
- perspicacious _____
- impatient _____
- salute _____
- mawkish _____
- deflect _____
- outdated _____
- tally _____
- inflate _____
- commensurate _____
- smut _____
- transparent _____
- sob _____
- maelstrom _____
- recur _____
- yearn _____
- pastoral _____
- hasten _____
- dreary _____
- affect _____

- construct _____
- envy _____
- anadromous _____
- devout _____
- uncharted _____
- commission _____
- bibliophile _____
- awake _____
- defamation _____
- petrify _____
- sophisticated _____
- inertia _____
- whip _____
- vigorous _____
- outgrow _____
- firmament _____
- capitalize _____
- shrine _____
- abiding _____
- modest _____

※ 주어진 단어의 뜻을 본문에서 확인하시고 틀린 단어의 경우 박스에 체크한 뒤에 나중에 다시 학습하시기 바랍니다.

B. Choose the synonym of the following words.

1. heretic
2. larceny
3. gateway
4. titanic
5. elastic
6. enamor
7. felicity
8. ailment
9. baffle
10. pamphlet

Ⓐ disease
Ⓑ happiness
Ⓒ resilient
Ⓓ bewilder
Ⓔ gigantic
Ⓕ entrance
Ⓖ theft
Ⓗ captivate
Ⓘ booklet
Ⓙ heathen

B. 1. Ⓙ 2. Ⓖ 3. Ⓕ 4. Ⓔ 5. Ⓒ 6. Ⓗ 7. Ⓑ 8. Ⓐ 9. Ⓓ 10. Ⓘ

1101 ★★

inane
[inéin]

a. ① 어리석은, 무의미한 = fatuous, silly
② 공허한, 텅 빈 = empty, vacant

After a perfunctory glance at my plans, to my chagrin Ed snorted that my idea was **inane**.
내 계획을 무성의하게 힐끗 보더니, 분통이 터지게도 에드(Ed)는 내 생각이 어리석다고 비웃었다.

However **inane** the questions, he always tried to answer them fully.
아무리 어리석은 질문에도 그는 항상 충분히 그것에 답을 해주려 노력했다.

MVP inanity n. 시시함; 어리석음; 공허, 허무
inanely ad. 얼빠져, 어리석게; 공허하게

1102 ★

straddle
[strǽdl]

v. ① 다리를 벌리고 서대[앉다, 걷다], 걸터앉다 = bestride, mount
② 찬반을 분명히 하지 않다, 양다리를 걸치다, 기회를 엿보다
③ (다리·마을 등이) ~에 걸쳐 있다; (활동 등을) 걸치다, 아우르다
= bridge, cover, span

The counterterrorism adviser **straddled** on the issue.
대테러 보좌관은 그 문제에 애매모호한 태도를 취했다.

MVP straddler n. 기회주의자
fence-straddler n. (논쟁 등에서) 양다리를 걸친 사람

1103 ★★★

deficit
[défəsit]

n. ① 부족액; 결손, 적자 = shortfall
② 부족, 결함 = deficiency

The subway has had a **deficit** of 2.2 trillion won since 2007.
그 지하철은 2007년부터 2조 2천억 원의 적자를 냈다.

MVP ↔ surplus n. 흑자; 나머지, 잔여, 과잉

1104 ★★

perpetuate
[pərpétʃueit]

vt. 영속하게 하다, 불멸하게 하다 = eternalize, immortalize, maintain

To stop **perpetuating** stereotypes and prejudices, it is important for us to expose ourselves to different cultural ideals and beliefs.
고정관념이나 편견이 고착되는 것을 막기 위해서는 여러 다양한 문화적인 관념이나 믿음들을 접하는 것이 중요하다.

MVP perpetual a. 영속하는; 부단한, 끊임없는

1105 ★★★
unfold
[ʌnfóuld]

v. ① (접은 것 등을) 펼치다, 펴다, 열다 = open, spread out, unfurl
② (이야기·풍경 등이) 펼쳐지다; (진상을) 밝히다 = reveal, tell

An exciting adventure story **unfolded** in the novel.
소설 속에 흥미진진한 모험 이야기가 펼쳐졌다.

MVP fold v. 접다; (양손·양팔 따위를) 끼다; 껴안다; 싸다

1106 ★
euphuism
[júːfjuːìzm]

n. 화려한 문체, 과식체(誇飾體); 미사여구

Lyly's linguistic style, originating in his first books, is known as **Euphuism**.
릴리(Lyly)가 처음 쓴 책들에서 비롯된 문체는 '유퓨이즘(화려한 문체)'으로 알려져 있다.

MVP cf. euphemism n. 완곡어법

1107 ★★★
refrain
[rifréin]

vi. 그만두다, 삼가다[from] = abstain
n. ① 자주 반복되는 말[불평] = complaint
② 후렴

Please **refrain** from playing loud music in residential areas.
주택가에서는 음악을 크게 트는 것을 삼가 주시기 바랍니다.

Complaints about poor food in schools have become a familiar **refrain**.
학교에서 급식의 질이 안 좋다는 불평은 흔히 듣는 말이 되었다.

1108 ★★
callous
[kǽləs]

a. 무감각한, 냉담한 = apathetic, insensitive

Tom's **callous** treatment of his cousin made Sophia angry.
톰(Tom)이 사촌을 냉담하게 대했기 때문에 소피아(Sophia)는 화가 났다.

1109 ★★
selection
[silékʃən]

n. ① 선발, 선정, 선택 = choice, pick
② 선발된 사람들, 선정된 것들; 정선품; 선집(選集)
③ 〈생물〉 도태(淘汰)

Her father frequently read **selections** from Shakespeare.
그녀의 아버지는 셰익스피어(Shakespeare)의 선집을 자주 읽었다.

Darwin's theory of natural **selection** helped man understand modern evolution.
다윈(Darwin)의 자연도태설은 인간이 현대의 진화를 이해하는 데 도움을 주었다.

MVP select v. 선택하다, 고르다, 선발하다; a. 선택된, 선발된, 엄선된
selective a. 선택적인; <생물> 도태의
natural selection 자연 도태, 자연 선택

1110 ★★★
diminish
[dimíniʃ]

v. (수량·크기·정도·중요성 따위를) 줄이다, 감소시키다; 감소하다 = decrease

Penguins are **diminishing** in numbers on the Antarctic Continent.
남극대륙에서 펭귄의 수가 감소하고 있다.

MVP diminution n. 감소, 축소
diminutive a. 아주 작은, 소형의

1111 ★★
malfeasance
[mælfíːzns]

n. 위법행위, 배임, (공무원의) 부정행위 = impropriety, misprision, wrongdoing

The governor was impeached for gross **malfeasance**, although embezzlement charges were never filed.
그 주지사는 횡령 혐의로 기소되지는 않았지만, 총체적인 부정행위로 탄핵 당했다.

MVP malfeasant a. 불법의, 나쁜 짓을 하는; n. 불법 행위자, 범죄자

1112 ★★★
separate
v. [sépərèit]
a. [sépərit]

v. 분리하다, 떼어놓다 = detach, disconnect, divide

a. 갈라진, 분리된, 분산된 = detached, isolated

Today Korea is the only country in the world which is **separated** entirely by the power of the four most important nations on the globe.
오늘날 한국은 세계에서 네 강대국(중국, 러시아, 일본, 미국)에 의해 완전히 분리된 유일한 국가이다.

MVP separation n. 분리, 이탈; 이별, 별거

1113 ★★
omnipresent
[àmnəprézənt]

a. 편재하는, 어디에나 있는 = all-present, ubiquitous

Thanks to technological progress, Big Brother can now be almost as **omnipresent** as God.
기술적 진보 덕분에 현재 빅 브라더(Big Brother)는 신(神)에 못지않게 거의 어디에나 있을 수 있다.

MVP omnipresence n. 편재, 어디에나 있음(= ubiquity)

1114 ★
tautology
[tɔːtálədʒi]

n. 같은[유사한] 말의 쓸데없는 반복, 동의어[유사어] 반복, 중복

Tautology is a fault in rhetoric.
동의어 반복은 수사학적인 측면에서 좋지 않다.

The best screenwriter in Hollywood might want to go easy on the **tautologies**.
할리우드의 최고 시나리오 작가는 유사한 말의 사용을 줄이려고 할 것이다.

MVP tautological a. 같은 말을 반복하는, 중언부언하는

1115 ★★★

allocate
[金ləkèit]

vt. 할당하다, 배분하다 = allot, apportion, assign, distribute

An adequate share of the budget has to be **allocated** to adult learning.
충분한 몫의 예산이 성인 교육에 할당되어야 한다.

MVP allocation n. 할당, 배당, 배치

1116 ★★

intemperance
[intémpərəns]

n. ① 무절제, 방종 = immoderation
② 폭음(暴飮), 폭식 = insobriety
③ 난폭함, 과격한 언행

The drunkard pretends that he drinks to find relief from his domestic troubles, while in fact his **intemperance** has caused them.
그 술주정뱅이는 가정문제로부터 벗어나기 위해서 술을 마신다고 하지만, 사실은 그의 폭음이 가정문제의 원인이었다.

MVP intemperate a. 무절제한, 폭음 폭식의; (특히) 술에 빠지는; (행위·언사가) 난폭한

1117 ★

rotund
[routʌnd]

a. ① 둥근, 원형의 = orbicular, round, rounded, spherical
② 통통하게 살찐 = chubby, plump, pudgy, roly-poly, stout
③ (음성이) 낭랑한, 우렁찬, 잘 들리는[울리는]
= orotund, resonant, ringing, sonorous

Gout is typically considered a disease of affluent and **rotund** middle-aged men.
통풍은 일반적으로 부유하고 통통하게 살찐 중년 남성의 질병으로 여겨진다.

MVP rotundity n. 둥근 것, 원형, 구형; 통통함, 비만; (목소리가) 우렁참, 낭랑함

1118 ★★★

substitute
[sʌbstətjùːt]

n. 대신하는 사람[것], 대리자; 대용물, 대체물 = proxy, replacement
v. 대신하다, 대용하다, 대체하다 = exchange, swap, switch
a. 대리의, 대신의, 대용의 = alternative, surrogate

The local bus service was a poor **substitute** for their car.
지역의 버스 운행 서비스는 그들의 자가용을 제대로 대신해 주지 못했다.

1119 ★★

wholehearted
[hóulhá:rtid]

a. 진심으로의, 착실한, 성실한 = earnest, genuine, sincere

The singer's **wholehearted** commitment to the music was evident in every line of the score.
음악에 대한 그 가수의 전적인 헌신은 그 작품의 모든 가사에서 분명하게 나타났다.

MVP wholeheartedly ad. 진심으로, 착실[성실]하게

※ -hearted: <합성어로> ~의 마음을 지닌, 마음이 ~한

cold-hearted a. 냉담한, 무정한   faint-hearted a. 용기 없는, 겁 많은
good-hearted a. 친절한, 마음씨 좋은   half-hearted a. 마음이 내키지 않는
stout-hearted a. 용감한, 대담한   warm-hearted a. 인정 많은

1120 ★

demure
[dimjúər]

a. ① 얌전한, 조용한 = modest, reserved, reticent, shy, unassuming
　 ② 새침 떠는, 점잔 빼는, 얌전한 체하는
　　 = coy, niminy-piminy, prim, prudish

The pretty woman was **demure** and reserved.
그 예쁜 여인은 조신했으며 내성적이었다.

1121 ★★★

soliloquy
[səlíləkwi]

n. 독백 = aside, monologue

What an actor says in a **soliloquy** is heard by no one except the audience.
연극의 독백에서 배우가 하는 말은 관객을 제외하고는 누구도 듣지 못한다.

1122 ★★

mingle
[míŋgl]

v. ① 섞다, 혼합하다[together, with] = mix, blend together
　 ② 사귀다, 어울리다, 교제하다[with] = associate, hang out, interact, socialize

The flowers **mingle** together to form a blaze of color.
꽃들이 함께 어우러져 불붙는 듯한 색깔을 만들어 내고 있다.

Saudi Arabian men and women are strictly restricted with regards to **mingling** in public places.
사우디아라비아의 남성들과 여성들은 공공장소에서 함께 어울리는 것이 엄격히 금지돼 있다.

1123 ★★★

heritage
[héritidʒ]

n. 세습[상속] 재산; (대대로) 물려받은 것; 유산
　 = bequest, inheritance, legacy, patrimony

It is our duty to let the world know about the beauty of Korea and preserve our **heritage** well for future generations.
세계에 한국의 아름다움을 알리고 후대를 위해 우리 유산을 잘 보존하는 것은 우리의 임무이다.

1124 ★★

flush
[flʌʃ]

v. ① (물이) 왈칵[쏟아져] 흐르다, 분출하다 = gush, spurt
② (얼굴이) 붉어지다, 홍조를 띠다, 상기되다 = blush, color, glow, redden
③ 〈미국속어〉 시험[과목]에 낙제하다
④ (수세식 화장실 등을) 물로 씻어 내리다

n. ① 얼굴 붉힘, 홍조 = blush, glow
② 상기, 흥분, 의기양양 = elation, excitement

A single cup of wine makes me **flushed**.
나는 와인 한 잔에도 얼굴이 빨개진다.

1125 ★★★

conducive
[kəndjúːsiv]

a. 도움이 되는, 공헌하는[to] = contributory, helpful, useful

Living in a foreign country is **conducive** to learning its language.
외국에 사는 것은 그 나라의 언어를 배우는 데 도움이 된다.

MVP conduce vi. 도움이 되다, 이바지하다
cf. conductive a. (열·전기 등을) 전도하는, 전도성의

1126 ★★

stalk
[stɔːk]

n. (식물의) 줄기, 대 = stem, stock, trunk

v. ① (공격 대상에게) 몰래 접근하다
② 쫓아다니며 괴롭히다, 스토킹하다 = haunt, pursue
③ 성큼성큼[젠체하며, 으스대며] 걷다, 활보하다 = stride, strut

She claimed that the man had been **stalking** her over a period of three years.
그녀는 그 남자가 3년이 넘는 기간 동안 자기를 쫓아다니며 괴롭혀 왔었다고 주장했다.

MVP stalker n. 스토커(남을 따라다니며 괴롭히는 사람)
stalking n. 스토킹(남을 따라다니며 괴롭히기)

1127 ★

parlance
[páːrləns]

n. (특정 집단 등의) 말투[어법, 용어] = argot, idiom, jargon, lingo

All this legal **parlance** confuses me; I need an interpreter.
이 모든 법률 용어는 나를 혼동시킨다. 나는 해석해 줄 사람이 필요하다.

1128 ★★

marshal
[máːrʃəl]

v. ① (군인·군대를) 배열[결집, 정렬]시키다 = array, deploy
② (물건·생각·논리 등을) 정리[정돈]하다, 열거하다 = arrange, place

n. (육·공군) 원수; 집행관

The opposition party had **marshalled** such strong arguments against his position on the issue that even his most loyal adherents deserted him.
야당이 그 문제에 관한 그의 입장과 대조를 이루는 강한 논거들을 열거했기 때문에, 가장 충성스러운 지지자들마저도 그를 떠나고 말았다.

1129 ★

apostate
[əpásteit]

n. 배교자; 변절[배반]자 = renegade, betrayer, defector, recreant, traitor

Because he switched from one party to another, his former friends shunned him as an **apostate**.
그가 다른 당으로 옮겼기 때문에 그의 이전 친구들은 그를 변절자라고 따돌렸다.

MVP apostasy n. 탈당, 배신, 변절

1130 ★★★

tolerate
[tálərèit]

vt. ① 관대히 다루다, 너그럽게 봐주다, 용인[묵인]하다 = accept, allow, permit
② 참다, 견디다 = bear, endure, put up with, stand
③ 〈의학〉 ～에 대해 내성이 있다

The ability to **tolerate** pain varies from person to person.
통증을 견딜 수 있는 능력은 사람마다 다르다.

MVP tolerable a. 참을 수 있는; 웬만한, 꽤 좋은
tolerant a. 관대한, 아량 있는(= generous); 묵인하는; 내성이 있는
intolerable a. 참을 수 없는, 견딜 수 없는

1131 ★★

antidote
[ǽntidòut]

n. ① 해독제 = counterpoison
② 교정[방어, 대항] 수단, 대책 = corrective, countermeasure, cure, remedy

The doctor prescribed an **antidote** for the poison the boy had swallowed.
의사는 소년이 삼킨 독극물에 대해 해독제를 처방했다.

Good jobs are the best **antidote** to teenage crime.
좋은 일자리가 10대 범죄에 대한 가장 좋은 교정 수단이다.

1132 ★★★

indulgent
[indʌ́ldʒənt]

a. 멋대로 하게 하는; 눈감아주는, 관대한 = lenient, liberal, permissive, tolerant

I have been the **indulgent** uncle who can never say no to my nephew.
나는 조카에게 거절하는 법이 없는 관대한 삼촌이었다.

MVP indulge v. ~에 빠지다[탐닉하다]; (욕망 등을) 충족시키다; 제멋대로 하게 하다
indulgence n. 멋대로 하게 둠; 탐닉, 방종

1133 ★

jejune
[dʒidʒú:n]

a. ① 지식[경험]이 모자라는, 미숙한; 빈약한, 유치한 = immature; meager
② 재미없는, 지루한 = dull, insipid

The poet's **jejune** attempts to illustrate his poetry himself failed miserably, resulting in amateurish pictures.
자신의 시에 직접 삽화를 넣으려 했던 그 시인의 미숙한 시도는 참담한 실패로 끝났으며, 결국 서투른 그림들만 나왔다.

1134 ★★★

verdict
[vɚ́:rdikt]

n. (배심원의) 평결; 판단, 의견, 결정 = deliverance; decision, judgement

After listening to the testimony, the members of the jury delivered their **verdict**.
증언을 경청하고 난 이후 배심원들은 평결을 내렸다.

1135 ★★

garner
[gáːrnər]

vt. (정보·지지 등을) 얻다, 모으다 = amass, collect

His priceless collection of Chinese art and artefacts was **garnered** over three decades.
그의 소중한 중국 예술 수집품은 30년에 걸쳐 모아진 것이었다.

Evidently, Shakespeare **garnered** envy for his talent early on.
분명히, 셰익스피어(Shakespeare)는 일찌감치 그의 재능으로 사람들의 부러움을 샀다.

1136 ★

commonwealth
[kámənwèlθ]

n. ① 국가, 국민 (전체)
② 민주국, 공화국 = democracy, republic
③ (공통의 이해와 목적으로 결합된) 연방; (the C-) 영연방

Queen Elizabeth still works very hard as queen of the British **Commonwealth**.
엘리자베스 여왕(Queen Elizabeth)은 여전히 영연방의 여왕으로서 매우 열심히 일하고 있다.

1137 ★★

perturb
[pərtɚ́:rb]

vt. 교란하다, 마음을 어지럽히다 = agitate, bother, discompose

The news that her son had been arrested by the police **perturbed** her greatly.
아들이 경찰에 체포되었다는 소식은 그녀를 매우 심란하게 했다.

MVP perturbation n. 당황, 혼란, (마음의) 동요
perturbative a. 동요시키는
imperturbability n. 침착, 냉정, 태연자약

1138 ★★★

literal
[lítərəl]

a. 글자 그대로의, 사실인, 과장 없는 = unexaggerated

He was saying no more than the **literal** truth.
그는 과장 없이 진실만을 이야기하고 있었다.

MVP literally ad. 글자그대로, 과장 없이; 실제로, 완전히
literary a. 문학의, 문학적인
literate a. 글을 읽고 쓸 줄 아는

1139 ★

dehydrate

[diːháidreit]

v. 건조시키다; 수분이 없어지다 = dry, evaporate, parch

Central heating and air conditioning **dehydrate** the tissues further, as does smoking.

중앙난방장치와 에어컨은 흡연처럼 세포조직의 수분을 더 심하게 빼앗는다.

MVP dehydration n. 탈수증
hydrant n. 급수전, 소화전

1140 ★★★

precaution

[prikɔ́ːʃən]

n. ① 조심, 경계 = care, caution, forethought, prudence
② 예방책 = protection, safeguard

The number of skin-disease cases is rising because people are not taking the proper **precautions**.

사람들이 적절한 예방 조치를 취하고 있지 않기 때문에 피부 질환 사례의 수는 늘어나고 있다.

MVP precautionary a. 예방의, 경계의

1141 ★★

vagabond

[vǽgəbànd]

n. 방랑자, 유랑자, 부랑자 = roamer, rover, vagrant, wanderer
a. 유랑하는, 정처 없는 = roving, wandering

She lived the life of a **vagabond**, moving restlessly from one city to another.

그녀는 이 도시에서 저 도시로 쉼 없이 거처를 옮기면서 방랑자의 삶을 살았다.

1142 ★★★

blossom

[blásəm]

n. ① (특히 과수의) 꽃 = flower
② 개화, 만발; 개화기; (the ~) 전성기 = height, heyday, prime
vt. ① (나무가) 꽃을 피우다; 꽃이 피다[forth, out] = bloom, flower
② 번영하다, (한창) 번성하게 되다 = flourish, prosper, thrive

Allow the new to **blossom** amid the ruins of the past.

새로운 것이 과거의 잔해들에서 꽃피게 하라.

1143 ★★★

temporal

[témpərəl]

a. ① 시간의
② 일시적인, 잠시의 = temporary, transient
③ 현세의, 속세의 = earthly, mundane, worldly

Although spiritual leader of millions of people, the Pope has no **temporal** power.

교황은 비록 수백만 명 사람들의 정신적 지도자이긴 하지만 세속적인 권력은 전혀 없다.

A person's **temporal** concepts are probably determined largely by culture.

아마도 사람의 시간 개념은 주로 문화에 의해 정해질 것이다.

1144 ★★★

abominable
[əbámənəbl]

a. 지긋지긋한, 혐오스러운, 가증스러운 = abhorrent, detestable, offensive

Walking around the market by myself is **abominable** work for me.
혼자서 장을 보는 일은 내게는 끔찍한 일이다.

MVP abominate v. 혐오하다, 몹시 싫어하다(= abhor, detest, loathe)

1145 ★★

covet
[kʌ́vit]

v. (남의 물건을) 몹시 탐내다; 갈망하다 = aspire to, crave, desire, long for

Artists probably **covet** facility more than any other quality.
예술가들은 아마 다른 어떤 자질보다 재능을 탐낼 것이다.

1146 ★★★

eminent
[émənənt]

a. 저명한, (성질·행위 등이) 뛰어난, 탁월한 = distinguished, famous, prominent

This school has turned out many **eminent** scholars.
이 학교에서는 유명한 학자들이 많이 나왔다.

MVP eminently ad. 뛰어나게, 현저하게
eminence n. (지위·신분 따위의) 고위, 높음, 고귀; 탁월

1147 ★

labile
[léibàil]

a. 변하기 쉬운, 불안정한 = changeable, unstable, variable, volatile

Adolescents may become emotionally **labile** and experience sudden shifts of mood.
청소년들은 정서적으로 불안정해지고 갑작스러운 기분변화를 경험할 수 있다.

1148 ★★★

familiarity
[fəmìliǽrəti]

n. ① 익히 앎, 숙지, 정통 = acquaintance, conversance, knowledge
② 친밀함 = friendliness, intimacy

This place requires basic **familiarity** with at least one programming language.
이곳은 적어도 하나의 프로그램 언어에 대해 기본적으로 정통해 있을 것을 요구한다.

MVP familiar a. 잘 알고 있는, 익숙한, 친숙한(↔ unfamiliar)

1149 ★★

bleak
[bliːk]

a. ① (상황이) 암울한, 절망적인; (생활이) 궁색한, 처절한 = dismal, gloomy
② (바람·날씨가) 차가운, 살을 에는 듯한 = chilly, cold
③ (장소가) 황량한, 음산한 = barren, desolate

The future looked **bleak** for the company.
그 회사의 장래는 암담해 보였다.

The house stands on a **bleak**, windswept moor.
그 집은 황량하고 바람이 휘몰아치는 황무지에 서 있다.

1150 ★★★

expel
[ikspél]

vt. ① 쫓아내다, 물리치다; (해충 등을) 구제하다 = drive out
② 추방[제명]하다, 면직시키다 = banish, eject, evict, oust, dismiss
③ (공기·물·가스 등을) 배출[방출]하다 = discharge, exhaust

They were told that they should **expel** the refugees.
그들은 난민들을 추방하라는 명령을 받았다.

MVP cf. impel vt. 재촉하다, 강제하다; 추진시키다

A. Write the meaning of the following words.

- ☐ inane _____
- ☐ straddle _____
- ☐ deficit _____
- ☐ unfold _____
- ☐ euphuism _____
- ☐ callous _____
- ☐ selection _____
- ☐ malfeasance _____
- ☐ separate _____
- ☐ omnipresent _____
- ☐ tautology _____
- ☐ allocate _____
- ☐ rotund _____
- ☐ substitute _____
- ☐ wholehearted _____
- ☐ demure _____
- ☐ mingle _____
- ☐ heritage _____
- ☐ flush _____
- ☐ stalk _____

- ☐ parlance _____
- ☐ marshal _____
- ☐ tolerate _____
- ☐ antidote _____
- ☐ indulgent _____
- ☐ jejune _____
- ☐ verdict _____
- ☐ commonwealth _____
- ☐ perturb _____
- ☐ literal _____
- ☐ precaution _____
- ☐ vagabond _____
- ☐ blossom _____
- ☐ temporal _____
- ☐ abominable _____
- ☐ covet _____
- ☐ labile _____
- ☐ familiarity _____
- ☐ bleak _____
- ☐ expel _____

※ 주어진 단어의 뜻을 본문에서 확인하시고 틀린 단어의 경우 박스에 체크한 뒤에 나중에 다시 학습하시기 바랍니다.

B. Choose the synonym of the following words.

1. intemperance
2. conducive
3. apostate
4. garner
5. refrain
6. diminish
7. dehydrate
8. eminent
9. perpetuate
10. soliloquy

Ⓐ abstain
Ⓑ dry
Ⓒ immoderation
Ⓓ eternalize
Ⓔ renegade
Ⓕ decrease
Ⓖ distinguished
Ⓗ helpful
Ⓘ monologue
Ⓙ collect

B. 1. Ⓒ 2. Ⓗ 3. Ⓔ 4. Ⓙ 5. Ⓐ 6. Ⓕ 7. Ⓑ 8. Ⓖ 9. Ⓓ 10. Ⓘ

1151 ★★★

feasible
[fíːzəbl]

a. ① 실행할 수 있는, 가능한 = executable, practicable, viable
② 적합한, 편리한

Entering Seoul National University was a **feasible** goal for him.
서울대학교 진학은 그에게는 실현 가능한 목표였다.

Travel to Mars may become **feasible** by this century.
화성 여행이 금세기 즈음에는 가능해질지도 모른다.

1152 ★★

portend
[pɔːrténd]

vt. ~의 전조(前兆)가 되다, ~을 미리 알리다 = augur, foretell, herald

Crows are believed to **portend** death.
까마귀는 죽음을 예고한다고 여겨진다.

The riot may **portend** that a new civil war will break out.
그 폭동은 새로운 내란의 전조일지도 모른다.

MVP portentous a. 전조의; 불길한

1153 ★

dolt
[doult]

n. 멍청이, 바보, 얼간이 = fool, idiot, moron

We were very angry because we were treated like **dolts**.
얼간이 취급을 받아서 우리는 매우 화가 났다.

MVP doltish a. 얼빠진, 멍청한

1154 ★★★

endorse
[indɔ́ːrs]

vt. ① (수표·어음 등에) 배서[이서]하다 = back, sign
② 승인[시인]하다, 지지하다 = approve, ratify, support, uphold
③ (유명인이 광고에 나와서 특정 상품을) 보증[홍보]하다

After receiving his check, John **endorsed** it and took it to the bank.
수표를 받자 존(John)은 수표 뒷면에 이서하고 그것을 은행으로 가져갔다.

I wholeheartedly **endorse** his remarks.
저는 진심으로 그의 발언을 지지합니다.

She has **endorsed** many products, including a bank, milk, school uniform and cosmetics.
그녀는 은행과 우유, 교복, 화장품을 비롯한 많은 제품들을 선전(홍보)하였다.

MVP endorsement n. 배서; 지지; (유명인에 의한 상품의) 보증 선전

1155 ★★

congenital
[kəndʒénətl]

a. (질병·결함 등이) 타고난, 선천적인 = inborn, inherent, innate

The dog was born with a **congenital** deformity of the foot.
그 개는 발에 선천적인 기형을 가지고 태어났다.

MVP cf. genital n. (pl.) 생식기

1156 ★
superintend
[súːpərinténd]

vt. 지휘[관리, 감독]하다 = administer, direct, manage, oversee, supervise

They asked him to **superintend** the ceremony.
그들은 그에게 그 의식을 감독해 달라고 부탁했다.

MVP superintendent n. 감독자, 지휘[관리]자

1157 ★★★
infallible
[infǽləbl]

a. 결코 틀리지[실수하지] 않는, 절대 확실한 = faultless, unerring

We teens should remember that our parents are not **infallible**.
우리 십대들은 부모님이 완벽한 존재가 아니라는 사실을 기억해야 한다.

No man is **infallible** here on earth.
이 세상에서 과오를 범하지 않는 사람은 없다.

MVP ↔ fallible a. 틀리기 쉬운, 틀리지 않을 수 없는; (사람이) 속기 쉬운

1158 ★★
brand
[brænd]

vt. ① (죄인·가축·물품 등에) 낙인을 찍다 = label, mark
    ② 오명을 씌우다[as] = blacken, disgrace, stigmatize

John Smith was **branded** as a loser by his elementary school teachers.
존 스미스(John Smith)는 초등학교 선생님들로부터 형편없는 사람으로 낙인찍혔다.

MVP branded a. (상품이) 유명 상표의, (유명) 상표가 붙은

1159 ★★★
descendant
[diséndənt]

n. 자손, 후예 = offspring, posterity, progeny, scion

About 95 percent of the Uruguayans are European **descendants**.
우루과이(Uruguay)인의 약 95%가 유럽인의 후손이다.

1160 ★★
Mediterranean
[mèdətəréiniən]

a. 지중해의, 지중해 연안에 사는
n. (the ~) 지중해; (m–) 내해(內海)

The **Mediterranean** Sea is between Europe and Africa.
지중해는 유럽과 아프리카 사이에 있다.

1161 ★
scintillating
[síntəlèitiŋ]

a. 반짝거리는; (재치가) 번득이는, 재미있는 = brilliant, sparkling

Besides his Olympic records, Usain Bolt's performances in the world championships are no less **scintillating**.
우사인 볼트(Usain Bolt)는 올림픽 기록뿐만 아니라, 세계 선수권 대회 성적도 마찬가지로 눈부시다.

MVP scintillate v. 불꽃을 내다; (재치·기지 등이) 번득이다
scintilla n. 불꽃, 번쩍임
scintillation n. 섬광, 번쩍임; (재치의) 번득임

1162 ★★★

resurrection
[rèzərékʃən]

n. (the R–) 그리스도의 부활; 부흥, 재유행
= rebirth, restoration, resurgence, revival

The **Resurrection** is one of the most crucial doctrines of Christianity.
그리스도의 부활은 기독교 신앙에서 가장 중요한 교리 중 하나이다.

MVP resurrect vt. (죽은 이를) 소생[부활]시키다

1163 ★★

touchy
[tʌtʃi]

a. 화를 잘 내는, 과민한, 까다로운 = irritable, petulant, testy

She is most **touchy** on the subject of age.
그 여자는 나이 이야기만 나오면 매우 과민한 반응을 보인다.

1164 ★★

incremental
[ínkrəmentəl]

a. 증가의, 증대하는, 점증적인 = cumulative, increasing

Incremental demand in China, Europe and the United States was less than expected for the quarter, the IEA says in its Oil Market Report.
중국, 유럽, 미국의 증가하는 수요가 그 분기에 예상보다 적었다고 국제 에너지 기구(IEA)가 석유시장 보고서에서 밝혔다.

MVP increment n. 증가, 증대; 이익, 이윤
↔ decremental a. 감소하는, 점감하는
decrement n. 감소, 점감; 감소량

1165 ★★★

attempt
[ətémpt]

vt. ① 시도[기도]하다, 꾀하다 = endeavor, seek, struggle, try
② (인명 등을) 노리다, 뺏고자 하다; (장소를) 공격[습격]하다 = attack
n. 시도, 기도 = effort, trial

In 1962, he was arrested on charges of **attempting** to overthrow the state and sentenced to life imprisonment.
1962년에 그는 국가 전복 기도 혐의로 체포되어 종신형에 처해졌다.

MVP attempted a. 시도한, 미수의
attempted murder 살인 미수

1166 ★★

venal
[víːnl]

a. 매수할 수 있는, 뇌물로 움직이는 = bribable, corruptible

Originally there was enough money to cover all expenses but **venal** officials took most of it.
원래는 모든 비용을 충당하기에 충분한 자금이 있었는데 뇌물을 좋아하는 관리들이 대부분의 돈을 횡령했다.

MVP a venal judge 지조 없는 판사, 돈으로 움직이는 법관
venality n. 매수할 수 있음, 돈에 좌우됨
cf. vernal a. 봄의, 봄에 나는; 청춘의

1167 ★★★

copious
[kóupiəs]

a. 풍부한, 매우 많은; 내용[지식]이 풍부한 = abundant, plentiful, voluminous

The **copious** rainfall in the winter allowed the farmers to irrigate their crops all year.
겨울에 내린 많은 양의 비로 인해 농부들은 일 년 내내 그들의 농작물에 물을 댈 수 있었다.

1168 ★★

narcissism
[náːrsəsìzm]

n. 자기애; 자기중심주의; 〈정신분석〉 나르시시즘, 자기도취증
= egocentricity, egotism, self-absorption, self-love

Extreme **narcissism** can drive many people, including you, to tragedy.
극단적인 자기도취증은 당신을 포함한 많은 사람들을 비극으로 몰아넣을 수 있다.

MVP narcissist n. 자기 도취자
narcissistic a. 자기애의; 자기도취적인

1169 ★★

malleable
[mǽliəbl]

a. ① 두드려 펼 수 있는, 전성(展性)이 있는 = flexible, plastic, pliable, supple
② 순응성이 있는, 유순한 = compliant, tractable

Copper is highly **malleable** and won't crack when hammered.
구리는 탄성이 강해서 망치질을 하더라도 깨지지 않는다.

Battle leaders should be intelligent but also **malleable** to be able to think like the enemy.
전쟁 사령관들은 현명해야 하지만 동시에 적의 입장에서 생각할 수 있을 정도로 생각이 유연해야 한다.

MVP malleability n. (금속의) 전성(展性); 순응(성), 유순(성)

1170 ★★★

uproar
[ʌ́prɔ̀ːr]

n. 소동, 소란; 엄청난 논란 = commotion, hubbub, turmoil

The whole town was thrown into an **uproar** with the news.
그 소식에 온 마을이 발칵 뒤집혔다.

Her remarks on the matter have caused an **uproar**.
그 문제에 대한 그녀의 발언은 큰 논란을 일으켰다.

DAY 24

1171 ★★

rejuvenate
[ridʒúːvənèit]

v. 다시 젊어지게 하다, 활기를 되찾게 하다 = refresh, renew, restore

Her large weight loss has **rejuvenated** her.
엄청난 체중 감량으로 그녀는 활기를 되찾았다.

(MVP) rejuvenation n. 다시 젊어짐, 회춘, 원기 회복
juvenile a. 젊은, 어린, 소년소녀의

1172 ★★

bona fide
[bóunəfàid]

a. 진실된, 진심의, 성실한 = genuine, real, true
ad. 진심으로, 성실하게 = honestly, sincerely, truly

A friend who sticks by you when you are in trouble is a **bona fide** friend.
네가 어려울 때 너와 함께할 수 있는 친구가 진짜 친구다.

1173 ★★★

cram
[kræm]

v. ① (사람·물건을) (~에) 억지로 쑤셔 넣다, 밀어 넣다 = pack, stuff
② (장소 등을) (~으로) 가득 채우다[with] = crowd, jam, pack, stuff
③ 벼락치기 공부를 하다

When students study for a test, they usually end up **cramming**.
학생들은 시험공부를 할 때 보통 벼락치기를 한다.

1174 ★★

stool
[stuːl]

n. ① (등받이·팔걸이가 없는) 의자, 걸상, 스툴 = chair, seat
② 변기, 변소; 대변 = toilet; excrement, feces
v. ① (뿌리에서) 싹이[움이] 돋다 = bud, sprout
② 〈미국속어〉 (경찰의) 끄나풀이 되다

She sat on a **stool** and ordered a beer.
그녀는 걸상에 앉아 맥주를 주문했다.

(MVP) stool pigeon (경찰의) 끄나풀[정보원]

1175 ★

hypochondria
[hàipəkándriə]

n. 심기증(心氣症), (건강에 대한) 지나친 걱정, 건강염려증
= hypochondriasis, valetudinarianism

That patient bothers his doctor with his **hypochondria**.
저 환자는 건강염려증으로 의사를 성가시게 한다.

(MVP) hypochondriac n. 건강염려증 환자

1176 ★★

myriad
[míriəd]

n. 무수한 사람, 무수한 것 = multitude

a. 무수한 = countless, innumerable

They conduct tours for **myriads** of tourists who visit the Tower of London.
그들은 런던 타워를 찾는 수많은 관광객들을 위해 여행을 안내해주고 있다.

1177 ★

pathology
[pəθálədʒi]

n. 병리학; 병리; 병상(病狀)

The **pathology** report stated my lump was malignant.
그 병상 보고서에서는 내 혹이 악성이라고 진술했다.

MVP pathologist n. 병리학자
pathological a. 병리학의; 병리상의; 병적인

1178 ★★★

frown
[fraun]

v. 눈살을 찌푸리다, 얼굴을 찡그리다 = grimace, scowl

n. 찡그린 얼굴; 불찬성의 표명, 난색

She **frowned** when I gave her a piece of advice.
내가 그녀에게 한마디 충고를 하자 그녀는 얼굴을 찡그렸다.

1179 ★★

auspice
[ɔ́ːspis]

n. ① (보통 pl.) 원조, 찬조, 보호 = aegis, patronage, protection, support
② (종종 pl.) 전조(前兆), 길조 = augury, harbinger, omen, portent

Russia participates in the IAEA under the **auspices** of the UN.
러시아는 UN의 원조 하에 국제 원자력 기구(IAEA)에 참여하고 있다.

MVP auspicate v. 점치다, 예언하다

1180 ★★★

dismiss
[dismís]

v. ① 떠나게 하다, 해산시키다; 해고하다 = discharge, fire, lay off, sack
② (생각 따위를) 떨쳐 버리다 = banish, dispel, put out of one's mind
③ 묵살하다, 일축하다 = disregard, reject

I understand the factory is going to **dismiss** a hundred men this month.
나는 그 회사가 이번 달에 100명의 사람들을 해고하려 한다는 것을 알고 있다.

We must not **dismiss** the possibility that Bruce lied to us.
브루스(Bruce)가 우리에게 거짓말을 했을 가능성을 배제해서는 안 된다.

Dismissing all his rivals as imposters, the undefeated heavyweight boxer pronounced himself as the only bona fide contender for the crown.
자신의 모든 라이벌들을 사기꾼으로 묵살해 버리면서, 불패의 그 헤비급 복서는 자신이 왕관을 차지할 유일무이한 진정한 도전자라고 선언했다.

MVP dismissal n. 면직, 해고; (소송의) 각하, (상소의) 기각
dismissive a. 퇴거시키는, 그만두게 하는; 거부하는; 건방진, 경멸적인

Vocabulary
Power

1181 ★★

opaque
[oupéik]

a. ① 불투명한 = nontransparent
② 불분명한, 이해하기 힘든 = ambiguous, obscure, unclear, vague

This shower stall is made of **opaque** glass.
이 샤워 부스는 불투명 유리로 만들어져 있다.

The jargon in his talk was **opaque** to me.
그의 연설에 나오는 전문 용어들을 나는 이해하기 힘들었다.

MVP opaqueness n. 불투명함(= opacity)
↔ transparent a. 투명한

1182 ★★★

loathe
[louð]

vt. 몹시 싫어하다, 혐오하다, 질색하다 = abhor, abominate, detest

Whether you love or **loathe** their music, you can't deny their talent.
당신이 그들의 음악을 사랑하든 혐오하든 간에 그들의 재능을 부인할 수는 없다.

MVP loathing n. 몹시 싫어함, 혐오
loath a. [서술적] 싫어하는
loathsome a. 지긋지긋한; 메스꺼운, 욕지기나는, 혐오스러운

1183 ★★

pathetic
[pəθétik]

a. 측은한, 비통한, 불쌍한 = piteous, pitiable, pitiful

It's really **pathetic** to spoil this architecture with graffiti.
이 건축물을 낙서로 훼손하는 것은 정말 안타까운 일이다.

MVP pathos n. 연민의 정을 자아내는 힘, (예술 작품 따위의) 비애감, 페이소스

1184 ★

quantum
[kwántəm]

n. ① 양(量), 액(額); 특정량, 할당량, 몫; 다량, 다수 = quantity; portion; amount
② 〈물리〉 양자(量子)
a. 획기적인, 비약적인 = epoch-making, epochal, ground-breaking

While still in a research phase, stem cells may one day herald a **quantum** leap in the field of cardiology.
여전히 연구 단계에 있긴 하지만, 줄기세포는 언젠가는 심장 분야에서 비약적인 발전을 이끌지도 모른다.

MVP electron n. 전자(電子)
neutron n. 중성자
proton n. 양성자, 양자

1185 ★★★

exclude

[iksklúːd]

vt. ① 못 들어오게 하다, 제외[배제]하다; 몰아내다, 추방하다
   = bar, eliminate, expel, forbid, omit, preclude
② 고려하지 않다; (증거 등을) 받아들이지 않다, 기각하다 = ignore, reject

We should not **exclude** the possibility of negotiation.
우리는 협상의 가능성을 배제해서는 안 된다.

MVP exclusion n. 제외, 배제; 축출
exclusive a. 배타적인, 독점적인
exclusively ad. 배타적으로, 독점적으로; 오로지(= only)

1186 ★★

demented

[diméntid]

n. ① 정신 이상인, 미친, 실성한, 발광한 = crazy, deranged, insane, mad
② 치매에 걸린

You are so **demented** to lend money to him!
그에게 돈을 빌려주다니 당신 정말 정신 나갔군!

MVP dementia n. 치매; 광기, 정신 이상

1187 ★★★

audacious

[ɔːdéiʃəs]

a. 대담한, 뻔뻔스러운, 철면피의 = bold, daring

The prisoners had an **audacious** escape plan involving two helicopters.
그 죄수들은 두 대의 헬리콥터를 이용하는 대담한 탈주 계획을 세웠다.

MVP audacity n. 대담, 뻔뻔스러움(= boldness)

1188 ★★

convalescence

[kɑ̀nvəlésns]

n. 차도가 있음; (건강의) 회복(기), 요양(기간)
   = recovery, recuperation, restoration

After his heart attack, he went through a long **convalescence** at home.
심장발작을 일으킨 후 그는 오랫동안 집에서 요양했다.

MVP convalesce vi. (병이) 차도가 있다, (병후에 차차) 건강을 회복하다(= bounce back)
convalescent a. 차도를 보이는, 회복기(환자)의; n. 회복기 환자

1189 ★★

transcend

[trænsénd]

v. (경험·이성·상상 따위의 범위를) 초월하다, 능가하다 = exceed, excel, surpass

Classical music **transcends** the ages, appealing to people of all times.
고전음악은 시대를 초월하여 모든 시대의 사람들에게 사랑을 받고 있다.

MVP transcendence n. 초월, 탁월
transcendent a. 초월적인, 탁월한, 뛰어난
transcendental a. 선험적인, 초월적인

1190 ★★★

haughty
[hɔ́:ti]

a. 오만한, 거만한 = arrogant, overbearing, supercilious

Jake was scolded by teacher because he was **haughty** in class.
제이크(Jake)는 수업시간에 오만한 태도를 보여서 선생님에게 꾸중을 들었다.

She was **haughty** beyond all words, but generous to her inferiors.
그녀는 말할 수 없을 만큼 거만했지만, 자신의 아랫사람들에게는 관대했다.

MVP hauteur n. 오만함, 거만함(= arrogance)

1191 ★★

oblivion
[əblíviən]

n. 망각; 잊혀짐; 잊기 쉬움 = forgetfulness, unconsciousness

She can remember nothing; her memory has gone into **oblivion**.
그녀는 아무 것도 기억할 수 없다. 그녀의 기억은 망각 속으로 빠져 버렸다.

MVP oblivious a. 염두에 없는; 안중에 없는; 잘 잊는; (~을) 기억하지 않는

1192 ★

somatic
[soumǽtik]

a. 신체의, 육체적인 = corporal, corporeal, physical

His troubles were not **somatic**; they were more of the spirit.
그의 문제는 육체적인 것이 아니었다. 그것은 보다 정신적인 것이었다.

1193 ★★★

grasp
[græsp]

v. ① 붙잡다; 움켜쥐다 = grab, grip
② 납득하다, 이해[파악]하다 = realize, understand
n. ① 붙잡음; 통제, 지배; 손이 닿는 범위 = control, power, reach
② 이해, 납득, 파악 = knowledge, understanding

Lower-performing students might find it hard to **grasp** the idea of fractions from a diagram or textbook.
학업 수준이 낮은 학생들은 도형이나 교과서에서 분수에 대한 개념을 배우는 것을 어렵게 여길 수도 있다.

1194 ★★

enigmatic
[ènigmǽtik]

a. 수수께끼 같은, 불가사의한 = inscrutable, mysterious, puzzling

The Mona Lisa has a famously **enigmatic** smile.
모나리자(Mona Lisa)는 널리 알려진 대로 수수께끼 같은 미소를 짓고 있다.

MVP enigma n. 수수께끼(같은 인물[사물])(= conundrum, mystery, puzzle, riddle)

1195 ★
belvedere
[bélvədìr]

n. (고층건물의) 전망대; (정원 등의) 전망용 정자 = gazebo, pavilion; arbor

Butterfly ornament was surmounted by a small lantern-shaped **belvedere**.
나비장식물은 작은 랜턴모양의 전망대에 얹혀졌다.

1196 ★★★
setback
[sétbæk]

n. (진보 따위의) 방해, 차질, 좌절; 역행, 퇴보; 패배, 실패
= impediment; reversal; defeat, failure

We suffered a major **setback** when my wife lost her job.
아내가 직장을 잃었을 때 우리는 심한 좌절을 겪었다.

A large Japanese naval force set out in May 1942, but at the Battle of the Coral Sea the Americans turned them back with large losses. A far more significant **setback** came at the Battle of Midway in early June.
1942년 5월 일본의 대규모 해군부대가 출항했지만 산호해 전투에서 미국에게 커다란 손실을 입고 패퇴하였다. 같은 해 6월 초 미드웨이(Midway) 전투에서 일본은 훨씬 더 심각한 패배를 당했다.

1197 ★★★
appreciate
[əprí:ʃièit]

v. ① 진가를 인정하다[알아보다], 높이 평가하다 = recognize
② (제대로) 인식하다 = cognize, perceive
③ 감사하다, 고맙게 여기다 = thank
④ (가격·가치가) 오르다; 평가절상하다

Although a few of her contemporaries **appreciated** her book, most either ignored it or mocked it.
비록 동시대 사람들 몇몇은 그녀의 책을 높이 평가했지만, 대부분은 그녀의 책을 무시하거나 비웃었다.

This isn't terribly important and maybe I'm just a bit dense, but if someone could clarify, I'd really **appreciate** it.
이것은 대단히 중요한 게 아니고 아마도 제가 조금 아둔한 것일 수도 있습니다만, 누군가 명확하게 밝혀주시면 정말 감사하겠습니다.

The authorities decided to **appreciate** the Korean currency.
당국은 원화가치를 절상하기로 결정했다.

MVP appreciation n. (올바른) 평가; 감상; 감사; (수량의) 증가
appreciable a. 평가할 수 있는; 감지할 수 있을 정도의, 상당한 정도의
↔ depreciate v. 무가치해 보이게 만들다, 평가절하하다

1198 ★
picayune
[pìkijú:n]

a. 보잘 것 없는, 하찮은, 무가치한 = inconsiderable, minor, negligible, trivial

The misery suffered in the war makes your own problems seem pretty **picayune**.
전쟁으로 겪는 비참함은 당신 자신의 문제들을 매우 하찮아 보이게 만든다.

1199 ★★★

supreme
[səprí:m]

a. 최고의, 최상의 = chief, paramount, principal, sovereign, superlative

The midfielder received a rating of six for his **supreme** performance.
그 미드필더는 최고의 성적으로 평점 6점을 받았다.

MVP supremacy n. 패권, 우위; 지상주의

1200 ★★

interlude
[íntərlù:d]

n. ① (연극·영화 등의 중간) 막간 = intermission, interval
② (두 사건) 사이에 생긴 일, 에피소드
③ 막간 촌극; 간주곡 = bridge, intermezzo

The war lasted nine years without even a short **interlude** of peace.
짧은 평화의 틈도 없이 그 전쟁은 9년 동안 지속되었다.

MVP cf. prelude n. <음악> 전주곡, 서곡(= overture); 서문, 서론
cf. postlude n. <음악> 후주곡; <문학> 마지막 장; 맺음말

A. Write the meaning of the following words.

□ feasible _____
□ portend _____
□ endorse _____
□ superintend _____
□ infallible _____
□ brand _____
□ Mediterranean _____
□ scintillating _____
□ touchy _____
□ incremental _____
□ attempt _____
□ venal _____
□ copious _____
□ narcissism _____
□ malleable _____
□ uproar _____
□ rejuvenate _____
□ bona fide _____
□ cram _____
□ stool _____

□ hypochondria _____
□ myriad _____
□ pathology _____
□ frown _____
□ auspice _____
□ dismiss _____
□ opaque _____
□ pathetic _____
□ quantum _____
□ exclude _____
□ transcend _____
□ oblivion _____
□ grasp _____
□ enigmatic _____
□ belvedere _____
□ setback _____
□ appreciate _____
□ picayune _____
□ supreme _____
□ interlude _____

※ 주어진 단어의 뜻을 본문에서 확인하시고 틀린 단어의 경우 박스에 체크한 뒤에 나중에 다시 학습하시기 바랍니다.

B. Choose the synonym of the following words.

1. resurrection
2. congenital
3. loathe
4. audacious
5. descendant
6. somatic
7. haughty
8. dolt
9. convalescence
10. demented

Ⓐ crazy
Ⓑ recovery
Ⓒ arrogant
Ⓓ fool
Ⓔ revival
Ⓕ inborn
Ⓖ bold
Ⓗ physical
Ⓘ abhor
Ⓙ offspring

B. 1. Ⓔ 2. Ⓕ 3. Ⓘ 4. Ⓖ 5. Ⓙ 6. Ⓗ 7. Ⓒ 8. Ⓓ 9. Ⓑ 10. Ⓐ

1201 ★★★

alternate
v. [ɔ́ːltərnèit]
a. [ɔ́ːltərnət]

v. 번갈아 일어나다, 교대로 하다 = interchange, rotate, take turns
a. 번갈아 하는, 교대의

Custody of the child was to **alternate** between the mother and the father.
그 아이를 보호하는 일을 부모가 번갈아 가며 했다.

MVP alternately ad. 번갈아, 교대로(= by turns)

1202 ★★

solidarity
[sɑ̀lədǽrəti]

n. 연대, 결속, 단결 = harmony, unity

The president appealed for the **solidarity** of the people.
대통령은 국민의 단결을 호소했다.

1203 ★★★

tangible
[tǽndʒəbl]

a. 만져서 알 수 있는; 실재하는; 확실한, 명백한 = concrete, real, substantial

Generally, **tangible** proof is more reliable than eyewitness account.
일반적으로, 명백한 증거가 목격자의 진술보다 더 신뢰할 만하다.

MVP ↔ intangible a. 만질 수 없는, 만져서 알 수 없는; 무형의; (막연하여) 파악하기 어려운

1204 ★

connoisseur
[kɑ̀nəsə́ːr]

n. (미술품 등의) 감정개[전문가], 감식가

I'm no **connoisseur** but I know a good champagne when I taste one.
나는 전문가는 아니지만 좋은 샴페인은 마셔 보면 알 수 있다.

1205 ★★★

extensive
[iksténsiv]

a. ① 광대한, 넓은 = broad, expansive, spacious, wide
② 광범위한, 다방면에 걸치는; 해박한 = comprehensive, far-reaching

She has **extensive** knowledge of ancient Chinese history.
그녀는 고대 중국사에 관해 광범위한 지식을 가지고 있다.

MVP extensively ad. 넓게, 광범위하게

1206 ★★

relish
[réliʃ]

v. 즐기다, 좋아하다 = enjoy, like
n. ① 맛, 풍미 = flavor, savor, taste
② 재미, 즐거움 = enjoyment, gusto, liking
③ 양념, 조미료 = seasoning

I do not **relish** being treated like an idiot.
바보 취급을 받는 것은 불쾌합니다.

Food loses its **relish** when one is ill.
아플 때는 음식이 맛이 없다.

1207 ★★

bellicose
[bélikòus]

a. 호전적인, 싸우기 좋아하는
= belligerent, combative, militant, pugnacious, warlike

Despite the **bellicose** rhetoric coming from the rulers of the country, most of its people remained unaffected.
그 국가를 통치하는 자들의 호전적인 수사(修辭)에도 불구하고, 대부분의 국민들은 동요하지 않았다.

MVP bellicosity n. 호전성

1208 ★★

victim
[víktim]

n. (범죄·질병·사고 등의) 피해자, 희생자, 환자 = casualty

She was the innocent **victim** of an arson attack.
그녀는 방화 사건의 무고한 희생자였다.

MVP victimize vt. 부당하게 괴롭히다, 희생시키다

1209 ★

measles
[mí:zlz]

n. 홍역

Measles can be prevented by immunization at 1 year of age.
홍역은 한 살 때 예방접종을 하면 예방할 수 있다.

MVP measly a. 홍역의, 홍역에 걸린; 지저분한, 더러운; (돈이) 아주 조금의

1210 ★★★

vary
[véəri]

v. ① (서로) 다르다, 가지각색이다 = be different, differ, disagree
② 바꾸다, 변경하다, 수정하다; 변화하다 = alter, change, fluctuate, modify

In the United States, animal protection laws **vary** by state.
미국의 동물보호법은 주마다 다르다.

MVP variation n. (양·정도의) 변화, 차이
variety n. 여러 가지, 각양각색
variability n. 가변성, 변동성
variable a. 변동이 심한; 가변적인; n. 변수
varied a. 다양한, 갖가지의
variant a. 다른, 상이한; n. 변종, 이형(異形)
invariable a. 변화하지 않는, 불변의
invariantly ad. 한결같이, 변하지 않고서

1211 ★★

maternal
[mətə́:rnl]

a. ① 어머니의; 어머니다운, 모성의 = maternalistic, motherly
② 임산부의

The mother's **maternal** instincts often prove to be correct in the long run.
어머니의 모성 본능이 결국 옳은 것으로 판명되는 일이 종종 있다.

Maternal age affects the baby's survival rate.
산모의 나이가 아기의 생존율에 영향을 미친다.

MVP maternity n. 어머니임, 모성(= motherhood)
cf. paternal a. 아버지의, 아버지 같은

1212 ★★★
strive
[straiv]

vi. ① 노력하다, 애쓰다, 분투하다 = endeavor, labor, struggle, toil
② 싸우다, 겨루다 = contend, contest, fight

He **strives** to make the ultimate decision timely and with determination.
그는 최종 결정을 시의적절하고, 결단력 있게 내리려 노력한다.

MVP strife n. 투쟁, 다툼; 싸움

1213 ★
patriarch
[péitriàːrk]

n. 가장; 족장 = paterfamilias

In traditional China, marriages were dissolved through the mutual agreement
of **patriarchs** or family heads and not by the couples themselves.
전통적인 중국 사회에서는, 부부 자신들에 의해서가 아니라 양가 가장들의 상호 합의에
의해 결혼이 종결되었다.

MVP patriarchy n. 가부장제; 가장[족장]정치
patriarchal a. 가부장제의, 족장의; 존경할 만한
cf. matriarch n. 여가장

1214 ★★
hitherto
[híðərtùː]

ad. 지금[이제]까지(는), 지금까지로 봐서는 = heretofore, so far, until now

The ruling party is likely to be opened up to let in people **hitherto** excluded.
여당은 지금까지 배제되었던 사람들을 영입하기 위해 문을 열 가망성이 있다.

MVP heretofore ad. 지금까지, 이전에는

1215 ★★★
decent
[díːsnt]

a. ① (복장·집 등이) 버젓한, 알맞은 = appropriate, proper, suitable
② (태도·사상·언어 등이) 예의 바른, 품위 있는, 점잖은 = decorous, respectable
③ (수준·질이) 괜찮은[제대로 된] = fair, good, reasonable, satisfactory

Everyone said he was a **decent** sort of guy.
모든 사람들이 그를 예의 바른 사람이라고 했다.

It's not a great job, but the pay is **decent**.
대단한 일은 아니지만 월급은 괜찮다.

MVP decency n. 품위, 체면; 예의바름; (pl.) 예의, 예절(= propriety)
↔ indecent a. 버릇없는, 점잖지 못한; 외설[음란]한(= obscene)

1216 ★★
rosy
[róuzi]

a. ① 유망한, 밝은, 낙관적인 = hopeful, optimistic, promising
② 장밋빛의; 불그레한, 홍안의 = flushed, roseate, ruddy

The job prospects for those graduating in engineering are far less **rosy** now than they used to be.
공학을 전공한 졸업생들의 취업 전망은 예전보다 훨씬 덜 희망적이다.

MVP roseate a. 장밋빛의; 행복한; 쾌활한, 밝은; 낙관적인

1217 ★
encomium
[enkóumiəm]

n. 찬사, 칭찬 = applause, eulogy, panegyric, praise

He was sickened by the **encomiums** and panegyrics expressed by speakers.
그는 연사들이 보여준 칭찬과 찬사들에 신물이 났다.

1218 ★★
savvy
[sǽvi]

a. 요령 있는, 영민한, 영리한 = astute, shrewd, smart
n. (경험에서 얻는) 실제적 지식, 상식
v. 알다, 이해하다 = apprehend, comprehend, grasp, understand

Savvy shoppers buy last season's clothes in the sale and put them by for the following year.
현명한 쇼핑객들은 세일할 때 지난 시즌의 옷들을 구매해서 다음 해에 입기 위해 보관해둔다.

He depends upon the mass media for political **savvy**.
그는 정치적 상식을 얻는데 있어 대중매체에 의존한다.

1219 ★★★
appease
[əpíːz]

vt. ① 달래다, 진정시키다
= assuage, mollify, pacify, placate, propitiate, soothe
② (상대국의 요구 따위에) 양보하다, 유화정책을 쓰다

He **appeased** the angry driver by offering to pay for damages.
그는 피해를 배상하겠다고 함으로써 화난 운전사를 달랬다.

It was politic for foreign overlords to adopt local deities and **appease** the powerful religious class.
외국의 지배자들이 토착 신(神)들을 받아들이고 권력을 가진 종교 계급에 유화적인 입장을 취하는 것은 정책적인 것이었다.

MVP appeasement n. 진정, 완화; 유화정책

1220 ★★
laundry
[lɔ́ːndri]

n. 세탁물; 세탁소

When I do the **laundry**, I only put in a little detergent.
빨래를 할 때 나는 세제를 조금만 쓴다.

MVP laundering n. 세탁; <구어> 돈 세탁
money laundering 자금[돈] 세탁(= money washing)
do the laundry 세탁하다

1221 ★★★
potable
[póutəbl]

a. 마시기에 적합한 = drinkable

Unfortunately, the water in the jar was not **potable**.
불행하게도, 항아리에 든 그 물은 마실 수 없는 것이었다.

MVP cf. portable a. 휴대하기 쉬운, 휴대용의

1222 ★★
disperse
[dispə́ːrs]

v. 흩어지다, 흩어지게 하다; (지식 등을) 퍼뜨리다, 전파하다
　= diffuse, distribute, scatter, spread

When the police arrived, the workers in the picket line **dispersed** in fear of arrest.
경찰이 도착하자, 피켓 라인 안에 있던 노동자들은 체포되는 것이 두려워 뿔뿔이 흩어졌다.

MVP dispersion n. 분산, 확산

1223 ★★★
intellect
[íntəlèkt]

n. ① 지력(知力), 지성, 지능 = brain, intelligence, mind, reason
　 ② 식자(識者), 지식인, 인텔리 = highbrow, intellectual

Her writing appeals more to the **intellect** than the emotion.
그녀의 글은 감성보다는 지성에 더 호소한다.

MVP intellectual a. 지적인; 지력이 뛰어난, 총명한; n. 지식인, 인텔리

1224 ★★
unwonted
[ʌnwɔ́ːntid]

a. 평소와 다른, 이례적인, 드문, 특이한 = atypical, uncommon, unusual

The **unwonted** behavior of the animals indicated to the farmer that a storm was approaching.
동물들의 특이한 행동은 농부들에게 폭풍우가 임박했음을 암시했다.

MVP cf. unwanted a. 원치 않는, 반갑지 않은; (성격이) 바람직하지 못한, 결점이 있는

1225 ★★★
comprise
[kəmpráiz]

vt. 포함하다; ~으로 이루어져 있다
　= be composed of, consist of, contain, include

The United States **comprises** 50 states.
미국은 50개의 주로 이루어져 있다.

1226 ★★
autograph
[ɔ́ːtəgræf]

n. 자필 서명, 자서(自署), 사인 = handwritten signature
vt. 자필 서명하다

The boy asked a famous soccer player for his **autograph**.
그 소년은 한 유명한 축구 선수에게 사인해 달라고 부탁했다.

※ 작가나 예능인이 자기 저서나 사진에 하는 서명은 autograph, 편지나 서류에 하는 서명은 signature이다.

1227 ★
purview
[pə́ːrvjuː]

n. ① (활동·직권·관리 등의) 범위, 권한 = extent, range, reach, scope
② 시계(視界), 시야; 이해, 이해 범위 = ken, perspective; understanding

Some of the bank's lending operations come under the **purview** of the deputy manager.
은행 대출 업무의 일부는 부은행장의 권한 아래에 있다.

1228 ★★★
boast
[boust]

v. 자랑하다, 떠벌리다, 뽐내다 = brag, flaunt, show off, vaunt
n. 자랑(거리); 허풍

The boy of good connections would **boast** of his background.
좋은 연줄이 있던 그 소년은 자신의 배경을 자랑하곤 했다.

MVP boaster n. 자랑하는 사람, 허풍선이
make a boast of ~을 자랑하다, ~을 떠벌리다

1229 ★★
faction
[fǽkʃən]

n. ① 당파, 파벌 = clique, party
② 파벌 싸움, 당쟁, 알력, 내분 = discord, dissension

Confrontations between the two religious **factions** resulted in civil war.
두 종파 간의 대립으로 내란이 발생했다.

MVP factious a. 당파적인; 당쟁을 일삼는
factional a. 파벌의, 당파의
factionalize v. (정당 등을) 파벌화하다; 파벌로 나뉘다

1230 ★★★
questionnaire
[kwèstʃənέər]

n. 질문표, 설문지, 앙케트; 설문 조사 = inquiry, survey

To understand customers' needs better, we make **questionnaires** and distribute them to customers quarterly.
고객의 요구를 더 잘 이해하기 위해, 우리는 분기마다 설문지를 만들어 고객들에게 돌린다.

1231 ★★
enfeeble
[infíːbl]

vt. 약화시키다, 쇠약하게 하다 = debilitate, devitalize, weaken

The vaccine proved to be safe and effective even when administered to HIV-infected persons whose immune systems are **enfeebled**.
그 백신은 면역체계가 약해진 HIV에 감염된 환자에게 투여했을 때조차 안전하고 효과가 있는 것으로 밝혀졌다.

MVP feeble a. 연약한, 약한, 힘없는; 나약한

1232 ★★★

stable
[stéibl]

a. 차분한, 안정된, 안정적인 = balanced, reliable, steady
n. ① 마구간
② 공통의 목적·흥미를 가진 사람들의 집단(대학의 운동부, 극단의 단원 등)

Most parents want their children to have a **stable** job.
대부분의 부모님들은 자녀들이 안정적인 직업을 갖기를 원한다.

MVP stabilize vt. 안정시키다, 견고하게 하다
stability n. 안정, 안정성
↔ unstable a. 불안정한

1233 ★★

gallant
[gǽlənt]

a. (특히 아주 힘든 상황에서) 용감한, 씩씩한 = brave, courageous, valiant

It was a **gallant** deed to risk almost certain death to save his friend.
친구를 구하기 위해 죽음을 무릅쓴 것은 용기 있는 행동이었다.

MVP gallantry n. 용기; 용감, 용맹; 용감한 행위[언동]
gallantness n. 용감함, 씩씩함; 당당함

1234 ★★★

device
[diváis]

n. ① 장치, 기구 = apparatus, appliance, gadget, instrument, tool
② 고안; 계획; (종종 pl.) 책략, 방책 = plan, ploy, scheme, stratagem, trick

This car is fitted with a shock-absorbing **device**.
이 차는 충격을 흡수하는 장치가 장착되어 있다.

MVP devise v. 궁리하다, 고안하다; 발명하다

1235 ★★

secrete
[sikríːt]

vt. ① 분비하다 = emanate, emit, ooze
② 비밀로 하다, 숨기다 = conceal, hide

The female salamander relies on the poison she can **secrete** from her tail to protect her nest from interlopers.
암컷 도롱뇽은 꼬리에서 분비되는 독에 의지하여 침입자들로부터 자신의 둥지를 지켜낸다.

MVP secretion n. 분비; 분비물
secret a. 비밀의, 기밀의; n. 비밀, 기밀

1236 ★★

opportunist
[àpərtjúːnist]

n. 기회주의자, 편의주의자 = fence-sitter, time-server

He said that if you want to be successful in business, you have to be an **opportunist**.
그는 사업에서 성공하고 싶으면 기회주의자가 되어야 한다고 말했다.

MVP opportunism n. 기회주의, 편의주의
opportunistic a. 기회[편의]주의적인

1237 ★★★
consequence
[kánsəkwèns]

n. ① 결과, 결말 = outcome, result, upshot
② 중요성, 중대함 = importance, significance

It is quite obvious that climate change will lead to countless negative **consequences**.
기후 변화가 수많은 부정적인 결과를 초래할 것이라는 것은 아주 명백하다.

MVP consequent a. 결과로서 일어나는; 필연의, 당연한
consequently ad. 따라서, 그 결과로서

1238 ★★
temper
[témpər]

v. ① 완화시키다, 누그러뜨리다 = mitigate, moderate
② (칼 따위를) 담금질하다; (사람을) 단련시키다 = anneal; harden, toughen
n. 기질, 성질; (일시적인) 기분; 화, 짜증 = disposition; mood; anger

Without perpetual temptation no human spirit can ever be **tempered** and fortified.
끊임없는 유혹이 없다면 인간의 정신은 절대 단련되고 강화되지 못한다.

The house was full of smoke, but Mary kept her **temper** and managed to put out the fire.
집은 연기로 가득 차 있었지만 메리(Mary)는 침착하게 화재를 진압했다.

MVP keep one's temper 화를 참다(↔ lose one's temper)

1239 ★★★
fluctuate
[flʌ́ktʃuèit]

v. (물가 등이) 수시로 변하다, 변동[동요]하다, 오르내리다
= change, seesaw, vary, waver

Oil prices **fluctuated** between $25 and $90 a barrel.
유가가 배럴 당 25달러에서 90달러까지 등락을 거듭했다.

MVP fluctuation n. 끊임없는 변화, 변동; 불안정
fluctuating a. 변동이 있는, 동요하는, 오르내리는

1240 ★★
dint
[dint]

n. ① 힘, 폭력 = force, power
② 움푹 들어간 곳, 맞은 자국 = dent

By **dint** of much practice, he became ambidextrous and was able to sign his name with either hand.
많은 연습으로, 그는 양손잡이가 되었고 어느 쪽 손으로도 이름을 서명할 수 있었다.

MVP by dint of ~의 힘으로, ~에 의해서(= by means of)

1241 ★★★
intrude
[intrúːd]

v. ① 침입하다, 간섭하다, 방해하다 = encroach, interfere, trespass
  ② 강요하다, 강제하다 = coerce, compel, force, pressure, push

The roots of my neighbor's tree began to **intrude** upon my property.
이웃집 나무의 뿌리가 내 집의 땅을 침범하기 시작했다.

You must not **intrude** your opinions upon others.
네 의견을 남에게 강요해서는 안 된다.

MVP intrusion n. (의견 따위의) 강요; 침입; 주제넘게 나섬
intruder n. 침입자, 난입자
intrusive a. 강요하는; 침입하는; 주제넘게 나서는

1242 ★★
licentious
[laisénʃəs]

a. 방탕한, 방종한, 음탕한 = lascivious, lewd, promiscuous, wanton

There was something **licentious** about Laura's smile.
로라(Laura)의 미소에는 뭔가 음탕한 면이 있었다.

1243 ★
archenemy
[àːrtʃénəmi]

n. 대적(大敵); 사탄, 악마 = adversary, archfoe, enemy, nemesis; devil

As Holmes had Professor James Moriarty as his **archenemy**, Caminada had one for himself, too.
홈즈(Holmes)가 제임스 모리어티(James Moriarty) 교수를 최대의 적으로 여겼던 것처럼, 카미나다(Caminada)도 최대의 적이 있었다.

1244 ★★★
tool
[tuːl]

n. ① 도구, 공구, 연장 = device, gadget, implement, instrument, utensil
  ② (목적을 위한) 수단, 방편 = means, vehicle
  ③ 꼭두각시, 앞잡이 = minion, pawn, puppet

Sports are great **tools** for forming an individual's character.
스포츠는 개인의 인격을 형성하는 데 훌륭한 수단이다.

1245 ★★
weep
[wiːp]

v. 울다, 눈물을 흘리다; 비탄[슬퍼]하다 = cry, lament, sob, wail, whimper

Man is the only animal that can laugh or **weep**.
인간은 웃거나 눈물을 흘릴 수 있는 유일한 동물이다.

MVP weeping a. 눈물을 흘리는
shed tears 눈물을 흘리다
weep[shed] crocodile tears 거짓 눈물을 흘리다

1246 ★★★

consistent

[kənsístənt]

a. ① (의견 따위가) 일치하는, 양립하는, 모순되지 않는[with] = coincident
② (주의·방침 따위가) 변함없는, (사람이) 시종 일관된, 언행이 일치하는[in]

Employment is clearly accelerating, and that seems **consistent** with other data gathered at the end of the year.
고용은 확실히 촉진되고 있으며, 그것은 올해 말에 수집된 다른 자료와 일치하는 것 같다.

He is not **consistent** in his action.
그의 행동은 앞뒤가 맞지 않는다.

> **MVP** consistency n. 일관성; 언행일치; 모순이 없음
> consistently ad. 시종일관하여, 지속적으로(= entirely, from start to finish)
> ↔ inconsistent a. 일치하지 않는, 조화되지 않는, 상반되는; 일관성이 없는
> inconsistency n. 모순, 불일치

1247 ★

meander

[miǽndər]

v. ① (강이) 굽이쳐 흐르다 = snake, wind
② 정처 없이 거닐다 = ramble, roam, stroll, wander
③ (이야기 등이) 두서없이[산만하게] 진행되다

Meandering through the heart of Seoul, the gentle, rolling waters of the Han River is one of the city's more familiar sights.
서울의 중심부를 가로질러 굽이쳐 흐르면서 유유히 떠내려가는 한강은 서울에서 보다 친숙한 명소 중 하나이다.

> **MVP** meandering a. 굽이쳐 흐르는; 정처 없이 거니는; 두서없이 이야기하는; n. 꼬부랑길

1248 ★★

sustainability

[səstèinəbíləti]

n. 지속[유지] 가능성; 환경 파괴 없이 지속될 수 있음

Zoos are investing much funds and time to ensure their future **sustainability**.
동물원들은 미래의 지속 가능성을 보장하기 위해 돈과 시간을 투자하고 있다.

> **MVP** sustainable a. 유지[지속] 할 수 있는; 환경을 파괴하지 않고 지속될 수 있는
> sustained a. 지속된, 한결같은, 일관된

1249 ★★★

vocal

[vóukəl]

a. ① 목소리의, 발성의 = oral, spoken
② (강경하게) 의견을 말하는, 소리 높여 항의하는 = articulate, outspoken

After having their reports censored by military official, the reporters were **vocal** in voicing their complaints.
보도 내용을 군 당국에 검열당한 후, 기자들은 불만의 소리를 높였다.

1250 ★★★
drift
[drift]

n. ① 표류, 떠내려 감; 흐름의 방향 = driftage, flotage, flotsam
　② (사건·국면 등의) 동향, 경향, 흐름, 대세 = current, tendency, trend

v. ① 표류하다, 떠돌다 = float
　② 〈비유〉 (정처 없이) 떠돌다, 헤매다 = roam, rove, stray, wander

I saw my paper ship **drift** farther away.
나는 내 종이배가 멀리 떠내려가는 것을 보았다.

A. Write the meaning of the following words.

□ alternate _____
□ solidarity _____
□ connoisseur _____
□ relish _____
□ bellicose _____
□ victim _____
□ measles _____
□ vary _____
□ strive _____
□ patriarch _____
□ hitherto _____
□ rosy _____
□ savvy _____
□ appease _____
□ laundry _____
□ disperse _____
□ intellect _____
□ unwonted _____
□ autograph _____
□ purview _____

□ faction _____
□ questionnaire _____
□ stable _____
□ gallant _____
□ device _____
□ secrete _____
□ opportunist _____
□ consequence _____
□ temper _____
□ fluctuate _____
□ dint _____
□ intrude _____
□ licentious _____
□ archenemy _____
□ tool _____
□ consistent _____
□ meander _____
□ sustainability _____
□ vocal _____
□ drift _____

※ 주어진 단어의 뜻을 본문에서 확인하시고 틀린 단어의 경우 박스에 체크한 뒤에 나중에 다시 학습하시기 바랍니다.

B. Choose the synonym of the following words.

1. decent
2. encomium
3. comprise
4. enfeeble
5. tangible
6. maternal
7. extensive
8. weep
9. boast
10. potable

Ⓐ drinkable
Ⓑ brag
Ⓒ real
Ⓓ motherly
Ⓔ cry
Ⓕ weaken
Ⓖ broad
Ⓗ include
Ⓘ praise
Ⓙ respectable

B. 1. Ⓙ 2. Ⓘ 3. Ⓗ 4. Ⓕ 5. Ⓒ 6. Ⓓ 7. Ⓖ 8. Ⓔ 9. Ⓑ 10. Ⓐ

1251 ★★

peripheral
[pərífərəl]

a. 주위의, 주변의; 주변적인, 지엽적인 = borderline; beside the point, minor

Dance's **peripheral** status in sociology reflects its marginal institutional position within contemporary culture.
사회학에서 무용이 차지하고 있는 주변부적인 지위는 현대 문화 내에서 그것이 차지하고 있는 제도적 지위가 미미하다는 사실을 반영하고 있다.

MVP periphery n. 주위; 바깥 둘레

1252 ★★★

descend
[disénd]

v. ① 내려가다, 내려오다 = drop, fall
② ~의 자손이다; ~에서 유래하다[from] = derive

She experienced the thrill of weightlessness each time the aircraft soared and **descended**.
비행기가 올라갔다 내려갔다 할 때마다 그녀는 무중력의 스릴을 경험했다.

Most of the English people are **descended** from invaders who began settling in the British Isles more than 2,500 years ago.
영국 사람들의 대부분은 지금으로부터 2,500년 이전에 영국제도에 정착하기 시작했던 침략자들의 후손이다.

MVP descendant n. 자손, 후예; 옛것에서 유래하는 것; 제자, 문하생
descendent a. 내려가는, 하강하는; 조상 전래의, 세습의
descent n. 내려가기, 하강; 가계, 혈통; 가문, 가계

1253 ★★

vocation
[voukéiʃən]

n. ① 직업, 생업, 장사, 일 = business, job, occupation, profession
② 천직, 사명; 사명감 = calling

Middle and high school teachers were the 4th popular **vocation**.
중고등학교 교사가 네 번째로 인기 있는 직업이었다.

MVP vocational a. 직업의, 직업상의
cf. avocation n. 부업

1254 ★★

incumbent
[inkʌ́mbənt]

a. ① 의무로서 지워지는[on, upon] = mandatory, obligatory
② 현직[재직]의 = present
n. 현직자, 재직자

It was **incumbent** on them to attend the meeting.
그들은 의무적으로 회의에 참석해야 했다.

In a government election, the **incumbent** generally has a strong advantage over a newcomer.
공직 선거에서는 일반적으로 현직에 재임 중인 후보가 새로운 후보보다 매우 유리하다.

MVP cf. recumbent a. 기댄, 가로누운; 활발하지 못한, 굼뜬

1255 ★★★

hinder
[híndər]

v. 방해하다, 훼방 놓다 = block, hamper, impede, obstruct

The financial difficulty **hindered** him from carrying out his plan.
그는 자금난 때문에 계획을 실행할 수 없었다.

MVP hindrance n. 방해, 장애; 방해물

1256 ★★

ample
[ǽmpl]

a. ① 풍부한, 충분한 = abundant, copious, plentiful, sufficient
　 ② 광대한, 넓은 = broad, spacious, wide

We have **ample** money for the journey.
우리는 여행 경비가 충분하다.

There is **ample** car parking off site.
부지 밖에 주차 공간이 넉넉하게 있다.

1257 ★★

unseemly
[ʌnsíːmli]

a. 모양이 흉한, 어울리지 않는, 꼴사나운; 부적당한, 때[장소]에 맞지 않는
　 = indecent, undignified; improper, inappropriate

It is **unseemly** to overreact, but it's necessary not to underreact as well.
과도하게 대응하는 것도 부적절하지만, 적당히 반응을 하는 것 또한 필요하다.

MVP unsightly a. 꼴불견의, 볼품없는, 보기 흉한

1258 ★

commune
[kəmjúːn]

vi. 친하게 이야기하다, 친하게 교제하다[together, with] = converse, socialize

Visitors can have a chance to feed the tigers to **commune** with the dashing animals.
방문객들은 이 기세 좋은 동물들과 교감하기 위해 호랑이에게 먹이를 주는 기회도 가질 수 있다.

MVP communion n. 교제, 친교, 마음[감정]의 교류, 영적 교감

1259 ★★

immemorial
[ìməmɔ́ːriəl]

a. 기억에 남지 않은 옛적의, 태고의, 먼 옛날의, 아주 오랜
　 = age—old, ancient, archaic, prehistoric, primeval

My family has lived in this area from time **immemorial**.
우리 가족은 아주 옛날부터 이 지역에 살았다.

1260 ★★★

enforce
[infɔ́ːrs]

vt. ① (법률 등을) 시행하다, 집행하다 = carry out, execute, implement
　 ② 강요하다 = coerce, force, impose, urge

It is the duty of the police to protect citizens and **enforce** the laws.
경찰의 의무는 시민을 보호하고 법을 집행하는 것이다.

MVP enforcement n. 시행, 실시; 강제

1261 ★★

diploma
[diplóumə]

n. 졸업장; 대학(원) 학위; 상장; 자격증 = certificate, degree, qualification

College graduates receive their **diplomas** in a ceremony of commencement.
대학 졸업자들은 졸업식에서 학위를 받는다.

1262 ★★★

nausea
[nɔ́ːziə]

n. ① 구역질, 메스꺼움, 욕지기; 뱃멀미 = queasiness
② (구역질이 날 정도의) 혐오, 증오 = aversion, loathing

Too much caffeine can cause headache, **nausea** and diarrhea.
지나치게 많은 카페인은 두통, 메스꺼움, 설사를 유발시킬 수 있다.

MVP nauseate v. 구역질나게 하다; 혐오감을 주다
nauseating a. 구역질나게 하는; 몹시 싫은, 몹시 불쾌한

1263 ★★★

seclude
[siklúːd]

vt. 떼어 놓다, 차단[격리]하다; 은퇴[고립]시키다 = isolate, sequester

Toward nightfall, after **secluding** myself in my room most of the afternoon, I went into the garden to walk about.
오후 내내 방에 처박혀 있던 나는 해질 무렵이 되어서야 걷기 위해 정원으로 나갔다.

MVP seclusion n. 격리; 은퇴, 은둔(隱遁)
secluded a. 격리된, 은둔한; (장소가) 한적한, 외딴
seclusive a. 들어박혀 있기를 좋아하는, 은둔적인

1264 ★★

breach
[briːtʃ]

n. ① (약속·법률·도덕 등을) 어김, 위반, 침해 = infraction, violation
② 절교, 불화 = rift, rupture
③ (성벽 등의) 틈, 구멍 = crack
v. ① 깨뜨리다 = break
② (법률·약속 등을) 어기다, 위반하다
= break, contravene, infringe, violate

His refusal to pay money was a **breach** of the contract.
그가 돈을 지불하기를 거부한 것은 계약 위반이었다.

There has been a **breach** in the US intelligence network.
미국의 첩보망에 구멍이 뚫렸다.

MVP cf. bleach v. 표백하다; n. 표백제

1265 ★

hymn
[him]

n. 찬송가, 성가; 찬가 = anthem, chant, paean, psalm

The means of grace are praying and singing a **hymn**.
신의 은총을 받는 방법으로는 기도와 찬송가를 부르는 것이 있다.

1266 ★★★

discharge
[distʃάːrdʒ]

v. ① (어떤 장소나 직무에서) 떠나는 것을 허락하다; 해고하다; 퇴원시키다
　② 석방[방면]하다; 방출하다 = release; expel
　③ 이행하다 = carry out, execute
n. ① 해방, 면제; 방면; (채무·계약 등의) 소멸; 퇴원
　② 제대; 해직, 면직, 해고 = dismissal
　③ (의무의) 수행; (채무의) 이행, 상환 = payment, reimbursement

Patients were being **discharged** from the hospital too early.
환자들을 병원에서 너무 빨리 퇴원시키고 있었다.

She was **discharged** from the police force for bad conduct.
그녀는 업무상 비행으로 경찰에서 면직되었다.

Lightning is caused by clouds **discharging** electricity.
번개는 구름이 전기를 방출하면서 생긴다.

1267 ★★

straightforward
[stréitfɔ́ːrwərd]

a. ① 정직한, 솔직한 = candid, frank, honest
　② (일이) 간단한, 쉬운, 복잡하지 않은
　= easy, effortless, simple, uncomplicated

As the man is a **straightforward** person, we can read his face.
그 남자는 솔직한 사람이기 때문에, 우리는 그의 얼굴을 읽을 수가 있다.

1268 ★

paraphernalia
[pæ̀rəfərnéiljə]

n. ① (개인의) ·자잘한 소지품[세간] = belongings, stuff
　② 여러 가지 용구; 부속품, 설비, 장치 = equipment, furnishings, gear

Bags of cocaine and all sorts of drug **paraphernalia** were seized at the airport.
코카인과 온갖 마약 장비가 들어 있는 가방들이 공항에서 압수되었다.

1269 ★★

inept
[inépt]

a. ① 솜씨 없는, 서투른, 무능한 = awkward, clumsy, incompetent, unskillful
　② 부적당한, 부절절한 = inappropriate, unfit, unsuitable

His **inept** singing made us put our hands over our ears.
그의 서투른 노래 실력에 우리는 손으로 귀를 틀어막았다.

This crisis has been caused by incompetent governments and **inept** regulation.
이 위기는 무능한 정부와 부적절한 규제에 의해 야기됐다.

MVP cf. inapt a. 부적당한, 적절치 않은; 서투른

DAY 26

1270 ★★

jaywalk

[dʒéiwɔ̀ːk]

vi. 교통 규칙을 무시하고 횡단하다, 무단횡단하다

Jaywalking is a superficial offense but it can lead to life-threatening consequences.
무단횡단은 가벼운 범죄이지만 생명을 위협하는 결과를 초래할 수 있다.

MVP jaywalker n. 교통 규칙을 무시한 채 도로를 횡단하는 사람

1271 ★★★

vital

[váitl]

**a. ① 필수적인, 매우 중요한 = critical, crucial, essential
② 생명의, 생명 유지에 필요한**

Good financial accounts are **vital** to the success of any enterprise.
어떤 기업체든 성공을 하려면 훌륭한 재무 회계가 필수적이다.

MVP vitalize vt. 활력을 부여하다, 생명을 주다, 고무하다; 원기를 북돋우다
vitality n. 생명력, 활력
vitally ad. 극도로, 지극히; 필수적으로

1272 ★

ensue

[insúː]

vi. 잇따라 일어나다, 결과로서 일어나다 = follow, result

A long conversation **ensued** because of his father's casual comment.
그의 아버지가 무심코 던진 말 때문에 긴 대화를 하게 되었다.

MVP ensuing a. 다음의, 뒤이은, 결과로서 일어나는(= following, subsequent)
cf. ensure v. 반드시 ~하게 하다, 보장하다

1273 ★★

attorney

[ətə́ːrni]

**n. ① 변호사 = barrister, counselor, lawyer, solicitor
② 대리인 = agent, proxy**

He earned a law degree and began to work as an **attorney** in Johannesburg.
그는 법학 학위를 취득했고 요하네스버그(Johannesburg)에서 변호사로 일하기 시작했다.

1274 ★

proffer

[práfər]

**vt. ① (물건을) 내밀다, 제공하다 = offer, present
② (충고·설명 등을) 내놓다, 제의하다 = propose, propound, suggest
n. 제출, 제의, 제공**

The army has not yet **proffered** an explanation of how and why the accident happened.
육군은 그 사고가 어떻게 그리고 왜 발생했는지에 대한 설명을 아직 내놓지 않았다.

MVP offer v. 제공하다, 제의[제안]하다

1275 ★★★

moving
[múːviŋ]

a. ① 움직이는; 이동하는 = acting, mobile, movable, shifting
② 감동시키는, 심금을 울리는 = affecting, emotional, touching

His birth was absolutely wonderful and deeply **moving** for both of us.
그의 출생은 우리 둘 모두에게 엄청나게 놀라운 일이었고 무척 감동적인 것이었다.

MVP move v. 감동[흥분]시키다. ~의 마음을 움직이다. 자극하다

1276 ★

tinge
[tindʒ]

vt. ① ~에 엷은 빛깔을 내다, (~으로) 물들이다[with] = color, imbue, shade
② (어떤 느낌·기운 등을) 가미하다, 기미를 띠게 하다[with] = touch

n. 엷은 색조; 기미

The sky was **tinged** with red by the setting sun.
하늘이 석양으로 붉게 물들어 있었다.

1277 ★★★

attribute
v. [ətríbjuːt]
n. [ǽtrəbjùːt]

vt. ① (원인을) ~에 돌리다, (~의) 탓으로 하다; (~의) 덕분으로 돌리다[to]
= ascribe, impute
② (성질 따위가) (~에게) 있다고 생각하다[to]
③ 〈주로 수동태〉 (작품 따위를) (~의 저작으로) 간주하다[to]

n. 속성, 특질, 자질 = characteristic, feature, property, quality

He **attributed** his success to good luck.
그는 자신이 성공한 것을 운이 좋았던 덕분이라고 생각했다.

We **attribute** prudence to Tom.
톰에게는 분별력이 있다고 생각된다.

The work is traditionally **attributed** to Shakespeare.
그 작품은 예로부터 셰익스피어(Shakespeare)의 작품으로 여겨지고 있다.

Patience is one of the most important **attributes** in a teacher.
인내는 교사의 가장 중요한 자질 중 하나다.

MVP attribution n. (원인 따위를 ~에) 돌림, 귀속(歸屬); 속성
attribute A to B A를 B의 탓으로 돌리다

1278 ★★

sarcasm
[sάːrkæzm]

n. 비꼼, 빈정거림 = cynicism, mockery, satire

When the term, *kidult*, surfaced, the word included a hint of **sarcasm**, but now it refers to someone who has "adult hobbies" and maintains similar interests from his or her childhood.
'키덜트(kidult)'라는 용어가 나타났을 때에는 그 단어 속에 약간의 빈정거림이 내포돼 있었지만, 지금은 '어른들이 하는 취미'를 갖고 있고 어릴 적과 유사한 취향을 유지하고 있는 사람을 의미한다.

MVP sarcastic a. 빈정거리는, 비꼬는

1279 ★
decimal
[désəməl]

a. 십진법의; 소수의 = decadic

n. 소수; (pl.) 십진법

The **decimals** of the previous grading system will disappear leaving all grades in whole numbers.
이전에 있던 소수점 성적 표시가 없어져서 모든 시험 점수가 정수로 떨어지게 될 것이다.

MVP cf. centesimal a. 100분의 1의; 백분[백진]법의

1280 ★★★
manipulate
[mənípjulèit]

v. ① (사람·여론 등을) (부정하게) 조종하다; (시장·시가 등을) 조작하다
　② (기계 등을) 능숙하게 다루다; (문제를) 솜씨있게 처리하다
　③ (장부·숫자자료 등을) 속이다; (부정하게) 입수하다

She uses her charm to **manipulate** people.
그녀는 자신의 매력을 이용하여 사람들을 조종한다.

Computers are very efficient at **manipulating** information.
컴퓨터는 정보를 처리하는 데 아주 효율적이다.

He **manipulated** the account to conceal his theft.
그는 자기의 절도행각을 감추기 위해 장부를 조작했다.

MVP manipulation n. 교묘한 처리; 시장 조작

1281 ★★
congruent
[káŋgruənt]

a. 일치하는, 적합한, 조화하는 = congruous, corresponding

It is easy to recognize the **congruent** themes on the two plays.
그 두 연극에 나타난 일치된 주제를 알아보는 것은 쉬운 일이다.

MVP ↔ incongruent a. 일치하지 않는

1282 ★★★
extinguish
[ikstíŋgwiʃ]

vt. ① (빛·불 등을) 끄다 = douse, put out, quench
　② (희망·정열 등을) 잃게 하다
　③ (종족·생물 등을) 멸종시키다; (가문 등을) 절멸시키다 = annihilate, destroy

It took the fire-fighters hours to **extinguish** the flames.
소방관들이 화염을 진화하는 데 여러 시간이 걸렸다.

1283 ★
supine
[su:páin]

a. ① (등을 바닥에 대고) 반듯이 누운 = flat, horizontal, recumbent
　② 무관심한; 게으른, 무기력한 = indifferent, negligent; idle, lethargic

Indigenous people have been **supine** for far too long.
토착민들은 너무나 오랫동안 무기력한 상태로 있어왔다.

1284 ★★
glossary
[glásəri]

n. ① (어떤 특수한 주제·분야 등에 관한) 용어[어휘] 사전, 소사전
　② (책 뒤에 실린) 용어[어휘] 해설, 주해(註解)

This **glossary** provides a list of common terms and acronyms used in this document and their definitions.
이 용어집에는 본 문서에 사용된 공통 용어와 약어 그리고 그 정의가 설명되어 있다.

1285 ★★
remonstrate
[rimánstreit]

v. 항의하다, 이의를 제기하다 = complain, object, protest

The lawyer **remonstrated** on the prosecutor's jaundiced demand.
변호사는 검찰관의 편견에 사로잡힌 요구에 대해 이의를 제기했다.

> **MVP** remonstration n. 항의, 간언, 충고
> remonstrative a. 항의의, 충고의, 간언의

1286 ★★★
legacy
[légəsi]

n. 유산; 물려받은 것 = bequest, heritage

This capacity for hard work was a **legacy** of his father.
그의 이러한 부지런함은 그의 아버지로부터 물려받은 것이었다.

His uncle left him a generous **legacy** when he died.
삼촌이 죽으면서 그 아이에게 넉넉한 유산을 남겨주었다.

1287 ★★★
feminine
[fémənin]

a. ① 여자의, 여성의 = female, womanly
　② 상냥한 = gentle, soft, tender
　③ (남자가) 여자 같은, 나약한 = effeminate, effete, unmanly, weak

Despite the missing arms, Venus de Milo is thought the ideal of **feminine** beauty.
팔이 없지만, 밀로(Milo)의 비너스상은 이상적인 여성의 아름다움으로 간주된다.

> **MVP** femininity n. 여자임, 여자다움; 계집애 같음; [집합적] 여성
> feminist n. 페미니스트, 남녀평등주의자
> ↔ masculine a. 남성의, 남자의; 남자다운, 힘센; (여자가) 남자 같은

1288 ★★★
belonging
[bilɔ́ŋiŋ]

n. ① (pl.) 소유물, 재산; 소지품 = possessions, property
　② 부속물; 성질, 속성 = attribute, quality
　③ (pl.) 가족, 친척; 귀속(의식), 친밀(감) = affinity, fellowship, kinship

He has a strong sense of **belonging** about his baseball club.
그는 그의 야구팀에 대한 소속감이 강하다.

1289 ★★

obviate
[ábvièit]

vt. (위험·곤란 등을) 제거하다, 미연에 방지하다 = eliminate, preclude, prevent

Even though politicians get paid better, it will not be enough to **obviate** corruption.
정치인에게 월급을 올려 주더라도 부정부패를 미연에 방지하지는 못할 것이다.

A notarized signature will suffice; it will **obviate** the need for you to come in personally.
공증 받은 서명이면 충분하다. 그것만 있으면 당신이 직접 올 필요가 없을 것이다.

MVP obviation n. (위험·곤란 등의) 제거, 방지

1290 ★★★

certificate
[sərtífikeɪt]

n. 증명서, (보)증서; 면허장, 자격증 = credential, license, permit, warrant

On this day, he got an official **certificate** from Guinness World Records as the world's oldest man.
이 날, 그는 세계 최장수 기록 보유자로서 기네스 세계 기록이 주는 공식 증명서를 받았다.

1291 ★★

salvage
[sǽlvidʒ]

n. (특히 재난·사고로부터 재화의) 구조, (침몰선의) 인양 = recovery, rescue
vt. (난파선·재 등으로부터 배·재화 등을) 구출[구조]하다 = rescue, retrieve

The earthquake had more or less reduced our house to a pile of worthless rubble. Nevertheless, we picked carefully through the debris, trying to **salvage** items of value.
지진은 우리 집을 거의 쓸모없는 돌 더미로 만들어 버렸다. 그러나 우리는 조심스럽게 파편 더미 사이를 뒤져서 가치 있는 물건을 건져내려 노력했다.

MVP cf. savage a. 야만적인, 미개한; 사나운; 잔인한

1292 ★★

top-down
[tápdáun]

a. 상의하달식의; 일반적인 것에서 시작하여 세부적인 사항으로 진행되는

They want an end to **top-down** management from the centre.
그들은 중앙에서부터의 상의하달식 경영방식이 사라지기를 바란다.

MVP bottom-up a. 하의상달식의; 아래[하부]로부터의, 일반 대중으로부터의

1293 ★★★

authorize
[ɔ́ːθəràiz]

vt. ① ~에게 권한을 주다, 위임하다 = commission, empower, enable, entitle
② 인가하다, 허가하다, 승인하다 = allow, grant, license, permit, sanction

Only the president can **authorize** the use of atomic bombs.
대통령만이 원자폭탄의 사용을 허가할 수 있다.

MVP authority n. 권위; 권한; (보통 pl.) 당국; 권위자, 대가[on]
authorization n. 권한부여, 위임; 인가, 공인
authoritative a. 권위 있는; 신뢰할 만한; 위압적인, 독단적인
authoritatively ad. 위압적으로, 명령적으로

1294 ★★
likeness
[láiknis]

n. ① 비슷함, 닮음; 유사성 = resemblance, similarity, similitude
② 화상(畵像), 초상, 사진 = image, photograph, picture, portrait
③ 겉보기, 외관, 모습 = appearance, figure, guise, semblance

I see no **likeness** whatever between him and his brother.
그와 그의 형 사이에는 전혀 닮은 데가 없다.

MVP like a. 같은, 동등한; 닮은
liken vt. ~에 비유하다, 견주다[to]

1295 ★
mope
[moup]

v. ① 우울해하다, 의기소침하다 = be despondent, languish
② 정처 없이 걸어 다니다, 헤매다 = hang around, loaf, moon
n. ① 우울한 사람, 음침한 사람
② (the ~s) 의기소침, 우울 = depression, gloom, melancholy, the blues
③ 바보, 멍청이 = blockhead, fool, idiot, moron

Absolutely depressed, she **moped** around her room all day.
그녀는 완전히 낙담해서 하루 종일 자신의 방 안에서 맥없이 있었다.

MVP mopish a. 풀이 죽은, 침울한, 의기소침한, 걱정스러운 얼굴의
cf. mop v. 대걸레로 닦다; n. 대걸레(긴 자루가 달린 걸레)

1296 ★★★
renaissance
[rènəsá:ns]

n. ① (the R~) 문예 부흥(기), 르네상스
② (문예·종교 등의) 부흥, 부활 = rebirth, renewal, resurgence, revival

Popular art is experiencing a **renaissance** again.
대중 예술이 지금 다시 부흥을 맞고 있다.

MVP renascent a. 재생[갱생]하는; 부활[부흥]하는; 재기하는(= reborn)

1297 ★★
contrite
[kəntráit]

a. 죄를 깊이 뉘우치는, 회개하는 = penitent, remorseful, repentant

Jake was **contrite** about his mistake.
제이크(Jake)는 자신의 실수에 대해 깊이 뉘우쳤다.

MVP contrition n. 회개, 양심의 가책, 깊은 회한
contritely ad. 깊이 뉘우치며, 회한에 차서

1298 ★★★
fertilizer
[fə́:rtəlàizər]

n. 거름, 비료, (특히) 화학 비료 = compost, manure

The **fertilizer** should be applied every six months, and not more than twice in any one-year period.
비료는 6개월마다 한 번씩 주어야 하며, 1년에 두 번 이상 주는 것은 금물이다.

MVP fertilize v. (토지를) 기름지게 하다, 비옥하게 하다; (정신 따위를) 풍부하게 하다;
<생물> 수정[수태]시키다
fertilization n. 다산화; 비옥화; <생물> 수정
fertile a. 비옥한; 번식력이 있는, 다산인
fertility n. 비옥, 다산; 번식력

1299 ★★

preponderant
[pripándərənt]

a. 무게[수·양·힘]에 있어 우세한, 압도적인 = dominant, overriding

Russia and China have no interest in seeing us succeed as the world's
preponderant power.
러시아와 중국은 우리가 세계에서 압도적인 힘을 지닌 나라로 성공하는 것을 바라지 않는다.

MVP preponderate vi. 다른 것보다 무게가 더 나가다; 우월하다, 우세하다
preponderance n. (무게·힘에 있어서의) 우위; 우세, 우월

1300 ★★★

subside
[səbsáid]

vi. ① (폭풍우·소동·감정 등이) 가라앉다, 진정되다 = abate, calm down, settle
② (지반·건물이) 내려앉다, 침하되다 = collapse, lower, sink

I took an aspirin and the pain gradually **subsided**.
내가 아스피린을 먹었더니 통증이 서서히 가라앉았다.

MVP subsidence n. (지반·건물의) 침하, 침강

A. Write the meaning of the following words.

- □ peripheral _____
- □ descend _____
- □ incumbent _____
- □ ample _____
- □ unseemly _____
- □ commune _____
- □ immemorial _____
- □ enforce _____
- □ diploma _____
- □ breach _____
- □ discharge _____
- □ straightforward _____
- □ paraphernalia _____
- □ inept _____
- □ jaywalk _____
- □ vital _____
- □ ensue _____
- □ attorney _____
- □ proffer _____
- □ moving _____

- □ tinge _____
- □ attribute _____
- □ manipulate _____
- □ congruent _____
- □ extinguish _____
- □ supine _____
- □ glossary _____
- □ remonstrate _____
- □ belonging _____
- □ obviate _____
- □ certificate _____
- □ salvage _____
- □ top-down _____
- □ authorize _____
- □ likeness _____
- □ mope _____
- □ renaissance _____
- □ fertilizer _____
- □ preponderant _____
- □ subside _____

※ 주어진 단어의 뜻을 본문에서 확인하시고 틀린 단어의 경우 박스에 체크한 뒤에 나중에 다시 학습하시기 바랍니다.

B. Choose the synonym of the following words.

1. sarcasm
2. nausea
3. decimal
4. vocation
5. hymn
6. legacy
7. contrite
8. hinder
9. seclude
10. feminine

Ⓐ bequest
Ⓑ penitent
Ⓒ female
Ⓓ isolate
Ⓔ hamper
Ⓕ calling
Ⓖ queasiness
Ⓗ cynicism
Ⓘ decadic
Ⓙ anthem

B. 1. Ⓗ 2. Ⓖ 3. Ⓘ 4. Ⓕ 5. Ⓙ 6. Ⓐ 7. Ⓑ 8. Ⓔ 9. Ⓓ 10. Ⓒ

1301 ★★★

concise
[kənsáis]

a. 간결한, 간명한 = brief, laconic, succinct, terse

Letters involving business should be **concise**, factual, and appropriate.
업무와 관련된 서한은 간결하고 사실에 입각해야 하며 타당한 것이어야 한다.

1302 ★★

empathy
[émpəθi]

n. 감정이입, 공감 = commiseration, compassion

It is important to develop **empathy** for other people's situations.
다른 사람들의 입장으로 감정이입을 시켜보는 것이 중요하다.

Her essays encouraged **empathy** and understanding for disabled people.
그녀의 수필은 장애인들에 대한 공감과 이해를 불러일으켰다.

MVP empathize v. 감정 이입을 하다, 공감하다
empathetic a. 공감을 불러일으키는, 감정 이입의(= empathic)

1303 ★★★

betray
[bitréi]

v. ① 배반[배신]하다; (조국·친구 등을) 팔다 = abandon, desert, forsake
② (비밀을) 누설하다, 밀고하다[to] = disclose, divulge, expose, reveal
③ (감정·무지·약점 등을) 무심코 드러내다

Judas **betrayed** his Master, Christ.
유다는 스승 그리스도를 배반하였다.

Her red face **betrayed** the fact that she was very nervous.
그녀의 붉은 얼굴(겸연쩍어하는 얼굴)은 그녀가 매우 긴장하고 있다는 사실을 드러냈다.

MVP betrayal n. 배반; 폭로, 밀고

1304 ★

proprietor
[prəpráiətər]

n. 소유자; 경영자; 집주인, (여관의) 주인 = owner, possessor

A **proprietor** in central Seoul is putting a no-smoking sticker on the door of his restaurant Saturday.
토요일 서울 중심가의 한 식당에서 업주가 문에 금연 스티커를 붙이고 있다.

MVP proprietorship n. 소유권
proprietary a. 소유자의; 재산이 있는; n. 소유주; 소유권
cf. propriety n. 타당, 적당; 예의바름, 교양

1305 ★★★

sacrifice
[sǽkrəfàis]

n. 희생, 제물; 헌신 = immolation, oblation, offering
v. ① 희생하다, 제물로 바치다 = immolate, offer
② 단념하다 = abandon, relinquish, surrender

Happiness can be undermined by the belief that **sacrifice** is synonymous with love — that the greater the sacrifice, the deeper the love.
희생이 사랑과 같은 의미라는 믿음, 즉 희생이 클수록 사랑도 깊다는 믿음은 행복을 위태롭게 할 수 있다.

There are some cases where people must **sacrifice** themselves for their society.
사회를 위해 자신을 희생해야 하는 경우도 더러 있다.

1306 ★★

incorrigible
[inkɔ́:ridʒəbl]

a. 고질적인, 구제불능의 = incurable, inveterate

Because he was an **incorrigible** criminal, he was sentenced to life imprisonment.
그는 구제불능의 범죄자였기 때문에 종신형을 언도 받았다.

1307 ★★★

retreat
[ritríːt]

n. ① 퇴각, 철수, 후퇴 = recession, withdrawal
② 은퇴, 은둔 = retirement, hideaway
③ 은신처, 피난처; (알코올 중독자·정신병자 따위의) 보호 수용소, 요양소
= asylum, haven, refuge, shelter
v. ① 후퇴[철수, 퇴각]하다; 물러서다, 도망가다 = withdraw; retrograde
② 은퇴하다, 틀어박히다 = retire

The army was forced to **retreat** after suffering heavy losses.
그 군대는 많은 사상자를 낸 뒤 후퇴해야만 했다.

1308 ★★

sycophant
[síkəfənt]

n. 아첨꾼, 알랑쇠 = flatterer, toady

The gold standard fell by the wayside thanks to the machinations of **sycophants**.
이 금본위제는 아첨꾼들의 음모로 인해 중도에 무산되었다.

MVP sycophantic a. 아첨하는, 알랑거리는; 남을 비방하는, 중상하는

1309 ★

tart
[taːrt]

a. ① (맛이) 새콤한, 시큼한, 짜릿한 = acid, sour, tangy
② 날카로운, 신랄한 = acrimonious, sharp, trenchant

The words were more **tart** than he had intended.
그 말은 그가 의도했었던 것보다 더 신랄했다.

1310 ★★
keynote
[kíːnòut]

n. ① (연설 등의) 주안점, 요지; (행동·정책 등의) 기조, 기본 방침
= basis, core, gist, kernel
② 〈음악〉 으뜸음

Professor Jackson will give a **keynote** speech on Korea's financial market at the conference.
잭슨(Jackson) 교수는 회의에서 한국의 금융 시장에 대한 기조연설을 할 것이다.

1311 ★★★
wicked
[wíkid]

a. 못된, 사악한; 심술궂은, 악의 있는
= iniquitous, malevolent, malicious, nefarious, vicious

Thomas Hobbes argued that all people are naturally **wicked**.
토마스 홉스(Thomas Hobbes)는 모든 사람들이 선천적으로 악하다고 주장했다.

MVP wickedly ad. 나쁘게, 부정하게; 심술궂게

1312 ★★★
disparity
[dispǽrəti]

n. 차이, 불일치, 불균형 = difference, discrepancy, inequality

The **disparity** in their ages made no difference at all.
그들의 나이차는 전혀 문제가 되지 않았다.

There is a **disparity** between what he says and what he does.
그는 말과 행동이 일치하지 않는다.

MVP ↔ parity n. 동등, 동격; 일치, 유사

1313 ★★
misty
[místi]

a. ① 안개 낀, 안개가 자욱한 = foggy, murky
② 희미한, 또렷하지 않은, (생각 등이) 애매한 = fuzzy, obscure, vague

The troops could not yet see the **misty** shores of Normandy.
안개 낀 노르망디(Normandy)의 해안은 여전히 그 군대의 시야에 들어오지 않았다.

MVP mist n. 안개, 연무

1314 ★★
serenity
[sərénəti]

n. ① (자연·바다·하늘 등의) 고요함; 평온 = placidity, tranquility
② (인격·인생 등의) 평온, 차분함; 침착, 태연 = calmness, composure

I had a wonderful feeling of peace and **serenity** when I saw my husband.
남편을 보자 내 마음이 놀랄 만큼 평온하고 차분해졌다.

The city is small enough for visitors to take advantage of the quietness and **serenity** while possessing all the qualities of a bigger metropolis.
그 도시는 방문객들이 한적함과 평온함을 즐기기에 충분할 만큼 자그마하지만, 더 큰 대도시가 지니고 있는 특징들도 다 갖추고 있다.

MVP serene a. 고요한, 잔잔한(= calm)

1315 ★★
abridge
[əbrídʒ]

vt. ① 단축[생략]하다; 요약[초록]하다 = abbreviate, condense
② 축소하다, 단축하다 = shorten

Reader's Digest **abridges** long books so that people can read them quickly.
『리더스 다이제스트』는 분량이 많은 책들을 요약해서 사람들이 빨리 읽을 수 있게 한다.

MVP abridgment n. (서적·연결 등의) 요약본, 초본; 축소, 단축
unabridged a. 생략하지 않은, 완전한

1316 ★
livery
[lívəri]

n. (하인·조합원 등에게 입히는) 제복; (특수한) 복장; 옷차림
= attire, costume, uniform
a. ① 간장병(肝腸病)의; 간장[적갈]색의 = hepatic; maroon, rufous
② 화를 잘 내는, 까다로운 = cranky, peevish, testy, touchy

For most of his working life, he wore a servant's **livery**, and lived above the stables alongside the scullery maids.
그 남자는 일하면서 보낸 대부분의 시간동안 하인들이 입는 제복을 입었고, 마구간 위에서 부엌일 하는 하녀들과 함께 살았다.

MVP liver n. <해부> 간장, 간; 간장[적갈]색
liveried a. 제복을 입은
liverish a. 간장 비슷한; 간장병의; 화를 잘 내는, 까다로운
cf. lively a. 생기 있는, 활기찬

1317 ★★★
apex
[éipeks]

n. 꼭대기, 정점, 정상; 절정, 최고조 = acme, culmination, peak, summit, zenith

The climber reached the mountain's **apex**.
그 등반가는 그 산의 정상에 올랐다.

His election to the presidency was the **apex** of his career.
그의 대통령직 당선이 그의 생애에서 절정에 이른 순간이었다.

1318 ★★
reactionary
[riǽkʃənèri]

a. 반동의; 반동적인; 보수적인 = conservative, unprogressive
n. 반동[보수]주의자

I have, for some reason, been labeled a **reactionary**, grumpy old man.
나는 어떤 이유에서인지 반사회적이고 성격 더러운 늙다리로 꼬리표가 붙어왔다.

1319 ★★
demographic
[dèməgrǽfik]

a. 인구학의, 인구통계학의

Korea's rigid social model aggravates the nation's extreme **demographic** problems.
한국의 경직된 사회모델은 극심한 인구 문제를 더욱 악화시키고 있다.

MVP demography n. 인구학, 인구통계학

1320 ★★

mend
[mend]

v. ① 수선하다, 고치다 = repair
　② 개선하다 = improve, ameliorate
n. 수선; 개량

Could you **mend** my bike for me?
제 자전거 좀 고쳐 주실 수 있어요?

Crying will not **mend** matters.
운다고 해서 사태가 나아지지는 않을 것이다.

1321 ★

spooky
[spúːki]

a. 으스스한, 귀신이 나올 것 같은, 무시무시한
　= chilling, eerie, frightening, ghostly

Because of the rain, the cemetery looked very **spooky**.
비가 와서, 묘지가 매우 으스스했다.

1322 ★★★

indolence
[índələns]

n. 게으름, 나태 = idleness, laziness, sloth

Because of his inherent **indolence**, Harry steered clear of any job that he suspected could turn out to be a travail.
타고난 게으름 때문에, 해리(Harry)는 고생이 될 것 같은 일은 뭐든 멀리했다.

MVP indolent a. 게으른, 나태한(= idle, lazy)

1323 ★★

unearth
[ʌnə́ːrə]

vt. ① 발굴하다, 파내다 = dig up, excavate, exhume
　② 발견하다, 밝혀내다 = discover, reveal, uncover

The lizard fossil is one of only two known examples of reptile skin **unearthed** from the western United States.
이 도마뱀 화석은 미국 서부에서 발굴된 단 두 개의 파충류 피부 화석 가운데 하나이다.

These recent findings have helped **unearth** the great mysteries surrounding the genesis of early human beings.
최근의 이 발견들은 태곳적 인류의 탄생을 둘러싼 거대 미스터리를 밝히는 데 도움을 주었다.

1324 ★★

pedagogy
[pédəgòudʒi]

n. 교육학, 교수법, 교육 = education, instruction

Pedagogy has been defined as the art and science of teaching children.
교육학은 아동들을 가르치는 기술과 과학으로 정의되어 왔다.

MVP pedagogue n. 교사, 교육자; 현학자

1325 ★★★

temperate
[témpərət]

a. ① (기후·지역 등이) 온화한 = clement, genial, mild
　② 삼가는, 절제하는, 온건한 = moderate, restrained

Siberia has always been harsh and cold, but climate change could cause it to become **temperate**.
시베리아는 항상 혹독하고 추운 곳이었지만, 기후 변화로 인해 온화한 곳이 될 수도 있다.

It is impossible to have a **temperate** discussion with a hotheaded person.
성미가 급한 사람과 차분하게 토론하는 것은 불가능하다.

MVP temperance n. 금주(禁酒); 절제, 자제
temperately ad. 적당하게, 알맞게

1326 ★★

countervail
[kàuntərvéil]

v. ① 무효로 만들다, 상쇄하다 = counteract, offset
　② 메우다, 보상하다, 갚다

This flower should **countervail** her anger.
이 꽃이 그녀의 화를 풀어줄(상쇄해 줄) 것이다.

MVP countervailing a. 대항력 있는, 상쇄하는

1327 ★

binge
[bindʒ]

n. (술·마약 따위의) 떠들썩한 잔치; 술판; 야단 법석, 흥청거림; 분수없이 마심;
　(지나친) 탐닉, 열중 = bender, spree

Every weekend he goes on a drinking **binge**.
주말만 되면 그는 진탕 마셔대.

She went on a shopping **binge** and bought five pairs of jeans.
그녀는 한바탕 신나게 쇼핑하러 가서 청바지를 다섯 벌이나 샀다.

1328 ★★★

conspicuous
[kənspíkjuəs]

a. 잘 보이는, 눈에 잘 띄는, 튀는 = noticeable, outstanding

She dressed so unusually that she stood out from everyone else and often looked **conspicuous** in a crowd.
그녀는 너무 유별나게 옷을 입어서 다른 모든 사람들 사이에서 두드러졌으며, 종종 무리들 속에서도 눈에 띄어 보였다.

MVP conspicuously ad. 눈에 띄게, 현저히, 두드러지게(= noticeably)
↔ inconspicuous a. 눈에 띄지 않는, 주의[이목]를 끌지 않는

1329 ★★

off-hand
[ɔ́fhǽnd]

ad. 즉석에서, 준비 없이 = extempore, impromptu, offhandedly
a. 즉석의, 즉흥적인 = extemporaneous, impromptu, improvised

I gave him a difficult problem in algebra and he did it **off-hand**.
나는 그에게 어려운 대수학 문제를 하나 제시했는데 그는 그것을 즉석에서 풀어냈다.

1330 ★★★

ascertain
[æsərtéin]

vt. 확인하다, 알아내다 = confirm, discover, find out, verify

It is difficult to **ascertain** what really happened.
실제로 무슨 일이 일어났는지를 알아내기란 어려운 일이다.

1331 ★

gambit
[gæmbit]

n. (우세를 확보하려는) 수[말, 행동], 책략 = artifice, maneuver, ruse, trick

As negotiations with the union began, the employers' **gambit** was a presentation of economic forecasts that showed declining demand for new automobiles.
노동조합과 교섭이 시작되었을 때, 고용주의 첫 수는 새 자동차에 대한 수요가 저하될 것이라는 경기 예측을 내놓은 것이다.

1332 ★★★

depict
[dipíkt]

vt. ① (그림·조각으로) 그리다, 묘사하다 = delineate, limn, picture, portray
　　② (말로) 서술하다 = describe, represent

Her tragic life was **depicted** once in a 1988 French film.
그녀의 비극적 삶은 1988년 제작된 프랑스 영화에서 한번 그려진 바 있었다.

MVP depiction n. 묘사, 서술

1333 ★★

veritable
[vérətəbl]

a. 진실의, 틀림없는, 참된, 진정한 = actual, authentic, factual, genuine, real

The temple of the Sun at Cuzco appeared a **veritable** gold-mine to the impatient conquerors.
쿠스코(Cuzco)에 있는 태양의 사원은 조급한 정복자들에게는 진정한 금광처럼 보였다.

MVP verity n. 진리, 진실
veritably ad. 진실로, 진짜로

1334 ★★★

lapse
[læps]

n. ① (시간의) 경과[of]
　　② 실수, 과실 = blunder, fault, mistake
　　③ (일시적인) 쇠퇴; 일탈, 탈선, 타락 = deviation
v. ① (시간이) 경과하다
　　② 잘못을 저지르다

There was a **lapse** of 15 years before he saw her again.
그 남자는 15년이 흐른 뒤에야 그 여자를 다시 만났다.

As people get older, they often suffer from this kind of **lapse** of memory.
나이가 들어감에 따라, 사람들은 종종 이런 종류의 기억력 감퇴로 고생한다.

1335 ★★

thermal
[θə́ːrməl]

a. 열의, 열에 의한 = caloric, thermic

Heat increases an air's fluidity and it generates **thermal** radiation.
열은 공기의 유동성을 증가시키고 그것은 열복사를 발생시킨다.

A **thermal** camera reveals by color how lions regulate heat.
열상(熱想) 카메라는 사자가 어떻게 열을 조절하는지를 색상으로 보여준다.

MVP thermometer n. 온도계, 체온계

1336 ★★

slant
[slænt]

vt. ① 기울어지다, 비스듬해지다; 기울게[비스듬하게] 하다 = tilt
② (정보 등을) 편향되게 제시하다, 왜곡하다 = distort, pervert, skew
n. ① 경사, 비탈 = slope
② (특히 편향된) 관점[견해, 시각] = opinion, viewpoint

The sun **slanted** through the window.
해가 창문 너머로 기울어져 갔다.

The findings of the report were **slanted** in favor of the manufacturers.
그 보고서의 결과는 제조사들에게 유리하게 편향된 것이었다.

MVP slanted a. 치우친; 기울어진

1337 ★★★

conception
[kənsépʃən]

n. ① 개념, 생각 = idea, notion
② 구상, 착상, 창안; 고안, 계획 = design, plan
③ 수태(受胎), 임신 = impregnation, pregnancy

The United States hoped to share with other countries its **conception** of liberty,
equality and democracy.
미국은 미국의 자유, 평등, 민주주의의 개념을 다른 나라들과 함께 하기를 바랐다.

1338 ★★

enrage
[inréidʒ]

vt. ～을 성나게 하다, 화나게 하다 = exasperate, infuriate, irritate

His execution **enraged** death penalty opponents all over the world.
그에 대한 사형집행은 전 세계의 사형제도 반대자들을 몹시 화나게 만들었다.

MVP rage n. 격노, 분노(= fury, wrath)

1339 ★★★

principal
[prínsəpəl]

a. 주요한, 주된; 제1의; 중요한 = chief, leading, main, primary, prime
n. ① 장(長), 장관; 사장; 교장; 회장 = boss, dean, director, headmaster
② 주동자; 본인; 주역 = head, leader

Her constant tardiness was the **principal** reason for her firing.
계속되는 지각이 그녀가 해고된 주된 이유였다.

MVP cf. principle n. 원리, 원칙, (물리·자연의) 법칙

1340 ★★

fad
[fæd]

n. ① 변덕 = caprice, whim
② (일시적인) 유행 = craze, fashion, trend, vogue

The current **fad** among young people is to wear baseball caps.
젊은이들 사이에 최신 유행은 야구 모자를 쓰는 것이다.

MVP faddish a. 일시적 유행의; 변덕스러운

1341 ★★★

immerse
[imə́:rs]

vt. ① 담그다, 가라앉히다 = bathe, dip, douse, plunge, submerge
② 빠져들게 하다, 몰두시키다[in] = absorb, engross, involve, occupy

She changed her major to political science and **immersed** herself in the language, history, and culture.
그녀는 전공을 정치학으로 바꿨고 언어, 역사, 그리고 문화에 몰두했다.

1342 ★★

doleful
[dóulfəl]

a. 슬픈, 슬픔에 잠긴; 우울한
= dirgeful, gloomy, melancholy, mournful, sorrowful

The man looked at me with a **doleful** expression.
그 남자는 슬픔에 잠긴 표정으로 나를 바라보았다.

1343 ★★★

franchise
[fræntʃaiz]

n. ① 선거권, 참정권 = suffrage, vote
② 특권, 특허 = prerogative, privilege
③ 공민권, 시민권 = citizenship
④ (제품의) 독점 판매권; 총판권

Many pizza lovers are disappointed at the **franchises'** false advertisement.
많은 피자 애호가들은 피자 체인점들의 허위 광고에 실망하고 있다.

MVP enfranchise vt. 선거권[공민권]을 주다; 자치권을 주다

1344 ★

maggot
[mǽgət]

n. ① 구더기
② 변덕, 공상, 기상(奇想) = crotchet, whim

The rotten meat is full of **maggots**.
썩은 고기에 구더기가 끓고 있다.

Landy always has a **maggot** in her heart that she could be a princess one day.
랜디(Landy)는 항상 자기가 어느 날 갑자기 공주가 될지도 모른다는 망상을 갖고 있다.

You can tell me, when the **maggot** bites.
마음에 내킬 때 나한테 말해도 돼.

MVP when the maggot bites 마음에 내킬 때

1345 ★★★

persist

[pərsíst]

vi. ① 고집하다, 주장하다, 집착하다[in]
　　② 계속[지속]되다, 살아남다 = continue, last, remain

In spite of financial problems, he **persisted** in his project.
재정 문제에도 불구하고, 그는 자신의 계획을 고집했다.

Even when jobs became plentiful, the fear that unemployment could return at a moment's notice **persisted**.
심지어 일자리가 많아졌을 때조차도, 당장이라도 다시 실직할 수 있다는 두려움이 여전히 남아 있었다.

MVP persistent a. 끊임없는, 지속적인
　　　persistently ad. 끈덕지게, 고집스럽게

1346 ★★

auxiliary

[ɔːgzíljəri]

a. 보조의, 부(副)의; 예비의 = accessory, ancillary, secondary, supplementary

Esperanto was invented as an **auxiliary** language.
에스페란토어는 보조 언어로 창안되었다.

1347 ★★★

enroll

[inróul]

v. 등록하다; 입회[입학, 입대]하다; 병적에 올리다 = enlist, register

Korean high school students are required to **enroll** in either a humanities or science program.
한국 고등학교 학생들은 문과 또는 이과에 등록하게 되어있다.

MVP roll n. 명부; 출석부; 목록
　　　matriculate v. (특히 대학에의) 입학을 허가하다[받다]

1348 ★

omnibus

[ámnibəs]

a. 많은 것[여러 가지]을 포함하는[다루는], 총괄적인 = overall, whole

n. ① 합승 자동차, 버스
　 ② (한 작가 등의) 작품집

The $410 billion **omnibus** spending bill hits a road bump in the Senate.
4,100억불의 종합 지출법안이 상원에서 난항을 겪고 있다.

1349 ★★★

stir

[stəːr]

v. ① (액체 등을) 휘젓다, 뒤섞다 = blend, mix
　　② 흥분시키다; 자극하다, 선동하다 = agitate, instigate, provoke, stimulate

n. 휘젓기, 뒤섞기; (보통 a ~) 대소동, 동요

John **stirs** the children to do mischief.
존이 아이들을 부추기어 나쁜 짓을 시킨다.

1350 ★★

helm
[helm]

n. ① (배의) 키(자루), 타륜; 조타 장치 = rudder, tiller, wheel
② (the ~) 지도적[지배적]인 지위, (국가정부 등의) 지배, 지도

My guest today has spent the better part of the past decade at the **helm** of one of the most famous financial institutions in Asia.

오늘 초대 손님은 아시아에서 가장 유명한 금융기관 중 하나를 이끌며 지난 10년 대부분의 시간을 보내신 분입니다.

A. Write the meaning of the following words.

- concise _____
- empathy _____
- betray _____
- sacrifice _____
- incorrigible _____
- retreat _____
- tart _____
- keynote _____
- misty _____
- serenity _____
- abridge _____
- livery _____
- apex _____
- reactionary _____
- demographic _____
- spooky _____
- unearth _____
- temperate _____
- countervail _____
- binge _____

- gambit _____
- depict _____
- veritable _____
- lapse _____
- thermal _____
- slant _____
- conception _____
- enrage _____
- principal _____
- fad _____
- immerse _____
- doleful _____
- franchise _____
- maggot _____
- persist _____
- auxiliary _____
- enroll _____
- omnibus _____
- stir _____
- helm _____

※ 주어진 단어의 뜻을 본문에서 확인하시고 틀린 단어의 경우 박스에 체크한 뒤에 나중에 다시 학습하시기 바랍니다.

B. Choose the synonym of the following words.

1. proprietor
2. wicked
3. indolence
4. off-hand
5. ascertain
6. conspicuous
7. disparity
8. mend
9. pedagogy
10. sycophant

Ⓐ noticeable
Ⓑ education
Ⓒ repair
Ⓓ owner
Ⓔ flatterer
Ⓕ discrepancy
Ⓖ laziness
Ⓗ extempore
Ⓘ iniquitous
Ⓙ confirm

B. 1. Ⓓ 2. Ⓘ 3. Ⓖ 4. Ⓗ 5. Ⓙ 6. Ⓐ 7. Ⓕ 8. Ⓒ 9. Ⓑ 10. Ⓔ

1351 ★★★

dormant
[dɔ́:rmənt]

a. 잠자는, 휴면기의, 활동을 중지한 = inactive, inert, latent, motionless

During hibernation, animals remain **dormant** and their heart rate, breathing, and temperature are very low.
겨울잠을 자는 동안 동물들은 거의 움직이지 않으며, 그들의 심장박동수, 호흡, 체온은 매우 낮다.

1352 ★★

portent
[pɔ́:rtent]

n. 조짐, 전조(前兆) = omen

The distant rumbling we heard this morning was a **portent** of the thunderstorm that hit our area this afternoon.
오늘 아침 우리가 들었던 멀리서 우르릉거리는 소리는 오늘 오후에 우리 지역을 강타한 폭풍의 전조였다.

MVP portend v. ~의 전조(前兆)가 되다, ~을 미리 알리다

1353 ★★★

grab
[græb]

v. ① 붙잡다, 움켜잡다 = catch, snatch
② 가로채다, 빼앗다 = seize

I excitedly ran outside to **grab** the white flakes falling from the sky.
나는 하늘에서 떨어지는 눈송이를 잡기 위해 신이 나서 바깥으로 뛰어 나갔다.

1354 ★

cremation
[kriméiʃən]

n. (문서의) 소각; 화장(火葬) = incineration

A growing number of Koreans prefer **cremation** to burial, reflecting the rapid change of funeral culture.
점점 더 많은 한국인들이 장묘 문화의 급속한 변화를 반영하여 매장보다 화장을 선호하고 있다.

MVP cremate vt. 화장하다; 소각하다

1355 ★★

plunge
[plʌndʒ]

v. ① (가격·기온 등이) 급락하다 = descend, drop, plummet
② (어떤 상태·행동에) 빠지게 하다 = propel, throw
③ 착수하다, 갑자기 시작하다[into]

The price of crude oil has **plunged** to a new low.
원유가격이 역대 최저 수준으로 떨어졌다.

The assassination of the former prime-minister **plunged** Pakistan into extreme chaos.
전직 총리의 암살은 파키스탄을 극도의 혼란에 빠뜨렸다.

1356 ★
sinewy
[sínjui]

a. 근육질의, 힘줄의, 근육이 잘 발달한; (문체 따위가) 힘찬

He towers as a tall figure with broad shoulders, yet still thin and **sinewy**.
그는 훌쩍 큰 키에 어깨가 떡 벌어졌지만, 여전히 마르고 근육질이다.

MVP sinew n. 힘줄; (pl.) 근육, 체력, 정력

1357 ★★★
indigenous
[indídʒənəs]

a. 고유의, 원산의, 토착의 = aboriginal, endemic, native

Nearly two-thirds of the town's inhabitants are descendants of **indigenous** civilizations.
마을 주민의 거의 3분의 2가 토착 문명의 후손들이다.

1358 ★★
merge
[məːrdʒ]

v. 융합되다; 합병[합동]하다 = amalgamate, combine, join

The two businesses have become powerful since they **merged** a year ago.
그 두 기업은 1년 전에 합병한 이래 막강해졌다.

MVP merger n. 합병

1359 ★★
salutary
[sǽljutèri]

a. 유익한, 건전한, 이로운 = beneficial, useful, valuable

The accident was a **salutary** lesson; I'll never drink and drive again.
그 사고로 인해 유익한 교훈을 얻었다. 나는 다시는 음주운전을 하지 않을 것이다.

1360 ★★
filthy
[fílθi]

a. ① 아주 더러운, 불결한 = dirty, foul, nasty, unclean, vile
   ② 상스러운; 외설스러운, 음란한
     = bawdy, lewd, licentious, obscene, suggestive

The place is one of the **filthiest** cesspools you can imagine.
그곳은 네가 상상할 수 있는 가장 냄새나는 더러운 곳들 중 한 곳이다.

MVP filth n. 오물, 쓰레기; 더러움, 불결

1361 ★★★
distribute
[distríbjuːt]

v. ① 분배하다, 배포하다 = allocate, allot, apportion, assign, dispense
   ② 살포하다, (골고루) 퍼뜨리다 = disperse, disseminate, scatter, spread

Our proud alphabet was created by King Sejong the Great in 1443 and **distributed** to the people in 1446.
자랑스러운 한글은 1443년 세종대왕이 창제했고 1446년 백성들에게 반포됐다.

MVP distribution n. 분배, 배포; 살포; 분포
distributed a. 분포된; 광범위한
cf. attribute vt. ~의 탓으로 하다; n. 속성, 특질
cf. contribute v. 기부하다; 기여[공헌]하다; 기고하다
cf. tribute n. 공물; 조세; 칭찬, 찬사

1362 ★★

infamous
[ínfəməs]

a. ① 악명 높은 = disreputable, ill-famed, notorious
　② 수치스러운, 불명예스러운 = disgraceful, ignominious, shameful

An **infamous** bank robber was arrested last night.
악명 높은 은행 강도가 어젯밤에 체포됐다.

People tend to avoid talking about **infamous** results.
사람들은 수치스러운 결과에 대해 이야기하는 것을 피하는 경향이 있다.

MVP infamy n. 악명, 오명; 불명예

1363 ★

strait
[streit]

n. ① (종종 pl.) 해협 = channel, narrows, sound
　② (종종 pl.) (특히 경제적인) 궁핍, 곤경
　　= difficulty, hardship, plight, predicament

She found herself in desperate financial **straits**.
그녀는 자신이 절망적인 재정난에 처했음을 알았다.

MVP straiten vt. <보통 수동형으로> (특히 재정적으로) 곤란 받게 하다

1364 ★★★

redeem
[ridíːm]

vt. ① 상환[변제]하다; (저당물을) 도로 찾다 = reclaim, regain
　② (명예·권리·지위 등을 노력하여) 회복[만회]하다
　③ (잘못·결점 등을) 메우다, 벌충하다, 상쇄하다 = atone for
　④ (죄악으로부터) 구하다, 구원하다 = deliver, free, save
　⑤ (주식·상품권 등을) 현금[상품]으로 교환하다 = exchange

The excellent acting wasn't enough to **redeem** a weak plot.
뛰어난 연기도 설득력 없는 줄거리를 보완하기에는 충분하지 못했다.

He worked hard to **redeem** himself for his failure.
그는 실패를 만회하기 위해 열심히 일했다.

Jesus Christ came to **redeem** us from sin.
예수 그리스도는 우리를 죄악으로부터 구하기 위해 이 땅에 오셨다.

MVP redemption n. 되찾음; 상환; 구출, 구조; 구원
redemptive a. 되찾는; 보상의; 속죄의

1365 ★
vermin
[vəːrmin]

n. ① (농작물·가축 등에게) 해를 입히는 야생 동물, 해충 = harmful insect, pest
② 사회의 해충, 악당, 인간쓰레기 = offscourings, scum, trash

Pesticide is used to kill harmful insects, **vermin**, or other living organisms.
살충제는 해로운 곤충, 해충 또는 다른 생물을 박멸하는 데 쓰인다.

MVP vermicide n. 구충제; 살충제
vermicular a. 벌레의; 벌레 먹은 자국 같은; 꾸불꾸불한

1366 ★★
enthrall
[inθrɔːl]

vt. ① 마음을 빼앗다, 매혹시키다 = bewitch, captivate, charm, fascinate
② 노예로 하다 = enslave

The dancer **enthralls** her audiences with the beauty of her movements.
그 무용수는 아름다운 동작으로 관객들을 사로잡는다.

MVP thrall n. 노예; 속박

1367 ★★★
accurate
[ækjərit]

a. 정확한, 틀림없는; 정밀한 = correct, exact, precise

The clock is famous for keeping remarkably **accurate** time.
이 시계는 시간이 매우 정확한 것으로 유명하다.

The number is being considered the most **accurate** so far.
이 수치는 지금까지 발표된 것 중 가장 정확한 것으로 여겨지고 있다.

MVP accuracy n. 정확, 정밀(= correctness, exactness, precision)
↔ inaccurate a. 부정확한, 정밀하지 않은

1368 ★★
malady
[mǽlədi]

n. ① (만성적인) 병, 질병 = disease, disorder, illness
② (사회의) 병폐

I am immune from the **malady**, as I have had it once.
나는 예전에 그 병에 걸린 적이 있어서 면역이 되어 있다.

While the average suicide rate of the OECD member states shows a declining trend, suicide seems to be one of the greatest **maladies** in Korean society.
OECD 회원국의 평균 자살률이 감소 추세를 나타내는 것에 반해, 자살은 한국 사회에서 가장 큰 병폐 중 하나로 보인다.

1369 ★★★
sensuous
[sénʃuəs]

a. ① 감각의, 감각적인
② 관능적인, 육감적인 = erotic, voluptuous

I'm drawn to the poetic, **sensuous** qualities of her paintings.
나는 그녀의 그림이 가진 시적이고 감각적인 특징에 마음이 끌린다.

She has a **sensuous** body line.
그녀는 육감적인 몸매를 가지고 있다.

DAY 28

1370 ★
cramp
[kræmp]

vt. ① 속박하다, 제한하다 = confine, inhibit, restrict
② 경련을 일으키다
n. (손발 등의) 경련, 쥐; (보통 pl.) 갑작스런 복통 = spasm

Stricter anti-pollution laws may **cramp** economic growth.
보다 엄격한 공해 방지법이 제정되면 경제 성장이 방해받을 수도 있다.

He couldn't swim back to shore because he had **cramps** in his legs.
그는 발에 쥐가 났기 때문에 해안가로 헤엄쳐서 돌아오지 못했다.

MVP cramped a. 비좁은, 답답한; 경련을 일으킨

1371 ★★★
surpass
[sərpǽs]

vt. ~보다 낫다, 능가하다, 뛰어넘다 = beat, exceed, excel, outdo, outstrip

Her success has **surpassed** all expectations.
그녀의 성공은 모든 기대를 뛰어넘었다.

MVP surpassing a. 뛰어난, 빼어난, 우수[탁월]한

1372 ★★
ulterior
[ʌltíəriər]

a. (표면에) 나타나지 않은, 이면의, 숨은 = covert, hidden, latent

I think she has an **ulterior** motive for helping us.
그녀가 우리를 도와준 데에는 숨은 의도가 있는 것 같다.

1373 ★★★
negative
[négətiv]

a. ① 부정의, 부정적인 = adverse
② 거부하는, 거절하는; 반대의, 비판적인 = contradictory, dissenting
③ 소극적인, 비관적인 = pessimistic

Overpopulation can have many **negative** effects on people.
인구 과잉은 사람들에게 많은 부정적인 영향을 미칠 수 있다.

MVP negatively ad. 부정적으로, 소극적으로
↔ positive a. 긍정적인

1374 ★★
levity
[lévəti]

n. 경솔, 경박, 촐싹거림; (보통 pl.) 경솔한 행위, 경거망동 = frivolity

He treated a serious subject with **levity**.
그는 중요한 문제를 경솔하게 처리했다.

The leader's **levity** can loosen the organization.
지도자의 경거망동은 조직을 와해시킬 수 있다.

1375 ★★★

convenient
[kənvíːnjənt]

a. (물건이) 편리한, 사용하기 좋은[알맞은]; (물건·시간 등이 ~에) 형편 좋은
= handy, suitable, useful

The subway is a **convenient** method of transportation which is almost always on time.
지하철은 거의 항상 늦는 법이 없는 가장 편리한 교통수단이다.

> **MVP** convenience n. 편리, 편의; 형편이 좋음; (pl.) 편의시설(= amenities)
> conveniently ad. 편리하게; (문장 전체를 수식하여) 형편이 좋게도

1376 ★★

obstruct
[əbstrʌkt]

v. (도로·수로 등을) 막다; (일의 진행·행동 등을) 방해하다
= block; hamper, hinder, impede, prevent

A tree fell across the road and **obstructed** traffic.
나무가 길 한가운데 쓰러져서 차량 흐름을 막았다.

Spencer argued that those members of society who were "naturally" superior were meant to climb to the top and should not be **obstructed**.
스펜서(Spencer)는 '태생적으로' 우위에 있는 사회의 구성원들은 높은 지위에 오르도록 되어 있으므로 그들을 방해하지 말아야 한다고 주장했다.

> **MVP** obstruction n. 방해, 차단; 장애물

1377 ★★★

bilingual
[bailíŋgwəl]

a. 두 나라 말을 하는; 두 개 언어를 병용하는
n. 두 개 언어를 쓰는 사람

Studies have shown that **bilinguals** are better at remembering shopping lists, names, and directions.
연구에 의하면 두 개의 언어를 구사하는 사람들은 쇼핑 목록, 이름, 방향을 잘 기억한다.

> **MVP** cf. monolingual a. 단일 언어의; 한 언어를 사용하는; n. 한 언어 사용자
> cf. multilingual a. 여러 언어를 사용하는; 여러 언어로 쓰인; n. 여러 언어를 말할 수 있는 사람

1378 ★★

terminate
[tə́ːrmənèit]

v. 끝내다[끝나다], 종결시키다 = cease, end, finish

Regularly scheduled helicopter flights between Manhattan and New York City's airports have been **terminated** for lack of business.
맨해튼과 뉴욕 공항 사이의 정기편 헬리콥터 운항은 사업 부진으로 인해 종료되었다.

> **MVP** termination n. 종료, 종결
> terminus n. 종점, 종착역
> terminal a. 끝의, 말단의; (병이) 말기의; n. 끝, 말단; 종점

1379 ★★

exiguous

[igzígjuəs]

a. 근소한, 부족한, 빈약한 = bare, meager, scanty, slender

The computer equipment is prohibitively expensive, given the rural school's **exiguous** resource of revenue.
그 시골 학교의 빈약한 재원을 감안하면, 그 컴퓨터 장비는 엄청나게 비싸다.

1380 ★★

sordid

[sɔ́:rdid]

a. ① (환경 등이) 더러운, 지저분한 = dirty, filthy, foul, squalid, untidy
　② 비도덕적인, 추악한, 야비한 = base, mean, vicious, vile

It was a shock to discover the truth about her **sordid** past.
그녀의 비도덕적인 과거에 대한 진실을 알게 된 것은 충격이었다.

1381 ★

quarry

[kwɔ́:ri]

n. ① 채석장 = stone pit
　② (지식·자료 등의) 원천; (인용구 등의) 출처 = origin, source
　③ 사냥감; 추구의 목적[목표]; 노리는 적 = aim, game, goal, prey, victim
v. ① (돌을) 캐내다, 채석하다 = dig, excavate, mine
　② (사실 등을) 애써 찾아내다; (기록 등을) 애써 찾다 = discover, search

The hunters lost sight of their **quarry** in the forest.
사냥꾼들은 숲 속에서 뒤쫓던 사냥감을 놓쳤다.

1382 ★★★

hardship

[há:rdʃip]

n. 고난, 고충, 곤란 = suffering, trouble

Her rough hands show that she had endured great **hardship**.
그녀의 거친 손은 그녀가 많은 고생을 했음을 말해준다.

1383 ★★

effusive

[ifjú:siv]

a. 심정을 토로하는, 감정이 넘쳐나는 듯한; 과장된 = demonstrative, gushing

They gave us such an **effusive** welcome; it was quite embarrassing.
그들은 우리를 분에 넘치게 환영했다. 그것은 상당히 당황스러웠다.

MVP effuse v. (액체·빛·향기 등을) 발산시키다[하다]; (심정을) 토로하다
effusion n. (액체 등의) 유출, 유출물; (감정의) 토로

1384 ★★★

addict
v. [ədíkt]
n. [ǽdikt]

vt. (나쁜 버릇·습관·일 등에) 빠지게 하다
n. (마약 등의) 중독자; 열광적인 지지자 = buff, freak, junkie

People can become **addicted** to video games like drugs.
사람들은 마약처럼 비디오 게임에 중독될 수 있다.

A former drug **addict**, he started his life anew as a social activist.
그는 마약중독자에서 사회사업가로 새 삶을 시작했다.

MVP addiction n. 열중, 탐닉, 중독
addictive a. (약 따위가) 중독성인, 습관성인

1385 ★★

vulgar
[vʌlgər]

a. ① 저속한, (교양·취미 따위가) 속된, 천박한 = boorish, indecent, obscene
② 통속적인, 세속의; 일반 (대중)의 = common, plebeian

He uses a lot of **vulgar** language.
그는 저속한 말을 많이 쓴다.

She found their laughter and noisy games coarse and rather **vulgar**.
그녀는 그들의 웃음과 시끌벅적한 게임을 추잡하고 상당히 천박하다고 생각했다.

MVP vulgarity n. 상스러움; 음란물

1386 ★★

dearth
[dəːrθ]

n. 부족, 결핍 = deficiency, lack, scarcity

China, with a growing industrial base and a **dearth** of natural resources such as pulp or iron ore, needs the raw materials.
중국은 산업기반이 점점 커지고 있으며 펄프나 철광석과 같은 천연자원의 부족을 겪고 있어서 원자재가 필요하다.

1387 ★

hitch
[hitʃ]

v. ① (지나가는 차를) 얻어 타다, 편승하다
② (밧줄 등으로) ~을 (…에) 묶다[매다] = fasten, tether
n. (잠깐 지체하게 하는) 장애, 문제 = drawback, glitch, hindrance

We spent the summer **hitching** around Europe.
우리는 여름 내내 차를 얻어 타며 유럽을 돌아다녔다.

The ceremony went off without a **hitch**.
그 의식은 아무 문제없이 진행되었다.

MVP hitchhike v. 지나가는 차에 거저 편승하여 여행하다, 히치하이크를 하다

1388 ★★★

tactics

[tǽktiks]

n. ① 용병학, 전술(학), 병법 = strategy
② 작전; 책략, 방책, 술책 = maneuver; stratagem, trick

The professor disdained marketing **tactics** designed to manipulate consumers.
그 교수는 소비자들을 속일 의도로 만들어진 마케팅 전략을 경멸했다.

MVP tactical a. 전술의, 전술상의; 책략에 능한

1389 ★

adjure

[ədʒúər]

vt. ① 명하다, 요구하다 = order, require
② 간청하다, 탄원하다 = beg, entreat, implore

The police officer **adjured** him to answer truthfully.
경찰은 그에게 정직하게 답변을 하라고 요구했다.

MVP adjuration n. 탄원, 간청
cf. abjure vt. 맹세하고 버리다; (공공연히) 포기하다

1390 ★★★

phenomenon

[finámənàn]

n. ① 현상 = happening, occurrence
② 경이로운 사람[것]

Disobedience by teenagers is only a passing **phenomenon**.
청소년기의 반항은 단지 일시적인 현상일 뿐이다.

1391 ★★

berserk

[bərsə́:rk]

a. (화가 나서) 미쳐 날뛰는, 길길이 뛰는; (흥분하여) 펄쩍펄쩍 뛰는
= crazed, frantic, frenzied

He went **berserk** when he found out where I'd been.
내가 어디를 갔다 왔는지를 알게 된 그는 길길이 날뛰었다.

1392 ★★

fathom

[fǽðəm]

vt. ① 깊이를 재다 = plumb
② 알아내다, 간파하다 = comprehend, discern, grasp, understand

Women generally live five or six years longer than men, for reasons yet to be **fathomed**.
아직 밝혀지지 않은 이유들로 인해 여성이 남성보다 일반적으로 5년 내지 6년 더 오래 산다.

MVP unfathomable a. 잴 수 없는, 깊이를 헤아릴 수 없는, 알 수 없는; 불가해한

1393 ★★★

pastime

[pǽstàim]

n. 기분 전환[풀이], 오락, 취미 = amusement, diversion, hobby, recreation

In medieval days, hawking was an aristocratic **pastime**.
중세 시대에, 매사냥은 귀족의 오락이었다.

1394 ★★

tolerant
[tάlərənt]

a. ① 관대한, 아량 있는; 묵인하는
= generous, lenient, permissive; acquiescent
② 내성이 있는, 잘 견디는 = resistant

A free nation is **tolerant** toward all religious beliefs.
자유 국가는 모든 종교적 믿음에 대해 관대하다.

If the same medication is used repeatedly, the patient will become **tolerant** and the dosage will have to be increased.
같은 약을 계속 쓰면 환자에게 내성이 생겨 투여량을 늘려야 한다.

MVP tolerate v. 관대히 다루다, 묵인하다; 참다, 견디다
tolerance n. 관용, 아량; 내성(耐性); 인내

1395 ★★★

confront
[kənfrʌ́nt]

vt. ① 직면하다, 마주 대하다 = face
② (적·위험 따위에) 대항하다, ~와 맞서다
③ (검토·비교를 위하여) 대조하다, 맞추어 보다 = contrast, counterpoint

I am **confronted** with enormous difficulties.
나는 엄청난 난관에 직면해 있다.

They **confronted** the enemy heroically.
그들은 용감하게 적에 대항했다.

MVP confrontation n. 직면, 대립, 대치

1396 ★★

armistice
[άːrməstis]

n. (일시적인) 휴전, 정전(停戰) = cease-fire, truce

Since the end of Korean War, the UNC has overseen the **armistice** agreement.
한국전쟁이 끝난 이래로, 유엔군 사령부(UNC: United Nations Command)는 휴전 협정을 감독해 왔다.

1397 ★★

disquiet
[diskwáiət]

vt. 불안[동요]하게 하다, 걱정시키다 = agitate, disturb, unsettle, worry
n. 불안, 불온, 동요, 걱정 = anxiety, concern, restlessness, uneasiness

There is considerable public **disquiet** about the safety of the new trains.
새 기차의 안전성에 대해 사람들이 상당히 불안해하고 있다.

MVP disquieting a. 불안하게 하는, 걱정시키는

1398 ★★

mutant
[mjúːtnt]

a. 변화하고 있는; 돌연변이의, 돌연변이에 의한

n. 돌연변이, 변종 = mutation, variety

The two other **mutant** gene strains were found in African people from 2,700 to 6,800 years ago.
두 개의 다른 돌연변이 유전변종이 2,700년에서 6,800년 전의 아프리카 사람들에게서 발견되었다.

> **MVP** mutate v. 변화하다; 돌연변이를 하다
> mutation n. 돌연변이; 변화, 변형
> mutative a. 변환[변이]의, 변화가 일어나기 쉬운

1399 ★★

impression
[impréʃən]

n. ① (사람·사물로부터 받는) 인상, 느낌, 감명, 기분, 생각
② (노력 따위의) 영향, 효과 = consequence, effect
③ (연예인이 내는 유명인) 흉내 = impersonation, imitation, mimicry
④ 인물화; (장소·건물의) 상상도

The efforts of legislators make little **impression** on human misery.
입법자의 노력도 인류의 불행에 대해서는 거의 영향을 미치지 못한다.

He did his **impression** of Tom Hanks.
그는 톰 행크스(Tom Hanks)의 흉내를 냈다.

This is an **impression** of the new stadium.
이것이 새 경기장의 상상도이다.

> **MVP** impress v. 깊은 인상을 주다, 감동을 주다; (기억 등에) 강하게 남다
> impressive a. 강한 인상을 주는, 감명을 주는, 감동적인; 장엄한, 엄숙한
> impressionable a. (사람이) 쉽게 외부의 영향을 받는; 감수성이 풍부한

1400 ★

raven
v. [rǽvən]
n. a. [réivn]

v. ① 약탈하다, 노략질하다[about] = loot, pillage, plunder
② (먹이를) 찾아다니다[for, after] = forage, prowl
③ 게걸스럽게 먹다 = devour, gobble, gorge

n. 갈까마귀; 큰 까마귀 = crow, rook

a. (머리카락이) 검고 윤기 나는, 칠흑의 = ebony, jet-black, pitch-dark

She has **raven** hair after using conditioner.
그녀는 헤어컨디셔너를 사용한 후 검고 윤기 나는 머리를 갖게 되었다.

> **MVP** ravening a. 먹이를 찾아다니는; 게걸스럽게 먹는, 탐욕스러운; 광포한
> ravenous a. 게걸스럽게 먹는; 몹시 굶주린, 탐욕스러운
> cf. ravine n. 협곡, 산골짜기, 계곡

A. Write the meaning of the following words.

□ dormant	□ quarry
□ grab	□ hardship
□ plunge	□ effusive
□ sinewy	□ addict
□ indigenous	□ vulgar
□ distribute	□ dearth
□ infamous	□ hitch
□ redeem	□ tactics
□ enthrall	□ adjure
□ sensuous	□ phenomenon
□ cramp	□ berserk
□ surpass	□ fathom
□ negative	□ pastime
□ levity	□ tolerant
□ convenient	□ confront
□ obstruct	□ armistice
□ bilingual	□ disquiet
□ terminate	□ mutant
□ exiguous	□ impression
□ sordid	□ raven

※ 주어진 단어의 뜻을 본문에서 확인하시고 틀린 단어의 경우 박스에 체크한 뒤에 나중에 다시 학습하시기 바랍니다.

B. Choose the synonym of the following words.

1. cremation	Ⓐ omen
2. merge	Ⓑ beneficial
3. filthy	Ⓒ hidden
4. strait	Ⓓ disease
5. vermin	Ⓔ exact
6. ulterior	Ⓕ incineration
7. portent	Ⓖ pest
8. malady	Ⓗ amalgamate
9. accurate	Ⓘ dirty
10. salutary	Ⓙ channel

B. 1. Ⓕ 2. Ⓗ 3. Ⓘ 4. Ⓙ 5. Ⓖ 6. Ⓒ 7. Ⓐ 8. Ⓓ 9. Ⓔ 10. Ⓑ

1401 ★★★

meticulous
[mətíkjuləs]

a. 꼼꼼한, 매우 세심한 = fastidious, punctilious, scrupulous

He is very **meticulous** when it comes to money matters.
그는 돈 문제에 있어 무척 깐깐하다.

She is **meticulous** in spelling every word correctly in her reports.
그녀는 보고서의 모든 단어에 정확한 철자를 쓰려고 매우 세심한 주의를 기울인다.

MVP meticulously ad. 꼼꼼하게, 좀스럽게

1402 ★★

preoccupation
[priːàkjəpéiʃən]

n. ① 선취(先取); 선점(先占)
   ② 선입관, 편견 = bias, prejudice
   ③ 몰두, 열중 = absorption, concentration, engagement, engrossment

Preoccupation with outcomes makes us mindless.
결과에 대해 너무 마음을 쓰다보면 마음이 어지러워진다.

MVP preoccupy vt. 먼저 점유하다; ~에 선입관[편견]을 품게 하다; 마음을 빼앗다
preoccupied a. 몰두한, 여념이 없는, 열중한

1403 ★★

imprison
[imprízn]

vt. 교도소[감옥]에 넣다, 투옥하다, 가두다, 감금하다 = detain, incarcerate

They were **imprisoned** for possession of drugs.
그들은 마약 소지죄로 수감되었다.

Some young mothers feel **imprisoned** in their own homes.
일부 젊은 엄마들은 자기 집 안에 갇혀 있는 기분을 느낀다.

MVP prison n. 교도소, 감옥, 구치소; 수감 제도; 금고, 감금; v. 투옥하다, 감금하다
imprisonment n. 투옥, 유치; 금고[징역]형; 감금, 구금

1404 ★★

specter
[spéktər]

n. ① 유령, 망령, 귀신, 요괴 = apparition, ghost, phantom, spook
   ② 무서운 것, 공포의 원인 = dread, fear, fright, horror, terror

The **specter** of unemployment haunted the country.
실업이라는 공포가 그 국가를 괴롭혔다.

MVP spectral a. 허깨비의, 유령의; 공허한

1405 ★★★

lengthen
[léŋkθən]

v. 길게 하다, 늘이다; 길어지다, 늘어나다 = elongate, extend, prolong, stretch

Laughing at our mistakes can **lengthen** our own life, while laughing at someone else's can shorten it.
우리의 실수를 비웃으면 우리의 삶이 길어지는데 반해, 남의 실수를 비웃으면 우리의 삶이 단축될 수 있다.

MVP length n. 길이, 장단; 세로
lengthy a. 긴, 기다란; 말이 많은, 장황한

1406 ★★★
renowned
[rináund]

a. 유명한, 명성 있는 = famed, prominent

Rome is **renowned** as a center of education.
로마는 교육의 중심지로 유명하다.

MVP renown n. 명성

1407 ★
paroxysm
[pǽrəksìzm]

n. (감정·행동 등의) 격발; (주기적인) 발작적 활동 = attack, fit, outburst

When his **paroxysm** of rage was over, he went on his way without once looking back.
발작적인 분노가 끝나고 나자, 그는 뒤도 한번 돌아보지 않고 가던 길을 갔다.

MVP paroxysmal a. 감정이 폭발한; 발작의, 발작적인

1408 ★★★
segregate
[ségrigèit]

v. (사람들을 인종·종교·성별에 따라) 분리[차별]하다; 구분하다, 떼어놓다
　= separate; discriminate

Because the infector was not **segregated** from the others, the contagious went any further.
감염자가 격리되지 않았기 때문에 전염병이 더더욱 번졌다.

Birmingham is probably the most thoroughly **segregated** city in the United states.
버밍햄(Birmingham)은 아마도 미국에서 인종 차별이 가장 심한 도시일 것이다.

MVP segregation n. 분리, 격리; 인종차별(정책)(= separation)
　　　segregated a. 분리[격리]된; 인종차별의

1409 ★★
genteel
[dʒentíːl]

a. 품위 있는, 고상한, 우아한, 점잖은 체하는 = elegant, graceful, refined

Although nice and **genteel** in day-to-day life, the athlete changes over to a ferocious player on court.
그 선수가 일상에서는 상냥하고 품위 있지만, 시합 중에는 사나운 선수로 돌변한다.

MVP gentle a. 온화한, 점잖은, 상냥한, 친절한

1410 ★★★
resent
[rizént]

vt. 분개하다, 불쾌하게 여기다, 원망하다
　= be angry about, dislike, take offense at, take umbrage at

I **resent** having to pay for a service I don't want or need.
나는 내가 원하지 않거나 필요로 하지 않는 서비스에 대해 돈을 지불해야 한다는 사실에 분노한다.

MVP resentment n. 분개, 분노(= anger)
　　　resentful a. 분개한, 성마른, 화를 잘 내는

1411 ★
en route
[aːnrúːt]

ad. 도중에[to, for] = on the[one's] way

Safe arrival shall always have priority over unnecessary speed and hazardous driving **en route** to an incident or to the hospital.
사고 현장이나 병원으로 가는 중에는 안전하게 도착하는 것이 불필요하게 속도를 내거나 위험하게 운전하는 것보다 항상 우선시되어야 한다.

1412 ★★
statue
[stǽtʃuː]

n. 상(像), 조상(彫像), 조각상 = effigy, figure

There is the Little Mermaid **statue** in Copenhagen.
코펜하겐(Copenhagen)에는 인어공주 동상이 있다.

1413 ★★★
deadly
[dédli]

a. 죽음의, 생명에 관계되는, 치명적인 = fatal, lethal, mortal, pernicious
ad. 죽은 듯이; 극도로, 지독히, 몹시 = deathly; extremely

It is true that there are nearly 4,000 **deadly** chemicals included in every cigarette.
담배 당 약 4,000개의 치명적인 화학물질이 들어있다는 것은 사실이다.

DAY 29

1414 ★★★
assault
[əsɔ́ːlt]

n. 폭행, 맹공격, 맹렬한 비난; 강간 = onslaught, raid; charge; rape
vt. 공격하다, 폭행하다; 강간하다 = assail, attack; rape

Khan was taken into police custody and pleaded guilty to **assault** and battery.
칸(Khan)은 경찰서에 구금되었으며 폭행과 구타를 한 죄를 인정했다.

1415 ★★
perfidy
[pə́ːrfədi]

n. 불신, 배반 (행위) = betrayal, disloyalty, treachery

History has many examples of **perfidy** and deceit.
역사는 배신과 기만의 많은 예들을 가지고 있다.

MVP perfidious a. 불신의, 불성실한; 배반하는

1416 ★★★
slang
[slæŋ]

n. ① 속어
② (어떤 계급·사회의) 통용어; (도둑·죄인 등의) 은어 = argot; jargon

Most kids use **slang** and shortened words in their text and chat conversations.
대부분의 아이들은 문자 메시지와 채팅을 할 때 속어와 줄임말을 사용하고 있다.

MVP argot n. 은어
cant n. 변말, 은어; 유행어; 위선적인 말투
jargon n. (동업자·동일 집단 내의) 특수 용어, 은어
patois n. 방언; 은어

1417 ★★★

communicate

[kəmjúːnəkèit]

v. ① (사상·지식·정보 따위를) 전달하다, 통보하다
② 의사를 소통하다, 서로 이해하다; 통신하다, 연락하다
③ (열 따위를) 전도하다, 전하다; (병을) 감염시키다

He was eager to **communicate** his ideas to the group.
그는 자기 생각을 그 단체 사람들에게 꼭 알리고 싶었다.

Dolphins use sound to **communicate** with each other.
돌고래는 소리를 이용해서 서로 의사소통을 한다.

The disease is **communicated** through dirty drinking water.
그 병은 오염된 식수를 통해 전염된다.

MVP communication n. 전달, 통신; 연락, 교제
communicable a. 전할 수 있는; 전염성의
communicative a. 말하기 좋아하는, 수다스러운

1418 ★★

dose

[dous]

n. (약의) 1회분, (약의 1회분) 복용량, 한 첩 = dosage, potion
v. 투약하다, 복용시키다; 조제하다 = administer; dispense, prescribe

Small **doses** of aspirin are administered to heart attack patients.
심장마비 환자들에게 소량의 아스피린이 투여된다.

MVP dosage n. 투약, 조제; (약의 1회분) 복용[투약]량
overdose n. (약의) 과다 복용, 과잉 투여

1419 ★★

misconstrue

[mìskənstrúː]

vt. 잘못 해석하다, 오해하다 = misapprehend, misinterpret

It is easy to **misconstrue** confidence as arrogance.
자신감을 오만함으로 오해하기 쉽다.

You have to be so careful not to do anything people might **misconstrue**.
사람들이 오해할 수 있는 일들을 하지 않도록 조심해야 한다.

MVP construe v. 해석하다

1420 ★

wizened

[wíznd]

a. (과일 등이) 시든; 주름투성이의, 쭈글쭈글한 = withered; wrinkled

He barely recognized her **wizened** face and haggard features.
그는 그녀의 주름 많은 얼굴과 수척한 모습을 거의 알아보지 못했다.

MVP wizen v. 시들다; 시들게 하다

1421 ★★★
jeopardy
[dʒépərdi]

n. 위험; 위기 = danger, hazard; risk

A cut in the budget put 10 percent of the state employees' jobs in **jeopardy**.
예산 감축으로 인해 그 나라 일자리의 10%가 위태롭게 되었다.

MVP jeopardize v. 위태롭게 하다, 위태로운 지경에 빠지게 하다

1422 ★★
enduring
[indjúəriŋ]

a. 영속하는, 지속되는 = abiding, continuing, lasting

Everyone has an **enduring** memory of their first love.
누구나 첫사랑의 기억을 오래 간직한다.

Wisdom helps bring **enduring** peace to this world.
지혜는 이 세상에 지속적인 평화를 가져오도록 도와준다.

MVP endure v. 견디다, 인내하다; 오래가다, 지속되다

1423 ★
occlude
[əklúːd]

v. (통로·구멍 따위를) 폐색하다; 막다; 방해하다 = block, obstruct; prevent

Every invention opens up some possibilities while **occluding** others.
모든 발명은 어떤 가능성들을 열어주는 한편 다른 가능성들을 방해하기도 한다.

MVP occlusion n. 폐색, 폐쇄, 차단

1424 ★★★
donate
[dóuneit]

vt. (자선 사업 등에) 기증[기부]하다; 주다 = contribute, endow, present

He decided to **donate** his kidney because of his wife.
그는 아내 때문에 자신의 신장을 기증하기로 결정했다.

MVP donation n. 기증(품), 기부(금)
donor n. 기증자
donee n. 기증받는 사람, 수증자

1425 ★★
combination
[kàmbənéiʃən]

n. ① 짜맞춤, 조합, 결합, 배합; 조합물, 결합물
② 연합, 단결 = alliance, coalition, union
③ (자물쇠의) 숫자[문자] 배합; 숫자[문자]를 맞춰서 여는 자물쇠

His treatment was a **combination** of surgery, radiation and drugs.
그의 치료는 수술과 방사선 치료와 약물 치료가 결합된 것이었다.

He forgot the **combination** to the safe.
그는 그 금고의 자물쇠 번호를 잊었다.

MVP combine v. 단합[결합]하다; (두 가지 이상의 자질 등을) 갖추다
combination lock 번호 자물쇠(숫자나 글자를 일정하게 조합하여 여는 자물쇠)
combination sale 끼워 팔기; 끼워팔기식 판매

DAY 29

1426 ★★★

fertile
[fə́ːrtl]

a. ① (땅이) 비옥한, 기름진 = fecund, prolific
　② (인간·동물이) 다산의, 자식을 많이 낳는; 열매를 많이 맺는
　③ 생식능력이 있는
　④ (상상력 등이) 풍부한; (마음이) 상상력[창조력]이 많은

This soil is **fertile** enough to grow big healthy tomatoes.
이 땅은 굵고 싱싱한 토마토가 열릴 만큼 비옥하다.

I could feel the author's **fertile** imagination through the book.
나는 그 책을 통해 작가의 풍부한 상상력을 느낄 수 있었다.

> MVP fertility n. 비옥, 다산, 풍부
> ↔ infertile a. (땅이) 비옥하지 않은; 불모의; 생식력이 없는, 불임의
> barren a. (땅이) 불모의; (식물이) 열매를 못 맺는; 임신을 못 하는; 무익한
> sterile a. 메마른, 불모의; 흉작의; 자식을 못 낳는, 불임의

1427 ★

beholden
[bihóuldən]

a. 은혜를 입은, 신세를 진 = indebted, obliged

I feel **beholden** to my friend because he loaned me money.
그가 나에게 돈을 빌려 줘서 신세를 진 듯한 느낌이다.

1428 ★★★

pronounce
[prənáuns]

v. ① 발음하다, 소리내어 읽다 = articulate, enunciate, utter
　② 선언하다, 단언하다, 언명하다, 공표하다 = announce, declare, proclaim

In the marriage ceremony, the minister said, "I hereby **pronounce** you husband and wife."
결혼식에서, 그 목사는 "이로써 두 사람이 부부가 되었음을 선포합니다."라고 말했다.

> MVP pronouncement n. 선언, 공고, 발표; 결정, 판결
> pronunciation n. 발음
> pronounced a. 뚜렷한, 현저한; 명백한; 단호한

1429 ★★

marble
[máːrbl]

n. ① 대리석(종종 냉혹하고 무정한 것에 비유됨); 대리석 조각
　② (아이들이 가지고 노는) 구슬; (pl.) 〈단수 취급〉 구슬치기 = alley, bead
　③ (pl.) 제정신, 분별; 지적 능력 = mind, sanity

Massive **marble** pillars support the old architecture.
거대한 대리석 기둥이 오래된 건축물을 받치고 있다.

> MVP basalt n. 현무암
> granite n. 화강암; 아주 단단함; 완고
> cf. marble n. 놀라운 일, 경이(驚異)

1430 ★★
actuate
[æktʃuèit]

vt. ① (동력원이 기계를) 움직이다; (장치 등을) 발동[작동]시키다 = activate, move
② 자극하여 ~하게 하다; 격려하다 = incite, motivate, provoke, stimulate

I fail to understand what **actuated** you to reply to this letter so nastily.
나는 무엇 때문에 당신이 이 편지에 대해 그렇게 불쾌하게 답장을 보냈는지를 이해할 수 없다.

1431 ★★★
trace
[treis]

n. ① 자취, 흔적 = indication, mark, sign
② 기운, 기색
v. ① 추적하다, 추적해서 밝혀내다 = discover, trail
② ~의 출처를[유래를, 기원을] 조사하다, 더듬어 올라가 (원인을) 조사하다

There was no **trace** of poison in the coffee the chemist analyzed.
화학자가 분석한 그 커피에는 독극물의 흔적이 없었다.

Most human cases of the disease have been **traced** to contact with infected birds.
그 질병에 걸린 대부분의 환자들은 감염된 새와 접촉한 것으로 밝혀졌다.

The rumor was **traced** back to him.
그 소문을 낸 장본인이 그라는 것이 밝혀졌다.

DAY 29

1432 ★
cadaverous
[kədǽvərəs]

a. ① 시체의, 시체 같은 = corpselike
② 창백한 = pale, pallid, wan

Watching his **cadaverous** appearance, we could see how the disease had ravaged him.
그의 창백한 모습을 보고 우리는 병마가 어떻게 그를 황폐하게 만들었는지를 알 수 있었다.

MVP cadaver n. 시체

1433 ★★★
inevitable
[inévətəbl]

a. 피할 수 없는, 필연적인 = ineluctable, inescapable, unavoidable

The accident was the **inevitable** consequence of carelessness.
그 사고는 부주의에서 비롯된 필연적인 결과였다.

MVP inevitably ad. 불가피하게, 필연적으로

1434 ★★
labyrinth
[lǽbərìnθ]

n. 미궁, 미로 = maze

The basement of this building is like a **labyrinth**.
이 건물의 지하는 미로 같다.

MVP labyrinthine a. 미궁[미로]의, 미로와 같은; 복잡한

1435 ★★★

bear
[bɛər]

v. ① 견디다, 참다 = endure, stand, tolerate, withstand
② (책임 등을) 떠맡다, 감당하다; (부정적인 감정을) 갖다, 품다
③ (아이를) 낳다 = deliver, procreate

It was a silence he could no longer **bear**, so he got up and walked out of the room.
그는 더 이상 침묵을 견딜 수 없어서 일어나 방에서 걸어 나왔다.

1436 ★★

unassuming
[ʌnəsjúːmiŋ]

a. 젠체하지 않는, 겸손한, 주제넘지 않은 = humble, modest, unpretentious

Jake became a top student in his class but he had an **unassuming** attitude.
제이크는 반에서 1등을 했지만 겸손한 태도를 보였다.

MVP assume v. (사실일 것으로) 추정하다; (권력·책임을) 맡다; ~인 척하다, 가장하다

1437 ★★★

fasten
[fæsn]

v. ① 묶다, 동이다, 붙들어 매다 = bind, lace, tie
② (지퍼·단추·자물쇠 등을) 죄다, 잠그다, 채우다 = close, lock, secure
③ (눈·시선 등을[이] ~에) 고정시키다[고정되다] = concentrate, fix, focus

Please return to your seats and **fasten** your safety belts.
좌석으로 돌아가서 안전벨트를 매 주시기 바랍니다.

MVP ↔ unfasten v. (잠긴 것을) 풀다, 끄르다

1438 ★★

valor
[vǽlər]

n. 용기, 용맹, 무용(武勇) = bravery, courage, fortitude, gallantry

The government decorated the soldier for his **valor** and sacrifice.
정부는 그 군인의 용맹과 희생에 대해 훈장을 수여했다.

MVP valorous a. 용감한, 씩씩한(= brave, valiant)

1439 ★★★

outward
[áutwərd]

a. ① 밖으로 향하는; 바깥쪽의, 외부의 = exterior, external, outer, outside
② 외관의; 겉만의, 표면상의 = apparent, ostensible, seeming, superficial
ad. 바깥쪽으로

He showed no **outward** signs of distress.
그는 겉으로는 전혀 괴로운 표시를 보이지 않았다.

MVP outwardly ad. 밖을 향하여; 표면[외관]상은
↔ inward a. 안쪽을 향하는; 마음속의, 내심의
※ -ward: ~방향으로 향함, ~쪽의[으로]

afterward ad. 뒤에, 나중에, 그 후
backward a. 뒤로의; 진보가 늦은; ad. 뒤에[로]; 후방에[으로]
downward a. 하향의; ad. 아래쪽으로
forward a. 전방(으로)의; ad. 앞으로

homeward a. 귀로의, 집[본국]으로 향하는; ad. 집[본국]으로 향하여
onward a. 전방으로의; ad. 앞으로, 전방에[으로]

1440 ★★
tenor
[ténər]

n. ① (연설·문서 등의) 취지, 대의(大意) = meaning, purport
② (인생·활동 등의) 진로, 행로, 방침, 방향 = course, path

I understand French enough to get the **tenor** of his speech.
나는 그의 연설의 취지를 알 정도로 프랑스어를 충분히 이해한다.

1441 ★★★
adorn
[ədɔ́ːrn]

vt. 꾸미다, 장식하다 = decorate, embellish, garnish, ornament

She **adorned** the dining table with flowers.
그녀는 식탁을 꽃으로 장식했다.

MVP adornment n. 장식, 꾸미기(= decoration, ornamentation)
cf. adore v. 숭배하다, 존경하다

1442 ★★
sanctimonious
[sæ̀ŋktəmóuniəs]

a. 독실한 척 하는; 위선적인 = pharisaic; two-faced, hypocritical

In the Bible, Pharisees were **sanctimonious** people.
성경에서, 바리새인들은 독실한 척 하는 사람들이었다.

MVP sanctimony n. 독실한 체함

1443 ★
hiccup
[híkʌp]

n. ① 딸꾹질; 딸꾹질의 발작 = hiccough, singultus
② (주식의) 일시적 하락; 약간의 문제

vi. 딸꾹질을 하다, 딸꾹 하는 소리를 내다

People usually have the **hiccup** when they are nervous, excited, or get stressed.
사람들은 보통 긴장하거나, 흥분하거나, 스트레스를 받을 때, 딸꾹질을 한다.

MVP hiccough n. 딸꾹질

1444 ★★★
concede
[kənsíːd]

v. ① 인정하다; 양보하다 = acknowledge, admit, allow, grant
② (권리·특권 등을) 허용하다, 주다

I **concede** the Internet's shortcomings but don't believe all the blame should fall
on the Web.
나는 인터넷의 단점은 인정하지만, 모든 책임을 인터넷으로 돌려서는 안 된다고 생각한다.

We both agreed to **concede** a point to each other on the matter.
우리는 그 문제에 대해서 서로 한발씩 양보하기로 했다.

MVP concession n. 양보, 양해(= compromise)

1445 ★★

brawl

[brɔ:l]

n. 말다툼, 싸움, 소동 = altercation, fight, fracas, melee, scuffle
vi. 말다툼하다, 싸움[소동]을 벌이다 = altercate, dispute, quarrel, wrangle

The young men had nothing better to do than **brawl** in the streets.
그 젊은이들은 기껏해야 길거리에서 싸움이나 하고 돌아다녔다.

1446 ★★★

entitle

[intáitl]

vt. ① 제목을 붙이다, ~라고 칭하다 = call, name, label
　② 자격[권리]을 주다 = allow, authorize, empower

He read a poem **entitled** 'Salt'.
그는 "소금"이라는 제목의 시를 읽었다.

He is **entitled** to a pension.
그는 연금을 받을 자격이 있다.

This ticket **entitles** you to free drinks.
이 표가 있으면 무료로 음료를 마실 수 있다.

MVP entitlement n. 권리, 자격

1447 ★★

rapport

[ræpɔ́:r]

n. ① (친밀하고 공감적인) 관계 = bond, relation
　② (영매(靈媒)를 이용한) 교신(交信)

Experts say the personal **rapport** between the two presidents established over the years has been a key factor in Russian-American relations.
전문가들은 지난 몇 년간 쌓인 두 정상 간의 사적인 교감이 미국과 러시아의 관계에서 핵심적인 요인이 돼왔다고 말한다.

MVP apport n. (영매가 불러낸) 환영(幻影)
　cf. rapporteur n. (어떤 기관에 의해 공식적으로 선정된) 조사 위원, 보고자

1448 ★★★

ashamed

[əʃéimd]

a. 부끄러운, 창피한, 수치스러운 = bashful, disgraced, embarrassed

They felt **ashamed** for cheating on the entrance examination.
그들은 입학시험 때 부정행위를 한 것이 부끄러웠다.

MVP shame n. 부끄럼, 수치심; 창피, 치욕, 불명예

1449 ★

infidel

[ínfədl]

a. 신을 믿지 않는, 신앙심 없는; 이교도의, 이단의 = faithless, unreligious
n. 무신론자; 이교도, 이단자 = atheist, heathen, heretic, nonbeliever, pagan

Islamists have continued to gripe about Western **infidels** encroaching on Muslim lands.
이슬람교도들은 서방의 이교도들이 이슬람교의 땅에 침범하고 있다고 계속 불평해 왔다.

1450 ★★

disclaim
[diskléim]

v. ① 부인하다, 거부하다 = deny, refuse
② (권리 등을) 포기하다 = abandon, renounce

She **disclaimed** any knowledge of her husband's whereabouts.
그녀는 남편의 행방에 대해 전혀 아는 바가 없다고 말했다.

The rebels **disclaimed** all responsibility for the explosion.
반군들은 그 폭발 사건에 대해 모든 책임을 부인했다.

MVP disclaimer n. (책임·연루 등에 대한) 부인; 권리포기각서; (제품에 표시하는 책임경
감용) 경고문, 면책조항

A. Write the meaning of the following words.

☐ meticulous _____
☐ preoccupation _____
☐ imprison _____
☐ lengthen _____
☐ paroxysm _____
☐ segregate _____
☐ resent _____
☐ en route _____
☐ statue _____
☐ deadly _____
☐ assault _____
☐ slang _____
☐ communicate _____
☐ dose _____
☐ misconstrue _____
☐ wizened _____
☐ donate _____
☐ combination _____
☐ pronounce _____
☐ marble _____

☐ actuate _____
☐ trace _____
☐ cadaverous _____
☐ inevitable _____
☐ bear _____
☐ unassuming _____
☐ fasten _____
☐ valor _____
☐ outward _____
☐ tenor _____
☐ adorn _____
☐ sanctimonious _____
☐ hiccup _____
☐ concede _____
☐ brawl _____
☐ entitle _____
☐ rapport _____
☐ ashamed _____
☐ infidel _____
☐ disclaim _____

※ 주어진 단어의 뜻을 본문에서 확인하시고 틀린 단어의 경우 박스에 체크한 뒤에 나중에 다시 학습하시기 바랍니다.

B. Choose the synonym of the following words.

1. genteel
2. jeopardy
3. specter
4. beholden
5. labyrinth
6. renowned
7. fertile
8. occlude
9. perfidy
10. enduring

Ⓐ block
Ⓑ continuing
Ⓒ treachery
Ⓓ elegant
Ⓔ ghost
Ⓕ famed
Ⓖ danger
Ⓗ maze
Ⓘ indebted
Ⓙ fecund

B. 1. Ⓓ 2. Ⓖ 3. Ⓔ 4. Ⓘ 5. Ⓗ 6. Ⓕ 7. Ⓙ 8. Ⓐ 9. Ⓒ 10. Ⓑ

1451 ★★★

genetic
[dʒənétik]

a. 유전의, 유전학의 = hereditary

The children were born deformed because of a **genetic** problem.
그 아이들은 유전적인 문제로 인해 기형아로 태어났다.

Black eyes and hair are **genetic** characteristics of Koreans.
검은 눈과 머리카락은 한국인의 유전적 특징이다.

MVP genetics n. <단수취급> 유전학; <복수취급> 유전적 특질
geneticist n. 유전학자
genetically ad. 유전학적으로

1452 ★★

repercussion
[rìːpəːrkʌ́ʃən]

n. (보통 pl.) (사건·행동의 간접적인) 영향, 반향 = effect, impact, influence

The collapse of the company will have **repercussions** for the whole industry.
그 기업의 붕괴는 산업 전반에 영향을 미칠 것이다.

1453 ★★★

secular
[sékjulər]

a. 세속의, 현세의; 비종교적인 = mundane, worldly; non-religious

They have kept traditional Buddhist ways of life, separated from **secular** affairs.
그들은 속세와 단절된 채 전통적인 불교식 생활방식을 지켜왔다.

Mexico is a **secular** state and does not have diplomatic relations with the Vatican.
멕시코는 비종교 국가이고 따라서 바티칸과 외교 관계를 맺고 있지 않다.

DAY 30

1454 ★★

engross
[ingróus]

vt. (마음·주의 등을) 빼앗다, 몰두시키다 = absorb, immerse

She was so **engrossed** in feeding the pigeons.
그녀는 비둘기들에게 먹이를 주는 것에 열중하고 있었다.

1455 ★

meritocracy
[mèritάkrəsi]

n. 실력[능력]주의; 실력[능력] 사회, 학력 사회; 지적 엘리트 계급

Meritocracy is a system of social organization that confers status on the basis of talent, rather than, say, class, heredity, or wealth.
능력 사회는 예를 들어 계층, 유전적 특성, 또는 재력보다는 재능에 따라 신분을 부여하는 사회 구조 시스템이다.

1456 ★★★

project
v. [prədʒékt]
n. [prádʒekt]

v. ① 입안하다, 계획하다, 안출하다, 설계하다 = design, plan, propose
② 발사[사출]하다, 내던지다 = cast, launch, shoot, throw
③ 내밀다, 돌출하다, 튀어나오다 = bulge, jut, protrude
n. 안(案), 계획, 설계; 예정 = design, idea, plan, proposition, scheme

The **projected** housing development will go ahead next year.
계획된 그 주택 개발은 내년에 추진될 것이다.

MVP projectile n. 투사물, 사출물; (로켓·어뢰·미사일 등의) 발사체
projection n. 사출(射出), 투사, 발사; 설계, 계획

1457 ★★

dissolute
[dísəlùːt]

a. 방종한, 방탕한 = debauched, dissipated, licentious, prodigal, profligate

His reign will remain on record as the most **dissolute** and immoral reign which modern history has known.
그의 통치는 근대 역사상 가장 방종하고 비윤리적인 치세로 기록될 것이다.

1458 ★★★

harass
[hərǽs]

vt. 괴롭히다, 애먹이다 = annoy, bother, tease, trouble

The salesmen in that clothing store are so persistent that it is impossible to even look at a garment without being **harassed** by them.
그 옷가게의 판매원들은 너무 집요해서 그들에게 시달리지 않고서는 옷을 보는 것조차 불가능하다.

MVP harassment n. 괴롭힘, 애먹임
sexual harassment (직장 내에서의) 성희롱

1459 ★★

imperceptible
[ìmpərséptəbl]

a. 감지할 수 없는, 알 수 없는 = unnoticeable

The difference in the greenness of leaves in the morning and in the evening is almost **imperceptible**.
아침과 저녁에 나뭇잎이 푸르른 정도의 차이는 거의 알아차릴 수 없을 정도이다.

MVP imperceptibly ad. 알아차릴 수 없게, 미세하게(= invisibly)
↔ perceptible a. 감지[인지]할 수 있는
perception n. 지각, 인식
perceive v. 지각하다, 감지하다; 눈치채다, 인식하다

1460 ★

tantrum
[tǽntrəm]

n. 언짢은 기분, 짜증, 불끈하기, 울화 = fit, outburst, temper

Children often have temper **tantrums** at the age of two or thereabouts.
아이들이 두 살 무렵이 되면 자주 짜증을 내며 성질을 부린다.

MVP go[fly, get] into one's tantrums 불끈 화를 내다

1461 ★★★

shatter

[ʃǽtər]

v. ① 산산이 부수다, 박살내다; 부서지다 = break, destroy, smash, wreck
② (건강·신경 등을) 해치다; (희망·신념 등을) 꺾다 = blast, impair
n. ① (보통 pl.) 파편, 깨진 조각; 파손
② (건강·정신 상태 등이) 엉망이 된 상태

The shockwaves from the explosion caused thousands of windows to **shatter**.
폭발로 인한 충격파로 수천 개의 창문이 산산조각 났다.

1462 ★★

penitent

[pénətənt]

a. 참회하는, 뉘우치는 = apologetic, contrite, remorseful, repentant

The boy stood up with such a **penitent** face that she forgave him on the spot.
소년은 정말로 뉘우치는 얼굴로 서 있었고 그래서 그녀는 즉석에서 그를 용서해주었다.

MVP penitence n. 뉘우침, 참회(= remorse)
↳ impenitent a. (죄 등을) 뉘우치지 않는; 완고한, 고집 센

1463 ★★★

attain

[ətéin]

v. ① (장소·위치·나이 등에) 이르다, 도달하다 = reach
② (목적·소원을) 달성하다; (명성·부귀 따위를) 획득하다 = gain, obtain

For you to **attain** a position of power, those in power have to choose you for a senior role.
당신이 힘 있는 지위를 얻으려면 먼저 힘 있는 이들이 당신을 상급자의 역할로 선택해야 한다.

MVP attainment n. 도달, 달성; [pl.] 학식, 재능
unattainable a. 도달하기 어려운, 얻기 어려운

1464 ★★

organism

[ɔ́ːrgənìzm]

n. ① 유기체, 유기물; 생물, 생물체 = being, creature
② (사회 등의) 유기적 조직체 = body, entity

All living **organisms** cannot live without oxygen.
모든 생명체는 산소 없이 살 수 없다.

MVP organic a. 유기체의, 유기물의; 유기적인, 조직적인, 계통적인

1465 ★★★

deem

[diːm]

v. (~으로) 생각하다, 여기다, 간주하다 = consider, count, judge, reckon, regard

American automobiles have traditionally been **deemed** inferior to European cars.
미국산 자동차는 전통적으로 유럽 차보다 열등하다고 여겨졌다.

1466 ★★

scathing
[skéiðiŋ]

a. 냉혹한, 가차 없는, 신랄한 = acrimonious, brutal, vitriolic

Many critics made **scathing** criticisms on the movie.
많은 평론가들은 그 영화를 신랄하게 비판했다.

> **MVP** scathe n. 손해, 손상, 상처; v. ~을 혹평하다, 호되게 까다
> unscathed a. 다치지 않은, 상처를 입지 않은, 아무 탈 없는

1467 ★★★

paradox
[pǽrədàks]

n. 역설, 패러독스; 역설적인 사람[상황]
= anomaly, contradiction, inconsistency

"More haste, less speed" and "Hasten slowly" are well-known **paradoxes**.
"급할수록 천천히"와 "급하면 돌아가라"는 잘 알려진 역설이다.

> **MVP** paradoxy n. 역설적임; 불합리성
> paradoxical a. 역설적인; 자기모순의
> paradoxically ad. 역설적으로
> cf. paradoxure n. (나무 위에 사는) 사향고양이

1468 ★

concomitant
[kankάmətənt]

a. 동반하는, 수반되는; 동시에 생기는 = attendant; concurrent

n. 부산물

Loss of memory is a natural **concomitant** of old age.
노년에는 자연스레 기억의 상실을 수반한다.

1469 ★★★

reliable
[riláiəbl]

a. 의지가 되는, 믿음직한; 확실한, 신뢰성 있는 = dependable; sure, trustworthy

We are looking for someone who is **reliable** and hard-working.
우리는 믿을 수 있고 성실한 사람을 찾고 있어요.

Our information comes from a **reliable** source.
우리 정보는 믿을 만한 소식통에서 나온 것이다.

> **MVP** rely v. 의지하다, 신뢰하다
> reliability n. 신뢰성, 확실성
> reliably ad. 신뢰[의지]할 수 있게, 확실하게

1470 ★★

slumber
[slʌ́mbəːr]

n. 잠, 선잠 = nap, rest, sleep

The ringing of the telephone awakened John from a deep **slumber**.
전화가 울려서 존(John)은 깊은 잠에서 깼다.

1471 ★
ballyhoo
[bǽlihùː]

n. 요란한[과대] 선전; 야단법석 = hype; hoopla

v. 요란스레[과대] 선전하다

In an atmosphere of unbelievable media **ballyhoo**, he went on trial for the murder of his wife.
믿기 힘든 언론의 과대 선전 분위기에서 그는 아내의 살인죄로 재판을 받았다.

1472 ★★
plural
[plúərəl]

a. 〈문법〉 복수의; 두 개 이상의, 복수의

The **plural** form of English verbs is the same as the bare infinitive.
영어 동사들의 복수형은 원형 부정사와 똑같다.

MVP ↔ singular a. 유일한, 단독의; 기묘한, 이상한; <문법> 단수의

1473 ★
sag
[sæg]

v. ① 축 처지다, 늘어지다 = bag, droop
② (시세·물가 등이) 떨어지다 = drop, fall
③ 기운이 빠지다 = decline, flag, wane, wilt

The roof began to **sag** under the weight of heavy rainfall and finally collapsed.
지붕이 폭우로 인해 축 처지기 시작하더니 마침내 무너져 내렸다.

DAY 30

1474 ★ ★ ★
novelty
[návəlti]

n. 신기함, 새로움; 새로운 경험= freshness, newness, originality, uniqueness

Now mobile chatting is a widely accepted phenomenon, but it was once a **novelty** in the telecommunications industry.
지금은 모바일 채팅이 일반적으로 받아들여지는 현상이지만, 예전에는 이동통신업계에서 매우 새로운 것이었다.

MVP novel a. 신기한, 새로운, 기발한; n. 소설

1475 ★★
apparatus
[æpərǽtəs]

n. ① (한 벌의) 장치, 기계, 기구 = appliance, equipment, gear, instrument
② (몸의) 기관; (정치 조직의) 조직, 기구 = organization, structure, system

She turned off the light with a wireless **apparatus**.
그녀는 무선 장치를 이용하여 조명을 껐다.

1476 ★★★

transfer
[trænsfə́:r]

v. ① 옮기다, 이동[이송, 이전]하다; 전임[전학, 전근, 전과]시키다
= move, relocate, remove, shift, transport
② (재산·권리 등을) 양도하다, 넘겨주다
= cede, hand over, pass on, surrender
③ 갈아타다 = change

n. ① 이동, 이전; 운반
② 갈아타기, 환승; 환승 장소[표]
③ (재산·권리 등의) 양도, 이전; (계좌 이체에 의한) 송금

He has been **transferred** from the branch office to the head office.
그는 지사에서 본사로 전임되었다.

MVP transference n. 이동, 전임, 양도; 감정 전이(= transferral)
transferable a. 옮길[전사할] 수 있는; 양도할 수 있는

1477 ★★

carnivore
[ká:rnəvò:r]

n. 육식동물 = flesh-eater, predator

A majority of humans are **carnivores**, and meat-eating is a natural part of life.
대부분의 인간은 육식동물이며, 고기를 먹는 것은 삶의 자연스러운 부분이다.

※ -vorous, -vore : ~을 먹는, ~식 동물

carnivorous a. 육식성의　　　　　omnivore n. 잡식동물
herbivorous a. 초식성의　　　　　herbivore n. 초식동물
insectivorous a. 식충성의　　　　insectivore n. 식충동물

1478 ★★★

emigrate
[émigrèit]

v. (타국으로) 이민을 가다, 이주하다

He **emigrated** to France for a better job and life.
그는 더 좋은 직업과 삶을 위해 프랑스로 이민을 갔다.

MVP emigrant a. (타국으로) 이주하는; n. (타국으로의) 이민, 이주민
cf. immigrate v. (타국에서) 이주하다; (새로운 거주지로) 이주하다

1479 ★★

petty
[péti]

a. ① 보잘 것 없는, 사소한 = inferior, insignificant, trivial
② 마음이 좁은, 쩨쩨한 = narrow-minded

They respond to **petty** annoyance like supermarket lines and traffic jams as though they were a threat to life.
그들은 슈퍼마켓에서 줄을 서서 기다리는 것과 교통정체와 같은 사소한 성가심에 대해 마치 그것들이 생명에 대한 위협인 것처럼 반응한다.

1480 ★★

upshot
[ʌ́pʃàt]

n. ① (최종적인) 결말, 결과, 결론
= conclusion, consequence, outcome, result
② 요지, 요점 = core, gist, nub, point

The **upshot** of controversy was that he had to resign.
논란의 결론은 그가 물러나야 한다는 것이었다.

1481 ★★★

imitate
[ímətèit]

vt. 모방하다, 흉내 내다 = emulate, mimic, simulate

Many children tend to **imitate** the violence they see.
많은 아이들은 그들이 보는 폭력을 모방하는 경향이 있다.

MVP imitation n. 모방, 흉내
imitator n. 모방자, 모방하는 사람, 모방하는 것

1482 ★★

compulsive
[kəmpʌ́lsiv]

a. ① 강박적인, 상습적인 = obsessive
② 강제적인, 억지로 시키는 = coercive, compelling, forced

She has a **compulsive** need to talk a lot.
그녀는 많이 말해야한다는 강박관념에 사로잡혀 있다.

We must avoid **compulsive** buying.
우리는 충동구매를 피해야 한다.

MVP compulsively ad. 강제적으로(= irresistibly)
compulsory a. 강제된, 강제적인; 의무적인; 필수의

1483 ★

radius
[réidiəs]

n. ① (원·구의) 반지름, 반경; 반지름의 길이
② (활동 등의) 범위; 행동 범위[반경] = ambit, range, scope, sphere

If Japan got Dokdo from Korea, they would then have the right to monopolize all of the natural resources within a 370km **radius** of the islet.
만일 일본이 한국으로부터 독도를 빼앗는다면, 그들은 독도 반경 370km내의 모든 자연자원에 대한 독점권을 갖게 될 것이다.

MVP cf. diameter n. 직경, 지름

1484 ★★★

lift
[lift]

v. ① 올리다, 들어 올리다 = elevate, heave, hoist, raise
② (금지령·세금 등을) 철폐[폐지]하다; (보이콧 등을) 그만두다, 해제하다
= abolish, annul, rescind, revoke
③ (남의 지위·품위 등을) 높이다; (기분·기운 등을) 돋우다, 고양시키다
= boost, exalt
④ (남을) (차 등에) 태워주다 = give a ride

Since then, the United States has **lifted** a series of restrictions on Cuba.
그 이후 미국은 쿠바에 대한 일련의 제한 조치들을 해제해 왔다.

1485 ★
fetish
[fétiʃ]

n. ① 물신(物神), 주물(呪物) = amulet, charm, talisman
   ② 맹목적인 숭배의 대상 = idol
   ③ 성적(性的) 감정을 불러일으키는 대상물(이성의 구두, 장갑 등)
   ④ (병적인) 집착, 고집 = fixation, obsession, preoccupation

She has a **fetish** about neatness and cleans her apartment every day.
그녀는 청결에 맹목적으로 집착해서 매일 아파트를 청소한다.

MVP fetishism n. 주물(呪物)[물신] 숭배; 성욕 도착

1486 ★★★
arrogant
[ǽrəgənt]

a. 거만한, 오만한, 건방진 = haughty, insolent, pretentious, smug

He's one of the **arrogant** people who think that they're always right about everything.
그는 자신들이 모든 것에 대해 언제나 옳다고 생각하는 오만한 사람들 중 하나이다.

MVP arrogance n. 거만함, 오만함

1487 ★
wager
[wéidʒər]

v. ① (돈을) 걸다 = bet, chance, gamble
   ② ~임이 틀림없다, 보증[장담]하다 = guarantee
n. 내기, 노름 = gambling

Golfers had **wagered** a good deal of money on Tiger Woods winning the championship.
골퍼들은 타이거 우즈(Tiger Woods)가 우승할 것이라는 데 많은 돈을 걸었다.

1488 ★★★
despair
[dispέər]

n. 절망; 자포자기 = desperation, despondency, hopelessness

Her death drove him into **despair**.
그녀의 죽음은 그를 절망에 빠지게 하였다.

Between astonishment and **despair**, she could not speak a word.
놀랍기도 하고 절망스럽기도 하여 그녀는 한 마디도 말을 못했다.

1489 ★★
garment
[gá:rmənt]

n. (긴 웃옷·외투 등의) 의복; 옷, 의류 = apparel, clothes, costume, robes

The 1970s was the best period for **garment** makers in Korea.
1970년대는 한국 의류업체의 전성기였다.

1490 ★★★

verify
[vérəfài]

vt. 입증하다; 확인하다 = authenticate, confirm, corroborate, substantiate

The letter excoriated the publication for printing the rumor without **verifying** the source.
그 편지는 출처 확인도 하지 않고 그 소문을 활자화한 데 대해 그 간행물을 강도 높게 비난했다.

We have **verified** that he's entitled to the estate.
그가 그 유산을 승계할 권리가 있다는 것을 확인했다.

MVP verification n. 확인, 입증, 증명
verifiable a. 증명[입증, 확인]할 수 있는

1491 ★★

hauteur
[houtə́:r]

n. 오만, 거만(한 태도) = arrogance, haughtiness, hubris, pride

He seemed to think **hauteur** an essential feature of the clerical office.
그는 거만한 태도가 성직의 본질적 특질이라고 생각하고 있는 것 같았다.

1492 ★★★

disrupt
[disrʌ́pt]

vt. ① 방해하다, 지장을 주다 = agitate, confuse, disorder, upset
② (제도·국가 따위를) 붕괴시키다, 분열시키다, 분쇄하다

Demonstrators succeeded in **disrupting** the meeting.
시위자들이 그 회의를 방해하는 데 성공했다.

Bus services will be **disrupted** tomorrow because of the bridge closure.
그 다리의 폐쇄로 인해 내일은 버스 운행에 지장이 있을 것이다.

In many areas of industry, absenteeism and lateness hurt productivity and, since work is specialized, **disrupt** the regular factory routine.
많은 산업분야에서, 결근과 지각은 생산성을 해치며, 또한 일이 전문화되어 있기 때문에, 통상적인 공장 업무를 마비시킨다.

MVP disruption n. 붕괴, 분열
disruptive a. 분열시키는, 파괴적인

1493 ★★

indecision
[ìndisíʒən]

n. 우유부단, 주저 = hesitation, indecisiveness, vacillation

My early feeling of elation quickly gave way to **indecision**.
처음에 내가 갖고 있던 의기양양함은 곧 우유부단함으로 바뀌었다.

MVP decide v. 결심하다, 결정하다; 판결을 내리다
decision n. 결정, 결심; 판결

DAY 30

1494 ★★

fictitious
[fiktíʃəs]

a. 거짓의, 허구의, 가공의, 꾸민 = fabricated, fictional, spurious

As time passed by, his allegations turned out to be **fictitious**.
시간이 지나면서 그의 주장이 허구임이 드러났다.

All the places and characters in my novel are **fictitious**.
내 소설에 나오는 모든 인물과 장소는 다 지어낸 것이다.

MVP fiction n. 소설; 허구
factitious a. 인위적인, 인공적인; 허울뿐인

1495 ★★★

bribe
[braib]

n. 뇌물 = backhander, graft, kickback, palm oil
v. 뇌물을 주다, 매수하다 = buy off, corrupt, tamper

Two high-school principals in Seoul were arrested on charges of taking **bribes**.
서울 소재 두 곳의 고등학교 교장이 뇌물수수 혐의로 체포됐다.

MVP bribery n. 뇌물; 뇌물을 주는[받는] 행위

1496 ★★

makeshift
[méikʃift]

a. 임시변통의, 일시적인 = provisional, temporary
n. 임시변통 수단, 미봉책 = band-aid, half-measure, make-do

Whenever there is a disaster, the government takes only **makeshift** measures.
재해가 발생할 때마다 정부는 땜질 처방만 일삼고 있다.

1497 ★

accouter
[əkú:tər]

vt. 장비하다, 갖추다, 착용시키다 = accoutre, attire, equip, furnish, outfit

The soldier had been **accoutered** in casual clothes.
그 군인은 사복을 입고 있었다.

MVP accouterment n. (개인의) 의복, 장신구(= trappings); (무기·군복 이외의) 장비

1498 ★★★

sketchy
[skétʃi]

a. ① 개략적인, 대강의 = general, rough
② 불완전[불충분]한, 미완성의 = inadequate, incomplete

Details of what actually happened are still **sketchy**.
사건의 상세한 실제 경위는 아직도 미흡하다.

MVP sketch n. 밑그림; 초안, 단편; 개요

1499 ★★

torpid
[tɔ́:rpid]

a. ① 무기력한, 활발하지 못한 = inactive, languid, lazy, lethargic, sluggish
② (동물이) 휴면[동면, 하면]하고 있는 = hibernating

The rumors of a rise in the interest rates made stock market **torpid**.
금리를 인상한다는 소문은 주식 시장을 무기력하게 만들었다.

MVP torpidity n. 무기력; 무감각, 마비 상태; 휴면

1500 ★★★

correspondence
[kɔ̀:rəspándəns]

n. ① 일치, 조화, 부합 = agreement, coincidence, conformity, harmony
② 상당함, 유사, 대응 = analogy, comparison, correlation, similarity
③ 통신, 교신, 서신 왕래; 편지 = communication; letter

He always replied to his **correspondence**.
그는 편지를 받으면 항상 답장했다.

MVP correspondent a. 일치[대응, 상응]하는; n. (신문·방송 등의) 기자, 특파원

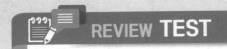

A. Write the meaning of the following words.

□ genetic _____ □ imitate _____

□ engross _____ □ compulsive _____

□ meritocracy _____ □ radius _____

□ project _____ □ lift _____

□ dissolute _____ □ fetish _____

□ imperceptible _____ □ arrogant _____

□ tantrum _____ □ wager _____

□ penitent _____ □ despair _____

□ attain _____ □ garment _____

□ organism _____ □ verify _____

□ scathing _____ □ hauteur _____

□ paradox _____ □ disrupt _____

□ concomitant _____ □ indecision _____

□ ballyhoo _____ □ fictitious _____

□ plural _____ □ bribe _____

□ sag _____ □ makeshift _____

□ novelty _____ □ accouter _____

□ apparatus _____ □ sketchy _____

□ emigrate _____ □ torpid _____

□ upshot _____ □ correspondence _____

※ 주어진 단어의 뜻을 본문에서 확인하시고 틀린 단어의 경우 박스에 체크한 뒤에 나중에 다시 학습하시기 바랍니다.

B. Choose the synonym of the following words.

1. deem   Ⓐ worldly
2. repercussion   Ⓑ flesh-eater
3. slumber   Ⓒ move
4. transfer   Ⓓ effect
5. shatter   Ⓔ consider
6. harass   Ⓕ bother
7. reliable   Ⓖ dependable
8. petty   Ⓗ break
9. secular   Ⓘ insignificant
10. carnivore   Ⓙ sleep

B. 1. Ⓔ 2. Ⓓ 3. Ⓙ 4. Ⓒ 5. Ⓗ 6. Ⓕ 7. Ⓖ 8. Ⓘ 9. Ⓐ 10. Ⓑ

1501 ★★★
undergo
[ʌ̀ndərgóu]

vt. ① (영향·검사 따위를) 받다, 입다; (시련 등을) 경험하다, 겪다
= experience, go through; suffer
② 견디다, 참다 = bear, endure

You must **undergo** customs inspection when entering a country.
입국할 때는 세관 심사를 받아야 한다.

1502 ★★
ignominious
[ìgnəmíniəs]

a. 불명예스러운, 수치스러운, 창피한 = disgraceful, humiliating, shameful

It is more **ignominious** to mistrust our friends than to be deceived by them.
친구에게 속는 것보다 친구를 못 믿는 것이 더 수치스럽다.

MVP ignominy n. 불명예, 수치
ignominiously ad. 불명예스럽게

1503 ★★★
solemn
[sáləm]

a. 엄숙한, 근엄한 = grave, serious, sober

The funeral was carried out in a **solemn** mood.
그 장례식은 엄숙한 분위기로 진행되었다.

MVP solemnly ad. 엄숙하게, 진지하게(= seriously)
solemnity n. 엄숙, 장엄

1504 ★
manacle
[mǽnəkl]

n. (보통 pl.) 수갑; 구속, 속박 = fetter, handcuff, shackle
vt. 수갑을 채우다; 속박하다 = restrain

Outside, a man sat **manacled** to the wall by an ankle chain.
밖에는, 한 남자가 벽에 연결된 족쇄를 찬 채 앉아 있었다.

1505 ★★★
deride
[diráid]

vt. 비웃다, 조소[조롱]하다 = mock, ridicule, scoff

The thoughtless children **derided** the different speech of the new boy.
분별없는 아이들은 새로 온 소년의 특이한 말씨를 비웃었다.

MVP derision n. 조소, 조롱(= mockery, scorn)
derisive a. 조소[조롱]하는(= jeering, mocking, scornful)

1506 ★★
spawn
[spɔːn]

v. ① (알을) 낳다 = lay
  ② 원인이 되다, 야기하다 = generate, produce, provoke

Trout run up rivers in winter to **spawn**.
송어는 산란을 위해 겨울에 강을 거슬러 오른다.

The boom in the '90s **spawned** a dot-com craze and talk of a new economy.
90년대의 호황은 닷컴 열풍과 신경제에 관한 논의를 불러일으켰다.

1507 ★★
antonym
[ǽntənìm]

n. 반의어 = opposite

The word "ruthless" is an **antonym** of "merciful."
'무자비한'은 '자비로운'의 반의어이다.

> **MVP** homonym n. 동음이의어
> ↔ synonym n. 동의어

1508 ★★★
confirm
[kənfə́ːrm]

vt. ① 확실히 하다, 확증하다, ~이 옳음[정확함]을 증명하다
  ② 확인하다, ~이 유효함을 확인하다

Our inspection **confirmed** that the computer monitor was damaged in shipping.
우리는 조사를 통해 그 컴퓨터 모니터가 운송 중에 파손되었다는 것을 확인했다.

I want to **confirm** my reservation on Flight 205.
205편 비행기의 예약을 확인하고 싶습니다.

> **MVP** confirmed a. 확인된, 확립된; (습관·상태 등이) 상습적인; (병이) 만성인
> confirmation n. 확정, 확립; 확인

1509 ★★
penurious
[pənjúəriəs]

a. ① 몹시 인색한 = miserly, niggardly, stingy
  ② 몹시 가난한, 빈곤한, 궁핍한 = destitute, impecunious

Though he was rich, he was **penurious**, begrudging every penny spent.
그는 부자였지만 매우 인색했으며, 땡전 한 푼을 쓰는 것도 아까워했다.

The tenant life in that country was **penurious**, with stiff rents and a general insecurity of tenure.
그 나라에서 세입자의 삶은 매우 비싼 집세와 일반적으로 불안정한 임차기간으로 궁핍했다.

> **MVP** penury n. 빈곤; 궁핍

1510 ★★
fabric
[fǽbrik]

n. ① 직물; (직물의) 짜임새, 바탕 = texture
  ② 구조; 조직, 구성 = framework, structure

Crime is burgeoning and our social **fabric** is collapsing.
범죄가 급증하고 있고 우리 사회의 구조는 붕괴되고 있다.

1511 ★★
stout
[staut]

a. ① 뚱뚱한, 살찐 = corpulent, fleshy, overweight, plump, portly
② 튼튼한; 늠름한 = muscular, robust, strong, sturdy
③ 용감한, 대담한 = bold, brave, courageous, gallant

I was squeezed in between two **stout** men.
나는 뚱뚱한 두 남자 사이에 꽉 끼었다.

1512 ★★
electorate
[iléktərət]

n. [집합적] 선거민, (한 선거구의) 유권자 = constituency, voters

There is widespread apathy among the **electorate**.
유권자들 사이에 무관심이 팽배해 있다.

> **MVP** elect v. 선거하다, 뽑다, 선임하다; (~을) 택하다, 결심하다
> elective a. 선거하는, 선거에 의한; 선택의(= optional)
> electoral a. 선거의; 선거인의
> constituency n. (한 지구의) 선거인, 유권자; 선거구

1513 ★★★
positive
[pázətiv]

a. ① 확신하는, 자신 있는 = confident, convinced
② 단정적인, 명확한; 단호한 = certain, sure
③ 긍정적인; 적극적인, 건설적인 = optimistic; constructive

A **positive** attitude always guarantees success.
긍정적인 태도가 항상 성공을 보장한다.

> **MVP** positively ad. 확실히; 몹시; 적극적으로; 긍정적으로
> ↔ negative a. 부정적인; 소극적인

1514 ★★
obedient
[oubí:diənt]

a. 순종하는, 고분고분한, 말을 잘 듣는 = compliant, docile, submissive

Children should by all means be **obedient** to their parents.
자녀들은 모름지기 부모에게 순종해야 한다.

> **MVP** obedience n. 복종, 순종
> obediently ad. 고분고분하게, 공손하게
> ↔ disobedient a. 순종하지 않는; 불효의

1515 ★★★
humanity
[hju:mǽnəti]

n. ① 인류, 인간 = humankind, mankind, the human race
② 인간성; (pl.) 인간의 속성 = human nature, humanness
③ 인간애, 박애; (보통 pl.) 자선 행위 = charity, compassion, philanthropy
④ (the humanities) (그리스·라틴의) 고전 문학; 인문학 = liberal arts

By celebrating someone's death, we're losing our **humanity**.
누군가의 죽음을 축하함으로써, 우리는 인간성을 잃어버리고 있다.

> **MVP** human a. 인간[사람]의; 인간적인
> humanitarian a. 인도주의의, 박애주의의

1516 ★★
bestow
[bistóu]

vt. 주다, 수여하다[on, upon] = award, confer, grant

The organization dedicated to wildlife has earned the highest honor that can be **bestowed** upon a university with a wildlife program.
야생동물에 헌신한 그 단체는 야생동물 보호 프로그램을 운영하는 대학에 주어질 수 있는 최고의 영예를 얻었다.

1517 ★
mind-boggling
[máindbàgəliŋ]

a. 아주 놀라운, 믿기 어려울 만큼 놀라운 = astonishing, stunning

It is **mind-boggling** to realize the number of people throughout the world who depend on the Internet every single day.
하루하루를 인터넷에 의존하고 있는 전 세계 사람들의 수를 알게 되면 믿어지지 않을 것이다.

1518 ★★
placate
[pléikeit]

vt. 달래다, 회유하다 = appease, pacify, soothe

The angry shareholders were **placated** by an apology from the chairperson and rising stock prices.
화가 난 주주들은 의장의 사과와 주가 상승으로 인해 진정되었다.

> **MVP** placatory a. 달래는, 위로하는, 기분을 맞춰 주는, 화해적인, 회유하는
> placable a. 달래기 쉬운, 온화한, 너그러운
> implacable a. 달래기 어려운, 화해할 수 없는

1519 ★★★
theory
[θíːəri]

n. ① 학설, 이론 = hypothesis, philosophy
② (개인적인) 의견[생각] = assumption, belief, idea, speculation

According to the **theory** of relativity, nothing can travel faster than light.
상대성 이론에 따르면 빛보다 더 빨리 이동할 수 있는 것은 없다.

> **MVP** theorize v. 이론을 세우다
> theoretical a. 이론의, 이론적인
> theoretically ad. 이론(상)으로; 공론으로

1520 ★★
languid
[læŋgwid]

a. ① 나른한, 노곤한, 기운 없는, 활기 없는 = languorous, lethargic, sluggish
② 열의 없는, 마음이 내키지 않는 = halfhearted, listless, lukewarm

A hot and humid day makes us feel **languid**.
덥고 습한 날엔 유달리 우리 몸이 노곤하다.

Some states were **languid** in implementing federal laws due to racial prejudice.
몇몇 주(州)에서는 인종적 편견 때문에 연방법을 이행하는 데 소극적이었다.

> **MVP** languor n. 권태, 피로, 무기력
> languidly ad. 노곤하게, 활기 없이; 흥미[관심] 없이

1521 ★★★
aspect
[ǽspekt]

n. ① 양상, 모습, 외관 = appearance, look
② 국면, 정세 = facet
③ 견지, 견해

Totalitarianism is a political system where the state governs its people in all **aspects**.
전체주의는 정부가 국민을 모든 측면에서 통치하는 정치 시스템이다.

1522 ★★
enlist
[inlíst]

v. ① 입대하다, (징병에) 응하다 = enlist, join the military
② 병적에 넣다, 징집[모병]하다 = conscript, draft, recruit
③ (협력·도움을) 얻다[요청하다]

He originally planned to **enlist** in military next year.
그는 원래 내년에 입대할 계획이었다.

1523 ★
wobble
[wábl]

v. (불안정하게) 흔들리다[떨다]; (마음이) 동요하다 = quake, sway, waver
n. 비틀거림, 흔들림, 동요 = unsteadiness, vacillation

Prolonged uncertainty could **wobble** financial markets.
장기간의 불확실성은 금융시장을 흔들 수 있었다.

MVP wobbling a. 흔들거리는, 흔들거리게[비틀거리게] 하는
wobbly a. 흔들리는, 불안정한

1524 ★★★
chest
[tʃest]

n. ① 가슴, 흉곽; 폐 = breast, thorax
② (귀중품 등을 넣는 뚜껑 달린) 큰 상자, 궤; 서랍장 = bin, box, case, coffer

Most people think that the heart is on the left side of the **chest**.
대부분의 사람들은 심장이 가슴 왼쪽에 있다고 생각한다.

MVP chesty a. 가슴이 큰; 뽐내는; 흉부 질환의

1525 ★★
reiterate
[riːítəreit]

vt. (이미 한 말을, 특히 강조하기 위해) 반복하다, 되풀이하다 = iterate, repeat

There is no need to **reiterate** the value of this book.
이 책의 가치에 대해서는 누누이 말할 필요가 없다.

MVP reiteration n. 반복; 되풀이하는 말
reiterative a. 되풀이하는, 반복하는

DAY 31

1526 ★★★
tremendous
[triméndəs]

a. ① 엄청난, 거대한, 굉장히 많은 = enormous, gigantic, huge, immense
② 굉장한, 대단한 = amazing, excellent, great, wonderful

World Aid subscribed a **tremendous** amount of money and food for the poor.
월드에이드(World Aid)는 가난한 사람들에게 엄청난 양의 돈과 음식을 기부했다.

1527 ★★
district
[dístrikt]

n. (행정구·선거구 등의) 지역, 지구; 지방 = area, neighborhood, region, section

The flood inundated the whole **district**.
홍수로 그 지역 전체가 침수되었다.

1528 ★★
astound
[əstáund]

vt. 크게 놀라게 하다, 아연실색케 하다 = amaze, astonish, surprise, startle

When a young couple came home, they were **astounded** to hear a man's voice coming from the living room.
젊은 부부가 귀가했을 때, 그들은 한 남자의 목소리가 거실에서 들려오는 것을 듣고 깜짝 놀랐다.

1529 ★
rebate
[rí:beit]

n. ① (초과 지불한 금액의) 환불(還拂)
② 리베이트; (어음 등의) 할인 = discount, kickback

Buyers are offered a cash **rebate**.
구매자들에게는 현금 리베이트를 드립니다(할인 금액을 현금으로 돌려드립니다).

1530 ★★
qualm
[kwɑ:m]

n. ① (주로 pl.) (행동에 대한) 불안한 마음, 주저함; 양심의 가책 = scruple
② (돌연한) 불안, 염려 = anxiety
③ (돌연한) 현기증, (갑자기) 아찔해짐, 급환, 메스꺼움 = uneasiness

She had no **qualms** about lying to the police.
그녀는 경찰에게 거짓말을 하면서도 아무렇지도 않게 생각했다.

I have **qualms** about buying that house.
나는 저 집을 사는 게 약간 꺼림칙하다.

MVP qualmish a. 양심의 가책을 받는; 메스꺼운(= squeamish)

1531 ★★★
geology
[dʒiálədʒi]

n. 지질학; (어느 지역의) 지질

Paleontology is a branch of **geology** that closely intertwines with evolutionary biology.
고생물학은 진화 생물학과 밀접하게 얽혀있는 지질학의 한 분야이다.

MVP geologist n. 지질학자
cf. geography n. 지리학
cf. geometry n. 기하학

1532 ★★
tackle
[tǽkl]

v. (힘든 일 따위에) 달려들다, 달라붙다; ~와 맞붙다 = engage in; attack

Teachers encourage children to **tackle** a hard task and persevere until they master that task.
교사는 아이들이 어려운 과제에 달려들고 그 과제를 숙달할 때까지 인내하도록 격려한다.

1533 ★★★
conscience
[kɑ́nʃəns]

n. 양심 = moral sense, principles, scruples

She always tries to act with good **conscience**.
그녀는 항상 양심적으로 행동하려고 노력한다.

MVP conscientious a. 양심적인, 성실한

1534 ★★
advertisement
[ædvərtáizmənt]

n. 광고; 광고 효과를 내는 것

Put an **advertisement** in the local paper to sell your car.
당신 차를 팔려면 지역 신문에 광고를 내세요.

MVP advertise v. 광고하다, 홍보하다, 선전하다
advertiser n. 광고주

1535 ★★
endangered
[indéindʒərd]

a. 멸종 위기에 이른 = threatened

Dolphins and whales, gorillas and wild elephants are now classified as **endangered** animals.
돌고래와 고래, 고릴라와 야생 코끼리는 지금 멸종위기에 처한 동물들로 분류된다.

MVP endanger vt. 위태롭게 하다, 위험에 빠뜨리다(= imperil, jeopardize)

1536 ★★★
import
n. [ímpɔːrt]
v. [impɔ́ːrt]

n. ① 수입; (보통 pl.) 수입품
② 중요성 = importance, significance
③ 의미, 취지 = meaning, sense
v. 수입하다

Raw material for paper was **imported** from Germany.
종이의 원자재는 독일에서 수입되었다.

It is difficult to understand the full **import** of this statement.
이 진술의 의미를 완전히 이해하기는 어렵다.

1537 ★

annuity

[ənjúːəti]

n. 연금 = pension

An **annuity** is a guaranteed income for the rest of your life.
연금은 당신의 여생 동안 보장된 수입이다.

1538 ★★★

contend

[kənténd]

v. ① 다투다, 싸우다, 경쟁하다 = compete, vie
② (강력히) 주장하다 = argue, claim, maintain

Many theorists **contend** that culture helps shape the "learning style" of the student.
많은 이론가들은 문화가 학생의 '학습 스타일'을 형성하는 데 도움이 된다고 주장한다.

Three armed groups were **contending** for power.
세 개의 무장단체가 권력을 차지하려고 서로 다투고 있었다.

MVP contender n. 도전재[경쟁자], 주창자

1539 ★★

variegated

[véəriəgèitid]

a. ① 잡색의, 얼룩덜룩한 = motley, mottled, piebald
② 변화가 많은, 다양한 = assorted, diverse, varied, various

A Swedish ivy plant with completely green leaves requires less light per day than a **variegated** Swedish ivy.
완전히 녹색 잎을 가진 스웨덴 담쟁이덩굴은 잡색의 스웨덴 담쟁이덩굴보다 더 적은 빛을 매일 필요로 한다.

Your ideas are as surprising as they are **variegated**.
당신의 생각은 다양하고 또 그만큼 놀랍다.

MVP variegate vt. 잡색으로 하다, 얼룩지게 하다; ~에 변화를 주다

1540 ★★★

feud

[fjuːd]

n. 불화, 숙원(宿怨); 싸움, 반목 = discord, enmity, hostility, vendetta
vi. 반목하다, 싸우다 = contend, quarrel

There has been a long-standing **feud** between Israel and Palestine.
이스라엘과 팔레스타인 사이의 반목은 오래되었다.

The young lovers decide to marry without informing their parents, because they are **feuding** families.
그 젊은 연인들은 그들의 부모님이 알지 못하게 결혼을 하기로 결정한다. 왜냐하면 그들은 서로 앙숙인 가문의 사람들이기 때문이다.

1541 ★★
slippery
[slípəri]

a. ① (길·땅 등이) 미끄러운, 미끈거리는, 반들반들한 = greasy, slick, smooth
② 〈비유〉 잡기 힘든, 파악할 수 없는
③ 믿을 수 없는; 사람을 속이는, 교활한 = untrustworthy; crafty, cunning

Eels are so **slippery** that it's hard to grab a hold of them.
뱀장어는 미끈미끈해서 손으로 잡기 어렵다.

1542 ★★
reimburse
[rìːimbə́ːrs]

vt. (빚 따위를) 갚다, 상환하다; ～에게 변상[배상]하다 = compensate, recoup

If you borrow money from friends, be sure to **reimburse** them as soon as you can, or there may be hard feelings.
친구로부터 돈을 빌리면 반드시 되도록 빨리 갚도록 해야 한다. 만약 그렇지 않으면 언짢은 감정이 생길지도 모른다.

MVP reimbursement n. 변제, 상환

1543 ★
osteoporosis
[àstiəpəróusis]

n. 〈의학〉 골다공증(骨多孔症)

A loss in bone mineral density can lead to **osteoporosis**.
골밀도의 감소는 골다공증으로 이어질 수 있다.

1544 ★★
sedative
[sédətiv]

a. 가라앉히는, 진정 작용이 있는 = calming, soothing
n. 진정제; 진정시키는 것 = anodyne, calmative, tranquilizer

This substance has a **sedative** and relaxing effect on people.
이 물질에는 진정제 성분이 있어서 사람들에게 긴장완화 효과를 가진다.

MVP sedation n. (진정제 등에 의한) 진정 (작용)
sedate a. 침착한, 조용한

1545 ★★★
abolish
[əbáliʃ]

vt. (법률·제도 등을) 폐지하다, 철폐하다 = abrogate, annul, eliminate

We now have to **abolish** tobacco advertising for our children.
우리 아이들을 위해 우리는 이제 담배광고를 폐지해야 한다.

MVP abolition n. (법률·제도 등의) 폐지
abolitionist n. (노예제도) 폐지론자
abolishment n. 파기[폐기]; 무효화

1546 ★

lousy
[láuzi]

a. ① 이가 들끓는 = lice-infested, lice-ridden
② 불결한, 더러운 = dirty, filthy
③ 형편없는, 엉망인 = awful, terrible
④ ~이 더럽게 많은[우글거리는]

I'm fed up with the **lousy** meals of this dormitory.
나는 이 기숙사의 불결한 음식에 진저리가 난다.

MVP louse n. <곤충> 이; (새·물고기·식물 등의) 기생충; (pl.) 비열한 놈, 인간쓰레기

1547 ★★★

barrier
[bǽriər]

n. ① 울타리, 방벽; 요새; 관문 = fence, wall
② 장벽, 장애(물), 방해 = hurdle, obstacle, obstruction

Even though there is a language **barrier**, we share the same emotions.
비록 언어 장벽이 있긴 하지만, 우리는 같은 정서를 공유하고 있다.

1548 ★★

patrician
[pətríʃən]

n. (고대 로마의) 귀족, 문벌가 = aristocrat, noble

The Roman aristocracy was composed of a class of citizens called **patricians**, while all other citizens were called plebeians.
로마의 상류층은 '귀족'이라고 불리던 시민들의 계층으로 이루어져 있었으며, 그 밖의 사람들은 '평민'이라고 불렸다.

1549 ★★★

insignificant
[ìnsignífikənt]

a. 무의미한, 하찮은, 사소한, 무가치한 = marginal, negligible, paltry, trivial

When I am with her, I feel so **insignificant**.
그녀 앞에서는 내가 아주 초라하게 느껴진다.

MVP insignificancy n. 대수롭지 않은 사람, 하찮은 것(= insignificance)
insignificantly ad. 무의미하게, 사소하게
↔ significant a. 중대한, 중요한; 의미심장한

1550 ★★

dismantle
[dismǽntl]

vt. ① (기계·구조물을) 분해[해체]하다
② (조직·체제를) 해체하다, (제도를) 폐지하다

I had to **dismantle** the engine in order to repair it.
엔진을 수리하기 위해서 그것을 엔진을 분해해야만 했다.

The steel mill was **dismantled** piece by piece.
그 제철소는 하나씩 하나씩 해체되었다.

The government was in the process of **dismantling** the state-owned industries.
정부에서는 국영 산업체들에 대한 해체 절차를 밟고 있었다.

A. Write the meaning of the following words.

- □ undergo _____
- □ solemn _____
- □ manacle _____
- □ spawn _____
- □ antonym _____
- □ confirm _____
- □ penurious _____
- □ fabric _____
- □ stout _____
- □ electorate _____
- □ positive _____
- □ humanity _____
- □ theory _____
- □ languid _____
- □ aspect _____
- □ enlist _____
- □ wobble _____
- □ chest _____
- □ district _____
- □ astound _____

- □ rebate _____
- □ qualm _____
- □ geology _____
- □ tackle _____
- □ conscience _____
- □ advertisement _____
- □ endangered _____
- □ import _____
- □ contend _____
- □ variegated _____
- □ feud _____
- □ slippery _____
- □ reimburse _____
- □ osteoporosis _____
- □ sedative _____
- □ lousy _____
- □ barrier _____
- □ patrician _____
- □ insignificant _____
- □ dismantle _____

※ 주어진 단어의 뜻을 본문에서 확인하시고 틀린 단어의 경우 박스에 체크한 뒤에 나중에 다시 학습하시기 바랍니다.

B. Choose the synonym of the following words.

1. deride
2. mind-boggling
3. placate
4. abolish
5. obedient
6. annuity
7. reiterate
8. ignominious
9. bestow
10. tremendous

Ⓐ repeat
Ⓑ award
Ⓒ compliant
Ⓓ shameful
Ⓔ mock
Ⓕ astonishing
Ⓖ soothe
Ⓗ annul
Ⓘ enormous
Ⓙ pension

B. 1. Ⓔ 2. Ⓕ 3. Ⓖ 4. Ⓗ 5. Ⓒ 6. Ⓙ 7. Ⓐ 8. Ⓓ 9. Ⓑ 10. Ⓘ

1551 ★★★

absurd

[ǽbsə̀ːrd]

a. ① 불합리한, 터무니없는 = preposterous, unreasonable
② 어리석은, 바보스런 = foolish, ludicrous, silly

Japan recently made **absurd** remarks about Dokdo again.
일본은 최근에 또 다시 독도에 대해 망언을 했다.

He came near to committing an **absurd** mistake.
그는 정말 어리석은 실수를 저지를 뻔했다.

MVP absurdity n. 불합리, 어리석음, 바보스러움

1552 ★★

ecstasy

[ékstəsi]

n. 황홀경, 무아지경 = rapture, trance

She was thrown into **ecstasy** at the beauty of nature.
그녀는 자연의 아름다움에 황홀해 했다.

MVP ecstatic a. 황홀해 하는, 열광하는
ecstasize v. 황홀하게 하다[해지다], 무아경에 이르게 하다[이르다]

1553 ★★

slander

[slǽndər]

v. 중상[비방]하다, 명예를 훼손하다 = besmirch, libel, malign

n. 중상, 비방 = defamation, libel, smear

Thomas Paine had many enemies, and when he died a few tried to simulate grief and others continued to **slander** him.
토마스 페인(Thomas Paine)은 적이 많았다. 그래서 그가 사망했을 때 몇몇 사람들은 애도하는 척 했고, 다른 사람들은 계속해서 그를 비방했다.

When the debate is over, **slander** becomes the tool of the loser.
토론이 끝나면 패자는 중상모략하기 마련이다.

MVP slanderous a. 명예를 훼손하는; 입이 사나운

1554 ★

imposing

[impóuziŋ]

a. 인상적인; 당당한, 위압적인 = impressive

He gave an **imposing** yet gentle impression.
그는 중후하면서도 부드러운 인상을 풍겼다.

1555 ★★★

offset

[ɔ́ːfsèt]

v. 상쇄하다, 차감계산하다, (장점으로 단점을) 벌충하다
= cancel out, counteract, counterbalance

Although the rabbits give birth to about 18 offspring a year, this is not enough to **offset** the number of rabbits that the pythons are eating.
토끼는 1년에 약 18마리의 새끼를 낳지만, 이것은 비단뱀들이 잡아먹는 토끼의 수를 상쇄하기에는 충분하지 않다.

His bad behavior is **offset** by his hard work.
그 남자의 나쁜 행실은 열심히 일하는 것으로 인해 상쇄된다.

1556 ★★
relentless
[riléntlis]

a. ① 냉혹한, 가차 없는, 잔인한, 혹독한 = merciless, pitiless, ruthless
② 끊임없는, 끈질긴 = constant, sustained, unyielding

He was **relentless** in demanding repayment of the debt.
그는 가차 없이 빚을 갚으라고 요구했다.

Due to **relentless** and indiscriminate poaching, the number of wild animals is declining fast.
냉혹하고 무분별한 밀렵으로 야생동물의 수가 빠르게 줄어들고 있다.

> **MVP** relent v. 마음이 누그러지다; (바람 등이) 약해지다, 부드러워지다
> unrelenting a. 가차 없는, 무자비한
> relentlessly ad. 가차 없이, 혹독하게, 집요하게(= persistently)

1557 ★★
showdown
[ʃóudàun]

n. ① 최후의 대결, 결전 = clash, confrontation, face—off
② (계획·사실 등의) 폭로, 공표 = disclosure, exposure

The next election will be a **showdown** between the conservative and the progressive camp.
다음 선거는 보수 진영과 진보 진영 사이의 대결이 될 것이다.

1558 ★★
microscope
[máikrəskòup]

n. 현미경

Through a **microscope**, we can observe molecules of water.
현미경을 통해 우리는 물의 분자를 관찰할 수 있다.

> **MVP** microscopic a. 현미경의; 현미경적인; 극히 작은, 극미의

※ -scope: ~보는 기계, ~경(鏡), ~표시기

endoscope n. 내시경	kaleidoscope n. 만화경
periscope n. 잠망경	stethoscope n. 청진기
telescope n. 망원경	laparoscope n. 복강경

1559 ★★
headstrong
[hédstrɔ̀ŋ]

a. 완고한, 고집 센 = obstinate, stubborn, tenacious

The members of Mary Wilcher's family were notorious for their **headstrong** temperaments.
메리 윌셔(Mary Wilcher)의 가족은 고집스러운 기질로 악명이 높았다.

1560 ★★★
affirm
[əfə́:rm]

v. 확언하다, 단언하다; 확인하다 = assert; confirm

He **affirmed** that the news was true.
그는 그 소식이 사실이라고 단언했다.

The WHO has **affirmed** that a girl who died last month was infected with bird flu.
세계보건기구(WHO)는 지난달에 사망한 한 소녀의 사망원인이 조류독감임을 확인해주었다.

> **MVP** affirmation n. 단언, 확인
> affirmative a. 긍정적인

1561 ★★
comely
[kʌ́mli]

a. 잘생긴, 어여쁜, 아름다운 = attractive, beautiful, good-looking, winsome

Comely women hope that love is more than skin deep and that men are attracted to them for more than just their looks.
아름다운 여성은 사랑은 겉모습 이상의 것이며 남자들이 용모 이상의 것으로 자신에게 끌리기를 희망한다.

> **MVP** ↔ uncomely a. 참하지 못한, 예쁘지 않은
> ↔ homely a. (외모가) 매력 없는, 못생긴

1562 ★★★
restore
[ristɔ́:r]

vt. ① 부활시키다; 복구[재건]하다; 복원하다, 수선하다
= rebuild, reconstruct, reestablish, refurbish, renovate, repair
② (건강·의식 등을) 회복시키다 = refresh, rejuvenate, revive
③ 되찾다, 다시 손에 넣다 = recover, regain
④ (원래의 지위로) 복귀[복직]시키다[to] = rehabilitate, reinstate

Some people even eat dog meat to **restore** their energy.
어떤 사람들은 원기를 회복하기 위해 심지어 개고기를 먹기도 한다.

> **MVP** restoration n. 회복; 복구, 부흥; (건강의) 회복; 손해 배상
> restorative a. (건강·원기를) 회복시키는; 부흥의, 복구하는

1563 ★★
paucity
[pɔ́:səti]

n. 소량; 부족, 결핍 = lack, poverty, scarcity

There is a **paucity** of information on the ingredients of many cosmetics.
각종 화장품에 들어가는 원료에 관한 정보가 극히 부족하다.

1564 ★★★

exempt
[igzémpt]

vt. (의무·책임 등을) 면제하다 = excuse, liberate, release, spare
a. 면제된; 면세의; 면역의[from] = free; immune

With the gold medal, some players were entitled to be **exempt** from mandatory military service.
금메달을 땀으로써, 일부 선수들은 병역 면제를 받을 자격이 생겼다.

MVP exemption n. (의무·책임 등의) 면제(= immunity)

1565 ★★

incur
[inkə́:r]

vt. ① (분노·비난·위험·손해 등을) 초래하다 = arouse, cause, provoke
② (손해를) 입다, (빚을) 지다

Earthquakes cause us to **incur** a great loss of life and property.
지진이 일어나면 우리의 생명과 재산에 큰 손실을 초래한다.

The company **incurred** a heavy loss due to his mistake.
그의 실수로 그 회사는 큰 빚을 졌다.

1566 ★★★

solitary
[sálətèri]

a. ① 혼자의; 외로운, 고독한 = alone, lonely
② 고립된, 외딴; 한적한, 쓸쓸한 = isolated, remote, secluded
③ 〈한정적〉 유일한, 단 하나의 = only, single, sole

The man lives a **solitary** life without friends.
그 남자는 친구도 없이 외로운 생활을 하고 있다.

1567 ★

trafficking
[trǽfikiŋ]

n. 밀매, 불법거래 = illegal trade

Many sex **trafficking** victims are vulnerable children.
성매매 피해자의 상당수는 힘없는 아동청소년들입니다.

MVP traffic n. 교통; 매매, 장사, (종종 부정한) 거래

1568 ★★★

informal
[infɔ́:rməl]

a. ① 비공식, 약식의; 격식 차리지 않는 = casual, unofficial
② 구어체의 = colloquial, conversational

Our team often has **informal** meetings.
우리 팀은 비공식 회의를 자주 갖는다.

MVP informality n. 비공식, 약식; 약식 행위

1569 ★★
visage
[vízidʒ]

n. ① (사람의) 얼굴 생김새, 용모 = appearance, countenance, face, features
② 외관, 양상, 모양 = aspect, look

Her **visage** is marked by worry and care.
그녀의 얼굴에는 걱정과 근심이 나타나 있다.

1570 ★
pith
[piθ]

n. ① (초목의) 수(髓), 심 = core, marrow
② 골자, 요점, 핵심 = gist
③ 체력; 정력, 원기; (문장 등의) 힘, 필세(筆勢) = mettle, vigor; force

I still don't know what the **pith** of his speech was.
그의 연설의 요점이 무엇이었는지 나는 여전히 모르겠다.

MVP pithy a. (표현 등이) 힘찬, 함축성 있는; 간결한

1571 ★★
stammer
[stǽmər]

v. 말을 더듬다 = falter, hesitate, stutter
n. 말더듬기

Many children **stammer** but grow out of it.
많은 아이들이 말을 더듬지만 크면서 괜찮아진다.

1572 ★★★
neutral
[njú:trəl]

a. ① (사람·나라 등이) 중립인
② 불편부당의, 공평한 = disinterested, impartial, unbiased
③ (종류·성질 따위가) 분명하지 않은; 애매모호한

He always remained **neutral** when we fought.
그는 우리가 싸울 때 항상 중립을 지켰다.

MVP neutralize v. 중립화하다; <화학> 중화하다; 무효[무력]하게 하다
neutrality n. 중립, 중립상태; 불편부당

1573 ★★
entrench
[intréntʃ]

v. ① (진지·도시 등의) 둘레에 참호를 파다, ~을 참호로 두르다[방비하다]
② 자기의 입장을 굳히다; (생각·관례·권리 등을) 확고하게 하다
= establish, fix, fortify, strengthen

The battle to capture consumer attention has now become **entrenched**.
소비자의 관심을 끌기 위한 치열한 경쟁이 지금 일반화되고 있다.

1574 ★★

bucolic
[bjuːkálik]

a. 목가적인, 전원생활의 = idyllic, pastoral, rustic

The interior of the museum is lavishly decorated with paintings of **bucolic** scenes.
박물관의 내부는 목가적인 풍경을 담은 그림들로 호화롭게 장식되어 있다.

1575 ★★★

deliberate
a. [dilíbərət]
v. [dilíbərèit]

a. ① 고의의, 의도[계획]적인 = calculated, intentional, willful
② 신중한 = careful, prudent, thoughtful
v. ① 숙고하다, 신중히 생각하다 = consider, ponder
② 협의하다 = confer, consult

Government sources denied there had been a **deliberate** cover-up.
정부 소식통은 의도적인 은폐 공작이 있었음을 부인했다.

Research has shown that for most voters, choosing a candidate is an impulsive judgment rather than a **deliberate** decision.
조사 결과, 대부분의 투표자들에게 있어서, 후보자를 선택하는 것은 신중한 결정보다는 충동적인 판단임이 드러났다.

MVP deliberation n. (심사) 숙고, 토의; 신중함
deliberative a. 신중한; 심의의, 토의의; 심의를 위한
deliberately ad. 고의로, 일부러(= intentionally); 신중히

1576 ★

garble
[gáːrbl]

vt. ① (사실을) 왜곡하다; (기사를) 마음대로 뜯어 고치다, 윤색하다
= distort, pervert, twist
② 혼동하다, 착각하다 = confuse, misinterpret
n. 왜곡

Garbling was not permitted, much less encouraged.
기사를 뜯어고치는 것은 장려되기는커녕 허용되지도 않았다.

1577 ★★★

conservative
[kənsə́ːrvətiv]

a. ① 보수적인, 보수주의의 = old-line
② (평가 등이) 줄잡은; 조심스러운
n. 보수주의자 = misoneist, standpatter

Government economists are taking a **conservative** view of the country's IT market this year, citing a recent pattern of slowing growth.
정부 측 경제전문가들은 최근 둔화되고 있는 경제 성장 패턴을 이유로 들며 올해 그 나라의 IT 시장에 대해 조심스러운 견해를 취하고 있다.

The difference between liberals and **conservatives** stems from their attitudes toward the purpose of government.
오늘날 진보주의자와 보수주의자의 차이는 정부의 목적에 대한 그들의 사고방식에 기인한다.

MVP conservatism n. 보수주의, 보수적인 경향

DAY 32

1578 ★★

ward
[wɔ:rd]

n. ① (특정 환자를 수용하는) 병동, 병실 = hospital room, sickroom
　　② (교도소의) 감방 = cell, prison cell
v. (위험·공격 등을) 피하다, 막다[off] = avert, avoid, fend off, prevent

Many children are not getting the recommended amounts of physical activity to **ward** off future diseases.
많은 아이들이 미래에 걸릴 수 있는 질병을 피하기 위한 권장 운동량에 미치지 못하고 있다.

MVP cf. wardrobe n. 옷장; (한 개인이 가지고 있는) 옷; (극단·방송사 등의) 의상 팀

1579 ★★★

urge
[ə:rdʒ]

v. ① 재촉하다, 촉구하다, 추진하다 = goad, press, prod, spur, stimulate
　　② 강제하다; 설득하다, 간청하다, 열심히 권하다
　　　= compel, force; beg, exhort, implore
n. 충동; 열망 = drive, impulse; longing, yearning, desire

We **urge** the authorities to take action to fix the problem.
우리는 관계 당국에게 그 문제를 해결하기 위한 조치를 취할 것을 촉구한다.

MVP urgency n. 긴급, 절박
　　urgent a. 긴급한, 절박한; 재촉하는

1580 ★★

arsenal
[á:rsənl]

n. 무기고; 무기[군수]공장; (군수품의) 비축; 창고
　　= depository, repository, stockpile, store, storehouse

There are enough nuclear weapons in the **arsenals** of the superpowers to destroy the Earth.
강대국들이 비축하고 있는 핵무기는 지구를 파괴하기에 충분한 양이다.

1581 ★★★

dependable
[dipéndəbl]

a. 믿을 수 있는, 신뢰할 수 있는 = faithful, reliable, responsible, trustworthy

I need someone **dependable** to look after the children while I'm at work.
나는 내가 직장에 나가 있을 때 아이들을 돌보아 줄 수 있는 신뢰할 만한 사람이 필요하다.

MVP depend vi. 의지하다, 의존하다; 믿다, 신뢰하다[on, upon]
　　↔ undependable a. 믿을 수 없는, 의지할 수 없는

1582 ★★

chart
[tʃa:rt]

n. ① 해도(海圖), 수로도
　　② 도표, 그림 = diagram, graph, table
v. 해도[도표, 지도]로 만들다[나타내다]

She is looking at an eyesight test **chart**.
그녀는 시력검사표를 보고 있다.

MVP uncharted a. 해도[지도]에 실려 있지 않은; 미지의(= unknown)

1583 ★★★

plot
[plat]

n. ① 계략, 음모, 책략 = cabal, conspiracy, scheme
　② (극·소설 따위의) 줄거리, 각색, 구상 = story line, outline
　③ (특정 용도의) 작은 땅 조각, 터, 대지 = lot, parcel, tract

v. 계획하다, 꾀하다

The **plot** of the novel unfolds in a very natural way.
그 소설의 줄거리는 매우 자연스럽게 전개된다.

There is a 3 acre **plot** of land for sale next to my house.
팔려고 내놓은 3에이커의 대지가 나의 집 바로 옆에 있다.

They were **plotting** to overthrow the government.
그들은 정부 전복을 모의하고 있었다.

1584 ★★

lateral
[lǽtərəl]

a. 옆의, 측면의 = sideward, sideways

Strong **lateral** forces are exerted on the driver of a racing car that is traveling round a bend.
커브를 돌고 있는 경주용 차의 운전자에게는 강력한 측면 에너지가 가해진다.

MVP unilateral a. 한쪽만의; 일방적인
bilateral a. 양측의, 쌍방의, 쌍무적인
trilateral a. 3자(者)로 이루어진, 3자간의

1585 ★★★

distress
[distrés]

vt. 괴롭히다, 슬프게 하다 = afflict, dismay, grieve
n. 고뇌, 비탄, 걱정, 걱정거리 = agony, grief, woe, worry

The death of her dog **distressed** her for a fairly long time.
키우던 개의 죽음은 한동안 그녀를 고통스럽게 했다.

It is only natural for economic **distress** to follow war.
전쟁 뒤에 경제적 고통이 따르는 것은 지극히 당연한 일이다.

MVP distressing a. 비참한, 괴로움을 주는

1586 ★

harangue
[hərǽŋ]

n. 대연설, 열변, 장광설 = diatribe, screed, tirade
v. 열변을 토하다

Adolf Hitler recounted in *Mein Kampf*, the autobiographical **harangue**, that he saw himself as that rare individual, the programmatic thinker and the politician become one.
아돌프 히틀러(Adolf Hitler)는 자서전적인 연설문인 『나의 투쟁(Mein Kampf)』에서, 스스로를 불세출의 인간, 계획에 따른 사색가, 정치인, 이 세 가지가 하나가 된 사람으로 본다고 자세히 말했다.

MVP tirade n. 긴 연설, (비난·공격 등의) 장광설

1587 ★★★

accomplish

[əkámpliʃ]

vt. 이루다, 성취하다, 완성하다 = achieve, attain, complete, fulfill

I will not be long before I **accomplish** my dream.
내 꿈을 성취하는 데는 오랜 시간이 걸리지 않을 것이다.

MVP accomplishment n. 성취, 완성; 업적

1588 ★★

taxing

[tǽksiŋ]

a. (육체적·정신적으로) 아주 힘든, 부담이 큰
= burdensome, oppressive, tough

Carrying a baby for nine months is very **taxing**, emotionally and physically.
아기를 아홉 달 동안 임신하고 있는 것은 감정적으로나 육체적으로나 매우 힘든 일이다.

1589 ★★★

maneuver

[mənúːvər]

v. ① (사람·물건을) 교묘하게 유도하다(움직이다); (사람을) 계략적으로 이끌다
= exploit, manipulate
② (군대·함대를) 기동(연습)시키다; 군사 행동을 하게 하다

n. ① 계략, 책략, 책동; 묘책; 교묘한 조치 = tactic, gimmick, scheme
② (군대·함대의) 기동(機動) 작전, 작전적 행동 = military operations

Most Portuguese explorers sailed in caravels, which were longer and narrower than previous ships and easier to **maneuver** with a great spread of sail.
대부분의 포르투갈 탐험가들은 작은 범선을 타고 항해를 했는데, 이 작은 범선들은 이전의 배보다 더 길고 더 좁았으며, 돛의 폭이 넓어 조종하기가 더 쉬웠다.

The company announced a series of **maneuvers** to raise cash and reduce debt.
그 회사는 자금 조달과 부채 감면을 위한 일련의 묘책을 발표했다.

1590 ★

cannibalism

[kǽnəbəlìzm]

n. ① 사람 고기를 먹는 풍습; 동족끼리 서로 잡아먹음; 잔인, 만행
② (대기업에 의한) 중소기업의 흡수 합병

In primitive cultures **cannibalism** was a common thing among groups of people.
원시 문명에서는 식인풍습이 사람들 사이에서 흔한 일이었다.

MVP cannibal n. 식인종(= anthropophagite); 동족을 잡아먹는 동물
cannibalize v. 사람의 고기를 먹다; (동족을) 서로 잡아먹다; (동일 회사의 신제품 등이 기존 제품의 매상을 잠식하다

1591 ★★★

vicious

[víʃəs]

a. ① 사악한, 부도덕한, 악의 있는, 심술궂은 = malicious, wicked
② 잔인한, 포악한 = brutal, cruel, savage

A **vicious** rumor about him has snowballed.
그에 대한 악성 루머는 확대 재생산되었다.

Mandela broke the **vicious** cycle of retaliation and saved the country by embracing those who had harshly suppressed black South Africans.

만델라는 흑인 남아공 국민들을 가혹하게 탄압했던 사람들을 포용함으로써 보복의 악순환을 끊고 나라를 구했다.

> **MVP** vice n. 악덕, 악, 사악, 부도덕
> vicious cycle 악순환

1592 ★★
spell
[spel]

n. ① 한동안의 일, 계속되는 기간 = interval, period, streak
② 매력, 마력

v. ① 주문으로 얽어매다 = charm
② (낱말을 ~라고) 철자하다

There will be rain at first, with sunny **spells** later.
처음에는 비가 오겠지만 나중에는 한동안 화창하겠습니다.

I completely fell under her **spell**.
나는 그녀의 마력에 완전히 사로잡혔다.

> **MVP** cast a spell (on somebody/something) (~에게) 주문을 걸다
> spelling n. 철자, 철자법

1593 ★
bedizen
[bidáizən]

vt. 야하게[현란하게] 꾸미다[치장하다] = dress[decorate] gaudily, tart

The witch doctors were **bedizened** in all their gaudiest costumes.
그 주술사들은 가장 화려한 옷으로 모두 치장하고 있었다.

1594 ★★★
landscape
[lǽndskèip]

n. 풍경, 경치; 조망, 전망 = outlook, prospect, scene, scenery, view

The inconsistent city planning in the last decades damaged Seoul city's **landscape**.
지난 수십 년에 걸친 일관성 없는 도시 계획이 서울시의 경관을 훼손시켰다.

1595 ★
amerce
[əmə́:rs]

vt. ① ~에게 벌금을 과하다 = fine
② 벌하다 = penalize, punish

The court **amerced** him in the sum of 5,000 won.
법원은 그를 5천원의 벌금에 처했다.

1596 ★★★

cluster
[klʌstər]

n. ① (과실·꽃 등의) 송이, 다발 = bunch, bundle
② (같은 종류의 물건·사람의) 떼, 집단 = assemblage, band, group, knot

v. 송이를 이루다; 군생하다; 밀집하다[시키다] = assemble, flock, gather

There, they found several **clusters** of pre-galactic fragments, which they named "teenager galaxies."
그곳에서 그들은 은하계 이전의 작은 무리들로 된 몇 개의 성단을 발견하였고 그들은 그것의 이름을 '십대 은하계'로 지었다.

MVP clustered a. 무리를 이룬, 군생(群生)한

1597 ★★

flip-flop
[flípflàp]

n. (동향·소신·태도·방침 등의) 돌변, 급변 = reversal, turnabout, turnaround

v. 방향[태도, 결정]을 바꾸다 = about-face, revert

The ruling party did a **flip-flop** on several key issues.
여당은 몇몇 주요 쟁점에 대해서 입장을 번복했다.

1598 ★★

peremptory
[pərémptəri]

a. ① 단호한, 독단적인; 위압적인, 거만한
= arbitrary, authoritative; imperious, overbearing
② 확정된, 최종적인, 결정적인 = absolute, decisive, final, incontrovertible

Public officials should not generally issue **peremptory** commands to people.
공무원들은 일반적으로 사람들에게 위압적인 명령을 해서는 안 된다.

1599 ★★★

track
[træk]

v. 뒤쫓다, 추적하다 = chase, follow, pursue

It may be easier to **track** an animal after rain because paw prints will show up in wet ground.
비가 온 뒤에 동물을 추적하는 게 더 쉬울지도 모른다. 왜냐하면 젖은 땅 위에 동물의 발자국이 나타날 것이기 때문이다.

1600 ★★

remorse
[rimɔ́ːrs]

n. 후회, 양심의 가책 = regret, repentance, compunction

The drunken driver was filled with **remorse** for having caused the fatal injuries to the child.
그 음주운전자는 그 아이에게 치명적인 부상을 입힌 것에 대한 양심의 가책에 휩싸여 있었다.

MVP remorseful a. 후회하는, 양심의 가책을 받는
remorseless a. 무자비한, 냉혹한; 뉘우치지 않는

A. Write the meaning of the following words.

☐ absurd	_____	☐ ward	_____
☐ slander	_____	☐ urge	_____
☐ offset	_____	☐ arsenal	_____
☐ relentless	_____	☐ chart	_____
☐ showdown	_____	☐ plot	_____
☐ microscope	_____	☐ lateral	_____
☐ affirm	_____	☐ distress	_____
☐ comely	_____	☐ harangue	_____
☐ restore	_____	☐ taxing	_____
☐ paucity	_____	☐ maneuver	_____
☐ exempt	_____	☐ cannibalism	_____
☐ incur	_____	☐ vicious	_____
☐ trafficking	_____	☐ spell	_____
☐ visage	_____	☐ bedizen	_____
☐ pith	_____	☐ amerce	_____
☐ stammer	_____	☐ cluster	_____
☐ neutral	_____	☐ flip-flop	_____
☐ entrench	_____	☐ peremptory	_____
☐ deliberate	_____	☐ track	_____
☐ garble	_____	☐ remorse	_____

※ 주어진 단어의 뜻을 본문에서 확인하시고 틀린 단어의 경우 박스에 체크한 뒤에 나중에 다시 학습하시기 바랍니다.

B. Choose the synonym of the following words.

1. imposing
2. landscape
3. accomplish
4. bucolic
5. solitary
6. headstrong
7. informal
8. conservative
9. dependable
10. ecstasy

Ⓐ trustworthy
Ⓑ obstinate
Ⓒ lonely
Ⓓ unofficial
Ⓔ old-line
Ⓕ rapture
Ⓖ impressive
Ⓗ pastoral
Ⓘ scenery
Ⓙ achieve

B. 1. Ⓖ 2. Ⓘ 3. Ⓙ 4. Ⓗ 5. Ⓒ 6. Ⓑ 7. Ⓓ 8. Ⓔ 9. Ⓐ 10. Ⓕ

1601 ★★★

bewilder

[biwíldər]

v. 당황하게 하다, 어리둥절하게 하다 = perplex, confuse

She was **bewildered** by his questions about her private life.
그녀의 사생활에 대해 그가 질문하자 그녀는 당황했다.

She was totally **bewildered** by his sudden change of mood.
그의 갑작스러운 기분 변화에 그녀는 완전히 어리둥절했다.

MVP bewilderment n. 당황, 어리둥절함
bewildering a. 어리둥절하게 하는, 당황하게 만드는

1602 ★★

inclement

[inklémənt]

a. ① (날씨가) 험악한, 거칠고 궂은, (기후가) 혹독한, 추운
② (성격이) 냉혹한, 무자비한

Inclement weather forced the graduation ceremony to be held inside.
악천후로 인해 졸업식이 실내에서 거행되었다.

MVP inclemency n. (날씨의) 험악; 무자비, 냉혹

1603 ★★

martyr

[mάːrtər]

n. 순교자, (신앙·주의·대의 등을 위해) 목숨을 바치는 사람, 희생자

Martyrs are people killed because they refuse to give up their beliefs.
순교자들은 그들의 믿음을 포기하기를 거절했기 때문에 죽임을 당한 사람들이다.

MVP martyrdom n. 순교; 수난, 고통, 고난

1604 ★★★

earthly

[ə́ːrəli]

a. ① 지구의, 지상의 = terrestrial
② 이 세상의, 현세의, 속세의; 세속적인 = mundane, secular, worldly

The philosopher said we should not disdain **earthly** pleasures.
그 철학자는 우리가 세속적 쾌락을 무시해서는 안 된다고 말했다.

MVP earthy a. 흙의; 세련되지 않은, 촌티가 나는; 현실적인, 실제적인
↔ unearthly a. 이 세상 것 같지 않은, 초자연적인, 섬뜩한

1605 ★

shimmer

[ʃímər]

vi. 희미하게 반짝이다, 가물거리다 = glitter, luster, sheen

Claude Monet's paintings are always blurry and vague. He paints this way deliberately, because he wants to capture the way sunlight makes things **shimmer**.
클로드 모네(Claude Monet)의 그림들은 항상 희미하고 흐릿하다. 그는 햇빛이 사물을 희미하게 반짝이게 하는 방식을 포착하고 싶기 때문에, 의도적으로 이렇게 그린다.

1606 ★★

petition
[pətíʃən]

n. ① 청원, 탄원, 진정; (신에의) 기원
= entreaty, plea, suit, supplication; prayer
② 청원[탄원, 진정]서; (법정에의) 신청(서), 소장(訴狀)
v. 청원[탄원, 진정]하다 = appeal, beg, entreat, plead, solicit

His lawyers filed a **petition** for all charges to be dropped.
그의 변호사들이 모든 고발 건의 취하를 요청하는 청원을 냈다.

1607 ★★

remiss
[rimís]

a. 태만한, 소홀한, 부주의한 = careless, delinquent, negligent

Because he had so many problems on his mind, he was **remiss** in performing his duties.
마음속에 골치 아픈 문제가 너무나 많았기 때문에, 그는 자신의 의무를 수행하는 데 소홀했다.

1608 ★

finagle
[finéigl]

v. 속이다, 속임수를 쓰다, 속임수를 써서 얻다

He **finagled** some tickets for tonight's big game.
그는 속임수를 써서 오늘 밤 중요한 경기의 입장권 몇 장을 손에 넣었다.

MVP finagler n. 속임수를 쓰는 사람, 사기꾼

1609 ★★★

sue
[suː]

v. 소송을 제기하다, 고소하다 = accuse, charge, indict, litigate, prosecute

His wife **sued** for divorce.
그의 아내가 이혼 소송을 제기했다.

1610 ★★★

accessory
[æksésəri]

n. ① (보통 pl.) 부속물, 액세서리 = adjunct, appendix, appurtenance
② 〈법〉 종범, 방조자 = accomplice
a. 부속의, 보조적인, 부대적인

Certain parents consider their child to be a new status symbol, an **accessory** to their own brilliance.
일부 부모들은 자신의 아이를 신분에 대한 새로운 상징, 즉, 자신들의 뛰어난 면모에 붙은 액세서리로 간주한다.

She was charged with being an **accessory** to the embezzlement of funds from a farm.
그녀는 농장 기금 횡령에 공범으로 가담한 혐의로 기소되었다.

DAY 33

1611 ★★
jest
[dʒest]

n. ① 농담, 익살 = joke, prank
② 놀림, 희롱, 장난 = banter
v. 농담하다; 비웃다, 조롱하다 = deride, jeer, joke, kid, mock

Many a true word is spoken in **jest**.
농담 속에 많은 진담이 담겨 있는 법이다.

MVP jester n. 농담하는 사람; 어릿광대

1612 ★
sought-after
[sɔ́ːtæ̀ftəːr]

a. 필요로 하고 있는, 수요가 많은; 인기 있는 = desirable, in demand, popular

The Academy Awards remain the most **sought-after** and highest honor for all actors.
아카데미상은 모든 배우들이 가장 받고 싶어 하고 가장 영광스럽게 생각하는 상이다.

1613 ★★★
tease
[tiːz]

v. ① 놀리다[장난하다], 괴롭히다 = annoy, bait, harass, mock, tantalize
② 귀찮게 조르다[for] = badger, pester
n. ① 끈덕지게 괴롭히는[놀려대는, 조르는] 사람 = harasser, tormentor
② 지분거림, 놀림 = banter, chaff

Her face became flushed all at once as her friends **teased** her.
친구들이 놀리자 그녀의 얼굴은 갑자기 붉어졌다.

MVP teaser n. 괴롭히는 사람, 놀리는 사람; 어려운 문제[질문]; 예고편(= teaser ad)
teasing a. 짓궂게 괴롭히는, 들볶는; 귀찮은
tease out (정보·의미를) 알아내려고 애쓰다

1614 ★★
phony
[fóuni]

a. 가짜의, 허위의 = bogus, counterfeit, fake, sham

He telephoned with some **phony** excuse she didn't believe for a minute.
그녀가 한 순간도 믿지 않았던 거짓 변명을 그는 전화로 늘어놓았다.

1615 ★★★
relate
[riléit]

v. ① 관계시키다, 관련시키다 = associate, connect, correlate, link
② 〈수동태〉 ~와 친척이다; ~와 이어져 있다
③ 이야기하다, 말하다 = narrate, recount, report, tell

Uzbek is closely **related** to other Central Asian languages.
우즈베크어는 다른 중앙아시아의 언어들과 밀접하게 연관되어 있다.

MVP relation n. 관계, 관련; 이해관계
relationship n. 연관성, (연애·친척) 관계
related a. 관련된; 동족의, 친척의
relative a. 비교상의, 상대적인; 관계[관련] 있는, 적절한; n. 친척, 친족, 인척
relatively ad. 비교적으로, 상대적으로; 비례하여

1616 ★★

snug

[snʌg]

a. ① 포근한, 아늑한 = comfortable, comfy, cozy, homely, intimate
   ② (의복 등이) 꼭 맞는 = close-fitting, tight, tight-fitting

The room looked neat and **snug**.
그 방은 말끔하고 아늑해 보였다.

1617 ★

autism

[ɔ́ːtizm]

n. 자폐증

For instance, a lot of people think **autism** and think "Rain Man" immediately.
예를 들면, 상당수의 사람들은 자폐증 하면 "레인 맨"을 바로 떠올린다.

MVP autistic a. 자폐성[자폐증]의

1618 ★★★

crude

[kruːd]

a. ① 천연 그대로의, 가공하지 않은 = natural, raw, unrefined
   ② 미숙한, 미완성인 = fledgling, immature, unformed
n. 원유(原油); 원료

For **crude** oil, South Korea depends entirely on imports.
원유의 경우, 한국은 전량 수입에 의존하고 있다.

In the nineteenth century, American literature was only just maturing and most
of it was still **crude**.
19세기에 미국 문학은 막 성숙기로 접어들고 있던 터라 대부분의 문학은 여전히 미숙했다.

MVP crudely ad. 조잡하게, 투박하게

1619 ★★

newfangled

[njúːfæ̀ŋgld]

a. ① 신형의, 신식의, 최신 유행의 = state-of-the-art, fashionable, in vogue
   ② (사람이) 새것[신기한 것]을 좋아하는

She just bought one of those **newfangled** computers that can talk.
그녀는 방금 말할 수 있는 최신형 컴퓨터를 하나 구입했다.

1620 ★

emblazon

[imbléizn]

vt. (문장(紋章)으로) 꾸미다, 장식하다 = adorn, decorate, ornament

Parents crowd the bookstore to buy baseball caps **emblazoned** with school
insignia.
부모들은 학교 상징으로 장식된 야구 모자를 구입하기 위해 서점으로 몰려간다.

MVP emblazonment n. 문장(紋章); 화려한 장식; 칭찬

DAY 33

1621 ★★★
decree
[dikríː]

n. 법령, 칙령 = edict, injunction, statute

The Russian Federation has issued a **decree** abolishing special privileges for government officials.
러시아 연방은 정부 관리들에 대한 특전을 철폐하는 법령을 공표했다.

1622 ★★
slovenly
[slʌ́vənli]

a. ① 추접스러운; 단정치 못한 = disheveled, dowdy; unkempt, untidy
② (일 등이) 되는 대로의, 날림의 = haphazard, slipshod, sloppy

ad. 단정치 못하게; 되는대로 = untidily

He does everything in a **slovenly** way.
그는 무슨 일이든 아무지게 못 한다.

MVP sloven n. (옷차림이) 단정치 못한 사람, 게으른 사람

1623 ★
gizmo
[gízmou]

n. 간단한 장치 = gadget, gimmick

Some Cadillacs have a **gizmo** that senses oncoming headlights and switches your high beams to low.
일부 캐딜락에는 맞은편에서 오는 차량의 헤드라이트를 감지하고 본인 차의 상향등을 하향등으로 바꾸는 장치가 돼 있다.

1624 ★★★
unintended
[ʌninténdid]

a. 의도하지 않은, 고의가 아닌 = accidental, unconscious, unintentional

Processed food has **unintended** side effects on the environment and our health.
가공 식품은 환경과 우리 건강에 의도하지 않은 부작용을 끼친다.

MVP ↔ intended a. 의도된, 고의의

1625 ★★
angst
[æŋkst]

n. 불안, 걱정, 고뇌 = anxiety, distress, worry

Unreliable college entrance grading system causes **angst** among parents and students.
신뢰할 수 없는 대학 입학 등급 제도는 부모와 학생들의 불안을 야기한다.

1626 ★★★
preach
[priːtʃ]

v. ① 전도하다, 설교하다 = evangelize, sermonize
② 타이르다, 훈계하다 = advise, counsel, teach

She used to **preach** against using violence among students.
그녀는 학생들 사이에서 폭력을 사용하지 말도록 훈계하곤 했다.

MVP preacher n. 설교자, 전도사; 주창자, 훈계자
cf. breach n. (약속·법률·도덕 등을) 어김, 위반, 불이행; 절교, 불화
cf. peach n. 복숭아, 복숭아나무

1627 ★
tawdry
[tɔ́:dri]

a. ① 값싸고 번지르르한; 야한 = shoddy; garish, gaudy, meretricious
② 저속한, (도덕적으로) 지저분한 = base, mean, vulgar

White Castle, the nation's first hamburger chain, worked hard in the 1920s to dispel the hamburger's **tawdry** image.
그 국가 최초의 햄버거 체인인 화이트 캐슬(White Castle)은 햄버거의 싸구려 이미지를 없애기 위해 1920년대에 부단히 노력했다.

1628 ★★
outrun
[áutrʌn]

vt. ① ~보다 멀리[빨리] 달리다, 앞지르다 = outdistance, outstrip
② ~의 범위를 넘다, 초과하다 = exceed, surpass

He let his zeal **outrun** discretion.
그는 열중한 나머지 분별없는 짓을 했다.

1629 ★★★
exception
[iksépʃən]

n. ① 예외, 제외 = exclusion
② 예외의 사람[물건], 이례(異例) = anomaly

There is no law without **exception**.
예외 없는 법칙은 없다.

MVP except v. 제외하다; prep. ~을 제외하고(= save)
exceptional a. 예외적인, 이례적인; 특별히 뛰어난, 빼어난, 비범한
exceptionally ad. 예외적으로, 특별히, 대단히
cf. inception n. 시작, 개시, 발단; (대학의) 학위 취득; 학위 수여식

1630 ★★
castigate
[kǽstəgèit]

vt. 징계하다; 크게 책망하다, 혹평하다 = punish, rebuke, reprimand; criticize

He **castigated** himself for being so stupid.
그는 자신이 그토록 어리석었던 것을 크게 자책했다.

I do not want to **castigate** you for things that are not your responsibility.
나는 너의 책임이 아닌 일들에 대해 널 비난하고 싶진 않다.

MVP castigation n. 견책, 징계; 혹평
castigatory a. 징벌적인; 혹평하는

1631 ★★★
hypocrisy
[hipάkrəsi]

n. 위선; 위선(적인) 행위 = deceit, deception, insincerity, pretense

Journalism is still one of the strongest defenses against tyranny, corruption and **hypocrisy**.
언론은 여전히 독재, 부패 그리고 위선에 대항하는 가장 강력한 방어기제 중 하나이다.

MVP hypocrite n. 위선자
hypocritical a. 위선의, 위선적인

DAY 33

1632 ★
condign
[kəndáin]

a. (형벌 등이) 당연한, 적절한, 타당한 = adequate, appropriate, deserved

We expect the swindlers to face prosecution and **condign** punishment.
우리는 그 사기꾼들이 기소되어 합당한 처벌을 받길 기대한다.

MVP cf. consign vt. 위임하다, 맡기다, 위탁하다(= commit)

1633 ★★
lavish
[lǽviʃ]

a. ① 마음이 후한, 아낌없는 = generous, munificent
　② 낭비적인, 사치스러운 = extravagant, prodigal, wasteful
vt. 아낌없이 주다[on, upon] = heap, pour

He's never very **lavish** with his praises.
그는 결코 선선히 칭찬을 해주는 사람이 아니다.

Paley was aloof with employees, cold to his children and **lavish** in his personal lifestyle.
페일리(Paley)는 직원들과의 관계가 소원했고 그의 자녀들에게 냉담했으며, 사적인 생활방식에 있어서 사치스러웠다.

Young birds **lavished** great attention and care on elderly or infirm parents.
어린 새들은 나이 들었거나 노쇠한 부모 새에게 아낌없는 보살핌과 관심을 쏟았다.

MVP lavishly ad. 아낌없이; 사치스럽게

1634 ★★
dimension
[diménʃən]

n. ① (길이·폭·두께의) 치수; (pl.) 용적, 부피; 크기 = measure; bulk, extent
　② (pl.) 규모, 범위; 중요성 = magnitude, importance
　③ 〈수학·물리·컴퓨터〉 차원(次元)

The society is made of a multitude of human relations in three **dimensions**.
사회는 3차원적인 다수의 인간관계로 구성되어 있다.

MVP dimensional a. 치수의; ~차원의
one-dimensional a. 1차원의; 깊이가 없는, 피상적인
two-dimensional a. 2차원의, 평면적인
three-dimensional a. 3차원의, 입체적인

1635 ★★★
fair
[fɛər]

a. ① 공정한, 공명정대한, 정당한 = just, impartial, reasonable, unbiased
　② 살이 흰, 금발의; 살갗이 희고 금발의
　③ (양·크기가) 꽤 많은, 상당한; 대단한; 〈구어〉 철저한, 완전한
n. ① (정기적으로 열리는) 장 = market
　② 박람회, 품평회 = exhibition, exposition

It is not **fair** to say that men should work longer than women.
남자가 여자보다 더 오래 일해야 한다고 말하는 것은 공평하지 않다.

Some broadcasting companies and news organizations sponsored a job **fair**.
몇몇 방송국과 언론사가 취업박람회를 후원했다.

MVP ↔ unfair a. 불공평한, 부당한, 공정하지 못한

1636 ★★★
controversy
[kántrəvə̀ːrsi]

n. 논쟁, 논의, 논란 = dispute, quarrel, wrangle

Her latest book has engendered a lot of controversy.
그녀의 최근 저서는 많은 논란을 일으켰다.

MVP controversial a. 논쟁의; 논쟁을 일으키는, 물의를 일으키는
incontrovertible a. 논쟁의 여지가 없는, 틀림없는

1637 ★
vainglorious
[vèinglɔ́ːriəs]

a. 자만심[허영심]이 강한 = conceited, hubristic, vain

If you describe someone as vainglorious, you are critical of them because they are very proud of what they have done and boast a lot about it.
누군가를 허영심이 강하다고 한다면, 당신은 그들이 자신들이 한 일에 대해 잘난 체 하고 그것에 관해 많이 자랑한다는 이유로 그들은 비난하고 있는 것이다.

MVP vainglory n. 자만, 자부; 허영, 허세

1638 ★★★
identify
[aidéntəfài]

v. ① (신원 등을) 확인하다; 감정[식별]하다
② 동일시하다, 동일한 것으로 간주하다 = equate

All the online sources must be identified and given credit whenever used.
모든 온라인 자료들은 사용될 때마다 출처를 밝혀야 한다.

MVP identification n. (사람·물건의) 신원[정체]의 확인; 동일시
identity n. 동일함, 일치; 독자성, 개성; 정체, 신원
identical a. 동일한, 꼭 같은; <생물> 일란성의

1639 ★★
compartment
[kəmpáːrtmənt]

n. 칸막이, 구획; (열차의) 칸막이 한 객실 = division, section

The flight crew are required to ensure that all carry-on luggage is safely stowed in approved compartments.
승무원들은 모든 기내 휴대용 수화물이 지정된 칸에 안전하게 실어졌는지 확인해야 한다.

MVP compartmentalize vt. 구획으로 나누다, 구분하다

DAY 33

1640 ★★★
address
[ədrés]

vt. ① 연설하다
② 말을 걸다 = accost
③ (일·문제 등을) 다루다, 처리하다 = deal with
n. 주소; 인사말, 연설

To address a convention is to give a speech to the convention.
집회에서 강연하는 것은 집회에서 연설하는 것을 의미한다.

The root causes of the problem must be addressed.
그 문제의 근본 원인들이 다뤄져야 한다.

1641 ★★

indelible
[indéləbl]

a. 지울 수 없는, 씻어버릴 수 없는 = enduring, ingrained, permanent

The vicious ideology and practice of white supremacy has left its **indelible** mark on all spheres of American life.
백인 우월주의의 사악한 이데올로기와 관행은 미국인의 삶의 모든 영역에 지울 수 없는 상처를 남겨왔다.

MVP indelibly ad. 지워지지 않게, 영원히

1642 ★

bishop
[bíʃəp]

n. (가톨릭·그리스 정교의) 주교

The **bishop** is a high position in the Roman Catholic Church.
주교는 로마 가톨릭교회에서 높은 지위이다.

1643 ★★★

meager
[míːgər]

a. 빈약한; 야윈; 불충분한 = poor; thin; insufficient, scanty

Meals are **meager**, consisting of a few chicken wings, served with vegetables and rice.
닭 날개 몇 개와 야채, 밥으로 구성된 식사는 빈약하다.

Meager snowfall this winter has left the region vulnerable to drought as it enters what are usually its driest months.
올 겨울 불충분한 강설량으로 그 지역은 통상 가장 건조한 달로 접어들어 가뭄에 취약하게 되었다.

1644 ★

panegyric
[pæ̀nidʒírik]

n. 찬사, 칭찬의 말 = encomium, eulogy, praise, tribute

The essay on your friends does not necessarily have to be a **panegyric** to your classmates.
친구에 관한 수필이 반드시 급우에 대한 찬사가 담긴 글이어야 하는 것은 아니다.

MVP panegyrize v. 칭찬하다, ~의 찬사를 하다

1645 ★★

degrade
[digréid]

v. 강등[좌천]시키다, 품위를 떨어뜨리다, 타락시키다 = debase, demean

The ancient Greeks attributed to music the capacity to strengthen or **degrade** people's character.
고대 그리스인들은 음악에 사람의 인격을 고양시키거나 타락시킬 수 있는 능력이 있다고 보았다.

MVP degradation n. 지위를 내림; 격하, 강등
gradation n. 단계적 변화, 점차적 이행; 순서, 등급, 계급

1646 ★★★

longevity
[landʒévəti]

n. 장수(長壽); 수명; 장기근속

The Japanese eat shrimp for **longevity** because they think the curve of the shrimp resembles the hunched back of an elderly person.
일본인들은 장수를 위해 새우를 먹는데, 왜냐하면 굽은 새우가 노인의 굽은 등과 닮았다고 생각하기 때문이다.

1647 ★

raze
[reiz]

vt. (도시·집 등을) 파괴하다, 무너뜨리다 = demolish, destroy, tear down

The whole village was **razed** to the ground in the war.
전쟁으로 마을 전체가 쑥대밭이 되었다.

MVP cf. razor n. 면도기, 면도칼

1648 ★★

omnipotent
[amnípətənt]

a. 전능한, 무엇이든 할 수 있는 = all-powerful, almighty

The bible tells us the god is **omnipotent** and omniscient.
성서에서는 신이 전지전능하다고 말하고 있다.

MVP omnipotence n. 전능, 무한한 힘
cf. omniscient a. 무엇이든지 알고 있는

1649 ★★★

avert
[əvə́:rt]

vt. ① (눈·얼굴 등을) 돌리다 = turn away
② (타격·위험 등을) 피하다, 막다 = avoid, fend off, prevent, ward off

In these cultures, children are taught from a young age to **avert** eyes and avoid direct eye contact.
이런 문화에서 어린이들은 어렸을 때부터 눈을 딴 데로 돌려 직접 시선을 맞추는 것을 피하도록 교육 받는다.

The aim of the current round of talks is to promote free trade and to **avert** the threat of increasing protectionism.
현재 진행 중인 일련의 회담의 목적은 자유 무역을 장려하고, 심화되고 있는 보호무역제도의 위협을 피하는 것이다.

1650 ★

torso
[tɔ́:rsou]

n. ① (인체의) 몸통 = body, trunk
② 토르소(머리·손발이 없는 나체 조상(彫像))

The man suffered burns to his arms, legs and **torso**.
그 남자는 팔, 다리, 몸통에 화상을 입었다.

A. Write the meaning of the following words.

- bewilder _____
- inclement _____
- martyr _____
- earthly _____
- shimmer _____
- petition _____
- remiss _____
- finagle _____
- sue _____
- accessory _____
- sought-after _____
- tease _____
- relate _____
- snug _____
- autism _____
- crude _____
- newfangled _____
- emblazon _____
- slovenly _____
- unintended _____

- angst _____
- tawdry _____
- outrun _____
- exception _____
- castigate _____
- hypocrisy _____
- lavish _____
- dimension _____
- fair _____
- vainglorious _____
- identify _____
- compartment _____
- address _____
- indelible _____
- bishop _____
- meager _____
- degrade _____
- longevity _____
- avert _____
- torso _____

※ 주어진 단어의 뜻을 본문에서 확인하시고 틀린 단어의 경우 박스에 체크한 뒤에 나중에 다시 학습하시기 바랍니다.

B. Choose the synonym of the following words.

1. jest
2. phony
3. condign
4. panegyric
5. raze
6. decree
7. omnipotent
8. controversy
9. preach
10. gizmo

Ⓐ almighty
Ⓑ dispute
Ⓒ gadget
Ⓓ edict
Ⓔ bogus
Ⓕ joke
Ⓖ sermonize
Ⓗ adequate
Ⓘ praise
Ⓙ destroy

B. 1. Ⓕ 2. Ⓔ 3. Ⓗ 4. Ⓘ 5. Ⓙ 6. Ⓓ 7. Ⓐ 8. Ⓑ 9. Ⓖ 10. Ⓒ

1651 ★★

well-to-do
[wéltədú:]

a. 부유한, 유복한 = affluent, rich, wealthy, well-off

To these **well-to-do** people, higher prices mean better quality.
이 부유한 사람들에게 더 높은 가격은 더 좋은 품질을 의미한다.

1652 ★★★

correspond
[kɔ̀:rəspɑ́nd]

vi. ① 일치[부합]하다 = accord, coincide
② (~에) 상당[해당]하다 = be equal to, be equivalent to, match
③ 편지를 주고받다, 통신하다 = communicate

His words and actions do not **correspond**.
그는 언행이 일치하지 않는다.

The broad lines on the map **correspond** to roads.
지도상의 굵은 줄은 도로에 해당한다.

We have **corresponded** but never met.
우리는 서신 교환은 있었으나 아직 만난 적은 없다.

MVP correspondent a. 일치하는, 상응하는; n. (신문·방송 등의) 특파원, 통신원
correspondence n. 일치, 조화; 서신교환

1653 ★★

perverse
[pərvə́:rs]

a. ① (사고방식·태도가) 비뚤어진[삐딱한], 외고집의; 괴팍한, 심술궂은
② (태도가) 정도(正道)를 벗어난, 잘못되어 있는, 사악한

The **perverse** child did just what we told him not to do.
고집불통의 그 아이는 우리가 하지 말라고 한 일만 골라 했다.

She finds a **perverse** pleasure in upsetting her parents.
그녀는 부모님을 화나게 하는 데서 비뚤어진 쾌감을 느낀다.

MVP perversity n. 심술궂음, 외고집
perversion n. (성적) 도착; 곡해, 왜곡

1654 ★

magnate
[mǽgneit]

n. (특히 재계의) 거물, 유력자, ~왕 = mogul, tycoon

Bin Laden was the son of a multi-millionaire Saudi construction **magnate**.
빈 라덴(Bin Laden)은 백만장자인 사우디아라비아 건설업계 거물의 아들이었다.

MVP cf. magnet n. 자석; 사람의 마음을 끄는 사람[물건]

1655 ★★

spacious
[spéiʃəs]

a. 널찍한, 넓은 = capacious, commodious, roomy

The house has a **spacious** kitchen and dining area, but it does not have many closets.
그 집은 널찍한 부엌과 식당은 있으나 방은 많지 않다.

MVP spatial a. 공간의, 공간적인
space n. 공간; 우주

1656 ★★★
alien
[éiljən]

a. ① 외국의, 이국(異國)의 = exotic, foreign
② 이질적인, 맞지 않는 = foreign, inappropriate, incongruous
③ 지구 밖의, 우주의, 외계의 = extramundane, extraterrestrial

When I first went to New York, it all felt very **alien** to me.
내가 처음 뉴욕에 갔을 때 그곳의 모든 것들이 내게 이질적이었다.

Recently, astronomers have detected an **alien** planet.
최근에 천문학자들이 외계 행성 하나를 발견했다.

1657 ★★
deduce
[didjú:s]

vt. 추론[연역]하다 = infer, presume, reason

The date of the document can be **deduced** from references to the Civil War.
그 문서의 작성 날짜는 남북 전쟁에 관한 다른 참고 문헌을 통해 추론할 수 있다.

He scanned through the book and **deduced** a conclusion.
그는 책을 대충 훑어보고 결론을 추론했다.

MVP deduction n. 추론, 추정, 연역; 공제, 공제액
deducible a. 추론할 수 있는
cf. deduct v. (세금 따위를) 공제하다

1658 ★
pier
[piər]

n. 부두, 선창, 방파제 = dock, harbor, waterfront, wharf

We stood on the **pier** and watched as they embarked.
우리는 부두에 서서 그들이 승선하는 것을 지켜보았다.

1659 ★★
impecunious
[ìmpikjú:niəs]

a. 돈이 없는, 무일푼의, 가난한 = destitute, penniless, penurious

He discovered that bad investments had made him **impecunious** overnight.
그는 잘못된 투자로 인해 자신이 하룻밤 사이에 무일푼이 되었다는 것을 알게 되었다.

1660 ★★★
vogue
[voug]

n. 유행, 인기 = fashion, popularity, trend

Short hair has come back into **vogue**.
짧은 머리가 다시 유행하고 있다.

There was a great **vogue** for high boots among young women.
젊은 여성들 사이에 긴 부츠가 큰 인기를 얻었다.

1661 ★
bespeak
[bispíːk]

vt. ① ~을 나타내다, 보이다, ~이라는 증거이다 = hint, imply, indicate, show
② 예약하다 = book, reserve
③ ~을 미리 의뢰하다

His style of dressing **bespoke** great self-confidence.
그가 옷 입는 스타일은 자신감이 대단함을 보여주었다.

MVP bespoke a. 주문한, 맞춘, 맞춤 생산을 하는(= custom-made)

1662 ★
sortition
[sɔːrtíʃən]

n. 제비뽑기, 추첨, 추첨분배 = draw, lottery, raffle, sortilege

The real effect of **sortition** was to equalize the chance without strife.
제비뽑기가 가진 진짜 효과는 갈등 없이 기회를 동등하게 갖는 것이었다.

1663 ★★★
cognizant
[kágnəzənt]

a. 인식하고 있는, 알고 있는[of] = aware, conscious

The judge said he was not **cognizant** of the case.
판사는 그 소송 사건에 대해 아는 바가 없다고 말했다.

MVP cognizance n. 인식, 지각
↔ incognizant a. 의식[감지]하지 않는, 알아채지 못하는

1664 ★★
hegemony
[hidʒéməni]

n. 패권, 주도권 = dominion, supremacy

It is not desirable for China and Japan to fight for regional and global **hegemony** in order to maintain peace and stability in Asia and the world.
아시아와 세계의 평화와 안정을 유지하기 위해서는 중국과 일본이 지역과 세계의 패권을 놓고 싸우는 것이 바람직하지 않다.

1665 ★★★
distinguished
[distíŋgwiʃt]

a. ① 눈에 띄는, 현저한 = eminent, notable
② 특히 뛰어난, 우수한 = outstanding
③ 유명한, 저명한 = famous, well-known

Tom Johnson was **distinguished** both as a critic and as a writer.
탐 존슨(Tom Johnson)은 비평가와 작가로서 모두 뛰어났다.

1666 ★★
rancor
[rǽŋkər]

n. 깊은 원한, 증오, 앙심 = animosity, animus, enmity, hatred

Despite all the **rancor**, I think peace is possible in the Mideast.
깊은 원한에도 불구하고, 나는 중동에서 평화가 가능하다고 생각한다.

MVP rancorous a. 원한이 사무친; 악의에 불타는

1667 ★

ooze
[uːz]

v. ① 스며나오다, 새어나오다, 스며나오게 하다 = exude, seep
② (비밀 따위가) 새다, (비밀 등을) 누설하다

Seeing a strange fluid **oozing** out of a cut on his arm, Greg realized that the wound was infected.
그의 팔에 난 상처에서 새어나오는 이상한 액체를 보고 그렉(Greg)은 상처가 감염되었음을 깨달았다.

1668 ★★★

infectious
[infékʃəs]

a. 전염성이 있는; (영향이) 옮기 쉬운 = catching, communicable, contagious

He has an **infectious** laugh; when he starts laughing, everyone starts laughing.
그의 웃음은 전염성이 있다. 왜냐하면 그가 웃기 시작하면, 모든 사람이 웃기 시작하기 때문이다.

MVP infection n. 전염, 감염; 전염병; 나쁜 영향

1669 ★★

filial
[fíliəl]

a. 자식의, 자식으로서의; 효성스러운

A **filial** daughter gives her parents love and attention.
효녀는 부모님을 극진히 돌본다.

Parents can now sue children who do not comply with their **filial** duties.
부모님들은 이제 자식의 의무를 다하지 않는 자식들을 고소할 수 있다.

MVP filial piety 효도

1670 ★★★

bias
[báiəs]

n. ① 선입견, 편견 = bent, preconception, prejudice
② 성향 = inclination, tendency
vt. 한쪽으로 치우치게 하다; 편견[선입관]을 품게 하다 = slant

Reporters must be impartial and not show political **bias**.
보도 기자들은 공정해야 하고 정치적 선입견을 보여서는 안 된다.

The newspapers have **biased** people against her.
그 신문들이 사람들에게 그녀에 대한 안 좋은 선입견을 품게 하였다.

MVP biased a. 편견을 가진, 치우친
unbiased a. 선입견[편견] 없는, 공평한

1671 ★★

germinate
[dʒə́ːrmənèit]

v. 싹트다, 발아하다; (생각·감정 등이) 생겨나다 = bud, sprout; originate

Seeds strewn on the field began to **germinate**.
밭에 뿌린 씨앗들이 발아하기 시작했다.

An idea for a novel began to **germinate** in her mind.
소설에 대한 구상이 그녀의 마음속에서 싹트기 시작했다.

germination n. 발아; 발생
germ n. 미생물, 병원균, 세균
germinal a. 새싹의; 원시[근원]의, 초기의

1672 ★★★
advisable
[ædváizəbl]

a. 권할 만한, 바람직한, 현명한 = desirable, prudent, wise

Stopping drinking is **advisable** for the health of your body and spirit.
술을 끊는 것이 당신의 신체와 정신 건강을 위해 바람직하다.

MVP advise v. 충고하다, 조언하다
advice n. 충고, 조언
advisor n. 상담원, 고문
advisee n. (지도 교수의) 지도를 받는 학생
advisory a. 권고의, 조언을[충고를] 주는; 고문의

1673 ★★
retard
[ritá:rd]

v. ① 속력을 늦추다; 지체시키다 = delay, slow down
② (성장·발달 등을) 방해하다, 저지하다 = hamper, hinder, impede, obstruct
n. ① 지체, 지연; 방해, 저지 = impediment, obstruction
② 정신박약자, 바보, (사회적으로) 미숙한 사람 = idiot, imbecile

Some jobs promote personal growth, while others **retard** it.
어떤 직업은 개인의 성장을 촉진하나, 반면에 어떤 직업은 그것을 더디게 한다.

MVP retardation n. 지연; 방해; 저지; 방해물; 정신지체
retarded a. 발달이 늦은; (지능 등이) 뒤진
↔ accelerate v. 가속하다; 진척시키다, 촉진시키다

1674 ★
kickback
[kíkbæk]

n. ① 임금의 일부를 가로채기; 정치 헌금, 상납(上納), 뇌물
= backhander, bribe, graft, payoff
② (훔친 물건의) 반환; (단골손님에의) 일부 환불, 리베이트, 중개료
= refund, rebate
③ (격렬한) 반동, 반응 = reaction, rebound

He received a **kickback** in return for turning a blind eye to their corruption.
그는 뇌물을 받고 그들의 비리를 눈 감아 주기로 했다.

1675 ★★★
teem
[ti:m]

vi. 많이 있다, 풍부하다[with] = abound, crowd, swarm

For most of the year, the area is **teeming** with tourists who come from all over the world to seek enjoyment and refreshment.
거의 일 년 내내, 그 지역은 향락과 기분전환을 위해 전 세계에서 찾아오는 관광객들로 가득하다.

MVP teeming a. 넘치는, 떼 지어 있는

DAY 34

1676 ★

canine
[kéinain]

a. 개의, 개와 같은
n. 갯과(科)의 동물

She's a specialist in **canine** psychology and behavior.
그녀는 개의 심리 및 행동에 대한 전문가이다.

MVP feline a. 고양잇과의; 고양이 같은; n. 고양잇과의 동물

1677 ★★

leftover
[léftòuvə:r]

n. ① (종종 pl.) 나머지, 잔여; (식사 후에) 남은 음식
    = dregs, remainder, remnant, residue
  ② (과거의) 자취, 잔재, 유물, 구습 = legacy, relic, remains, vestige
a. 나머지의; 먹다 남은, 팔다 남은 = residual, surplus

When going to the restaurant, bring glass or steel containers to package **leftovers**.
레스토랑에 갈 때에는 남은 음식을 싸가기 위해 유리나 철로 만든 그릇을 가지고 가세요.

1678 ★★

acclimate
[ǽkləmèit]

v. (사람·동식물 등을 새 풍토에) 순응시키다[하다] = adapt, adjust

We found it impossible to **acclimate** ourselves to the new working conditions.
우리는 새로운 업무환경에 적응하는 것이 불가능하다고 생각했다.

MVP acclimation n. 새 환경 순응; <생물> 풍토 순화
climate n. 기후; 풍토; 환경, 분위기

1679 ★★

repellent
[ripélənt]

a. 혐오감을 주는, 불쾌한, 역겨운 = loathsome, offensive, unpleasant
n. 구충제, 방수제

Everything about him was **repellent** to her.
그녀는 그의 일이라면 무엇이건 싫었다.

MVP repel v. 쫓아버리다, 격퇴하다(= ward off)

1680 ★★★

dictator
[díkteitər]

n. ① 독재자, 절대 권력자 = autocrat, despot, tyrant
  ② (일반적) 위압적인 사람, 실력자; 건방진 사람
  ③ 구수자(口授者), 받아쓰게 하는 사람

The **dictator** obliterated anyone who opposed his power.
독재자는 자신의 권력에 반대하는 자는 누구라도 제거했다.

MVP dictatorship n. 독재, 독재정권

1681 ★★
shiver
[ʃívər]

v. (추위·흥분 등으로) 와들와들 떨다 = quiver, shake, shudder, tremble

n. 몸서리; 떨림; 오한, 전율

The gruesome sight sent a **shiver** down my spine.
나는 그 끔찍한 장면을 보고 등골이 오싹했다.

MVP quiver v. 떨리다, 흔들리다
shudder v. (공포·추위 등으로) 떨다, 전율하다; 오싹하다

1682 ★★★
outright
[áutráit]

a. ① 솔직한, 노골적인; 명백한
② 완전한, 철저한

ad. ① 철저하게, 완전히, 충분히 = absolutely, completely, fully, totally
② 명백히, 터놓고, 공공연히 = frankly, openly, plainly
③ 곧, 당장, 즉시 = immediately, instantly

There was **outright** opposition to the plan.
그 계획에 대해서는 노골적인 반대가 있었다.

1683 ★
crisscross
[krískrɔ̀ːs]

v. 동분서주하다 = go here and there

He **crisscrossed** the country to support opposition parties in the run-up to the general elections.
그는 총선 준비기간 동안 야당을 지원하기 위해 전국을 동분서주했다.

1684 ★★
anarchy
[ǽnərki]

n. 무정부 상태; (사회적·정치적) 무질서, 혼란 = chaos, disorder, lawlessness

Mechanization will lead to a morally bankrupt society that will collapse into **anarchy**.
기계화는 도덕적으로 파탄한 사회를 발생시킬 것이며, 이 사회는 붕괴하여 무정부 상태가 될 것이다.

The death of the king was followed by a year of **anarchy**.
왕의 죽음 이후에 정치적·사회적 혼란이 1년간 계속되었다.

MVP anarchism n. 무정부주의
anarchist n. 무정부주의자

DAY 34

1685 ★★★

extend
[iksténd]

v. ① (손·발 등을) 뻗(치)다, 내밀다 = reach, spread, stretch
② (선·거리·기간 등을) 연장하다, 늘리다; 늘어나다, 퍼지다, 넓어지다
= lengthen, prolong
③ (영토 등을) 확장[확대]하다; (세력·사업 등의) 범위를 넓히다
= enlarge, expand, widen
④ (은혜·친절·원조 등을) 베풀다, 주다 = confer, offer, present

The play was so popular that its run was **extended** earlier this year.
그 연극은 매우 인기가 높아 올해 초까지 공연을 연장했다.

MVP extension n. 신장(伸張), 연장; 연기; 확대, 확장
extended a. 한껏 뻗친; (기간을) 연장한; 장기의; 광범위한

1686 ★

sanguinary
[sǽŋgwənèri]

a. 피비린내 나는; 잔인한, 살벌한 = bloody, blood-and-guts, gory; brutal

There was a **sanguinary** collision between the unionists and the police.
노조원들과 경찰 사이에 유혈 충돌이 있었다.

MVP sanguine a. 쾌활한, 희망에 찬, 낙관적인; 다혈질의
sanguineous a. 피의; 붉은 핏빛의; 다혈질의; 낙천적인

1687 ★★

underlie
[ʌ̀ndərlái]

vt. ~의 근저에 있다, ~의 기초[기반]가 되다

We should understand the truths which **underlie** facts.
우리는 사실의 근저(根底)에 있는 진리를 이해해야 한다.

MVP underlying a. 밑에 있는; 기초가 되는, 근원적인

1688 ★★★

function
[fʌ́ŋkʃən]

n. ① (사람·사물의) 기능 = purpose, role
② 행사, 의식 = ceremony, event, function, gala, occasion
③ 〈수학〉 함수
v. (제대로) 기능하다, 작용하다 = work, operate

The family has the important **function** of socializing children.
가족은 아동을 사회화시키는 중요한 기능을 한다.

Salary is a **function** of age and experience.
급여는 연령 및 경력과 함수 관계에 있다.

Despite the power cuts, the hospital continued to **function** normally.
정전에도 불구하고 병원의 기능은 계속 정상적으로 수행되었다.

MVP functionary n. 공무원, (공공기관의) 직원; a. 기능의; 직무상의
functional a. 기능 위주의, 실용적인; 가동되는

1689 ★
penitentiary
[pènəténʃəri]

n. ① 교도소, 감방 = jail, prison
② 고해 신부; 고해소

He was released from Oregon State **Penitentiary** in 2001.
그는 2001년에 오리건 주 교도소에서 석방되었다.

1690 ★★
elated
[iléitid]

a. 의기양양한, 우쭐대는; 마냥 행복해 하는 = jubilant, overjoyed

He was **elated** to hear that he would be promoted.
그는 승진할 거라는 소식을 듣고 기분이 우쭐했다.

MVP elate vt. 기운을 북돋우다, 의기양양하게 하다
elation n. 의기양양함, 우쭐댐

1691 ★★★
impulse
[ímpʌls]

n. ① (마음의) 충동, 일시적인 감정 = drive, inclination, urge
② (외부에서 작용하는) 충격, 자극 = force, impetus, momentum

I was seized by a sudden **impulse** to jump into the water.
나는 물속으로 뛰어들고 싶은 갑작스러운 충동에 사로잡혔다.

MVP impulsive a. 충동적인
impulsively ad. 충동적으로

1692 ★★
throb
[θrab]

vi. ① (심장 등이) 고동치다, 두근거리다 = beat, palpitate, pound, pulsate
② (머리·상처가) 욱신욱신 쑤시다, 욱신거리다 = ache
n. 고동, 맥박; 진동 = pulse, vibration

Her heart **throbbed** with excitement at the thought of traveling abroad for the first time.
그녀는 해외여행을 처음 간다는 생각에 흥분되어 가슴이 두근거렸다.

MVP throbbing a. 두근거리는, 쿵쿵거리는; 욱신욱신하는
throbbingly ad. 고동치며; 술렁거리며
heartthrob n. 격렬한 심장의 고동[두근거림]; 동경의 대상

DAY 34

1693 ★
starry-eyed
[stάːriàid]

a. ① 꿈꾸는 듯한 눈을 한, 몽상적인, 공상적인 = dreaming, fanciful
② 이상적인, 비현실적인 = ideal, impractical, quixotic, utopian

Entrepreneurs and **starry-eyed** investors had fueled the bubble.
기업가들과 몽상에 빠진 투자자들이 거품을 조장했다.

MVP starry a. 별이 많은; 별빛의; 별처럼 빛나는, 반짝반짝 빛나는

※ -eyed: ~의 눈을 한[가진]

cross-eyed a. 약간 머리가 돈, 미친(= cockeyed)
open-eyed a. 눈을 뜬; 눈이 휘둥그레진; 주의 깊은, 방심하지 않는
wide-eyed a. 눈을 크게 뜬; 깜짝 놀란; 순진한, 잘 속아 넘어가는
wild-eyed a. 눈이 분노로 이글거리는; (계획·생각 등이) 터무니없는, 무모한
blue-eyed a. 푸른 눈을 가진; 순진한; 마음에 드는, 사랑스러운

1694 ★★★
colony
[káləni]

n. ① 식민지
② (같은 인종·동업자 등의) 집단, 부락(部落) = community, village
③ 〈생물〉 군체(群體)

Brazil was a **colony** of Portugal from 1500 until 1815.
브라질은 1500년부터 1815년까지 포르투갈의 식민지였습니다.

MVP colonize v. 식민지로 만들다, 식민지화하다
colonist n. 식민지 사람, (해외) 이주민, 식민지 개척자
colonization n. 식민지 건설, 식민지화

1695 ★
hardwired
[há:rdwáiərd]

a. 하드웨어에 내장된; 〈비유적〉 원래 갖추고 있는

Hate is **hardwired** into our brains.
증오는 우리의 두뇌 속에 본래부터 내재돼 있다.

1696 ★★★
appropriate
a. [əpróupriət]
v. [əpróuprièit]

a. 적합한, 적절한 = apt, fit, pertinent, proper, relevant, suitable
vt. ① 도용[전용]하다; 횡령하다 = embezzle, misappropriate, peculate
② (돈의 사용처를) 책정하다

I don't think jeans are **appropriate** attire for the party.
청바지는 파티 의상으로 부적절하다고 생각한다.

Don't **appropriate** others' ideas.
남의 아이디어를 도용하지 마라.

MVP ↔ inappropriate a. 부적당한, 온당치 않은

1697 ★★
tenure
[ténjər]

n. ① (특히 정계 요직의) 재임 기간; 재임
② (특히 대학 교수의) 종신 재직권
③ (주택·토지의) 거주권(사용권)

His 13-month **tenure** was dogged by corruption scandals.
13개월의 임기동안 그는 부패 스캔들로 오랫동안 시달렸다.

If you have **tenure** in your job, you have the right to keep it until you retire.
당신이 직장에 종신 재직권을 갖고 있다면 퇴직할 때까지 직장을 유지할 권리가 있다.

1698 ★★

paramount
[pǽrəmàunt]

a. 최고의; 주요한 = chief, prime, principal

The safety of firefighters is of **paramount** importance during emergencies.
소방관의 안전은 비상시에 가장 중요하다.

1699 ★★★

meet
[miːt]

v. ① 만나다, 맞닥뜨리다 = come across, confront, encounter, run into
② (필요·요구·조건 등을) 채우다, 만족시키다 = content, satisfy

Energy demands cannot be **met** without a new power plant.
새 발전소를 건설하지 않는 한 에너지 수요를 충족시킬 수 없다.

1700 ★

ensconce
[inskáns]

vt. ① 숨기다, 감추다 = conceal, cover, hide, stash
② 몸을 편히 앉히다, 안치하다 = establish, settle

Seeing her father, she **ensconced** herself behind the door.
그녀는 아버지를 보자마자 문 뒤로 몸을 숨겼다.

DAY 34

A. Write the meaning of the following words.

□ well-to-do	_____	□ repellent	_____
□ correspond	_____	□ shiver	_____
□ perverse	_____	□ outright	_____
□ spacious	_____	□ crisscross	_____
□ alien	_____	□ anarchy	_____
□ deduce	_____	□ extend	_____
□ pier	_____	□ underlie	_____
□ vogue	_____	□ function	_____
□ bespeak	_____	□ penitentiary	_____
□ sortition	_____	□ elated	_____
□ hegemony	_____	□ impulse	_____
□ distinguished	_____	□ throb	_____
□ ooze	_____	□ starry-eyed	_____
□ filial	_____	□ colony	_____
□ advisable	_____	□ hardwired	_____
□ retard	_____	□ appropriate	_____
□ kickback	_____	□ tenure	_____
□ canine	_____	□ paramount	_____
□ leftover	_____	□ meet	_____
□ acclimate	_____	□ ensconce	_____

※ 주어진 단어의 뜻을 본문에서 확인하시고 틀린 단어의 경우 박스에 체크한 뒤에 나중에 다시 학습하시기 바랍니다.

B. Choose the synonym of the following words.

1. impecunious	Ⓐ mogul
2. cognizant	Ⓑ autocrat
3. infectious	Ⓒ contagious
4. bias	Ⓓ sprout
5. rancor	Ⓔ bloody
6. sanguinary	Ⓕ abound
7. magnate	Ⓖ prejudice
8. dictator	Ⓗ conscious
9. teem	Ⓘ animosity
10. germinate	Ⓙ penniless

B. 1. Ⓙ 2. Ⓗ 3. Ⓒ 4. Ⓖ 5. Ⓘ 6. Ⓔ 7. Ⓐ 8. Ⓑ 9. Ⓕ 10. Ⓓ

1701 ★★★

fascinate
[fǽsənèit]

v. 매혹시키다, 황홀하게 하다 = attract, captivate, charm, enchant, enthrall

Gold has **fascinated** people for centuries, because it is scarce and it can be made into beautiful ornaments which never lose their luster.
금이 수세기 동안 사람들을 매혹시켜 왔던 것은 희귀하고 또한 결코 그 광택을 잃지 않는 아름다운 장신구로 만들 수 있기 때문이다.

MVP fascination n. 매혹, 매력

1702 ★★★

disgust
[disgʌ́st]

n. 혐오감, 싫증, 역겨움 = hatred, loathing, revulsion
vt. 혐오감을 불러일으키다, 정떨어지게 하다 = offend, repel, sicken

I can only feel **disgust** for these criminals.
나는 이들 범죄자들에게는 혐오감만 느껴질 뿐이다.

MVP disgusting a. 구역질나는, 정말 싫은, 정떨어지는

1703 ★★★

indispensable
[ìndispénsəbl]

a. 필수적인, 없어서는 안 되는 = crucial, essential, necessary, vital

Cars have become an **indispensable** part of our lives.
자동차는 우리 생활에 없어서는 안 되는 부분이 되었다.

MVP dispense v. 분배하다, 나누어 주다; 베풀다; 면제하다

1704 ★★

pathos
[péiθas]

n. 연민의 정을 자아내는 힘, (예술 작품 따위의) 비애감

The play is well balanced between comedy and **pathos**.
그 희곡은 유머와 비애감이 잘 조화되어 있다.

MVP pathetic a. 애처로운; 감동적인

1705 ★★★

compute
[kəmpjúːt]

v. 계산[산출]하다, 평가하다; 추정하다 = calculate, count; estimate, figure

To **compute** your scores, merely add or subtract your scores for each item.
네 점수를 계산하려면, 문제에 대한 너의 점수를 더하거나 빼기만 하면 된다.

MVP computation n. 계산; 계산의 결과, 산정 수치

1706 ★

watchword
[wɑ́tʃwə̀ːrd]

n. 표어, 슬로건 = motto, shibboleth, slogan

Enthusiasm, appreciation and participation were the **watchwords** at the festival.
열정, 감상, 참여가 그 축제의 슬로건이었다.

1707 ★★★

sheer
[ʃiər]

a. ① (크기·정도·양을 강조하여) 순전한
　② 섞이지 않은, 순수한 = pure

Their **sheer** numbers could overwhelm us.
그들의 머릿수만으로도 우리를 압도할 수 있었다.

The concert was **sheer** delight.
그 음악회는 기쁨 그 자체였다.

1708 ★★

elapse
[ilǽps]

vi. (시간이) 지나다, 경과하다 = go by, pass

n. (시간의) 경과 = flight, lapse, passage

Next week, three months will have **elapsed** since we last met.
다음 주가 되면 우리가 마지막으로 만난 지 세 달이 지난 게 된다.

> **MVP** cf. lapse n. (시간의) 경과, 흐름; (우연한) 착오; 실책, 실수
> cf. collapse n. 붕괴, 와해; v. 무너지다, 붕괴하다
> cf. relapse n. (병의) 재발[악화]; v. (이전 상태로 나아지다가 안 좋은 상태로) 다시 되돌아가다

1709 ★★★

pirate
[páiərət]

n. ① 해적; 해적선 = buccaneer, freebooter; corsair
　② 저작[특허]권 침해자, 표절자 = cribber, plagiarist
v. ① ~에게 해적 행위를 하다; 약탈하다
　② 저작권[특허권]을 침해하다, 표절하다, 불법복제하다 = crib, plagiarize

A sniper fired an aimed shot at a **pirate**.
저격수가 해적 한 명에게 조준 사격을 했다.

If you like the artists, don't **pirate** their music.
그 아티스트들을 좋아한다면, 그들의 음악을 불법복제하지 마십시오.

> **MVP** pirated edition 해적판, 위조 출판물
> piracy n. 해적 행위; 저작권[특허권] 침해
> corsair n. 해적선, 사략선(私掠船); 해적

1710 ★

nonpareil
[nɑ̀npərél]

a. 비길 데 없는, 더할 나위 없는
　= incomparable, unequaled, unparalleled, unrivaled

n. 비길 데 없는 사람[것], 최상급품, 일품 = nonesuch, perfection

The legendary tennis player was a **nonpareil** on the tennis court.
그 전설적인 테니스 선수는 테니스장에서 비할 데 없이 뛰어난 사람이었다.

1711 ★★★

summary
[sʌ́məri]

n. 요약, 개요 = abstract, digest, outline, synopsis

The student developed an app that makes **summaries** of news stories.
그 학생은 새 뉴스기사를 요약하는 앱을 개발했다.

MVP summarize vt. 요약하다, 요약하여 말하다, 개괄하다
summarization n. 요약, 개괄

1712 ★★

maritime
[mǽrətàim]

a. 바다의, 해양의 = marine, nautical, oceanic, seafaring

Today, **maritime** transport plays a fundamental role in trade.
오늘날, 해상 수송은 무역에서 핵심적인 역할을 수행한다.

1713 ★★★

impair
[impɛ́ər]

vt. (질이나 가치 따위를) 손상시키다, (건강 등을) 해치다 = damage, undermine

Heavy drinking can **impair** fertility and sexual function.
지나친 음주는 불임과 성기능 장애를 가져올 수 있다.

His health was **impaired** because of the long hours he worked.
그는 오랜 시간 일해서 건강이 악화되었다.

MVP impairment n. 손상; 장애, 결함
unimpaired a. 손상되지 않은

1714 ★★

amiable
[éimiəbl]

a. 상냥한, 호감을 주는, 붙임성 있는 = affable, agreeable, friendly

He is an **amiable** man, yet it is strange that no one specially likes him.
그는 상냥한 사람이다. 그런데 특별히 그를 좋아하는 이가 없으니 이상한 일이다.

He easily became close to people around him because he was so **amiable**.
그는 붙임성이 너무 좋아서 주변 사람들과 쉽게 친해졌다.

MVP cf. amicable a. 우호적인, 친화적인, 원만한

1715 ★★★

sharpen
[ʃɑ́ːrpən]

v. ① (날·연필 등을) 예리하게 하다, 갈다; 뾰족하게 하다, 깎다
② (느낌·감정이) 더 강렬[분명]해지다; 더 강렬하게[분명하게] 하다
③ (기량 등을) 갈고 닦다[연마하다]; (기량 등이) 향상되다

The sea air **sharpened** our appetites.
바다 공기가 우리의 식욕을 돋우었다.

He needs to **sharpen** up before the Olympic trials.
그는 올림픽 예선전 전에 기량을 갈고 닦을 필요가 있다.

MVP sharp a. (칼날이) 날카로운; (변화가) 급격한; ad. (특정시간을 나타내는 표현 뒤에 쓰여) 정각
sharp-eyed a. 눈이 예리한[날카로운], 관찰력이 뛰어난

1716 ★★

remuneration
[rimjùːnəréiʃən]

n. 보수, 급료, 보상 = pay, reward

He will not take the job even if the **remuneration** is generous.
그는 보수가 후하다고 할지라도 그 직업을 택하지 않을 것이다.

MVP remunerative a. 보수가 많은

1717 ★★★

deliver
[dilívər]

v. ① (물건·편지 등을) 배달하다; (메시지 따위를) 전하다
② (연설·강연 등을) 하다, (의견 따위를) 말하다 = address, announce
③ (아이를) 낳다, 출산하다 = bear
④ 구해내다, 구원하다, 해방시키다 = relieve, save

We promise to **deliver** within 48 hours.
48시간 이내 배달을 약속드립니다.

He **delivered** a course of lectures on world affairs.
그는 세계정세에 관하여 강연을 했다.

She **delivered** a healthy girl after a long labor.
그녀는 오랜 진통 끝에 건강한 딸을 낳았다.

The hero **delivered** us from evil.
그 영웅은 우리를 악에서 구했다.

MVP delivery n. 배달, 배달물; 출산, 분만; 말투; 연설, 강연; 구조, 구출
deliverance n. 구출, 구조; 석방, 해방
deliverable a. 배달할 수 있는; 구출할 수 있는; n. 상품, 배송품

1718 ★★

audible
[ɔ́ːdəbl]

a. 들리는, 들을 수 있는 = hearable

She spoke so quietly that her voice was not **audible** to them.
그녀는 너무 작게 말을 해서 그녀의 목소리가 그들에게는 잘 들리지 않았다.

1719 ★★★

recede
[risíːd]

vi. ① 물러나다, 퇴각하다, 멀어지다 = retreat
② 몸을 빼다; 철회하다; 손을 떼다 = withdraw
③ (가치·품질 따위가) 떨어지다; 감퇴하다, 약해지다 = abate, wane

The rain front **receded** temporarily, but hit the southern region last weekend again.
장마전선은 일시적으로 물러났다가 지난주에 다시 남부 지방을 강타했다.

Our economical situation got stuck and started to **recede**.
우리의 경제 상황은 정체되었고, 하락세에 들어서기 시작했다.

MVP recession n. 퇴거, 후퇴; 경기후퇴
cf. cede v. (마지못해) 양도[이양]하다; ~을 양보하다

1720 ★★

somnolent
[sámnələnt]

a. 졸린, 졸리게 하는 = sleepy, soporific

Because of his **somnolent** voice students find it difficult to concentrate in his classes.
그의 졸리는 목소리 때문에 학생들은 그의 수업에 집중하기가 어려웠다.

1721 ★

bemoan
[bimóun]

v. ① 한탄하다, 몹시 슬퍼하다 = bewail, deplore, lament
② ~을 불쾌하게 여기다, 유감으로 생각하다

Die-hard beer fans **bemoan** the decline of real British beer, driven by the rapidly globalizing international drinks.
오랫동안 맥주를 몹시 좋아했던 사람들은 빠르게 세계화되는 외국 술 때문에 원조 영국식 맥주가 몰락하는 것을 안타까워한다.

MVP cf. moan v. 신음하다; 불평하다

1722 ★★

pending
[péndiŋ]

a. ① 미정[미결]의, 계류 중인 = undecided, unsettled, up in the air
② 임박한, 절박한 = imminent, impending
prep. ~을 기다리는 동안, ~까지

The bill has been **pending** for the past eight months due to the conflicting interests of the parties concerned.
관련 정당들의 이해가 상충되고 있었기 때문에, 그 법안은 지난 8개월 동안 미결인 채로 남아있었다.

He was released on bail **pending** further inquiries.
그는 추후 조사가 있을 때까지 보석으로 석방되었다.

1723 ★★★

swift
[swift]

a. ① 신속한, 빨리 움직이는, 쾌속의 = expeditious, fast, quick, rapid, speedy
② 갑작스러운, 즉석의 = abrupt, immediate, instant, prompt, ready
n. 〈조류〉 칼새

The White House was **swift** to deny the rumors.
백악관은 재빨리 그 소문을 부인했다.

MVP swiftly ad. 신속히, 즉각

1724 ★★

thrall
[θrɔːl]

n. 노예; 노예의 신분[상태], 속박 = bondage, servitude, slavery

He is in **thrall** to his work.
그는 일에 얽매여 있다.

MVP enthrall v. 매혹하다, 마음을 빼앗다; 노예상태로 만들다

1725 ★★★
altitude
[ǽltətjùːd]

n. ① (산·천체 등의) 높이, 고도; (해발) 표고(標高) = elevation, height
② (보통 pl.) 높은 곳, 고지

The mountain is only 205 meters in **altitude** above sea level.
그 산은 해발 고도가 205m에 불과하다.

> **MVP** cf. attitude n. 태도
> cf. latitude n. 위도(緯度); (견해·사상·행동 등의) 폭. (허용) 범위
> cf. longitude n. 경도(經度)

1726 ★★
utterly
[ʌ́tərli]

ad. 아주, 전혀, 완전히 = absolutely, completely, totally

The rich are **utterly** indifferent to the poor people.
부자들은 가난한 사람들에 대해 전혀 무관심하다.

1727 ★
victual
[vítl]

n. (pl.) 음식, 양식 = comestibles, edibles, food, provisions, viands
v. 식량을 공급하다[사들이다]; 식량을 적재하다

I'm starving — did we bring any **victuals** with us?
내가 몹시 배가 고프군요. 우리가 식량을 가져왔던가요?

1728 ★★
pernicious
[pərníʃəs]

a. 유해한, 유독한, 치명적인, 파멸적인 = baneful, deadly, harmful, ruinous

The cuts in government funding have had a **pernicious** effect on local health services.
정부 재정 지원의 삭감은 지방 보건 서비스에 치명적인 영향을 끼쳐왔다.

Most doctors agree that smoking is a **pernicious** habit.
대부분의 의사는 흡연이 해로운 습관이라는 데 의견을 같이 한다.

1729 ★★★
administer
[ədmínistər]

v. ① 관리[운영]하다, 지배[통치]하다 = govern, superintend, supervise
② 투약하다 = dispense

We need to **administer** our system much more tightly against hacking.
우리는 해킹에 대비하여 우리의 시스템을 보다 더 엄격하게 관리할 필요가 있다.

> **MVP** administration n. 관리, 경영; 행정, 통치; 집행
> administrator n. 관리자, 행정관
> administrative a. 관리상의, 행정상의

1730 ★★
laissez-faire
[lèiseifέə:r]

a. (자유) 방임주의의 , 불간섭주의의 = permissive
n. (자유) 방임주의, 불간섭주의

Laissez-faire is associated with free-market economies because it supports free trade and discourages tariffs and subsidies.
자유방임주의는 자유무역을 지지하고 관세와 보조금을 억제하기 때문에 자유시장경제와 관련 있다.

1731 ★★★
evolution
[èvəlúːʃən]

n. ① 전개; (사건 따위의) 발전, 진전 = advance, development
② 〈생물〉 진화, 진화론

Darwin is known as the father of the theory of **evolution**.
다윈(Darwin)은 진화론의 아버지로 알려져 있다.

> **MVP** evolve v. 차츰 발전[전개]시키다; 진화[발달]시키다; 진화하다, 발전하다
> evolvement n. 전개, 진전; 진화
> evolutionary a. 발달의, 발전의; 진화의
> cf. revolution n. 혁명, 큰 변혁; (특히 행성의) 공전; (축을 중심으로 한) 회전

1732 ★★
saturate
[sǽtʃərèit]

vt. ① 흠뻑 적시다[with, in] = douse, drench, soak
② 채우다, 가득 차게 하다[with], 포화시키다 = charge, imbue, impregnate

Unfortunately, television programming is **saturated** with violence.
불행히도, TV 프로그램은 폭력으로 가득 차 있다.

> **MVP** saturation n. 침투, 침윤; 포화, 포화상태
> saturated a. 흠뻑 젖은

1733 ★
metastasis
[mətǽstəsis]

n. ① 〈의학〉 (암세포 등의) 전이(轉移)
② 변질, 변성, 변형 = changeover, conversion, transformation

He regularly gets checked for **metastasis** or a recurrence of cancer twice a year.
그는 정기적으로 암의 전이 또는 재발 여부를 1년에 두 번 확인한다.

1734 ★★★
depreciate
[diprí:ʃièit]

v. ① 가치[가격]가 떨어지다, 평가절하하다 = debase, devalue
② 경시하다, 얕보다 = belittle, disparage

New cars start to **depreciate** as soon as they are on the road.
새 차는 도로에 올라서는 순간부터 가치가 떨어지기 시작한다.

Shares continued to **depreciate** on the stock markets today.
오늘 주식 시장에서는 주가가 계속 떨어졌다.

I had no intention of **depreciating** your contribution.
당신의 기여도를 평가 절하하려는 의도는 없었다.

DAY 35

MVP depreciation n. 가치 하락, 가격의 저하; 경시
↔ appreciate v. 평가하다; ~의 진가를 인정하다; 감상하다; 가격이[시세가] 오르다

1735 ★★★

rash

[ræʃ]

a. **경솔한, 무분별한, 성급한** = foolhardy, hasty, reckless, thoughtless

n. ① 발진(發疹), 뾰루지, 두드러기
　 ② 다발, 빈발[of]

She soon regretted her rash decision to get married.
그녀는 얼마가지 않아 경솔한 결혼 결정을 후회했다.

1736 ★

credo

[krí:dou]

n. **신조** = belief, creed, doctrine, dogma

I strongly agree with her basic stance and her credo.
나는 그녀의 기본적인 입장과 그녀의 신조에 대해 열렬히 동의한다.

1737 ★★★

obscure

[əbskjúər]

a. ① **불명료한, 모호한** = ambiguous, murky, vague
　 ② **세상에 알려지지 않은, 무명의** = unknown

vt. **어둡게[흐리게] 하다; 가리다, 덮다, 무색하게 하다** = conceal, hide

The student's writing is so obscure that it is very hard to understand.
그 학생의 글은 너무 모호해서 이해하기가 매우 어렵다.

He is fascinated with an obscure 17th century poet.
그는 17세기의 한 무명시인에게 매료되었다.

In his life time, Vincent van Gogh's ability was obscured by his contemporary painters.
일생동안 빈센트 반 고흐(Vincent van Gogh)의 재능은 동시대의 화가들에게 가려져 드러나지 않았다.

MVP obscurity n. 세상에 알려져 있지 않음, 무명; 모호함

1738 ★★

gale

[geil]

n. ① **질풍, 강풍; 폭풍** = storm
　 ② **(종종 pl.) (감정·웃음 등의) 폭발** = explosion, outburst

Our garden fence was blown over by the gale.
우리 정원의 울타리가 강풍에 쓰러졌다.

1739 ★★★

bankruptcy

[bǽŋkrəptsi]

n. 파산(상태), 도산 = crash, failure, insolvency, liquidation, ruin

Poor sales forced the company to declare **bankruptcy**.
매출이 저조해서 그 회사는 파산 선고를 할 수밖에 없었다.

MVP bankrupt a. 파산한

1740 ★

hermetic

[hə:rmétik]

a. ① 밀봉[밀폐]된 = airtight, completely sealed
② 난해한, 불가사의의

Canned foods have a **hermetic** seal.
통조림 음식은 밀봉이 돼 있다.

MVP hermetically ad. 밀봉[밀폐]하여
hermeticism n. 신비주의, 비전(秘傳) 신앙

1741 ★★

dodge

[dadʒ]

v. ① 홱 몸을 피하다, 날쌔게 비키다
② (책임·질문 등을) 교묘히 피하다[둘러대다, 얼버무려 넘기다]; 속이다
= avoid, duck, elude, evade, shun, sidestep

He rushed at me but I managed to **dodge** his attack.
그 남자가 나에게 돌진했지만, 나는 가까스로 그의 공격을 피할 수 있었다.

MVP dodger n. 사기꾼; 책임을 모면하는 사람

1742 ★★

calumniate

[kəlʌ́mnièit]

vt. 중상하다, 비방하다 = asperse, defame, libel, malign, slander

The priests **calumniated** him horribly because he was greedy for money.
그 성직자들은 그를 몹시 비방했는데, 왜냐하면 그가 돈에 욕심이 많았기 때문이었다.

MVP calumniator n. 중상하는 사람, 비방하는 사람
calumny n. 중상, 비방
calumniatory a. 중상적인
cf. culminate v. 최고점[절정, 최고조]에 달하다, 전성기에 있다

DAY 35

1743 ★★★

thick

[θik]

a. ① 두꺼운, 두툼한, (부피가) 굵은 = broad, bulky
② (액체가) 진한, 걸쭉한 = concentrated, condensed, viscous
③ 빽빽한, 우거진 = close, compact, dense

People wear **thick** clothes and heat their houses to stay warm.
사람들은 따뜻하게 지내기 위해서 두꺼운 옷을 입고 집에 난방을 한다.

MVP thicken v. 두껍게[굵게, 진하게] 하다[되다]
thickheaded a. 우둔한, 멍청한
thick-skinned a. (비판·모욕 등에) 쉽게 동요하지 않는

1744 ★★

fowl

[faul]

n. ① 닭, 가금(家禽) = poultry
② 닭고기; 새고기

It's when humans live in close proximity to their **fowls** everyday that the avian flu is most likely to break out.
조류독감이 발병할 가능성이 있는 것은 사람이 매일 가금류와 가까이 살고 있을 때이다.

1745 ★★★

lessen

[lésn]

v. 작게[적게] 하다, 줄이다; 작아지다; 적어지다, 줄다
= decrease, diminish, lower, reduce

Warm milk will **lessen** the tension before you sleep.
따뜻한 우유는 잠을 자기 전에 긴장을 완화시켜 줄 것이다.

1746 ★

pageant

[pǽdʒənt]

n. ① (역사적 장면을 표현하는) 야외극, 구경거리 = show, spectacle
② (축제 등의) 화려한 행렬, 가장 행렬 = parade, procession
③ 미인 선발대회 = beauty contest

All parents are expected to participate in the elementary school **pageant** this year.
올해 초등학교 장기자랑에는 모든 학부모가 참석할 예정이다.

1747 ★★★

common

[kámən]

a. ① 공통의 = collective, joint, mutual
② 일반적인, 평범한 = ordinary, plain, usual
③ 비속한, 상스러운 = inferior, low, vulgar

I have a lot in **common** with the friend.
나는 그 친구와 많은 공통점을 갖고 있다.

The notion is fairly **common** that there is a fundamental conflict between science and religion.
과학과 종교 사이에 근본적인 대립관계가 존재한다는 생각은 대단히 일반적이다.

The elegant princess has complained about Duchess Sarah Norton's **common** accent.
기품 있는 그 공주는 사라 노튼(Sarah Norton) 공작부인의 저속한 말투에 관해 불평해 왔다.

1748 ★

topography

[təpágrəfi]

n. (한 지방의) 지세, 지형; 지형학 = landform, terrain

Spacecraft will snap photos, study Mercury's chemical makeup, **topography** and magnetic field.
탐사선들은 스냅 사진을 찍고 수성의 화학적 구성, 지형, 자기장을 연구할 것이다.

1749 ★★

embroil
[imbrɔ́il]

vt. (분쟁에) 관련시키다, 끌려들게 하다, (사건 따위에) 휩쓸어 넣다
= complicate, entangle, implicate, involve

The country became **embroiled** in a bitter civil war which lasted almost until 1995.
그 나라는 거의 1995년까지 계속되었던 격렬한 내전에 휩싸이게 되었다.

1750 ★★★

inexhaustible
[inigzɔ́:stəbl]

a. ① 무진장한; 고갈될 줄 모르는 = infinite, limitless
② 지칠 줄 모르는, 끈기 있는 = indefatigable, tireless, unflagging

Natural resources are not **inexhaustible**.
천연자원은 무한하지 않다.

MVP exhaust v. 다 써버리다; 고갈시키다; 기진맥진하게 만들다; n. 배기가스
↔ exhaustible a. 다 써 버릴 수 있는

DAY 35

A. Write the meaning of the following words.

- ☐ fascinate _____
- ☐ disgust _____
- ☐ indispensable _____
- ☐ pathos _____
- ☐ compute _____
- ☐ sheer _____
- ☐ elapse _____
- ☐ pirate _____
- ☐ nonpareil _____
- ☐ summary _____
- ☐ sharpen _____
- ☐ deliver _____
- ☐ recede _____
- ☐ bemoan _____
- ☐ swift _____
- ☐ thrall _____
- ☐ altitude _____
- ☐ victual _____
- ☐ pernicious _____
- ☐ administer _____

- ☐ laissez-faire _____
- ☐ evolution _____
- ☐ saturate _____
- ☐ metastasis _____
- ☐ depreciate _____
- ☐ rash _____
- ☐ obscure _____
- ☐ gale _____
- ☐ bankruptcy _____
- ☐ hermetic _____
- ☐ dodge _____
- ☐ calumniate _____
- ☐ thick _____
- ☐ fowl _____
- ☐ lessen _____
- ☐ pageant _____
- ☐ common _____
- ☐ topography _____
- ☐ embroil _____
- ☐ inexhaustible _____

※ 주어진 단어의 뜻을 본문에서 확인하시고 틀린 단어의 경우 박스에 체크한 뒤에 나중에 다시 학습하시기 바랍니다.

B. Choose the synonym of the following words.

1. maritime
2. impair
3. remuneration
4. pending
5. utterly
6. credo
7. somnolent
8. audible
9. watchword
10. amiable

Ⓐ affable
Ⓑ hearable
Ⓒ sleepy
Ⓓ motto
Ⓔ completely
Ⓕ marine
Ⓖ creed
Ⓗ damage
Ⓘ undecided
Ⓙ pay

B. 1. Ⓕ 2. Ⓗ 3. Ⓙ 4. Ⓘ 5. Ⓔ 6. Ⓖ 7. Ⓒ 8. Ⓑ 9. Ⓓ 10. Ⓐ

1751 ★★★

circulate
[sə́:rkjulèit]

v. ① 돌다, 순환하다; 순환시키다 = cycle, revolve, rotate, turn
② (풍문 등을) 유포시키다; (신문·책자 등을) 배부하다;
(통화 등을) 유통시키다, 발행하다 = disseminate, distribute, spread

About 250,000 dollars in counterfeit money **circulates** each day in America.
약 250,000달러의 위조지폐가 매일 미국에서 유통되고 있다.

MVP circulation n. 순환; (화폐의) 유통; (신문·잡지 등의) 발행 부수

1752 ★★

unflagging
[ʌnflǽgiŋ]

a. 지칠 줄 모르는, 불요불굴의 = indefatigable, inexhaustible, tireless

Due to the **unflagging** efforts of the rescue team, the children were found after a few hours.
구조팀의 지칠 줄 모르는 노력 덕분에, 몇 시간 후 아이들이 발견되었다.

MVP ↔ flagging a. 지쳐 빠진, 축 늘어진

1753 ★★

denotation
[dìːnoutéiʃən]

n. 명시적 의미, 원뜻; 지시, 표시 = signification; indication

The **denotation** of slender and skinny is thin, but slender connotes approval and skinny, disapproval.
'호리호리한'과 '말라깽이의'의 명시적 의미는 '가늘다'라는 것이지만, '호리호리한'은 칭찬의 뜻을, '말라깽이의'는 비난의 뜻을 품고 있다.

MVP denote v. 나타내다, 표시하다; 의미하다
cf. connotation n. 함축(된 의미)
cf. detonation n. 폭발, 폭발음

1754 ★★★

navigate
[nǽvəgèit]

v. ① (바다·하늘을) 항해하다, 항행(航行)하다 = cruise, sail, voyage
② (배·비행기 따위를) 조종[운전]하다 = drive, pilot, steer

Today, countries that **navigate** on the right hand side of the road outnumber those that navigate on the left.
오늘날, 도로의 오른쪽에서 운전을 하는 국가의 수는 왼쪽에서 운전을 하는 국가의 수보다 더 많다.

MVP navigation n. 운항, 항해; 항해[항공]술
navigator n. 항해자, 항행자; 항공사
circumnavigate vt. 배로 (세계를) 일주하다, 주항(周航)하다

1755 ★★

acoustic
[əkúːstik]

a. 청각의, 소리의; 음향학(상)의 = audial, auditory, aural

The sound of rain makes us fall asleep more easily as it handles **acoustic** stillness and blocks noise around them.
빗소리는 청각적인 정적을 해소해주면서 주변 소음을 막아줘 우리가 더 쉽게 잠들 수 있게 한다.

MVP acoustics n. 음향학; (극장 등의) 음향 상태; 음질

1756 ★★★

skip
[skip]

v. ① 가볍게 뛰다; 줄넘기하다 = hop, jump
　② 건너뛰며 읽다; 대충 훑어보다 = glance, skim
　③ 생략하다, 거르다, 빠뜨리다 = leave out, miss out, omit
　④ 결석하다

Sometimes, people are so busy that they **skip** meals.
때때로 사람들은 너무 바빠서 식사를 거른다.

1757 ★★

longitude
[lándʒətjùːd]

n. 경도(經度)

On a globe or map, latitude and **longitude** meet perpendicularly.
지구본이나 지도에서 위도와 경도는 수직으로 만난다.

MVP cf. latitude n. 위도(緯度); (선택·행동 방식의) 자유

1758 ★★★

corrupt
[kərʌ́pt]

a. ① (사람·행위가) 부정한, 타락한; 비도덕적인
　　= depraved, dishonest, fraudulent, venal
　② 부패한, 썩은; 더러워진, 오염된 = decayed, rotten, tainted, vitiated

v. ① 매수하다 = bribe, suborn
　② 부패[타락]시키다 = deprave, pervert

Seoul was ranked one of the most **corrupt** cities in the nation.
서울은 전국에서 가장 부패한 도시 중 한 곳으로 평가되었다.

MVP corruption n. 타락; 퇴폐; 부패(행위); 위법 행위, 매수

1759 ★

waterproof
[wɔ́ːtərprùːf]

a. 방수의; 물이 새지 않는 = impermeable, impervious, watertight

The backpack is made from **waterproof** polyurethane.
그 가방은 방수 폴리우레탄으로 만들어졌습니다.

※ -proof ~을 막는, 안전한

　bulletproof a. 방탄(防彈)의
　childproof a. 아이들이 열[다룰] 수 없게 만든, 어린이에게 안전한
　foolproof a. 실패할 염려가 없는
　fireproof a. 내화성의
　leakproof a. 새지 않는; 비밀이 새지 않는

1760 ★

skittish
[skítiʃ]

a. ① (특히 말이) 겁이 많은, 잘 놀라는 = nervous, spooky
　② (사람이) 변덕스러운, 급변하기 쉬운 = fickle, whimsical

Known to fishermen as the king of fish, salmon are a **skittish**, unpredictable species.
어부들에게 물고기의 왕으로 알려져 있는 연어는 성질이 변덕스럽고 예측이 힘든 종(種)이다.

1761 ★★★

implement
v. [ímpləmènt]
n. [ímpləmənt]

vt. (약속·계획 등을) 이행[실행]하다 = execute, fulfil, put in practice

n. 도구, 기구; 수단, 방법 = instrument, tool

Franklin D. Roosevelt **implemented** New Deal programs in the 1930s and helped to lift the country out of the Great Depression.
프랭클린 D. 루스벨트(Franklin D. Roosevelt) 대통령은 1930년대에 뉴딜 정책을 실시하여 미국을 대공황에서 벗어나게 하는 데 일조했다.

The chimpanzee can use an **implement**.
침팬지는 도구를 사용할 수 있다.

MVP implementation n. 이행, 수행; 완성, 성취

1762 ★★

errand
[érənd]

n. ① 심부름, (다른 사람을 대신해서 해 주는) 일
② 용건, 볼일, 목적 = aim, goal, object, purpose
③ (특수한) 사명, 임무 = mission

The boy often runs **errands** for his grandmother.
그 소년은 할머니 심부름을 자주 한다.

The woman has an **errand** to do in town.
그 여인은 시내에 볼일이 있다.

The messenger returned without accomplishing his **errand**.
그 전령은 그의 임무를 다하지 못하고 돌아왔다.

MVP run on errands 심부름을 하다
go on a fool's[a gawk's] errand 헛걸음하다, 헛수고하다

1763 ★★★

dread
[dred]

v. (대단히) 두려워하다, 무서워하다; 염려[걱정]하다 = fear, scare; worry

n. ① 두려움, 공포, 불안, 외경(畏敬) = alarm, fear, fright, horror, terror
② 무서운 것, 공포[두려움]의 대상

The fear of the number 13 is similar to what we see in Eastern countries — a **dread** of the number four.
숫자 13에 대한 공포는 우리가 동양에서 보는 숫자 4에 대한 두려움과 비슷하다.

MVP dreadful a. 무서운, 두려운, 무시무시한

1764 ★

sartorial
[sɑːrtɔ́ːriəl]

a. 재봉사의, 양복장이의; 바느질의; 옷의, 의상의 = vestiary

Oddly enough, one of the best symbols of the new face of the Roman Empire was **sartorial**.
기이하게도, 로마 제국의 새로운 면모를 가장 잘 상징하는 것 가운데 하나는 옷이었다.

DAY 36

1765 ★★★

flaw
[flɔː]

n. ① (성격 등의) 결점, 흠, 결함 = defect, fault, imperfection, weakness
② (사물의) 금, 균열, 흠 = break, crack, fracture, split

No one is perfect and everyone has **flaws**.
완벽한 사람은 없으며, 누구에게나 결점이 있다.

MVP flawed a. 결점이 있는, 흠이 있는
flawless a. 흠 없는, 완벽한

1766 ★★

bent
[bent]

n. 소질; 경향, 성향 = aptitude, disposition, inclination
a. ① 굽은, 구부러진, 뒤틀린 = crooked, curved, twisted
② 열중[전념]하여, 결심하여[on] = intent, determined

We all come into this life with a natural **bent** toward believing what others tell us.
우리는 모두 다른 사람들이 우리에게 말하는 것을 믿는 선천적 기질을 가지고 이 세상에 태어난다.

Iran was hell **bent** on producing nuclear weapons.
이란은 핵무기들을 생산하는 데 혈안이 돼 있었다.

Now an adult, she is **bent** on avenging her parents' death.
이제 성인이 된 그녀는 부모님의 죽음에 대해 복수하기로 결심했다.

1767 ★★★

antipathy
[æntípəθi]

n. 반감, 혐오 = abhorrence, aversion, hatred, loathing, repugnance

I began to feel **antipathy** toward him after he rejected my offer.
그가 내 제안을 거절한 후부터 난 그가 싫어지기 시작했다.

The lover of democracy has an **antipathy** toward totalitarianism.
민주주의를 사랑하는 사람은 전체주의를 혐오한다.

MVP antipathetic a. 공연히 싫은, 비위에 맞지 않는; 본질적[기질적]으로 상반되는

1768 ★★

durable
[djúərəbl]

a. 내구성이 있는, 오래 가는, 튼튼한 = enduring, lasting, sturdy

The glasses are **durable**, so people can use them for a long time.
그 안경은 내구성이 뛰어나서 사람들이 오랫동안 사용할 수 있다.

MVP duration n. 내구(耐久), 지속, 계속; 지속 기간; 존속 기간
durability n. 오래 견딤, 내구성

1769 ★★★

infinite
[ínfənət]

a. 무한한, 무수한; 막대한, 끝없는
= innumerable, numerous; boundless, endless

No country has **infinite** resources.
어떤 나라도 무한한 자원을 갖고 있지는 않다.

MVP infinity n. 무한대, 무한한 공간[시간]
cf. infinitesimal a. 극소의, 극미의
cf. infinitive n. <문법> 부정사
↔ finite a. 한정돼 있는, 제한돼 있는, 유한의

1770 ★

hurl
[hə:rl]

v. ① 집어던지다, 세게 던지다 = fling, throw
② (욕설 등을) 퍼붓다[at]

When I was on the track team, I used to **hurl** the javelin.
나는 육상경기 팀에 있었을 때 창던지기를 했었다.

She **hurled** abuse at me.
그녀는 나에게 욕설을 퍼부었다.

1771 ★★★

collapse
[kəlǽps]

v. ① 붕괴되다, 무너지다 = crumble, crumple, disintegrate
② (의식을 잃고) 쓰러지다, 졸도하다 = faint, swoon
n. 붕괴, 와해 = breakdown, debacle, downfall

He **collapsed** in the street and died two hours later.
그는 길에서 쓰러져 두 시간 뒤에 사망했다.

The **collapse** of the building was due to shoddy construction.
그 건물의 붕괴는 부실 공사로 인한 것이었다.

1772 ★★

geography
[dʒi:ágrəfi]

n. 지리, 지세, 지형; 지리학

I bought a new atlas for my **geography** class.
나는 지리학 수업을 위해 새 지도책을 샀다.

Scotland, part of the UK, has a varied **geography**.
영국의 일부인 스코틀랜드는 다양한 지형을 갖고 있다.

MVP geology n. 지질학; 지질
geometry n. 기하학

DAY 36

1773 ★★★

advocate
v. [ǽdvəkèit]
n. [ǽdvəkət]

vt. 옹호[지지]하다; 주장하다 = champion, defend, espouse, support

n. ① 옹호자, 지지자 = defender, promoter, proponent, supporter
　　② 변호사 = attorney, lawyer

The professor **advocates** eliminating smaller debts first even if they have a lower interest rate.
그 교수는 금리가 낮더라도 적은 부채부터 먼저 청산할 것을 주장한다.

He's a strong **advocate** of state ownership of the railroads.
그는 철도의 국유화를 강력하게 주장하는 사람이다.

MVP advocacy n. 옹호, 지지; 고취

1774 ★★

inverse
[invə́:rs]

a. 역(逆)의, 반대의 = contrary, converse, opposite, reverse

n. 역, 정반대

Temperature is in **inverse** ratio to the altitude.
기온은 고도에 반비례한다.

MVP invert v. 거꾸로[반대로] 하다, 뒤집다
inversely ad. 거꾸로, 반대로

1775 ★★★

perplex
[pərpléks]

v. ① 당혹스럽게 하다, 난감[난처]하게 하다; 혼란에 빠뜨리다 = bewilder
　　② (사태·문제 따위를) 복잡하게 하다, 시끄럽게 하다

His strange silence **perplexed** me.
그의 기묘한 침묵이 나를 당혹스럽게 만들었다.

The interviewer **perplexed** him with a difficult question.
그 면접관은 어려운 질문으로 그를 난감하게 했다.

Don't **perplex** the problem.
문제를 복잡하게 만들지 마라.

MVP perplexity n. 당황, 당혹감; 혼란, 불안; 난국
perplexing a. 난처하게[당황하게] 하는; 착잡한, 복잡한

1776 ★★★

opposite
[ápəzit]

a. ① 마주 보고 있는, 맞은편의 = facing
　　② 역(逆)의, 정반대의, 서로 용납하지 않는 = conflicting, opposed

I could see smoke coming from the windows of the house directly **opposite**.
바로 맞은편 집 창문에서 연기가 나오는 게 내 눈에 보였다.

The result was **opposite** to what we expected.
결과는 예상과 정반대였다.

1777 ★★★

versatile
[vɔ́:rsətl]

a. ① 다재다능한 = skilled
② 다용도의, 다목적의 = all-purpose, multipurpose

He may not be much of an artist, but he is an exceptionally **versatile** man.
그는 대단한 예술가는 아닐지 모르지만 대단히 다재다능한 사람이다.

In industry, the laser has proven to be a very **versatile** tool, particularly for cutting and welding.
산업분야에서, 레이저는 특히 절단과 용접에서 매우 쓸모가 많은 도구임이 입증되었다.

MVP versatility n. 다재다능; 융통성 있음

1778 ★★

caliber
[kǽləbər]

n. ① (원통의) 직경; (총·포의) 구경(口徑), 지름
② 능력, 역량, 재간 = ability, capacity, competence
③ 가치의 정도, 우수성, 품질 = quality

That little boy has **caliber** of higher order.
저 어린 소년은 뛰어난 재능을 가지고 있다.

Except that you are missing three pages of work, your portfolio appears to be of high **caliber**.
3페이지 분량의 작품을 빼먹었다는 사실을 제외하고는, 당신의 포트폴리오는 아주 우수해 보인다.

1779 ★★★

employ
[emplɔ́i]

vt. ① (사람을) 쓰다, 고용하다 = engage, hire
② (도구·수단 등을) 쓰다, 이용하다 = apply, use, utilize
③ (시간·정력 등을) 소비하다, 쓰다 = devote, spend

At its zenith, GM **employed** hundreds of thousands, Facebook, fewer than 10,000.
전성기의 GM은 수십만 명을 고용했지만, 페이스북은 고용인원이 만 명 이하이다.

MVP employee n. 종업원, 직원
employer n. 고용주, 사용자
employment n. 고용; 직업

1780 ★★

shortsighted
[ʃɔ́:rtsáitid]

a. ① 근시의 = myopic, nearsighted
② 근시안적인, 선견지명이 없는 = improvident

He can't read anything on the board without glasses because he is **shortsighted**.
그는 근시이기 때문에, 안경 없이는 칠판 위의 어떤 것도 읽지 못한다.

Aside from its **shortsighted** demands for wage hikes and other benefits, the union has been criticized for various moral lapses.
임금 인상과 기타 혜택을 위한 근시안적인 요구와는 별개로, 노조는 여러 가지 도덕적 잘못으로 비난 받아 왔다.

MVP shortsightedness n. 근시; 근시안적임

DAY 36

1781 ★

procession
[prəséʃən]

n. 행진, 행렬; (행렬의) 진행, 전진 = cavalcade, cortege, march, parade

More than two million people joined his funeral **procession** in Paris.
2백만 명 이상의 사람들이 파리에서 열린 그의 장례행렬에 참여했다.

1782 ★★★

mediocre
[mì:dióukər]

a. 보통의, 평범한; 썩 좋지는 않은 = average, commonplace; second-rate

Her performance was **mediocre** at best.
그녀의 공연은 많이 쳐줘야 보통이었다.

If I was so **mediocre**, how come I was making several hundred thousand dollars a year in salary and bonus?
내가 그렇게 평범하다면, 어떻게 1년에 월급과 보너스를 합쳐 수십 만 달러를 벌 수 있었겠습니까?

MVP mediocrity n. 평범, 보통; 범인(凡人)

1783 ★★

hazy
[héizi]

a. ① 흐릿한, 아련한, 안개가 낀 = dim, misty
　② (기억 등이) 흐릿한[모호한]; 확신이 없는 = nebulous, vague

Some dank days are informally tagged as foggy or **hazy** when they're actually just dirty.
몹시 습한 날 가운데 일부는 실제로는 그냥 대기가 깨끗하지 않은 날인데도 비공식적으로는 안개가 낀 날이나 연무가 있는 날이라는 딱지가 붙여진다.

His memory is **hazy** about the details of the accident.
그 사고의 세부사항에 관해 그는 기억이 흐릿하다.

MVP haze n. 아지랑이, 엷은 안개

1784 ★

trance
[træns]

n. ① 비몽사몽, 꿈결; 무아지경, 황홀 = dream; ecstasy, rapture
　② 인사불성, 실신, 최면 상태 = stupor, unconsciousness

The audience completely fell into a **trance** by his song.
관객들은 그의 노래로부터 완전히 무아지경에 빠졌다.

MVP be in a trance 정신이 딴 데 팔려있다
　go[fall] into a trance 무아지경에 빠지다

1785 ★★★
liberate
[líbərèit]

vt. 자유롭게 하다; 해방[석방]하다 = free, loose, emancipate

The new government has **liberated** all political prisoners.
새 정부는 모든 정치범을 석방했다.

MVP liberating a. 해방시키는, 자유롭게 하는
liberation n. 해방; 석방, 방면
liberty n. 자유; 해방, 석방

1786 ★★
apostle
[əpásl]

n. ① 사도(예수의 12제자의 한 사람)
　② (주의·정책 등의) 주창자, 선구자 = advocate, proponent

The Pope is a holy man and a genuine **apostle** of peace.
교황은 신성한 사람이며 진정한 평화의 사도이다.

MVP cf. epistle n. 편지, 서한

1787 ★
recumbent
[rikʌmbənt]

a. 기댄, 누워 있는, 드러누운 = reclining

She was **recumbent** on the chaise longue.
그 여자는 긴 의자에 누워 있었다.

MVP cf. incumbent a. 현직의; 의무로서 지워지는; 기대는

1788 ★★★
sentiment
[séntəmənt]

n. ① (고상한) 감정, 정서, 정감 = emotion, feeling, sensibility
　② (종종 pl.) 소감, 감상, 생각 = attitude, belief, opinion, view

Public **sentiment** is against any change to the law.
대중들의 정서는 그 법률 개정에 반대하고 있다.

MVP sentimental a. 감정적인; 감상적인; 다정다감한; 정에 약한
sentimentalism n. 감정[정서]주의, 감상주의

1789 ★★
peel
[pi:l]

n. (과일의) 껍질, (어린 가지의) 나무껍질 = rind, skin
v. ① (과일 등의) 껍질을 벗기다; (껍질·피부 등이) 벗겨지다[off] = pare, skin
　② (뱀 등이) 허물을 벗다

Japanese scientists studied how slippery a banana **peel** is when people step on it.
일본의 과학자들은 사람들이 바나나 껍질을 밟았을 때 얼마나 미끄러운지에 대해 연구했다.

DAY 36

1790 ★★★

majority
[mədʒɔ́rəti]

n. ① 대부분, 대다수; (전투표수의) 과반수 = bulk, mass; plurality
② 다수당, 다수파
③ (하위자와의) 득표차, 표의 격차 = margin
④ (법률상의) 성년, 성인 = adulthood

A clear **majority** of voters were in favor of the motion.
투표자들의 압도적인 다수가 그 안건에 찬성했다.

MVP major a. 대부분의; 보다 중요한; 주요한; n. 소령; 성인; 전공과목; v. 전공하다
↔ minority n. 소수파, 소수당; 소수집단; 미성년(인 상태)

1791 ★★

ferocious
[fəróuʃəs]

a. ① 사나운, 흉포한, 잔인한 = cruel, fierce, savage
② 심한, 모진, 엄청난, 맹렬한

By its very nature a lion is **ferocious**.
사자는 본성이 사납다.

The opposing team launched a **ferocious** attack as the second half began.
후반전이 시작되자 상대 팀이 맹렬한 공격을 펼쳤다.

MVP ferocity n. 잔인, 흉포, 포악; 잔인한 행위

1792 ★★★

abuse
v. [əbjúːz]
n. [əbjúːs]

vt. ① (지위·특권·재능 등을) 남용[오용]하다 = misuse
② 학대[혹사]하다 = ill-treat, maltreat, mistreat
③ 욕하다 = curse, revile, swear

n. 남용, 오용; 학대, 혹사; 욕설 = misuse; maltreatment; insult, vilification

Whether **abused** by family members or tormented by other kids, bullies typically learn their behavior from others.
가족들에게 학대를 당했든지 다른 아이들로부터 괴롭힘을 당했든지, 친구를 괴롭히는 아이들은 보통 다른 아이들로부터 그들의 행동을 배운다.

He was arrested on charges of corruption and **abuse** of power.
그는 부패 및 권력남용 혐의로 체포되었다.

1793 ★

centennial
[senténiəl]

a. 100년마다의, 100년제의, 100년 기념의

n. 100주년 (기념제), 100년 기념일

The University is preparing to celebrate its **centennial** anniversary.
그 대학은 개교 100주년 기념행사를 준비하고 있다.

1794 ★

obstetrician
[àbstitríʃən]

n. 산과의(産科醫), 산부인과 의사

The policy calls for tougher penalties for **obstetricians** performing illegal abortions.
그 정책은 불법 낙태 시술을 하는 산부인과 의사들에 대해 더욱 강력한 처벌을 할 것을 요구한다.

MVP accoucheuse n. 조산사, 산파(= midwife)
hysterotomy n. 제왕절개 수술
parturition n. 분만, 출산

※ 의사 관련 어휘

anesthesiologist n. 마취과 의사	cardiologist n. 심장병 전문의
dermatologist n. 피부과 의사	gynecologist n. 부인과 의사
internist n. 내과 의사; 일반 개업의	neurologist n. 신경과 전문의
oculist n. 안과의사	optometrist n. 검안사, 시력 측정 의사
orthopedist n. 정형외과의사	otolaryngologist n. 이비인후과 의사
pediatrician n. 소아과 의사	physician n. 내과의사
podiatrist n. 발병 전문가	psychiatrist n. 정신과 의사
radiologist n. 방사선 전문의	surgeon n. 외과의사
urologist n. 비뇨기과 전문의사	
veterinarian n. 수의사(= vet, veterinary surgeon)	

1795 ★★★

replace
[ripléis]

v. ① (다른 사람·사물을) 대신하다, 대체하다, 바꾸다 = supersede, supplant
② 원래 있던 자리에 다시 놓다, 제자리에 놓다
③ 돌려주다, 갚다 = repay, return
④ 복직시키다, 복위시키다 = reinstate, restore

The new design will eventually **replace** all existing models.
그 새 디자인이 결국 모든 기존 모델들을 대신할 것이다.

I **replaced** the cup carefully in the saucer.
나는 컵을 받침접시 위에 조심스레 다시 놓았다.

The man **replaced** borrowed money.
그 남자는 빌린 돈을 갚았다.

MVP replacement n. 교체, 대체; (다른 사람이 하던 일을) 대신할 사람, 후임자

1796 ★★

blithe
[blaið]

a. ① 쾌활한, 명랑한, 즐거운 = cheerful, jaunty, jocund, jovial, merry
② 태평스러운, 경솔한, 부주의한 = carefree, careless

He drove with **blithe** disregard for the rules of the road.
그는 도로교통법 같은 건 무시하고 태평스럽게 운전을 했다.

1797 ★★

red tape
[rédtéip]

n. 관료적 형식주의, 형식주의적인 절차, 공무원식 = bureaucracy, officialdom

He was previously employed with the government, which is surprising considering he hates **red tape**.

그는 전에 정부에서 일했는데, 그가 관료적 형식주의를 싫어한다는 점을 고려하면 놀라운 일이다.

MVP red-tape a. 관공서식의, 관료적인, 형식[절차]에 얽매인

1798 ★

palatial
[pəléiʃəl]

a. 대궐 같은, 으리으리한 = lavish, lush, luxurious, splendid

The area was booming, complete with polo and cricket fields, **palatial** hotels, and sumptuous homes.

그 지역은 폴로와 크리켓 경기장, 으리으리한 호텔, 호화로운 저택들을 완벽하게 갖추면서 급속도로 발전했다.

MVP palace n. 궁전, 왕궁, 궁궐

1799 ★★

screen
[skriːn]

v. ① 선발하다, 심사하다 = examine, investigate, select
　② 가리다, 보호하다 = cover, protect, shield

A growing number of companies are taking a computerized approach to **screening** resumes.

점점 많은 회사들이 이력서를 심사하는 데 있어 컴퓨터를 이용한 방법을 취하고 있다.

1800 ★★★

toll
[toul]

n. ① 희생, 대가; 사망자[희생자] 수 = cost, damage, loss
　② 통행세, 통행료
v. (만종·조종 등을) 울리다; (종이) 울리다

Anti-government activists said the explosion was caused by a bomb in a car or minibus, and they put the death **toll** between 9 and 11.

반정부 활동가들은 그 폭발이 자동차나 소형 버스 안에 설치한 폭탄에 의한 것이며, 이로 인한 사망자 수는 9명에서 11명 사이 라고 말했다.

There is a **toll** for each ship that goes through the canal.

그 운하를 통과하는 배는 각각 통행료가 있다.

A. Write the meaning of the following words.

- circulate _____
- denotation _____
- navigate _____
- skip _____
- longitude _____
- corrupt _____
- waterproof _____
- skittish _____
- errand _____
- dread _____
- sartorial _____
- bent _____
- durable _____
- hurl _____
- collapse _____
- geography _____
- advocate _____
- inverse _____
- opposite _____
- versatile _____

- caliber _____
- procession _____
- mediocre _____
- trance _____
- liberate _____
- apostle _____
- recumbent _____
- sentiment _____
- peel _____
- majority _____
- ferocious _____
- abuse _____
- centennial _____
- obstetrician _____
- replace _____
- blithe _____
- red tape _____
- palatial _____
- screen _____
- toll _____

※ 주어진 단어의 뜻을 본문에서 확인하시고 틀린 단어의 경우 박스에 체크한 뒤에 나중에 다시 학습하시기 바랍니다.

B. Choose the synonym of the following words.

1. hazy
2. shortsighted
3. employ
4. perplex
5. acoustic
6. flaw
7. infinite
8. antipathy
9. implement
10. unflagging

Ⓐ indefatigable
Ⓑ audial
Ⓒ execute
Ⓓ defect
Ⓔ abhorrence
Ⓕ boundless
Ⓖ bewilder
Ⓗ hire
Ⓘ myopic
Ⓙ misty

B. 1. Ⓙ 2. Ⓘ 3. Ⓗ 4. Ⓖ 5. Ⓑ 6. Ⓓ 7. Ⓕ 8. Ⓔ 9. Ⓒ 10. Ⓐ

1801 ★★★

valid
[vǽlid]

a. (근거가) 확실한, 타당한; 유효한 = authentic, lawful, legitimate

Only the signed documents are considered **valid**.
서명된 문서만이 유효한 것으로 간주된다.

She was fired without any **valid** reason.
그녀는 타당한 이유 없이 해고당했다.

MVP validity n. 정당성, 타당성; 유효성
validate v. 정당함을 인정하다, 비준하다

1802 ★★

amass
[əmǽs]

v. 모으다, 축적하다 = accumulate, garner, gather, hoard

Karen's aptitude for business enabled her to **amass** a small fortune before she was thirty.
카렌(Karen)의 사업 수완은 그녀가 30세가 되기 전에 약간의 재산을 모을 수 있게 해주었다.

1803 ★★

emblem
[émbləm]

n. 상징, 표상; 기장(記章), 문장 = badge, insignia, regalia, symbol

Real or imagined, Nessie has long been a Scottish **emblem**.
진짜 존재하던 날조된 것이던, 네시(Nessie)는 오랫동안 스코틀랜드의 상징이었다.

1804 ★★★

coin
[kɔin]

v. ① (화폐를) 주조하다 = mint
② (신어·새로운 표현을) 만들어 내다

The word "time machine" was **coined** by science-fiction author H.G. Wells in his book *The Time Machine*, published in 1895.
'타임머신'이라는 말은 1895년에 허버트 조지 웰스(H.G. Wells)라는 작가가 쓴 책『타임머신(The Time Machine)』이라는 공상 과학 소설에서 만들어진 것이다.

MVP coinage n. 화폐 주조; 신조어

1805 ★

sentinel
[séntənəl]

n. 보초; 감시 = guard; lookout, watch

The puppy barked when a customer came in, taking on the role of a **sentinel** that no one had assigned it.
그 강아지는 고객이 들어올 때 짖어서 누구도 부여하지 않은 보초의 역할을 했다.

1806 ★★

impervious
[impə́:rviəs]

a. ① ~에 영향을 받지 않는 무감각한; 둔감한 = immune; insusceptible
② (액체·기체를) 통과시키지 않는, 불침투성의 = impenetrable

The coat is made of fabric **impervious** to water.
그 코트는 물이 스며들지 못하는 천으로 만들어진다.

The new boss is so arrogant that he is completely **impervious** to all criticism.
새로 온 사장은 너무 거만해서 모든 비판들에 완전히 무감각하다.

MVP ↔ pervious a. (빛 등을) 투과(透過)시키는, (도리 등을) 받아들이는

1807 ★★

timber
[tímbər]

n. 재목, 목재 = lumber, wood

This **timber** is durable enough to make a desk.
이 목재는 책상을 만들 수 있을 만큼 튼튼하다.

MVP cf. timbre n. 음질, 음색; (소리의) 울림

1808 ★★★

relieve
[rilí:v]

v. ① (고통·부담 따위를) 경감하다, 덜다, 안심시키다 = alleviate, assuage, lessen
② (고통·공포 따위로부터) 해방하다
③ 구원하다; 구제[구조]하다
④ 해임하다[of]; ~와 교체하다[교대시키다] = discharge

This pill will **relieve** your headaches.
이 알약을 드시면 두통이 덜할 겁니다.

I was **relieved** to hear the news.
그 소식을 듣고 나는 안심했다.

The government tries to **relieve** the poor from poverty.
정부는 가난한 사람들을 가난으로부터 구제하고자 노력한다.

He was **relieved** of his office.
그는 해임되었다.

MVP relief n. 경감; 안심, 안도; 구원; 부조(浮彫); 양각(陽刻)

1809 ★

eponymous
[ipánəməs]

a. 이름의 시조가 되는; (시대 등이) 시조의 이름을 딴;
(작품 속의 인물이) 작품의 명칭과 동일한 이름의 = eponymic

Isabella Rose Taylor is the same as other teenagers who try to follow the latest fashion except that she has her own **eponymous** clothing line.
이사벨라 로즈 테일러(Isabella Rose Taylor)는 그녀의 이름으로 된 의류 브랜드를 가지고 있다는 것을 제외하면, 최신 유행을 따르려고 노력하는 다른 10대들과 다를 바가 없다.

MVP eponym n. 이름의 시조
cf. onymous a. (책·기사 등에) 이름을 밝힌, 익명이 아닌

1810 ★★★

superb

[supə́ːrb]

a. 훌륭한; (경치·건물 등이) 당당한, 장려한, 화려한
= excellent; magnificent, splendid

Hangul has been recognized as a **superb** and unique language.
한글은 대단히 훌륭하고 독특한 언어로 인식되어 왔다.

1811 ★★

woo

[wuː]

v. ① 구애하다, 구혼하다 = court, spark
② (명예·부·지지 등을) 얻으려고 노력하다, 지지를 호소하다 = seek, solicit

The group **wooed** young Americans with jihadist videos that appealed to religious ideals.
그 단체는 종교적인 이상을 호소하는 성전을 담은 비디오로 젊은 미국인들에게 지지를 호소했다.

MVP wooing n. 구애, 구혼

1812 ★★★

pessimistic

[pèsəmístik]

a. 비관적인, 염세적인 = bleak, fatalistic, gloomy

His **pessimistic** attitude worsened his illness.
그의 비관적인 태도는 그의 병세를 더욱 악화시켰다.

MVP pessimist n. 비관주의자
pessimism n. 비관론, 비관주의
↔ optimistic a. 낙천적인, 낙관적인

1813 ★

encapsulate

[inkǽpsjulèit]

v. (사실·정보 따위를) 요약하다
= abbreviate, condense, epitomize, summarize

The speaker **encapsulated** his main thoughts first, and then gave the details.
그 연설자는 먼저 자신의 중심 생각을 요약하고 나서 자세한 설명을 했다.

1814 ★★

refrigerate

[rifrídʒərèit]

v. 냉각하다; 서늘하게[차게] 하다; 냉장[냉동]하다 = chill, cool, freeze

Many restaurant foods are prepared ahead of time and **refrigerated**.
식당의 음식들은 대개 미리 만들어진 후에 냉장 보관된다.

MVP refrigeration n. 냉장, 냉동, 냉각
refrigerator n. 냉장고, 냉장 장치
refrigerant a. 냉각하는; 서늘하게 하는; 해열의; n. 냉각제; 해열제

1815 ★★★
caprice
[kəprí:s]

n. 변덕, (태도·행동의) 갑작스러운 변화 = vagary, whim

His sudden **caprices** are a real trial for our family.
그의 갑작스런 변덕은 우리 가족에게 정말로 골칫거리다.

MVP capricious a. 변덕스러운

1816 ★★
halcyon
[hǽlsiən]

a. ① 평온한, 평화로운 = calm, peaceful, serene, tranquil
   ② 화려한, 번영하는 = golden, palmy, prosperous

Voters are reluctant to risk throwing away their **halcyon** lifestyle by opting for change.
유권자들은 변화를 선택함으로써 자신들의 평온한 생활방식을 버리는 위험을 감수하길 꺼린다.

His business is still a far cry from returning to the **halcyon** days of the early 1990s.
그의 사업이 1990년대 초의 번영기로 되돌아가기란 아직 요원하다.

1817 ★★
blackmail
[blǽkmèil]

vt. 협박하다, 공갈치다; 강요하다[into doing] = intimidate, threaten; compel
n. 갈취한 금품; 공갈, 협박 = ransom; extortion, intimidation, threat

After having sex with a married man, she tried to **blackmail** him for money.
그녀는 유부남과 성관계를 가진 뒤 이를 빌미로 그에게 돈을 요구했다.

1818 ★★★
premier
[prí:miər]

n. (영국·프랑스 등의) 수상; 국무총리 = chancellor, prime minister
a. ① 첫째의, 수위의 = leading, principal, chief
   ② 최초의 = first

The **premier** singer's concert was packed with people.
그 최고 가수의 콘서트는 사람들로 꽉 찼다.

1819 ★
atheist
[éiθiist]

n. 무신론자 = infidel, unbeliever

Some **atheists** believe that the world would be better off without religion.
일부 무신론자들은 세상에 종교가 없으면 더 좋을 것이라고 믿고 있다.

MVP atheism n. 무신론

DAY 37

1820 ★★★

derive

[diráiv]

v. ① 끌어내다; 손에 넣다, 획득하다 = get, obtain, receive
　② ～에서 파생하다[from], 유래하다 = originate

The local community **derived** immense benefit from the government program for the poor.
그 지역 사회는 정부의 빈민대상 프로그램으로부터 막대한 이익을 취했다.

These words **derive** from German.
이 단어들은 독일어에서 유래한다.

MVP derivation n. 유래, 기원; (말의) 파생, 어원
　derivative a. 독창적이 아닌; 파생적인; n. 파생물; 파생어

1821 ★★

ramification

[ræməfikéiʃən]

n. ① (파생한) 결과, 파급효과 = consequence, effect
　② 지맥(支脈), 지류(支流)

You must be willing and able to accept the **ramification** for your actions.
너는 네 행동의 결과를 기꺼이 받아들이고 또 받아들일 수 있어야 한다.

MVP ramify v. 가지가 나다; 분파하다, 분기하다

1822 ★★

undue

[ʌndjúː]

a. 지나친, 과도한, 심한 = excessive, exorbitant, immoderate, inordinate

The newspapers gave **undue** prominence to the story.
신문들은 그 이야기를 과도하게 부각시켰다.

MVP unduly ad. 과도하게, 심하게; 부당하게

1823 ★

bombshell

[bámʃèl]

n. ① 폭탄, 포탄
　② 폭탄선언, 몹시 충격적인 일[소식] = jolt, shock

The news of the president's death was a **bombshell**.
대통령의 서거 보도는 충격적인 소식이었다.

1824 ★★

disconsolate

[diskánsələt]

a. ① (사람이) 우울한, 서글픈, (몹시) 슬픈, 절망적인
　　= dejected, desolate, forlorn, woeful
　② (장소·사물이) 음침한, 불쾌한

The memory of her lost child made her **disconsolate**.
죽은 자식을 생각하니 그녀는 몹시도 슬펐다.

1825 ★★★

legible
[lédʒəbl]

a. 읽기 쉬운, 판독할 수 있는 = clear, readable

The poster was written in letters big enough to be **legible** across the room.
그 포스터는 방 어디에서나 읽을 수 있을 정도로 충분히 큰 글씨로 쓰여 있었다.

MVP ↔ illegible a. 읽기 어려운, 판독하기 어려운

1826 ★★

fancy
[fǽnsi]

n. ① 공상, 상상, 망상, 추측 = imagination, fantasy
　② 변덕 = caprice, whim
　③ 좋아함, 애호, 연모; 취미
v. 공상하다, 마음에 그리다 = conceive, picture
a. 공상의, 상상의; 대단히 좋은, 멋진

I took a **fancy** to the house at first sight.
나는 첫눈에 그 집이 마음에 들었다.

I cannot **fancy** their speaking ill of me.
그들이 나에 대해 악평을 한다고는 도무지 생각할 수 없다.

MVP fanciful a. 공상에 잠긴; 변덕스러운

1827 ★★★

actually
[ǽktʃuəli]

ad. ① 사실은, 실제로는 = in fact, in reality
　② 정말로, 참으로 = indeed

He looks a bit weak, but **actually** he is very strong.
그는 다소 약해 보이지만 실은 매우 튼튼하다.

MVP actual a. 현실의, 실제의, 사실의; 현행의, 현재의

1828 ★★

clamor
[klǽmər]

n. 소란, 시끄러움; (불평·항의·요구 따위의) 외침, 소동
　= outcry, shout, tumult, uproar

Students created quite a **clamor** in the classroom when their teacher went to another place.
학생들은 선생님이 다른 곳으로 가면 교실에서 큰 소란을 피웠다.

MVP clamorous a. 시끄러운, 소란한, 떠들썩한(= vociferous)

1829 ★★★

indifferent
[indífərənt]

a. 무관심한, 냉담한 = aloof, apathetic, nonchalant

The government cannot afford to be **indifferent** to public opinion.
정부는 여론에 무관심할 수 없다.

MVP indifference n. 무관심, 냉담
　　　indifferently ad. 무관심하게, 냉담하게

1830 ★★
pertain
[pərtéin]

vi. ① 속하다, 부속하다[to] = appertain, belong to
② 관계하다[to] = be relevant to, concern, relate to
③ 적합하다, 어울리다[to] = be appropriate to, befit, fit, suit

Your remark does not **pertain** to the question.
당신의 발언은 그 질문과 관계가 없다.

1831 ★★
sticky
[stíki]

a. ① 끈적끈적한, 달라붙는, 점착성이 있는
= adherent, adhesive, viscid, viscous
② (날씨 등이) 무더운, 습기가 많은 = humid, muggy, sultry, sweltering
③ 성가신; 곤란한; 매우 불쾌한, 싫은 = awkward, nasty, tricky, unpleasant

Frogs' tongues are coated with a **sticky** substance.
개구리의 혀는 끈적끈적한 물질로 덮여 있다.

1832 ★
jockey
[dʒáki]

n. 경마의 기수(騎手); 〈속어〉 (탈것·기계 등의) 운전사, 조종자
v. ① (말에) 기수로서 타다
② 운전[조종, 조작]하다 = handle, manipulate, operate, steer
③ (~을 얻으려고) 책략을 쓰다; 다투다[for] = maneuver; compete, jostle
④ 속이다, 속여서 (~을) 빼앗다, 사기 치다 = swindle, trick

The election race is heating up as presidential candidates and their political parties **jockey** for position.
선거전은 대통령 후보들과 그들의 정당이 유리한 위치를 차지하고자 애쓰면서 가열되고 있다.

MVP jockey for position 유리한 자리를 차지하려고 애쓰다

1833 ★★
vengeance
[véndʒəns]

n. 복수, 원수 갚기, 앙갚음 = reprisal, retaliation, retribution, revenge

He swore **vengeance** on his child's killer.
그는 자신의 아이의 살해범에 대한 복수를 맹세했다.

MVP with a vengeance 맹렬히, 심하게, 거칠게

1834 ★★
applicable
[ǽplikəbl]

a. ① 적용[응용]할 수 있는
② 적절한, 해당되는[to] = appropriate, germane, pertinent, suitable

The offer is only **applicable** on Emirates online services.
이 서비스는 에미레이트 항공의 온라인 서비스에만 적용됩니다.

Applicable sales tax must be added to all orders.
모든 주문품에는 적절한 판매세가 부가되어야 한다.

MVP apply v. 적용[응용]하다; 적합하다, 적용되다; 신청하다; (약 등을) 바르다
application n. 적용, 응용; 신청, 지원(서)

1835 ★★
downfall
[daunfɔ̀:l]

n. ① 낙하, 추락; (정부 등의) 전복; 몰락; 몰락[파멸]의 원인 = fall; collapse
② (비·눈 등이) 쏟아짐

He rose from office boy to president, but that scandal caused his **downfall**.
그는 급사에서 사장으로 출세했지만, 그 스캔들로 몰락하고 말았다.

1836 ★
spangle
[spǽŋgl]

v. 금속 조각으로 장식하다, 번쩍이게 하다, (보석 따위를) 박아 넣다

The sky was **spangled** with stars.
하늘에는 별들이 반짝이고 있었다.

MVP the Star-Spangled Banner 성조기

1837 ★★
moody
[mú:di]

a. ① 기분 변화가 심한, 변덕스러운 = capricious, fickle, temperamental, volatile
② 기분이 언짢은, 시무룩한, 침울한, 뚱한 = depressed, morose, sullen

Moody people are very difficult to deal with.
기분 변화가 심한 사람들은 다루기가 무척 힘들다.

1838 ★
garland
[gá:rlənd]

n. 화환, 화관(花冠), 꽃줄 = chaplet, crown, festoon, wreath
vt. 화환[화관]을 씌우다, 화환으로 장식하다 = crown, wreathe

She deftly wove many flowers into a **garland**.
그녀는 많은 꽃들을 능숙하게 엮어서 화환을 만들었다.

1839 ★★★
confident
[kánfədənt]

a. ① (전적으로) 확신하는 = certain, convinced, positive
② 자신감 있는, 자신 있는 = full-hearted, self-assured

Even though the scientists are **confident** about their new findings, they are wary
of disclosing them until further testing.
비록 과학자들이 새로운 발견에 대해 확신하고 있지만, 추가적인 실험 전까지는 그것을
발표하는 것에 조심스러워 하고 있다.

I feel **confident** that our team will win.
나는 우리 팀이 이길 것을 확신하고 있다.

MVP confide v. 신용[신뢰]하다; (비밀을) 털어놓다
confidence n. 신용, 신뢰; 자신, 확신
confidant a. (비밀을 털어놓을 수 있는) 믿을 만한[절친한] 친구
cf. diffident a. 자신 없는; 수줍은, 머뭇거리는

DAY **37**

1840 ★★

obtuse
[əbtjúːs]

a. ① 둔한, 무딘, 끝이 뭉툭한; 〈수학〉 둔각의 = blunt
　② 머리가 둔한, 우둔한 = insensible, stolid

I wondered if he was too **obtuse** to pick up what I was driving at.
나는 그가 내가 의도하고 있던 것을 알아차리기에는 너무 둔하지 않을까라는 생각이 들었다.

1841 ★★★

stretch
[stretʃ]

v. ① 뻗치다, 펴다; (손 등을) 내밀다; (손발 등을) 뻗다 = extend, spread
　② (어떤 지역에 걸쳐) 뻗어 있다; (어떤 기간에 걸쳐) 이어지다 = range; last
　③ (법률·진실 등을) 왜곡하다, 과장하다 = distort, pervert, skew, wrest
n. ① 뻗음; (몸·손발의) 뻗기, 기지개 켜기; 스트레칭
　② (특히 길게 뻗은) 지역, 구간, 넓이, 범위 = area, district, tract
　③ (얼마 동안 계속되는) 기간, 시간 = period, span, spell, stint

The girl **stretched** herself out on the bed.
그 소녀는 침대에 누워서 몸을 쭉 뻗었다.

1842 ★

malingerer
[məlíŋgərər]

n. 꾀병을 부리는 사람 = dodger, goof-off, loafer, shirker

Dr. Haycock prescribed a mixture of ammonium chloride and sugar which was the stock remedy for **malingerers** in the army.
헤이콕(Haycock) 박사는 염화암모늄과 설탕의 혼합물을 처방했는데, 이것은 꾀병을 부리는 군인들에 대한 표준 치료약이었다.

> **MVP** malinger vi. 꾀병을 부리다
> malingery n. 꾀병

1843 ★★★

inborn
[ínbɔ́ːrn]

a. 타고난, 천부적인 = congenital, innate, inherent, natural

Linguistic competence is **inborn**, not acquired.
언어능력은 타고나는 것이지, 후천적인 것이 아니다.

1844 ★★

paranoia
[pærənɔ́iə]

n. 편집증; 피해망상 = delusion, obsession

One side effect of this drug is a general feeling of **paranoia**, coupled with a sensation of mental confusion.
이 약의 부작용은 정신착란을 동반한 전반적인 편집증이다.

> **MVP** paranoiac n. 편집증환자; a. 편집증의
> paranoid a. 피해망상적인; 편집증적인, 편집증 환자의; n. 편집증 환자

1845 ★
cosset
[kɑ́sit]

vt. (때로 지나칠 정도로) 애지중지하다, 응석받이로[과보호하여] 기르다
= coddle, pamper, pet

From the outset, Tom **cosseted** the girl.
처음부터 톰(Tom)은 그 소녀를 너무 애지중지했다.

1846 ★★★
forefather
[fɔ́ːrfɑ̀ːðər]

n. 조상, 선조 = ancestor, forebear, predecessor, progenitor

One of Mary's **forefathers** was a notorious pirate who predominated over the Atlantic Ocean.
메리(Mary)의 조상들 중 한 명은 대서양을 지배했던 악명 높은 해적이었다.

1847 ★
tailor-made
[téilərméid]

a. (목적·요구 등에) 맞춘, 안성맞춤의
= custom-built, customized, personalized

It's possible to get this product **tailor-made**.
이 제품은 맞춤 제작이 가능하다.

1848 ★★★
agenda
[ədʒéndə]

n. 의제, 안건, 예정표, 의사일정 = list, plan, program; schedule, timetable

The next item on the **agenda** is the publicity budget.
그 의제의 다음 항목은 광고 예산이다.

1849 ★★
lame
[leim]

a. ① 다리를 저는, 절름발이의, 절룩거리는; 불구의 = crippled
② (논의·변명 등이) 불충분한, 설득력이 없는 = flimsy, inadequate

His **lame** foot disqualified him for active work.
그는 다리를 절기 때문에 활동적인 일을 하지 못했다.

MVP lame duck n. (재선이 안 될) 임기 말기의 정치인[정부]; 쓸모없게 된 사람
lame-duck a. 절름발이의, 쓸모없는, 불완전한; 퇴임을 얼마 안 남겨 놓은

DAY 37

1850 ★★★

draft
[dræft]

n. ① 도안, 설계도
② 초고, 원고 = manuscript
③ 징병, 모병 = conscription
④ 통풍, 통풍장치
v. ① 초안[원고]을 작성하다
② 선발하다[뽑다]; 징집하다

She read the first **draft** from beginning to end.
그녀는 초고를 처음부터 끝까지 읽었다.

As young men were **drafted** into battle during the war, women were charged with maintaining the war effort at home.
전쟁 중에 젊은 남자들이 전투에 징집돼 갔기 때문에, 여성들은 고국에서 전쟁을 수행하는 데 필요한 노력을 계속하는 임무를 맡았다.

A. Write the meaning of the following words.

- □ valid _____
- □ emblem _____
- □ coin _____
- □ sentinel _____
- □ impervious _____
- □ timber _____
- □ eponymous _____
- □ woo _____
- □ encapsulate _____
- □ refrigerate _____
- □ halcyon _____
- □ blackmail _____
- □ premier _____
- □ derive _____
- □ bombshell _____
- □ disconsolate _____
- □ legible _____
- □ fancy _____
- □ clamor _____
- □ indifferent _____

- □ pertain _____
- □ sticky _____
- □ jockey _____
- □ applicable _____
- □ downfall _____
- □ spangle _____
- □ moody _____
- □ garland _____
- □ confident _____
- □ obtuse _____
- □ stretch _____
- □ malingerer _____
- □ inborn _____
- □ paranoia _____
- □ cosset _____
- □ forefather _____
- □ tailor-made _____
- □ agenda _____
- □ lame _____
- □ draft _____

※ 주어진 단어의 뜻을 본문에서 확인하시고 틀린 단어의 경우 박스에 체크한 뒤에 나중에 다시 학습하시기 바랍니다.

B. Choose the synonym of the following words.

1. vengeance
2. actually
3. undue
4. ramification
5. amass
6. relieve
7. superb
8. pessimistic
9. caprice
10. atheist

Ⓐ accumulate
Ⓑ excellent
Ⓒ gloomy
Ⓓ whim
Ⓔ infidel
Ⓕ reprisal
Ⓖ indeed
Ⓗ excessive
Ⓘ effect
Ⓙ alleviate

B. 1. Ⓕ 2. Ⓖ 3. Ⓗ 4. Ⓘ 5. Ⓐ 6. Ⓙ 7. Ⓑ 8. Ⓒ 9. Ⓓ 10. Ⓔ

1851 ★★★

ambiguous
[æmbígjuəs]

a. 애매[모호]한, 두 가지 (이상의) 해석이 가능한 = equivocal, obscure, vague

His **ambiguous** directions misled us; we did not know which of the two roads to take.
그가 애매모호하게 길을 알려주어서 우리는 잘못된 길로 들어섰다. 우리는 두 개의 도로 중에 어느 쪽으로 가야 할지를 알지 못했다.

MVP ambiguity n. 애매성, 애매모호함; 모호한 어구[표현]

1852 ★★

embed
[imbéd]

vt. ① (물건을) 끼워 넣다, 묻다 = enclose, insert
② (마음·기억 등에) 깊이 새겨 두다[in] = engrave, implant

Fossils are often found **embedded** in rock.
종종 화석은 암석 속에 묻힌 채로 발견된다.

Her image is **embedded** in my mind.
그녀의 모습이 나의 뇌리에 박혀 떠나지를 않는다.

1853 ★★

regal
[ríːgəl]

a. ① 국왕의, 제왕의 = imperial, royal
② 당당한, 위엄 있는 = magnificent, stately

He sat with such **regal** dignity.
그는 가히 왕에 걸맞은 위엄을 갖추고 앉아 있었다.

The general has a **regal** bearing.
그 장군의 태도는 당당하다.

MVP cf. legal a. 법률과 관련된; 법이 허용하는, 합법적인

1854 ★

impersonation
[impə̀ːrsənéiʃən]

n. ① 인격화, 의인화
② (남의 말투나 행동 등을) 흉내(내기), 성대모사

Because the comedian became famous for his George W. Bush **impersonation**, he was particularly saddened by the end of the Bush administration.
그 코미디언은 조지 W. 부시(George W. Bush)를 흉내 내어 유명해졌기 때문에, 그는 부시 행정부의 말기에 특히 슬픔에 잠겼다.

MVP impersonate v. (다른 사람인 척) 가장하다; (다른 사람을) 흉내 내다
personation n. 역을 맡아 함; 인명[신분] 사칭

1855 ★★★

spark
[spaːrk]

v. 촉발시키다, 유발하다 = provoke, stimulate, trigger
n. 불꽃, 불똥 = flare, flicker, glitter

The riots were **sparked** off by the arrest of a local leader.
그 폭동은 지역의 지도자가 체포된 것에 의해 촉발됐다.

1856 ★★
parsimonious
[pɑ̀ːrsəmóuniəs]

a. (극도로) 검약하는, 매우 인색한
= frugal, miserly, niggardly, penny-pinching, stingy

Some of the richest people have the most **parsimonious** habits.
가장 부유한 사람들 중 일부는 매우 알뜰한 습관을 가지고 있다.

MVP parsimony n. 검약; 인색

1857 ★★★
heredity
[hərédəti]

n. 유전, 세습, 유전적 형질; 전통

Heredity allows the traits of parents to be passed to the offspring through genes.
유전은 부모의 특성들이 유전자를 통해 자식에게 물려질 수 있도록 해준다.

MVP hereditary a. 유전적인(= genetic); 세습의

1858 ★
becoming
[bikʌ́miŋ]

a. ① (옷 등이) 어울리는 = flattering, fitting
② 알맞은, 적당한 = appropriate, proper, suitable

She did always wear a **becoming** blue dress.
그녀는 그녀에게 어울리는 파란 드레스를 항상 입었다.

MVP ↔ unbecoming a. 어울리지 않는, 부적당한

1859 ★★★
claim
[kleim]

v. ① 요구[청구]하다 = demand
② 주장하다 = assert, insist, maintain
③ (인명을) 빼앗다 = do away with, kill, murder
n. 요구, 청구; 주장

Supporters of homeschooling **claim** it is a viable alternative to traditional school.
홈스쿨링의 지지자들은 홈스쿨링이 전통적인 학교교육에 대한 실행 가능한 대안이라고 주장한다.

The earthquake has already **claimed** more than one hundred lives.
그 지진으로 인해 이미 100명 이상이 사망했다.

MVP claimant n. 요구자, 청구자, 주장자

1860 ★★
uneven
[ʌníːvən]

a. ① 평탄하지 않은, 울퉁불퉁한 = bumpy, rough
② 한결같지 않은, 균일치 않은 = irregular, unsteady
③ 공정하지 않은; 일방적인 = lopsided, one-sided, unequal, unfair

Income inequality refers to the **uneven** distribution of wealth in a society.
소득 불평등은 사회에서 부의 불균형한 분배와 관련이 있다.

MVP unevenly ad. 평탄하지 않게; 균질이 아니게, 고르지 않게
↔ even a. 평평한, 평탄한; 한결같은

DAY 38

455

1861 ★★★

delude
[dilú:d]

vt. 속이다, 착각하게 하다 = deceive, fool

The thieves **deluded** the old lady into thinking that they were telephone engineers.
도둑들은 그 노파를 속여 자신들을 전화 수리공이라고 생각하게 만들었다.

He **deluded** himself into thinking that he is an important man.
그 사람은 자기가 대단한 사람인 줄로 착각했다.

> **MVP** delusive a. 기만적인, 현혹하는(= deceptive)
> delusion n. 미혹, 기만; 망상
> cf. elude v. (교묘히) 피하다[빠져나가다]; (무엇을) 이룰[이해할, 기억할] 수가 없다

1862 ★★

perseverance
[pə̀:rsəvíərəns]

n. 인내(력), 참을성, 버팀, 끈기 = endurance, patience, persistence, tenacity

It takes great **perseverance** to climb a mountain.
산을 오르는 것은 대단한 인내를 요구한다.

> **MVP** persevere v. 참다, 견디다, 버티다
> cf. severance n. 단절; 고용 계약 해지, 해고

1863 ★★★

singular
[síŋgjulər]

a. ① 유일한, 단독의 = single, sole
② 기묘한, 이상한, 야릇한 = bizarre, strange, unusual
③ 뛰어난, 비범한 = extraordinary, outstanding, remarkable, unique
④ 〈문법〉 단수의, 단수형의

I was awakened by a **singular** sound.
나는 기묘한 소리에 눈을 떴다.

She is a woman of **singular** beauty and intelligence.
그녀는 뛰어난 미모와 지성을 겸비한 여자이다.

> **MVP** singularity n. 기이(奇異), 기묘; 비범; 기이한 버릇; 특이성

1864 ★★

autobiography
[ɔ̀:təbaiágrəfi]

n. 자서전 = memoirs

If you do not like reading fiction, you might consider nonfiction books, like **autobiographies** and biographies.
만약 당신이 소설을 읽는 것을 좋아하지 않는다면, 자서전과 전기와 같은 비소설 작품들을 고려해 볼 수 있다.

> **MVP** biography n. 전기, 일대기; 전기 문학
> biographer n. 전기 작가

1865 ★★
veteran
[vétərən]

n. ① (어떤 분야에) 노련한 사람, 베테랑, 전문가 = expert, old hand
② 고참병, 노병(老兵); (전쟁에 참전했던) 퇴역[재향] 군인
= ex-serviceman

a. 노련한, 숙련된, 많은 경험을 쌓은 = experienced, seasoned

The Vietnam **veteran** was maimed in a fierce battle.
그 베트남 퇴역 군인은 격렬한 전투에서 불구가 됐다.

1866 ★★★
hamper
[hǽmpər]

vt. 방해하다, 훼방하다 = block, disturb, hinder, impede, obstruct

Faith in God doesn't **hamper** enjoyment of life.
신에 대한 믿음이 인생의 즐거움을 방해하지는 않는다.

Rescue task is being **hampered** by foul weather.
구조 임무는 악천후로 인해 곤란을 겪고 있다.

1867 ★★★
tame
[teim]

a. ① (동물 등이) 길들여진, 사람을 따르는 = domesticated, trained
② (사람·기질 등이) 유순한, 시키는 대로 하는 = docile, meek, obedient
v. 길들이다, 유순하게 만들다 = domesticate

The dog was the first animal to be **tamed** by humans.
개는 인간에 의해 길들여진 첫 동물이었다.

MVP tamable a. 길들일 수 있는
untamed a. 길들지 않은, 야성의

1868 ★★
pompous
[pámpəs]

a. ① 거만한, 건방진, 젠체하는 = arrogant, pretentious
② 과장된, 허풍떠는 = grandiloquent
③ 호화로운, 성대한

He appears **pompous** but he is a good man underneath.
그는 오만하게 보이지만 속은 좋은 사람이다.

MVP pomposity n. 거만, 건방짐
pomp n. (공식 행사·의식의) 장관[화려함]

1869 ★
oligarchy
[áləgà:rki]

n. 과두정치, 소수 독재정치

Aristotle remarked that all forms of government, including tyranny, **oligarchy**, and democracy are inherently unstable.
아리스토텔레스는 전제주의 정치, 소수독재 정치, 민주주의 정치를 포함한 모든 형태의 정부는 본질적으로 불안정하다고 언급했다.

DAY 38

1870 ★★★

rational
[ræʃənl]

a. 이성적인, 합리적인 = judicious, reasonable, sensible

No **rational** person would behave like that.
이성적인 사람이라면 그렇게 행동하지 않을 것이다.

MVP rationalize v. 합리화하다
rationalization n. 합리화; 이론적 설명
rationale n. 이론적 설명[근거]; 근본적 이유, 원리
rationally ad. 이성적으로, 합리적으로
↔ irrational a. 비이성[비논리]적인

1871 ★★

bombard
[bambάːrd]

vt. ① 폭격하다, 포격하다 = blast
② (질문·탄원 등을) 퍼붓다, 쏟아 붓다 = barrage, batter, besiege

We are **bombarded** by information: newspapers, magazines, television, and the Internet.
매일 우리는 정보, 즉 신문, 잡지, 텔레비전, 그리고 인터넷의 홍수 속에 살고 있다.

MVP bombardment n. 포격, 폭격

1872 ★★★

candidate
[kǽndidèit]

n. ① (직위 등에 대한) 입후보자, 지원자; 수험생 = applicant, nominee
② (~이) 될 만한 사람[for]

Despite all the campaign efforts by the **candidates** of the opposing parties, the recent election was dominated by the President's men.
야당 후보자들의 선거 유세 노력에도 불구하고, 최근의 선거는 여당 후보들이 지배했다.

1873 ★★★

fiscal
[fískəl]

a. 국고의; 재정의, 회계의 = financial, monetary, pecuniary

Most financial companies finish their **fiscal** year in March.
대부분의 금융회사들은 3월에 회계연도를 마감한다.

1874 ★★

mutter
[mʌ́tər]

v. 중얼거리다; 투덜거리다, (작은 소리로) 불평하다
= mumble, murmur; complain
n. 중얼거림; 투덜거림, 불평 = grumble, complaint

He **muttered** a few words of apology and with that he left.
그가 몇 마디 사과의 말을 중얼거리고 떠났다.

1875 ★★
alchemy
[ǽlkəmi]

n. ① 연금술
② (물체를 가치가 높은 것으로 변질시키는) 마력, 비법 = witchcraft, wizardry

Alchemy was the search to transmute lead into gold.
연금술은 납을 금으로 바꾸기 위한 연구였다.

There is an **alchemy** in sorrow. It can be transmuted into wisdom, which can bring happiness.
슬픔 속에는 마력이 있다. 슬픔은 지혜로 변할 수 있으며, 그 지혜는 행복을 가져다 줄 수 있다.

MVP alchemist n. 연금술사

1876 ★★★
remain
[riméin]

vt. ① 남다, 남아 있다; 없어지지 않고 있다
② 머무르다, 체류하다 = stay
③ 여전히[계속] ~이다 = continue
n. (pl.) 나머지, 잔존물; 잔해; 유물, 유적; 유해 = remainder, remnant; debris

Remains of the Stone Age were excavated in the north area.
석기시대의 유물이 북쪽 지역에서 출토되었다.

1877 ★
sciolism
[sáiəlìzm]

n. 어설픈[천박한] 학문[지식], 수박 겉핥기식 = smattering

His superficial scientific treatises were filled with **sciolisms** and outmoded data.
그의 얄팍한 과학 논문들은 수박 겉핥기식의 지식과 시대에 맞지 않는 자료들로 가득 차 있었다.

MVP sciolist n. 설배운 학자, 사이비학자
sciolistic a. 어설프게 배운 지식의, 수박 겉핥기의

1878 ★
quash
[kwaʃ]

v. ① (반란 등을) 진정시키다, 진압하다 = crush, quell, subdue, suppress
② (법률·고발·결정 등을) 무효로 하다, 폐기하다 = annul, nullify, repeal, revoke

Pirates demanded a ransom for the hostage, but they were **quashed** by the SWAT team.
해적들은 그 인질에 대한 몸값을 요구했지만, 그들은 경찰특공대에 의해 진압되었다.

1879 ★★
vile
[vail]

a. ① 비열한, 야비한, 천한 = contemptible, despicable, mean
② 극도로 불쾌한[나쁜], 지독한 = offensive, horrible

Backbiting is such a **vile** deed.
뒤에서 욕하는 것은 매우 비열한 짓이다.

The **vile** smell pervaded the whole house.
극도로 불쾌한 냄새가 온 집안에 퍼졌다.

DAY 38

1880 ★★★

enslave
[insléiv]

vt. 노예로 만들다, 예속시키다 = enfetter, enthrall

The barbaric tribe **enslaved** enemies they conquered.
그 야만적인 부족은 정복한 적들을 노예로 만들었다.

MVP slave n. 노예

1881 ★★

discerning
[disə́:rniŋ]

a. 안목이 있는, 통찰력[식별력]이 있는 = discriminating, insightful

She was such a **discerning** librarian that she had the ability to know exactly which book would suit each one of the students.
그녀는 매우 안목 있는 사서여서, 학생들 각자에게 어떤 책이 맞는지를 정확히 알 수 있었다.

MVP discern v. 식별하다, 분별하다; 인식하다, 이해하다

1882 ★★

savor
[séivər]

n. 맛, 풍미 = flavor, relish, smack, taste
v. 맛이 나다; 맛보다, 음미하다, 즐기다

If the salt has lost its **savor**, wherewith shall it be salted?
만일 소금이 그 짠맛을 잃으면 무엇으로 다시 짜게 만들겠느냐?

Eat your ice cream slowly next time and **savor** the delicious taste!
다음번에는 아이스크림을 천천히 먹으면서 맛을 음미하도록 하세요!

MVP savory a. 풍미 있는, 맛좋은; 향기로운
unsavory a. 고약한 냄새가 나는; 맛없는, 맛이 좋지 않은
cf. savior n. 구조자; 구원자, 구세주

1883 ★★★

deter
[ditə́:r]

vt. ① 단념시키다[from], (공포·의혹 등으로) 제지하다
       = discourage, dissuade
    ② 막다, 방지[방해]하다 = check, prevent, stop

The heavy rain did not **deter** people from coming to the school play.
폭우에도 불구하고 사람들은 학내 연극에 참석했다.

MVP deterrent n. 제지하는 것, 방해물; (전쟁) 억지력; a. 방해하는, 제지하는

1884 ★

workout
[wə́:rkàut]

n. 운동; 연습; 연습 시합 = drill, exercise, practice, training

I felt some discomfort after a heavy **workout**.
나는 격렬한 운동 후에 몸이 좀 불편했다.

1885 ★★
extent
[ikstént]

n. ① 정도, 범위, 한계, 한도 = degree, limit, measure, range, scope
② 넓이, 크기, 길이 = breadth, length, size, width

Human action can be modified to some **extent**, but human nature cannot be changed.
인간의 행동을 어느 정도까지는 바꿀 수 있으나, 인간의 천성은 바꿀 수 없다.

1886 ★★
concur
[kənkə́:r]

vi. ① 동의하다, (의견이) 일치하다 = agree, approve, assent, consent
② 동시에 일어나다 = coincide

She didn't **concur** with his view in many points.
그녀의 생각은 그와 많은 점에서 일치하지 않았다.

MVP concurrence n. 찬동, (의견의) 일치; 동시발생
concurrent a. 동시(발생)의, 동반하는

1887 ★★★
comprehend
[kàmprihénd]

vt. ① 이해하다, 파악하다, 깨닫다 = discern, fathom, grasp, understand
② 내포하다, 포함하다 = contain, encompass, include, involve

She could not **comprehend** how someone would risk people's lives in that way.
어떻게 사람이 사람들의 목숨을 그런 식으로 위험에 빠뜨릴 수 있는 건지 그녀는 이해가 안 되었다.

Science **comprehends** many disciplines.
과학에는 여러 분야가 있다.

MVP comprehension n. 이해, 파악; 이해력; 포함, 포괄
comprehensible a. 이해할 수 있는
incomprehensible a. 이해할 수 없는, 불가해한

1888 ★★
tenet
[ténit]

n. 주의, 교리, 신조 = creed, doctrine, dogma, principle

One of the basic **tenets** of Judaism is the belief in a Messiah, God's messenger.
유대교의 기본적인 신조 중 하나는 신의 사자인 메시아를 믿는 것이다.

This is not a religion whose **tenets** most people would find unusual.
이 종교는 대부분의 사람들이 그 교리를 이상하게 여길 만한 종교가 아니다.

1889 ★
gauche
[gouʃ]

a. 솜씨가 서투른, 세련되지 못한 = awkward, clumsy, unrefined

Mr. Brown is socially **gauche** and intellectually arrogant.
브라운 씨는 사람들을 대하는 데 서투르고 지적으로 오만하다.

DAY 38

1890 ★★

shaggy
[ʃǽgi]

a. 털투성이의, 덥수룩한 = hairy, unkempt

The lion shook his **shaggy** mane and looked thoughtful.
그 사자는 덥수룩한 갈기를 흔들더니 생각에 잠기는 듯 보였다.

1891 ★★★

discord
[dískɔːrd]

n. ① 불화, 불일치 = disagreement, disharmony
② 내분, 알력 = conflict, friction

There is serious **discord** between the two neighbors.
두 이웃 간에는 심각한 불화가 있다.

1892 ★★

ache
[eik]

vi. ① 아프다, 쑤시다 = hurt, suffer, throb
② (~하고 싶어) 못 견디다; 갈망하다 = long, yearn

n. 아픔 = pain, suffering

The muscles in his legs **ached** after walking a long distance.
먼 거리를 걷고 난 이후 그의 다리 근육에 통증이 왔다.

> **MVP** backache n. 요통　　　　　　　earache n. 귓병, 귀앓이
> headache n. 두통　　　　　　　stomachache n. 복통
> toothache n. 치통

1893 ★★★

leak
[liːk]

v. ① (액체·기체가) 새다; 새게 하다 = discharge, escape
② (비밀 등이) 새다; (비밀 등을) 누설하다 = spill, transpire

n. ① 샘; 새는 가스; (비밀 등의) 누설 = leakage, seepage
② 새는 곳[구멍] = aperture, crack, hole, opening

The earthquake caused radiation **leaks** at the Fukushima Daiichi nuclear plant.
그 지진으로 인해 후쿠시마 다이이치(Fukushima Daiichi) 원자력 발전소에서 방사능이 유출되었다.

> **MVP** leakage n. 샘, 누출; 누전; 누수; (비밀 등의) 누설
> leaky a. (용기 등이) 새기 쉬운, 잘 새는; 비밀을 누설하기 쉬운

1894 ★

manifold
[mǽnəfòuld]

a. 여러 가지의, 다양한; 많은 = diverse, numerous, various

The challenges of the coming weeks are **manifold**.
다가오는 몇 주 동안 다양한 문제들을 마주하게 될 것이다.

1895 ★★
chamber
[tʃéimbər]

n. ① (집의) 방; (특히) 침실
② (입법·사법 기관의) 회의장; 입법[사법]부; 의회
③ (생물체 내의) 실(室), 공동

There are three **chambers** inside the Great Pyramid.
그 대피라미드 안에는 3개의 방이 존재한다.

1896 ★★★
induce
[indjú:s]

v. ① 설득하다, 설득[권유]하여 ~하게 하다 = encourage, persuade, urge
② 야기하다, 유발하다 = cause, produce
③ 〈논리〉 귀납하다

Nothing shall **induce** me to obey him.
어떤 일이 있어도 그에게 복종하지 않겠다.

The wrong public policies can **induce** recessions.
잘못된 공공정책들은 경제침체를 야기할 수 있다.

MVP inducement n. 유인, 권유; 동기
inductive a. <논리> 귀납의, 귀납적인; <전기> 유도의, 감응의
induction n. 유도; 귀납법
cf. deduce v. 추론[추정]하다, 연역하다

1897 ★★
parole
[pəróul]

n. 가석방, 가석방 기간
v. 가석방하다

He was selected as a model prisoner and released on **parole**.
그는 모범수로 선정되어 가석방되었다.

MVP parolee n. 가석방된 사람

1898 ★
feline
[fí:lain]

a. ① 고양이의, 고양잇과의; 고양이 같은
② 교활한, 음험한 = cunning, sly, stealthy
n. 고양이; 고양잇과의 동물

The tiger is the largest **feline** species.
호랑이는 고양잇과 동물 중에 가장 크다.

MVP cf. canine a. 개의, 개와 같은

DAY 38

1899 ★★★

captive
[kǽptiv]

n. 포로, 사로잡힌 사람; 사랑에 빠진 사람 = hostage, prisoner

a. 사로잡힌, 감금된

Richard was finally released on February 4, one year and six weeks after he'd been taken **captive**.

리처드(Richard)는 포로로 잡힌 지 1년 6주 만인 2월 4일에 마침내 풀려났다.

MVP captivate vt. ~의 넋을 빼앗다, 현혹시키다, 매혹하다
captivity n. 사로잡힘, 사로잡힌 몸[기간], 감금; 속박
captivating a. 매혹적인

1900 ★

semantic
[simǽntik]

a. (언어·기호의) 의미의; 의미론의

Words are the smallest **semantic** units that can combine to form new sequences with different meanings.

단어는 다른 의미를 가진 새로운 전후관계를 만들기 위해 결합할 수 있는 가장 작은 의미 단위들이다.

MVP semantics n. 의미론

A. Write the meaning of the following words.

- □ ambiguous _____
- □ embed _____
- □ regal _____
- □ impersonation _____
- □ spark _____
- □ parsimonious _____
- □ heredity _____
- □ claim _____
- □ uneven _____
- □ singular _____
- □ autobiography _____
- □ veteran _____
- □ tame _____
- □ pompous _____
- □ oligarchy _____
- □ bombard _____
- □ candidate _____
- □ fiscal _____
- □ mutter _____
- □ alchemy _____

- □ remain _____
- □ sciolism _____
- □ quash _____
- □ vile _____
- □ discerning _____
- □ savor _____
- □ deter _____
- □ extent _____
- □ concur _____
- □ comprehend _____
- □ tenet _____
- □ ache _____
- □ leak _____
- □ manifold _____
- □ chamber _____
- □ induce _____
- □ parole _____
- □ feline _____
- □ captive _____
- □ semantic _____

※ 주어진 단어의 뜻을 본문에서 확인하시고 틀린 단어의 경우 박스에 체크한 뒤에 나중에 다시 학습하시기 바랍니다.

B. Choose the synonym of the following words.

1. becoming
2. workout
3. enslave
4. rational
5. delude
6. perseverance
7. hamper
8. shaggy
9. discord
10. gauche

Ⓐ awkward
Ⓑ impede
Ⓒ endurance
Ⓓ appropriate
Ⓔ deceive
Ⓕ enfetter
Ⓖ exercise
Ⓗ reasonable
Ⓘ disagreement
Ⓙ hairy

B. 1. Ⓓ 2. Ⓖ 3. Ⓕ 4. Ⓗ 5. Ⓔ 6. Ⓒ 7. Ⓑ 8. Ⓙ 9. Ⓘ 10. Ⓐ

1901 ★★

encompass
[inkʌ́mpəs]

vt. ① 둘러싸다, 에워싸다, 포위하다 = encircle, environ, surround
② 포함하다, (많은 것을) 아우르다 = comprise, contain, include

His career spanned some 50 years and **encompassed** both abstract and figurative painting.
50년이 넘는 그의 작품 세계는 추상화와 구상화를 망라한다.

The fog soon **encompassed** the whole valley.
안개가 곧 그 계곡 전체를 에워쌌다.

1902 ★★★

unique
[ju:ní:k]

a. ① 유일(무이)한, 하나밖에 없는 = exclusive, only, single, sole
② (~의 점에서) 비길 데 없는, 유례없는[in] = incomparable, peerless
③ 고유의, 특유한, 독특한 [to] = particular, peculiar, singular, special

Each country has its **unique** history, geography, and climate.
각각의 나라는 그 나라의 독특한 역사, 지리, 그리고 기후를 가지고 있다.

MVP uniqueness n. 유일함, 비길 데 없음; 독특함
uniquely ad. 독특하게, 유일하게, 특출하게

1903 ★★

philistine
[fíləstì:n]

n. 속물; (미술·문학·음악 등을 모르는) 교양 없는 사람 = snob; boor, lout

The conference is full of **philistines** who care only for money and nothing for culture and the arts.
그 회의는 돈에만 관심이 있고 문화와 예술에는 전혀 관심이 없는 속물들로 가득하다.

1904 ★★

season
[sí:zn]

v. ① ~에 맛을 내다, 양념하다, 간을 맞추다, 조미하다 = flavor, salt, spice
② (환경·기후 등에) 적응시키다, 길들이다; 단련하다 = condition, discipline

This soup was **seasoned** with garlic and ginger.
이 국은 마늘과 생강으로 양념을 했다.

MVP seasoning n. 조미료, 양념(= condiment); 익힘, 단련
seasoned a. 숙련된, 노련한, 경험을 쌓은; 조미(調味)한, 맛을 낸

1905 ★★★

dubious
[djú:biəs]

a. 의심스러운, 모호한 = doubtful, skeptical, suspicious

His manners must have been **dubious**, or she could not have been so misled.
그의 태도는 애매모호했음이 틀림없다. 그렇지 않았다면 그녀가 그렇게 오해하진 않았을 것이다.

1906 ★★
reorganize
[riːɔ́ːrgənàiz]

v. 재편성[재조직]하다, 개조하다, 개혁하다
= rearrange, reconstruct, restructure, revamp

Four thousand troops have been **reorganized** into a fighting force.
4천 명의 군인들이 전투 부대로 재편성되었다.

MVP organize v. (단체 등을) 조직하다, 편제[편성]하다; 구성하다

1907 ★★★
significance
[signífikəns]

n. ① 의의, 의미, 취지 = meaning, import
② 중요성, 중대성; 의미심장함 = consequence, importance

The new drug has great **significance** for the treatment of the disease.
신약은 그 질병의 치료에 대단히 중요하다.

She couldn't grasp the full **significance** of what he had said.
그녀는 그가 한 말의 완전한 의미를 파악할 수가 없었다.

MVP significant a. 중대한, 중요한; 의미심장한
significantly ad. 상당히, 크게

1908 ★★
populous
[pápjuləs]

a. ① 인구가 많은, 인구밀도가 높은
② (장소가) 사람으로 붐비는, 들끓는, 번화한 = crowded, packed, swarming

Egypt is one of the most **populous** countries in Africa and the Middle East.
이집트는 아프리카와 중동에서 가장 인구밀도가 높은 나라들 가운데 한 곳이다.

MVP populace n. 민중, 대중, 서민
population n. 인구, 주민수; 주민
overpopulation n. 인구과잉

1909 ★★
avoidance
[əvɔ́idəns]

n. ① 기피, 회피, 도피 = averting, evasion
② 〈법〉 취소, 무효; 무효화

A person's health improves with the **avoidance** of stress.
사람이 스트레스를 피하게 되면 건강이 개선된다.

MVP avoid vt. 피하다, 회피하다; 무효로 하다, 취소하다
avoidable a. 막을 수 있는, 피할 수 있는; <법> 무효화 할 수 있는
unavoidable a. 불가피한, 어쩔 수 없는

1910 ★★★
reckless
[réklis]

a. 무분별한, 무모한 = careless, heedless, irresponsible

Much harm was done by the uncontrolled, **reckless** use of insecticides.
아무런 제약 없이 무분별하게 살충제를 사용함으로써 많은 피해를 입었다.

DAY 39

1911 ★★
coexist
[kòuigzíst]

vi. 같은 때[장소]에 존재하다, 공존하다

Cable television and the older broadcast television seem likely to **coexist** for years to come.
케이블 방송과 기존의 공중파 방송은 앞으로 몇 년간 공존할 것으로 보인다.

1912 ★
neurosis
[njuəróusis]

n. 신경증, 강한 공포[걱정], 노이로제

Her **neurosis** causes her to have a fear of small spaces.
그녀는 신경과민으로 인해 좁은 공간에 대한 두려움이 생겼다.

MVP neurotic a. 신경의; 신경증의; 신경과민의; n. 신경과민증 환자

1913 ★★
behold
[bihóuld]

v. (바라)보다, 지켜보다, 주시하다 = look at, observe, view, watch

My heart leaps up when I **behold** a rainbow in the sky.
하늘의 무지개를 볼 때 내 마음은 설렌다.

MVP cf. beholden a. 은혜를 입은, 신세를 지고 있는[to](= indebted, obligated)

1914 ★★★
accustomed
[əkʌ́stəmd]

a. 익숙한; 습관이 된[to] = familiar; habituated, inured, used

People are **accustomed** to shopping online for virtually anything and comparing prices from multiple sites simultaneously.
사람들은 온라인을 통해 거의 모든 것을 쇼핑하고 여러 사이트로부터 동시에 가격을 비교하는 데 익숙해져 있다.

MVP accustom vt. 익숙하게 하다, 습관들이다
be[become, get] accustomed to ~에 익숙해지다
↔ unaccustomed a. 익숙하지 않은, 숙달되지 않은

1915 ★★★
wanton
[wɑ́ntən]

a. ① (행위가) 방자한, 제멋대로의 = unrestrained
② 무자비한, 고의적인 = inhumane, merciless
③ 바람기 있는, 음탕한 = lewd, licentious, profligate

His **wanton** conduct irritates me.
그의 방자한 행동에 화가 난다.

Heavier rainfall combined with thinner soils on the steep slopes and the **wanton** destruction of forests has led to widespread erosion in that region.
극심한 강우와 경사면의 얇은 토양 그리고 무자비한 삼림파괴가 그 지역에서 광범위한 침식을 초래했다.

MVP wantonness n. 무자비함; 음란함

1916 ★★★

intimate
a. [íntəmət]
v. [íntəmèit]

a. ① 친밀한, 절친한 = close, familiar
　② 사적인, (성생활과 관련하여) 은밀한 = private, confidential
　③ (지식 등이) 정통한, 조예가 깊은 = versed
　④ 성관계를 맺고 있는

vt. 넌지시 비추다, 암시하다 = hint, imply, suggest

The estranged friends became **intimate** again.
멀어졌던 친구들이 다시 가까워졌다.

Issues like plastic surgery are **intimate** and personal.
성형수술과 같은 문제는 은밀하고 개인적인 것이다.

He has already **intimated** to us his intention to retire.
그는 이미 우리에게 은퇴의사를 넌지시 알렸다.

MVP intimation n. 암시, 넌지시 비춤; 발표, 고지
intimacy n. 친밀함, 친교; 상세한 지식, 조예; 성행위
intimately ad. 친밀하게; 친하게; 스스럼없이; 상세하게

1917 ★

effervescent
[èfərvésnt]

a. ① (액체가) 거품이 이는, 발포하는 = bubbly, fizzy, frothy
　② 흥분한; 쾌활한, 기운이 넘치는 = buoyant, ebullient, enthusiastic, lively

He had such an **effervescent** personality and was always fun to be around.
그는 활발한 성격이었고, 항상 주위를 즐겁게 했다.

MVP effervesce vi. (탄산수 등이) 거품이 일다, 비등하다; (사람이) 흥분하다, 활기를 띠다
effervescence n. 비등(沸騰), 거품이 남; 흥분, 활기

1918 ★★★

budget
[bʌdʒit]

n. ① 예산; 예산안 = financial plan
　② 경비, 운영비, 생활비

The education **budget** for next year is larger than ever, but the education field is complaining that it is not enough.
내년도 교육 예산은 사상 최대 수준이지만, 교육 현장에서는 돈이 충분하지 않다고 아우성이다.

1919 ★★

glib
[glib]

a. 입심 좋은, 유창한 = eloquent, fluent, slick, voluble

Former political rivals started issuing **glib** tributes as soon as her death was announced.
그녀의 사망 소식이 발표되자마자 예전의 정적들은 입심 좋은 찬사를 하기 시작했다.

DAY 39

1920 ★★★

desert
n. a. [dézərt]
v. [dizə́:rt]

n. 사막
v. ① 버리다, 유기하다 = abandon, forsake
　② 탈영하다
a. 사막의, 불모의 = arid, barren, desolate

He **deserted** his family.
그는 자신의 가족을 저버렸다.

MVP deserter n. 탈영병
desertification n. 사막화
desertion n. 유기, 버림
deserted a. 사람이 살지 않는, 황폐한; 버림받은
cf. dessert n. 디저트

1921 ★

chisel
[tʃízəl]

n. 끌, 정; 조각칼 = burin, graver
v. ① (나무·돌을) 새기다, 새겨서 (~을) 만들다 = carve, engrave, inscribe
　② (남을) 속이다, 속여서 (물건을) 빼앗다 = cheat, defraud, swindle

The carpenters used traditional tools such as hammers and **chisels** to restore the gate.
목수들은 망치와 끌과 같은 전통적인 도구들을 이용해 문을 복원했다.

MVP chiseled a. 끌로 조각한; 윤곽이 분명한, 잘 생긴

1922 ★★★

layoff
[léiɔ̀f]

n. 일시 해고, 감원 = cutback, discharge

In defence industries, sudden **layoffs** are common.
방위 산업 업계에서 갑작스런 해고는 흔한 일이다.

The workforce has been reduced by half due to the **layoff**.
작업 인력이 감원으로 인해 절반으로 줄어들었다.

1923 ★★

obfuscate
[ábfəskèit]

vt. ① (마음·머리를) 어둡게 하다, (판단 등을) 흐리게 하다
　= becloud, blur, obscure
　② 당혹하게 하다 = befuddle, confound, confuse, perplex

The company determined to use the statistics to **obfuscate** its poor performances.
그 회사는 통계자료를 이용해서 형편없는 실적을 모호하게 만들기로 했다.

1924 ★★★
conceit
[kənsíːt]

n. 자만(심), 자부심 = arrogance, egotism, pride, vanity
v. 〈재귀용법〉 우쭐대다, 자만하다

The player's **conceit**, shown after improperly obtaining the gold medal, was quite disgusting.
부적절한 방법으로 금메달을 딴 후에 그 선수가 보여 준 자부심은 상당히 역겨웠다.

MVP conceited a. 자만하는, 우쭐대는

1925 ★★
averse
[əvə́ːrs]

a. [서술적] 싫어하는, 반대하는[to] = opposed, loath, reluctant, unwilling

Decision-makers are understandably **averse** to invest in the regions with low potential.
의사결정자들이 잠재력이 적은 지역에 투자하기를 싫어하는 것은 이해할 수 있는 일이다.

MVP aversion n. 혐오, 반감
　　 cf. verse n. <문학> 운문; <시의> 연; <노래의> 절

1926 ★★★
bachelor
[bǽtʃələr]

n. ① 미혼[독신] 남자 = celibate, single man
　　② 학사 학위 소지자, 대학 졸업자 = university graduate

If a young man says that he is a celibate, it means he is a **bachelor**.
젊은 남자가 자신이 독신이라고 말한다면, 그것은 그가 미혼 남자라는 의미이다.

She held a **bachelor**'s degree in history in 1943, from Sarah Lawrence College in New York.
그녀는 1943년에 뉴욕 소재 사라 로렌스 대학에서 역사학 학사학위를 받았다.

MVP cf. bachelorette n. 미혼 여자
　　 cf. spinster n. 미혼 여자, 노처녀
　　 cf. master n. 석사 학위 소지자

1927 ★★
high-profile
[haipróufail]

a. ① 세간의 이목을 끄는 = famous, prominent, renowned
　　② (사람·태도 등이) 고자세의, 잘난 체하는

The event has brought in many **high-profile** athletes to compete.
그 행사에는 대중의 높은 관심을 받는 많은 선수들이 참가해 기량을 겨루었다.

MVP high profile n. 고자세; 명확한 태도[입장]; 세간의 이목을 끄는 것, 유명세
　　 ↔ low-profile a. 주목[관심]을 거의 못 받는; 저자세의, 삼가는

1928 ★★

vagary
[vəgέəri, véigəri]

n. ① 별난 생각[행동]; 일시적인 기분, 변덕 = caprice, whim
② (날씨 등의) 예측할 수 없는 변화

Her decision to wear only red dress was pure **vagary**.
빨간 드레스만 입겠다는 그녀의 결심은 순전히 괴팍스러운 변덕이었다.

Farmers are well used to the **vagaries** of the weather.
농부들은 예측할 수 없게 변하는 날씨에 매우 익숙하다.

1929 ★★

obtrusive
[əbtrúːsiv]

a. ① 눈에 띄는, 몹시 두드러진 = noticeable, obvious
② 강요하는, 주제넘게 참견하는 = intrusive, officious

His **obtrusive** manners made him unpopular with his coworkers.
주제넘게 나서는 행동들 때문에 그는 동료들 사이에 인기가 없었다.

The soldiers were in civilian clothes, to make their presence less **obtrusive**.
그 군인들은 자신들의 존재를 눈에 덜 띄게 하기 위해 민간인 복장을 했다.

MVP obtrude v. (의견 등을) 강요하다; 주제넘게 나서다; (머리 따위를) 내밀다
obtrusion n. (의견 등의) 강요; 주제넘은 참견
↔ unobtrusive a. 주제넘지 않는, 겸손한, 삼가는

1930 ★★

parade
[pəréid]

n. ① (사람의 눈을 끌기 위한) 행렬, 시위행진; 열병식 = march, procession
② 과시, 자랑 = display, flaunt, show
v. ① (열병 등을 위해 군대를) 정렬시키다, 줄지어 행진시키다
② 자랑해 보이다, 과시하다

The police tried to check the demonstration **parade**.
경찰은 시위대의 행진을 막으려고 애썼다.

1931 ★★

arbiter
[áːrbətər]

n. ① 중재인, 조정자 = arbitrator, mediator
② 결정권자

The law is the final **arbiter** of what is considered obscene.
무엇을 외설적인 것으로 봐야 하는지를 최종적으로 결정하는 것은 법이다.

1932 ★★★

thwart
[θwɔːrt]

vt. 방해하다, 훼방 놓다; 좌절시키다 = hinder, impede, stymie; frustrate

The troopers were doing all they could to **thwart** terrorists.
기동경찰대는 테러범들을 저지하기 위해 최선을 다하고 있었다.

1933 ★

faucet

[fɔ́ːsit]

n. (통·수도의) 꼭지, 주둥이, 물꼭지 = tap

The water pipe began to hiss as he turned on the bathroom **faucet**.
그가 화장실 수도꼭지를 틀자 배관에서 쉬익 소리가 나기 시작했다.

1934 ★★★

comply

[kəmplái]

vi. (법·명령·요구 등에) 따르다, 준수하다[with] = follow, obey

They asked him to leave and he **complied**.
그들은 그에게 떠날 것을 요구했으며 그는 그 요구에 응했다.

MVP compliance n. 승낙, 응낙; 고분고분함; 굴종, 추종
compliant a. 유순한, 고분고분한(= obedient)

1935 ★★

loom

[luːm]

v. ① (특히 무섭게) 어렴풋이[흐릿하게] 보이다[나타나다]
　 ② (중요하거나 위협적인 일이) 곧 닥칠 것처럼 보이다
n. 베틀, 직기(織機)

Through the fog, a ship **loomed** on the horizon.
안개 속에서 한 척의 배가 수평선 위에 어렴풋이 보였다.

There was a crisis **looming**.
위기가 닥쳐오고 있는 것 같았다.

MVP loom large 불쑥 나타나다; 기분 나쁘게 닥치다, 덮치다

1936 ★

saturnine

[sǽtərnàin]

a. ① 침울한, 무뚝뚝한, 음침한 = dismal, gloomy, sombre
　 ② 납의; 납중독의, 납중독에 걸린 = leaden, plumbeous; plumbic

James, taciturn and **saturnine**, was a stark contrast to the hyperactive Thomas.
말수 적고 무뚝뚝한 제임스는 매우 활동적인 토마스와 극명한 대조를 이뤘다.

MVP Saturn n. 토성
saturnic a. 납중독의

1937 ★★★

eruption

[irʌ́pʃən]

n. ① (화산의) 폭발, 분화; (용암·간헐천의) 분출 = blast, ejection
　 ② (감정의) 폭발; (질병·재해 등의) 돌발 = explosion, outbreak, outburst

Current Mt. Fuji was formed after an **eruption** in the past.
현재의 후지산은 과거에 있었던 화산 폭발 이후에 형성되었다.

MVP erupt v. (화산 등이) 분화하다; (용암·화산재 등을) 내뿜다, 분출하다

DAY 39

1938 ★★

inalienable
[inéiljənəbl]

a. 양도할 수 없는, 빼앗을 수 없는 = nontransferable

All human beings are born with **inalienable** rights.
모든 인간은 누구도 빼앗을 수 없는 권리를 갖고서 태어난다.

MVP alienate v. 멀리하다, 소원(疏遠)케 하다; 소외하다, 따돌리다; 양도[매각]하다

1939 ★★★

merchandise
[mə́:rtʃəndàiz]

n. 상품, 제품; 재고품 = commodity, goods, product, wares

Shoppers complained about poor quality **merchandise** and high prices.
쇼핑객들은 상품의 형편없는 품질과 높은 가격에 대해 불평했다.

MVP merchandiser n. 상인
merchant n. 상인, (특히) 무역상

1940 ★

fitful
[fítfəl]

a. 발작적인; 단속적인, 일정하지 않은, 변덕스러운
= spasmodic; sporadic, intermittent, irregular

I'm tired because I had such **fitful** sleep last night.
어제 잠을 설쳤더니 피곤하다.

MVP fit n. 발작, 경련; a. 알맞은, 적당한; 건강한, 튼튼한; v. ~에 맞다, 적합하다

1941 ★★★

delete
[dilí:t]

vt. 삭제하다, 지우다 = erase, expunge, obliterate, remove

The prosecution suspects that the files were **deleted** in attempt to destroy evidence.
검찰은 이 파일들이 증거를 없애려는 시도에서 삭제된 것으로 생각하고 있다.

MVP deletion n. 삭제

1942 ★★★

stock
[stak]

n. 저장; (상점의) 재고, 재고품; 가축; 주식; (식물의) 줄기
v. (상점 등에 물품을) 들여놓다, 사들이다; (상품 등을) 저장하다
a. (변명·대답 등이) 상투적인, 판에 박힌 = cliche, routine

I'm afraid we're temporarily out of **stock**.
죄송하지만 당분간은 재고가 없습니다.

Stock markets plunged at the news of the coup.
쿠테타 소식에 주식시장이 급락했다.

'No comment,' was the actor's **stock** response.
"드릴 말씀 없어요."는 그 배우의 상투적인 반응이었다.

MVP stockpile n. (많은) 비축량; v. (대량으로) 비축하다
stocky a. (사람·동물이) 땅딸막한, 단단한

1943 ★

imponderable
[impándərəbl]

a. ① 무게가 없는, 극히 가벼운 = light, weightless
② 평가[계량]할 수 없는; 헤아릴 수 없는 = immeasurable, incalculable

The impact on the environment of this massive oil spillage is **imponderable**.
대량 석유 유출이 환경에 끼친 충격은 헤아릴 수 없다.

MVP ponder v. 숙고하다, 깊이 생각하다
↪ ponderable a. 무게를 달 수 있는, 무게 있는; 일고(一考)의 가치가 있는

1944 ★★★

prestige
[prestíːʒ]

n. 위신, 명성, 신망, 세력 = authority, reputation, standing, status

The mayor's **prestige** is known throughout the country.
그 시장의 명성은 전국에 걸쳐 알려져 있다.

MVP prestigious a. 명성 있는; 유명한, 칭송[존경] 받는

1945 ★★

rehabilitate
[rìːhəbílətèit]

vt. ① (장애자·부상자·범죄자 등을) 사회에 복귀시키다 = reinstate
② 복구[회복]하다; 부흥하다, 재건하다 = restore, refurbish
③ 복직[복위, 복권]시키다

The number of men serving second and third terms in prison indicates the failure of the prisons to **rehabilitate** the inmates.
교도소에서 두세 번째 형기를 복역하는 사람들의 수는 교도소가 수감자들을 갱생하는 데 실패했다는 것을 보여준다.

Pilates was originally used to **rehabilitate** injured athletes and dancers.
필라테스는 원래 부상당한 운동선수와 댄서들을 회복시키는 데 사용되었다.

MVP rehabilitation n. 사회 복귀; 복직; 재건

1946 ★★

traitor
[tréitər]

n. 배반자, 반역자 = betrayer, renegade, turncoat

The **traitor** was beheaded at the king's order.
그 역적은 왕의 명령으로 참수 당했다.

MVP traitorous a. 배반하는, 배신하는; 불충하는
cf. trait n. (성격상의) 특성

1947 ★★★
adopt
[ədápt]

vt. ① 채용하다, 채택하다 = choose, select
② 양재[양녀]로 삼다 = affiliate

The courts were asked to **adopt** a more flexible approach to young offenders.
법원들은 나이 어린 소년 범죄자들에 대해 보다 융통성 있는 접근법을 채택해달라는 요청을 받았다.

MVP adoption n. 채용, 채택; 입양
cf. adapt v. 적응시키다; 각색하다, 개작하다
cf. adept a. 숙련된; 정통한

1948 ★★
matrimonial
[mætrəmóuniəl]

a. 결혼의; 부부간의 = conjugal, marital, nuptial

With no lands of his own, he was no great **matrimonial** prize.
자기 땅이 없는 그는 그다지 훌륭한 신랑감은 아니었다.

MVP matrimony n. 결혼식; 결혼; 결혼생활

1949 ★★★
slump
[slʌmp]

n. ① (가치·수량·가격 등의) 급감, 급락, 폭락 = collapse, nosedive
② (활동·원기 등의) 쇠퇴, 부진, 슬럼프 = decay, decline, fall, wane
③ 〈경제〉 불황, 불경기 = depression, recession
vi. (가치·수량·가격 등이) 급감[급락, 폭락]하다 = collapse, plummet, plunge

The player returned home due to a long running **slump**.
그 선수는 오래 계속되어 온 부진으로 집으로 돌아왔다.

1950 ★
canard
[kənáːrd]

n. 허위보도, 헛소문, 유언비어 = a false report

What he said turned out to be a **canard** in the end.
그가 말한 것은 결국 유언비어로 드러났다.

A. Write the meaning of the following words.

□ encompass _____ □ averse _____
□ unique _____ □ bachelor _____
□ philistine _____ □ high-profile _____
□ season _____ □ vagary _____
□ reorganize _____ □ obtrusive _____
□ populous _____ □ parade _____
□ avoidance _____ □ thwart _____
□ reckless _____ □ faucet _____
□ coexist _____ □ loom _____
□ neurosis _____ □ saturnine _____
□ behold _____ □ eruption _____
□ accustomed _____ □ inalienable _____
□ wanton _____ □ fitful _____
□ intimate _____ □ stock _____
□ budget _____ □ rehabilitate _____
□ desert _____ □ traitor _____
□ chisel _____ □ adopt _____
□ layoff _____ □ matrimonial _____
□ obfuscate _____ □ slump _____
□ conceit _____ □ canard _____

※ 주어진 단어의 뜻을 본문에서 확인하시고 틀린 단어의 경우 박스에 체크한 뒤에 나중에 다시 학습하시기 바랍니다.

B. Choose the synonym of the following words.

1. prestige   Ⓐ obey
2. dubious   Ⓑ mediator
3. effervescent   Ⓒ doubtful
4. imponderable   Ⓓ reputation
5. delete   Ⓔ meaning
6. merchandise   Ⓕ bubbly
7. comply   Ⓖ commodity
8. glib   Ⓗ fluent
9. arbiter   Ⓘ erase
10. significance   Ⓙ weightless

B. 1. Ⓓ 2. Ⓒ 3. Ⓕ 4. Ⓙ 5. Ⓘ 6. Ⓖ 7. Ⓐ 8. Ⓗ 9. Ⓑ 10. Ⓔ

1951 ★★

uncouth
[ʌnkúːθ]

a. (사람·행동 등이) 꼴불견의, 무례한, 거친 = clumsy, coarse, rude

He is basically uneducated, unexperienced, **uncouth** and self-absorbed.
그는 기본적으로 교육을 못 받았고, 경험이 없으며, 무례하고 자신에게만 몰두한다.

1952 ★★★

define
[difáin]

v. ① (단어·구의 뜻을) 정의하다, 뜻을 밝히다 = describe, interpret
② (성격·내용 등을) 규정하다, 분명히 밝히다 = establish, specify
③ ~의 경계를 정하다 = bound, circumscribe, demarcate, limit

To put it simply, wind can be **defined** as air moving around.
간단히 말해, 바람은 떠돌아다니는 공기라고 정의될 수 있다.

MVP definition n. (윤곽·한계 등의) 한정; 명확; 정의(定義); 선명도

1953 ★

pedestal
[pédəstl]

n. ① (조상(彫像) 등의) 주춧대, 대좌(臺座); (플로어 램프·테이블 등의) 다리
= stand, support
② 근저, 기초 = base, foundation

The sculpture was put on the bulky bronze **pedestal**.
그 조각품은 큼직한 청동 받침대 위에 놓여 있었다.

1954 ★★

salacious
[səléiʃəs]

a. 외설적인, 음란한, 호색의 = lecherous, lewd, libertine

The newly unearthed arcane manuscripts revealed the pope's remonstrations against a certain collection of art that the church had deemed **salacious** at the time.
새로 발굴된 비밀문서는 그 당시 교회가 매우 외설적이라고 간주했던 특정 예술품들에 대해 교황의 항의가 있었음을 보여주었다.

1955 ★★★

restrain
[ristréin]

vt. ① (감정 등을) 억누르다, 억제하다 = control, inhibit, repress, suppress
② 제한하다; 저지[제지]하다 = hamper, hinder, prevent, restrict

Michael managed to **restrain** his anger.
마이클(Michael)은 간신히 화를 참았다.

MVP restraint n. 통제, 제한; 자제; 안전벨트
restrainable a. 억누를 수 있는, 억제할 수 있는
restrained a. 삼가는, 자제하는; 억제된

1956 ★★
ingrained
[ingréind]

a. (사상·이론 따위가) 깊이 스며든, 뿌리 깊은; 상습적인 = embedded, planted

These stereotypes are **ingrained** when we're young.
이러한 편견들은 우리가 어렸을 적에 뿌리 깊게 새겨진 것이다.

The habit and practice of distinguishing age is so heavily **ingrained** in Korean society.
나이를 구별 짓는 습성과 관행은 한국 사회에 매우 심하게 뿌리내려 있다.

1957 ★★★
critical
[krítikəl]

a. ① 비평의, 평론의
② 비판적인, 흠잡기를 좋아하는, 혹평적인 = captious, carping, censorious
③ 위기의, 위험기의, 위급한; 위독한 = grave, serious, urgent
④ 운명의 갈림길의, 결정적인, 중대한 = crucial, decisive, important

Tom's parents were highly **critical** of the school.
톰의 부모는 학교에 대해 대단히 비판적이었다.

The accident victim was rushed to the hospital in **critical** condition.
사고의 피해자는 위독한 상태에서 병원으로 긴급 이송되었다.

1958 ★★
reparation
[rèpəréiʃən]

n. ① 보상, 배상 = amends, compensation, indemnity
② (pl.) 배상금

After the accident we sought **reparation** in court, but our lawyer was not competent and we didn't win a cent.
사고 후에 우리는 법정에서 배상을 받으려 했지만, 우리 변호사가 유능하지 않아서 우리는 단 한 푼도 받지 못했다.

1959 ★★★
postpone
[poustpóun]

vt. 연기하다, 늦추다 = adjourn, defer, delay, put off

The meeting has been **postponed** till next Sunday.
그 모임은 다음 일요일까지 연기되었다.

A dying Chinese takes the drug to **postpone** death so that he can dispose of his estate.
죽어가는 중국인은 자신의 재산을 처분하기 위해 약을 복용하여 죽음을 늦춘다.

MVP postponement n. 연기, 유예

1960 ★★
maxim
[mǽksim]

n. ① 격언, 금언 = adage, aphorism, axiom, dictum, proverb
② 처세법, 원칙 = principle

It is a famous **maxim** that the early bird catches the worm.
일찍 일어나는 새가 벌레를 잡는다는 것은 유명한 격언이다.

There is a military **maxim** that a commander is responsible for everything his or her subordinates do, or fail to do.
부하가 한 것이든 하지 못한 것이든, 모든 책임은 지휘관에게 있다는 것이 군대의 원칙이다.

MVP cf. maximum a. (크기·빠르기 등이) 최고의, 최대의

1961 ★
ajar
[ədʒáːr]

a. ad. (문이) 조금 열린[열리어] = slightly open

A drunken Marine first lieutenant was arrested for entering an apartment unit with the door **ajar** and falling asleep there.
미 해병대 중위 한 명이 술에 취한 채 문이 조금 열려 있는 한 아파트 가정에 들어가서 곯아떨어졌다 붙잡혔다.

MVP cf. jar n. (아가리가 넓은) 항아리, 단지, 병

1962 ★★★
element
[éləmənt]

n. ① 요소, 성분; (구성) 분자 = component, constituent, factor
② 〈화학〉 원소
③ (the ~s) 자연력; 악천후, 비바람

Health is an essential **element** for happiness.
건강은 행복에 있어 필수불가결한 요소다.

Uranium is a radioactive **element**.
우라늄은 방사선을 방출하는 요소이다.

MVP elemental a. 요소의; 기본[근본]적인; 자연력의

※ 원소 관련 어휘

carbon n. 탄소	chlorine n. 염소
hydrogen n. 수소	lead n. 납
nitrogen n. 질소	oxygen n. 산소
sulfur n. 황	zinc n. 아연

1963 ★★★
launch
[lɔːntʃ]

v. ① (새로운 배를) 진수시키다; (우주선 등을) 발사하다 = discharge, fire, shoot
② 착수하다, 시작하다 = begin, start
③ (공격·비난·협박 등을) 가하다

The new transaction service of the airlines will be **launched** next month.
그 항공사의 새로운 거래 서비스가 다음 달에 시작될 예정이다.

An ambitious private manned mission to Mars aims to **launch** a two-person crew to fly around the Red Planet and return to Earth.

야심찬 화성행 민간 유인 우주비행은 두 명의 승무원을 태운 우주비행선을 발사하여 그 붉은 행성을 한 바퀴 돈 다음 지구로 귀환하는 것을 목표로 하고 있다.

> **MVP** launching n. (배의) 진수; (로켓 등의) 발사

1964 ★

obituary
[oubítʃuèri]

n. (신문에 실리는) 사망기사 = necrology, obit

His **obituary** in *The New York Times* states, "The death of Mr. Charles Dickens created a great gap in English literature."

『뉴욕타임즈(The New York Times)』에 실린 그의 사망기사는 "찰스 디킨스(Charles Dickens)의 죽음은 영문학에서 커다란 공백을 만들었다."라고 언급하고 있다.

1965 ★★★

afford
[əfɔ́:rd]

vt. ① ~할 여유가 있다, ~을 살[지급할, 소유할] 돈이 있다, ~할 수 있다
　　② 주다, 제공하다 = grant, offer

I can't **afford** to quit my part-time job because I need to make money to pay tuition for myself.

나는 등록금을 손수 벌어야 하기 때문에 지금 아르바이트를 그만둘 수 없다.

To our great dismay, the worn-out safari tent leaked in numerous places and **afforded** little protection from the jungle downpour.

대단히 실망스럽게도, 닳아 해진 사파리 텐트는 여러 곳이 새고 있었으며 그래서 정글 폭우로부터 우리를 보호해주지 못했다.

> **MVP** affordable a. 줄 수 있는; (가격이) 알맞은, 감당할 수 있는, 입수 가능한

1966 ★★

fickle
[fíkl]

a. 변덕스러운, 변하기 쉬운, 마음이 잘 변하는 = capricious, changeable, volatile

When fortune is **fickle**, the faithful friend is found.

운명이 변덕스러울 때 진정한 벗이 발견된다.

While love is the only thing that really counts in a marriage, it is as **fickle** as snow.

결혼에 있어서 정말 중요한 단 한 가지는 사랑이지만, 사랑은 매우 쉽게 변한다.

1967 ★★★

vibrate
[váibreit]

v. 진동하다, 흔들리다, 떨다 = oscillate, quiver, shake

Every time a train went past the walls **vibrated**.

기차가 지나갈 때마다 벽이 흔들렸다.

> **MVP** vibration n. 진동, 떨림, 흔들림
> vibrant a. 떠는, 진동하는; 활력이 넘치는

DAY 40

1968 ★

bigamy
[bígəmi]

n. 중혼(重婚), 이중 결혼; 중혼죄 = double marriage

A man is guilty of **bigamy** if he has more than one wife.
부인이 두 명 이상이면 중혼죄에 해당한다.

※ -gamy: 결혼, 결합

digamy n. 재혼   monogamy n. 일부일처제
polygamy n. 일부다처제   endogamy n. 족내혼, 동족결혼
exogamy n. 족외혼, 이족결혼

1969 ★★★

dated
[déitid]

a. ① 날짜가 있는, 날짜가 적힌
② 케케묵은, 시대에 뒤진, 구식의 = archaic, old-fashioned

Her friends agree that fur is fine, so long as it is not showy or **dated**.
그녀의 친구들은 너무 화려하거나 구식 스타일만 아니라면 모피 옷을 좋아한다고 하나같이 말한다.

MVP outdated a. 구식의, 시대에 뒤떨어진
updated a. 최신의
↔ undated a. 날짜가 적혀 있지 않은; 연대가 알려져 있지 않은

1970 ★★

ascribe
[əskráib]

vt. (원인·동기 등을) ~에 돌리다; (결과 등을) ~의 탓으로 삼다[to]
= attribute, impute

She **ascribed** her failure to her lack of patience.
그녀는 자신의 실패를 인내심이 부족한 탓으로 돌렸다.

MVP ascribe A to B A를 B의 탓으로 돌리다

1971 ★★★

literate
[lítərət]

a. 읽고 쓸 수 있는; 학식 있는 = educated, knowledgeable

Only half of the children in this class are **literate**.
이 학급 어린이들의 절반만이 글을 읽고 쓸 수 있다.

MVP literacy n. 읽고 쓰는 능력; 교육, 교양
literal a. (어구의 뜻이) 문자 그대로의; (번역이) 직역의; 상상력이 부족한
literary a. 문학의; 문학에 심취한; 문학을 공부하는; 문학적인 글을 짓는
↔ illiterate a. 문맹의, 무식한

1972 ★

calligraphy
[kəlígrəfi]

n. 서도, 서예; 필적; 달필, 명필

Henry has been learning Korean **calligraphy** since last year.
헨리(Henry)는 작년부터 서예를 배우고 있다.

This is unquestionably his **calligraphy**.
이것은 분명히 그의 필적이다.

MVP cacography n. 악필; 오자(誤字)
orthography n. 정자법, 정서법, 철자법

1973 ★

theatrical
[θiǽtrikəl]

a. ① 연극[공연]의
② (언어·동작 등이) 연극조의, 연극 같은, 과장된
= dramatic, exaggerated, histrionic

Musical is a type of **theatrical** performance given through combinations of songs, dialogue, acting, and dance.
뮤지컬은 노래, 대화, 연기, 춤을 결합하여 연극적으로 공연하는 형태이다.

MVP theatricalize vt. 과장하여[연극조로] 표현하다; 연극화하다, 각색하다
theatricality n. 연극조, 연극 같음, 부자연스러움

1974 ★

hit-or-miss
[hítərmís]

a. 되는 대로의, 소홀히 하는, 부주의한 = careless, desultory

The professor criticized the **hit-or-miss** quality of our research.
교수는 우리의 연구가 질적인 면을 소홀히 했다고 비판했다.

1975 ★★★

counterpart
[káuntərpɑ̀ːrt]

n. ① (쌍을 이루는) 한쪽; 대응 관계에 있는 사람[것]
= equivalent, match, obverse, pair
② 서로 비슷한 사람[것]

The Foreign Minister held talks with his Chinese **counterpart**.
외무 장관이 중국 외무 장관과 몇 차례 회담을 가졌다.

The Korean national soccer team beat its French **counterpart**.
한국 축구 대표팀이 프랑스 대표팀을 물리쳤다.

1976 ★

ductile
[dʌ́ktəl]

a. ① (금속이) 잡아 늘이기 쉬운, 연성(延性)이 있는
= flexible, malleable, pliable
② 고분고분한, 유순한 = amenable, compliant, docile, supple

Pure silver is really white, lustrous, soft, and very **ductile**.
순은(銀)은 매우 하얗고 광택이 나고 부드러우며, 잡아 늘이기가 대단히 쉽다.

MVP ductility n. 연성(延性), 전성(展性); 유연성, 탄력성

DAY 40

1977 ★★★

enhance
[inhǽns]

vt. (가치·능력·매력 따위를) 높이다, 향상시키다 = augment, heighten, improve

Their capacity for new learning will greatly **enhance** the chances of survival of the human species in the future.
새로운 것에 대한 학습 능력은 미래에 인류가 생존할 가능성을 크게 높여줄 것이다.

MVP enhancement n. 증대, 증강

1978 ★★

genesis
[dʒénəsis]

n. ① 기원, 발생 = birth, origin
② (G–) 〈성서〉 창세기

Many people disagree about the **genesis** of life.
많은 사람들이 생명의 기원에 대해서 의견일치를 보지 못하고 있다.

Moses, the author of **Genesis**, did not know that the Earth is round.
『창세기』의 저자였던 모세(Moses)는 지구가 둥글다는 것을 알지 못했다.

1979 ★★★

sentence
[séntəns]

vt. 판결을 내리다[형을 선고하다] = condemn, convict
n. ① 문장, 글
② 판결, 선고 = judgment, punishment, ruling

When the time came for him to be **sentenced**, his father pleaded for leniency.
그가 형의 선고를 받을 때가 되었을 때, 그의 아버지는 너그러운 처분을 간청했다.

1980 ★★

pandemic
[pændémik]

n. 전국[세계]적인 유행병 = epidemic
a. 전국적[세계적]으로 유행하는 = prevalent, widespread

The worst flu **pandemic** was the infamous Spanish flu which killed many people.
전 세계적으로 유행한 최악의 독감은 많은 사람들의 목숨을 앗아간 것으로 악명 높았던 스페인 독감이었다.

1981 ★★

comb
[koum]

vt. ① 빗질하다, 빗다 = arrange, groom, untangle
② 구석구석 뒤지다, 면밀히 수색하다 = rake, rummage, sift
n. 빗; (닭의) 볏

In the movie *Erin Brockovich*, Julia Roberts **combs** through city documents.
영화『에린 브로코비치(Erin Brockovich)』에서, 줄리아 로버츠(Julia Roberts)는 시(市)의 문서를 철저하게 조사한다.

1982 ★★★
barbarian
[ba:rbɛ́əriən]

n. 야만인, 미개인 = savage

a. 미개의, 야만스러운 = savage, uncivilized

We need more men of culture and enlightenment; we have too many **barbarians** among us.
우리에게는 교양인들과 개화된 사람들이 더 많이 필요하다. 왜냐하면 우리들 가운데는 야만스러운 사람들이 너무 많기 때문이다.

MVP barbarism n. 야만, 미개(= atrocity, barbarity, cruelty)
barbarous a. 야만스러운, 미개한; 잔인한

1983 ★★
expiate
[ékspièit]

vt. 속죄하다, 보상하다 = atone for, make amends for, redeem, redress

He spent the rest of his life trying to **expiate** his sins.
그는 그의 죄를 속죄하기 위해 노력하며 여생을 보냈다.

MVP inexpiate a. (죄·과실 등이) 보상[속죄]되지 않은

1984 ★
antipodes
[æntípədì:z]

n. ① 대척지(對蹠地)(지구상 정반대 쪽에 있는 두 지점, 또는 단수 취급하여 한 쪽)
② 정반대의 것[일] = antithesis, contrary, contrast, opposite

The North Pole and the South Pole are **antipodes**.
북극과 남극은 대척점이다.

MVP antipodal a. 대척지(對蹠地)의, 지구상의 정반대 쪽의; 정반대의[to]

1985 ★★★
weave
[wi:v]

v. ① (옷감·바구니 등을) 짜다, 엮다; 짜서[엮어서] 만들다
= entwine, knit, intertwine, plait
② (이야기·계획 등을) 만들어 내다, 엮어내다 = build, contrive

Most spiders **weave** webs that are almost invisible.
대부분의 거미들은 맨눈에는 거의 보이지 않는 거미집을 짠다.

1986 ★★★
sour
[sauər]

a. ① (맛이) 신, 시큼한 = acid, acidulous, sharp, tart
② (사람이) 기분이 언짢은, 뚱한; 심술궂은 = disagreeable, grumpy, peevish

When milk goes bad, it tastes **sour**.
우유가 상하면 신 맛이 난다.

The convention ended on a **sour** note with several people walking out.
그 정당대회는 몇몇 사람들이 회의장 밖으로 나가버림에 따라 언짢은 분위기로 끝났다.

MVP go[turn] sour (음식물 등이) 시어지다; (사물이) 못 쓰게 되다, (관계가) 틀어지다

DAY 40

1987 ★

zephyr
[zéfər]

n. 산들바람, 미풍 = breeze

Zephyr derives from Zephyrus, the god of the west wind in Greek mythology.
산들바람은 그리스 신화에서 서풍의 신인 제피로스(Zephyrus)에서 유래한다.

1988 ★★

harbor
[háːrbər]

v. ① 피난처를 제공하다; (사람·물건 등을) 숨겨 주다 = conceal, hide
　② (생각·계획 등을) 마음속에 품다 = bear, cherish
　③ (장소 등이 동물·벌레의) 거처가 되다
n. ① 항구 = port
　② 피난처, 은신처 = refuge, shelter

You should not **harbor** unkind thoughts.
짓궂은 생각을 마음속에 품어서는 안 된다.

When the troops had left, British ships lurked in the **harbors** and continued to disrupt trade.
군대가 떠났을 때, 영국 선박들은 항구에 숨어있으면서 무역을 계속 방해했다.

1989 ★★★

absolute
[ǽbsəluːt]

a. ① 절대적인, 완전무결한 = complete, perfect, sheer, total, utter
　② 전제적인, 독재적인 = arbitrary, autocratic, despotic, tyrannical

An **absolute** rule is one that has no exceptions and that you must follow.
절대적인 규칙은 예외가 없고 당신이 반드시 따라야하는 규칙이다.

An **absolute** ruler is one who is ruled by no one else.
전제 군주는 다른 어느 누구에 의해서도 지배를 받지 않는 사람이다.

MVP absolutely ad. 절대적으로, 무조건으로; 완전히

1990 ★★

stride
[straid]

v. 성큼성큼 걷다, 활보하다 = march, stalk
n. ① 큰 걸음, 활보; (말 등의) 한 걸음 = footstep, pace, step
　② (보통 pl.) 진전, 진보, 발전 = advance, improvement, progress

We're making great **strides** in the search for a cure.
우리는 치유책 연구에서 큰 진전을 보고 있다.

1991 ★★

vest
[vest]

n. 조끼; 속옷, 셔츠 = undershirt, waistcoat
v. ① (재산·권리·권한 등을) 주다, 수여하다
　　= authorize, bestow, empower, endow
　② 옷[제복]을 입히다[입다] = clothe, dress

The soldier was wearing a bullet-proof **vest**.
그 군인은 방탄조끼를 입고 있었다.

MVP vested a. 기득의; 확립된, 기정의; (특히) 제복을 입은
vested interests 기득권(= vested rights)

1992 ★★★

faint
[feint]

a. ① (색·소리·빛·냄새 등이) 희미한, 어렴풋한 = dim, indistinct, light, soft, thin
② (기력·체력이) 약한 = feeble, weak
③ [서술적] 실신할 것 같은, 어지러운 = dizzy, giddy

vi. 실신하다, 졸도하다, 기절하다[away] = collapse, pass out, swoon

n. 기절, 졸도, 실신 = blackout, swoon

Dogs' noses are so sharp that they can find even the **faintest** smell.
개의 코는 대단히 예민해서 매우 희미한 냄새도 맡을 수 있다.

MVP cf. feint n. 가장, 시늉; <스포츠> 속임수[견제] 동작, 페인트; <군사> 양동 작전;
vi. 속이다, 공격하는 체하다

1993 ★

choir
[kwaiər]

n. 합창단, 성가대 = chorale, chorus

In January of next year, the Vienna Boys' **Choir** will visit Seoul to have a concert.
내년 1월, 비엔나 소년 합창단이 서울을 방문해 콘서트를 열 것이다.

MVP choral a. 합창대의; 합창곡의; 합창의
chorale n. 합창곡, 성가

1994 ★★★

discriminate
[diskrímənèit]

v. ① 식별[구별]하다 = differentiate, discern, distinguish
② 차별대우하다

A person with a refined aesthetic sense is able to **discriminate** subtle differences
where a less observant person would see nothing.
정교한 미적 감각이 있는 사람은 관찰력이 무딘 사람이 아무것도 보지 못할 것에서도 미묘
한 차이점을 구별할 수 있다.

My company doesn't **discriminate** women from men.
우리 회사는 남녀 차별이 없다.

MVP discrimination n. 구별; 식별[판별]력, 안목; 차별 (대우)
discriminatory a. 차별적인(= discriminative)
indiscriminate a. 무차별의, 닥치는 대로의

1995 ★★

intermediate
[intərmí:diət]

a. 중급의, 중간의 = halfway, median, middle, midway

n. 중간물; 중개[매개]자; 중간고사

At least 1,500 words are needed to communicate at an **intermediate** level.
중급 수준으로 대화하기 위해서는 최소 1,500개의 단어가 필요하다.

MVP intermediary a. 중간의; 중개의, 매개의; n. 중개자, 매개자

DAY 40

1996 ★★★

proportion

[prəpɔ́ːrʃən]

n. ① 비(比), 비율 = rate, ratio
   ② 조화, 균형 = balance, harmony
   ③ (전체의) 부분; (일정 비율의) 몫 = part, share

The payment will be in **proportion** to the work done.
보수는 작업량에 비례하여 지급될 것이다.

MVP proportional a. 비례의; 균형이 잡힌, 조화된, 비례하는
proportionate a. 균형 잡힌, 비례를 이룬, 적응한

1997 ★

minuscule

[mínəskjùːl]

a. ① 아주 작은 = diminutive, fine, minute, small, tiny
   ② 하잘 것 없는 = insignificant, negligible, paltry, trivial, unimportant
   ③ 소문자의, 소문자로 쓰인 = lower-case, minuscular

n. 소문자 = lower-case, small letter

The pay for working as a clerk in this store is **minuscule**.
이 가게에서 점원으로 일해서 받는 급여는 매우 작다.

MVP capital n. 대문자

1998 ★★★

ratify

[rǽtəfài]

v. 비준[재가, 승인]하다 = approve, authorize, confirm

The 1997 Kyoto Agreement on global warming which would force countries
to reduce emissions was never **ratified** by the U.S. Senate.
지구 온난화에 대한 1997 교토 협약은 국가들로 하여금 배기가스를 줄이도록 하는 내용을
담고 있었는데, 이를 미국 상원은 비준하지 않았다.

MVP ratification n. 비준, 승인, 인가

1999 ★★

threshold

[θréʃhould]

n. ① 문지방, 문턱; 입구 = entrance, sill
   ② 발단, 시초, 시발점 = beginning, outset, start
   ③ 한계, 경계

She stood hesitating on the **threshold**.
그녀는 문지방에서 머뭇거리며 서 있었다.

She felt as though she was on the **threshold** of a new life.
그녀는 자신이 새로운 삶의 문턱에 서 있는 것 같은 기분을 느꼈다.

He has a low boredom **threshold**.
그는 쉽게 지루해 한다.

2000 ★★★

scream
[skriːm]

v. 소리치다, 날카로운 비명을 지르다 = shriek, shrill, yell

n. 외침 (소리), (공포·고통의) 절규, 비명 = exclamation, outcry, yelp

There was an unnatural silence and then a **scream**.
이상한 침묵이 감돌더니 뒤이어 비명이 들려왔다.

DAY 40

A. Write the meaning of the following words.

- □ uncouth _____
- □ define _____
- □ pedestal _____
- □ restrain _____
- □ ingrained _____
- □ critical _____
- □ maxim _____
- □ ajar _____
- □ launch _____
- □ afford _____
- □ vibrate _____
- □ bigamy _____
- □ dated _____
- □ ascribe _____
- □ literate _____
- □ calligraphy _____
- □ theatrical _____
- □ hit-or-miss _____
- □ counterpart _____
- □ ductile _____

- □ genesis _____
- □ sentence _____
- □ pandemic _____
- □ comb _____
- □ barbarian _____
- □ expiate _____
- □ antipodes _____
- □ weave _____
- □ harbor _____
- □ absolute _____
- □ stride _____
- □ vest _____
- □ faint _____
- □ choir _____
- □ discriminate _____
- □ intermediate _____
- □ minuscule _____
- □ ratify _____
- □ threshold _____
- □ scream _____

※ 주어진 단어의 뜻을 본문에서 확인하시고 틀린 단어의 경우 박스에 체크한 뒤에 나중에 다시 학습하시기 바랍니다.

B. Choose the synonym of the following words.

1. proportion
2. sour
3. fickle
4. element
5. reparation
6. salacious
7. postpone
8. obituary
9. enhance
10. zephyr

Ⓐ breeze
Ⓑ rate
Ⓒ improve
Ⓓ component
Ⓔ defer
Ⓕ lecherous
Ⓖ compensation
Ⓗ necrology
Ⓘ capricious
Ⓙ acid

B. 1. Ⓑ 2. Ⓙ 3. Ⓘ 4. Ⓓ 5. Ⓖ 6. Ⓕ 7. Ⓔ 8. Ⓗ 9. Ⓒ 10. Ⓐ

2001 ★★★

kidnap
[kídnæp]

vt. 납치하다, 유괴하다 = abduct, snatch

They were released a month after being **kidnapped**.
그들은 납치된 후 한 달 만에 풀려났다.

MVP hijack v. (비행기·배·차 등을) 납치하다; (수송 중인 물품을) 강탈하다
shanghai vt. (억지 수단으로 배에 끌고 가서) 선원으로 만들다, 유괴하다;
(~하도록) 강요하다, 속이다

2002 ★★

defiant
[difáiənt]

a. 도전적인, 반항적인 = disobedient, inflexible, rebellious

Adolescent boys often show a gesture of **defiant** to their parents.
사춘기 남자아이들은 부모에게 반항하는 태도를 자주 보인다.

MVP defy vt. 무시하다; (공공연히) 반항하다; ~에 도전하다
defiance n. (공개적으로 하는) 반항[저항]
defiantly ad. 반항[도전]적으로, 대담하게(= boldly)

2003 ★

menial
[mí:niəl]

a. 천한, 비천한 = humble, lowly
n. 하인, 머슴 = servant

Many immigrants, when they first arrived in the United States, were forced to engage in **menial** jobs.
많은 이민자들은 미국에 처음 도착했을 때 천한 직업에 종사해야 했다.

MVP menially ad. 하인으로서; 비천하게

2004 ★★★

subscribe
[səbskráib]

v. ① (신문·잡지 등을) 구독하다; (케이블 TV에) 가입하다
② (계약서에 서명하여) 기부를 약속하다, 기부하다 = contribute, donate
③ 동의하다, 찬성하다; 승낙하다 = consent, endorse, support
④ (편지·서류 등에) 서명[기입]하다 = register, sign

We **subscribed** to a number of medical journals.
우리는 수많은 의학저널을 구독했다.

MVP subscriber n. 구독자, 가입자; 기부자; 기명[서명]자
subscription n. 청약, 신청, 응모; 기부금, 출자금; 예약 구독; 동의, 찬성

2005 ★★

acumen
[əkjú:mən]

n. 총명함, 날카로운 통찰력 = acuity, brilliance, insight

Ruth Bader Ginsburg's legal **acumen** led to her appointment to a position on the Supreme Court.
루스 베이더 긴즈버그(Ruth Bader Ginsburg)는 법률 분야에 날카로운 통찰력을 갖고 있었기 때문에 대법원 판사에 임명되었다.

2006 ★★★

endeavor
[indévər]

v. (~하려고) 노력하다, 애쓰다, 시도하다 = attempt, strive, try

n. 노력, 진력, 시도, 애씀 = effort, exertion

They made every **endeavor** to bring about peace.
그들은 평화를 이룩하기 위해 모든 노력을 다했다.

2007 ★

somnambulism
[samnǽmbjəlìzm]

n. 잠결에 걸어 다님, 몽유, 몽유병 = nightwalking, noctambulism, sleepwalking

Some children experience sleepwalking, which has the medical name
"**somnambulism**."
일부 아이들은 '몽유병'이라는 의학명이 있는 몽유병 증세를 보인다.

> **MVP** somnambulist n. 몽유병자
> somnambulistic a. 잠결에 걸어 다니는, 몽유병의

2008 ★★

official
[əfíʃəl]

a. 공무상의, 직책상의, 공식적인 = formal

n. 공무원, 관공리; (회사단체 따위의) 임원, 직원; (운동경기의) 심판

He made an **official** visit to Tokyo in March.
그는 3월에 도쿄를 공식 방문했다.

The **official** left office in disgrace.
그 관료는 불명예스럽게 공직을 떠났다.

> **MVP** officially ad. 공무상, 직책상; 공식적으로

2009 ★★

impound
[impáund]

vt. ① 압수하다, 몰수하다 = confiscate, seize
　　② 가두다, 수용하다 = confine, pound

I didn't pay any of the parking fines in the past year and the authorities want to
impound my car.
내가 지난해에 주차위반 벌금을 전혀 내지 않아서, 당국에서는 내 차를 압수하려 하고 있다.

> **MVP** cf. expound vt. 상술하다, 해설하다

2010 ★★★

character
[kǽriktər]

n. ① 특성, 특질, 성질 = attribute, kind, nature, quality
　　② 인격, 성격, 품성 = individuality, personality
　　③ 인물, 사람, 인간 = figure, person
　　④ (소설의) 등장인물
　　⑤ 문자, 서체 = letter, type

We are siblings, but we have very different **characters**.
우리는 자매지만, 성격이 너무나도 다르다.

> **MVP** characterize vt. ~의 특색을 이루다, 특징짓다; ~의 성격을 나타내다

2011 ★ workaday [wə́:rkədèi]

a. 평범한, 보통의, 일상적인 = average, banal, common, mundane, ordinary

This is a modest and **workaday** coffee and I like it.
이것은 수수하고 평범한 커피인데 난 이것이 좋다.

2012 ★★★ luggage [lʌ́gidʒ]

n. (여행용) 휴대품; 소형 여행 가방, 수화물

A woman is taking her **luggage** from the trunk of the taxi.
한 여인이 택시의 트렁크에서 자신의 짐을 꺼내고 있다.

MVP baggage n. 수화물

2013 ★★ ply [plai]

v. ① 정기적으로 왕복하다[다니다] = ferry, shuttle
② 부지런히 일하다, 바쁘게 움직이다

European explorers first **plied** its waters five hundred years ago.
유럽의 개척자들은 5백 년 전에 최초로 그 바다를 다녔다.

2014 ★★ incisive [insáisiv]

a. 날카로운, 통렬한, 신랄한 = acute, keen, sharp, trenchant

The book critic made **incisive** comments about the new novel.
그 서평가는 새 소설에 대해 신랄한 평을 했다.

2015 ★★ microbe [máikroub]

n. 미생물, 세균; 병원균 = germ, microorganism

We know that **microbes** are dispersed around by people and by air.
우리는 미생물이 사람과 공기를 통해 전파된다는 것을 알고 있다.

MVP germ n. 미생물, 세균; 병원균; (발생·발달의) 기원, 초기; (생물의) 싹[배아]
microbiologist n. 미생물학자
microorganism n. 미생물

2016 ★★★ bravery [bréivəri]

n. ① 용기, 용감, 늠름함, 용맹 = courage, valor
② (의상 따위의) 훌륭함, 화려함; 아름다운 옷[차림] = splendor; finery

He received an award for **bravery** from the police service.
그는 경찰로부터 용감한 시민상을 받았다.

MVP brave a. 용감한, 용맹한; 화려한, 훌륭한; v. 용감하게 맞서다
a brave new world 멋진 신세계, 놀라운 신세계, 찬란한 신세계

2017 ★★★
cynical
[sínikəl]

a. 냉소적인, 비꼬는 = sarcastic, sardonic

Reporters tend to be very **cynical** and normally don't show emotions when a movie is previewed.
기자들은 시사회 때 매우 냉소적인 경향이 있고 보통 자신들의 느낌을 드러내지 않는다.

MVP cynic n. 냉소가, 비꼬는 사람

2018 ★★
playwright
[pléiràit]

n. 극작가, 각본가; 각색자 = dramatist, scriptwriter

William Shakespeare is the greatest **playwright** that England has ever produced.
윌리엄 셰익스피어(William Shakespeare)는 영국이 낳은 가장 위대한 극작가이다.

2019 ★★
abreast
[əbrést]

ad. 나란히, 바로 옆에 = alongside, beside, next to

The boys were walking **abreast**.
그 소년들은 나란히 걷고 있었다.

Keeping **abreast** of the times is important.
시대의 흐름에 따르는 것이 중요하다.

MVP keep abreast of[with] ~에 뒤떨어지지 않다, 보조를 맞추다

2020 ★★
calling
[kɔ́:liŋ]

n. ① 소명; 직업, 천직 = career, mission, profession, trade, vocation
② 소집, 소환 = citation, summons

He realized that his **calling** was to preach the gospel.
그는 자신의 소명이 복음을 전하는 것임을 깨달았다.

MVP occupation n. (일반적인) 직업
profession n. (특히 학문적 소양을 필요로 하는 지적인) 직업
vocation n. 직업, 생업; 천직

2021 ★★★
refined
[rifáind]

a. ① 세련된, 고상한, 품위 있는 = cultured, polished
② 정련한, 정제한

The singer charmed the fans with his **refined** stage manners.
그 가수는 세련된 무대 매너로 팬들을 사로잡았다.

MVP refine v. 정련하다, 정제하다; 세련되게 하다
refinement n. 세련, 고상; 정제, 순화; 개선
refinery n. 정련소, 정제소

2022 ★★

sabotage
[sǽbətɑ̀ːʒ]

n. 사보타주[태업], 파괴[방해] 행위 = destruction, subversion

In times of war, we must take precautions against acts of **sabotage** as well as of direct violence.
전시(戰時)에는 직접적인 폭력뿐만 아니라 파괴 행위에 대해서도 예방조치를 취해야 한다.

2023 ★

fawning
[fɔ́ːniŋ]

a. 알랑거리는, 아첨하는 = adulatory, flattering, obsequious

As a **fawning** advisor to the Queen, Peters told Her Majesty only what she wanted to hear.
여왕에게 아첨하는 조언자였던 피터스(Peters)는 여왕이 듣고 싶어 하는 얘기만 했다.

MVP fawn vi. 알랑거리다; (사슴이) 새끼를 낳다; n. 새끼 사슴; 엷은 황갈색

2024 ★★

disqualify
[diskwάləfài]

vt. 자격을 박탈하다, 실격시키다, 적임이 아니라고 판정하다

Korean skaters had to watch their Chinese rivals being awarded the gold, as they were **disqualified**.
한국 스케이트 선수들은 자신들이 실격 처리되어 라이벌 중국 선수들에게 금메달이 돌아가는 광경을 지켜봐야 했다.

MVP disqualified a. 자격을 빼앗긴, 실격된

2025 ★★

umbrage
[ʌ́mbridʒ]

n. ① 분하게 여김, 불쾌, 분개 = anger, indignation, pique, resentment
② 그늘, 그림자; (그늘을 이루는) 무성한 나뭇잎 = shade; foliage

His gesture wasn't necessary and it would have made people doubts of giving **umbrage** to others.
그의 제스처는 불필요했고 다른 사람들을 불쾌하게 하는 오해를 만들 뻔 했다.

MVP take umbrage at ~에 분개하다, 불쾌하게 여기다
umbrageous a. 그늘을 만드는; 그늘이 많은, 그늘진; 화를 잘 내는

2026 ★★★

terror
[térər]

n. ① (극심한) 공포, 두려움, 무서움 = alarm, dread, fear, fright, panic
② 테러 (행위) = terrorism

The serial killings threw the people into a state of **terror**.
연쇄 살인 사건은 국민들을 공포의 도가니로 몰아넣었다.

MVP terrorize vt. 무서워하게[공포에 떨게] 하다, 위협하다
terrorism n. 테러리즘, 테러 행위

2027 ★★
cement
[simént]

v. (우정·관계 등을) 굳히다, 다지다 = consolidate, seal, solidify

Reeve was cast in the title role in the 1978 hit movie *Superman*; three successful sequels **cemented** his status.
리브(Reeve)는 1978년에 히트한 영화 "슈퍼맨(Superman)"에서 주연을 맡게 되었다. 세 편의 성공적인 속편이 그의 입지를 굳혔다.

2028 ★★★
despise
[dispáiz]

v. 경멸하다, 멸시하다, 얕보다 = disdain, look down upon, scorn

The rich are apt to **despise** the poor.
부자들은 가난한 사람들을 멸시하는 경향이 있다.

2029 ★
lanky
[lǽŋki]

a. 비쩍 마른, 피골이 상접한, 마르고 호리호리한 = gaunt, lean, slim

Richard Alex was a **lanky** boy with long skinny legs.
리차드 알렉스(Richard Alex)는 길고 깡마른 다리를 가진 비쩍 마른 소년이었다.

MVP lank a. 여윈, 호리호리한; (머리털이) 길고 부드러운, 곱슬곱슬하지 않는

2030 ★★★
impact
[ímpækt]

n. ① 충돌; 충격 = collision, crash, shock, smash
② 영향, 영향력, 효과 = effect, impression, influence, repercussions
v. ① ~에 영향[충격]을 주다 = affect, influence
② 충돌하다 = clash, collide, crash, hit, strike

Poverty has a bad **impact** on people's health.
가난은 사람들의 건강에 악영향을 끼친다.

2031 ★★
beckon
[békən]

v. ① 손짓으로 부르다 = gesticulate, gesture, sign
② 유인[유혹]하다 = attract, entice, tempt

He crouched down in the centre of the milling children and **beckoned** the nearest child towards him.
그는 떼를 지어 돌아다니는 아이들 한가운데 쭈그리고 앉아 가장 가까운 곳에 있는 아이를 자신을 향해 손짓하여 불렀다.

2032 ★★★
foundation
[faundéiʃən]

n. ① 창설, 창립, 건설; (기금에 의한) 설립 = establishment, institution
② (종종 pl.) 기초, 토대; 근거 = basis, bedrock, grounds, underpinning
③ 재단, 협회

The **foundation** of every state is the education of its youth.
모든 국가의 기초는 그 나라 젊은이들에 대한 교육이다.

The Nobel **Foundation** gives Nobel Prizes to the world's most talented people every year.
노벨 재단에서는 매년 세계에서 가장 재능 있는 사람들에게 노벨상을 수여한다.

MVP found v. ~의 기초를 세우다; (단체·회사 등을) 설립하다; 창시하다

2033 ★★★
pertinent
[pə́ːrtənənt]

a. 적절한, 타당한; 관련 있는[to] = germane, relevant

He failed the exam because none of his answers was **pertinent** to the question asked.
그가 낸 답은 그 어느 것도 제시된 질문에 적절하지 않았기 때문에 그는 시험에 떨어졌다.

2034 ★
arrant
[ǽrənt]

a. (나쁜 뜻으로) 순전한, 완전한, 터무니없는; 악명 높은 = flagrant, notorious

The actress says that the entire story about her is a load of **arrant** nonsense.
그 여배우는 그녀에 대한 모든 이야기가 완전히 말도 안 된다고 말하고 있다.

MVP cf. errant a. (모험을 찾아) 편력하는; 길을 잘못 든; 정도를 벗어난

2035 ★★★
omit
[oumít]

vt. ① 빼다, 빠뜨리다, 생략하다 = drop, eliminate, exclude, leave out, skip
② 게을리 하다; ~하기를 잊다, ~할 것을 빼먹다 = neglect, overlook

Tell me the story exactly as it is without adding or **omitting** anything.
한 마디도 보태거나 빼지 말고 사실대로 정확하게 말하십시오.

MVP omission n. 생략; 소홀, 태만

2036 ★★
tardy
[táːrdi]

a. 느린, 더딘; 늦은; 완만한 = slow, sluggish; belated

Today, the pulse of environmental awareness surges around the globe, but its progress is **tardy**.
오늘날 전 세계에 환경에 대한 인식이 널리 퍼져가고 있지만, 그 진행은 더디다.

MVP tardiness n. 느림, 완만함; 지각
cf. hardy a. (척박한 환경에) 강한, 강인한; (식물이) 내한성의

2037 ★
entomology
[èntəmάlədʒi]

n. 곤충학 = insectology

He's a professor of **entomology**; spiders are his specialty.
그는 곤충학 교수이고 전공 분야는 거미이다.

MVP entomologist n. 곤충학자

※ 주요 곤충 정리

beetle n. 딱정벌레	butterfly n. 나비
centipede n. 지네	cicada n. 매미
cockroach n. 바퀴벌레	cricket n. 귀뚜라미
dragonfly n. 잠자리	fly n. 파리
hornet n. 말벌	ladybird n. 무당벌레
locust n. 메뚜기	mantis n. 사마귀(= praying mantis)
mosquito n. 모기	moth n. 나방

2038 ★★

recant
[rikǽnt]

v. (신앙·주장 등을) 철회[취소]하다 = abjure, retract, revoke, withdraw

Galileo asserted that the earth revolved around the sun, but he was forced by the church to **recant**.

갈릴레오(Galileo)는 지구가 태양 주위를 돈다고 주장했지만, 교회의 압력으로 자신의 주장을 철회해야만 했다.

2039 ★★

pertinacious
[pə̀ːrtənéiʃəs]

a. 끈질긴, 완고한 = determined, persevering, persistent, resolute, stubborn

Like most successful politicians, she can be **pertinacious** and single-minded in the pursuit of her goals.

대부분의 성공한 정치가들과 마찬가지로 그녀는 자신의 목표를 추구하는 과정에서는 악착스럽고 한결같을 수 있다.

2040 ★★★

compose
[kəmpóuz]

v. ① 구성하다, 조립하다 = constitute, make up
② (시·글을) 만들다, 짓다, 작문하다; 작곡하다
③ 마음을 가라앉히다 = calm, relax, tranquilize

About 60-70 percent of our body is **composed** of water.
우리 몸의 60~70%는 물로 이루어져 있다.

Mozart **composed** his last opera shortly before he died.
모차르트(Mozart)는 죽기 직전에 마지막 오페라를 작곡했다.

I was so confused that I could hardly **compose** my thoughts.
나는 너무 혼란스러워서 생각을 가다듬기가 어려웠다.

MVP composition n. 구성; 작품(= piece); 작곡, 작문
composure n. 침착, 냉정, 평정
composite n. 합성물, 혼합물
be composed of ~로 구성되어 있다(= consist of)

2041 ★★

serendipity
[sèrəndípəti]

n. 우연히 발견하는 능력, 행운 = a stroke of luck, fluke

Many scientific discoveries are a matter of **serendipity**: Newton was not sitting on the ground thinking about gravity when the apple dropped on his head.
많은 과학적인 발견들은 우연히 발견하는 능력의 문제다. 사과가 뉴턴(Newton)의 머리에 떨어졌을 때, 뉴턴이 중력에 대해 생각하면서 땅바닥에 앉아 있었던 것은 아니었다.

MVP serendipitous a. 우연히 발견하는; 좋은, 유리한

2042 ★

rag
[ræg]

n. ① 넝마; 걸레; (pl.) 누더기 옷 = tatters
② 천한 사람, 누더기 옷을 입은 사람 = ragamuffin, tatterdemalion
③ 조각, 단편 = fragment, patch, scrap, shred

After I inherited the money, I went from **rags** to riches.
나는 그 돈을 상속하여 가난뱅이에서 부자가 되었다.

2043 ★★

martial
[máːrʃəl]

a. 전쟁의, 군사(軍事)의; 용감한; 군인다운

The **martial** spirit has been roused greatly.
군기(軍氣)가 크게 고취되었다.

The nation's proud **martial** art, Taekwondo, is now globally accepted.
그 나라의 자랑스러운 무술, 태권도가 현재 세계적으로 받아들여지고 있다.

MVP martial art 무술
martial law 계엄령

2044 ★

garret
[gǽrit]

n. 다락방 = attic

The author lived in a **garret** while writing his book.
그 작가는 책을 쓰는 동안 다락방에 기거했다.

2045 ★★

vouch
[vautʃ]

v. 보증하다, 단언하다 = affirm, assure, certify, guarantee, warrant

Witnesses **vouch** for the truth of their testimonies.
증인들은 그들의 증언이 진실이라고 보증한다.

MVP voucher n. 증인, 보증인; 증거 서류; 상품권, 쿠폰; 할인권
cf. vouchsafe vt. 주다, 제공하다, 말해 주다

2046 ★

patrimony
[pǽtrəmòuni]

n. 세습재산 = heritage, inheritance, legacy

In some myths and folktales, the hero's **patrimony** is stolen, and he goes on a journey to have it returned.
어떤 신화와 전설에서는, 영웅이 재산을 도난당하고 그 재산을 되찾기 위해 여행을 떠난다.

2047 ★★★

amazing
[əméiziŋ]

a. 놀라운, 굉장한 = astonishing, incredible, stunning, surprising

The most **amazing** thing about nature is its infinite variety.
자연의 가장 놀라운 점은 무한한 다양성이다.

MVP amaze vt. 깜짝 놀라게 하다
amazed a. 깜짝 놀란

2048 ★★

scrub
[skrʌb]

v. ① 비벼 빨다[씻다]; (솔 등으로) 세게 문지르다 = clean, rub, scour
② (불순물을) 없애다, 제거하다; (계획·명령 등을) 취소하다
n. ① 세게 닦기; 걸레질; 취소, 연기
② 덤불, 관목숲 = brush, undergrowth

Don't pinch or **scrub** the acne.
여드름을 쥐어짜거나 문지르지 마세요.

There is an area of **scrub** and woodland beside the railroad.
철길 옆에 덤불과 수풀로 이루어진 지역이 있다.

2049 ★★★

homicide
[hάməsàid]

n. ① 살인, 살인죄 = manslaughter, murder
② 살인자, 살인범 = killer, murderer

In the United States right now there are more suicides than **homicides**.
현재 미국에서는 살인보다 자살이 더 많다.

※ -cide: 죽임, 살해

deicide n. 신(神)을 죽임	ecocide n. 환경파괴, 생태계 파괴
feticide n. 태아 살해, 낙태	fratricide n. 형제 살해
genocide n. 대량 학살, 집단[종족] 학살	infanticide n. 유아 살해
magnicide n. 요인 암살	matricide n. 모친 살해
parricide n. 어버이 살인, 존속살인	patricide n. 부친 살해
regicide n. 국왕시해	uxoricide n. 아내 살해
herbicide n. 제초제	insecticide n. 살충제
microbicide n. 살균제	pesticide n. 농약, 살충제
rodenticide n. 쥐약	vermicide n. 구충제, 살충제

2050 ★★★

excuse

v. [ikskjúːz]
n. [ikskjúːs]

v. ① 용서하다, 너그러이 봐주다 = forgive, overlook, pardon, tolerate
② 변명하다, 구실을 대다; 변명[구실]이 되다 = justify, vindicate
③ 면하다, 면제하다 = discharge, exempt, free, release

n. ① 변명, 해명; 사과; (과실 등의) 이유 = apology, justification
② 구실, 핑계 = pretense, pretext, subterfuge

Emily looked for and found an **excuse** to justify her failure.
에밀리(Emily)는 자신의 실패를 정당화하기 위한 변명을 찾았다.

MVP excusable a. 변명이 되는; 용서할[받을] 수 있는

A. Write the meaning of the following words.

□ kidnap	_____	□ lanky	_____
□ menial	_____	□ impact	_____
□ subscribe	_____	□ beckon	_____
□ acumen	_____	□ foundation	_____
□ somnambulism	_____	□ pertinent	_____
□ official	_____	□ arrant	_____
□ impound	_____	□ omit	_____
□ character	_____	□ tardy	_____
□ workaday	_____	□ entomology	_____
□ luggage	_____	□ recant	_____
□ ply	_____	□ pertinacious	_____
□ incisive	_____	□ compose	_____
□ abreast	_____	□ serendipity	_____
□ calling	_____	□ rag	_____
□ refined	_____	□ martial	_____
□ sabotage	_____	□ vouch	_____
□ fawning	_____	□ patrimony	_____
□ disqualify	_____	□ amazing	_____
□ terror	_____	□ scrub	_____
□ cement	_____	□ excuse	_____

※ 주어진 단어의 뜻을 본문에서 확인하시고 틀린 단어의 경우 박스에 체크한 뒤에 나중에 다시 학습하시기 바랍니다.

B. Choose the synonym of the following words.

1. microbe	Ⓐ anger
2. cynical	Ⓑ attempt
3. despise	Ⓒ manslaughter
4. homicide	Ⓓ scriptwriter
5. defiant	Ⓔ disobedient
6. playwright	Ⓕ germ
7. garret	Ⓖ attic
8. umbrage	Ⓗ disdain
9. bravery	Ⓘ sarcastic
10. endeavor	Ⓙ valor

B. 1. Ⓕ 2. Ⓘ 3. Ⓗ 4. Ⓒ 5. Ⓔ 6. Ⓓ 7. Ⓖ 8. Ⓐ 9. Ⓙ 10. Ⓑ

2051 ★★★

compensate
[kámpənsèit]

v. 보상하다, 보충하다, 벌충하다; 상쇄하다 = atone, indemnify; offset

The bank acknowledged its error but refused to **compensate** the customer for his loss.
그 은행은 과실을 인정하면서도 고객이 입은 피해에 대해서는 보상하지 않으려 했다.

MVP compensation n. 보상, 벌충

2052 ★★

sanity
[sǽnəti]

n. ① 제정신, 온전한 정신 = mental health, normality
　② 합리적인 행동[견해] = common sense, rationality, soundness

His behavior was so strange that I began to doubt his **sanity**.
그의 행동이 너무 이상해서 나는 그의 정신이 온전한지 의심이 들기 시작했다.

MVP sane a. 제 정신의; (정신적으로) 온건한, 건전한, 분별 있는
　insane a. 미친, 발광한
　↔ insanity n. 광기, 발광, 정신이상; 미친 짓

2053 ★★

impenetrable
[impénətrəbl]

a. ① 꿰뚫을 수 없는, 관통할 수 없는 = impermeable, impervious
　② 불가해한, 헤아릴 수 없는 = incomprehensible, inscrutable
　③ (사상·요구 등을) 받아들이지 않는, 완고한

His house was shut tight like an **impenetrable** fortress.
그의 집은 철옹성처럼 굳게 닫혀 있었다.

The formulae are entirely **impenetrable** to outsiders; it is impossible for them to find out what they mean in fact.
외부인들은 그 공식을 도저히 이해할 수 없다. 그들이 그 공식이 사실상 무엇을 의미하는지를 찾아내는 것은 불가능하다.

MVP penetrate v. 꿰뚫다, 관통하다; 간파하다, 통찰하다

2054 ★

eugenics
[ju:dʒéniks]

n. 우생학(유전 법칙을 응용해서 인간 종족의 개선을 연구하는 학문)

Eugenics puts conditions on children instead of nurturing them with unconditional love.
우생학은 아이들을 무조건적인 사랑으로 기르는 대신에 아이들에게 조건을 붙인다.

MVP eugenic a. 우생학상의; 우수한 형질을 물려받은

2055 ★★

pivotal
[pívətl]

a. 중추의, 중요한 = central, crucial, important

He has established himself as a **pivotal** figure in state politics.
그는 미국 정치에서 중추적인 인물로 자리 잡았다.

MVP pivot n. 중심점, 요점

2056 ★★★

ancestor
[ǽnsestər]

n. 조상, 선조 = antecedents, forebear, forefather

Ancestor worship is a common custom in Asian countries.
조상 숭배는 아시아 국가에서는 흔한 관습이다.

MVP ↔ descendant n. 자손, 후예

2057 ★★

detract
[ditrǽkt]

v. ① (주의를) 딴 데로 돌리다[from] = distract, divert
② (가치·명성 등을) 줄이다, 손상하다[from] = diminish

They tried to **detract** my attention from it.
그들은 내 주의를 그것에서부터 딴 데로 돌리려 했다.

Her heavy makeup **detracts** from her good looks.
짙은 화장 때문에 그녀의 미모가 바랜다.

MVP detraction n. 비난; 중상
detractor n. (명예훼손 목적으로) 비방[중상]하는 사람

2058 ★★★

raw
[rɔ:]

a. ① 날것의, 익히지 않은 = fresh, uncooked
② 가공하지 않은, 원료 그대로의 = crude, natural, unrefined
③ 무경험의, 미숙한 = callow, green, immature, inexperienced

Most imports into Korea are **raw** materials and capital goods.
한국으로 들어오는 수입품은 대부분 원자재와 자본재이다.

MVP raw material 원자재

2059 ★

jocose
[dʒoukóus]

a. 익살맞은, 웃기는, 우스꽝스러운 = facetious, jocular, risible

His **jocose** manner was unsuitable for such a solemn occasion.
그의 익살맞은 태도는 그와 같은 엄숙한 행사에는 어울리지 않았다.

2060 ★★

penance
[pénəns]

n. 참회, 속죄, 회개 = compunction, contrition, penitence

He was deprived of his professorship, publicly reprimanded, and condemned
to **penance** on bread and water.
그는 교수직을 박탈당하고 공개적으로 비난을 받았으며, 빵과 물만 먹으며 속죄하라는
처벌을 받았다.

2061 ★★★

retire

[ritáiər]

v. ① 은퇴하다, 퇴직하다; 퇴직[퇴역, 은퇴]시키다 = resign, seclude
　② (군대가) 퇴각하다 = retreat, withdraw

Employees can **retire** at 60 if they choose.
직원들은 원하면 60세에 퇴직을 할 수 있다.

MVP retirement n. 은퇴, 퇴직, 퇴역; 벽촌, 외진 곳; (계획적) 퇴각, 철수
retired a. 은퇴한, 퇴직한; 눈에 띄지 않는; 궁벽한; 한적한
retiring a. 은퇴하는, 퇴직의; 사교성 없는, 수줍은
retirement benefits 퇴직 수당

2062 ★★

meek

[miːk]

a. 유순한, 온순한 = docile, gentle, mild

By the time he was brought before the judge, he was as **meek** as a church mouse.
판사 앞에 끌려갔을 때는 그는 이미 매우 온순해져 있었다.

2063 ★★★

occupation

[àkjupéiʃən]

n. ① 직업, 업무; 일 = calling, employment, job, vocation
　② 점유; 점령, 점령기간 = invasion, seizure

Many of today's good **occupations**, including medical doctors and professors, will disappear in the next 30 years, according to the UN Future Report 2040.
UN 미래보고서 2040에 따르면, 의사와 교수를 포함해서 오늘날의 좋은 직업들 상당수가 향후 30년 안에 없어진다고 한다.

MVP occupy vt. (시간·장소 등을) 차지하다; 점령[점거]하다; 종사시키다
occupant n. 점유자, 거주자

2064 ★

interject

[ìntərdʒékt]

vt. (말 등을) 불쑥 끼워 넣다, 말참견하다 = insert, interpolate

Every now and then the speaker **interjected** a joke or story to keep us interested.
이따금씩 연사는 농담이나 이야기를 끼워 넣어 우리가 계속 흥미를 느끼도록 했다.

2065 ★★★

mainstream

[méinstrìːm]

n. (강의) 본류(本流); (사상·견해 등의) 주류, 대세 = general trend, megatrend
a. 주류의 = conventional, current, general, prevailing

Although baseball is the **mainstream** sport in Korea, sports fans can't ignore that soccer is another sport loved by the general public.
비록 한국에서는 야구가 주류 스포츠지만, 스포츠팬들은 축구가 일반 대중들에게 사랑받고 있는 또 다른 스포츠라는 것을 무시할 수 없다.

2066 ★

pine
[pain]

v. ① (슬픔·사랑으로) 수척해지다, 한탄하며 지내다[away, out] = languish
② 연모[갈망]하다[for, after] = crave, desire, long for, yearn

n. 솔, 소나무

After his wife died, he just **pined** away.
아내가 죽은 후 그는 그저 여위어만 갔다.

2067 ★★

solitude
[sálətjùːd]

n. ① 고독, 독거 = isolation, privacy, seclusion
② 쓸쓸한 곳, 벽지(僻地), 황야 = wilderness

He lived out his life in **solitude**.
그는 고독한 여생을 보냈다.

MVP solitary a. 고독한, 외로운

2068 ★★

narcotic
[nɑːrkátik]

a. 마취성의, 최면성의; 마약의 = hypnotic; opiate

n. ① 마취제, 마약; 진정제, 진통제, 수면제 = drug, opiate; painkiller, sedative
② 마약 중독자

They pleaded guilty to charges of cultivation of a **narcotic** plant.
그들은 마약성의 작물을 기른 혐의로 유죄판결을 받았다.

MVP narcosis n. 마취약의 작용; (마취약 등으로 인한) 혼수상태

2069 ★★★

acquire
[əkwáiər]

vt. 획득[취득]하다, 습득하다 = gain, obtain, win

It is the effort needed to **acquire** a diamond that makes it so valuable.
다이아몬드를 그토록 값지게 만드는 것은 다이아몬드를 얻는 데 필요한 바로 그 노력이다.

MVP acquisition n. 취득, 획득, 습득(= acquirement)
acquisitive a. 획득하려고 하는, 얻고자 하는[of]; 탐욕스러운
acquired a. 습득[획득]한; 후천적인

2070 ★★

condolence
[kəndóuləns]

n. 애도, 조의 = compassion, mourning, solace

I extend my sincere **condolences** to the family and friends of Thomas Brown, who has suddenly left us at the age of 45.
마흔다섯의 나이에 우리 곁을 갑자기 떠난 토마스 브라운(Thomas Brown)의 가족과 친구분들께 충심 어린 애도를 표하는 바입니다.

MVP condole vi. 문상하다, 조의를 표하다, 조문하다; 위안하다
express[extend, offer] one's condolences to ~에게 애도[조의]를 표하다

2071 ★★★

perceive

[pərsíːv]

vt. ① 지각(知覺)하다, 감지하다; ～을 눈치채다, 인식하다 = notice, recognize
② 이해하다, 파악하다 = understand

The students are going to study how insects **perceive** the world.
그 학생들은 곤충들이 세상을 어떻게 인지하는지를 연구하려고 한다.

They wrongly **perceive** all dairy products as high in fat.
그들은 모든 유제품을 지방 함량이 높은 것으로 잘못 알고 있다.

MVP perception n. 지각(작용); 인식
perceptible a. 인지할 수 있는; 상당한
perceptive a. 지각력 있는; 지각의; 예민한, 통찰력[이해력]이 날카로운

2072 ★★

feckless

[féklis]

a. 무기력한, 무능한; 무책임한 = inept, incompetent; irresponsible

Her husband was a charming, but lazy and **feckless** man.
그녀의 남편은 매력은 있었으나 게으르고 무책임한 남자였다.

MVP fecklessness n. 무기력함, 무책임

2073 ★

spire

[spaiər]

n. ① (특히 교회의) 첨탑, 뾰족탑 = pinnacle, steeple
② (행복·번영 등의) 절정 = acme, apex, peak, summit
③ 소용돌이, 나선 = eddy, spiral, swirl, vortex, whirlpool

The tower is not only an observatory but also the main telecommunications **spire** for the area.
그 탑은 전망대뿐만 아니라 그 지역을 위한 주요 통신첨탑이기도 하다.

MVP spiral n. 나선, 나선형; a. 나선형의; 뾰족탑의; v. 나선형으로 움직이다; 급등[급증]하다
spirally ad. 나선형으로, 빙빙 돌려서

2074 ★★★

undermine

[λndərmáin]

vt. (명성·건강 등을) 약화시키다, 해치다 = damage, hurt, impair, weaken

The children's uncooperative behaviors considerably **undermined** their teacher's efforts to teach new subjects.
아이들의 비협조적인 태도는 새로운 과목을 가르치려는 선생님의 노력을 상당히 훼손시켰다.

Critics say the bill would **undermine** civil rights.
비판자들은 이 법안이 민권을 침해할 것이라고 말한다.

2075 ★★

hapless
[hǽplis]

a. 불운한, 불행한 = unfortunate, unlucky

The Titanic plunged to the bottom with most of its **hapless** passengers.
타이타닉호는 대부분의 불운한 승객들과 함께 바닥으로 가라앉았다.

MVP haplessly ad. 불운하게도
hap n. 우연, 운; 우연히 생긴 일

2076 ★★★

passion
[pǽʃən]

n. ① 열정(熱情); 격정(激情); (어떤 일에 대한) 열심, 열중[for]
= ardor, enthusiasm, fervor, infatuation, zeal
② (감정의) 폭발; 울화, 격노 = anger, fit, fury, rage
③ 정욕, 욕정 = desire, lust
④ (순교자의) 수난, 순교 = ordeal, suffering

Her **passion** for dancing never dimmed over the years.
세월이 흘러도 무용에 대한 그녀의 열정은 결코 수그러들지 않았다.

MVP passionate a. 열렬한, 정열을 품은; (슬픔·애정 등이) 격렬한, 강렬한

2077 ★

exorcise
[éksɔːrsàiz]

vt. (기도·주문을 외어 악령을) 쫓아내다, 몰아내다; (나쁜 생각·기억 등을) 몰아내다
= dismiss, drive out, expel, purge

In many countries, it has been believed that fire may **exorcise** evil spirits.
많은 나라에서 불이 악령을 쫓는다고 믿어져 왔다.

MVP exorcism n. 마귀를 쫓아냄, 푸닥거리
exorcist n. 퇴마사

2078 ★★★

tolerance
[tálərəns]

n. ① 관용, 관대, 용인, 아량 = generosity, magnanimity
② 참음, 인내, 인내력 = endurance, fortitude, patience, perseverance
③ 내성, 저항력 = resistance

Tolerance to alcohol decreases with age.
알코올에 대한 저항력은 나이가 들수록 줄어든다.

MVP tolerate vt. 관대히 다루다, 너그럽게 봐주다; 참다, 견디다; 내성이 있다
tolerant a. 관대한, 아량 있는
zero tolerance policy 무관용 정책(범법자에 대해 엄한 처벌을 가하는 정책)
↔ intolerance n. 불관용, 편협; 아량이 없음

2079 ★★

dexterous
[dékstərəs]

a. 솜씨 좋은, 손재주가 있는 = adroit, deft, skillful

Her son-in-law is very **dexterous**; he will repair the car himself.
그녀의 사위는 매우 솜씨가 좋다. 그래서 그가 차를 직접 수리할 것이다.

MVP dexterity n. 재주, 수완, 솜씨(= ability, skill)
ambidextrous a. 양손잡이의; 아주 솜씨가 있는, 다재다능한

2080 ★★★
endow
[indáu]

v. ① (능력·자질 등을) ~에게 주다, 부여하다[with] = bestow, grant, endue
② (공공 단체 등에) 기금을 기부하다 = contribute, donate, subscribe

She was **endowed** with intelligence and wit.
그녀는 타고난 지능과 재치가 있었다.

The Korea Foundation will **endow** a new research fund annually for graduate students in economics worldwide.
한국국제교류재단은 전 세계에서 경제학을 전공하고 있는 대학원생들에게 매년 새로운 연구비를 기부할 것이다.

MVP endowment n. 기부금, 기증; (보통 pl.) 천부의 재주, 타고난 재능

2081 ★
belabor
[biléibər]

vt. ① 세게 치다, 강타하다 = beat, hit, pummel, smack
② (말로) 공격하다 = assail, attack
③ 장황하게 논하다 = dwell on, harp on

He kept **belaboring** the point long after we had agreed.
그는 우리가 동의한 후에도 오랫동안 그 문제에 대해 계속 장황하게 논하고 있었다.

2082 ★★★
hypothesis
[haipáθəsis]

n. 가설(假說); 추측, 가정 = assumption, presumption, supposition, surmise

The scientist plans experiments and makes observations to test **hypotheses**.
그 과학자는 가설을 검증하기 위해 실험 계획을 세우고 관찰한다.

MVP hypothesize v. 가설을 세우다; 가정하다
hypothetic a. 가설의, 가정의

2083 ★
viper
[váipər]

n. ① 독사
② 악의 있는[심술궂은] 사람, 음흉한 사람 = villain

Harmless snakes can strike their prey just as quickly as venomous **vipers**.
무해한 뱀들도 유해한 독사만큼이나 빠르게 먹이를 공격할 수 있다.

MVP viperine a. 독사의[같은]; 독이 있는
viperous a. 독사 같은; 독이 있는; 악의가 있는, 음흉한

2084 ★★★

campaign
[kæmpéin]

n. ① 캠페인, (사회·정치적 목적을 위한 조직적인) 운동[활동] = drive, movement
② 선거 운동, 유세 = canvass, election campaign, electioneering, stump
③ 군사 행동 = operations

The Taliban took control of Kabul after a swift military **campaign** across southern Afghanistan.
탈레반은 아프가니스탄 남부 지역에 대한 신속한 군사 작전으로 카불시를 점령했다.

2085 ★★

allegedly
[əlédʒdli]

ad. 주장한[전해진] 바에 의하면, 이른바 = purportedly, supposedly

Russia **allegedly** reengaged in cyberterrorism against Estonia in May 2007.
전해진 바에 따르면, 러시아가 2007년 5월에는 에스토니아에 대해 사이버테러를 다시 감행했다고 한다.

MVP alleged a. (증거 없이) 주장된(= asserted, presumed, purported, supposed)
allege vt. 단언하다, (증거 없이) 주장하다

2086 ★

shutdown
[ʃʌtdàun]

n. (공장 등의) 일시 휴업, 조업 중지; 폐점(閉店), 폐쇄 = closure, lockout

Japan's government predicted that the **shutdown** of the reactors will result in an energy shortage.
일본 정부는 원자로의 폐쇄가 에너지 부족의 결과로 이어질 것으로 예측했다.

2087 ★★★

fierce
[fiərs]

a. ① 흉포한, 몹시 사나운 = brutal, ferocious, savage, wild
② (폭풍우 등이) 사나운, 모진 = raging, stormy
③ 맹렬한, 격심한 = intense, violent

Soldiers mounted a **fierce** assault on the enemy.
병사들은 적을 맹렬히 공격했다.

MVP cf. pierce v. 꿰뚫다, 관통하다

2088 ★

gentry
[dʒéntri]

n. 신사계급, 상류층(사람들)

The inns were frequented by the smaller **gentry**, merchants, packmen, and other traders.
그 여관들은 보다 영세한 신사계급, 상인, 행상인, 그리고 무역업자들이 자주 출입했다.

MVP gentrification n. 고급 주택화
gentrify v. 고급 주택(지화)하다; 상류화시키다

2089 ★★★

bold
[bould]

a. ① 과감한, 대담한 = audacious, brave, daring, drastic
② 뻔뻔스러운, 되바라진, 버릇없는 = brazen, impudent, rude

A pioneer must be **bold** to grasp what eludes less courageous men.
선구자는 용기가 부족한 사람들이 피하는 일을 과감하게 받아들이는 것이 분명하다.

MVP boldly ad. 대담하게; 뻔뻔스럽게
cf. bald a. 대머리의

2090 ★

lade
[leid]

v. ① (배·차 등에) (화물·짐을) 싣다, 적재하다 = load
② (책임 등을) 지우다, 괴롭히다 = burden, charge

The chancellor was **laden** with too many responsibilities, which led to his ill health.
총장은 너무 많은 책임을 지고 있었기 때문에 건강이 악화됐다.

MVP laden a. 실은, 적재한[with]; (과실이) 많이 달린; 고민하는, 괴로워하는

2091 ★★★

decade
[dékeid]

n. ① 10년간 = decennary, ten years
② 10을 단위로 하는 한 그룹[조, 벌, 시리즈]; 10명, 10개, 10권

Over the past **decade** more multicultural families have settled in the nation.
지난 십 년 동안 더 많은 다문화 가정들이 우리나라에 정착했다.

2092 ★★

coarse
[kɔːrs]

a. ① (품질이) 조잡한, 조악한, 열등한 = crude, rough
② 야비한, 상스러운; (언사 등이) 음탕한, 추잡한 = ribald, rude, vulgar

Using **coarse** language has become a culture among Korean students.
비속어를 사용하는 것은 한국학생들 사이에 일종의 문화가 되었다.

2093 ★★★

application
[æpləkéiʃən]

n. ① 적용, 응용 = practice, use, utilization
② 신청, 지원; 신청서 = claim, request

Navigation is an **application** of astronomy.
항해술은 천문학을 응용한 것이다.

MVP apply v. 적용하다, 응용하다; 신청하다, 지원하다; (약을) 바르다
applicant n. 응모자, 지원자, 신청자

2094 ★★

militant
[mílətənt]

a. 공격[호전]적인, 전투적인 = aggressive, bellicose, belligerent, combative

Militant labor unions will go on strike to secure their demands.
투쟁적인 노동조합들은 자신들의 요구사항을 관철시키기 위해 파업을 계속할 것이다.

2095 ★
recrimination
[rikrìmənéiʃən]

n. (상대방의 비난에 맞서서 하는) 비난, 맞고소 = countercharge

The bitter arguments and **recriminations** have finally ended the relationship.
심한 언쟁을 벌이고 비난을 해 대다가 마침내 서로 간의 관계를 끝냈다.

MVP recriminate v. 되받아 비난하다, 반소(反訴)하다

2096 ★★
valedictory
[væ̀lədíktəri]

a. 고별의, 작별의 = farewell, parting
n. 졸업생 대표의 고별 연설; 고별사

He delivered the **valedictory** speech at his college commencement because he graduated summa cum laude.
그는 최우등으로 졸업했기 때문에 대학 졸업식에서 고별사를 했다.

MVP valediction n. 작별, 고별; 고별사
valedictorian n. 졸업생 대표(졸업식에서 고별사를 하는 수석 졸업생)

2097 ★★★
conserve
[kənsə́:rv]

vt. 보존하다, 보호하다 = keep, preserve, protect

To **conserve** our nature, actions are necessary now, not words.
우리의 자연을 보호하기 위해, 말이 아니라 지금 당장의 행동이 필요하다.

MVP conservation n. (자연 환경) 보호, (유적 등의) 보존(= preservation, protection)
conservatory a. 보존성이 있는; n. 온실; 음악[미술, 예술] 학교

2098 ★
seminal
[sémənl]

a. ① (앞으로 전개될 일에) 중대한, 영향력이 큰, 감화를 주는
   = ground-breaking, important, influential
   ② 생식의, 정액의

Fahrenheit 451 was **seminal** for me, the book that turned me into a believer in free speech.
『화씨 451도(Fahrenheit 451)』는 내게 큰 영향을 끼친 책이었는데, 그 책이 나를 언론 자유의 신봉자로 변화시켰기 때문이다.

2099 ★★
inroad
[ìnròud]

n. ① (영토 따위에 대한) 침입, 침략 = incursion, invasion
   ② 침해, 잠식; (새로운 영역으로의) 진출, 진입, 침투 = encroachment

In Italy, as elsewhere, television has made deep **inroads** into movies.
다른 곳과 마찬가지로 이탈리아에서도 텔레비전이 영화를 깊이 잠식해 들어왔다.

MVP make inroads into ~을 잠식해 들어가다[감소시키다], ~에 침입하다

2100 ★

taut

[tɔːt]

a. (밧줄 따위가) 팽팽한; (표정·신경 등이) 긴장된 = tight; tense

If the wire is held **taut** and the ball pulled back and released, the pendulum will swing freely back and forth through an arc.

줄이 팽팽한 상태에서 공을 한 쪽으로 당겼다가 놓으면, 진자는 자유롭게 (추의) 궤적을 따라 왔다 갔다 하며 움직일 것이다.

DAY 42

A. Write the meaning of the following words.

☐ compensate   _____

☐ sanity   _____

☐ eugenics   _____

☐ pivotal   _____

☐ ancestor   _____

☐ detract   _____

☐ raw   _____

☐ penance   _____

☐ retire   _____

☐ meek   _____

☐ occupation   _____

☐ interject   _____

☐ mainstream   _____

☐ pine   _____

☐ solitude   _____

☐ narcotic   _____

☐ acquire   _____

☐ perceive   _____

☐ feckless   _____

☐ spire   _____

☐ exorcise   _____

☐ endow   _____

☐ belabor   _____

☐ viper   _____

☐ campaign   _____

☐ allegedly   _____

☐ shutdown   _____

☐ fierce   _____

☐ gentry   _____

☐ bold   _____

☐ lade   _____

☐ decade   _____

☐ coarse   _____

☐ application   _____

☐ militant   _____

☐ recrimination   _____

☐ conserve   _____

☐ seminal   _____

☐ inroad   _____

☐ taut   _____

※ 주어진 단어의 뜻을 본문에서 확인하시고 틀린 단어의 경우 박스에 체크한 뒤에 나중에 다시 학습하시기 바랍니다.

B. Choose the synonym of the following words.

1. jocose
2. hapless
3. passion
4. dexterous
5. valedictory
6. hypothesis
7. tolerance
8. impenetrable
9. undermine
10. condolence

Ⓐ mourning
Ⓑ damage
Ⓒ assumption
Ⓓ farewell
Ⓔ impermeable
Ⓕ adroit
Ⓖ generosity
Ⓗ ardor
Ⓘ unfortunate
Ⓙ facetious

B. 1. Ⓙ 2. Ⓘ 3. Ⓗ 4. Ⓕ 5. Ⓓ 6. Ⓒ 7. Ⓖ 8. Ⓔ 9. Ⓑ 10. Ⓐ

2101 ★★★

lethal
[líːθəl]

a. 치명적인, 치사의 = deadly, fatal, mortal

The Ebola virus is one of the world's most **lethal** viruses.
에볼라 바이러스는 세계에서 가장 치명적인 바이러스 중 하나다.

The closure of the factory dealt a **lethal** blow to the town.
공장 폐쇄는 그 소도시에 치명타가 되었다.

MVP lethally ad. 치명적으로

2102 ★★

safeguard
[séifgàːrd]

n. 보호수단; 안전장치 = defense, protection, shield

Keeping clean is the best **safeguard** against disease.
청결이 질병에 대한 최상의 안전장치이다.

2103 ★★★

enlighten
[inláitn]

vt. 계몽하다, 교화하다; 가르치다, 이해시키다 = civilize, edify; teach, instruct

They decided to **enlighten** the ignorant.
그들은 무지한 사람들을 계몽하기로 결정했다.

He **enlightened** me on the question.
그는 그 문제에 대해서 나를 깨우쳐 주었다.

MVP enlightenment n. 계발(啓發), 교화, 개화
　　　enlightening a. 계몽적인
　　　enlightened a. 깨우친, 계몽된, 개화된

2104 ★

parturition
[pàːrtjuəríʃən]

n. 분만, 출산 = accouchement, delivery

Parturition usually takes place in the last two weeks of human pregnancy.
분만은 대개 임신 기간의 마지막 2주에 이루어진다.

MVP parturient a. 출산이 가까운, 만삭의; (사상·문학 작품 등을) 발표하려고 하는

2105 ★★★

urban
[ə́ːrbən]

a. 도시의, 도시 특유의, 도시에 익숙한; 도시에 사는

London is the UK's biggest **urban** zone.
런던은 영국의 가장 큰 도시 지역이다.

MVP urbanity n. 도시풍, 세련, 우아; (pl.) 도시풍의[세련된] 태도; 도회 생활
　　　suburb n. 교외(도심지를 벗어난 주택 지역); (pl.) 부근, 주변
　　　suburban a. (도시) 교외의; 평범한, 따분한
　　　cf. urbane a. (특히 남자가) 세련된, 점잖은
　　　↔ rural a. 시골의, 지방의

2106 ★★
ballot
[bǽlət]

n. 투표용지; 비밀[무기명] 투표; 총 투표수; (the ~) 투표권; 입후보자 명단
v. (무기명으로) 투표하다, 투표로 뽑다[결정하다] = poll, vote

Early voting, which is called pre-poll voting or advance polling, is a system that helps voters cast their **ballots** in advance of a designated Election Day.
미리 투표를 하는 것, 일명 사전투표제는 선거일로 지정된 날짜 이전에 유권자들이 자신의 투표권을 행사할 수 있게 도와주는 제도이다.

MVP vote n. 투표; (보통 the ~) 투표권; v. 투표하다

2107 ★★★
absorb
[æbsɔ́ːrb]

vt. ① 흡수하다, 빨아들이다 = imbibe, soak, suck
② (사람·마음을) 열중케 하다; (시간·주의 등을) 빼앗다 = engross, fascinate

This new compound is able to **absorb** large amounts of water.
이 새로운 혼합물은 다량의 물을 흡수할 수 있다.

MVP absorption n. 흡수; 열중, 전념

2108 ★★
closet
[klázit]

n. ① 찬장, 벽장 = cabinet, cupboard, sideboard
② (기도·공부·응접용의) 작은 방, 사실(私室) = adytum, recess, sanctum
③ 변기, 수세식 화장실 = lavatory

I put the bag in my **closet** and went to bed earlier than usual.
저는 벽장에 그 가방을 넣고 평소보다 일찍 잠자리에 들었습니다.

2109 ★★★
perpetual
[pərpétʃuəl]

a. 영속적인; 부단한, 끊임없는 = constant, continual, endless

Without **perpetual** temptation no human spirit can ever be tempered and fortified.
끊임없는 유혹이 없다면 인간의 정신은 절대 단련되고 강화되지 못한다.

Justice is the constant and **perpetual** will to allot to every man his due.
정의란 모든 이에게 합당한 몫을 나누어 주려는 지속적이고 영구적인 의지이다.

MVP perpetually ad. 영구히, 영속적으로
perpetuate vt. 영속시키다, 불멸하게 하다

2110 ★
top-notch
[tápnátʃ]

a. 최고의, 일류의, 아주 뛰어난 = ace, first-rate, supreme, uppermost
n. (도달할 수 있는) 최고점, 최고도

He has practiced over and over again to become a **top-notch** table tennis player.
그는 최고의 탁구 선수가 되기 위해 계속해서 반복하여 연습했다.

MVP notch n. 새김눈; 단계

2111 ★★★

interpret
[intə́ːrprit]

v. ① 설명하다, 해명하다 = clarify, define, elucidate, explain
② 해석하다, 이해하다 = construe, understand
③ 통역하다 = translate
④ 〈연극·음악〉 (자기의 해석에 따라) 연주[연기]하다 = perform, render

I **interpret** your nod to mean that you agree with me.
당신이 고개를 끄덕이는 것을 제 의견에 동의한다는 의미로 해석하겠습니다.

MVP interpretation n. 해석, 설명; 통역; (꿈·수수께끼 등의) 판단
interpreter n. 해설자, 설명자; 통역사

2112 ★★

enmity
[énməti]

n. 증오, 적의, 적개심, 원한 = animosity, hostility, rancor

Americans feel some **enmity** toward Asians because of the trade deficit with
Asian countries.
미국인들은 아시아 국가들과의 무역 적자 때문에 아시아인들에 대해 약간의 적대감을 느끼
고 있다.

2113 ★★

disband
[disbǽnd]

v. 해체[해산]하다 = break up, disperse, dissolve

The band **disbanded** in 2003, but group members met for occasional concerts
from time to time.
그 밴드는 2003년에 해체했지만 멤버들은 가끔씩 열리는 콘서트를 위해 간간히 만남
을 가졌다.

2114 ★★★

conscious
[kɑ́nʃəs]

a. ① 의식하고 있는, 알고 있는 = aware, mindful
② (행동·감정 등이) 의도적인 = deliberate, intentional

I grew more and more **conscious** of what was happening.
나는 무슨 일이 벌어지고 있는지 점점 더 알아차리게 되었다.

It was a **conscious** decision not to have any black people in the event.
그 행사에 흑인을 참여시키지 않은 결정은 의도적으로 한 행동이었다.

MVP consciousness n. 의식, 자각
consciously ad. 의식적으로, 자각하여
subconscious a. 잠재의식의, 어렴풋이 의식하는
self-conscious a. 남의 시선[이목]을 의식하는; 자의식이 강한
↔ unconscious a. 무의식의, 부지중의; 모르는, 깨닫지 못하는; 의식이 없는

2115 ★★
naturalize
[nǽtʃərəlàiz]

v. ① (외국인을) 귀화시키다, ~에게 시민권을 주다 = grant citizenship to
  ② (새 환경에) 적응시키다, 길들이다 = acclimate, adapt, habituate, tame
  ③ (외국어·외국의 습관 등을) 들여오다, 받아들이다 = domesticate, introduce

Many foreigners who become **naturalized** Korean citizens choose to keep their original family names.
한국에 귀화한 외국인 중 상당수는 자신의 본래 성씨를 간직하려고 한다.

MVP naturalization n. 귀화; (외국어·외국 문화의) 이입(移入); (환경에의) 순응

2116 ★★★
desperate
[déspərət]

a. ① 자포자기한, 될 대로 되라는 식의 = dejected, discouraged
  ② 필사적인, 극단적인 = eager, keen, reckless
  ③ 절망적인; 좋아질 가망이 없는 = hopeless; futile

Somewhere out there was a **desperate** man, cold, hungry, hunted.
저기 바깥 어딘가에 춥고 배고픈 가운데 쫓기는 신세로 자포자기의 심정에 빠진 한 남자가 있었다.

Doctors were fighting a **desperate** battle to save the little girl's life.
의사들은 그 어린 소녀의 생명을 살리기 위해 필사적인 싸움을 벌이고 있었다.

MVP desperately ad. 필사적으로; 자포자기하여

2117 ★★
garnish
[gάːrniʃ]

vt. ① 장식하다; (문장을) 미사여구로 꾸미다 = adorn, decorate; embellish
  ② (요리에) 고명을 곁들이다
  ③ (채권 압류를 통고하여 채무자의 재산을) 압류하다 = attach, seize

n. 장식, 장식물; 미사여구; (요리의) 고명, 곁들이는 것

Every dish was **garnished** with sweet roasted tomatoes.
모든 요리에는 달콤한 구운 토마토가 고명으로 얹어져 있었다.

He was upset about an Internal Revenue Service request to **garnish** his wages for back taxes.
그는 체납 세금에 대해 그의 임금을 압류하겠다는 국세청의 요구에 마음이 심란했다.

MVP garnishee vt. (채권을) 압류하다; 채권 압류의 통고를 하다
garnishment n. 장식; 채권 압류 통고[절차]

2118 ★★★
stand
[stænd]

v. ① 서다, 서 있다; 일어서다 = be erect, be upright, get to one's feet, rise
  ② (이미 했던 제의·결정 등이) 유효하다, 변함없다
    = continue, exist, prevail, remain valid
  ③ 참다, 견디다 = bear, endure, resist, tolerate, withstand

n. ① (공개적으로 드러내는) 태도, 의견 = attitude, opinion, position, stance
  ② 저항, 반항 = defiance, holdout, rebellion, resistance, revolt

I can't **stand** people interrupting all the time.
나는 쉴 새 없이 끼어드는 사람들을 견딜 수 없다.

MVP standing a. 서 있는; 상비의; 영속적인; n. 지위, 신분; 명성; 지속 (기간);
(pl.) 순위표

2119 ★★

muddy
[mʌdi]

a. ① 진흙의; 진흙투성이의, 질퍽거리는 = marshy, quaggy, slimy, swampy
② (색깔·소리 등이) 우중충한, 흐린 = cloudy, turbid
③ (머리가) 멍한, 혼란한 = absent-minded, vacant

He tried not to splash **muddy** water on pedestrians' clothes.
그는 보행자의 옷에 흙탕물이 튀기지 않도록 노력했다.

MVP mud n. 진흙, 진창

2120 ★★

cast
[kæst]

v. ① ~에게 표를 던지다 = choose, name, pick
② ~에 대해 의심을 불러일으키다 = doubt, question
n. ① 주형 주조; 주조물; 〈의학〉 깁스붕대
② 배역 = part, role

About ninety-five percent of those who **cast** their votes approve the new constitution.
투표하는 사람들 중 약 95%가 새 헌법에 찬성하고 있다.

Criminal psychologists **cast** doubt on the theory that juvenile delinquency is related to hate crime.
범죄 심리학자들은 청소년 범죄가 증오 범죄와 관계가 있다는 이론에 의문을 제기한다.

The plaster **cast** is very light and it gives his arm full protection for any knocks that he might take.
그 깁스는 매우 가벼우며, 그가 받을 수 있는 어떤 타격으로부터도 팔을 완전히 보호해 준다.

2121 ★★★

adamant
[ǽdəmənt]

a. 요지부동의, 단호한, 강경한 = determined, resolute, stubborn, unyielding

The film critic was **adamant** in her conviction that sequels are generally inferior to their predecessors.
그 영화평론가는 속편이 일반적으로 전편보다 못하다는 확신에 있어 요지부동이었다.

We tried to persuade her, but she was **adamant**.
우리는 그녀를 설득하려 했지만 그녀는 단호했다.

2122 ★★
glee
[gliː]

n. 큰 기쁨, 즐거움, 환희 = delight, exhilaration, joy, mirth, pleasure

The kids shouted with **glee** when they saw Santa.
아이들은 산타를 보자 기뻐서 소리를 질렀다.

MVP gleeful a. 매우 기뻐하는; 즐거운

2123 ★★★
process
[práses]

n. ① (현상(現象)·사건 등의) 진행, 경과 = course
   ② 과정; 공정, 순서, 처리, 방법 = means, method, procedure
vt. (식품을) 가공 처리[저장]하다

Evolution is the **process** where species change and adapt over time.
진화는 생물 종(種)이 오랜 시간에 걸쳐 변화하고 적응하는 과정을 말한다.

MVP processed food 가공식품

2124 ★★
sleek
[sliːk]

a. ① (머리칼 등이) 매끄러운, 윤기 있는 = glossy, lustrous, silky, slick, smooth
   ② (옷차림 등이) 단정한, 말쑥한, 맵시낸 = chic, elegant, fashionable, stylish

Apple's products are famous for their **sleek** design and high quality.
애플사의 제품은 매끄러운 디자인과 높은 품질로 잘 알려져 있다.

2125 ★
dyslexia
[disléksiə]

n. 〈의학〉 난독증(難讀症), 독서 장애

Dyslexia is a learning problem that causes people to struggle with reading and spelling.
난독증은 사람들이 읽기와 철자법에 어려움을 겪도록 만드는 학습 장애다.

2126 ★★★
convert
v. [kənvə́ːrt]
n. [kánvəːrt]

v. ① 전환시키다[개조하다], 전환하다, 바꾸다 = change, modify, transform
   ② 개종시키다, 개종하다 = proselyte
n. 개종자, 개심자, 전향자 = neophyte, proselyte

The function of ears in hearing is to **convert** the sound waves to nerve impulses.
청각에서 귀의 기능은 음파를 신경자극으로 전환하는 것이다.

He **converted** from Christianity to Islam.
그는 기독교에서 이슬람으로 개종했다.

He was Catholic, but now he is a **convert** to Buddhism.
그는 가톨릭 교도였지만, 지금은 개종을 해서 불교신자이다.

MVP cf. apostate n. 배교자; 변절자
      cf. renegade n. 배교자; 배반자; (특히) 이슬람교로 개종한 기독교도; 반역자

2127 ★

quay
[ki:]

n. 선창, 부두, 방파제 = dock, jetty, pier, wharf

A number of fishing boats were moored to the **quay**.
많은 어선이 부두에 계류되어 있었다.

2128 ★★★

unite
[ju:náit]

v. 결합하다, 연합하다; 통합[결속]시키다 = coalesce, combine, join, merge

The police chief called on the local people to **unite** against the drug dealers.
경찰 총장은 마약 밀매자들에게 맞서 단결할 것을 지역 주민들에게 요구했다.

MVP unity n. 통일(성); 조화, 일치, 협조
united a. 하나가 된, 결합된, 맺어진

2129 ★★

incognito
[inkάgnitòu]

a. ad. 익명의[으로], 신분을 숨긴[숨기고] = anonymous, in disguise, unnamed

Movie stars often prefer to travel **incognito**.
영화배우들은 흔히 자기 신분을 숨기고 여행을 하기를 선호한다.

MVP drop one's incognito 신분을 밝히다

2130 ★★

recession
[riséʃən]

n. ① 후퇴, 퇴거 = retreat, withdrawal
② (일시적인) 경기 후퇴, 불경기 = depression, slump

The high oil price pushed the economy into deep **recession**.
고유가(高油價)는 경제를 침체의 늪으로 몰아넣었다.

MVP recede v. 물러나다, 퇴각하다; 감퇴하다, 약해지다

2131 ★★★

malign
[məláin]

vt. 중상[비방]하다, 헐뜯다 = calumniate, libel, slander, traduce
a. 해로운; (병이) 악성의; 악의 있는 = maleficent, harmful

Politicians often try to **malign** the other parties in order to win votes.
정치인들은 표를 얻기 위해 종종 다른 정당들을 비방하려 애쓴다.

The priest kept on praying so he could expel the **malign** spirits.
그 신부는 악한 정령들을 내쫓기 위해 계속해서 기도했다.

MVP malignant a. (종양·병이) 악성의; 악의 있는; 유해한
↔ benign a. (종양·병이) 양성의; 상냥한, 유순한

2132 ★★

shore

[ʃɔːr]

vt. 지주로 받치다, 떠받치다, 강화하다[up] = prop, prop up, sustain

n. 바닷가, 해안 = coast

Publishers are trying to **shore** up their conventional business while preparing for a future in which e-books will represent a much bigger chunk of sales.
출판업자들은 기존의 사업을 유지하려 노력하는 한편, 전자책이 훨씬 더 많은 매출을 나타내 보일 미래에 대비하고 있다.

2133 ★★

vista

[vístə]

n. (길게 내려다 본) 경치, 풍경; 전망 = landscape; perspective, prospect

A developer had built some rather ugly houses on what had been green fields, thereby spoiling the Jacksons' **vista** of the beautiful valley below ahead.
한 개발업자가 다소 보기 흉한 몇몇 집들을 푸른 들판이었던 곳 위에 지었는데 그 집들이 잭슨(Jackson) 부부가 사는 집의 비탈길 앞에 펼쳐진 아름다운 계곡들의 경치를 망쳐놓았다.

2134 ★★★

objective

[əbdʒéktiv]

a. 객관적인, 편견 없는 = detached, fair, impartial, unbiased

n. 목표, 목적; 〈문법〉 목적격 = aim, goal, purpose, target

History requires an **objective** truth based upon solid facts.
역사는 확실한 사실을 바탕으로 한 객관적인 진실을 요구한다.

Our **objective** must be to pursue an end to all violence.
우리의 목표는 모든 폭력의 종식을 추구하는 것이어야 한다.

MVP cf. subjective a. 주관적인; n. <문법> 주격

2135 ★★

accord

[əkɔ́ːrd]

v. ① 일치[조화]하다[with] = agree, be in harmony
　② 주다, 수여하다, 부여하다 = bestow, confer, give, grant

n. 일치, 조화; 합의; 협정 = agreement, concord, harmony

These results **accord** with our predictions.
이들 결과는 우리의 예측과 부합한다.

Our society **accords** great importance to the family.
우리 사회는 가족에 큰 중요성을 부여한다.

The two sides signed a peace **accord** last July.
양측은 지난 7월에 평화 합의안에 서명했다.

MVP accordance n. 일치, 조화; 수여

2136 ★

constable

[kánstəbl]

n. 순경, 경찰관 = patrolman, policeman, police officer

The **constable** arrested a driver for speeding.
순경이 운전자를 과속으로 체포했다.

DAY 43

2137 ★★★
exchange
[ikstʃéindʒ]

v. ① 교환하다, 맞바꾸다, 주고받다 = barter, interchange, swap, switch
② 환전(換錢)하다 = change
n. ① 교환, 주고받기; 교환물 = reciprocity, trade
② 말다툼, 언쟁, 논쟁 = dispute, quarrel, wrangle
③ 환전; 환(시세); 환전 수수료; 거래소

If one person wanted a pig and another person wanted potatoes, they decided to **exchange** their belongings.
만일 한 사람이 돼지 한 마리를 원했고 다른 사람이 감자를 원했다면, 그들은 그들의 소유물을 교환하기로 결정했다.

2138 ★★
onset
[ánsèt]

n. ① 개시, 시작; (병의) 발병 = beginning, commencement, dawn
② 공격, 습격 = assault, attack, onslaught

The doctor said that the **onset** of the disease is gradual.
그 의사는 그 병의 발병이 점진적으로 이뤄진다고 말했다.

2139 ★
rake
[reik]

v. ① 갈퀴로 긁다; 긁어모으다 = collect, gather, scrape, scratch
② 샅샅이 찾다[뒤지다], 찾아 돌아다니다 = comb, ransack, scour, search
n. ① 갈퀴; (도박장의) 판돈 거두어들이는 도구
② 난봉꾼, 방탕자 = debauchee, libertine

The detective **raked** about any possible evidence in the house.
탐정이 그 집에서 가능한 모든 증거를 찾아 다녔다.

2140 ★★
homogeneous
[hòumədʒí:niəs]

a. 동종[동질, 균질]의; 〈생물〉 (발생·구조가) 상동(相同)의 = alike, similar, uniform

University of Chicago business school has a very **homogeneous** student mix, in the sense of backgrounds, interests, and career objectives.
시카고 대학의 경영 대학원 학생들은 경력이나 기호, 직업 목표 등의 측면에서 매우 동질적인 요소가 많다.

MVP homogenize vt. 동질[균질]이 되게 하다, 균질화하다
homogeneity n. 동종[동질]성, 균질성
↔ heterogeneous a. 이종(異種)의; 이질적인; 서로 다른 성분으로 된

2141 ★★
pinnacle
[pínəkl]

n. ① 정점, 절정 = acme, apex, tiptop
② 작은 뾰족탑, 뾰족한 산봉우리 = spire, steeple, summit

Today, space science is the **pinnacle** of modern technology.
오늘날 우주 과학은 현대 과학기술의 정점이라고 할 수 있다.

A walker broke his arms, legs, and pelvis yesterday when he plunged 80 feet from a rocky **pinnacle**.
어제 등반객 한 명이 바위 봉우리에서 80피트를 추락해서 팔과 다리, 골반뼈가 부러졌다.

2142 ★★★

feign
[fein]

v. 가장하다, ~인 체하다 = affect, assume, pretend, simulate

One morning, I didn't want to go to school, and decided to **feign** illness.
어느 날 아침, 난 학교에 가기 싫었고, 그래서 아픈 척하기로 마음먹었다.

2143 ★★

impregnable
[imprégnəbl]

a. 난공불락의, 견고한; (신념 따위가) 확고부동한
= invincible, unassailable; firm

The city was **impregnable** to the enemy's army because of its high stone walls.
그 도시는 높은 돌담 때문에 적군에게는 난공불락이었다.

2144 ★★★

medium
[mí:diəm]

n. ① 매개물, 매체; (정보 전달 등의) 기관, 수단, 방법
= channel, means, method, vehicle
② (pl.) 영매(靈媒), 무당 = seer, spiritualist
a. (정도·질·크기 등이) 중간의, 중위의 = average, intermediate, middle, midway

The major news **media** never released his name.
주요 언론 매체들은 그의 이름을 결코 공개하지 않았다.

With a dark color, the wine is **medium** to full bodied.
짙은 색상을 띤 그 와인은 중간 내지 진한 맛이다.

2145 ★★

servile
[sə́:rvil]

a. 노예의; 노예근성의, 비굴한, 굽실거리는 = submissive, subservient

As a waiter you want to be pleasant to people and tend to their needs without appearing totally **servile**.
웨이터로서 당신은 사람들에게 상냥하게 대해야 하며 지나치게 비굴한 태도를 보이지는 않으면서도 사람들의 요구에 주의를 기울여야 한다.

> **MVP** servility n. 노예근성, 비굴; 굴종; 예속
> servitude n. 노예 상태; 노역, 징역

2146 ★★

loophole
[lú:phòul]

n. ① (감시·통풍용의) 작은 창문; (일반적으로) 구멍, 틈 = aperture, opening
② (법률 등의) 빠져나갈 구멍, 허점 = escape

The mayor accepted the bribe using a **loophole** in a law.
시장은 법의 허점을 이용해 뇌물을 수수했다.

> **MVP** loop n. (끈·실·철사 등의) 고리; 고리 장식
> hole n. 구멍; 누추한 집; 허점

2147 ★★★
bland
[blænd]

a. ① (기후가) 온화한; (태도가) 상냥한 = temperate, mild; amiable, gracious
② (맛이) 자극적이지 않은 = insipid, tasteless
③ 재미없는, 지루한 = boring, dull

Herbs and spices are the seasonings used in New England dishes, which might taste rather **bland** to people accustomed to hot and spicy New Mexican food.
허브와 향신료는 뉴잉글랜드의 음식에 사용되는 양념들인데, 이것은 맵고 자극적인 뉴멕시코 음식에 익숙한 사람들에게는 다소 맛이 싱거울 수 있다.

2148 ★★
tyro
[táiərou]

n. 초보자, 초심자 = beginner, neophyte, novice

He was something of an amateur physiognomist, but he seldom made the mistakes of the **tyro**.
그는 아마추어 관상학자였지만, 초보자들이 할 법한 실수는 거의 하지 않았다.

A former classmate of the Olympic medalist recalls her as a promising **tyro** practicing in the city ice rink.
그 올림픽 메달리스트와 같은 반 친구였던 이는 그녀가 시립 아이스링크에서 훈련하던 전도유망한 초심자였다고 기억하고 있다.

2149 ★
penny-pinching
[péni-pintʃiŋ]

a. ① 인색한, 구두쇠인 = miserly, niggardly, parsimonious, stingy
② 긴축 재정의 = belt-tightening

Scrooge is the **penny-pinching** boss of Bob Cratchit, an underpaid employee and father of six.
스크루지(Scrooge)는 박봉의 직원이자 여섯 아이의 아빠인 밥 크래칫(Bob Cratchit)에게 인색하게 구는 사장이다.

MVP penny-pinch vt. 인색하게 굴다
cf. penny-wise a. 푼돈을 아끼는

2150 ★★★
assemble
[əsémbl]

v. ① 모으다, 집합시키다, 소집하다; 회합하다
= congregate, convene, gather, rally
② (기계를) 조립하다 = construct, fabricate

The king commanded that all the people should be **assembled** at once.
왕은 모든 사람들이 즉시 모이도록 명령했다.

MVP assembly n. 집회, 회합; 의회
assemblage n. 회중(會衆); 집단; 집회

REVIEW TEST

A. Write the meaning of the following words.

☐ lethal	☐ dyslexia
☐ safeguard	☐ convert
☐ enlighten	☐ quay
☐ urban	☐ shore
☐ ballot	☐ objective
☐ absorb	☐ accord
☐ perpetual	☐ exchange
☐ top-notch	☐ onset
☐ interpret	☐ rake
☐ disband	☐ homogeneous
☐ conscious	☐ pinnacle
☐ naturalize	☐ feign
☐ desperate	☐ impregnable
☐ garnish	☐ medium
☐ stand	☐ servile
☐ muddy	☐ loophole
☐ cast	☐ bland
☐ adamant	☐ tyro
☐ process	☐ penny-pinching
☐ sleek	☐ assemble

※ 주어진 단어의 뜻을 본문에서 확인하시고 틀린 단어의 경우 박스에 체크한 뒤에 나중에 다시 학습하시기 바랍니다.

B. Choose the synonym of the following words.

1. parturition	Ⓐ anonymous
2. enmity	Ⓑ retreat
3. glee	Ⓒ combine
4. malign	Ⓓ delight
5. constable	Ⓔ accouchement
6. vista	Ⓕ cabinet
7. closet	Ⓖ policeman
8. recession	Ⓗ landscape
9. incognito	Ⓘ calumniate
10. unite	Ⓙ animosity

B. 1. Ⓔ 2. Ⓙ 3. Ⓓ 4. Ⓘ 5. Ⓖ 6. Ⓗ 7. Ⓕ 8. Ⓑ 9. Ⓐ 10. Ⓒ

2151 ★★★

wary
[wέəri]

a. 경계하는, 조심하는, 신중한 = careful, vigilant, watchful

Egyptians were especially **wary** of military intervention of foreign countries.
이집트인들은 외국의 군사개입을 특히 경계하고 있었다.

MVP warily ad. 조심하여, 신중히

2152 ★★

impeach
[impíːtʃ]

vt. 탄핵하다; 고발하다 = denounce; accuse, charge, indict

The governor was **impeached** for gross malfeasance, although embezzlement charges were never filed.
그 주지사는 횡령 혐의로 기소되지는 않았지만, 중대한 부정행위로 탄핵되었다.

MVP impeachment n. 탄핵; 고발, 고소; 비난
impeachable a. 고발[비난, 탄핵] 되어야 할[마땅한]

2153 ★★

recluse
n. [rékluːs]
a. [riklúːs]

n. 은둔자 = hermit

a. 속세를 떠난, 은둔하는; 쓸쓸한 = cloistral, secluded, sequestered

She has led the life of a **recluse** since her husband died.
그녀는 남편이 세상을 떠난 이후로 은둔자의 삶을 살아왔다.

MVP reclusive a. 세상을 버린, 은둔한; 쓸쓸한

2154 ★★

sever
[sévər]

v. 절단하다, 끊다; 떼다, 가르다 = detach, divide, separate

John Adams sought to **sever** his personal ties with the British King.
존 애덤스(John Adams)는 영국 왕과의 개인적인 유대관계를 끊으려고 했다.

Richardson **severed** his right foot in a motorcycle accident.
리처드슨(Richardson)은 오토바이 사고로 오른발이 절단되었다.

MVP severance n. 절단, 단절, 분리

2155 ★

privy
[prívi]

a. ① (비밀·음모 등에) 내밀히 관여하는, 내통하고 있는[to]
② 사적인, 개인용의; 어떤 특정 개인에 속하는[관한] = personal, private
③ 비밀의, 숨은 = covert, hidden, secret

n. (특히 옥외에 있는) 변소 = lavatory

Very few of them were **privy** to the details of the conspiracy.
그들 중 극소수만이 그 공모의 세부 내용들에 은밀하게 관여하고 있었다.

2156 ★★
chagrin
[ʃəgrín]

n. 원통함, 분함, 유감 = annoyance, irritation

The experiment was a failure, to his **chagrin**.
그에게는 유감스럽게도, 그 실험은 실패하고 말았다.

MVP to one's chagrin 분하게도, 유감스럽게도

2157 ★★
aggrieve
[əgríːv]

vt. 괴롭히다, 학대하다; (권리 등을) 침해하다; (감정·명예 등을) 손상시키다
= afflict, distress, mistreat, oppress, persecute

He was **aggrieved** by her indifference to him.
그녀의 무관심에 그는 기분이 상했다.

MVP aggrieved a. 학대받은, 불만을 품은

2158 ★
parley
[páːrli]

n. 회담, 상의(相議), 교섭, 협상 = conference, discussion, negotiation
v. 회담[상의]하다, 교섭[담판]하다 = confer, negotiate

Today, computer technology makes possible a **parley** between two parties a long way apart.
오늘날, 컴퓨터 기술은 멀리 떨어져 있는 쌍방의 회의를 가능하게 해 준다.

2159 ★★
morose
[məróus]

a. 기분이 언짢은, 시무룩한, 뚱한 = dour, moody, sullen

I had always been a very astute student and a good doctor, but I began to feel very **morose** and despondent about myself.
나는 항상 매우 총명한 학생이었고 좋은 의사였지만, 갑자기 내 자신에 대해서 침울해지고 의기소침해지게 됐다.

2160 ★★★
establish
[istǽbliʃ]

vt. ① (국가·정부를) 수립하다, (학교·회사를) 창설[설립]하다 = found, set up
② (제도·법률 등을) 제정[규정]하다; (선례·습관·소신·명성 등을) 확립하다
= constitute, enact, institute
③ (사실·이론 등을) 확증[입증]하다
= confirm, corroborate, prove, verify
④ (결혼·취직 등으로) 자리를 잡게 하다, 취직시키다; 안정시키다 = settle

Mark Zuckerberg and his Harvard friends **established** Facebook on Feb. 4, 2004.
마크 주커버그(Mark Zuckerberg)와 그의 하버드 대학 친구들이 2004년 2월 4일에 페이스북을 설립했다.

MVP establishment n. 설립, 창립; 설치; (공공 또는 사설의) 시설, 설립물
established a. 확실한, 확립된, 확인된, 기정의; 설립[제정]된, 인정된

2161 ★★

beneficiary
[bènəfíʃièri]

n. 수혜자; (유산) 수령인 = recipient; heir, inheritor

The rich are the main **beneficiaries** of the tax cuts.
부유층이 세금 감면의 최대 수혜자들이다.

MVP beneficial a. 유익한, 이익을 가져오는

2162 ★★★

complaisant
[kəmpléisnt]

a. 사근사근한, 고분고분한; 공손한, 친절한 = compliant, obedient; obliging

Because we vote like fickle teenagers, politicians know their tenure depends not on doing what is right, but what keeps us **complaisant**.
우리가 변덕스러운 10대처럼 투표를 하기 때문에, 정치인들은 그들의 임기가 올바른 일을 하는 것이 아닌, 우리를 순종시킬 수 있는 무언가에 달려 있음을 안다.

MVP cf. complacent a. 자기만족의(= smug, self-satisfied)

2163 ★★

semester
[siméstər]

n. (1년 2학기제 대학의) 한 학기, 반 학년 = term

Three students out of fifty failed this **semester**.
이번 학기에 50명 중 3명이 낙제했다.

2164 ★

nettle
[nétl]

vt. 짜증나게[화나게] 하다, 초조하게 하다 = annoy, irritate, vex
n. ① 〈식물〉 쐐기풀
② 초조하게[화나게] 하는 것, 어려움

My remarks clearly **nettled** her.
내 말이 분명 그녀를 화나게 한 모양이었다.

MVP grasp the nettle 곤경에 선뜻 맞서다

2165 ★★★

alternative
[ɔːltə́ːrnətiv]

n. 대안, 대체 수단 = choice, option
a. 양자택일의, 대안적인, 대체의 = substitute

Government officials and state-funded scientists say nuclear is the only economically viable **alternative** to fossil fuels.
정부 관료와 정부의 자금지원을 받는 과학자들은 원자력이 화석연료에 대해 경제적 측면에서 경쟁력을 가진 유일한 대안이라고 말하고 있다.

Medical treatments which are used instead of drugs, surgery, and other officially accepted methods of treatment are known as **alternative** medicine.
약물, 수술, 그리고 다른 공식적으로 용인되는 치료 방법들 대신에 사용되는 의학적 치료법들은 대체의학으로 알려져 있다.

MVP alternatively ad. 양자택일로; 그 대신에
alternate v. 번갈아 일어나다, 교체하다, 교대하다; a. 번갈아 하는

2166 ★★

optimal
[ɑ́ptəməl]

a. 최선의, 최상의, 최적의 = excellent, optimum, superlative, supreme

The library maintains an **optimal** indoor temperature.
그 도서관은 최적의 실내 온도를 유지한다.

MVP optimum a. 최적의, 최고의; n. (생물 성장의) 최적 조건(↔ pessimum)

2167 ★★★

amusement
[əmjú:zmənt]

n. ① 즐거움, 위안, 재미 = delight, enjoyment, merriment, pleasure
② 오락(물), 놀이 = diversion, entertainment, game

His expression changed from surprise to one of **amusement**.
그의 표정이 놀라움에서 재미있어 하는 쪽으로 바뀌었다.

MVP amuse vt. 즐겁게 하다, 재미나게 하다; ~의 기분을 풀게 하다
amused a. 즐거워[재미있어] 하는

2168 ★

sieve
[siv]

n. ① (고운) 체 = sifter
② 입이 가벼운 사람, 비밀을 못 지키는 사람 = bigmouth, blabbermouth
v. 체로 치다[거르다], 체질하다 = riddle, sift

Put the flour through a **sieve** to sift out the lumps.
밀가루를 체에 쳐서 덩어리들을 걸러 내십시오.

2169 ★★

petulant
[pétʃulənt]

a. 성마른, 화를 잘 내는 = irritable, peevish, touchy

The **petulant** display over so slight a delay did his reputation a great deal of harm.
사소한 지연에 대해 화를 낸 것은 그의 평판을 크게 손상시켰다.

MVP petulance n. 성마름, 토라짐; 무례한 태도, 건방진 언동

2170 ★★★

bend
[bend]

v. ① 구부리다, (머리를) 숙이다; (무릎을) 굽히다
② (뜻을) 굽히다, 굴복시키다; 굴복하다[to] = succumb, yield
③ (법·규칙 등을 편리하도록) 악용하다 = abuse, ill-use

Our knuckles make a cracking sound when we press, twist, or **bend** our joints.
손마디를 누르거나 비틀거나 구부리면 손가락 관절이 우두둑하고 꺾이는 소리가 난다.

2171 ★★

egoism
[í:gouìzm]

n. 이기주의 = egotism, self-interest, selfishness

Her **egoism** made her think only about her own needs.
그녀의 이기주의는 자신이 원하는 것만 생각하게 만들었다.

MVP egoist n. 이기주의자
egoistic a. 이기적인, 자기 본위의(= egocentric, selfish)
↔ altruism n. 이타주의

2172 ★★
tiresome
[táiərsəm]

a. 성가신, 귀찮은, 지루한 = annoying, boring, irritating, tedious

To say that the work is tedious means, most nearly, that it is **tiresome**.
그 일이 지겹다고 말하는 것은 그것이 지루하다는 것과 가장 가깝다.

2173 ★★
forswear
[fɔːrswéər]

v. ① (나쁜 습관 등을) 맹세코 그만두다 = abandon, forgo, forsake, renounce
② 맹세코 부인하다 = deny, disavow, reject, repudiate
③ 거짓 맹세[위증]하다 = perjure

The country has not **forsworn** the use of chemical weapons.
그 국가는 화학 무기 사용을 그만두지 않았다.

MVP cf. swear v. 맹세하다, 선서하다; (하느님의 이름을 내대며) 욕설하다

2174 ★★
spectacular
[spektǽkjulər]

a. 구경거리의, 장관의; 극적인, 화려한 = dramatic, splendid, striking

The Taj Mahal is undoubtedly one of the most **spectacular** buildings of the world.
타지마할은 틀림없이 세계에서 가장 장관을 이루는 건물 가운데 하나일 것이다.

MVP spectacle n. 광경, 장관; (호화로운) 구경거리, 쇼

2175 ★★★
conceive
[kənsíːv]

v. ① 상상하다, 마음에 품다; 고안하다 = envisage, imagine
② 임신하다

It is impossible to say how first the idea entered my brain; but once **conceived**, it haunted me day and night.
그 생각이 처음에 어떻게 내 머리 속으로 들어오게 되었는지 말할 수 없지만, 일단 생각이 나자, 그것은 밤낮으로 나를 괴롭혔다.

MVP conception n. 개념, 생각; 이해; 구상, 착상; 임신

2176 ★★
harbinger
[háːrbindʒər]

n. 선구자; 전조(前兆), 조짐 = forerunner; omen, portent

Warm weather is a **harbinger** of spring.
따뜻한 날씨는 봄이 오고 있다는 전조다.

2177 ★★

mar
[ma:r]

vt. 손상하다, 망쳐놓다, 못쓰게 만들다 = blight, impair, ruin, vitiate

That billboard **mars** the view.
저 광고판이 경관을 망치고 있다.

My pride was much **marred** up by his words.
그의 말로 인해 내 자존심이 크게 상했다.

2178 ★★★

debate
[dibéit]

n. 토론, 논쟁, 토의 = argument, discuss, dispute
v. ① 논의하다, 토론하다, 논쟁하다 = argue, discuss, dispute
② 숙고하다 = consider, ponder, reflect, ruminate

Debate is a competition of ideas, not of voice volume.
토론은 생각을 경쟁하는 것이지, 목소리 크기를 경쟁하는 것이 아니다.

We're **debating** whether or not to go skiing this winter.
우리는 이번 겨울에 스키를 타러 갈 것인지 말 것인지를 숙고 중이다.

MVP debatable a. 논쟁의 여지가 있는

2179 ★★

incursion
[inkə́:rʒən]

n. (돌연한) 침입, 습격 = foray, infiltration, invasion, raid

Animal attacks in urban areas due to **incursion** of human on animal habitats are also environmental concerns.
인간이 동물의 서식지를 침범함에 따라 도시 지역을 동물이 습격하는 것 또한 환경문제에 속한다.

MVP incursive a. 침입하는, 침략적인; (강물이) 유입하는
cf. excursion n. 소풍, 유람, 수학여행

2180 ★★★

gratitude
[grǽtətjù:d]

n. 감사, 보은의 마음; 사의(謝儀)
= appreciation, gratefulness, thankfulness, thanks

Please accept this small gift as a token of our **gratitude**.
이 작은 선물을 저희가 드리는 감사의 표시로 받아 주십시오.

MVP ingrate n. 배은망덕한 사람, 은혜를 모르는 사람
↔ ingratitude n. 배은망덕, 은혜를 모름

2181 ★★

vaunt
[vɔ:nt, va:nt]

v. 자랑하다, 뽐내다, 허풍떨다 = boast, brag, flaunt
n. 자랑, 허풍, 호언장담 = self-praise

Many applicants **vaunt** their achievements during a job interview.
많은 지원자들은 입사 면접에서 그들이 이룬 것을 자랑한다.

MVP vaunted a. 과시되어 있는, 자랑의
vaunting a. 자랑하는; n. 자랑(하기)

2182 ★★★

merit
[mérit]

n. ① 우수함, 가치; 장점 = advantage, value, virtue, worth
② (pl.) 공적, 공로, 훈공 = achievement, exploit, feat
v. (상·벌 등을) 받을 만하다, 가치가 있다 = be entitled to, be worthy of, deserve

He owed his present position to influence, not **merit**.
그는 실력보다 연줄 덕분으로 지금의 자리를 차지했다.

The case does not **merit** further investigation.
그 사건은 더 이상 수사할 가치가 없다.

MVP merited a. 가치 있는, 정당한, 당연한
meritorious a. 공적 있는; 가치 있는; 칭찬할 만한, 기특한
↔ demerit n. 결점, 결함, 단점

2183 ★★★

dense
[dens]

a. ① 빽빽한, 밀집한; (인구가) 조밀한, 밀도가 높은 = heavy, thick
② 아둔한, 어리석은 = blockheaded, dumb, stupid

Hot air is less **dense** than cool air.
뜨거운 공기가 차가운 공기보다 밀도가 낮다.

He's too **dense** to understand our plan.
그는 너무 멍청해서 우리 계획을 이해하지 못한다.

MVP density n. 밀집 상태, (안개 등의) 짙은 정도; (인구의) 조밀도
densely ad. 조밀하게, 밀집하여
↔ sparse a. 드문드문한, (인구 따위가) 희박한

2184 ★

autodidact
[ɔ́:toudáidækt]

n. 독습자, 독학자

An **autodidact** is a person who has learned a subject without having a teacher or even any formal education.
독학자란 선생님이나 심지어 그 어떤 정규교육도 거치지 않고서 과목을 배운 사람이다.

MVP autodidactic a. 독학의, 독습의

2185 ★★★

lenient
[líːniənt]

a. 관대한, 인정 많은 = generous, indulgent, permissive, tolerant

Many people thought that the punishment of the rude student was too **lenient**.
많은 사람들은 그 무례한 학생에 대한 처벌이 너무 관대하다고 생각했다.

MVP leniently ad. 관대하게(= mildly)
leniency n. 관대, 관용, 자비

2186 ★

uterus
[júːtərəs]

n. 자궁 = womb

Child is born when it exits the **uterus**.
아기는 자궁을 빠져나올 때 태어난다.

2187 ★★★
elusive
[ilúːsiv]

a. ① 파악하기 어려운, 알기 어려운 = ambiguous, elusory, evasive, vague
　② 교묘하게 피하는, 잘 달아나는 = slippery, trick

Many of the most important standards of acceptable behavior in different cultures are **elusive**.
서로 다른 문화에서 받아들일 수 있는 행동의 가장 중요한 기준들 가운데 상당수는 정의하기가 어렵다.

There are three types of scorpions found in Australia, and the most deadly one is the most **elusive**.
호주에서 발견되는 전갈에는 세 종류가 있는데, 가장 치명적인 것이 가장 잡기 어렵다.

MVP elude vt. (벌·책임 따위를) 교묘히 피하다, 회피하다(= evade)

2188 ★★
quibble
[kwíbl]

n. ① 핑계, 구차스런 변명, 둘러대기 = pretense, prevarication, evasion
　② 쓸데없는 비판, 트집 = complaint, niggle, objection
v. ① 억지스러운 변명을 하다
　② (하찮은 것을 두고) 옥신각신하다[투덜대다, 트집 잡다] = bicker

Lawmakers spent the day **quibbling** over the final wording of the resolution.
입법의원들은 결의안의 최종 문구를 두고 하루 종일 옥신각신했다.

MVP quibbling a. 핑계 대는, 발뺌하는; 트집 잡는

2189 ★★★
facility
[fəsíləti]

n. ① 쉬움, 용이함 = ease
　② (보통 pl.) 시설, 설비 = amenities, conveniences
　③ 재능, 솜씨, 유창함 = ability, adroitness, dexterity, fluency

Cities are usually centers of cultural activity and have a much wider range of **facilities** than rural areas.
일반적으로 도시는 문화 활동의 중심지이며 시골지역보다 훨씬 더 광범위한 시설을 가지고 있다.

Mozart composed music with exceptional **facility**.
모차르트(Mozart)는 비범한 재능으로 음악을 작곡했다.

MVP facilitate vt. 용이하게 하다; 촉진하다
　facilitation n. 용이하게 함, 간편하게 함; 촉진, 조장
　facile a. 손쉬운, 용이한

2190 ★★
desist
[dizíst]

vi. 그만두다, 중지하다, 단념하다[from]
　= abstain, cease, discontinue, refrain

The court has ordered him to **desist** from bothering his neighbor.
법원은 그에게 이웃을 괴롭히는 것을 그만두라고 명령했다.

MVP desistance n. 중지, 단념

2191 ★

conglomeration
[kənglὰməréiʃən]

n. 덩어리, 혼합[집합]물, 복합(체) = agglomeration, aggregation, combination

The **conglomeration** of several small businesses into one larger business is expected to draw bitter criticism from the public sector.

여러 개의 소기업이 하나의 대기업으로 합쳐지는 것은 공공부문에서 격렬한 비판을 불러일으킬 것으로 예상된다.

MVP conglomerate n. 집합체; 복합 기업; a. 둥글게 뭉쳐진; v. 둥글게 뭉치다[뭉쳐지다]

2192 ★★

retrench
[ritréntʃ]

v. ① (비용·경비를) 줄이다, 절감하다
= curtail, economize, reduce, skimp, trim
② 해고하다 = discharge, dismiss

Shortly afterwards, cuts in defense spending forced the aerospace industry to **retrench**.

얼마 후에, 방위비 지출 삭감으로 인해 항공업계는 비용을 절감해야 했다.

MVP retrenchment n. 단축, 축소; (비용의) 절감, 절약; 인원 정리, 해고

2193 ★★★

initial
[iníʃəl]

a. ① 처음의, 최초의, 시작의, 초기의 = first, incipient, opening
② 머리글자의, 어두에 있는

n. 머리글자

The **initial** capital city of Afghanistan was Kandahar.

아프가니스탄(Afghanistan)의 최초의 수도는 칸다하르(Kandahar)였다.

MVP initially ad. 처음에, 최초에, 초기에(= at the beginning)
initiate vt. 시작하다, 개시하다; 입문시키다; (~에게 비전·비법을) 전수하다
initiation n. 시작, 개시; 비전[비법] 전수; 가입, 입회, 입문
initialize vt. 초기설정하다, 초기화하다

2194 ★

harry
[hǽri]

v. ① (계속적인 질문·부탁으로) 괴롭히다, 못살게 굴다 = badger, pester, plague
② 약탈하다 = pillage, plunder

The publisher **harried** the writer for copy every night.

매일 밤 출판업자는 그 작가에게 원고를 몹시 재촉해댔다.

2195 ★★★

civilian
[sivíljən]

n. ① (군인·성직자가 아닌) 일반인, 민간인 = citizen
② 비전투원, 군속 = civvy, noncombatant

a. 일반인의, 민간의; 비군사적인 = civil, nonmilitary

The terror attack resulted in countless **civilian** casualties.

그 테러 공격으로 수많은 민간인 희생자들이 발생했다.

2196 ★★

breeze

[briːz]

n. ① 산들바람, 미풍 = light wind, zephyr
② 싸움, 말다툼, 분쟁; 쉽게 할 수 있는 일[것], 식은 죽 먹기

With the start of autumn comes a cool **breeze** at night as summer fades.
여름은 서서히 지나가고 밤에 선선한 바람이 부는 가을이 시작되었습니다.

※ 바람 관련 어휘

cyclone n. 사이클론, 열대성 저기압	gale n. 강풍, 돌풍
gust n. 세찬 바람, 돌풍	hurricane n. 허리케인, 폭풍
storm n. 폭풍(우)	tempest n. 폭풍우, 폭설
thunderstorm n. 뇌우, 폭풍우	tornado n. 토네이도; 대선풍, 대폭풍우
typhoon n. 태풍	zephyr n. 산들바람, 미풍

2197 ★★

placid

[plǽsid]

a. ① 평온한, 조용한 = peaceful, serene, tranquil
② (사람·동물이) 침착한, 차분한 = calm, cool, quiet

The smooth surface of the **placid** lake mirrored the surrounding mountains.
고요한 호수의 잔잔한 표면이 주변의 산들을 비추어 주었다.

2198 ★★★

transport

v. [trænspɔ́ːrt]
n. [trǽnspɔːrt]

vt. ① 수송[운송]하다 = carry, convey
② 〈보통 수동태〉 황홀하게[기뻐 날뛰게] 하다 = enrapture, ravish
③ 추방하다, 귀양 보내다 = banish, exile
n. ① 수송, 운송; 수송[교통] 기관[수단] = conveyance, transportation, vehicle
② (보통 pl.) 황홀, 도취 = ecstasy, euphoria, rapture

The special containers were used to **transport** fruits, nuts, and fish.
그 특별한 용기들은 과일, 견과류, 생선을 운송하는 데 쓰였다.

MVP transportation n. 운송, 수송; 교통[수송] 기관
transporter n. 운송(업)자, 수송자; (대형) 트럭[수송 차량]

2199 ★

sallow

[sǽlou]

a. 창백한, 혈색이 나쁜 = pale, pallid, pasty, wan

The old man in the hospital bed looked **sallow** and weak.
병상에 있던 노인은 안색이 안 좋고 병약해 보였다.

MVP ↔ ruddy a. 붉은, 불그스름한; 혈색이 좋은, 건장한

2200 ★★

reconnaissance

[rikǿnəsəns]

n. 정찰; 조사, 검사; 답사; 정찰대 = surveillance; inspection, survey

The South Korean military does not have high-performance **reconnaissance** planes or military satellites.
한국군은 아직 고성능 정찰기나 군사위성을 보유하고 있지 않다.

MVP reconnoiter v. 정찰하다; 답사하다

A. Write the meaning of the following words.

▢ wary	_____	▢ debate	_____
▢ impeach	_____	▢ merit	_____
▢ recluse	_____	▢ dense	_____
▢ sever	_____	▢ autodidact	_____
▢ privy	_____	▢ lenient	_____
▢ chagrin	_____	▢ uterus	_____
▢ aggrieve	_____	▢ elusive	_____
▢ parley	_____	▢ quibble	_____
▢ morose	_____	▢ facility	_____
▢ establish	_____	▢ desist	_____
▢ semester	_____	▢ conglomeration	_____
▢ alternative	_____	▢ retrench	_____
▢ petulant	_____	▢ initial	_____
▢ bend	_____	▢ harry	_____
▢ egoism	_____	▢ civilian	_____
▢ tiresome	_____	▢ breeze	_____
▢ forswear	_____	▢ placid	_____
▢ spectacular	_____	▢ transport	_____
▢ conceive	_____	▢ sallow	_____
▢ harbinger	_____	▢ reconnaissance	_____

※ 주어진 단어의 뜻을 본문에서 확인하시고 틀린 단어의 경우 박스에 체크한 뒤에 나중에 다시 학습하시기 바랍니다.

B. Choose the synonym of the following words.

1. beneficiary
2. nettle
3. gratitude
4. amusement
5. sieve
6. vaunt
7. incursion
8. mar
9. optimal
10. complaisant

Ⓐ optimum
Ⓑ delight
Ⓒ foray
Ⓓ impair
Ⓔ gratefulness
Ⓕ compliant
Ⓖ sifter
Ⓗ boast
Ⓘ annoy
Ⓙ recipient

B. 1. Ⓙ 2. Ⓘ 3. Ⓔ 4. Ⓑ 5. Ⓖ 6. Ⓗ 7. Ⓒ 8. Ⓓ 9. Ⓐ 10. Ⓕ

2201 ★★★

grateful
[gréitfəl]

a. ① 감사하고 있는, 고마워하는 = appreciative, indebted, obliged, thankful
② 기분 좋은, 쾌적한 = agreeable, pleasant

They are **grateful** for just being in a free country.
그들은 자유 국가에 있는 것만으로도 감사해 한다.

2202 ★★★

rage
[reidʒ]

n. ① 분노, 격노; (바람·비·파도 등의) 사나움, 맹위 = fury, indignation
② 일시적 대유행 = fad, fashion, vogue

My father flied into a **rage** because of my rude attitude.
아버지는 나의 버릇없는 태도 때문에 벌컥 화를 내셨다.

MVP raging a. 격노한, 미친 듯이 날뛰는

2203 ★★★

neglect
[niglékt]

vt. ① (의무·일 따위를) 게을리 하다, 해야 할 것을 하지 않다
② 무시하다, 경시하다; 간과하다 = disregard, ignore; overlook
③ 방치하다, 소홀히 하다

n. 태만, 부주의; 무시, 경시; 간과

Do not **neglect** others' good advice.
다른 사람들의 훌륭한 조언을 결코 무시하지 말아야 한다.

Many artists have refused to marry or, after **neglecting** their families, suffered divorces.
많은 예술가들이 결혼을 하지 않거나, 혹은 가족들을 소홀히 한 후에 이혼했다.

MVP negligence n. 태만, 부주의

2204 ★★

soggy
[sági]

a. ① 흠뻑 젖은 = damp, drenched, soaked
② 기운 없는, 맥이 빠진 = inert, sluggish, torpid

The window had been left open during the storm, and the papers on my desk were a **soggy** mess.
폭풍이 부는 동안 창문이 열린 채로 있었고 내 책상 위에 있는 종이들이 흠뻑 젖은 상태로 어지럽혀져 있었다.

2205 ★★

pariah
[pəráiə]

n. 따돌림을 받는 사람, 추방자, 부랑자, 천민 = exile, outcast

After he painted his house bright orange, Paul became the neighborhood **pariah**.
집을 밝은 오렌지색으로 칠한 후에, 폴(Paul)은 그 동네에서 왕따가 되었다.

MVP pariahship n. 떠돌이 신세, 부랑자 신세
cf. parish n. (교회·성당의) (소)교구; 한 교회의 전체 신도; 지역 교회

2206 ★★

even-handed
[ìːvnhǽndid]

a. 공평한, 공정한, 편파적이지 않은 = equitable, fair, impartial, just

As a trial judge, she was seen as **even-handed** but tough in sentencing.
판사로서 그녀는 공평하지만 판결을 내리는 데는 냉정한 것으로 여겨졌다.

※ handed: ~한 손을 가진, ~의 손을 사용하는

heavy-handed a. 고압적인; 솜씨 없는, 서투른
red-handed a. ad. 현행범의[으로]; 손이 피투성이가 된[되어]
single-handed a. ad. 혼자 힘의[으로], 단독의[으로]; 한 손의[으로]
underhanded a. 비밀리의, 불공정한; 일손이 부족한(= short-handed)

2207 ★★

torrent
[tɔ́ːrənt]

n. ① 급류, 여울 = rapids, stream
② (pl.) 억수(같은 물줄기) = downpour, flood
③ (질문·말 등의) 연발; (감정 등의) 분출 = barrage, outburst, spate

The river has been transformed into a **torrent** by days of rain.
강물은 며칠 동안 퍼부은 비로 인해 급류로 변해 있었다.

MVP torrential a. 급류의[같은]; 격렬한, 급속한
in torrents (비가) 억수같이, 폭포처럼

2208 ★★★

access
[ǽkses]

n. 접근, 면접, 출입[to]; 접근[출입, 입수, 이용]하는 방법[자유]; 통로

Free **access** to the library is allowed to all students.
도서관의 자유로운 출입이 모든 학생들에게 허가되었다.

MVP accessible a. 접근[가까이]하기 쉬운, 가기 쉬운; 입수하기 쉬운, 이용할 수 있는
inaccessible a. 접근[가까이]하기 어려운, 도달하기 어려운, 얻기 어려운

2209 ★★★

confine
v. [kənfáin]
n. [kánfain]

vt. ① 제한하다, 한정하다 = limit, restrict
② 가두다, 감금하다 = imprison, incarcerate
n. (보통 pl.) 경계, 국경; 한계, 범위 = boundary, bounds, limits

Until now diesel has been **confined** to commercial uses like trucks and buses, and large-sized sports utility vehicles.
지금까지 경유는 트럭이나 버스, 그리고 대형 SUV 차량과 같은 상용차에 국한되어 사용되어 왔다.

It is not good to **confine** a wild bird in a bird cage.
야생의 새를 새장에 가두어 두는 것은 좋지 않다.

MVP confinement n. 제한; 감금, 억류
confined a. 한정된, 제한된(= restricted); ~에 틀어박힌, 좁은

2210 ★

lush
[lʌʃ]

a. 푸르게 우거진, 무성한, 풍부한 = exuberant, profuse

The sheep were grazing on the **lush** green pasture.
양들은 무성한 푸른 초원에서 풀을 뜯어먹고 있었다.

2211 ★★★

elicit
[ilísit]

vt. (정보·대답 등을) 끌어내다, 유도해내다[from] = derive, draw, evoke

His speech **elicited** exclamations from the audience.
그의 연설은 청중의 탄성을 자아냈다.

MVP elicitation n. (정보·반응 등의) 뽑아내기[얻어내기], 답변 유도

2212 ★

warden
[wɔ́:rdn]

n. ① 관리인, 감독자, 감시자; (일부 대학·기관의) 장(長)
    = administrator, caretaker, custodian, guardian, superintendent
② 교도소장 = prison governor

The prison **warden** exhorted the prisoners not to riot.
교도소장은 죄수들에게 폭동을 일으키지 말라고 경고했다.

MVP ward n. 보호; 감독, 감시; 억류; 병실, 병동

2213 ★★

slash
[slæʃ]

v. ① (칼·검 등으로) 깊이 베다, 난도질하다; 깊은 상처를 입히다 = cut, gash, slit
② (예산·급료 등을) 대폭 삭감하다 = curtail, cut, reduce

The Government subsidy has been drastically **slashed**.
정부의 보조금이 대폭 삭감되었다.

2214 ★★

uncanny
[ʌnkǽni]

a. 신비로운, 불가사의한, 초인적인, 초자연적인
    = extraordinary, supernatural, weird

Herders have an **uncanny** ability to see a mark from a distance on a fast-moving creature.
양치기들은 빠르게 움직이고 있는 동물들의 몸에 있는 표시를 먼 거리에서 볼 수 있는 신비한 능력을 가지고 있다.

MVP cf. canny a. 주의 깊은, 신중한; 기민한, (특히 금전적으로) 빈틈없는, 현명한

2215 ★★

impute
[impjú:t]

vt. (죄·불명예 등을) ~에게 돌리다, ~의 탓으로 하다[to] = ascribe, attribute

Mr. Taylor's rapid advancement in rank was enviously **imputed** by some of his colleagues to luck and family connections.
테일러(Taylor)가 빨리 승진한 것을 몇몇 동료들은 시샘하여 그것을 운과 연줄 탓으로 돌렸다.

MVP imputation n. (책임 등의) 전가; 비난, 비방

DAY 45

2216 ★
din
[din]

n. (오래 계속되는 크고 불쾌한) 소음 = noise, racket

Even though it was so hot, we closed all the windows to shut out the **din** of the traffic.
몹시 더웠지만, 우리는 자동차 소음을 막기 위해 모든 창문을 닫았다.

MVP cf. den n. (짐승이 사는) 굴, 동굴; (동물원의) 우리; 밀실, (도적의) 소굴

2217 ★★★
mock
[mak]

v. ① 조롱하다, 비웃다 = deride, insult, laugh at, ridicule
② 흉내내다, 모방하다 = imitate, mimic
a. ① 가짜의, 거짓의, 흉내 낸 = bogus, fake, sham
② 모의의 = simulated

The bad boys **mocked** the blind woman when they passed by her.
나쁜 아이들은 눈 먼 여자 옆을 지나갈 때 그녀를 놀려댔다.

MVP mockery n. 비웃음, 냉소, 놀림
mock test 모의고사

2218 ★
superlative
[səpə́ːrlətiv]

a. ① 최고의, 최상의, 더할 나위 없는
= excellent, peerless, supreme, unparalleled
② 〈문법〉 (형용사·부사에 대해서) 최상급의
③ (말·문체 등이) 과장된, 과대한 = bombastic, exaggerated, hyperbolic
n. (형용사·부사의) 최상급

The hotel room has a **superlative** night view.
그 호텔 객실은 최고의 야경을 가지고 있다.

MVP the comparative 비교급
the positive 원급

2219 ★★★
expensive
[ikspénsiv]

a. 값비싼, 사치스러운, 비용이 많이 드는 = costly, extravagant, lavish

The tickets were too **expensive** and didn't sell.
그 티켓은 너무 비싸서 팔리지 않았다.

MVP expense n. 비용, 지출; (보통 pl.) 소요 경비; 돈[비용]이 드는 일
cf. expansive a. 광활한; 포괄적인, 광범위한; 마음이 넓은, 포용력이 큰
↔ inexpensive a. 비용이 들지 않는, 값싼

2220 ★★
tint
[tint]

n. ① 엷은 빛깔, 색조 = hue, shade, tone
② 성질; 기미 = hint, tinge, touch, trace
vt. (약간의) 색깔을 넣다[색조를 더하다]; 염색하다 = color; dye

There are a variety of trees whose leaves become **tinted** in autumn.
가을에 잎의 색깔이 변하는 다양한 나무들이 있다.

2221 ★★★
adverse
[ædvə́:rs]

a. ① 부정적인, 불리한, 불운한
　　= disadvantageous, harmful, unfavorable, unfortunate
② 역(逆)의, 거스르는, 반대의, 반대하는 = antagonistic, hostile, opposing

Penicillin can have an **adverse** effect on a person who is allergic to it.
페니실린은 그것에 대해 알레르기가 있는 사람에게 부작용을 일으킬 수 있다.

The decision was **adverse** to our interests.
그 결정은 우리의 이익에 반대됐다.

MVP adversity n. 역경, 불행, 불운
adversary n. 적, 상대

2222 ★
gestation
[dʒestéiʃən]

n. ① 임신 (기간) = conception, pregnancy
② (생각·계획 등의) 구상[입안] = the development of an idea

The **gestation** period of a horse is about eleven months.
말의 임신 기간은 약 11개월이다.

Beethoven's compositional battles were hard fought, with certain works spending many years in labored **gestation**.
작곡을 위한 베토벤(Beethoven)의 싸움은 힘겨웠다. 그래서 몇몇 작품들은 구상에만 몇 년씩 공을 들이기도 하였다.

MVP gestate v. 임신하다; 창안하다
cf. delivery n. 분만, 출산

2223 ★★★
visible
[vízəbl]

a. ① (눈에) 보이는, 알아볼 수 있는 = discernible, observable, perceptible
② 명백한, 뚜렷한 = apparent, clear, manifest

Most stars are not **visible** to the naked eye.
대부분의 별들은 육안에는 보이지 않는다.

MVP visibly ad. 눈에 보이게, 뚜렷이
visibility n. 눈에 잘 보임, 가시성
↔ invisible a. 눈에 보이지 않는

2224 ★★★
dwindle
[dwíndl]

v. (점점) 작아지다, 줄어들다 = decline, diminish, lessen, wane

At this time of the year, the number of students in the school tends to **dwindle**.
일 년 중 이맘때는 그 학교의 학생 수가 점점 줄어드는 경향이 있다.

MVP dwindling a. (점점) 줄어드는

DAY 45

2225 ★

coroner

[kɔ́:rənər]

n. 검시관(檢屍官)

According to the **coroner**, she died not of injuries sustained in the accident, but of a heart attack.

검시관에 의하면 그녀는 사고로 입은 상처 때문이 아니라 심장마비로 죽었다.

MVP autopsy n. 검시(檢視), 시체 해부, 부검(剖檢)

2226 ★★

innocuous

[inάkjuəs]

a. ① 무해한, 독이 없는 = harmless, innoxious

② (행위·진술 등이) 악의 없는, 거슬리지 않는 = innocent, inoffensive

Some mushrooms look **innocuous** but are in fact poisonous.

어떤 버섯들은 해가 없어 보이지만 실제로는 독성이 있다.

It seemed a perfectly **innocuous** remark.

그것은 전혀 악의 없이 한 말 같았다.

2227 ★★★

transform

[trænsfɔ́:rm]

v. ① (외형을) 변형시키다 = alter

② (성질·구조·기능 등을) 바꾸다 = change

A silkworm is **transformed** into a cocoon.

누에가 고치로 된다.

Through this program, a criminal can be **transformed** into a decent member of society.

이 프로그램을 통해서 범죄자는 올바른 사회의 구성원으로 변화될 수 있다.

MVP transformation n. 변형, 변화; 탈바꿈

2228 ★★

auction

[ɔ́:kʃən]

n. 경매, 공매 = vendue, public sale

vt. 경매로 팔다

A self-portrait of Andy Warhol was sold for a whopping amount of money at an **auction** in London.

런던의 한 경매에서 앤디 워홀(Andy Warhol)의 자화상이 엄청난 금액에 판매됐다.

2229 ★★

fissure

[fíʃər]

n. (바위·땅의) 갈라진 곳, 틈, 금, 균열; (의견 따위의) 불일치, 분열 = crack

It's that **fissure** that causes the entire house to shake.

집안 전체를 흔들리게 하는 것은 바로 저기 있는 균열이다.

The attempt to browbeat a judge has released a new **fissure** in Pakistani society.

판사를 협박하려는 시도는 파키스탄 사회에 새로운 균열을 만들어냈다.

MVP cf. fission n. (원자의) 핵분열(= nuclear fission)

2230 ★★★
breakthrough
[bréikərù:]

n. ① 돌파구
② (과학·기술 등의) 획기적인 약진[진전, 발견] = advance, leap, progress

An important **breakthrough** in negotiations has been achieved.
협상에서 하나의 중요한 돌파구가 마련되었다.

The jet engine made a major **breakthrough** in air transport.
제트엔진은 항공 수송에 있어서 비약적인 발전을 이뤄냈다.

2231 ★★
perpetrate
[pə́:rpətrèit]

vt. (나쁜 짓·범죄를) 저지르다, 자행하다 = commit

In Britain, half of all violent crime is **perpetrated** by people who have been drinking alcohol.
영국에서 모든 폭력 범죄의 절반은 술을 마신 사람들에 의해 저질러진다.

MVP perpetration n. 범행, 범죄, 나쁜 짓; 나쁜 짓을 저지름
perpetrator n. 범죄 가해자, 범죄자

2232 ★
opus
[óupəs]

n. (문학) 작품; (종종 O–) 음악 작품 번호(약어: Op. op.)

Sonate Pathetique, **Opus** 13 was written in 1798 and named by the composer Ludwig Van Beethoven.
1798년에 작곡된 작품 13번 소나타 『비창』은 작곡자인 베토벤이 제목을 정했다.

MVP magnum opus (예술가의) 대표작, 최고 걸작

2233 ★★★
haunt
[hɔ:nt]

v. ① (생각 등이) 늘 붙어 따라다니다, 괴롭히다 = obsess, plague, trouble
② (유령 등이) 출몰하다
③ (어떤 장소에) 자주 들르다 = frequent

Dr. Vogelstein said the question of causation of cancer had **haunted** him for decades, since he was an intern.
보겔슈타인(Vogelstein) 박사는 자신이 인턴이었을 때 이후로 수십 년 동안 암의 원인에 대한 의문이 자신을 따라다녔다고 말했다.

Murphy believes her room is **haunted** by a ghost trying to communicate with her.
머피(Murphy)는 자신의 방에 자신과 이야기하고 싶어 하는 유령이 출몰한다고 믿고 있다.

MVP haunted a. 귀신[유령]이 나오는; (생각·기억 등에) 사로잡힌
haunting a. 자주 마음속에 떠오르는, 뇌리를 떠나지 않는

2234 ★★
indomitable
[indάmətəbl]

a. 굴하지 않는, 불굴의, 꿋꿋한 = impregnable, invincible, steadfast

An **indomitable** spirit makes the boxer a winner.
불굴의 정신이 그 권투선수를 승자로 만든다.

DAY 45

2235 ★★

maim
[meim]

vt. 불구로 만들다; ～을 쓸모없게 만들다, 망쳐놓다 = cripple, disable, mutilate

Traffic accidents **maim** thousands of people every year.
해마다 교통사고로 불구가 되는 사람이 수천 명에 이른다.

MVP cf. main a. 주된, 주요한

2236 ★★

larva
[láːrvə]

n. 애벌레, 유충(幼蟲) = caterpillar, grub

Ugly **larvae** later becomes beautiful butterflies.
징그러운 애벌레가 나중에는 아름다운 나비가 된다.

MVP larval a. 애벌레의; 미숙한
cf. lava n. 용암, 화산암

2237 ★★

derail
[diːréil]

v. ① (기차 등을) 탈선시키다[탈선하다] = go off the rails[track]
② (계획 등을) 틀어지게[실패하게] 하다 = frustrate, hamper, prevent, thwart

The present wave of political killings is the work of people trying to **derail** peace talks.
현재의 파상적인 정치적 숙청은 평화 회담을 무산시키려는 사람들의 작품이다.

2238 ★★

premeditated
[priːmédətèitid]

a. 미리 계획된, 계획적인 = calculated, deliberate, intentional, planned

History shows that many wars took place coincidentally, not always following a **premeditated** plot.
역사는 많은 전쟁이 항상 사전에 계획된 것이 아니라 우연의 일치로 발발했다는 것을 보여준다.

MVP premeditate v. 미리 생각[의논, 연구, 계획]하다
premeditation n. 미리 생각[계획]하기

2239 ★★★

ruin
[rúːin]

v. ① 파괴하다; 파멸[황폐]시키다; 못쓰게 하다
= destroy, devastate, ravage, spoil, wreck
② 영락시키다, 망쳐놓다; 파산시키다 = break; bankrupt
n. ① 파괴; 파멸; 파산; 황폐 = bankruptcy, collapse, demolition, destruction
② (pl.) 폐허, 유적; 잔해 = remains, wreckage
③ 파멸의 원인, 화근

Many thought the scandal would **ruin** their reputation.
많은 사람들은 그 추문이 그들의 평판을 망쳐놓을 것이라고 생각했다.

MVP ruinous a. 파괴적인, 파멸을 초래하는; 영락한, 파산한; 황폐한
ruination n. 파멸, 멸망; 황폐; 몰락, 파산

2240 ★

misogamy

[miságəmi]

n. 결혼 혐오, 결혼을 싫어함

The most overused term in Booth's book is "**misogamy**."
부스(Booth)의 책에서 가장 과도하게 사용된 용어는 '결혼 혐오'이다.

MVP misogyny n. 여자를 싫어하기, 여성 혐오
misogynist n. 여자를 혐오하는 남자
philogyny n. 여자를 좋아함, 여성 숭배
philogynist n. 여자를 좋아하는 사람

2241 ★★

pamper

[pǽmpər]

vt. (사람·동물을) 지나치게 소중히 하다; 버릇없이 키우다, 하고 싶은 대로 하게 하다;
(욕망 등을) 충분히 만족시키다 = coddle, indulge, mollycoddle, spoil

Children become spoiled if the parents **pamper** them too much.
부모가 아이들을 너무 애지중지 하면서 키우면 버릇이 나빠진다.

MVP pampered a. 응석받이로 자란, 제멋대로 하는, 방자한

2242 ★★★

fit

[fit]

a. ① 꼭 맞는, 알맞은, 적당한, 어울리는 = befitting, suitable
② 적격의, 적임의 = competent, qualified
③ 건강이 좋은, 튼튼한 = healthy, robust
v. ~에 맞다, ~에 적합하다, ~에 어울리다 = match, suit
n. ① (병의) 발작; 경련 = bout, paroxysm, seizure, spasm
② (감정·행동의) 격발; 발작적 흥분 = burst, outburst
③ 일시적 기분, 변덕 = caprice, whim

Unfortunately, your argument doesn't **fit** the topic.
유감스럽지만, 너의 논쟁은 주제와 맞지 않는다.

MVP fitness n. 적당, 적절; 건강
fitful a. 발작적인; 단속적인; 일정치 않은, 변덕스런

2243 ★★

asteroid

[ǽstərɔ̀id]

n. 소행성

Asteroids are leftover materials from the formation of the solar system.
소행성은 태양계가 형성되고서 남은 파편이다.

MVP comet n. 혜성
meteor n. 운석, 별똥별
planet n. 행성

2244 ★★★
sanction
[sǽŋkʃən]

n. ① 인가, 찬성 = approval, permission, support
② (보통 pl.) 제재(조치) = embargo
vt. ① 인가하다, 재가하다 = authorize, certify, endorse
② 처벌하다, 제재를 가하다 = discipline, penalize, punish

In certain societies, shame was the only **sanction** against wrongdoing.
어떤 사회에서, 수치심은 나쁜 짓을 하지 못하게 하는 유일한 제재조치였다.

2245 ★★★
practicable
[prǽktikəbl]

a. 실행 가능한; 실용적인 = feasible, possible

It is not **practicable** to complete the tunnel before the end of the year.
연말 전에 그 터널을 완공한다는 것은 불가능하다.

2246 ★★
berate
[biréit]

vt. 호되게 꾸짖다, 질책하다 = chide, reprimand, reproach, scold, upbraid

Ironically, scientists **berated** the early evolutionists such as Lamarck and Chambers for overindulgence in the imagination.
아이러니하게도, 과학자들은 라마르크(Lamarck)와 챔버스(Chambers) 같은 초기 진화론자들이 상상력에 지나치게 빠져 있었다고 호되게 질책했다.

2247 ★★
restless
[réstlis]

a. 침착하지 못한, 가만히 있지 않는, 불안한 = fidgety, nervous, restive, uneasy

The children were very **restless** during the concert.
아이들은 콘서트가 진행되는 동안 잠시도 가만히 있지 않았다.

MVP cf. listless a. 열의 없는, 무관심한, 냉담한; 늘쩍지근한, 멍한

2248 ★★★
compassion
[kəmpǽʃən]

n. 동정, 불쌍히 여김, 연민 = sympathy

I gave some money to him out of **compassion**.
나는 동정심에 그에게 약간의 돈을 주었다.

Dalai Lama stressed **compassion** in dealing with other human beings.
달라이 라마(Dalai Lama)는 다른 사람들을 대하는 데 있어서 동정심을 강조했다.

MVP compassionate a. 자비로운, 동정심 있는; 온정적인

2249 ★

sepulchral

[səpʌ́lkrəl]

a. ① 무덤의; 매장의; 무덤 같은
   ② 음산한; (목소리·소리 등이) 음침한 = dismal, gloomy, somber

He said in a **sepulchral** whisper from the stairs.
그는 계단에서 음침한 목소리로 말했다.

MVP sepulcher n. 묘, 무덤(= grave, tomb); 매장소

2250 ★★★

ensure

[inʃúər]

vt. ① 안전하게 하다, 지키다, 보호하다 = make sure, protect
    ② 확실하게 하다, 확보하다 = make certain of, secure
    ③ 보증하다, 책임지다 = guarantee

After all, a good college degree doesn't **ensure** success automatically.
결국, 좋은 대학의 학위가 자동적으로 성공을 보장하지는 않는다.

A. Write the meaning of the following words.

☐ grateful	☐ breakthrough
☐ rage	☐ perpetrate
☐ neglect	☐ opus
☐ pariah	☐ haunt
☐ torrent	☐ indomitable
☐ access	☐ larva
☐ confine	☐ derail
☐ lush	☐ premeditated
☐ elicit	☐ ruin
☐ warden	☐ misogamy
☐ slash	☐ pamper
☐ uncanny	☐ fit
☐ mock	☐ asteroid
☐ expensive	☐ sanction
☐ adverse	☐ practicable
☐ visible	☐ berate
☐ dwindle	☐ restless
☐ coroner	☐ compassion
☐ innocuous	☐ sepulchral
☐ auction	☐ ensure

※ 주어진 단어의 뜻을 본문에서 확인하시고 틀린 단어의 경우 박스에 체크한 뒤에 나중에 다시 학습하시기 바랍니다.

B. Choose the synonym of the following words.

1. even-handed	Ⓐ supreme
2. impute	Ⓑ hue
3. din	Ⓒ pregnancy
4. superlative	Ⓓ cripple
5. tint	Ⓔ ascribe
6. fissure	Ⓕ equitable
7. maim	Ⓖ soaked
8. soggy	Ⓗ alter
9. transform	Ⓘ crack
10. gestation	Ⓙ noise

B. 1. Ⓕ 2. Ⓔ 3. Ⓙ 4. Ⓐ 5. Ⓑ 6. Ⓘ 7. Ⓓ 8. Ⓖ 9. Ⓗ 10. Ⓒ

2251 ★★★
universal
[jùːnəvə́ːrsəl]

a. ① 우주의; 전 세계의, 만국의 = global, international, worldwide
② 보편적인, 일반적인 = catholic, common, general, widespread

Education should be a **universal** right and not a privilege.
교육은 보편적인 권리여야 하며 특권이 되어서는 안 된다.

> **MVP** universe n. 우주; 만물, 삼라만상
> universality n. 보편성, 일반성; (지식·흥미 등의) 다방면성; 만능
> universally ad. 보편적으로, 일반적으로
> universal gravitation 만유인력

2252 ★★
solace
[sáləs]

v. 위로하다 = console, soothe
n. 위안, 위로 = comfort, consolation

The family **solaced** each other with the knowledge that Jennifer had fought her cancer bravely.
제니퍼(Jennifer)가 씩씩하게 암 투병을 해왔다는 것을 알고서, 그 가족은 서로를 위로했다.

2253 ★
entourage
[àːnturáːʒ]

n. ① [집합적] 주위 사람들, 측근자, 수행원 = attendant, cortege, retinue
② 주위, 환경 = ambience, environment, milieu, surroundings

Immediately after the welcoming ceremony, they had a one-on-one meeting and then an expanded meeting with their **entourage**.
환영 행사 직후, 그들은 단독 회담에 이어 수행원들을 대동한 확대 회담을 가졌다.

2254 ★★★
incredible
[inkrédəbl]

a. 믿을 수 없는, 믿기 힘든; 엄청난 = unbelievable; enormous, tremendous

We were astonished at her **incredible** appetite.
우리는 그녀의 엄청난 식욕에 깜짝 놀랐다.

2255 ★★
magnet
[mǽgnit]

n. ① 자석, 자철
② 사람 마음을 끄는 사람[물건, 장소] = appeal, bait, enticement

In the 1990s, the area became a **magnet** for new investment.
1990년대에 그 지역은 매력적인 신규 투자처가 되었다.

> **MVP** magnetism n. 자기(磁氣); 자력; 자기학(磁氣學); 사람의 마음을 끄는 힘
> magnetic a. 자석의; 자기(磁氣)를 띤; 마음을 끄는, 매력적인
> magnetic field 자기장

2256 ★★★
deceive
[disíːv]

v. 속이다, 기만하다, 사기 치다 = cheat, fool, mislead, trick

One must neither **deceive** oneself nor take oneself too seriously.
사람은 스스로를 기만하지 말아야 하고 또한 자신을 너무 진지하게 생각해서도 안 된다.

> **MVP** deceit n. 사기; 속임; 허위
> deception n. 사기, 기만, 협잡; 속임수
> deceptive a. 기만적인, 현혹시키는

2257 ★★
bully
[búli]

v. (약한 자를) 괴롭히다, 들볶다; 위협하다 = harass; intimidate
n. 약한 자를 못살게 구는 사람, 마구 으스대는 사람

As everyone knows, you should never **bully** anyone!
모든 사람들이 알고 있듯이, 여러분은 절대로 아무도 괴롭혀선 안 돼요!

2258 ★★★
posterity
[pastérəti]

n. 자손, 후대 = descendant, offspring, progeny

King Sejong left a lot of cultural heritages for **posterity**.
세종대왕은 후세를 위해 많은 문화유산을 남겼다.

This disease will be entailed on **posterity**.
이 질병은 자손에게 유전된다.

> **MVP** ↔ ancestor n. 선조, 조상

2259 ★★★
dismay
[disméi]

vt. 당황하게 하다; 실망[낙담]시키다 = bewilder, upset; disappoint
n. 당황, 경악 = consternation, panic, trepidation

The mayor was **dismayed** by the lack of public support for his new project.
시장은 자신의 새로운 사업계획에 대해 대중의 지지가 부족한 것에 실망했다.

2260 ★★
collateral
[kəlǽtərəl]

a. 부수적인, 이차적인 = ancillary, secondary
n. 담보물 = security

This business requires too much **collateral** expense.
이 사업은 부수적으로 들어가는 경비가 너무 많다.

He put his house up as **collateral** for the loan.
그는 대출을 받기 위해 집을 담보로 잡혔다.

> **MVP** collateral damage 부수적 피해(군사 행동으로 인한 민간인의 인적·물적 피해)

2261 ★★

ration

[rǽʃən]

n. ① (식료품·연료 등의) 일정한 배급량, 할당량, 정량 = allowance, quota
② (pl.) 식량, 양식 = food, provisions

vt. ① (식량·연료 등을) 지급[배급]하다 = allocate, allot, apportion, distribute
② 배급제로 하다; 소비를 제한하다 = limit, restrict

The villagers are **rationed** to two liters of water a day.
그 마을 사람들에게는 물이 하루에 2리터씩 배급된다.

2262 ★

incantation

[ìnkæntéiʃən]

n. 주문(呪文), 주문을 외우기; 마술, 마법 = charm, conjuration, invocation, spell

The witches in Shakespeare's *Macbeth* utter **incantations** that foretell the future.
셰익스피어(Shakespeare)의 『맥베스(Macbeth)』에 나오는 마녀들은 미래를 점치는 주문
을 외운다.

2263 ★★★

attract

[ətrǽkt]

vt. ① (주의·흥미 등을) 끌다, (사물을) 끌어당기다 = draw
② ~의 마음을 끌다, 매혹하다 = allure, charm, entice, fascinate

The fame of this unique animal has spread to the far corners of the earth,
attracting many tourists to our island.
이 독특한 동물의 명성은 세계의 도처에 퍼져서 많은 관광객들을 우리 섬으로 끌어들
였다.

He was **attracted** by her charm.
그는 그녀의 매력에 끌렸다.

MVP attraction n. 끄는 힘, 매력; (사람을 끄는) 명소[명물]
attractive a. 마음을 끄는, 매력적인
↔ distract vt. (마음·주의 등을) 흩뜨리다, (딴 데로) 돌리다

2264 ★★

recidivism

[risídəvìzm]

n. 상습적 범행[비행]; 상습성

Sex offenders have a very high rate of **recidivism**.
성범죄자들은 재범의 가능성이 매우 높다.

Prison reformers in the United States are disturbed by the high rate of **recidivism**.
미국의 교도소 개혁가들은 상습적 범행의 비율이 높은 것에 당황스러워 하고 있다.

MVP recidivist n. 상습범

2265 ★★

paltry

[pɔ́:ltri]

a. ① (금액이) 얼마 안 되는 = meager
② 시시한, 하찮은 = negligible, trifling

The laborer received a **paltry** wage for a week's work, barely enough to feed his
family.
그 노동자는 주급으로 쥐꼬리만 한 임금을 받았으며, 자신의 가족을 부양하기에 빠듯했다.

2266 ★★

quandary
[kwándəri]

n. 곤경, 궁지, 진퇴양난 = dilemma, impasse, plight, predicament

There seems to be no way out of the **quandary**.
곤경에서 빠져나올 길이 없는 듯싶다.

2267 ★★★

contain
[kəntéin]

vt. ① ~이 들어 있다, 포함하다, 함유하다 = comprise, encompass, hold, include
② (감정 등을) 억누르다, 억제하다 = control, repress, restrain, suppress

The rock **contains** a high percentage of iron.
이 광석은 철의 함유량이 높다.

The moves announced yesterday appeared to **contain** the steep price increases on apartments due for reconstruction.
어제 발표된 대책들로 재건축 아파트의 가파른 가격상승이 억제될 것으로 보였다.

MVP containment n. 억제, 속박; 견제; 봉쇄

2268 ★

osseous
[ásiəs]

a. 뼈의, 뼈로 이루어진, 골질(骨質)의 = bony, skeletal

The skeletal system includes the **osseous** tissues of the body and the connective tissues that interconnect the individual bones.
골격계는 몸의 뼈 조직과 개개의 뼈들을 연결시켜주는 결합 조직을 포함한다.

MVP ossify v. 골화(骨化)시키다; 경화시키다; 무정[냉혹]하게 하다
ossuary n. 납골당; 유골 단지

2269 ★★★

hatred
[héitrid]

n. 미움, 증오, 원한; 혐오 = antipathy, contempt, malice, rancor

They conceived a deep **hatred** against the enemy.
그들은 적에게 깊은 증오심을 품었다.

MVP hate v. 미워하다, 증오하다; 몹시 싫어하다

2270 ★★

invoke
[invóuk]

vt. ① (신의 도움·가호를) 기원하다; (권위 있는 것·신성한 것을) 예로서 인용하다
② (법률에) 호소하다; (구원·원조 등을) 청하다, 탄원하다
= appeal to, beseech, entreat, supplicate
③ (법 조항·권리·권위 등을) 발동하다, 행사하다 = exercise

When politicians **invoke** the name of democracy, they expect us to feel a surge of patriotism.
정치인들이 민주주의라는 이름에 호소할 때, 그들은 우리들에게 애국심이 용솟음치기를 기대한다.

She **invoked** several eminent scholars to back up her argument.
그녀는 자기주장을 뒷받침하기 위해 몇몇 저명한 학자들을 들먹였다.

MVP invocation n. 신의 도움을 빎, 기원

2271 ★

leech

[liːtʃ]

n. ① 거머리
② 남의 고혈을 빨아먹는 자; 고리대금업자 = parasite; usurer

If you are looking for a way to finance a new home or automobile, you should beware of predatory **leeches**.
새 집이나 자동차를 살 돈을 마련할 방법을 찾고 있다면, 악덕 고리대금업자를 조심해야 한다.

2272 ★★★

delicate

[délikət]

a. ① 미세한, 미묘한 = faint, subtle
② 허약한, 연약한 = feeble, frail, infirm, weak

The negotiations went slowly because of the **delicate** nature of some of the issues involved.
그 협상은 일부 관련된 문제들의 미묘한 성격 때문에 느리게 전개되었다.

Although the coral looks hard, it is very **delicate**.
산호는 단단하게 보일지 몰라도 실은 굉장히 연약하다.

MVP delicacy n. 섬세(함); 민감, 예민
indelicate a. 섬세하지 않은; 상스러운, 거친

2273 ★

bovine

[bóuvain]

a. ① 소(牛)의, 소 같은 = cow–like
② 둔한, 느릿느릿한 = dull, slow, sluggish, thick

He is perceived by girls as being quite **bovine**.
그는 모든 여자들에게 정말로 둔한 남자이다.

※ 동물 관련 어휘

asinine a. 나귀의, 우둔한, 어리석은	batty a. 박쥐의, 머리가 돈; 어리석은
bearish a. 곰 같은; <증권> 약세의	bullish a. 황소 같은; <증권> 강세의
canine a. 개의, 개 같은	equine a. 말의, 말 같은
feline a. 고양이의; 교활한	leonine a. 사자의; 용맹한
lupine a. 이리의; 맹렬한	ophidian a. 뱀류(類)의, 뱀 같은
ovine a. 양(羊)의, 양 같은	porcine a. 돼지의, 불결한; 탐욕스러운
simian a. 원숭이의	taurine a. 황소의, 황소 같은
ursine a. 곰의, 곰 같은	vulpine a. 여우의; 교활한, 간사한

2274 ★★★

temptation

[temptéiʃən]

n. 유혹; 유혹하는[유혹적인] 것 = allurement, attraction, enticement, lure

Expensive jewelry is a **temptation** to thieves.
값비싼 보석류는 도둑들에게 유혹적인 물건이다.

MVP tempt vt. ~의 마음을 끌다, 유혹하다
tempting a. 유혹하는, 부추기는; 사람의 마음을[입맛을] 당기는; 솔깃한
temptress n. (특히 남자를) 유혹하는 여자, 요부

2275 ★★
negligent
[néglidʒənt]

a. 태만한, 소홀한; 부주의한 = careless, inattentive, remiss

Do you actually believe you'll win praise for being so **negligent**?
너는 그렇게 소홀히 해놓고 정말로 칭찬을 받을 거라고 생각하니?

MVP negligence n. 태만, 부주의(= carelessness)

2276 ★★
pestilence
[péstələns]

n. ① (치명적인) 전염병, 역병(疫病); 선(腺)페스트 = epidemic, plague
　② (사회·도덕적인) 해악 = bane

In that region, many people are dying of **pestilence** and starvation.
그 지역에서는 많은 사람들이 역병과 기근으로 죽어가고 있다.

MVP pestilent a. 치명적인; 전염성의; 유해한; 성가신, 귀찮은

2277 ★★★
adhere
[ædhíər]

vi. ① 들러붙다, 부착하다[to]
　② 고수하다, 집착하다[to] = cleave, cling, stick

Islam is not a religion for those who are casual about regulations; on the contrary, **adhering** to its rules takes effort and discipline.
이슬람교는 규율에 대해 무관심한 사람들을 위한 종교가 아니다. 그렇기는커녕, 이슬람교의 율법을 지키기 위해서는 노력과 자제가 요구된다.

MVP adherence n. 고수, 집착; 충실한 지지
　adhesion n. 부착, 유착, 들러붙음
　adherent a. 점착성의; (주의 따위를) 신봉하는; n. 지지자
　adhesive a. 접착성의, 점착성의; 염두에서 떠나지 않는; n. 접착제

2278 ★
gridlock
[grídlàk]

n. ① 교통 정체 = traffic congestion, traffic jam
　② (정치 등에서) 꼼짝달싹 못하는 상태, 교착 상태
　　= deadlock, impasse, stalemate, standstill

The **gridlock** we see in Congress every day is hurting local residents.
우리가 매일 의회에서 대하는 정체 상태가 지역 주민에게 피해를 주고 있다.

MVP cf. grid n. 쇠창살; 격자판; 배관망, 도로망

2279 ★★★
vast
[væst]

a. 광대한, 거대한, 방대한 = broad, enormous, huge

Most countries in South America have a **vast** territory.
대부분의 남미 국가들은 광대한 영토를 가지고 있다.

In the 1830s, America's cotton trade with Britain became so **vast** that up to a thousand ships at a time were engaged in carrying cotton to Liverpool.
1830년대에, 미국의 영국과의 면화 무역은 너무나 (규모가) 커져서 한번에 1,000대에 이르는 배가 리버풀까지 면화를 실어 나르는 데 동원되었다.

2280 ★★

monologue

[mánəlɔ̀ːg]

n. ① 독백 형식의 작품(독백극, 독백시 등); (연극에서의) 독백
  = monolog, soliloquy
② (혼자서 하는) 긴 이야기, 장광설 = harangue, screed, tirade

Charles listened patiently to her fifteen-minute **monologue**.
찰스(Charles)는 그녀가 15분에 걸쳐서 했던 독백을 끈기 있게 들었다.

MVP monologize v. 독백하다, 혼잣말을 하다

2281 ★★

empower

[impáuər]

vt. 권한을 부여하다, ~할 수 있게 하다 = authorize, enable

The oil company **empowered** Mr. Johnson to negotiate the contract.
그 석유 회사는 존슨(Johnson) 씨에게 계약 협상의 권한을 위임했다.

2282 ★★

chorus

[kɔ́ːrəs]

n. ① 합창; 합창곡; 합창단 = choir, chorale
② 후렴 = burden, refrain

Chorus shows what powerful messages human voices can deliver.
합창은 인간의 목소리가 전달할 수 있는 힘찬 메시지가 무엇인지 보여준다.

2283 ★★

astray

[əstréi]

ad. a. 길을 잃어[잃은]; 정도에서 벗어나[벗어난]; 못된 길에 빠져[빠진]
  = adrift, afield, amiss, awry

He began to go **astray** when he entered high school.
그는 고등학교에 들어가면서 빗나가기 시작했다.

MVP go astray 길을 잃다, 잘못된 방향으로 가다

2284 ★★★

exaggerate

[igzǽdʒərèit]

v. 과장하다, 침소봉대하다; 지나치게 강조하다 = magnify, overstate

Exaggerating a truth can almost approach the level of telling a lie.
진실을 과장하는 것은 거짓말을 하는 것과 거의 다르지 않다.

MVP exaggeration n. 과장; 과장적인 표현(= hyperbole, overstatement)
exaggerated a. 과장된, 부풀린, 지나친

2285 ★

hectic

[héktik]

a. ① 몹시 바쁜, 야단법석의; 열광적인 = exciting, feverish
② (열이) 소모성의; 폐결핵의[에 걸린] = consumptive

Things have been pretty **hectic** at work this week.
이번 주는 회사 일로 눈코 뜰 새 없이 바빴다.

2286 ★★

obsession
[əbséʃən]

n. 강박관념, 집착 = fixation, preoccupation

She has an **obsession** with perfection.
그녀는 완벽해야 한다는 강박관념을 갖고 있다.

Love and **obsession** are two different things.
사랑과 집착은 서로 완전히 다른 것이다.

MVP obsess v. (귀신·망상 따위가) 들리다, 사로잡히다; ~에 집착하게 하다
obsessive a. (비정상일 정도로 어떤 것에) 사로잡혀 있는, 강박적인, 강박관념의

2287 ★

platonic
[plətánik]

a. (육체적 사랑을 초월한) 정신적 사랑의; 이상적[관념적]인 = ideal, idealistic

There may be a few exceptions, but in general it is difficult to have a successful **platonic** relationship between people of the opposite sex.
얼마 안 되는 예외가 있을지도 모르지만, 일반적으로 이성간에 정신적인 연애 관계를 성공적으로 맺는 것은 어려운 일이다.

2288 ★★★

defeat
[difíːt]

vt. ① 패배시키다, 물리치다, 이기다 = beat, conquer, overcome, rout
② (계획·희망 등을) 좌절시키다 = baffle, foil, frustrate, thwart

n. ① 패배 = loss, discomfiture
② 좌절, 실패 = frustration, setback

Previously, Pyeongchang was **defeated** by Canada's Vancouver and Russia's Sochi to host a Winter Olympics.
이전에, 평창은 캐나다의 밴쿠버와 러시아의 소치에게 동계 올림픽 개최 유치에서 패배했다.

MVP defeatism n. 패배주의
defeatist n. 패배주의자
undefeated a. 무패의, 불패의

2289 ★★

minute
a. [mainjúːt]
n. [mínit]

a. ① 미세한 = infinitesimal, microscopic, tiny
② 상세한, 자세한, 정밀한 = detailed, precise

n. (시간의) 분, 잠깐, 잠시

Every time you run or lift a heavy box, you cause **minute** damages to your bones.
당신이 뛰거나 무거운 박스를 들 때마다, 뼈는 미세한 손상을 입는다.

MVP minutely ad. 자세하게, 상세하게, 정밀하게

2290 ★★★

shift
[ʃift]

v. ① 옮기다, 이동하다 = move, transfer
② (방향·위치·입장 등을) 바꾸다 = change, switch
n. ① 변천; 변화, 변동; (장면·태도·견해 등의) 변경
② 교대, (교대제의) 근무 시간

An interest rate cut usually prompts investors to **shift** their resources to the stock markets and away from other investment vehicles.
금리 인하는 보통 투자자로 하여금 여타 투자 수단에서 주식으로 투자 자원을 이동시키게 한다.

MVP shiftless a. 속수무책의; 변변치 못한, 무능한; 게으른
cf. sift v. 체로 치다; 면밀히 조사하다

2291 ★★

leverage
[lévəridʒ]

n. ① 영향력 = authority, influence, power
② 지레의 작용

Nuclear weapons are often used as **leverage** in international relations.
핵무기는 종종 국제 관계에서 영향력을 행사하는데 사용된다.

2292 ★

recusant
[rékjuzənt]

a. 복종하지 않는, 반항적인 = disobedient, rebellious
n. (규칙·권위에 대해) 반항[저항]하는 사람 = dissident, nonconformist

I come from a **recusant** family and was educated at Catholic schools.
나는 다소 체제반항적인 가족 아래서 자랐고 가톨릭 학교에서 교육을 받았다.

2293 ★★

swamp
[swamp]

n. 늪, 습지 = bog, marsh
v. ① 물에 잠기게 하다; 늪에 처박다, 가라앉히다 = drench, engulf, submerge
② 홍수처럼 밀려오다, 쇄도하다[with] = deluge, flood, inundate

The criminals have a hideout in the **swamp**.
범죄자들이 늪지대에 은신처를 가지고 있다.

The department was **swamped** with job applications.
그 부서에는 취업 원서가 쇄도했다.

2294 ★★★

frequent
a. [fríːkwənt]
v. [frikwént]

a. 자주 일어나는, 빈번한 = common, constant, recurring, repeated, usual
vt. 종종 방문하다, ~에 늘 출입하다 = attend, haunt, visit

Continuous and **frequent** interchanges of stimuli and reactions are essential in human relations.
지속적이고 빈번한 자극과 반응의 교환은 인간관계에 있어 필수적이다.

MVP frequency n. 자주 일어남, 빈번; (맥박 등의) 횟수, 빈도; 주파수
frequently ad. 자주, 빈번히

2295 ★★

scourge
[skə:rdʒ]

n. 하늘의 응징; 징벌, 재앙; 골칫거리 = chastisement, plague
vt. 몹시 괴롭히다, 벌주다 = chastise, penalize

Drugs are the **scourge** of our time.
마약은 우리시대의 골칫거리이다.

Terrorism is the **scourge** of our times.
테러는 우리 시대의 재앙이다.

2296 ★

alms
[á:mz]

n. 구호금[품], 의연금, 자선 기부금 = charity, contribution, donation

Alms are evenly distributed among the poor in this country.
이 나라에서는 구호물자를 빈민들에게 균등하게 나눠 준다.

MVP almsgiver n. 자선가

2297 ★★★

perish
[périʃ]

v. ① 죽다; 멸망하다 = decease, die, pass away
② 사라지다, 소멸하다; 썩어서 없어지다 = disappear, vanish

A family of four **perished** in the fire.
그 화재로 4인 가족이 목숨을 잃었다.

Early buildings were made of wood and have **perished**.
초기 건물들은 목재로 지어졌기 때문에 지금은 썩어서 없어졌다.

MVP perishable a. 썩기 쉬운, 소멸하기 쉬운

2298 ★★★

toxic
[táksik]

a. 유독한, 독성의 = noxious, poisonous, virulent

This substance releases **toxic** gas when it burns.
이 물질은 연소될 때 유독가스를 배출한다.

MVP toxicity n. 유독성
toxin n. 독소

2299 ★★★

conduct
n. [kándʌkt]
v. [kəndʌkt]

n. ① 행위, 품행, 행실 = action, behavior
② 경영, 수행, 처리 = administration, handling, management
v. ① 행동하다, 처신하다 = act, behave
② (어떤 장소를 이리저리) 안내하다 = escort, guide, lead
③ (열이나 전기를) 전도하다 = transmit

A child's **conduct** often changes in the presence of strangers.
낯선 사람 앞에서 어린 아이의 행동은 종종 변한다.

The king has **conducted** researches on the development of energy sources in the country.
국왕은 국내 에너지원 개발에 대한 연구들을 실시했다.

MVP conductor n. 안내자, 지도자; (열차·버스의) 차장; 전도체
semiconductor n. 반도체

2300 ★★

spill
[spil]

v. ① (액체 등을) 엎지르다, 흘리다
② (말·차 등이 사람을) 떨어뜨리다, 떨어지다, 내동댕이치다[from]
③ 비밀을 누설하다 = divulge, disclose

n. 엎지름, 엎질러짐; 유출, 흘린[쏟은] 액체, 유출물

She **spilled** coffee on her dress.
그녀는 옷에 커피를 엎질렀다.

The oil **spill** has caused incalculable damage to the environment.
그 기름 유출은 환경에 막대한 해를 끼쳤다.

I wiped up the coffee **spills** on the table.
나는 탁자 위에 쏟은 커피를 말끔히 닦았다.

MVP spillover n. 넘침, 과잉; 부작용, 여파; 일출(溢出) 효과(공공 지출에 의한 간접 영향)
spillage n. 흘림, 엎지름, 흘린[엎지른] 것[양]; (기름 등의) 유출
spill the beans (비밀을) 무심코 말해버리다, 누설하다

A. Write the meaning of the following words.

□ universal	_____	□ vast	_____
□ entourage	_____	□ monologue	_____
□ magnet	_____	□ empower	_____
□ deceive	_____	□ chorus	_____
□ bully	_____	□ astray	_____
□ collateral	_____	□ hectic	_____
□ ration	_____	□ obsession	_____
□ incantation	_____	□ platonic	_____
□ attract	_____	□ defeat	_____
□ recidivism	_____	□ minute	_____
□ paltry	_____	□ shift	_____
□ contain	_____	□ recusant	_____
□ hatred	_____	□ swamp	_____
□ invoke	_____	□ frequent	_____
□ leech	_____	□ scourge	_____
□ delicate	_____	□ alms	_____
□ negligent	_____	□ perish	_____
□ pestilence	_____	□ toxic	_____
□ adhere	_____	□ conduct	_____
□ gridlock	_____	□ spill	_____

※ 주어진 단어의 뜻을 본문에서 확인하시고 틀린 단어의 경우 박스에 체크한 뒤에 나중에 다시 학습하시기 바랍니다.

B. Choose the synonym of the following words.

1. posterity
2. dismay
3. bovine
4. temptation
5. leverage
6. exaggerate
7. quandary
8. solace
9. incredible
10. osseous

Ⓐ allurement
Ⓑ overstate
Ⓒ influence
Ⓓ cow-like
Ⓔ dilemma
Ⓕ unbelievable
Ⓖ console
Ⓗ bony
Ⓘ bewilder
Ⓙ descendant

B. 1. Ⓙ 2. Ⓘ 3. Ⓓ 4. Ⓐ 5. Ⓒ 6. Ⓑ 7. Ⓔ 8. Ⓖ 9. Ⓕ 10. Ⓗ

2301 ★★★

manifest
[mǽnəfèst]

a. 명백한, 분명한 = apparent, evident, obvious
v. (감정·태도 등을) 분명히 나타내다 = display, exhibit, reveal

What she did was a **manifest** mistake.
그녀가 했던 일은 명백한 실수였다.

> **MVP** manifestly ad. 명백하게, 분명하게
> manifestation n. 표현, 표명, 명시
> manifesto n. (국가·정당 따위의) 선언서, 성명서

2302 ★★

seal
[siːl]

vt. ① ~에 날인[조인]하다; (상담 따위를) 타결 짓다 = certify, confirm
② ~에 봉인하다; (편지를) 봉하다; 밀봉[밀폐]하다, 틈새를 막다
n. ① 직인, 도장; 봉인
② 바다표범, 물개

Write your letter and **seal** it in a blank envelope.
편지를 써서 빈 봉투에 넣어 봉하세요.

We **sealed** the promise with a handshake.
우리는 악수로 그 약속을 다짐했다.

2303 ★★★

chaos
[kéias]

n. 혼돈, 무질서, 대혼란 = anarchy, disorder

The tornado left the town in **chaos**.
그 회오리바람은 마을을 아수라장으로 만들었다.

> **MVP** chaotic a. 혼돈된, 무질서한
> ↔ cosmos n. (질서와 조화의 구현으로서의) 우주, 천지 만물; 질서 있는 체계; 질서

2304 ★★★

edit
[édit]

vt. (책을) 편집하다; (원고를) 교정하다; (신문·잡지 등을) 편집 발행하다
= compile; correct, revise

The popular online encyclopedia can be **edited** and written by anyone in the world.
그 인기 있는 온라인 백과사전은 전 세계의 어느 누구든 내용을 편집하고 작성할 수 있다.

> **MVP** edition n. (초판·재판의) 판(版)
> editor n. 편집자; (신문의) 주필, 논설위원

2305 ★★

platitude
[plǽtitjùːd]

n. 평범함, 진부함; 진부한 이야기, 흔해빠진 말 = banality, cliché, commonplace

In the face of those dangers, we need concrete action, not **platitudes**.
이와 같은 위험들에 직면함에 있어서 우리에게 필요한 것은 진부한 의견이 아니라 구체적인 행동이다.

> **MVP** platitudinarian a. n. 진부한 말을 하는 (사람), 평범한 (사람); 진부한

2306 ★★

jocund
[dʒákənd]

a. 명랑한, 쾌활한, 즐거운, 유쾌한 = blithe, cheerful, jovial, merry

The party was a **jocund** party that everybody shared their laughter and joy.
그 파티는 모든 사람이 웃음과 즐거움을 나누었던 유쾌한 파티였다.

2307 ★

smack
[smæk]

n. ① 맛, 풍미, 향기 = flavor, relish, savor, taste, zest
② 낌새, 기미 = odor, savor, touch
③ (손바닥으로) 찰싹 때리기; 찰싹 때리는 소리 = slap, spank, whack

v. ① 맛이 나다; ~의 기미가 있다, ~같은 데가 있다[of] = relish, smell
② (손바닥으로) 찰싹 때리다, 강타하다 = bash, hit, slap, smite, strike
③ 입맛을 다시다 = lick one's chops

I believe it's wrong to **smack** children.
나는 아이들을 때리는 것은 나쁘다고 생각한다.

2308 ★★★

influence
[ínfluəns]

n. ① 영향, 효과, 결과; 영향력, 세력 = effect; power
② 영향을 미치는 사람[것], 세력가, 유력자 = heavyweight, potentate
③ 〈전기〉 유도, 감응 = induction

v. (사람의 행동·사고에) 영향을 주다[미치다] = affect, impact, weigh

Her parents no longer have any real **influence** over her.
그녀의 부모는 이제 더 이상 그녀에게 진정한 영향력이 없다.

His first music teacher was a major **influence** in his life.
그의 첫 음악 선생님이 그의 인생에 중요한 영향을 준 인물이었다.

His writings have **influenced** the lives of millions.
그의 글은 수백만 명의 삶에 영향을 주어 왔다.

> **MVP** influential a. 영향력이 큰; 유력한; 영향(력)을 미치는; n. (강한) 영향력을 가진 사람
> influencer n. 영향력을 행사하는 사람[것]; 감화시키는 사람

2309 ★★

paranoid
[pǽrənɔ̀id]

a. 편집[망상]성의; 편집증 환자의; 과대 망상적인 = delusional, obsessive
n. 편집증 환자

The **paranoid** king believed that there were assassins following his every move.
편집증이 있던 그 왕은 자신의 모든 움직임을 뒤쫓는 암살자가 있다고 믿었다.

DAY 47

2310 ★★★
board
[bɔ:rd]

n. ① 널, 판자; 판지, 마분지
　② 위원회 = committee, council
　③ 식사 = meal, victuals
　④ 뱃전; 배 안; (기차차 등의) 안

v. ① (탈것에) 올라타다 = embark, get on
　② 하숙하다, 기숙하다; (~에서) 식사를 하다 = lodge

The **board** of directors turned down the proposal.
이사회에서 그 제안을 부결시켰어요.

People wearing parachutes **boarded** an aircraft to fall freely from the sky.
하늘에서 자유롭게 낙하하기 위해 낙하산을 착용한 사람들이 항공기에 탑승했다.

2311 ★
scoundrel
[skáundrəl]

n. 악당, 깡패, 불한당 = crook, knave, rascal, rogue, villain

Emigration has long been the preferred life course of young people seeking adventure, adults seeking opportunity, and **scoundrels** avoiding the law.
예로부터 이민은 모험을 쫓는 젊은이들, 기회를 찾는 어른들, 그리고 법망을 피하려는 범죄자들이 우선적으로 택하는 방법이었다.

2312 ★
excommunication
[èkskəmjù:nəkéiʃən]

n. 〈종교〉 파문, 파문 선고; 제명, 추방 = dismissal, expulsion, removal

Excommunication is automatic for ordinations without papal approval.
교황의 승인 없는 사제 서품은 자동적으로 파문으로 귀결된다.

MVP excommunicate vt. 파문하다; 제명하다. 추방하다

2313 ★★★
imperial
[impíəriəl]

a. ① 제국(帝國)의; 황제(皇帝)[황후]의 = regal, royal, sovereign
　② 지위 높은; 위엄 있는, 당당한 = lofty, magnificent, superior, supreme

After having lived for more than 200 years under **imperial** rule, Indians believed globalization was a form of imperialism.
200년 이상 제국주의의 식민 지배를 겪은 뒤에 인도인들은 세계화가 제국주의의 한 형태라고 믿었다.

MVP imperialism n. 제국주의
　imperialist n. 제국주의자
　imperium n. 명령권, 주권, 지배권; 지배 영역, 영토
　empire n. 제국

2314 ★★★
penetrate
[pénətrèit]

v. ① 꿰뚫다, 관통하다, 침입하다 = pierce
② (빛·목소리 따위가) ~을 통과하다, 지나가다 = pass through
③ (~에) 스며들다, 퍼지다; ~에 침투하다 = permeate

The arrow **penetrated** the warrior's chest.
화살이 전사의 가슴을 꿰뚫었다.

Bad odor **penetrated** through the building.
악취가 건물에 온통 퍼졌다.

MVP penetration n. 침투; (적진으로의) 침입, 돌입; (탄알 따위의) 관통; 통찰

2315 ★★
integral
[íntigrəl]

a. ① 필수적인, 필요불가결한 = essential, fundamental, indispensable
② 완전한, 완전체의 = complete, entire, whole

Practical experience is **integral** to the course.
그 교육과정에는 실질적인 경험이 필수적이다.

MVP integrity n. 성실, 정직, 청렴; 온전함, 보전(保全)

2316 ★★★
diagnosis
[dàiəgnóusis]

n. 진단; 분석, 판단 = analysis, examination

The doctor's **diagnosis** is recorded in the medical records.
진료 기록에는 의사의 진단 소견이 기록되어 있다.

MVP diagnose v. 진단하다; 조사 분석하다, 원인을 규명하다
diagnostic a. 진단(상)의

2317 ★
wraith
[reiə]

n. (사람이 죽기 전후에 나타난다는) 생령(生靈), 망령, 유령
= apparition, ghost, phantom, specter, spook

In 18th century Scotland, undines were referred to as the **wraiths** of water.
18세기에 스코틀랜드에서 물의 요정은 물의 유령으로 불렸다.

MVP cf. wrath n. 격노, 분노

2318 ★★★
underscore
[ʌndərskɔ́ː]

vt. 강조하다, 분명히 나타내다, 밑줄을 긋다 = stress, underline

The recent violence **underscores** the sensitivity of the issue of Jerusalem.
최근의 폭력사태는 예루살렘 문제가 얼마나 민감한지를 잘 보여준다.

2319 ★★
laureate
[lɔ́:riət]

a. 월계관을 쓴[받은]; 월계수로 만든; 영예로운 = acclaimed, honored, revered
n. ① (훌륭한 업적을 쌓아) 명예를 얻은 사람, 월계관을 쓴 사람; 수상자
　　= awardee, winner
　② 계관 시인 = poet laureate

To date, the youngest Nobel **laureate** is Lawrence Bragg.
지금까지, 가장 나이가 어린 노벨상 수상자는 로렌스 브래그(Lawrence Bragg)이다.

MVP laurel n. 월계수; 월계관; 명예, 승리

2320 ★★★
awkward
[ɔ́:kwərd]

a. 서투른, 어색한 = clumsy, gauche, ungainly

People feel **awkward** when somebody comes too close to them.
사람들은 누군가가 자신들에게 지나치게 가깝게 다가오면 어색해한다.

MVP awkwardly ad. 서투르게, 어색하게

2321 ★★
diameter
[daiǽmətər]

n. ① 직경, 지름
　② (렌즈의) 배율

The **diameter** of Mars is only half of Earth's diameter at 6,800 kilometers.
화성의 지름은 지구 지름의 절반인 6,800 킬로미터밖에 되지 않는다.

MVP cf. radius n. 반지름

2322 ★★★
produce
v. [prədjú:s]
n. [prɑ́dju:s]

v. ① 산출하다, 생기게 하다, 낳다, (열매를) 맺다 = bear, yield
　② 생산하다, 제작하다 = create, make, manufacture
　③ (어떤 결과·효과를) 낳다, 초래하다 = cause, generate
　④ (연극 등을) 연출하다, 상연[공연]하다 = direct, perform, present, show
n. ① 농산물
　② 생산물, 제품

The Philippines uses sugar cane waste to **produce** power.
필리핀은 사탕수수 폐기물들을 이용하여 전력을 생산한다.

The shop sells only fresh local **produce**.
그 상점은 신선한 지역 농산물만 판매한다.

MVP product n. 생산물, 제품; 성과; 소산, 결과
　　production n. 생산; 생산량; 생산물; 저작물; 작품
　　productivity n. 생산성, 생산력; 다산, 풍요
　　productive a. 생산적인; 다산의, 풍요한, 비옥한

2323 ★★
recondite
[rékəndàit]

a. 심오한, 난해한, 알기 어려운 = abstruse, esoteric, profound

The scholar was explaining a **recondite** treatise.
그 학자는 난해한 논문을 설명하고 있었다.

String theory is an extremely **recondite** model for understanding the universe.
끈 이론은 우주를 이해하고자 하는 대단히 심오한 모델이다.

2324 ★★
decomposition
[dìːkɑmpəzíʃən]

n. 분해; 해체; 부패 = breakdown, decay, disintegration

The corpse was in an advanced state of **decomposition**.
그 시체는 부패가 상당히 진행된 상태였다.

MVP decompose v. 분해하다; 썩다, 부패하다

2325 ★
caress
[kərés]

vt. 애무하다, 어루만지다 = fondle, stroke, touch, pet
n. 애무, 애정 표시 = petting, smooching

Feel the breeze coming from the window, gently **caressing** your face.
창문에서 불어오는 당신의 얼굴을 부드럽게 어루만지는 바람을 느껴보세요.

MVP caressing a. 애무하는, 귀여워하는; 달래는 듯한

2326 ★★★
enthusiasm
[inθúːziæzm]

n. 열광; 열정, 의욕, 열의 = ardor, fervor, zeal

She has recently lost her **enthusiasm** for playing tennis.
그녀는 최근에 테니스에 대한 열정을 잃었다.

MVP enthusiastic a. 열렬한, 열광적인

2327 ★★★
mimic
[mímik]

vt. 흉내 내다, 모방하다 = ape, emulate, imitate
n. 흉내쟁이, 흉내를 잘 내는 사람 = copycat, imitator

Another study found that dogs **mimic** yawning if they saw a human doing it.
또 다른 연구에서는 개들이 인간이 하품하는 것을 보면 흉내 낸다는 사실을 알아냈다.

MVP mimicry n. 흉내, 모방; 모조품
mimetic a. 모방의, 흉내 내는

2328 ★
genus
[dʒíːnəs]

n. 종류, 부류, 유(類); 〈생물〉 (분류상의) 속(屬) = kind, sort; breed

Dogs, wolves, and coyotes belong to the same **genus**.
개와 늑대와 코요테는 같은 종류에 속한다.

MVP cf. genius n. 천재; 비범한 재능; 수호신

2329 ★★★

abort
[əbɔ́ːrt]

v. ① 유산[낙태]시키다; 유산하다 = miscarry
② (계획 따위를) 중단[중지]시키다 = cease, halt, interrupt, terminate

In the not-too-distant future, women might **abort** a pregnancy if they learn their unborn baby has an increased risk for cancer.
멀지 않은 미래에, 여성들은 아직 태어나지 않은 자신의 아기가 암 발생 위험이 높다는 것을 알게 되는 경우 낙태를 할지도 모른다.

Engineers **aborted** the test flight at the last minute because of engines problems.
기술자들은 엔진 문제 때문에 마지막 순간에 시험 비행을 중지했다.

MVP abortion n. 유산, 낙태(= miscarriage); (계획 등의) 실패
abortive a. 무산된, 실패로 끝난, 수포로 돌아간(= fruitless, futile)

2330 ★★★

tone
[toun]

n. ① 어조, 말투; 〈비유〉 논조 = accent, note
② 음조, 음색 = pitch, timbre
③ 색조 = color, hue, shade
④ 기분; 기질, 성격; (장소·모임 등의) 분위기 = character; mood, style

The overall **tone** of the paper is critical of the government.
그 신문의 전반적인 논조는 정부에 비판적이다.

MVP tone down (소리·색상·음성 등을) 부드럽게 하다, 완화하다
tone up (소리·색상·음성 등을) 세게 하다; ~에게 활력을 주다

2331 ★★

verbose
[vəːrbóus]

a. 말이 많은, 장황한 = garrulous, talkative, wordy

This writing is **verbose**; we need to edit it.
이 글은 장황하다. 그래서 우리는 그것을 수정할 필요가 있다.

MVP verbosity n. 말이 많음, 장황함
verbiage n. 말이 많음, 장황함; 말씨, 말투

2332 ★★

solicit
[səlísit]

v. 간청하다, 구하다, 졸라대다 = appeal, beg, implore

He **solicited** aid from his close friends.
그는 친한 친구들에게 도움을 청했다.

MVP solicitation n. 간청; 권유
solicitor n. 간청자, 청원자; 구혼자; 법무관
solicitude n. 염려, 근심; 갈망
solicitous a. 염려하는, 걱정하는; 간절히 원하는

2333 ★

vis-à-vis
[vì:zəví:]

ad. a. 얼굴을 마주 대하고 (있는), 마주보고 (있는) = opposite
prep. ① ~에 관하여; ~과 비교하여
② ~과 마주보고, ~과 마주 대하여
n. 마주보고 있는 사람; 동등한 지위의 사람

China held a huge advantage in terms of human capital **vis-à-vis** India.
중국은 인도와 비교하여 노동력에서 큰 이점을 가지고 있었다.

2334 ★★★

frustration
[frʌstréiʃən]

n. 좌절, 차질, 실패; 욕구 불만, 좌절감 = failure, setback; disappointment

A new year of hope has dawned, leaving **frustrations** and disappointments of the tumultuous year behind.
좌절과 실망으로 얼룩졌던 격동의 한 해를 뒤로 하고 희망의 새해가 밝았다.

MVP frustrate v. (적 등을) 쳐부수다; (계획 등을) 실패하게 하다; (사람을) 실망시키다
frustrated a. 실망한, 좌절된
frustrating a. 불만스러운, 좌절감을 주는

2335 ★★

levy
[lévi]

v. (세금 따위를) 징수하다, 부과하다; 징집하다 = charge, impose; commandeer
n. 징세, 부과, 할당; 징수액

The European Union **levied** a large fine Microsoft 633 million dollars in 2004.
EU는 지난 2004년에 마이크로소프트사에 6억 3300만 달러의 큰 벌금을 부과했다.

New York recently came up with the idea of **levying** a fat tax on sodas.
최근 뉴욕시는 탄산음료에 비만세를 부과하는 방안을 내놓았다.

2336 ★★★

organ
[ɔ́:rgən]

n. ① (생물의) 기관(器官), 장기(臟器)
② (정치적인) 기관

An **organ** donor donates parts of their body after they die.
장기 기증자는 자신이 죽은 후에 몸의 일부를 기증한다.

※ 신체기관 관련 어휘

abdomen n. 배, 복부	appendix n. 충수(蟲垂), 맹장
gall bladder n. 쓸개, 담낭	gullet n. 식도(= esophagus)
gut n. 창자, 장(= intestines); (pl.) 내장	heart n. 심장, 가슴, 흉부
kidney n. 신장, 콩팥	liver n. 간장(肝臟), 간(肝)
lung n. 폐, 허파	pancreas n. 췌장
prostate n. 전립선	spleen n. 비장(脾臟), 지라
stomach n. 위(胃); 복부, 배	throat n. 목구멍, 목
thyroid n. 갑상선	tonsil n. 편도선

2337 ★★

falter
[fɔ́ːltər]

v. ① 비틀거리다 = stumble, wobble
② 말을 더듬다 = stammer, stutter
③ 주저하다, 머뭇거리다 = hesitate, waver

The old woman started to **falter** as she climbed the steps.
그 노파는 계단을 오르면서 비틀거리기 시작했다.

"What's the matter with you?" he **faltered**.
"무슨 일 있니?"라며 그가 더듬거리며 말했다.

MVP unfaltering a. 비틀거리지 않는; 주저하지 않는, 단호한

2338 ★★★

antagonist
[æntǽgənist]

n. 적대자, 적수, 경쟁 상대 = competitor, enemy, foe, opponent, rival

These believers view their **antagonists** as being hostile.
이 신자들은 그들의 적대자를 적대적으로 여긴다.

2339 ★★

horrendous
[hɔːréndəs]

a. 무서운, 끔찍한, 무시무시한 = appalling, awful, ghastly, horrible, shocking

The aftermath of the flooding was **horrendous**.
수마(水魔)가 할퀴고 간 자리는 처참했다.

2340 ★★

portal
[pɔ́ːrtl]

n. (주로 pl.) 정문, 현관, 입구; (사물의) 발단, 시초

We stand at the **portals** of a new age.
우리는 새 시대의 입구에 서 있다.

2341 ★★

embroider
[imbrɔ́idər]

v. ① ~에 자수를 놓다; (무늬 따위를) 수놓다
② (이야기 따위를) 꾸미다, 윤색(潤色)하다 = embellish

She **embroidered** her initials on the handkerchief.
그녀는 손수건에 자기 이름의 머리글자들을 수놓았다.

Many of his stories were **embroidered**, exaggerated or wholly invented.
그의 이야기들 중 대부분은 꾸며냈거나, 과장됐거나, 아니면 완전히 날조한 것이었다.

MVP embroidery n. 자수, 수놓기; 자수품; 윤색, 각색

DAY 47

2342 ★★★

contrast
n. [kántræst]
v. [kəntrǽst]

n. ① 대조, 대비[to, with]; (현저한) 차이[between] = comparison, distinction
② 대조적인 것[사람][to]
v. ① 대조하다, 대비시키다[with] = compare, differentiate, distinguish
② 대조하여 뚜렷이 드러나게[두드러지게] 하다; 대조를 이루다[with]

The poverty of her childhood stands in total **contrast** to her life in Hollywood.
어린 시절 그녀가 겪은 가난은 할리우드에서의 그녀의 삶과 완전한 대조를 이룬다.

2343 ★★

peevish
[píːviʃ]

a. 성마른, 안달하는; 투정부리는, 언짢은 = crabbed, grumpy, irritable, touchy

The baby got **peevish** at bedtime almost every night.
그 아기는 거의 매일 밤마다 잠투정을 했다.

MVP peeve v. 애태우다, 안타깝게 하다, 성나게 하다; n. 애태움, 애탐; 노염; 초조

2344 ★★

bicker
[bíkər]

vi. 말다툼하다, 언쟁하다 = altercate, argue, quarrel, wrangle
n. 언쟁, 논쟁 = altercation, argument, dispute

Republicans and Democrats **bickered** with one another at a Wednesday hearing that was supposed to examine how Pentagon cuts would affect the economy.
국방부 예산 삭감이 경제에 어떤 영향을 미칠지를 검토하기로 되어 있던 수요일의 청문회에서 공화당원들과 민주당원들은 서로 다퉜다.

MVP bickering n. 말다툼, 언쟁

2345 ★★★

incident
[ínsədənt]

n. 사건; 분쟁 = event, happening, occurrence
a. (부수적으로) 일어나기 쉬운, 흔히 있는

The **incident** developed into war between the two countries.
그 사건이 양국 간의 전쟁으로 발전했다.

MVP incidental a. 부수적인; 우연의
incidentally ad. 그런데, 그건 그렇고; 부수적으로, 우연히

2346 ★★

aviation
[èiviéiʃən]

n. ① 비행, 항공; 비행[항공]술, 항공학 = aeronautics, flight, navigation
② [집합적] 항공기; (특히) 군용기

Since the Wright brothers achieved the first powered and controlled airplane flight in 1903, there has been astonishing progress in **aviation** and flight.
1903년 라이트(Wright) 형제가 최초로 조종이 가능한 동력 비행기의 비행에 성공한 이래로 항공술과 비행에 있어서 놀랄만한 진전이 이루어져 왔다.

MVP aviator n. 비행사, 비행기 조종사(= pilot)

2347 ★★★

considerable

[kənsídərəbl]

a. ① 상당한, 많은 = great, substantial
② 중요한, 무시할 수 없는, 주목할 만한 = marked, noticeable

The project wasted a **considerable** amount of time and money.
그 프로젝트에 많은 양의 시간과 돈을 허비했다.

He became a **considerable** personage.
그는 저명한 인물이 되었다.

MVP considerably ad. 상당히, 꽤(= fairly, pretty, quite)
cf. considerate a. 사려 깊은, (남을) 배려하는

2348 ★★

molecule

[máləkjùːl]

n. ① 분자
② 지극히 작은 것, 미량 = infinitesimal, particle, trace

One methane **molecule** consists of one carbon atom and four hydrogen atoms.
하나의 메탄 분자는 하나의 탄소 원자와 네 개의 수소 원자들로 이루어져 있다.

MVP molecular a. 분자의, 분자로 된
cf. atom n. 원자

2349 ★★★

rotate

[róuteit]

v. ① 회전하다[시키다] = circle, revolve, spin, turn, whirl
② 순환하다[시키다]; 교대하다[시키다], 교대 근무하다[시키다]
= alternate, interchange

The EU presidency **rotates** among the members.
유럽연합 의장직은 회원국들이 돌아가면서 맡는다.

MVP rotation n. 회전; 순환; (지구·천체의) 자전; (일 등의) 윤번, 교대(제); 윤작
rotary a. 회전하는; 회전식의; n. 원형 교차점, 로터리

2350 ★

tarry

[tǽri]

vi. 지체하다, 꾸물거리다 = dawdle, delay, loiter

Not wanting to face the dire consequences of her actions, Jane **tarried** as long as she could before she appeared in front of the committee.
자신이 한 행동의 끔찍한 결과에 직면하고 싶지 않았기 때문에, 제인(Jane)은 위원회 앞에 모습을 드러내기 전에 최대한 꾸물거렸다.

A. Write the meaning of the following words.

□ manifest	_____	□ mimic	_____
□ seal	_____	□ genus	_____
□ edit	_____	□ abort	_____
□ platitude	_____	□ tone	_____
□ smack	_____	□ vis-à-vis	_____
□ influence	_____	□ frustration	_____
□ paranoid	_____	□ levy	_____
□ board	_____	□ organ	_____
□ excommunication	_____	□ falter	_____
□ imperial	_____	□ horrendous	_____
□ penetrate	_____	□ portal	_____
□ integral	_____	□ embroider	_____
□ diagnosis	_____	□ contrast	_____
□ underscore	_____	□ peevish	_____
□ laureate	_____	□ bicker	_____
□ diameter	_____	□ incident	_____
□ produce	_____	□ aviation	_____
□ decomposition	_____	□ molecule	_____
□ caress	_____	□ rotate	_____
□ enthusiasm	_____	□ tarry	_____

※ 주어진 단어의 뜻을 본문에서 확인하시고 틀린 단어의 경우 박스에 체크한 뒤에 나중에 다시 학습하시기 바랍니다.

B. Choose the synonym of the following words.

1. scoundrel	Ⓐ apparition
2. wraith	Ⓑ opponent
3. awkward	Ⓒ implore
4. recondite	Ⓓ cheerful
5. considerable	Ⓔ anarchy
6. antagonist	Ⓕ knave
7. verbose	Ⓖ abstruse
8. solicit	Ⓗ clumsy
9. jocund	Ⓘ substantial
10. chaos	Ⓙ garrulous

B. 1. Ⓕ 2. Ⓐ 3. Ⓗ 4. Ⓖ 5. Ⓘ 6. Ⓑ 7. Ⓙ 8. Ⓒ 9. Ⓓ 10. Ⓔ

2351 ★★★

obstinate

[ɑ́bstənət]

a. 완고한, 고집 센 = determined, dogged, persistent, stubborn, tenacious

If he insists upon being **obstinate**, we will have to settle this in court.
그가 계속 고집을 부린다면, 우리는 이 문제를 법정에서 해결해야 할 것이다.

MVP obstinacy n. 완고함, 고집(= stubbornness)

2352 ★★

celebrity

[səlébrəti]

n. 명성; 유명인사, 명사(名士)

Studio tours, landmarks, and **celebrity** homes continue to attract visitors.
영화촬영소 관광, 유서 깊은 건물, 유명인사의 집은 방문객들을 계속해서 유치하고 있다.

2353 ★★

defuse

[diːfjúːz]

vt. ① (긴장·위험 등을) 진정[완화]시키다 = calm, settle, stabilize
　　② (폭탄·지뢰 등에서) 신관을 제거하다 = deactivate, disable, disarm

Local police are trying to **defuse** racial tensions in the community.
지역 경찰은 그 지역 내의 인종갈등을 완화시키기 위해 애쓰고 있다.

2354 ★★★

misery

[mízəri]

n. 비참함; 불행; 빈곤; 고통 = distress, suffering, torment

Ever since his wife died, he's been in **misery**.
아내와 사별한 뒤 그는 비참하게 살아왔다.

MVP miserable a. 불쌍한, 비참한, 가련한

2355 ★

rant

[rænt]

v. 폭언하다, 호통치다; 호언장담하다, 고함치다 = rave, roar, shout, yell
n. 호언장담, 과장된 말 = bombast, fustian, grandiloquence

Do not **rant** and rave just because you are upset.
불쾌하다고 해서 마구 고함쳐서는 안 된다.

MVP rant and rave 마구 고함치다, 악을 쓰다

2356 ★★

perspicuous

[pərspíkjuəs]

a. (표현이) 명료한, 명쾌한 = clear, lucid, limpid

Her **perspicuous** comments eliminated all possibility of misinterpretation.
그녀의 명쾌한 논평은 모든 오해의 가능성을 없앴다.

MVP perspicuity n. (언어·문장 등의) 명쾌함, 명료함, 명석함
cf. conspicuous a. 눈에 잘 띄는, 뚜렷한; 현저한, 두드러진
cf. perspicacious a. 이해가 빠른, 총명한

2357 ★★★

extinct
[ikstíŋkt]

a. ① (인종·동식물 등이) 멸종한, 사멸한 = dead, defunct, gone
② (언어·풍습·법률 등이) 스러진; (제도·관직 등이) 폐지된
= abolished, obsolete, void
③ (생명·정열·희망 등이) 끊어진; (불이) 꺼진; (화산이) 활동을 그친
= extinguished; inactive

A blue parrot which was believed to be **extinct** in the wild has been spotted in Brazil.
야생에서 멸종됐다고 믿었던 파란 앵무새가 브라질에서 발견됐다.

MVP extinction n. 멸종, 사멸, 절멸

2358 ★

tramp
[træmp]

v. ① 쿵쿵거리며[무거운 발걸음으로] 걷다; 짓밟다 = stamp, trample
② 터벅터벅 걷다 = plod, stump, trudge
③ 방랑하다; 도보 여행을 하다 = ramble, roam; trek, hike

I heard him **tramping** about overhead.
머리 위에서 그가 쿵쿵거리며 걷는 소리가 들렸다.

2359 ★★★

devaluation
[dìːvæljuéiʃən]

n. 평가 절하; 가치[신분]의 저하 = depreciation

The sudden **devaluation** of the peso precipitated Argentina's economy into a serious crisis.
갑작스런 페소화의 평가 절하는 아르헨티나의 경제를 심각한 위기상황으로 떨어뜨렸다.

MVP ↔ revaluation n. 재평가; (통화 가치의) 개정, (특히) 평가 절상

2360 ★★

bane
[bein]

n. 독(毒), 해악; 재해; 파멸(의 원인) = poison, venom; calamity, curse

Lack of public transportation is the **bane** of urban life.
공공 수송 시설의 부족은 도시 생활의 파멸의 근원이다.

MVP baneful a. 파괴적인, 치명적인, 해로운, 유해한
baleful a. 재앙의, 해로운

2361 ★★★

acclaim
[əkléim]

v. 갈채하다, 환호하여 맞이하다 = applaud, commend, compliment, hail
n. 찬사, 호평 = acclamation, applause, commendation, praise

The author's new book was **acclaimed** by all the important reviewers.
그 저자의 신간은 주요 평론가 모두로부터 갈채를 받았다.

The movie "The Piano" got a lot of critical **acclaim**, but I didn't like the music in it.
영화 "피아노(The Piano)"는 비평가들의 호평을 많이 받았지만, 영화에 나오는 음악은 내 마음에 들지 않았다.

DAY 48

MVP acclamation n. 갈채, 환호
acclaimed a. 칭찬[호평]을 받고 있는

2362 ★
hamlet
[hǽmlit]

n. 작은 마을, 부락, 촌락 = small village

He was born in a **hamlet**, many miles from the nearest city.
그는 가장 가까운 도시로부터 수마일 떨어져 있던 작은 마을에서 태어났다.

2363 ★★★
constant
[kánstənt]

a. ① 변치 않는, 일정한 = invariable, stable, steady, uniform
② 끊임없는, 부단한 = ceaseless, continual, incessant, perpetual
n. 불멸의 것; 〈수학·물리〉 상수

Light travels at a **constant** speed of almost 300,000 km per second.
빛은 1초에 거의 30만 킬로미터의 일정한 속도로 이동한다.

MVP constantly ad. 끊임없이; 자주

2364 ★★
wrap
[ræp]

v. ① 싸다, 감싸다, 포장하다 = cover, pack, package, swathe
② 둘러싸다, 감다
n. ① 두르개, 덮개; 싸는 물건 = cloak, cover
② (pl.) 구속, 억제; 비밀; 검열

Some people use a gum's package paper to **wrap** the chewed gum.
어떤 사람들은 씹던 검을 싸는 데 껌 포장지를 사용한다.

MVP wrap-up n. 요약 뉴스; 요약; 결말; a. 최종적인, 결론의

2365 ★★★
impediment
[impédəmənt]

n. ① 방해, 장애(물) = hindrance, obstacle
② 신체장애, (특히) 언어 장애 = defect

Shortened time in school is often a major **impediment** to advancement later in life.
학교에서 보내는 시간이 줄어든 것은 종종 후년에 출세를 하는 데 있어 큰 방해가 된다.

John cannot talk well because he has a speech **impediment**.
존(John)은 언어 장애가 있기 때문에 말을 잘 할 수가 없다.

2366 ★★
version
[vɚ́rʒən]

n. ① ~판(版); 특정한 형(型), 변형, 각색, 별형 = adaptation, form, variant
② 설명, 의견, 견해 = account, description

The film is a true **version** to the original book.
그 영화는 본래의 책에 충실한 버전이다.(충실히 각색되었다.)

2367 ★★★
patent
[pǽtnt]

n. (전매) 특허, 특허권; 특허품, 특허 물건 = copyright, franchise
a. ① (전매) 특허의; 특허권을 가진
② 명백한, 뚜렷한, 빤한 = apparent, clear, evident, obvious

Apple is claiming that Samsung has infringed on its **patent**.
애플은 삼성이 자신들의 특허권을 침해했다고 주장하고 있다.

It was his **patent** mistake.
그것은 그의 명백한 실수였다.

2368 ★★
align
[əláin]

v. ① 일렬로[나란히] 세우다, 정렬시키다 = array, line up, range
② (정치적으로) 제휴시키다, 같은 태도를 취하게 하다 = affiliate, associate

Partial solar eclipses occur when the Sun and Moon do not quite **align** in the sky as viewed from Earth.
지구에서 보았을 때 태양과 달이 하늘에서 완전히 일렬로 있지 않으면 부분일식이 발생한다.

The company **aligned** itself with the cinema.
그 회사는 영화관과 제휴를 맺었다.

MVP alignment n. 일렬, 정렬, 배열

2369 ★★★
craftsman
[krǽftsmən]

n. 장인(匠人); 공예가, 숙련공, 명장(名匠), 예술가
= artisan, master, technician

This piece of furniture shows the touch of a master **craftsman**.
이 가구에서는 장인의 숨결이 느껴진다.

MVP craft n. 기능; 기교; 솜씨; 교활, 술책; 선박, 항공기; 우주선
craftsmanship n. 손재주; (훌륭한) 솜씨, (장인의) 기능

2370 ★★
lewd
[luːd]

a. 음란한, 외설적인 = lascivious, obscene, promiscuous, salacious

The public and the press at the time rejected her sculptures as inappropriately **lewd** and unsuitable for display.
당시의 대중과 언론은 대단히 음란해서 전시하기에 부적절하다고 여겨 그녀의 조각품을 거부했다.

2371 ★★★
disturb
[distə́:rb]

v. ① (휴식·일·생각 중인 사람을) 방해하다; ~에게 폐를 끼치다
② ~의 마음을 어지럽게 하다; 불안하게 하다
③ (행위·상태를) 저해하다, 막다
④ 혼란시키다; 휘저어 놓다

If you get up early, try not to **disturb** everyone else.
일찍 일어나면, 다른 모든 사람들에게 방해가 되지 않도록 해라.

The letter shocked and **disturbed** me.
그 편지는 내게 충격과 불안감을 주었다.

MVP disturbing a. 교란시키는, 불온한
disturbance n. 소동; 방해, 교란

2372 ★★
bid
[bid]

v. ① (특히 경매에서) 값을 부르다[제의하다], 입찰에 응하다
② (~하려고) 애쓰다
n. ① 입찰, 매긴 값, 입찰의 기회[차례] = bidding, tender
② (인기·동정 등을 얻고자 하는) 노력, 시도 = attempt, effort, exertion

I **bid** £2,000 for the painting.
나는 그 그림 값으로 2,000파운드를 불렀다.

MVP bidding n. 입찰; 명령

2373 ★★★
sneer
[sniər]

v. 비웃다, 조롱하다[at] = deride, mock, scoff
n. 냉소; 비웃음, 경멸 = gibe, jeer, taunt

He **sneered** at people who liked pop music.
그는 팝 음악을 좋아하는 사람들을 비웃었다.

2374 ★★
kinetic
[kinétik]

a. 운동의, 운동에 의해 생기는; 동역학의

Kinetic energy is the energy produced by something moving.
운동 에너지는 무언가 움직이는 것에 의해 발생하는 에너지다.

The **kinetic** energy of an object is one half its mass multiplied by its speed squared.
물체의 운동 에너지는 질량의 1/2에 속도의 제곱을 곱한 것이다.

MVP kinetics n. 동역학

2375 ★★★

complement
v. [kámpləmènt]
n. [kámpləmənt]

vt. 보충[보완]하다 = replenish, supplement
n. 보충[보완]물

The team needs players who **complement** each other.
그 팀에는 서로를 보완해 주는 선수들이 필요하다.

A good wine is a **complement** to a good meal.
좋은 술은 훌륭한 식사를 더욱 빛나게 해 준다.

MVP complementary a. 상호 보완적인, 보충하는
    cf. compliment n. 경의, 칭찬; 아첨

2376 ★★

asylum
[əsáiləm]

n. ① (정신박약자고아노인 등의) 보호 시설, 수용소; 정신병원
    ② 피난, 망명, 보호
    ③ 피난처, 피신처 = refuge, sanctuary

He was committed to a lunatic **asylum**.
그는 정신병원에 수용되었다.

Hundreds of refugees applied for political **asylum** in the US.
수백 명의 난민들이 미국에 정치적 망명을 요청했다.

2377 ★★★

retail
[rí:teil]
v. ② [ritéil]

n. 소매(小賣)
a. ad. 소매의[로]
v. ① 소매하다; 소매되다 = peddle, sell
    ② (소문 등을) 퍼뜨리다, 그대로 옮기다 = spread

The **retail** price of this baseball bat is 10 thousand won.
이 야구방망이의 소매가격은 만 원이다.

MVP retailer n. 소매상인
    cf. wholesale n. 도매; a. ad. 도매의[로]; 대규모의[로]

2378 ★

point-blank
[pɔ́intblǽŋk]

ad. 정면으로, 노골적으로, 딱 잘라서 = directly, explicitly, plainly
a. 단도직입적인, 솔직한, 노골적인 = direct, explicit, plain

Do you mind if I ask you some **point-blank** questions?
단도직입적으로 질문 드려도 되겠습니까?

2379 ★★

stature
[stǽtʃər]

n. ① (사람의) 키, 신장 = height
    ② 지명도, 위상 = eminence, importance, prestige, prominence, standing

Her long **stature** was not the only thing that made her great.
그녀의 긴 신장만이 그녀를 위대하게 만든 것은 아니었다.

MVP cf. statue n. 조각상

2380 ★★★
halt
[hɔ:lt]

v. 멈추다, 멈춰서다, 정지하다; 중단시키다 = cease, discontinue, pause, stop
n. 멈춤, 정지, 휴지(休止), 중단 = break, cessation, discontinuity, pause, stop

Serious damage may result at some future date if steps are not taken to **halt** the trend.
만약 그 추세를 중단시키기 위한 조치가 취해지지 않는다면, 언젠가 심각한 피해가 발생할지도 모른다.

A shortage of capital brought construction to a **halt**.
자금 부족으로 공사가 중단되었다.

2381 ★★★
complication
[kàmpləkéiʃən]

n. ① 복잡; 복잡화 = complexity, intricacy
② (사건의) 분규, 혼란, 말썽거리 = difficulty, obstacle, snag, tangle
③ 〈의학〉 합병증

Sadly, Dr. Covey passed away last week of **complications** from a bicycle accident earlier this year.
안타깝게도, 코비(Covey) 박사는 지난 주 올해 초에 있었던 자전거 사고의 합병증으로 세상을 떠났다.

2382 ★★
supposedly
[səpóuzidli]

ad. 추정상, 아마, 필경 = perhaps, possibly, presumably, probably

Each box **supposedly** contained 100 million won.
각각의 상자에는 아마도 1억 원씩 들어있었을지도 모른다.

MVP suppose v. 가정하다, 상상하다; 추측하다, 생각하다
supposed a. 상상된, 가정의

2383 ★★
fallow
[fǽlou]

a. 경작하지 않은, 휴한(休閑) 중인; 미개간의 = uncultivated; unexploited

Experiments are under way to allow farmers to use **fallow** government land and keep the profits.
농민들로 하여금 묵혀둔 채 사용되지 않고 있는 정부의 토지를 이용하고 그 이익들을 가질 수 있도록 하는 실험이 진행 중에 있다.

2384 ★★★
recess
[risés]

n. ① 휴식; 휴회; (대학의) 휴가; (학교의) 휴식 시간
= break, intermission, interval
② 은거지; 벽감; (pl.) 후미진[구석진] 곳; (마음) 속 = alcove, niche, nook

The classroom became rowdy the moment **recess** began.
휴식 시간이 시작되자마자, 교실은 떠들썩해졌다.

2385 ★

proctor
[prάktər]

n. ① 시험 감독관 = invigilator
　② 대리인, 사무 변호사 = agent, attorney
v. (시험을) 감독하다 = invigilate, supervise

I need someone to help **proctor** a test in the morning.
오전에 시험 감독을 도와줄 사람이 필요합니다.

MVP proctorize vt. (학생감이 학생을) 처벌하다
　　proctorship n. 시험 감독관직; <법> 대리인 신분

2386 ★★★

intensive
[inténsiv]

a. ① 강한, 격렬한; 집중적인, 철저한 = all-out, complete, exhaustive, thorough
　② (농업이나 경제가) 집약적인

The American forces began an **intensive** attack against Iraq.
미군이 이라크에 대한 집중 공격을 시작했다.

MVP ↔ extensive a. 광대한, 넓은; 광범위한; (농업이) 조방적(粗放的)인

2387 ★★

obsolescence
[ὰbsəlésns]

n. (상품의) 노후화, 진부화, 구식화; (기관의) 쇠퇴, 퇴화

Having owned all sorts of mobile phones during the last 20 years, I strongly sense that they have been manufactured with planned **obsolescence**.
지난 20년 동안 온갖 종류의 휴대폰을 소유해 보고 나니 그 휴대폰들이 계획적으로 구식이 되도록 만들어졌다는 느낌이 강하게 든다.

MVP obsolesce vi. 쇠퇴하다, 퇴화하다
　　obsolescent a. 쇠퇴하고 있는; (기계 등이) 구식의

2388 ★★★

understate
[Λndərstéit]

vt. (수·양·정도 등을) 적게 말하다, 삼가서 말하다; 줄잡아 말하다
　= depreciate, underestimate

China's official defence budget **understates** its real military expenditure by two or three times.
중국의 공식적인 국방 예산은 그 2배나 3배에 달하는 실제 군사비 지출을 줄여서 발표하는 것이다.

The government tends to **understate** the increase in prices deliberately.
정부는 물가상승에 대해 의도적으로 축소하여 발표하는 경향이 있다.

MVP understatement n. 삼가서[줄잡아] 말하기; 삼가는 말[표현]
　　↔ overstate vt. 과장하다
　　overstatement n. 과장

2389 ★★★
reign
[rein]

n. ① 치세, 통치 기간
② 통치, 지배; 통치권, 세력, 권세 = dominion, sovereignty, sway
vi. 군림하다, 통치하다[over]; 세력을 떨치다, 영향력을 행사하다
= govern, rule

The country was under the **reign** of the king for many years.
그 나라는 오랫동안 왕의 통치 하에 있었다.

MVP cf. rein n. 고삐; 구속; (pl.) 통제력, 통제권, 지휘권; v. 억제하다, 통제하다

2390 ★★
gratuity
[grətjúːəti]

n. 선물; 팁 = gift; tip

In the US, it is customary to give a **gratuity** to a waiter.
미국에서는 웨이터에게 팁을 주는 것이 관례이다.

2391 ★★★
plain
[plein]

a. ① 명백한, 분명한; 평이한, 쉬운 = apparent, clear, evident
② 솔직한 = candid, frank, straightforward
③ 평범한; (얼굴이) 예쁘지 않은 = ordinary; homely, ugly
④ 검소한, 간소한, 수수한, 소박한 = frugal, thrifty
n. 평지, 평야, 광야

I want to have **plain** and truthful answers.
나는 솔직하고 진실한 답을 원한다.

She was rather **plain** when she was a child.
그녀는 어렸을 때 외모가 다소 평범한 편이었다.

The manual is written in **plain** language so that everybody can understand it.
설명서가 평이한 언어로 쓰여 있어서 누구나 이해할 수 있다.

MVP plainly ad. 분명히, 알기 쉽게; 솔직히

2392 ★★
inexplicable
[inéksplikəbl]

a. 불가해한, 설명할 수 없는 = enigmatic, mysterious, unaccountable

There are many **inexplicable** things in life.
인생에는 설명할 수 없는 일들이 많이 있다.

MVP ↔ explicable a. 설명[해명]할 수 있는

2393 ★★
masquerade
[mæskəréid]

n. 가면무도회; 거짓 꾸밈, 허구, 은폐 = carnival; guise
vi. 위장하다, 변장하다 = camouflage, disguise, dissemble

We dressed up to go to a **masquerade**.
우리는 가면무도회에 가기 위해 치장을 했다.

He **masquerades** as a big businessman, but he really isn't one.
그는 거물급 사업가로 행세하지만, 사실은 전혀 그렇지 않다.

2394 ★★★

reluctant
[rilʌ́ktənt]

a. 꺼리는, 마음 내키지 않는, 마지못해 하는 = hesitant, unwilling

She was **reluctant** to admit she was wrong.
그녀는 자신이 틀렸다는 것을 인정하기를 꺼렸다.

He finally gave a **reluctant** smile.
그가 마침내 마지못해 미소를 지었다.

MVP reluctance n. 마음이 내키지 않음, 마지못해 함, 꺼림
reluctantly ad. 마지못해

2395 ★

physiology
[fìziálədʒi]

n. 생리학; 생리 기능, 생리 현상

Physiology is the study of how living things work.
생리학은 생물이 어떻게 작용하는가에 대한 학문이다.

MVP physiologist n. 생리학자
physiological a. 생리학상의; 생리적인

2396 ★★

senile
[síːnail]

a. 노인의, 노년의, 노쇠한; 노망한 = aged, decrepit, anile

The old man has gone completely **senile**.
그 노인은 완전히 망령이 들었다.

MVP senility n. 고령, 노쇠; 노인성 치매증
senile dementia 노인성 치매
dotard n. 노망한[망령든] 사람

2397 ★★

furor
[fjúrɔːr]

n. ① 벅찬 감격, 열광 = craze, enthusiasm
② 분노, 격노 = rage
③ 대소동, 난동 = commotion, disturbance

This whole system of publicly rating schools has caused a **furor** among educators and parents.
공개적으로 학교를 등급을 매기는 이 전반적인 시스템이 교육자와 학부모들 사이에서 분노를 야기했다.

MVP cf. fury n. 격노, 격분

DAY 48

2398 ★★★

entail
[intéil]

vt. ① (필연적 결과로서) 일으키다, 남기다, 수반하다 = involve
② ~을 필요로 하다; (노력·비용 등을) 들게 하다, 과(課)하다 = require; impose

Liberty **entails** responsibility.
자유는 책임을 수반한다.

The undertaking **entailed** great expense upon the government.
그 사업은 정부에 많은 비용이 들게 했다.

MVP entailment n. 상속인 한정; 세습 재산

2399 ★

towering
[táuəriŋ]

a. ① 몹시 높은, 솟아 있는 = elevated, high, soaring, tall
② 비범한, 출중한 = extraordinary, imposing, impressive

The canyon is hemmed in by **towering** walls of rock.
그 협곡은 우뚝 솟은 바위벽들로 둘러싸여 있다.

2400 ★

arsenic
[áːrsənik]

n. 〈화학〉 비소

Tap water has **arsenic** and toxic chemicals like perchlorate.
수돗물에는 비소와 과염소산염과 같은 독성 화학물질들이 포함되어 있다.

A. Write the meaning of the following words.

- ☐ obstinate   _____
- ☐ celebrity   _____
- ☐ defuse   _____
- ☐ misery   _____
- ☐ rant   _____
- ☐ extinct   _____
- ☐ tramp   _____
- ☐ devaluation   _____
- ☐ acclaim   _____
- ☐ hamlet   _____
- ☐ constant   _____
- ☐ wrap   _____
- ☐ version   _____
- ☐ patent   _____
- ☐ align   _____
- ☐ disturb   _____
- ☐ bid   _____
- ☐ kinetic   _____
- ☐ complement   _____
- ☐ asylum   _____

- ☐ retail   _____
- ☐ point-blank   _____
- ☐ halt   _____
- ☐ complication   _____
- ☐ supposedly   _____
- ☐ recess   _____
- ☐ proctor   _____
- ☐ intensive   _____
- ☐ obsolescence   _____
- ☐ understate   _____
- ☐ reign   _____
- ☐ gratuity   _____
- ☐ plain   _____
- ☐ masquerade   _____
- ☐ reluctant   _____
- ☐ physiology   _____
- ☐ senile   _____
- ☐ furor   _____
- ☐ towering   _____
- ☐ arsenic   _____

※ 주어진 단어의 뜻을 본문에서 확인하시고 틀린 단어의 경우 박스에 체크한 뒤에 나중에 다시 학습하시기 바랍니다.

B. Choose the synonym of the following words.

1. perspicuous
2. bane
3. impediment
4. craftsman
5. lewd
6. entail
7. sneer
8. inexplicable
9. fallow
10. stature

Ⓐ lascivious
Ⓑ deride
Ⓒ clear
Ⓓ height
Ⓔ uncultivated
Ⓕ involve
Ⓖ hindrance
Ⓗ poison
Ⓘ artisan
Ⓙ enigmatic

B. 1. Ⓒ 2. Ⓗ 3. Ⓖ 4. Ⓘ 5. Ⓐ 6. Ⓕ 7. Ⓑ 8. Ⓙ 9. Ⓔ 10. Ⓓ

2401 ★★★
sedentary
[sédntèri]

a. (일·활동 등이) 주로 앉아서 하는, 몸을 많이 움직이지 않는
= deskbound, inactive, stationary

Americans, particularly young Americans, have become risk-averse and **sedentary**.
미국인, 특히 젊은 미국인들은 위험을 회피하고 앉아서 일하는 것을 선호하게 되었다.

2402 ★★
congregate
v. [káŋgrigèit]
a. [káŋgrigət]

v. 모이다, 모으다 = assemble, convene, gather
a. 모인, 집합한

Young people often **congregate** in the square in the evenings.
저녁이면 젊은이들이 광장에 자주 모인다.

> **MVP** congregation n. 모임, 집합
> congregant n. (집회 등에) 모이는 사람, (교회의) 회중

2403 ★
meteorology
[mì:tiərálədʒi]

n. 기상학, (한 지역의) 기상상태

Meteorology is used to forecast the weather.
기상학은 날씨를 예보하는 데 이용된다.

> **MVP** meteorologist n. 기상학자

2404 ★★★
reflect
[riflékt]

v. ① (빛·소리·열 따위를) 반사하다, 되튀기다
② 반영하다, 나타내다 = display, indicate
③ 숙고하다, 곰곰이 생각해보다[on, upon] = consider, think

She was looking at her figure **reflected** in the mirror.
그녀는 거울에 비친 자신의 모습을 바라보고 있었다.

The language of a people often **reflects** its characteristics.
한 민족의 언어는 흔히 그 민족의 특성을 반영한다.

Reflect upon what I have said to you.
방금 내가 말한 것을 곰곰이 생각해 보시오.

> **MVP** reflection n. 반사; 반영; 반성
> reflective a. 반사하는; 반영하는; 숙고하는

2405 ★★
illegitimate
[ìlidʒítəmət]

a. 불법의, 위법의; 서출(庶出)의 = illicit, illegal, unlawful; misbegotten
n. 사생아, 서자 = love child

In legal terms, the union's decision to strike is not **illegitimate**.
법적인 관점에서, 이번 파업 결의가 불법은 아니다.

2406 ★★
dilute
[dilúːt]

v. ① 묽게 하다, 희석하다 = thin, water down
② (효과 등을) 약화시키다[희석시키다] = attenuate, diminish, weaken

Her coffee was too strong, so Ellen **diluted** it with milk.
엘렌(Ellen)은 커피가 너무 진해서 우유를 넣어 연하게 만들었다.

Large classes **dilute** the quality of education that children receive.
대규모 학급은 아동들이 받는 교육의 질을 약화시킨다.

MVP dilution n. 묽게 하기, 희석

2407 ★★
unflinching
[ʌnflíntʃiŋ]

a. 움츠리지 않는, 굽히지 않는, 굴하지 않는 = adamant, firm, resolute

Columbus had an **unflinching** belief that he would reach land.
콜럼버스(Columbus)는 그가 육지에 닿을 것이라는 불굴의 신념을 갖고 있었다.

MVP unflinchingly ad. 움츠리지 않고, 굴하지 않고
flinch v. 주춤하다, 움찔하다; 꽁무니 빼다

2408 ★★★
eternity
[itə́ːrnəti]

n. ① 영원, 영겁 = aeon, immortality, perpetuity
② 내세, 저승 = afterlife, hereafter

There will be rich and poor for all **eternity**.
부자와 빈자는 영원히 없어지지 않을 것이다.

Every hour thousands of people across the world pass into **eternity**.
매시간 전 세계에 있는 수천 명의 사람들이 내세로 이동한다[죽는다].

MVP eternal a. 영원[영구]한; 불후의, 불변의; 끝없는, 끊임없는
eternize vt. 영원하게 하다, 불후(不朽)하게 하다

2409 ★★
succor
[sʌkər]

n. (위급한 때의) 구조, 원조; 구조[원조]자 = aid, assistance, help, relief
vt. 구조하다, 원조하다 = assist, help

The man gave **succor** to a lost little boy we saw in the park.
그 남자는 공원에서 보았던 길을 잃은 어린 소년을 도와주었다.

MVP cf. sucker n. 젖먹이; 빨판; 속기 쉬운 사람, 봉; ~에 사족을 못 쓰는 사람

2410 ★★
corrosive
[kəróusiv]

a. 부식하는, 부식성의; (말 따위가) 신랄한 = caustic

Because the salt used to de-ice highways is highly **corrosive**, it can turn the reinforcing bars in the concrete highways, bridges, and parking garages into rusty mush.
고속도로를 제빙(除氷)하는 데 사용하는 소금은 부식성이 매우 강하기 때문에, 콘크리트로 포장된 고속도로, 다리, 차고에 덧대 놓은 쇠막대들을 녹슬어 으깨지도록 할 수 있다.

MVP corrode v. 부식[침식]하다; 좀먹다; 마음에 파고들다
corrosion n. 부식(작용); 침식; (근심이) 마음을 좀먹음

2411 ★★★

vanish
[vǽniʃ]

v. 사라지다, 없어지다, 자취를 감추다 = disappear, fade

Some novels forecast a society in which intimate information is available everywhere and personal privacy is in danger of **vanishing**.
몇몇 소설들에서는 사적인 정보가 어디서든 입수 가능하고 사생활이 사라질 위험에 처한 사회를 예견하고 있다.

He watched his girlfriend walking away until she **vanished** from sight.
그는 여자 친구가 사라질 때까지 그녀가 걸어가는 모습을 지켜보았다.

2412 ★★

pejorative
[pidʒɔ́ːrətiv]

a. 경멸적인 (뜻의), 비난하는 의미의
 = derogatory, disparaging, negative, slighting

The term "whistleblower" has **pejorative** connotations, which often obscures the value of disclosure.
'내부고발자'라는 용어에는 경멸적인 의미가 내포돼 있어서, 종종 폭로의 가치를 퇴색시킨다.

2413 ★★

sneak
[sniːk]

v. ① 살금살금[몰래] 가다; 몰래 가져가다 = creep, slink, slip, steal
 ② 일러바치다, 고자질하다[on] = peach
n. 고자질쟁이 = tattletale

I **sneaked** a cake when they were out of the room.
나는 그들이 방 밖에 있을 때 케이크 하나를 몰래 챙겼다.

MVP sneaker n. 살금살금 행동하는 사람[동물], 비열한 사람; (pl.) 고무창 운동화
sneaky a. 살금살금하는; 비열한, 엉큼한

2414 ★

ontology
[antáːlədʒi]

n. 존재론

Ontology deals with questions about ultimate nature of things.
존재론은 사물의 궁극적인 본질에 관한 문제들을 다룬다.

MVP epistemology n. 인식론

2415 ★★★

reputation
[rèpjətéiʃən]

n. ① 평판, 세평 = renown
 ② 명성, 신망, 호평 = fame, prestige

The scandal had done serious damage to his **reputation**.
그 추문은 그의 평판에 심각한 타격을 주었다.

MVP repute n. 평판, 명성; vt. 생각하다, 간주하다
reputable a. 평판이 좋은, 훌륭한, 존경할 만한
reputed a. 평판이 좋은, 유명한

2416 ★★
eject
[idʒékt]

v. ① 몰아내다, 쫓아내다, 축출하다 = expel, oust, remove
② (액체·연기를) 뿜어내다, 배출하다, 배설하다 = discharge, emit, release
③ (버튼을 눌러 테이프·디스크 등을) 꺼내다

The police **ejected** a number of violent protesters from the hall.
경찰이 많은 난폭한 시위대들을 강당으로부터 몰아냈다.

MVP ejection n. 쫓아냄, 추방; <야구> 퇴장; 분출, 배출
ejecta n. (화산 따위의) 분출물, 배출물

2417 ★★★
neighborhood
[néibərhùd]

n. ① 근처, 이웃, 인근 = precincts, proximity, vicinity
② 지구, 지역 = area, district, region
③ [집합적] 이웃 사람들 = neighbors

The population in this **neighborhood** increases day by day.
이 지역의 인구는 매일 증가하고 있다.

MVP in the neighborhood of ~의 근처에; (수·양이) 대략, 약
neighbor n. 이웃 (사람); 동포; 이웃나라 사람

2418 ★
truculent
[trʌ́kjulənt]

a. ① 반항적인, 공격적인, 잔인한 = aggressive, barbarous, combative, ruthless
② 신랄한, 통렬한 = acerbic, biting, harsh, severe, sharp

She was the most **truculent** person that I have ever seen in my life.
그녀는 내가 살면서 여태까지 봤던 사람 중에 가장 공격적인 사람이었다.

MVP truculence n. 잔인, 야만

2419 ★★★
companion
[kəmpǽnjən]

n. 동료, 상대, 친구, 동반자

She was a charming dinner **companion**.
그녀는 함께 식사를 하기에 아주 좋은 벗이었다.

Fear was the hostages' constant **companion**.
공포심이 그 인질들을 끊임없이 따라다녔다.

MVP companionable a. 친구로 사귀기 좋은, 친하기 쉬운, 사교적인

2420 ★★
blush
[blʌʃ]

v. 얼굴을 붉히다, (얼굴이) 빨개지다; 부끄러워하다 = crimson, flush, redden
n. 얼굴을 붉힘, 홍조

The student **blushed** when everyone laughed at his pronunciation.
그 학생은 모두가 그의 발음을 비웃었을 때 얼굴이 빨개졌다.

DAY 49

2421 ★★★

available

[əvéiləbl]

a. 이용할 수 있는; 입수할 수 있는 = usable; accessible, obtainable

Not a single meeting room will be **available** any time after Thursday.
목요일 이후에는 사용 가능한 회의실이 하나도 없을 것이다.

2422 ★

polymath

[pálimæθ]

n. 박식가, 박식한 사람

The woman was a **polymath** who lived from 1602 to 1680.
그 여인은 1602년부터 1680년까지 살았던 박식한 사람이었다.

MVP polymathic a. 대학자의, 박식가의
polymathy n. 박학, 박식
cf. aftermath n. (전쟁·재해 등의) 결과, 여파

2423 ★★

stagnation

[stægnéiʃən]

n. 침체, 정체; 부진; 불황, 불경기 = depression, recession, slump

Industrial **stagnation** inevitably leads to the loss of jobs.
기업의 침체는 필연적으로 일자리 상실을 가져온다.

MVP stagnant a. (물·공기가) 고여 있는; 침체된

2424 ★★

queasy

[kwíːzi]

a. ① 욕지기나는, 메스꺼운, 구역질나는 = nauseous, squeamish
② 불안한 = anxious, restless, uncomfortable, uneasy, worried

As the ship left the harbor, he became **queasy** and thought that he was going to suffer from seasickness.
배가 항구를 떠나자 그는 속이 메스꺼워져서 그가 배 멀미로 고생할 것이라 생각했다.

MVP queasiness n. 메스꺼움

2425 ★★★

hatch

[hætʃ]

v. ① (알·병아리를) 까다, 부화하다 = breed, incubate
② (음모 따위를) 꾸미다, 꾀하다, (계획을 비밀리에) 세우다 = concoct

Crocodile eggs take about 85 days to **hatch**.
악어의 알은 부화할 때까지 약 85일이 걸린다.

He has accused opposition parties of **hatching** a plot to assassinate the pope.
그는 야당들이 교황을 암살할 음모를 꾸미고 있다는 혐의를 제기해 왔다.

2426 ★★

confederation
[kənfèdəréiʃən]

n. 연합, 연맹, 동맹; 연방, 동맹국 = alliance, federation, league, union

The word France came from the Franks, a **confederation** of Germanic tribes living in Gaul.

'프랑스'라는 단어는 갈리아에 살고 있는 게르만족의 연합인 프랑크족으로부터 왔다.

MVP confederate a. 동맹한, 연합한; n. 동맹자; 동맹국, 연합국; 공모자, 일당
federal a. 동맹의, 연합의; 연방 정부의
federation n. 동맹, 연합, 연맹; 연방제; 연방

2427 ★★★

entice
[intáis]

vt. 유혹하다, 유인하다, 꾀다 = allure, lure, seduce, tempt

No amount of money can **entice** me to leave the company.

아무리 많은 액수의 돈도 회사를 떠나도록 나를 유혹할 수는 없다.

MVP enticing a. 마음을 끄는, 유혹적인(= alluring, engaging, tempting)

2428 ★★

gem
[dʒem]

n. ① 보석, 보옥; 주옥(珠玉) = jewel, stone
② 귀중품; 보석과 같은 것[사람] = prize, treasure

Parents call their children "precious **gems**."

부모들은 자신의 아이들을 '귀중한 보석'이라 부른다.

2429 ★★★

landmark
[lǽndmɑ̀ːrk]

n. ① 현저한[획기적인] 사건 = turning point, watershed
② 주요지형물, 랜드마크

NASA's Cosmic Background Explorer satellite had discovered **landmark** evidence that the universe did in fact begin with the primeval explosion that has become known as the Big Bang.

나사(NASA)의 COBE 위성은 우주가 실제로 빅뱅이론으로 알려져 있는 태곳적의 폭발로 인해 시작되었음을 보여주는 획기적인 증거를 발견했다.

2430 ★★★

renounce
[rináuns]

v. ① (권리 등을 정식으로) 포기하다, 단념하다 = relinquish, surrender
② 부인하다; ~와의 관계를 끊다

He showed how much he loves this country by **renouncing** his citizenship.

그는 시민권을 포기함으로써 그가 얼마나 이 나라를 사랑하는지를 보여줬다.

He **renounced** the world and became a monk.

그는 속세를 떠나 승려가 되었다.

MVP renunciation n. 포기, 단념; 자제

2431 ★★
pack
[pæk]

n. ① 꾸러미, 보따리 = bundle, load, parcel
② (사냥개·비행기·군함 등의) 한 떼[무리]; (악당 등의) 일당, 한 패
= band, crowd
v. (짐을) 싸다, 꾸리다, 포장하다 = package, wrap

There are four to seven wolves in the average **pack**.
평균적으로 한 무리에 4-7마리의 늑대가 있다.

MVP package n. 포장; 소포; 포장한 상품; (상자 등 포장용) 용기; 일괄, 일괄 거래

2432 ★★
malevolent
[məlévələnt]

a. 악의 있는, 심술궂은 = malicious, spiteful, vicious, wicked

I could feel his **malevolent** gaze and wondered what he would do next.
나는 그의 악의에 찬 시선을 느낄 수 있었고, 과연 그가 다음에 무슨 행동을 할지가 궁금했다.

MVP malevolence n. 악의, 나쁜 마음, 적의, 증오
↔ benevolent a. 자비심이 많은, 호의적인

2433 ★★★
puzzling
[pʌ́zliŋ]

a. 당황하게 하는, 영문 모를, 어리둥절케 하는 = bewildering, perplexing

His letter poses a number of **puzzling** questions.
그의 편지는 많은 곤혹스런 질문들을 제기하고 있다.

MVP puzzle n. 수수께끼, 퍼즐; 난제; 당혹; v. 당혹스럽게 하다, 난처하게 하다

2434 ★★
rack
[ræk]

n. ① (물건을 얹거나 올려두는) 선반, 걸이 = shelf, stand
② 고문대; 고문; 고통, 고민
③ 파괴, 황폐 = destruction, ruin
v. ① 고통을 주다, 괴롭히다; 고문하다
= afflict, distress, harass; torment, torture
② (소작인 등을) 착취하다 = exploit, sweat

The skirts on that **rack** are twenty percent off today.
그 선반에 있는 치마들은 오늘 20% 세일합니다.

2435 ★★★
fetus
[fíːtəs]

n. (포유동물, 특히 사람의 임신 3개월이 넘은) 태아(胎兒)

One of the biggest issues in the abortion debate is whether the **fetus** is a living human being.
낙태 논쟁에서 가장 중요한 이슈 가운데 하나는 태아를 생명으로 보느냐에 관한 것이다.

MVP fetal a. 태아의, 태아 단계[상태]의

2436 ★★★
blend
[blend]

v. ① 섞다, 섞이다; 혼합하다 = mingle, mix
② (색 등이) 한데 어우러지다, 조화하다[조화되다] = harmonize, match, suit

Oil does not **blend** with water.
기름은 물과 섞이지 않는다.

2437 ★★
intercourse
[íntərkɔ̀ːrs]

n. ① 성교(性交) = coitus, sex
② 교제, 교섭, 교류; 통상 = association, commerce, contact, dealings

Abstinence is defined as not engaging in sexual **intercourse**.
금욕은 성관계를 하지 않는 것으로 정의된다.

2438 ★★★
demolish
[dimάliʃ]

vt. 파괴하다, (건물 따위를) 부수다, 폭파하다 = destroy, raze, tear down

By beginning of last year, part of the school had to be **demolished** as its foundation had become too unstable.
학교 건물의 기초가 너무 불안정해졌기 때문에, 지난해 초부터 학교의 일부를 헐어내야만 했다.

MVP demolition n. 파괴, 폭파; (특권 등의) 타파; (pl.) 폐허

2439 ★★
oblique
[əblíːk]

a. ① 비스듬한, 기울어진 = askew, diagonal, slanting
② (표현이) 완곡한, 에두른, 간접적인 = indirect, roundabout
③ (도덕적으로) 그릇된, 나쁜, 바르지 못한, 부정한 = bad, foul, wrong

It is possible to approach this problem in an **oblique** manner.
간접적인 방식으로 이 문제를 접근하는 것이 가능하다.

MVP obliquity n. 경사, 경사도; 부정, 부정행위; 에두른 말
obliquely ad. 비스듬히; 부정하게; 간접적으로

2440 ★★★
deception
[disépʃən]

n. 속임, 기만, 사기; 속임수 = deceit, fraud, legerdemain, trickery

Art is a **deception** that creates real emotions and a lie that creates a truth.
예술은 실제의 감정을 불러일으키는 기만이자 진실을 창작하는 속임수이다.

MVP deceptive a. 기만적인, 현혹하는(= misleading)

DAY 49

2441 ★

leaven
[lévən]

n. ① 효모(酵母); 이스트 = barm, ferment, leavening, yeast
② 서서히 변화[영향, 감화]를 주는 겟[힘]; 기미(氣味), 기운
= catalyst, influence, inspiration

vt. ① 발효시키다, 부풀리다 = ferment
② 서서히 변화를 주다; 기미를 띠게 하다[with, by]
= elevate, inspire, stimulate

The baker **leavened** bread with yeast.
제과업자는 효모로 빵을 발효시켰다.

MVP leavening n. 효모; 영향, 감화; 변화[영향, 감화]를 미치는 것
leaven the (whole) lump 조금의 효모가 반죽 덩어리를 부풀리다; 사회[사태]를 개혁
[변혁]시키다

2442 ★★

rookie
[rúki]

n. ① 신병; 풋내기, 초심자
= beginner, greenhorn, newcomer, novice, tenderfoot
② (프로 스포츠의) 신인 선수

She had the highest earnings and was named the **rookie** of the year.
그녀는 가장 많은 상금을 받았고 올해의 신인으로 선정되었다.

2443 ★★★

appoint
[əpɔ́int]

v. ① 지명하다, 임명하다 = assign, designate, name, nominate
② (시간·장소 등을) 정하다, 지정하다 = fix, set

The boss always seeks to **appoint** the best person to the job.
사장은 항상 그 일에 대해 최고의 사람을 선임하는 것을 추구한다.

MVP appointment n. 임명, 지명; 지정, 선정; (회합·방문의) 약속

2444 ★★★

toil
[tɔil]

n. 수고, 노력, 힘이 드는 일 = effort, exertion, labor

v. ① 힘써 일하다 = drudge, fag, moil
② 애써 나아가다

No fine work can be done without **toil**.
그 어떤 훌륭한 일도 노력 없이는 이루어질 수 없다.

I **toiled** as a laborer on construction sites to earn the tuition for next semester.
나는 다음 학기 등록금을 벌기 위해 건설 현장에서 잡부로 힘들게 일했다.

MVP toilsome a. (생활·등산·여행 등이) 고생스러운, 힘든

2445 ★★★
fake
[feik]

a. 위조의, 모조의, 가짜의 = bogus, counterfeit, forged, spurious
n. 위조품, 모조품 = forgery, imitation, phony, postiche
v. ① 위조하다, 날조하다, 조작하다 = counterfeit, fabricate, forge
② ~인 체하다, ~인 척하다, 가장하다 = feign, pretend, simulate

He tried to go to South Korea with a **fake** passport.
그는 위조 여권을 갖고서 한국에 들어오려고 했다.

He arranged the accident in order to **fake** his own death.
그는 자신이 죽은 것처럼 꾸미려고 그 사고를 계획했다.

MVP fakery n. 가짜, 모조품; 사기, 속임수
fakement n. 모조품, 날조물; 사기, 속임수

2446 ★★
incarcerate
[inkáːrsərèit]

vt. 투옥[감금]하다 = confine, imprison

They **incarcerated** the man, but many people believed that he was innocent.
그들이 그 사람을 투옥했지만, 많은 사람들은 그가 무죄라고 믿었다.

MVP incarceration n. 투옥, 감금
carceral a. 교도소의, 감금을 목적으로 한

2447 ★★
basin
[béisn]

n. 물동이, 수반, 대야; 분지; (강의) 유역 = bowl; valley, watershed

The Amazon **basin** is about ten times the size of France.
아마존 강 유역은 프랑스 면적의 약 열 배이다.

2448 ★
politic
[pálətìk]

a. ① 현명한, 신중한 = sensible, wise
② 정책적인; 교활한 = artful, diplomatic

It would not be **politic** for you to be seen there.
당신이 거기에 모습을 보이는 것은 사려 깊지 못한 행동이 될 것이다.

2449 ★★
section
[sékʃən]

n. ① 절단, 분할; 자른 면
② (사회 등의) 단면, 대표적인 면 = part, piece, portion
③ 구분, 구획; 구역; 부문 = department, division, sector
④ 지역, 지방 = area

Sports has its own entire **section** of the newspaper.
신문에도 독립된 스포츠면이 있다.

2450 ★★★

clash
[klæʃ]

n. ① 충돌, 격돌 = bump, collision
　② (의견·이해 등의) 충돌, 불일치; 부조화 = disagreement, discord

v. ① (소리를 내며) 충돌하다 = collide, crash
　② (의견·이해·시간 등이) 충돌하다; (규칙 등에) 저촉되다
　　= conflict, disagree

There were **clashes** between some protesters and police at night after a rally in central Seoul.
저녁 서울 시내 중심부에서 열린 대회 후 일부 시위자들과 경찰이 충돌했다.

REVIEW TEST

A. Write the meaning of the following words.

□ sedentary _____
□ meteorology _____
□ reflect _____
□ dilute _____
□ unflinching _____
□ eternity _____
□ pejorative _____
□ sneak _____
□ ontology _____
□ reputation _____
□ eject _____
□ neighborhood _____
□ truculent _____
□ companion _____
□ polymath _____
□ queasy _____
□ hatch _____
□ confederation _____
□ gem _____
□ landmark _____

□ pack _____
□ malevolent _____
□ puzzling _____
□ rack _____
□ fetus _____
□ blend _____
□ intercourse _____
□ demolish _____
□ oblique _____
□ deception _____
□ leaven _____
□ rookie _____
□ appoint _____
□ toil _____
□ fake _____
□ incarcerate _____
□ basin _____
□ politic _____
□ section _____
□ clash _____

※ 주어진 단어의 뜻을 본문에서 확인하시고 틀린 단어의 경우 박스에 체크한 뒤에 나중에 다시 학습하시기 바랍니다.

B. Choose the synonym of the following words.

1. illegitimate
2. corrosive
3. blush
4. stagnation
5. renounce
6. vanish
7. congregate
8. succor
9. entice
10. available

Ⓐ disappear
Ⓑ assemble
Ⓒ caustic
Ⓓ usable
Ⓔ allure
Ⓕ illicit
Ⓖ crimson
Ⓗ relinquish
Ⓘ depression
Ⓙ aid

B. 1. Ⓕ 2. Ⓒ 3. Ⓖ 4. Ⓘ 5. Ⓗ 6. Ⓐ 7. Ⓑ 8. Ⓙ 9. Ⓔ 10. Ⓓ

2451 ★★★

immune
[imjúːn]

a. ① 면역의, 면역성이 있는; (과세 등으로부터) 면제된 = exempt, free
② 영향을 받지 않는[to] = impervious, insusceptible, unaffected

People with less healthy **immune** systems could take up to 14 days to get over a cold.
면역체계가 덜 건강한 사람들은 감기가 낫는 데 14일이나 걸릴 수도 있다.

We were well aware that no nation is **immune** to terrorism.
우리는 어떤 나라도 테러로부터 자유로울 수 없다는 것을 잘 알고 있었다.

> **MVP** immunity n. 면역(성); (책임·의무 등의) 면제
> immunize vt. (특히 백신 주사로) 면역력을 갖게 하다; 무효화[무력화]시키다
> immunology n. 면역학

2452 ★★

sparse
[spaːrs]

a. 드문드문한, (인구 따위가) 희박한; (숱이) 적은 = meager, scant, sporadic

As the area is rural, the general lighting is **sparse**.
그 지역은 시골이라 가로등이 드문드문 있다.

Customers are **sparse** because it's a weekday.
평일이라서 손님이 뜸하다.

> **MVP** sparsity n. 듬성듬성함; 희박함; 빈약함
> sparsely ad. 드문드문하게, 희박하게
> ↔ dense a. 밀집한; 밀도가 높은

2453 ★★

waive
[weiv]

vt. ① (권리·요구 등을) 포기하다 = abandon, relinquish, renounce
② (문제 등을) 연기[보류]하다 = defer, postpone

I will **waive** my rights in this matter in order to expedite our reaching a proper decision.
적절한 결정을 신속히 내리기 위해, 나는 이 문제에 있어서 나의 권리를 포기할 것이다.

2454 ★★

distraction
[distrǽkʃən]

n. ① 정신이 흐트러짐; 주의 산만 = disturbance
② 기분전환, 오락 = amusement, diversion, entertainment

Reading and writing bring me, not solace indeed, but **distraction**.
글을 읽고 쓰는 것은 나에게 확실히 위안을 가져다주지 않고 마음을 심란하게 한다.

Today's parents must try, first of all, to control all the new **distractions** that tempt children away from schoolwork.
무엇보다도, 오늘날의 부모들은 아이들을 학업으로부터 멀어지도록 부추기는 새로 나온 오락들을 모두 통제해야 한다.

> **MVP** distract vt. 산만하게 하다, 딴 데로 돌리다(= divert)
> distracted a. 괴로운, 마음이 산란한; 미친

2455 ★

peripatetic
[pèrəpətétik]

a. ① 걸어 돌아다니는, 순회하는 = itinerant, nomadic, roving, wandering
② 〈철학〉 소요(逍遙)학파의

I am not attracted by the **peripatetic** of the vagabond always wandering through the countryside, begging for charity.
자비를 구하면서 항상 시골을 배회하는 그 방랑자에게 나는 현혹되지 않는다.

2456 ★★

reckon
[rékən]

v. ① 세다, 계산하다 = count
② (~으로) 간주하다, 판단하다, 평가하다 = consider, regard
③ (~속에) 셈하다, 셈에 넣다

I **reckon** him as the best swimmer in my class.
나는 그를 우리 반 최고의 수영선수로 본다.

We **reckon** him among our supporters.
우리는 그를 우리 후원자의 한 사람으로 본다.

2457 ★★★

mean
[mi:n]

a. ① (사람·행위 등이) 비열한; 심술궂은 = hostile, rude
② 보통의, 평균의 = average
③ (집·옷 등이) 초라한 = humble

n. 중간, 중용; (산술) 평균

v. 의미하다; 의도하다

DAY 50

He used a **mean** trick to win the game.
그는 경기에서 이기기 위해 비열한 술책을 썼다.

Glaciers have retreated, the **mean** sea level has risen, and other unmistakable signs of warming have been detected.
빙하가 후퇴했고, 평균 해수면은 상승했으며, 다른 분명한 온난화의 신호가 감지되었다.

She walked through the **mean** and dirty streets.
그녀는 초라하고 더러운 거리를 걸었다.

MVP means n. 수단, 방법; 자금, 재력
a man of means 자산가

2458 ★★

perforate
[pə́:rfərèit]

v. 구멍을 내다, 관통하다 = penetrate, pierce

The bullet **perforated** the wall.
총알은 벽에 구멍을 냈다.

The explosion **perforated** his eardrum.
그 폭발 사고로 그는 고막이 터졌다.

MVP perforation n. 구멍을 냄, 관통; (찍어 낸) 구멍, 눈금

2459 ★★★

redundant
[ridʌ́ndənt]

a. ① 여분의, 과다한 = extra, superfluous, surplus
　② (표현이) 장황한; 중복되는 = repetitious, tautological, verbose

The last sentence is **redundant** and does not contribute to the sense of 'conclusion.'
마지막 문장은 불필요한 것이며 '결론'이라는 느낌을 주는 데 아무런 기여를 하지 않는다.

Reading Tom's report is often annoying because of his **redundant** writing style.
톰(Tom)의 보고서를 읽는 일은 그의 장황한 글쓰기 방식 때문에 종종 짜증스럽다.

MVP redundancy n. 과잉, 여분; (특히 말의) 쓸데없는 반복, 용장(冗長)

2460 ★

chatterbox
[tʃǽtərbɑ̀ks]

n. 수다쟁이 = babbler, gossip, prattler, tattler, windbag

After a couple of drinks, he becomes a **chatterbox**.
그는 술이 몇 잔 들어가면 말이 많아진다.

MVP chatter n. 지껄임, 수다

2461 ★★★

ponder
[pándər]

v. 숙고하다, 깊이 생각하다 = consider, contemplate, mull over, ruminate

He **pondered** long and deeply over the question.
그는 그 문제에 대해 오랫동안 곰곰이 생각했다.

2462 ★★★

uniform
[júːnəfɔ̀ːrm]

a. 한결같은, 균일한, 획일적인 = consistent, inflexible
n. 제복, 유니폼

The walls were a **uniform** grey.
그 담들은 한결같이 회색이었다.

MVP uniformity n. 한결같음, 획일, 일률
uniformly ad. 한결같이, 균일하게
↔ multiform a. 여러 형태의, 다양한
multiformity n. 다양성

2463 ★

eclogue
[éklɔːg]

n. (대화체의) 목가, 전원시, 목가시(牧歌詩)

Theocritus, who lived from about 310 to 250 BC, was the creator of **eclogue**.
기원전 약 310년부터 250년까지 살았던 인물인 테오크리투스(Theocritus)는 전원시의 창시자였다.

2464 ★★★

rotten

[rátn]

a. ① 썩은, 부패한; 더러운; 악취를 풍기는 = bad, decayed, putrid, spoiled
② (도덕적으로) 부패한, 타락한 = corrupt, depraved

Food won't go **rotten** as long as the weather stays cool.
날씨가 선선한 기온을 유지하는 한, 음식은 썩지 않을 것이다.

2465 ★★

appall

[əpɔ́:l]

vt. 오싹[깜짝] 놀라게 하다, (간담을) 서늘케 하다 = frighten, terrify

We were **appalled** at the thought of another war.
우리는 또 전쟁이 일어나는가 하는 생각으로 오싹해졌다.

MVP appalling a. 소름 끼치는, 섬뜩하게 하는; 지독한, 형편없는

2466 ★★★

scar

[skɑ:r]

n. ① (화상·부스럼 등의) 상처 자국, 흉터 = hurt, injury, mark, wound
② (마음·명성 등의) 상처 = trauma

I don't think the wound will leave a **scar**.
그 상처는 흉터가 남을 것 같지는 않다.

MVP abscess n. 종기, 농양
blister n. 물집, 수포
bruise n. 타박상; 상처 자국
sore n. 건드리면 아픈 곳; 헌데, 상처

2467 ★

naught

[nɔ:t]

n. ① 제로, 영(零) = cipher, nil, zero, zilch
② 무(無), 존재하지 않음, 무가치 = nothing, nothingness

The plan came to **naught** due to lack of money.
그 계획은 자금 부족으로 인해 좌절되었다.

MVP good-for-naught a. (아무 짝에도) 쓸모없는, 무가치한; n. 아무 짝에도 쓸모없는 사람
(= good-for-nothing)
come to naught 무효[실패]로 끝나다, 헛되이 끝나다

2468 ★★

haggle

[hǽgl]

vi. (값을 깎으려고) 실랑이를 하다, 흥정을 하다; 논쟁하다
= dicker; argue, dispute, wrangle

The salesman and customer **haggled** over the price of a shirt.
판매원과 손님이 셔츠의 가격을 놓고 흥정을 벌였다.

2469 ★★★

agony
[ǽgəni]

n. 극도의 고통, 괴로움 = anguish, distress, pain, suffering, torment

I would rather die than live in this **agony**.
이런 고통 속에서 사느니 차라리 죽는 편이 낫다.

MVP agonize v. 고민[번민]하다; 몹시 괴롭히다

2470 ★

booty
[búːti]

n. ① 노획물, 전리품; 약탈품 = loot, plunder, spoils, swag, trophy
　② 상품, 상금 = award, prize

Caesar's army plundered the camp capturing many slaves and much **booty**.
시저(Caesar)의 군대는 많은 노예와 약탈품을 포획하며 그 진영을 약탈했다.

2471 ★★★

discard
[diskάːrd]

v. (쓸데없는 것을) 버리다, 폐기하다 = dump, dispose of, jettison

They **discarded** all the food that had passed the expiration date.
그들은 유통기한이 지난 식품을 전량 폐기 처분했다.

2472 ★★

graphic
[grǽfik]

a. ① (묘사 등이) 그려 놓은 듯한, 사실적인, 생생한 = picturesque, vivid
　② 그림[회화, 조각]의; 도표로 표시된

Rachel gave a **graphic** description of the traffic accident.
레이첼(Rachel)은 교통사고를 생생하게 묘사했다.

MVP graphically ad. 그림을 보는 것 같이, 생생하게; 도표로

2473 ★★★

convince
[kənvíns]

vt. 납득[확신]시키다, 설득하다, ~에게 깨닫게 하다 = assure, persuade

I finally realized that trying to **convince** her that he's not bad was a lost cause.
나는 마침내 그가 나쁜 사람이 아니라고 그녀를 납득시키는 것이 부질없는 짓이라는 걸 깨달았다.

MVP convincible a. 설득할 수 있는, 도리에 따르는
convinced a. 확신을 가진, 신념이 있는
convincing a. 설득력 있는, (증거 등이) 수긍이 가게 하는

2474 ★

optician
[aptíʃən]

n. 안경사, 안경점

An **optician** is a person whose job is to sell people glasses and other things to correct sight problems, but who does not examine people's eyes.
안경사는 사람들에게 안경과 시력 문제를 보정하는 다른 물건들을 팔지만, 사람들의 눈을 검사하지는 않는다.

MVP ophthalmologist n. 안과의사
oculist n. 안과의사, 검안사

2475 ★★★
ardent
[á:rdnt]

a. **열렬한, 열광적인** = enthusiastic, fervent, impassioned, passionate, zealous

He received **ardent** support from the voters.
그는 유권자들로부터 열광적인 지지를 얻었다.

Some **ardent** soccer fans watch the World Cup all day long.
몇몇 열렬한 축구팬들은 하루 종일 월드컵을 시청한다.

MVP ardor n. 열정, 열의, 열성

2476 ★★
enervate
[énərvèit]

vt. **기력[힘]을 빼앗다[약화시키다]** = devitalize, sap, unnerve, weaken

I find that hot summer weather **enervates** me and leaves me very tired, I try to leave the city every August and go to Maine.
더운 여름 날씨로 인해 기력이 떨어지고 매우 지치게 되는 것을 알기에 나는 매년 8월에 도시를 떠나 메인(Maine)으로 가려고 노력한다.

2477 ★★★
masterpiece
[mǽstə:rpì:s]

n. **걸작, 대표작, 명작** = classic, magnum opus, masterwork

His work is a **masterpiece** of contemporary literature.
그의 작품은 현대문학의 대표작이다.

2478 ★★
vent
[vent]

v. **(감정·분통 등을) 발산하다, 터뜨리다** = express, utter, ventilate
n. ① **구멍** = aperture, opening
　 ② **배출구, (감정 따위의) 발로, 표출** = outlet

Peter **vented** his spleen on his friends for losing the race.
피터(Peter)는 경주에서 진 것에 대해 친구들에게 마구 화풀이를 했다.

I **vented** my anger by kicking his car.
나는 분풀이로 그의 차를 발로 찼다.

2479 ★★★
optional
[ápʃənl]

a. **임의의, 선택의** = elective

Certain courses are compulsory; others are **optional**.
일부 과정은 필수이고 일부는 선택이다.

MVP option n. 선택권; 선택의 자유

2480 ★★★

filter
[fíltər]

v. ① 거르다, 여과하다; 여과하여 제거하다 = cleanse, purify, refine
   ② (빛·물 등이) 새다, 스며 나오다; (사실·정보 등이) 서서히 알려지다
       = percolate, permeate
n. 여과 장치

The liver plays a major role in **filtering** more than 1.4 liters of blood per minute.
간은 분당 1.4리터 이상의 혈액을 여과하는 데 중요한 역할을 한다.

2481 ★★★

concord
[kánkɔːrd]

n. (의견·태도 등의) 일치; (사물간의) 화합, 조화 = accord, agreement, harmony

There was complete **concord** among the delegates.
대표들 간에 완전한 의견의 일치를 보았다.

Neighbors cannot live in **concord** if their children keep fighting with one another.
자녀들이 다른 집 아이들과 계속해서 싸워대면 이웃들 간에 화목하게 살 수가 없다.

MVP concordance n. 조화, 일치, 화합

2482 ★★

incubate
[ínkjubèit]

v. ① (알을) 품다, 부화하다 = brood, hatch
   ② (세균 등을) 배양하다 = cultivate, culture

The mother bird came back to her nest and continued to **incubate** the eggs.
어미 새는 둥지로 돌아와서 계속해서 알을 품었다.

It's amazing that clay, which just looks like dirt, can **incubate** living cells!
먼지처럼 보이는 흙이 살아있는 세포를 배양할 수 있다니 정말 놀랍습니다!

MVP incubation n. 알을 품음, 부화; 배양; (병균의) 잠복
incubative a. 부화의; 잠복(기)의(= incubatory)

2483 ★

hieroglyph
[háiərəglìf]

n. 상형문자, 그림문자 = pictograph

The beginnings of cryptography can be traced to the **hieroglyphs** of early Egyptian civilization.
암호 작성법은 초기 이집트 문명의 상형문자에서 기원을 찾을 수 있다.

2484 ★★

prop
[prap]

v. ① (받침대 등으로) 받치다[up]; 기대 놓다[against] = lean, place
   ② 지지(支持)하다, 보강하다[up] = buttress, support, sustain, uphold
n. ① 지주(支柱), 버팀목, 버팀대 = brace, support
   ② 지지자, 후원자, 의지가 되는 사람[것] = sustainer, upholder

The stone pillars **prop** up the roof.
돌기둥이 지붕을 떠받치고 있다.

2485 ★★★

trail
[treil]

n. ① 자국, 발자국; 자취; 실마리 = footprints, mark, trace, wake
② 오솔길, 시골길, 산길 = path, road, route
v. ① 뒤를 밟다, 추적하다 = chase, follow, pursue, track
② (물건·발 등을) 질질 끌다[끌리다], 끌고 가다 = drag, pull

The police are still on the **trail** of the escaped prisoner.
경찰이 아직도 그 탈옥수의 자취를 쫓고 있다[탈옥수를 추적 중이다].

MVP off the trail 실마리[단서]를 놓쳐; 길을 잃어
on the trail 실마리[단서]를 잡아; 길을 찾아
hit the trail 여행을 떠나다, 나서다

2486 ★★★

commend
[kəménd]

vt. ① 칭찬하다 = compliment, extol, laud, praise
② 추천하다, 권하다 = recommend, suggest
③ 맡기다, 위탁하다 = commit, entrust

I was highly **commended** by the professor for my reports.
나는 내가 제출한 보고서에 대해 교수님께 매우 칭찬을 받았다.

MVP commendation n. 칭찬; 추천; 위탁, 위임; 상, 상장
commendable a. 칭찬할만한, 훌륭한
recommend vt. 추천하다; 권장하다

2487 ★★

innumerable
[injú:mərəbl]

a. 셀 수 없는, 무수한, 대단히 많은 = countless, infinite, myriad, numerous

The hairs on my head used to be **innumerable**, but that was long ago.
내 머리의 머리카락은 셀 수 없이 많았었지만, 다 옛날이야기다.

2488 ★★★

relax
[rilǽks]

v. ① (긴장·경직됨 등을) 늦추다; (마음의) 긴장을 풀다, 편하게 하다
= calm, ease, rest, unwind
② (법·규칙 등을) 관대하게 하다, 경감[완화]하다 = mitigate, relieve

She meditates each morning to **relax** and clear her mind.
그녀는 긴장을 풀고 마음을 맑게 하기 위해서 매일 아침 명상을 한다.

MVP relaxation n. 풀림, 이완; (의무·부담 등의) 경감, 완화; 휴양
relaxed a. 누그러진, 긴장을 푼

2489 ★★

libel
[láibəl]

n. (문서에 의한) 명예 훼손(죄), 비방하는 글; 모욕 = aspersion, slander
vt. 명예를 훼손하다, 비방하다 = asperse, defame

Angry at what the newspaper had printed, she sued for **libel**.
신문에 나온 보도 내용에 화가 난 그녀는 명예훼손으로 고소했다.

MVP libelous a. 명예 훼손의, 중상적인; 중상하기를 좋아하는

2490 ★

shambles
[ʃǽmblz]

n. ① 도살장 = slaughterhouse
② 유혈의 장, 아수라장; 어지러이 흩어진 모양, 혼란의 도가니
= chaos, disarray, disorder, mess, muddle

An earthquake devastated the Sichuan province of China, killing thousands of people and leaving cities in **shambles**.
지진이 중국의 쓰촨(Sichuan) 지방을 황폐화시켜, 수천 명의 목숨을 앗아가고 도시들을 난장판으로 만들어 놓았다.

MVP shamble vi. 비틀거리다; n. 비틀거림, 비틀걸음

2491 ★★★

faculty
[fǽkəlti]

n. ① 능력, 재능 = ability, capacity
② (대학의) 학부 = department, school
③ (학부의) 교수단; (대학·학교의) 교직원

We only fulfill our nature when we exercise our **faculty** of language.
언어 능력을 행사할 때 우리는 본성을 실현하는 것일 뿐이다.

Many **faculty** members complain that their students are unprepared to do college-level work.
많은 교수들은 학생들이 대학 수준의 학업을 할 준비가 되어 있지 않다고 불평한다.

2492 ★

air
[ɛər]

v. ① (의견을) 발표하다; 떠벌리다, 자랑해 보이다 = show off
② 방송하다; 방송되다 = broadcast
n. 외견, 모양, 태도; (pl.) 젠체하는 태도

They thought that he was **airing** his superior education.
그들은 그가 고급교육을 받았다는 것을 자랑하고 있다고 생각했다.

He always puts on **airs**.
그는 언제나 잘난 체 한다.

MVP put on airs 젠체하다, 뽐내다

2493 ★★★

paragon
[pǽrəgàn]

n. 모범, 본보기, 전형, 귀감 = epitome, exemplar, model, standard

He wasn't the **paragon** of virtue she had expected.
그는 그녀가 기대했던 미덕의 본보기는 아니었다.

2494 ★★★
due
[djuː]

a. ① 마땅히 지불되어야 할; 지불 기일이 된, 만기의 = outstanding, owing
② (열차·비행기 등이) 도착 예정인; ~할 예정인 = expected, scheduled
③ (돈·보수·고려 등이) 응당 받아야 할; 정당한, 적당한 = deserved, proper

n. (보통 pl.) 회비, 요금, 수수료; 세금 = charges, fee

This bill is **due** on December 27.
이 청구서의 지불 기한은 12월 27일까지다.

He is **due** to address a conference on human rights next week.
그는 다음 주 인권 회의에서 연설을 할 예정이다.

MVP overdue a. 연착한; 연체된, 지체된; (지급) 기한이 지난; 이미 무르익은

2495 ★★
temerity
[təmérəti]

n. 무모, 만용 = audacity, boldness, imprudence, recklessness

He had the **temerity** to complain his professor.
그는 무모하게도 교수님에게 불만을 제기했다.

MVP temerarious a. 무모한, 대담무쌍한

2496 ★★★
current
[kə́ːrənt]

a. ① 지금의, 현재의 = present
② 현행의, 통용되는

n. ① 흐름; 해류; 조류
② (여론·사상 따위의) 경향, 추세, 풍조, 사조

Part of a person's immediate response to pain is determined not only by his **current** emotional state but also by his memories of previous painful experiences.
사람의 고통에 대한 즉각적인 반응은 그의 현재 감정상태 뿐만 아니라 이전의 고통스런 경험에 대한 기억에 의해서도 결정된다.

An eagle is flying with the **current** of air.
독수리 한 마리가 기류를 타고 날고 있다.

MVP currency n. 통화, 화폐; (화폐의) 통용
currently ad. 현재, 지금(= now, presently)

2497 ★
rapscallion
[ræpskǽljən]

n. 악한, 무뢰한; 건달 = knave, rascal, rogue, scamp, scoundrel

The city's run-down waterfront was occupied mostly by disreputable places frequented by drunkards and **rapscallions**.
그 도시의 황폐한 해안 지구는 취객들과 건달들이 자주 오가는 평판이 나쁜 장소들이 대부분을 차지하게 됐다.

DAY 50

2498 ★★

befit
[bifít]

vt. ～에 적합하다, ～에 걸맞다, 어울리다 = be suitable for, fit, suit

The party was a lavish reception as **befitted** a visitor of her status.
파티는 그녀와 같은 신분의 방문자에게 걸맞은 호화로운 접대였다.

2499 ★

stubby
[stʌbi]

a. ① 그루터기 같은; 그루터기가 많은 = stubbed, stubbly
　② 짧고 굵은, 뭉툭한, 땅딸막한 = stocky, stumpy

The bottlenose dolphin has a short and **stubby** beak.
그 청백돌고래는 짧고 뭉뚝한 주둥이를 가지고 있다.

MVP stub n. 그루터기; 뿌리; 쓰다 남은 토막; v. (뿌리를) 뽑다; 끝을 비벼 불을 끄다

2500 ★★★

planet
[plǽnit]

n. ① 행성; (the ～) 지구 = earth, globe
　② 선각자, (지적) 지도자; (선구가 되는) 훌륭한[위대한] 것

Saturn is the second biggest **planet** in the solar system.
토성은 태양계에서 두 번째로 큰 행성이다.

MVP planetary a. 행성의; 방랑[유랑]하는; 이 세상의, 지구상의, 세계적인
　　 cf. satellite n. 위성, 인공위성
　　 cf. meteor n. 유성; 운석
　　 cf. comet n. 혜성
　　 cf. asteroid n. 소행성

※ 행성 관련 어휘

Mercury n. 수성	Venus n. 금성
Earth n. 지구	Mars n. 화성
Jupiter n. 목성	Saturn n. 토성
Uranus n. 천왕성	Neptune n. 해왕성
Pluto n. (舊) 명왕성	

A. Write the meaning of the following words.

□ immune _____
□ sparse _____
□ distraction _____
□ peripatetic _____
□ reckon _____
□ mean _____
□ perforate _____
□ redundant _____
□ ponder _____
□ uniform _____
□ eclogue _____
□ rotten _____
□ appall _____
□ haggle _____
□ booty _____
□ discard _____
□ graphic _____
□ optician _____
□ ardent _____
□ masterpiece _____

□ vent _____
□ optional _____
□ filter _____
□ hieroglyph _____
□ prop _____
□ trail _____
□ commend _____
□ relax _____
□ libel _____
□ shambles _____
□ faculty _____
□ air _____
□ paragon _____
□ due _____
□ temerity _____
□ current _____
□ rapscallion _____
□ befit _____
□ stubby _____
□ planet _____

※ 주어진 단어의 뜻을 본문에서 확인하시고 틀린 단어의 경우 박스에 체크한 뒤에 나중에 다시 학습하시기 바랍니다.

B. Choose the synonym of the following words.

1. naught
2. enervate
3. incubate
4. agony
5. chatterbox
6. scar
7. concord
8. innumerable
9. waive
10. convince

Ⓐ countless
Ⓑ persuade
Ⓒ hurt
Ⓓ abandon
Ⓔ babbler
Ⓕ zero
Ⓖ anguish
Ⓗ hatch
Ⓘ devitalize
Ⓙ accord

B. 1. Ⓕ 2. Ⓘ 3. Ⓗ 4. Ⓖ 5. Ⓔ 6. Ⓒ 7. Ⓙ 8. Ⓐ 9. Ⓓ 10. Ⓑ

2501 ★★★

queer
[kwiər]

a. ① 이상한, 기묘한; 야릇한, 색다른, 괴상한
= eccentric, odd, peculiar, strange, weird
② 〈구어〉 수상한, 의심스러운 = dubious, suspicious
③ (특히 남성이) 동성애의 = camp, gay, homosexual

It seemed **queer** for her to wander around all night.
그녀가 밤새 배회하는 것은 기묘하게 보였다.

2502 ★★

extirpate
[ékstərpèit]

vt. 근절시키다, 일소하다; (잡초 등을) 뿌리째 뽑다; (종족 등을) 절멸시키다
= annihilate, destroy, eradicate, exterminate, uproot

To become an advanced country, the country must **extirpate** the evils of drug abuse.
그 나라가 선진국이 되기 위해서는 마약 남용이라는 악을 뿌리 뽑아야 한다.

2503 ★★

rustic
[rʌ́stik]

a. ① 시골의; 시골풍의, 전원생활의 = bucolic, country, pastoral, rural
② 단순한, 소박[검소]한, 꾸민 데가 없는 = austere, homely, plain, simple
③ 조야한, 야비한, 교양 없는 = crude, rough, uncouth, unrefined

n. 시골뜨기; 농부; 투박한 사람 = boor, bumpkin, hick, provincial, yokel

She was repelled by his **rustic** manners.
그녀는 그 남자의 촌스러운 태도에 싫증이 났다.

> **MVP** rusticate v. 시골로 가다; 시골에서 살다
> rustication n. 시골로 쫓음; 시골살이, 전원생활; 정학 (처분); 건목치기
> rusticity n. 시골풍; 시골[전원] 생활; 소박, 검소; 야비, 조야

2504 ★★★

soothe
[suːð]

v. ① (사람·감정을) 달래다, 위로하다; 진정시키다, 가라앉히다 = appease, calm
② (고통 따위를) 덜다, 완화하다, 누그러지게 하다 = relieve

Music has charms even to **soothe** the savage mind.
음악은 심지어 성난 마음도 가라앉히는 매력이 있다.

Take a warm bath to **soothe** tense, tired muscles.
긴장되고 지친 근육을 풀어 주려면 따뜻한 물에 목욕을 하라.

> **MVP** soothing a. 달래는 듯한, 마음을 진정시키는; 누그러뜨리는

2505 ★

palaver
[pəlǽvər]

n. ① 교섭, 상담 = conference, discussion, parley, session
② 장시간의 (쓸데없는) 토론; 잡담, 수다 = chatter, prattle

In spite of all the **palaver** before the meeting, the delegates were able to conduct serious negotiations when they sat down at the conference table.
회의 전에 긴 잡담이 있었음에도 불구하고 대의원들은 회의석상에 앉았을 때 진지한 협상을 이끌어 낼 수가 있었다.

2506 ★★★

mute
[mju:t]

a. 무언의, 벙어리의 = dumb, silent, speechless, voiceless
n. 벙어리
v. 소리를 죽이다[약하게 하다]

The woman remained **mute** and motionless for several days.
그 여자는 며칠 동안 침묵 속에 꼼짝하지 않고 누워 있었다.

My date nearly choked on his pasta and spent the rest of the date **mute**.
나의 데이트 상대는 거의 목이 막힐 정도로 파스타를 먹으면서 남은 데이트 시간 내내 한 마디도 하지 않았다.

2507 ★

spout
[spaut]

v. ① (액체 등을) 내뿜다, 분출하다; 뿜어져 나오다 = discharge, gush, jet, spurt
　② 거침없이[도도하게] 말하다
n. (주전자 등의) 주둥이; (액체의) 분출

Clear water **spouted** from the fountains.
분수에서 깨끗한 물이 뿜어져 나왔다.

MVP cf. sprout v. 싹이 나다; (도시 등이) 급성장하다; n. 새싹, 새순

2508 ★★

circumference
[sərkʌmfərəns]

n. 원주(圓周), (구의) 둘레 = perimeter

It is said that the **circumference** of the earth is almost 25,000 miles.
지구의 둘레는 거의 25,000마일이라고 한다.

MVP cf. diameter n. 지름, 직경
　　 cf. radius n. 반지름

2509 ★★★

devote
[divóut]

vt. ① (노력·시간·돈 등을 전적으로) 바치다 = dedicate
　② 일신을 바치다, 전념하다 = dedicate

Albert Schweitzer **devoted** his life to helping people in need.
알베르트 슈바이처(Albert Schweitzer)는 어려움에 처한 사람들을 돕기 위해 그의 일생을 헌신했다.

MVP devotion n. 헌신, 전념
　　 devoted a. 헌신적인; 몰두[전념]한
　　 devote oneself to (~에) 헌신하다, 전념하다, 몰두하다

2510 ★

understudy
[ʌndərstʌdi]

vt. (어떤 배우의) 대역 연습을 하다; 대역을 하다 = pinch-hit
n. 대역 배우; 대역 = double, reserve, stand-in, substitute

I was to be an **understudy** to the actor in case he got sick.
그 배우가 아플 때 내가 그의 대역을 하기로 했다.

2511 ★★★
allot
[əlát]

vt. 할당하다, 분배하다 = allocate, apportion, assign, distribute

Rationing is a system for **allotting** scarce resource.
배급제는 부족한 자원을 분배하기 위한 시스템이다.

MVP allotment n. 분배, 할당; 배당, 몫

2512 ★
topsy-turvy
[tápsitə̀:rvi]

ad. 거꾸로; 역으로, 반대로; 뒤죽박죽; 혼란되어 = pell-mell, upside down
a. 거꾸로 된, 뒤죽박죽의; (방·상태 등이) 혼란한 = chaotic, confused, disorderly

The scandal turned the political world **topsy-turvy**.
그 스캔들은 정계를 발칵 뒤집어 놓았다.

2513 ★★★
disdain
[disdéin]

n. 경멸, 멸시 = contempt, scorn
vt. 경멸하다, 멸시하다 = despise, slight, snub

The Hispanic population charges that the U.S. **disdains** their people and heritage.
히스패닉 주민들은 미국이 자신들의 민족과 문화유산을 업신여긴다고 비난하고 있다.

MVP disdainful a. 경멸적인, 무시하는, 거만한

2514 ★★
latent
[léitnt]

a. 잠재되어 있는, 숨어 있는 = dormant, hidden

Advertisements attempt to project a **latent** meaning behind an overt message.
광고는 밖으로 드러난 메시지의 이면에 숨어 있는 의미를 전달하려 한다.

MVP latency n. 숨어 있음, 잠복; 잠복기

2515 ★★★
compromise
[kámprəmàiz]

n. 타협, 양보; 타협[절충]안 = agreement, concession, settlement
v. ① 타협하다 = come to terms with, meet ~ halfway
   ② (신용·명성·평판 등을) 손상하다, 더럽히다 = damage, erode, undermine

After lengthy talks the two sides finally reached a **compromise**.
오랜 회담 끝에 양측이 마침내 타협에 이르렀다.

He **compromised** his position by his own folly.
그는 어리석음으로 자신의 지위를 위태롭게 만들었다.

MVP compromising a. 명예를[평판을] 손상시키는; 의심을 초래하는
uncompromising a. 타협[양보]하지 않는, 완고한, 단호한

2516 ★★★

intelligence
[intélədʒəns]

n. ① 지성; 이해력, 사고력, 지능 = intellect
② 정보, (특히 군사에 관한 기밀적인) 첩보; 첩보 기관

She is a woman of singular beauty and **intelligence**.
그녀는 뛰어난 미모와 지성을 겸비한 여자다.

We received **intelligence** that the enemy is moving westward.
적이 서쪽으로 이동한다는 첩보가 입수되었다.

MVP intelligent a. 지적인, 지성을 갖춘, 이해력이 뛰어난, 영리한
intelligible a. 이해할 수 있는, 알기 쉬운, 명료한
intelligentsia n. 지식 계급; 정신[두뇌] 노동자

2517 ★

wiseacre
[wáizèikər]

n. 아는 체하는 사람, 현명한[유식한] 체하는 사람 = know-it-all, smart aleck

The learned ignorance of the **wiseacre** always compels him to laugh at the man with an idea that is new.
유식한 체하는 사람의 박식한 무지는 항상 그가 새로운 생각을 가지고 있는 사람들을 비웃게 한다.

2518 ★★★

embody
[imbάdi]

vt. ① (사상·감정 따위를) 구체화하다, 유형화하다
② (작품·언어 따위로 사상을) 구체적으로 표현하다
③ (주의 등을) 구현하다, 실현하다

This cultural heritage **embodies** the spirit of our people.
이 문화유산에는 우리 민족의 얼이 담겨 있다.

He **embodied** democratic ideas in the speech.
그는 민주주의 사상을 연설에서 구체적으로 나타냈다.

MVP embodiment n. 구체화, 구상화(具象化); 화신(= incarnation, personification)

2519 ★★

attachment
[ətǽtʃmənt]

n. ① 애착, 애정 = affection, affinity, fondness
② 부착; 부착[부속]물 = adhesion

School bullying is associated with lower academic achievement and lower levels of **attachment** to school.
학교에서 친구를 괴롭히는 문제는 낮은 학업 성취도와 학교에 대한 낮은 수준의 애착과 연관이 있다.

MVP attach v. 붙이다, 첨부하다; 소속시키다; 애착심을 갖게 하다

2520 ★★★

install
[instɔ́ːl]

vt. ① 설치하다, 가설하다, 설비하다 = equip, furnish, place, set up
② (정식으로) 취임시키다, 임명하다 = inaugurate, induct, instate
③ (편안하게) 자리를 잡게 하다, 정착시키다 = establish, settle

Installing CCTVs in classrooms is an invasion of people's privacy.
교실에 CCTV를 설치하는 것은 사람들의 사생활을 침해한다.

MVP installation n. 임명; 취임; 설치, 설비; (설치된) 장치, 설비; 군사 시설

2521 ★★★

territory
[térətəri]

n. ① (영해를 포함한) 영토, 영역 = domain
② 땅; 지역, 지방
③ (동물의) 세력권; (학문·행동 등의) 영역, 분야

They have refused to allow UN troops to be stationed in their **territory**.
그들은 자신들의 영토 내에 유엔군이 주둔하는 것을 허용하지 않으려 했다.

Mating blackbirds will defend their **territory** against intruders.
짝짓기 기간에 있는 지빠귀는 침입자에 대항해서 자기 영역을 지키려 든다.

MVP territorial a. 영토의; 토지의
extraterritorial a. 치외 법권의

2522 ★★★

contrary
[kántreri]

a. 반대의, ~에 반(反)하는, ~와 서로 용납하지 않는[to] = counter, opposite
n. (the ~) (정)반대, 모순; (종종 pl.) 반대되는 것[일] = converse, opposition

Contrary to his expectations, he was met with catcalls from approximately 22,000 fans at Olympic Stadium.
그의 예상과는 반대로, 그는 올림픽 경기장의 약 22,000명의 팬들에게 야유를 받았다.

2523 ★★

brew
[bruː]

v. ① (맥주 등을) 양조하다
② (차를) 끓이다[up] = boil, steep
③ (음모 등을) 꾸미다[up] = plan, plot, scheme

It wasn't until 1989 when authorities authorized the use of rice for **brewing**.
당국이 쌀로 술을 만들도록 허가한 것은 1989년에 이르러서였다.

2524 ★★★

plight
[plait]

n. 곤경, 궁지, 역경 = hardship, predicament, quandary

The refugees sympathized with each other in their **plight**.
피난민들은 역경 속에서 서로를 위로했다.

He was in a **plight** when he became ill and had no money.
몸이 아프고 돈이 하나도 없게 되자 그는 곤경에 빠졌다.

2525 ★★

onerous
[ánərəs]

a. 성가신, 귀찮은, 부담스러운 = burdensome, taxing

An increasing number of companies have come to regard U.S. visa and customs rules as so **onerous** that they are conducting business elsewhere.

점점 더 많은 회사들이 미국의 비자와 세관 규칙을 매우 성가신 것으로 여기게 되어 미국이 아닌 다른 곳에서 사업을 하고 있다.

2526 ★★★

craft
[kræft]

n. ① 기술, 기능 = art, skill, technique
　② 교활함, 간사함 = ambidexterity, cunning, guile
vt. 정교하게 만들다, 공들여 만들다 = elaborate

Through the mid-nineteenth century the very word arts encompassed skilled **crafts** generally, including invention.

19세기 중반 내내 예술이라는 말은 일반적으로 숙련된 기술을 아우르고 있었는데, 여기에는 발명도 포함됐다.

MVP crafty a. 교활한(= cunning)

2527 ★★★

accommodation
[əkàmədéiʃən]

n. ① (호텔·객선·여객기·병원의) 숙박[수용] 시설; (공공) 시설
　② 적응, 적합; 조절, 조정, 화해 = adaptation; adjustment, reconciliation
　③ 편의; 대접

More and more travelers are looking for bed and breakfast **accommodations** in private homes.

점점 더 많은 여행객들이 개인집에서 운영하면서 아침 식사도 제공하는 숙박 시설을 찾고 있다.

2528 ★★

genial
[dʒíːnjəl]

a. ① 친절한, 다정한 = affable, amiable, friendly
　② (날씨 등이) 온화한, 기분 좋은 = clement, mild, temperate

He is always **genial** to everybody, so he never has any enemies.

그는 항상 모든 사람들에게 친절해서 누구에게도 원한 사는 일이 없다.

We took a trip to Hawaii where we enjoyed **genial** weather.

우리는 온화한 날씨를 즐길 수 있는 하와이로 여행을 간다.

MVP geniality n. 친절, 상냥함; 온난
　cf. congenial a. 같은 성질의, 마음이 맞는; (건강·취미 따위에) 적합한

2529 ★★★

fare
[fɛər]

n. ① (교통) 요금 = charge, fee, price
　② 식사, 음식 = diet, food
vi. 해나가다; 일이 (잘·잘못) 되어가다

Do you have any idea what the cab **fare** is to the airport?
공항까지 택시비가 얼마나 나오는지 아세요?

Many families could take advantage of previously unavailable fruits, vegetables, and dairy products to achieve more varied **fare**.
많은 가족들은 이전에는 구할 수 없었던 과일, 채소와 유제품을 이용할 수 있었고 그 결과 더 다양한 음식을 얻게 되었다.

Some later expeditions **fared** better, though they were ill-equipped.
비록 장비는 빈약했지만, 후에 실시된 몇 번의 탐험은 진행이 잘 됐다.

MVP fare well 잘 되어 가다, 성공하다; 운이 좋다; 편히 살아가다
　　fare ill 잘못 되어 가다, 실패하다; 운이 나쁘다; 고되게 살아가다

2530 ★

pointed
[pɔ́intid]

a. 뾰족한; (말 등이) 날카로운, 신랄한 = acute, biting, cutting, keen, sharp

One side of the egg is round, but the other side is longer and **pointed**.
알의 한 쪽은 둥글지만, 다른 한 쪽은 길고 뾰족합니다.

2531 ★★★

reptile
[réptil]

n. ① 파충류, 파충류의 동물(거북·도마뱀·뱀·악어 등) = crawler, reptilian
　② 비열한 인간 = louses, rat fink, sneak, wretch
a. ① 기어다니는 = creeping, repent
　② 비열한, 경멸할 = base, contemptible, despicable, ignoble, mean

Crocodiles are one of the most feared **reptiles** in the world.
악어는 세상에서 가장 공포를 주는 파충류 가운데 하나다.

MVP reptilian a. 파충류의; 파충류 비슷한; 비열한; n. 파충류
　　lizard n. 도마뱀
　　cf. amphibian n. 양서류
　　cf. crustacean n. 갑각류

2532 ★★

banner
[bǽnər]

n. ① 기(旗), 국기, 군기 = colors, ensign, flag
　② (주장·슬로건 등을 적은) 기치; (광고용) 현수막
a. 일류의, 뛰어난, 최고의 = foremost, leading

Placards and **banners** reading "To ensure fair elections" were placed at a theater.
극장에 '공정한 선거 보장을 위해'라고 쓰인 플래카드와 현수막이 걸렸다.

2533 ★★★

anonymous
[ənánəməs]

a. 익명의, 작자 불명의 = nameless, unidentified, unnamed

An **anonymous** caller told police what had happened.
익명의 제보자가 경찰에 전화를 걸어 무슨 일이 일어났었는지를 알렸다.

The book is **anonymous**.
그 책의 저자는 알려져 있지 않다.

MVP anonymously ad. 익명으로
anonymity n. 익명, 작자불명
onymous a. (책·기사 따위에) 이름을 밝힌, 익명이 아닌

2534 ★★

regenerate
[ridʒénərèit]

v. 갱생시키다, 새사람이 되게 하다; 재건하다; 재생시키다 = renew, reproduce

The creature has the ability to **regenerate** arms, legs, tails, and other organs.
그 생물은 팔, 다리, 꼬리, 그리고 다른 기관들을 재생할 수 있는 능력을 지니고 있다.

MVP regeneration n. 갱생; 재건; 쇄신; 재생
regenerative a. 재생시키는; 개심시키는

2535 ★

leprosy
[léprəsi]

n. ① 〈의학〉 나병, 문둥병, 한센병 = Hansen's disease, lepra
② 도덕적 부패, 타락 = corruption, decadence, degeneration, degradation

Leprosy, which was officially declared eliminated in India, is now spreading in poverty-stricken areas of the country.
인도에서 완전히 없어진 것으로 공식적으로 선포되었던 한센병이 지금 가난한 지역에서 번지고 있다.

MVP leprotic a. 나병의, 문둥병에 걸린
leprous a. 나병의, 나병에 걸린, 문둥병에 걸린
leper n. 나병환자, 문둥이; 세상으로부터 배척당하는 사람

2536 ★★★

prosecute
[prásikjùːt]

v. ① 기소하다, 소추(訴追)하다 = arraign, indict, litigate, sue
② 추진하다; 해내다, 수행하다 = conduct, execute, perform, pursue

He was **prosecuted** for exceeding the speed limit.
그는 속도위반으로 기소되었다.

MVP prosecution n. 실행, 수행; 기소, 소추(訴追), 고소
prosecutor n. 실행자, 수행자; 경영자; 기소자; 검찰관

2537 ★★

censor
[sénsər]

n. 검열관 = inspector

vt. 검열하다, 검열하여 삭제하다 = bowdlerize, expurgate

Censoring the Internet is a violation of people's rights.
인터넷을 검열하는 것은 사람들의 권리를 침해하는 것이다.

MVP censorship n. 검열, 검열 제도
cf. censure v. 비난하다, 나무라다(= blame)

2538 ★★★

mature
[mətjúər]

a. ① (과일이) 익은; (치즈·포도주 등이) 잘 익은, 숙성한 = mellow, ripe
② 성인이 된, 다 자란; (사람이) 성숙[원숙]한 = adult, full-blown, full-grown
③ (생각·계획 등이) 사려 깊은, 분별 있는 = sagacious, sensible
④ (어음·보험 등이) 만기가 된 = due

v. ① 익히다; 성숙[발달]시키다; 성숙하다 = age, ripen
② (어음·보험 등이) 만기가 되다 = expire, fall[become] due

The film proved to be too violent for even **mature** audiences.
그 영화는 성인 관객에게조차 지나치게 폭력적인 것으로 드러났다.

MVP maturity n. 성숙, 숙성; 완전한 발달[발육]; 원숙
cf. premature a. 너무 이른, 조숙한
↔ immature a. 미숙한; 미성년의

2539 ★★

indefatigable
[ìndifǽtigəbl]

a. 지칠 줄 모르는, 끈기 있는 = tireless, unflagging

She seemed **indefatigable**, barely sweating after a 10-mile run.
10마일을 달린 후에도 거의 땀을 흘리지 않는 것으로 보아 그녀는 지칠 줄 모르는 듯 보였다.

2540 ★★

swing
[swiŋ]

v. ① (전후·좌우로) 흔들리다, 흔들다 = oscillate, rock, shake, sway, vibrate
② (주먹·무기 등을) 휘두르다 = brandish, wield
③ (주의·관심·의견·지지 등을) 돌리다, 바꾸다 = change, shift

n. 흔들림, 진동; 그네; (의견·상황·기분 등의) 선회, 변화

I managed to **swing** them round to my point of view.
나는 그들을 내 견해 쪽으로 선회시키는 데 성공했다.

2541 ★★★

vice
[vais]

n. ① 악덕, 악, 사악, 부도덕 = evil, immorality, iniquity, sin, wickedness
② (조직·제도·성격·문제 등의) 결함, 결점 = defect, fault, shortcoming

Vice is the opposite of virtue.
악덕은 미덕의 반대이다.

MVP ↔ virtue n. 미덕, 덕; 장점

※ vice-: 부(副), 대리, 차(次)

> vice-chairman n. 부회장, 부위원장, 부의장
> vice-chancellor n. 대학 부총장; 부대법관; 차관
> vice-president n. 부통령; 부회장; 부사장

2542 ★★
obverse
[ábvəːrs]

n. ① (화폐·메달 등의) 표면 = face
② (사실 등의) 이면; (표리와 같이) 상대되는 것 = counterpart

The **obverse** of the medal depicts the diademed effigy of Queen Victoria.
그 메달의 표면에는 왕관을 쓴 빅토리아 여왕의 상(像)이 그려져 있다.

The **obverse** of love is hate.
사랑의 반대는 증오이다.

2543 ★★★
resist
[rizíst]

v. ① 저항[반항, 적대]하다 = oppose
② (화학작용·자연력 따위에) 견디다, 저항하다
③ (유혹 따위를) 이겨내다, 물리치다; 참다, 억제하다

Russia continues to **resist** calls for sanctions against Iran.
러시아는 이란에 대한 제재 요구를 계속 거부하고 있다.

He couldn't **resist** showing off his new car.
그는 자신의 새 자동차를 자랑하고 싶어 견딜 수가 없었다.

> **MVP** resistance n. 저항, 반대, 반항
> irresistible a. 저항할 수 없는; 압도적인; 억누를 수 없는

2544 ★★
polygraph
[pálɪgræf]

n. 거짓말탐지기 = lie detector, wiggle seat

Polygraph examinations are not admissible in court.
거짓말 탐지기 검사는 법정에서 증거로 인정되지 않는다.

2545 ★★★
humid
[hjúːmid]

a. 습기 찬, 눅눅한, 축축한 = damp, dank, moist, wet

The scorching hot, **humid** weather makes you feel tired and annoyed easily.
찌는 듯이 무덥고 습한 날씨는 쉽게 피로하고 짜증이 나게 한다.

> **MVP** humidify vt. 축축하게 하다
> humidifier n. 가습기
> humidity n. 습기; 습도

2546 ★★★
funeral
[fjúːnərəl]

n. ① 장례식, 장례 = burial, exequy, obsequies
② 장례 행렬 = funeral train[procession]

Beliveau couldn't even attend his father's **funeral** because he was in Belgium.
벨리뷰(Beliveau) 씨는 벨기에에 있었기 때문에 아버지의 장례식조차도 참석하지 못했다.

MVP funereal a. 장례식에 어울리는; 슬픈, 음울한
hearse n. 영구차

2547 ★★
permissive
[pərmísiv]

a. 많은 것을 허용하는, 관대한, 자유방임적인 = liberal, open−minded, tolerant

Considering the **permissive** era in which the novel was written, its tone and theme are remarkably puritanical.
그 소설이 쓰였던 시대가 많은 것이 허용된 시대였음을 감안하면, 그 소설의 어조와 주제는 놀라울 정도로 금욕주의적이다.

MVP permission n. 허가, 허용; 면허

2548 ★★★
stuff
[stʌf]

n. 물질, 재료; (막연히) 물건, 것 = matter, substance; things
v. ① ~에 채우다, 채워 넣다[with] = cram, fill, load, pack
② 배불리 먹게 하다; 배불리 먹다

What's all that sticky **stuff** on the carpet?
카펫 위에 저 끈적거리는 것들이 다 뭐지?

2549 ★
rampart
[ræmpaːrt]

n. 성벽, 방벽 = barrier, bastion, bulwark

Soldiers stood behind the **ramparts** and shot at the enemy.
군인들은 성벽 뒤에 서서 적군을 향해 총을 쏘았다.

2550 ★★★
dwell
[dwel]

vi. ① 살다, 거주하다 = abide, inhabit, live, reside
② (마음속에) 존재하다, 남아 있다 = remain, stay

The pain of her first love still **dwells** in her heart.
첫 사랑의 아픔은 여전히 그녀의 가슴에 남아 있다.

MVP dweller n. 거주자, 주민(= denizen, inhabitant)
dwelling n. 집, 거주, 주소
dwell on[upon] 곰곰이 생각하다

A. Write the meaning of the following words.

- ☐ queer _____
- ☐ extirpate _____
- ☐ rustic _____
- ☐ palaver _____
- ☐ mute _____
- ☐ spout _____
- ☐ circumference _____
- ☐ topsy-turvy _____
- ☐ disdain _____
- ☐ latent _____
- ☐ compromise _____
- ☐ intelligence _____
- ☐ embody _____
- ☐ attachment _____
- ☐ install _____
- ☐ territory _____
- ☐ contrary _____
- ☐ brew _____
- ☐ craft _____
- ☐ accommodation _____

- ☐ genial _____
- ☐ fare _____
- ☐ pointed _____
- ☐ reptile _____
- ☐ banner _____
- ☐ anonymous _____
- ☐ regenerate _____
- ☐ leprosy _____
- ☐ prosecute _____
- ☐ mature _____
- ☐ swing _____
- ☐ vice _____
- ☐ obverse _____
- ☐ resist _____
- ☐ polygraph _____
- ☐ funeral _____
- ☐ permissive _____
- ☐ stuff _____
- ☐ rampart _____
- ☐ dwell _____

※ 주어진 단어의 뜻을 본문에서 확인하시고 틀린 단어의 경우 박스에 체크한 뒤에 나중에 다시 학습하시기 바랍니다.

B. Choose the synonym of the following words.

1. onerous
2. indefatigable
3. humid
4. soothe
5. understudy
6. allot
7. plight
8. devote
9. censor
10. wiseacre

Ⓐ know-it-all
Ⓑ calm
Ⓒ allocate
Ⓓ inspector
Ⓔ damp
Ⓕ burdensome
Ⓖ hardship
Ⓗ pinch-hit
Ⓘ unflagging
Ⓙ dedicate

B. 1. Ⓕ 2. Ⓘ 3. Ⓔ 4. Ⓑ 5. Ⓗ 6. Ⓒ 7. Ⓖ 8. Ⓙ 9. Ⓓ 10. Ⓐ

2551 ★★★

thrive

[θraiv]

vi. ① 번영하다, 번창하다 = flourish, prosper
② (동·식물이) 잘 자라다, 무성하다

Industry rarely **thrives** under government control.
정부의 통제 하에서는 산업이 좀처럼 발전하지 못한다.

Some species of fungi **thrive** on compounds such as alcohol.
어떤 종류의 균류들은 알코올과 같은 화합물에서 잘 자란다.

2552 ★★★

bitter

[bítər]

a. ① (맛이) 쓴; 쓰라린, 고통스러운
② (날씨 등이) 혹독한, 매서운, 살을 에는 = biting, harsh, relentless
③ 냉소적인, 비꼬는; 신랄한, 독살스러운 = cynical, sarcastic; caustic

ad. 지독히, 몹시 = badly, intensely

Black coffee leaves a **bitter** taste in the mouth.
블랙커피를 마시면 입에 쓴 맛이 남는다.

I've learnt from **bitter** experience not to trust what he says.
그의 말은 믿으면 안 된다는 것을 나는 쓰라린 경험을 통해서 배웠다.

MVP bitterly ad. 비통하게, 쓰라리게; 몹시; 살을 에는 듯이
bitterness n. 씀, 쓴 맛; 신랄함; 쓰라림, 비통; 비꼼
bitterish a. 씁쓸한, 씁쓰레한
bittersweet a. 씁쓸하면서 달콤한; 괴로우면서도 즐거운

2553 ★★

sear

[siər]

v. ① 태우다, 그슬리다 = burn, scorch, singe
② (초목이) 시들다, 마르다; 시들게[마르게] 하다 = parch, shrivel, wilt, wither

The heat of the sun **seared** their faces.
태양의 열기에 그들은 얼굴이 그슬렸다.

MVP searing a. 타는, 무더운; <구어> (성적으로) 흥분시키는

2554 ★

perk

[pə:rk]

n. 임직원의 특전; (급료 이외의) 임시 수입 = benefit, bonus, perquisite

The **perk** of being a student is an inexpensive flight fee.
학생이 됨으로써 얻게 되는 특전은 항공요금이 싸다는 것이다.

The promotion means a generous salary with **perks** and benefits.
승진하게 되면 높은 봉급에 여러 가지 혜택과 특전을 받을 수 있게 됩니다.

2555 ★★★

sole
[soul]

a. ① 유일한, 단 하나의 = only, single
② 독점적인 = exclusive, monopolistic
n. 발바닥; (신발·양말의) 바닥, 밑창

My **sole** reason for coming here was to see you.
내가 여기에 온 단 한 가지 이유는 당신을 만나는 것이었다.

MVP solely ad. 오로지, 단지; 단독으로
cf. palm n. 손바닥

2556 ★★

rebut
[ribʌt]

v. 논박[반박]하다 = disprove, refute

He spent most of his speech **rebutting** criticisms of his foreign policy.
그는 연설의 대부분을 자신의 외교 정책에 대한 비판을 반박하는 데 할애하였다.

MVP rebuttal n. 반박, 논박

2557 ★★★

profession
[prəféʃən]

n. ① 직업(특히 학문적 소양을 필요로 하는 지적 직업) = calling, occupation
② 공언, 언명, 고백, 선언 = declaration, statement, testimony, vow

Prostitution is often called the world's oldest **profession**.
매춘은 종종 세계에서 가장 오래된 직업으로 여겨진다.

MVP profess v. 공언하다, 고백하다; 주장하다; 자칭하다
professor n. 교수
professional a. 직업의; 전문의; n. (지적) 직업인, 전문가; 직업[프로] 선수

2558 ★

entrenched
[intréntʃt]

a. (권리·습관·생각 따위가) 확립된, 굳어버린 = established, fixed, ingrained

The **entrenched** aversion to only children is mainly attributed to the century-old myth that single children are spoiled, selfish, solitary misfits.
외동아이들에 대해 견고하게 확립돼 있는 반감은 주로 외동아이들이 버릇없고, 이기적이며, 혼자 있기를 좋아하는 부적응자라는 오랜 통념 때문이다.

MVP entrench v. 확립하다, 정착시키다
trench n. 도랑, 해자, 참호

2559 ★★★

incentive
[inséntiv]

n. 동기, 자극; 장려금 = encouragement, motive, stimulus; subsidy
a. 자극적인, 격려적인 = encouraging, stimulative

Economists often assume that solving global warming is simply a matter of designing the right **incentive** structure and getting countries to sign on.
경제학자들은 지구 온난화를 해결하는 것이 올바른 유인책을 설계하고 국가들로 하여금 서명하게 하는 것에 불과한 문제라고 종종 생각한다.

2560 ★★★

meddle
[médl]

vi. ① 간섭하다, 쓸데없이 참견하다[in, with] = interfere, tamper
② 만지작거리다, 주무르다[with] = fiddle, tinker

Venezuela's foreign minister rejected accusations by U.S. Secretary of State that President Hugo Chavez's government is **meddling** in the affairs of neighboring countries.
베네수엘라의 외무장관은 미국 국무장관이 휴고 차베스(Hugo Chavez) 정부가 주변 국가들의 일에 간섭하고 있다고 비난한 것에 대해 반박했다.

My grandma is always **meddling** in our affairs.
할머니는 늘 우리 일에 참견하신다.

MVP meddlesome a. 간섭[참견]하기 좋아하는(= intrusive, officious)

2561 ★★★

surge
[sə:rdʒ]

v. ① (재빨리) 밀려들다, 쇄도하다 = crowd, pour, rush, swarm
② (물가·수익 등이) 급등[급증]하다 = jump, proliferate, rocket, soar
n. ① 급증, 급등 = rise, upsurge
② (감정·군중 등의) 격동, 쇄도
③ 큰 파도

We are having trouble keeping up with the recent **surge** in demand.
우리는 최근의 수요 급증에 발맞추는 데 어려움을 겪고 있다.

2562 ★

rendezvous
[rá:ndəvù:]

n. ① (특정한 장소·때에) 만날 약속; (약속에 의한) 만남, 회합
= appointment, tryst
② 만나는 장소, 회합장소 = meeting place
③ (우주선의) 궤도 회합, 랑데부
v. (약속 장소에서) 만나다; 집합하다[시키다] = assemble, meet

I had a secret **rendezvous** with her that evening.
나는 그날 저녁 몰래 그녀를 만났다.

2563 ★★

winsome
[wínsəm]

a. (사람·태도가) 마음을 끄는, 매력[애교] 있는 = attractive, charming

Her **winsome** manner soon endeared her to the public.
그녀의 매력적인 태도는 곧 그녀가 대중들에게 사랑을 받게 했다.

2564 ★★★

discern
[disə́:rn]

v. ① 분별하다, 식별하다 = differentiate, discriminate, distinguish
② 인식하다, 깨닫다; 발견하다 = know, notice, perceive, recognize

It is often difficult to **discern** the truth of an event from a rumor.
사건의 진실과 소문을 분간하는 일이 어려울 때가 많다.

MVP discernment n. 식별, 안식, 통찰력
discernible a. 인식[식별, 분간]할 수 있는
discerning a. 식별력[통찰력]이 있는, 명민한

2565 ★

conifer
[kóunəfər]

n. **침엽수**

His woodland has existed since the Middle Ages but recent **conifer** planting has changed the nature of it.
그가 소유한 삼림은 중세 때부터 있어왔지만 최근에 침엽수를 심어 상태가 바뀌었다.

2566 ★★★

bloom
[blu:m]

n. ① (특히 관상식물의) 꽃 = blossom, flower
② 꽃의 만발; 개화기; (the ~) 한창때, 전성기 = height, heyday, peak, prime
v. ① 꽃이 피다, 개화하다; 꽃이 피게 하다 = blossom
② 번영하다, 한창때이다 = flourish, prosper, succeed, thrive

The flowers have reached the peak **bloom** period during this week in Seoul.
서울에서는 이번 주에 꽃들이 만개하는 절정의 시기에 이르렀다.

2567 ★★

peasant
[péznt]

n. ① 농부, 소작농, 농군 = farmer, tenant
② 시골뜨기 = boor, churl, hick, lout, provincial, rustic, yokel

We met an old **peasant** in the lane leading to the farm.
우리는 그 농장으로 가는 오솔길에서 나이 많은 한 농부를 만났다.

2568 ★★

regress
n. [rí:gres]
v. [rigrés]

n. 퇴행, 퇴보 = retrogression, retroversion
vi. 되돌아가다; 역행하다; 퇴보하다 = retrogress

The national economy has **regressed** more than 20 years because of the war.
전쟁으로 국가 경제가 20년 이상 퇴보했다.

MVP regression n. 퇴보, 퇴행
regressive a. 역행하는; 퇴화[퇴보]하는

2569 ★

polarize
[póuləràiz]

v. ① (당파 등으로) 양극화하다, 분열하다, 대립하다
② 극성을 주다

Raising healthy, happy children in a country so **polarized** by race, racial categories, and racial labels, is difficult.
인종, 인종적 범주, 인종적 호칭들로 이토록 양극화되어 있는 나라에서 건강하고 행복한 아이를 길러낸다는 것은 어려운 일이다.

DAY 52

MVP polarization n. <광학> 편광; <전기> 분극; (주의·경향 등의) 대립, 양극화
pole n. 막대기; 극지, 극(極)
polar a. 극지의; 정반대의

2570 ★

harrowing
[hǽrouiŋ]

a. 고뇌를 주는, 비참한, 괴로운 = distressing, disturbing, vexing

We stayed up all night listening to Tom and Bill talk about their **harrowing** adventures at sea.
우리는 톰(Tom)과 빌(Bill)이 바다에서 겪은 괴로운 모험담을 듣느라 밤을 새웠다.

2571 ★★★

intoxicate
[intάksikèit]

vt. ① (술·마약 등에) 취하게 하다 = inebriate
② 흥분시키다, 열중[도취]시키다 = excite, stimulate
③ <병리> 중독시키다 = addict, poison

The film industry has been **intoxicated** with the past-decade's success for too long.
영화계는 지난 10년간의 성공에 너무 오랫동안 도취된 채 있어 왔다.

MVP intoxication n. 취하게 함; 흥분, 도취
intoxicated a. 술에 취한; 흥분한, 들떠있는

2572 ★★★

glue
[glu:]

n. 아교; 접착제, 풀 = adhesive, paste
vt. ① 아교[접착제]로 붙이다; 고착[접착]시키다 = fix, stick
② <재귀용법> (~에) 주의를 집중하다[to]

I used **glue** to connect the plastic to the metal frame.
나는 플라스틱을 금속 테두리에 붙이기 위해 접착제를 사용했다.

2573 ★★

coax
[kouks]

v. 감언으로 구슬리다[설득하다], 달래다 = cajole, entice, wheedle

I had to **coax** my son to take his medicine.
나는 아들이 약을 먹게끔 구슬려야만 했다.

Biotechnology firms are **coaxing** parents to bank blood from their newborn's umbilical cord.
생명공학 기업들은 부모들로 하여금 그들의 신생아의 탯줄에서 나온 피를 예치하도록 감언으로 설득하고 있다.

2574 ★★
hallmark
[hɔ́ːlmàːrk]

n. ① (전형적인) 특징, 특질 = characteristic, feature, trait
② 품질증명; (귀금속의) 품질 보증 마크

Honesty is a **hallmark** of a good personality.
정직은 훌륭한 인격의 특징이다.

My grandmother's gold plate has a **hallmark** on the bottom.
우리 할머니의 금 접시에는 바닥에 품질보증 마크가 있다.

2575 ★★★
award
[əwɔ́ːrd]

vt. (심사판정하여) 수여하다, (상을) 주다 = bestow, confer, give, grant
n. 상(賞), 수상(授賞); 상품, 상금 = accolade, prize, reward

The Nobel Prizes are **awarded** without regard to nationality.
노벨상은 국적에 상관없이 수상한다.

2576 ★★
venomous
[vénəməs]

a. ① 독이 있는 = noxious, poisonous, toxic
② 악의에 찬, 원한을 품은 = spiteful, vindictive, virulent

Vipers are highly **venomous** snakes.
살무사는 매우 강한 독을 가진 뱀이다.

He was surprised by the **venomous** tone of the anonymous calls.
그는 이름을 밝히지 않고서 악의에 찬 말을 해대는 전화에 무척이나 놀랐다.

MVP venom n. (독사 따위의) 독, 독액; 악의, 원한; 독설, 비방

2577 ★★★
loyalty
[lɔ́iəlti]

n. ① 성실, 충실 = faithfulness, fidelity
② 충절, 충성심, 애국심 = allegiance, fealty, patriotism

His sense of **loyalty** blinded him to the truth.
그는 충성심 때문에 진실을 보지 못했다.

MVP loyal a. (국가·군주 등에) 충성스러운; (약속·의무 등에) 충실한
cf. royalty n. 왕권, 왕위; 특허권[저작권] 사용료, 인세, 로열티
↔ disloyalty n. 불충, 불성실; 신의 없음

2578 ★★
framework
[fréimwə̀ːrk]

n. ① (건물 등의) 뼈대, 골조
② (판단·결정 등을 위한) 틀
③ 체제, 체계

Having laid down the **framework** of my talk, let me take up each point and discuss it in detail.
제 발표의 기조를 말씀드렸으니 이제 각각의 사안에 대해 보다 자세히 말씀드리겠습니다.

MVP frame n. (건물·선박·비행기 등의) 뼈대, 구조; (제도의) 조직, 기구

DAY 52

2579 ★★★

advent

[ǽdvent]

n. 출현, 도래 = appearance, arrival, coming, emergence

The **advent** of the PC dramatically changed the way we work.
PC의 출현은 우리가 일하는 방식을 크게 바꾸어 놓았다.

The traditional craft of hand loom weaving was eradicated by the **advent** of mechanized factory looms.
전통적인 수작업 직조 기술은 기계화된 공장 직조기의 출현으로 인해 완전히 사라졌다.

2580 ★★

pliable

[pláiəbl]

a. ① 휘기 쉬운; 유순한 = ductile, flexible
　② 순응적인, 고분고분한 = docile

The new manager was so **pliable** that he would change his mind whenever anyone disagreed with him.
새 지배인은 너무나 유순해서 누군가가 자기와 의견이 일치하지 않을 때에는 언제나 마음을 바꾸곤 했다.

MVP pliability n. 유연성, 적응성

2581 ★★★

represent

[rèprizént]

vt. ① 묘사하다; 말로 설명하다, 표현하다 = depict, describe, express, portray
　② 나타내다, 상징하다, 의미하다 = betoken, mean, signify, symbolize
　③ 대표하다, 대변하다 = stand for, typify

The orator **represented** the importance of the bill to his audience.
그 연설자는 청중에게 법안의 중대성을 설명했다.

MVP representation n. 표시, 표현; 설명, 진술; 대표, 대리
representative a. 대표적인, 전형적인; n. 대표자, 대리인
misrepresent v. 잘못[부정확하게] 말하다[전하다]

2582 ★

yeast

[jiːst]

n. 이스트, 누룩, 효모(균) = barm, leaven

v. 발효하다 = ferment

A teacher talks about how **yeast** acts as a leavening agent to help make pizza dough rise.
선생님은 피자의 밀가루 반죽이 부풀어 오르도록 효모가 어떻게 팽창제 역할을 하는지에 대해 설명한다.

2583 ★★★

facile

[fǽsil]

a. 손쉬운, 용이한 = easy, effortless

The subject is too complex for a **facile** summarization.
그 주제는 너무 광범위해서 손쉬운 요약이 힘들다.

MVP facility n. 쉬움, 평이[용이]함; 솜씨, 재주; (pl.) 시설, 기관

2584 ★★

vortex

[vɔ́ːrteks]

n. ① 소용돌이, 회오리바람 = eddy, maelstrom, whirlpool, whirlwind
   ② (전쟁·논쟁 등의) 소용돌이

They were caught up in a whirling **vortex** of emotion.
그들은 정신없이 돌아가는 감정의 소용돌이 속에 사로잡혀 있었다.

MVP cf. vertex n. 정점, 절정

2585 ★★★

consent

[kənsént]

vt. 동의하다, 찬성하다, 승인하다, 허가하다[to] = accede, assent, concur, permit
n. 동의, 승낙; (의견·감정의) 일치
   = agreement, permission; sanction; concurrence

Collecting personal information without the **consent** of the person is a significant privacy concern.
개인의 정보를 사람의 동의 없이 수집하는 것은 중대한 사생활 침해이다.

2586 ★

osmosis

[azmóusis]

n. 삼투 (현상); 배어듦, 침투 = infiltration, permeance, permeation

Water passes into the roots of a plant by **osmosis**.
물은 삼투 현상에 의해 식물의 뿌리 속으로 들어간다.

MVP osmotic a. 삼투(성)의
     osmotic pressure 삼투압

2587 ★★★

ultimate

[ʌ́ltəmit]

a. ① 궁극[최종]적인, 최후의 = eventual, last, terminal
   ② 근본적인, 본원적인 = basic, fundamental

To utilitarians, happiness is the **ultimate** goal of human beings and the highest moral good.
공리주의자들에게, 행복은 인간의 궁극적 목표이자 도덕적인 최고의 선(善)이다.

MVP ultimatum n. 최후통첩
     ultimately ad. 궁극적으로, 결국

2588 ★★

cough

[kɔːf]

n. 기침, 헛기침

v. 기침하다, 헛기침하다

His **cough** grew more persistent until it never stopped.
그의 기침은 더 지속적이 되더니 급기야는 쉼 없이 계속되는 지경이 되었다.

MVP cf. sneeze v. 재채기하다; n. 재채기
     cf. yawn v. 하품하다; n. 하품

2589 ★★★

dilemma

[dilémə]

n. 딜레마, 진퇴양난, 궁지 = impasse, predicament, quandary

The opposition party plunged into deeper **dilemma** by another factional strife.
야당은 또 한 차례의 파벌 싸움으로 더욱 곤경에 빠지게 되었다.

2590 ★★

aloft

[əlɔ́ft]

ad. 위로, 높이 = above, overhead, upward

He proudly held the trophy **aloft**.
그는 자랑스럽게 트로피를 하늘 위로 들어 올렸다.

MVP go aloft 천국에 가다, 죽다

2591 ★★★

emancipate

[imǽnsəpèit]

vt. 해방하다, 자유롭게 하다 = free, liberate, manumit, release

The attempts to **emancipate** the slaves were unpopular in the South.
노예를 해방시키려는 시도들이 미국의 남부에서는 호응을 얻지 못했다.

This new machine will **emancipate** us from all the hard work we once had to do.
이 새로운 기계는 한때 우리가 해야 했던 모든 힘든 일로부터 우리를 해방시켜 줄 것이다.

MVP emancipation n. 해방, 노예해방

2592 ★

beacon

[bíːkən]

n. 횃불, 봉화; 봉화대[탑]; 등대; 신호소

The fire on the hill was a **beacon** signaling that the enemy troops were coming.
산 위의 불은 적군이 쳐들어오는 것을 알리는 횃불 신호였다.

2593 ★★★

independent

[ìndipéndənt]

a. (국가가) 독립한; 자주적인, 독자적인 = autonomous, sovereign

The country became **independent** on September 15, 1821.
이 나라는 1821년 9월 15일에 독립했다.

MVP independence n. 독립, 자립
independently ad. 독립하여, 자주적으로
dependent a. 의존하고 있는, 의지하는
interdependent a. 서로 의존하는, 서로 돕는

2594 ★★

marrow
[mǽrou]

n. 골수(骨髓), 뼈골; 정수(精髓), 알짜; 힘, 활력 = medulla; pith; vitality

By starting to eat calorie-dense meat and **marrow**, Homo erectus took in enough extra energy at each meal to help fuel a bigger brain.

칼로리가 매우 높은 고기와 골수를 먹기 시작함으로써, 호모 에렉투스는 매 끼니때마다 충분한 여분의 에너지를 섭취하여 더 큰 뇌에 에너지를 공급할 수 있었다.

2595 ★★★

pardon
[páːrdn]

n. ① 용서, 허용, 관대 = forgiveness, mercy
② 특사(特赦), 은사(恩赦); 교황의 대사; 면죄부
= amnesty; indulgence, remission
vt. ① (죄를) 면제[경감]하다; (죄·사람 등을) 사면하다 = acquit; free, release
② 용서하다, 너그러이 봐주다 = condone, excuse, forgive, tolerate

Abraham Lincoln and Andrew Johnson **pardoned** Confederate soldiers after the Civil War.

에이브러햄 링컨(Abraham Lincoln)과 앤드류 존슨(Andrew Johnson)은 미국 남북전쟁 이후 남부 연합군 군인들을 사면했다.

2596 ★★

transfigure
[trænsfígjər]

vt. ① (더 아름답게) 외형을 바꾸다, 변모시키다 = alter, change, transform
② 미화하다, 이상화하다 = beautify, glamorize, glorify, idealize

A few mirrors can **transfigure** a dark room, making it look larger and lighter.

몇 개의 거울들은 어두운 방을 변모시켜서, 그 방을 더 크고 더 밝아 보이게 만든다.

MVP transfiguration n. 변형, 변모
cf. disfigure vt. ~의 외관을 손상시키다

2597 ★★★

compulsory
[kəmpʌ́lsəri]

a. 강제적인, 의무적인, 필수의 = coercive, mandatory, obligatory, required

After 1850, various states in the United States began to pass **compulsory** school attendance laws.

1850년 이후 미국의 여러 주(州)들은 의무교육법을 통과시키기 시작했다.

MVP compel v. 강제하다, 억지로 ~시키다

2598 ★★

retention
[riténʃən]

n. ① 보유, 보존; 보류; 유지 = maintenance, occupancy, possession
② 보유력; 기억력 = capacity, memory

Our market share picked up as a result of better customer recruitment and **retention**.

우리의 시장 점유율은 더 나은 고객 모집과 유지의 결과로 증가했다.

MVP retain vt. 보류하다, 보유[유지]하다; (폐지하지 않고) 존속시키다
retentive a. 보유하는; 기억력이 좋은

DAY 52

2599 ★★★

scanty
[skǽnti]

a. 부족한, 얼마 안 되는, 불충분한 = inadequate, insufficient, meager

Rainfall over the arid regions is too **scanty** to support a permanent population.
건조한 지역의 강수량은 너무나 부족해서 상주인구를 부양할 수 없다.

MVP scantiness n. 모자람, 부족
scant a. 불충분한, 부족한; v. 몹시 아끼다

2600 ★

dent
[dent]

v. ① 움푹 들어가게 하다 = hollow
② (자신감·명성 등을) 훼손하다, 손상하다 = undermine

n. 움푹 들어간[찌그러진] 곳

We still have the most vibrant, successful economy in the world. It's **dented**, not broken.
우리 경제는 여전히 세계에서 가장 역동적이고 성공적이다. 그것은 다만 약화되었을 뿐, 붕괴된 것은 아니다.

A. Write the meaning of the following words.

☐ thrive	_____	☐ represent	_____
☐ bitter	_____	☐ yeast	_____
☐ sear	_____	☐ facile	_____
☐ perk	_____	☐ vortex	_____
☐ sole	_____	☐ consent	_____
☐ entrenched	_____	☐ osmosis	_____
☐ incentive	_____	☐ ultimate	_____
☐ surge	_____	☐ cough	_____
☐ rendezvous	_____	☐ dilemma	_____
☐ discern	_____	☐ aloft	_____
☐ conifer	_____	☐ emancipate	_____
☐ regress	_____	☐ beacon	_____
☐ polarize	_____	☐ independent	_____
☐ harrowing	_____	☐ marrow	_____
☐ coax	_____	☐ pardon	_____
☐ award	_____	☐ transfigure	_____
☐ venomous	_____	☐ compulsory	_____
☐ loyalty	_____	☐ retention	_____
☐ framework	_____	☐ scanty	_____
☐ pliable	_____	☐ dent	_____

※ 주어진 단어의 뜻을 본문에서 확인하시고 틀린 단어의 경우 박스에 체크한 뒤에 나중에 다시 학습하시기 바랍니다.

B. Choose the synonym of the following words.

1. winsome
2. rebut
3. bloom
4. peasant
5. glue
6. advent
7. hallmark
8. intoxicate
9. meddle
10. profession

Ⓐ attractive
Ⓑ interfere
Ⓒ emergence
Ⓓ characteristic
Ⓔ farmer
Ⓕ occupation
Ⓖ disprove
Ⓗ inebriate
Ⓘ adhesive
Ⓙ flower

B. 1. Ⓐ 2. Ⓖ 3. Ⓙ 4. Ⓔ 5. Ⓘ 6. Ⓒ 7. Ⓓ 8. Ⓗ 9. Ⓑ 10. Ⓕ

2601 ★★★

fatal
[féitl]

a. 치명적인 = deadly, lethal, mortal

What most people can eat freely might be **fatal** to someone with an allergy to that food.
대부분의 사람들이 자유롭게 먹을 수 있는 것들이 그 음식에 알레르기가 있는 사람들에게는 치명적인 것이 될 수도 있다.

MVP fatality n. 불운, 불행; 재난, 참사; 사망자수; (질병 따위의) 불치
fate n. 운명, 숙명; 죽음, 파멸
fatalism n. 운명[숙명]론; 체념
fatalistic a. 숙명적인

2602 ★★

enclose
[inklóuz]

v. ① 둘러싸다, 에워싸다 = surround
② (편지 따위에) 동봉하다, 봉해 넣다

A fence **encloses** the land.
울타리가 토지를 둘러싸고 있다.

We **enclose** our catalog and price list for your inspection.
저희 회사 카탈로그와 가격표를 동봉하오니 검토해 보시기 바랍니다.

MVP enclosure n. 담, 울타리; 둘러쌈, 포위

2603 ★★

speck
[spek]

n. ① 작은 반점, 얼룩, 오점 = blot, dot, spot, stain
② 미진(微塵), 작은 알갱이[조각] = atom, grain, particle

Clara cleaned the **speck** off the carpet.
클라라(Clara)는 카펫에 묻은 얼룩을 깨끗이 닦았다.

MVP speckle n. 작은 반점, 얼룩
speckled a. 얼룩덜룩한, 반점이 있는

2604 ★

pang
[pæŋ]

n. ① (갑자기 일어나는) 격통, 고통 = ache, pain, stab
② 고민, 번민, 상심 = anguish, distress

She had a **pang** of sorrow when she remembered her lost dog.
잃어버린 개를 생각하면 그녀는 가슴이 아팠다.

2605 ★★★

inferior
[infíəriər]

a. ① (등위·등급 등이) 아래쪽의, 하위의
② (품질·정도 등이) 떨어지는, 열등한, 조악한 = bad, poor, substandard

n. 손아랫사람, 하급자 = junior

Our team is **inferior** to the opponent in defense.
우리 팀이 수비 측면에서 상대 팀에 비해 처지는 편이다.

A major is **inferior** to a colonel.
소령은 대령보다 계급이 낮다.

MVP inferiority n. 열등, 하위
↔ superior a. (지위·계급 등이) 보다 높은; (소질·품질 따위가) 우수한; 양질의, 우량한

2606 ★★
rectify
[réktəfài]

vt. 개정[수정]하다; (악습 등을) 교정하다, 고치다 = amend, correct, redress

I am determined to take whatever action is necessary to **rectify** the situation.
나는 그 상황을 바로잡기 위해 필요한 모든 조치를 취하기로 결정했다.

I have **rectified** everything you have pointed out.
지적하신 부분은 모두 수정했습니다.

MVP rectification n. 개정, 수정, 교정
cf. ratify v. 비준하다, 재가하다

2607 ★★★
slight
[slait]

a. ① 약간의, 적은, 근소한 = inconsiderable, small
② 가벼운; 사소한, 대수롭지 않은, 하찮은
= insignificant, minor, negligible, trivial
vt. ① 경멸[경시]하다, 얕보다; 무시하다 = disregard, ignore, snub
② (의무·일 등을) 소홀히 하다, 등한히 하다 = neglect, scamp

There has been a **slight** increase in the consumption of meat.
육류 소비량이 소폭 증가했다.

MVP slightly ad. 약간, 조금

2608 ★★
bargain
[bá:rgən]

n. ① 매매, 거래 = deal, trade, transaction
② (싸게) 산 물건 = good buy, steal
v. ① (매매의) 약속을 하다, 계약하다
② 흥정하다, 거래[교섭]하다 = deal, dicker, haggle, negotiate, transact

You can't **bargain** at department stores, because they sell at a fixed price.
백화점에서는 값을 흥정할 수 없는데, 왜냐하면 정찰제로 판매하기 때문이다.

MVP into the bargain 게다가, 또한

2609 ★★★
allure
[əlúər]

v. 매혹하다, 유혹하다, 꾀어내다 = attract, entice, lure, seduce
n. 매력, 매혹 = appeal, attraction, charm, fascination

The advertisement **allured** people to buy the goods.
그 광고는 사람들이 그 상품을 사도록 유혹하였다.

She is a woman with great **allure**.
그녀는 대단한 매력을 지닌 여인이다.

MVP alluring a. 매혹적인, 유혹하는

2610 ★★

crevice

[krévis]

n. (벽·바위 등의) 갈라진 틈, 균열 = crack, fissure, interstice, rift

The ivy insinuates itself into every **crevice**.
담쟁이는 갈라진 틈만 있으면 비집고 들어간다.

2611 ★★★

pervade

[pərvéid]

vt. 널리 퍼지다, 보급하다; ～에 가득 차다; 스며들다 = imbue; permeate

The smell of paint **pervaded** the house.
페인트 냄새가 온 집안에 퍼졌다.

Sleight of hand and dishonesty **pervade** our national life.
교묘한 속임수와 부정직이 우리 국민의 삶에 만연해 있다.

MVP pervasive a. 만연하는, 스며드는
pervasion n. 보급; 충만

2612 ★★

malfunction

[mælfʌ́ŋkʃən]

n. (장기(臟器)·기계 등의) 기능 부전, 고장, 오작동 = breakdown, dysfunction

The departure of the train is being delayed due to a door **malfunction**.
출입문 고장으로 전동차 출발이 지연되고 있다.

MVP cf. malnutrition n. 영양실조, 영양부족

2613 ★★★

strict

[strikt]

a. 엄한, 엄격한, 엄중한 = austere, rigorous, severe, stern, stringent

The boy grew up in a very traditional, **strict** household.
그 소년은 매우 전통적이고 엄한 가정에서 자랐다.

2614 ★

hidebound

[háidbàund]

a. ① 편협한, 도량이 좁은, 완고한 = close-minded, rigid
② 야위어 가죽만 남은, 피골이 상접한

You are too **hidebound** in your thinking.
넌 너의 생각에 대한 고집이 너무 강해.

2615 ★★★

gravity

[grǽvəti]

n. ① 중력, (지구) 인력 = gravitation
② 진지함, 근엄; 엄숙 = earnestness, solemnity
③ 중대함, 심상치 않음 = importance, significance

Gravity is the force that causes objects to drop to the ground.
중력은 사물을 땅으로 떨어뜨리는 힘이다.

MVP gravitate v. 중력[인력]에 끌리다; 가라앉다; 하강하다
gravitational a. 중력[인력]의, 중력 작용의
grave a. (문제·사태 등이) 중대한; 근엄한, 진지한; n. 무덤

2616 ★★

mercantile
[mə́:rkəntì:l]

a. ① 상인의; 상업[장사]의; 무역[상업]에 종사하는 = commercial, merchant
② 〈경제〉 중상주의의 = mercantilist
③ 이득을 노리는, 돈만 바라는 = materialistic, profit-making

As feudalism decayed in the West, it gave rise to a **mercantile** class.
봉건주의가 서양에서 쇠퇴하자, 상인 계층이 생겨났다.

MVP mercantilism n. 상업주의, 영리주의; 상인 근성; 중상주의
mercantilist n. 중상주의자; a. 중상주의의

2617 ★★★

potent
[póutnt]

a. ① 세력이 있는, 유력한 = commanding, dynamic, powerful, strong
② (약 등이) 효능 있는; 성적(性的) 능력이 있는

Environment is a **potent** influence on character.
환경은 성격에 강한 영향을 미친다.

Do **potent** drugs work on the common cold?
독한 약이 감기에 효과가 있습니까?

MVP potency n. 힘, 세력; 권력; 능력, 잠재력; (약 따위의) 효능; (남성의) 정력
potentate n. 권력가; 군주
↔ impotent a. 무력한, 무기력한; 능력이 없는

2618 ★★

regime
[rəʒí:m]

n. ① 정권; 정부 = administration, government
② 제도, 체제 = policy, system

The people have been kept down for years by a brutal **regime**.
그 사람들은 오랜 세월 동안 잔인한 정권에 의해 억압을 받아 왔다.

MVP regime change 정권 교체

2619 ★

dally
[dǽli]

v. ① 희롱하다, 농탕치다; 가지고 놀다, 장난하다[with] = coquet, flirt, tease
② (시간 등을) 낭비하다, 빈들거리다, 꾸물거리다
= dawdle, linger, loiter, procrastinate

When he **dallied** with some girl, he made a costly mistake.
그는 어떤 여자에게 치근대다가 대가가 큰 실수를 저질렀다.

DAY 53

2620 ★

arable

[ǽrəbl]

a. 경작에 알맞은, 개간할 수 있는 = cultivatable, plowable, tillable

Land refers to all natural resources that are usable in the production process: **arable** land, forests, mineral and oil deposits, and so on.

토지란 생산과정에 사용가능한 모든 천연자원을 가리킨다. 경작 가능한 땅, 숲, 광물 및 석유 매장량 등이 이에 해당한다.

2621 ★★★

cohesion

[kouhíːʒən]

n. 화합, 결합, 단결, 유대; 응집력 = adhesion, union

EU has no **cohesion** and so cannot act in unison.

유럽연합은 결속력이 전혀 없고 따라서 일치단결된 행동을 할 수 없다.

MVP cohesive a. 점착력[응집력]이 있는, 결합하는

2622 ★★

usher

[ʌʃər]

n. 안내인, 접수원, 문지기, 수위 = attendant, doorkeeper, doorman
v. 안내하다, 인도하다 = conduct, direct, escort, guide, lead

The **ushers** will help you find your seats.

안내원이 당신이 자리를 찾는 데 도움을 줄 것이다.

MVP usherette n. (극장 등의) 여성 안내원
usher in 안내하다; 예고하다; (때·시대의) 도래를 알리다

2623 ★★★

dispute

[dispjúːt]

v. 토의하다, 논쟁하다; 논박하다, 이의를 제기하다 = discuss; argue, contend
n. 토론, 논의; 논쟁

The **dispute** was finally settled after many complications.

분쟁은 우여곡절 끝에 마침내 해결되었다.

He took neither side in the **dispute**.

그는 그 논쟁에서 어느 쪽 편도 들지 않았다.

MVP disputation n. 논쟁
disputable a. 논쟁의 여지가 있는; 불확실한
disputatious a. 논쟁적인, 논쟁을 좋아하는
undisputed a. 의심할 것 없는, 이의 없는, 확실한

2624 ★

olfactory

[alfǽktəri]

a. 후각의; 냄새의

The **olfactory** sense is concerned with the sense of smell.

후각은 냄새를 맡는 감각과 관련이 있다.

MVP olfaction n. 후각

2625 ★★★
narrative
[nǽrətiv]

n. ① 이야기 = account, chronicle, recital, story, tale
② 이야기체; 설화 문학
③ 서술 (기법); 화술 = description, narration

This novel uses a very unusual **narrative** style.
이 소설은 아주 독특한 서술 방식을 취하고 있다.

MVP narrate v. 말하다, 이야기하다, 서술하다
narration n. 서술, 이야기하기; 이야기

2626 ★★
domineer
[dàməníər]

v. ① 권력을 휘두르다, 압제하다[over] = overbear
② 우뚝 솟다[over, above] = rise, tower

Nazis **domineered** over the European Continent during the Second World War.
나치스(Nazis)는 제2차 세계대전 동안 유럽대륙을 압제했다.

MVP domineering a. 지배[군림]하려 드는; 오만한

2627 ★★
convolution
[kànvəlúːʃən]

n. ① 회선(回旋), 나선(螺旋) = helix, spiral
② (나선형의) 주름[구불구불한 것]
③ 대단히 복잡한[난해한] 것 = complexity, complicacy

The **convolutions** of the small intestine are covered by the omentum.
소장(小腸)의 주름들은 장막(腸膜)으로 덮여 있다.

The story's fascinating **convolutions** were inspired by real events.
흥미진진한 얽히고설킨 그 이야기는 실제 사건에서 영감을 받은 것이었다.

MVP convolute v. 둘둘 말다[감다]; 뒤얽히다, 왜곡하다; a. 둘둘 말린[감긴]
convoluted a. 대단히 난해한[복잡한]; 나선형의, 구불구불한

DAY 53

2628 ★★★
resolve
[rizálv]

v. ① 결의하다, 결정하다, 결심하다 = decide, determine
② (문제·곤란 등을) 풀다, 해결하다 = settle, solve
③ (의심 등을) 해소하다, 제거하다 = dispel, dissolve
n. 결심, 결의 = decision, determination, resolution

We have to **resolve** this problem by next Wednesday.
우리는 다음 주 수요일까지 이 문제를 해결해야 한다.

MVP resolution n. 결심, 결의; 해결, 해답
resolute a. 굳게 결심한, 결연한; 굳은, 단호한
resolutely ad. 단호히, 결연히
irresolute a. 결단력이 없는, 우유부단한

2629 ★
jovial
[dʒóuviəl]

a. 쾌활한, 명랑한, 즐거운, 유쾌한 = cheerful, hilarious, jolly, merry

People will not shun you if you are a **jovial** person.
만약 당신이 유쾌한 사람이라면, 사람들은 당신을 피하지 않을 것이다.

MVP joviality n. 쾌활, 명랑, 즐거움

2630 ★★★
contact
[kántækt]

n. ① 접촉; 인접; 접촉물 = contiguity, touch
　② 접근, 교제; 연락, 연결; 연줄 = association; communication; connection
v. 접촉하다, 연락하다 = communicate, connect, touch

He kept in **contact** with his parents every day during the journey.
그는 여행 기간 동안 부모님과 매일 연락했다.

2631 ★
largess
[laːrdʒés]

n. 아낌없이 줌, (많은) 증여; (아낌없이 주어진) 선물, 과분한 부조
　= generosity, munificence, openhandedness

The **largess** of their alumni has enabled many colleges to offer scholarship to deserving students.
동문들의 아낌없는 기부 덕택에 많은 대학들이 자격이 되는 학생들에게 장학금을 제공할 수 있게 되었다.

2632 ★
preen
[priːn]

v. ① (새가 날개를) 부리로 다듬다 = groom, plume
　② 몸치장을 하다, 멋을 부리다 = primp, prink, smarten, spruce, trim
　③ 자랑하다, 우쭐대다[on, upon] = flatter, overween

She was **preening** herself before going to the gathering.
그녀는 그 모임에 가기 전에 멋 부리고 있었다.

2633 ★★★
treat
[triːt]

v. ① (사람·동물을) 다루다, 대우하다 = deal with, handle
　② 치료하다, 고치다, 처치하다 = cure, heal, remedy
　③ 대접하다, 한턱내다 = entertain, feast, regale
n. 한턱, 한턱 냄[낼 차례]; 대접, 환대

Many people **treat** their pets as their family members.
많은 사람들은 그들의 애완동물을 가족처럼 대한다.

MVP treatment n. 취급, 대우; 치료, 치료법[약]

2634 ★★
aura
[ɔ́ːrə]

n. (사람이나 물건에서 발산하는 독특한) 기운, 분위기
= ambiance, atmosphere, mood

Luna's mini-album is dominated by Swedish composers and producers, but each song sports a different **aura**.
루나(Luna)의 미니 앨범은 스웨덴 작곡가와 프로듀서에 의해 크게 영향 받았지만, 각각의 노래는 다른 분위기를 뿜어낸다.

2635 ★★★
invaluable
[invǽljuəbl]

a. 값을 헤아릴 수 없는, 매우 귀중한 = precious, priceless

Teachers play an **invaluable** role in the lives of children.
선생님들은 아이들의 삶에서 매우 귀중한 역할을 한다.

MVP valuate vt. 평가[견적, 사정(査定)]하다
value n. 가치, 유용성; v. 평가하다
valuable a. 귀중한; 값비싼; n. (pl.) 귀중품

2636 ★★
furnace
[fɚ́ːrnis]

n. ① 노(爐); 아궁이, 화덕; 난로 = kiln, stove
② 용광로
③ 혹독한 시련 = ordeal

Iron ore is smelted in a **furnace** to produce iron.
철광석을 용광로에서 녹여 철을 생산한다.

MVP cf. hearth n. 노(爐), 난로

2637 ★
philately
[filǽtəli]

n. 우표 수집[연구] = stamp collecting

Some of his stamps are regarded as the great rarities of **philately**.
그가 가진 우표 가운데 일부는 매우 희귀한 우표수집품으로 간주되고 있다.

MVP philatelist n. 우표 수집[연구]가

DAY 53

2638 ★★★
opulent
[ɑ́pjulənt]

a. 부유한, 풍부한, 풍족한; 호화로운 = affluent, lavish, wealthy; luxurious

His family belonged to the nobility but they were not **opulent**.
그의 가족은 귀족에 속했으나 부유하지는 않았다.

The world-class hotel boasts 450 **opulent** guest rooms and suites.
세계적인 수준의 그 호텔은 450개의 화려한 객실과 스위트룸을 갖추고 있다.

MVP opulence n. 부유, 풍부

2639 ★★★
vicinity
[visínəti]

n. 근처, 부근 = neighborhood, proximity

A grocery store is in the **vicinity** of your home.
식료잡화점이 너의 집 근처에 있다.

MVP in the vicinity of ~의 부근에

2640 ★★
sap
[sæp]

vt. 활력을 없애다, 약화시키다 = deplete, drain, undermine
n. 수액(樹液)

Analysts say the recession in Japan has **sapped** investor confidence.
분석가들은 일본의 경기 침체가 투자자들의 신뢰를 약화시켜 왔다고 말하고 있다.

2641 ★
repertoire
[répərtwὰ:r]

n. 상연[연주] 목록[곡목], 레퍼토리 = repertory

Made up of seven **repertoires**, the work includes magic, mime, tap dance and juggling.
7개의 레퍼토리로 구성된 이 작품은 마술, 마임, 탭댄스 그리고 저글링 등을 작품 속에 포함시키고 있다.

2642 ★★★
loan
[loun]

n. ① (돈·물건의) 대부, 대여(貸與) = lending
　② 대부금, 융자; 공채, 차관(借款) = credit, mortgage
v. 빌려주다, 대부하다 = lend

You can pay back the **loan** over a period of three years.
당신은 그 융자금을 3년에 걸쳐 상환할 수 있다.

MVP loanshark n. 고리대금업자(= usurer)

2643 ★★★
err
[ə:r]

vi. 정도(正道)에서 벗어나다, 헤매다; 잘못하다, 실수하다

To **err** is human, to forgive divine.
잘못은 인지상사요, 용서는 신의 본성이다.

MVP unerring a. 과실이 없는, 틀림없는, 정확한

2644 ★★★
throng
[θrɔ:ŋ]

n. 군중, 인파 = crowd, mass, swarm
v. 떼를 지어 모이다, 모여들다 = congregate, flock

A **throng** of people gathered to hear the political candidate.
그 정당 후보자의 연설을 들으려고 군중들이 모여들었다.

Aung San Suu Kyi is still revered in Burma, as proven by the crowds that have **thronged** her since her release.

석방된 후에 그녀에게 몰려들었던 군중에 의해 입증되었듯이, 아웅산 수지(Aung San Suu Kyi)는 미얀마에서 여전히 존경을 받고 있다.

2645 ★★★
confound
[kanfáund]

vt. ① 당황하게 하다 = baffle, bewilder, perplex
② 혼동하다, 뒤죽박죽으로 하다, 잘못하여 동일시하다 = confuse, mistake
③ (계획·희망 등을) 깨뜨리다, 좌절시키다 = frustrate

She was amazed and **confounded** by his coarse manners.
그의 품위 없는 태도는 그녀를 놀라게 하고 당황스럽게 만들었다.

An unpleasant smell arose from the clothes, **confounded** of dirty cloth, old sweat, and cleaning fluid.
더러운 천, 오래된 땀과 세정액이 뒤죽박죽이 돼서, 옷에서 불쾌한 냄새가 났다.

2646 ★
incubus
[íŋkjəbəs]

n. ① 악몽, 가위; (잠자는 여인을 덮친다는) 몽마(夢魔) = nightmare
② 압박하는 일[사람]; (마음의) 부담 = albatross, burden, strain

The **incubus** of financial worry helped bring on her nervous breakdown.
재정 걱정으로 생긴 심적 부담으로 그녀는 신경 쇠약에 걸렸다.

MVP nightmare n. 악몽, 가위눌림; 악몽 같은 경험; 걱정거리
cf. succubus n. 악령; (잠자는 남자와 정을 통한다는) 마녀

2647 ★★
brand-new
[brǽndnjúː]

a. 신제품의, 아주 새로운, 새것의

It's a **brand-new** one, and has been selling like hot cakes.
이것은 최신 제품이고, 불티나게 팔리고 있습니다.

2648 ★
recoup
[rikúːp]

v. ① (손실 등을) 메우다, 벌충하다, 회복하다 = recover, redeem, regain, retrieve
② 보상하다, 변상하다 = compensate, reimburse, repay

Insurance companies are trying to **recoup** their losses by increasing premiums.
보험 회사들은 보험료를 인상해서 자신들의 손실을 벌충하려 애쓰고 있다.

DAY 53

2649 ★★

sore
[sɔːr]

n. 상처, 종기

a. ① 아픈, 쑤시는 = afflictive, inflamed, painful

   ② 마음이 아픈, 슬픈

The burn made a **sore** on my hand.
화상으로 손에 상처가 났다.

My father has a **sore** throat and speaks with a rasp.
우리 아버지는 목이 아파서 쉰 목소리로 얘기 하신다.

2650 ★★★

plagiarism
[pléidʒərìzm]

n. 표절; 도작(盜作), 표절물 = piracy

Our colleague Adams found a lot of **plagiarism** on the course papers turned in to him last spring.
우리 동료 애덤스(Adams)는 지난봄에 자신에게 제출된 학기말 논문들에서 표절된 내용을 많이 발견했다.

MVP plagiarize v. 표절하다

A. Write the meaning of the following words.

□ fatal	_____	□ contact	_____
□ enclose	_____	□ largess	_____
□ speck	_____	□ preen	_____
□ inferior	_____	□ treat	_____
□ slight	_____	□ aura	_____
□ bargain	_____	□ invaluable	_____
□ allure	_____	□ furnace	_____
□ pervade	_____	□ philately	_____
□ malfunction	_____	□ opulent	_____
□ strict	_____	□ sap	_____
□ gravity	_____	□ repertoire	_____
□ potent	_____	□ loan	_____
□ dally	_____	□ err	_____
□ cohesion	_____	□ throng	_____
□ usher	_____	□ confound	_____
□ dispute	_____	□ incubus	_____
□ olfactory	_____	□ brand-new	_____
□ domineer	_____	□ recoup	_____
□ convolution	_____	□ sore	_____
□ resolve	_____	□ plagiarism	_____

※ 주어진 단어의 뜻을 본문에서 확인하시고 틀린 단어의 경우 박스에 체크한 뒤에 나중에 다시 학습하시기 바랍니다.

B. Choose the synonym of the following words.

1. crevice   Ⓐ cultivatable
2. rectify   Ⓑ government
3. mercantile   Ⓒ close-minded
4. arable   Ⓓ ache
5. narrative   Ⓔ interstice
6. pang   Ⓕ merry
7. vicinity   Ⓖ proximity
8. jovial   Ⓗ story
9. regime   Ⓘ commercial
10. hidebound   Ⓙ amend

B. 1. Ⓔ 2. Ⓙ 3. Ⓘ 4. Ⓐ 5. Ⓗ 6. Ⓓ 7. Ⓖ 8. Ⓕ 9. Ⓑ 10. Ⓒ

2651 ★★

valiant
[vǽljənt]

a. 용감한, 씩씩한 = brave, courageous, valorous

Cowards die many times before their death; the **valiant** never taste of death but once.
겁쟁이들은 죽기 전에 여러 번 죽는다. 그러나 용감한 사람들은 오직 한번 죽는다.

> **MVP** valiancy n. 용맹, 용감, 용기
> valor n. (특히 싸움터에서의) 용기, 용맹
> valiantness n. 용감함

2652 ★★★

pile
[pail]

n. ① 쌓아올린 것, 더미 = heap, stack
　② 다수, 대량 = abundance, mass
　③ 큰 돈, 부, 재산 = fortune, wealth
　④ (보통 pl.) 〈의학〉 치질, 치핵(痔核) = hemorrhoids

v. 겹쳐 쌓다, 쌓아올리다; 축적하다, 모으다

A **pile** of papers dropped and scattered everywhere.
서류 더미가 바닥에 쏟아져 여기저기에 널렸다.

2653 ★★

refute
[rifjúːt]

vt. 논박[반박]하다 = contradict, disprove, rebut

His expensive suit and imported shoes clearly **refuted** his claim that he was poor.
그의 비싼 옷과 수입 신발은 그가 가난했다는 주장을 분명하게 반박하고 있었다.

> **MVP** refutation n. 논박, 반박
> refutable a. 논박[논파]할 수 있는
> irrefutable a. 반박할 수 없는

2654 ★

podium
[póudiəm]

n. 지휘대; 연단 = platform, rostrum, stand

When the author stood at the **podium** to speak, there were no signs of her previous trepidation.
저자가 연설을 하기 위해 연단에 섰을 때, 그녀가 이전에 보여주었던 불안 징후는 전혀 찾아볼 수 없었다.

2655 ★

syllabus
[síləbəs]

n. (강의 등의) 개요, 강의계획서

The **syllabus** lists the knowledge and competences required at this level.
강의계획서에는 이 단계에서 요구되는 지식과 기능들이 열거되어 있다.

2656 ★★★

dismal
[dízməl]

a. ① 음울한; 황량한, 쓸쓸한 = bleak, dreary, gloomy
　② 서투른, 솜씨 없는 = gauche, inept

The economy grew just at a rate of 0.7 percent in 2013, a **dismal** result after the many forecasts of robust growth.
2013년의 경제 성장률은 0.7%에 불과했는데, 이는 견실한 경제 성장을 이룰 거라는 전망이 여러 차례 있은 후에 나온 암울한 결과이다.

Plenty of computers know thousands of words and complex rules of grammar. But they are **dismal** communicators.
많은 컴퓨터는 수천 개의 단어와 복잡한 문법 규칙을 알고 있다. 하지만 그러한 컴퓨터의 의사전달 능력은 형편없다.

2657 ★★

parable
[pǽrəbl]

n. 우화 = fable, lesson, story

It's easy enough to see "King Kong" as a **parable** about man's rapacious approach to nature.
영화 "킹콩(King Kong)"은 자연에 대한 인간의 탐욕스러운 접근에 관한 우화로 쉽게 이해할 수 있다.

2658 ★

cloy
[klɔi]

v. 물리도록 먹이다, 물리게 하다; 물리다, 싫증나다

Sweets served too often **cloy** the palate.
단것도 너무 자주 먹으면 종종 입에 물리게 된다.

2659 ★★★

substance
[sʌ́bstəns]

n. ① 물질 = body, material, matter, stuff
　② 본질, 실체, 내용 = entity, essence, hypostasis, reality
　③ (the ~) 요지, 요점, 취지, 골자 = gist, import, meaning, significance

Ice and water are the same **substance**.
얼음과 물은 똑같은 물질이다.

You should choose **substance** over appearance.
보기 좋은 것보다는 실속이 있는 것을 선택해라.

2660 ★★

mandate
[mǽndeit]

n. ① 명령, 지시 = directive, order
　② (선거 구민이 의원에게 내는) 요구
vt. ① 명령[지시]하다 = command, dictate, direct
　② (영토·식민지 등의) 통치를 위임하다

Many countries throughout the world **mandate** the teaching of English, at least a basic level, in an effort to increase the competitiveness of their economies.
세계의 많은 국가들은 자국 경제 활동의 경쟁력을 높이려는 노력의 일환으로 최소한 기본적인 수준의 영어 교육을 실시하도록 하고 있다.

MVP mandatory a. 명령의; 의무적인, 강제적인

2661 ★
anemia
[əníːmiə]

n. 빈혈; 생기[활력]의 결핍

Anemia is a deficiency of normal hemoglobin in the blood.
빈혈은 혈액에 정상적인 헤모글로빈이 부족한 것이다.

MVP anemic a. 빈혈의; 무기력한, 허약한

2662 ★★★
contaminate
[kəntǽmənèit]

vt. 오염시키다, 더럽히다 = corrupt, pollute, taint

Toxic wastes have **contaminated** the river in our neighborhood.
유독성 폐기물 때문에 우리 인근 지역의 하천이 오염되었다.

MVP contamination n. 오염; 더러움(= pollution)
contaminant n. 오염물질[균]

2663 ★★
proselyte
[prɑ́səlàit]

n. 개종자; 전향자 = convert, neophyte
v. 개종[전향]시키다; (회원이나 운동선수 등을) 좋은 조건으로 선발해 가다

I asked what were the ceremonies in admitting a **proselyte**.
나는 개종자를 받아들이는 의식에 어떤 것들이 있는지 물어보았다.

MVP proselytism n. 개종[전향]의 권유; 개종; 변절

2664 ★★★
recall
[rikɔ́ːl]

vt. ① 생각해 내다, 상기하다; 생각나게 하다 = recollect, remember
② 되부르다, 소환하다, 귀환시키다 = call back, cite, subpoena, summon
③ (결함 상품을) 회수하다
n. ① 회상, 기억(력) = memory, recollection, remembrance
② 되부름, (대사 등의) 소환 = citation, summons
③ (결함 상품의) 회수, 리콜

The witness was asked to **recall** events from months before.
증인에게 몇 달 전에 일어났던 일들을 기억해보라고 했다.

2665 ★
irreparable
[irépərəbl]

a. 고칠[회복할, 돌이킬] 수 없는 = irrecoverable, irremediable, irretrievable

He was struck on the head, causing three skull fractures and **irreparable** brain damage.
그는 머리를 부딪쳐서 두개골 3군데가 골절됐고 뇌에 회복할 수 없는 손상을 입었다.

2666 ★★

smear
[smiər]

v. ① (기름 등을) 바르다, 문지르다 = daub, rub
② (기름기 등으로) 더럽히다 = besmirch, smudge, soil, sully
③ 중상하다, 비방하다 = malign, slander, traduce, vilify
n. ① 얼룩, 오점 = blot, blotch, stain
② 중상, 비방, 명예 훼손 = calumny, defamation, vilification

The story was an attempt to **smear** the party leader.
그 이야기는 그 정당의 대표를 중상하기 위해 만들어진 것이었다.

MVP smear campaign 조직적인 중상모략, 인신공격
smear word 남의 명예를 손상하는 말, 욕하는 말

2667 ★★★

obstacle
[ábstəkl]

n. 장애(물), 방해(물) = hindrance, impediment, obstruction

For many students, anxiety about tests can be a major **obstacle** to strong performance.
많은 학생들에게, 시험에 대한 불안감이 시험을 잘 치러내는 데 있어 가장 큰 방해물이다.

2668 ★★

kidney
[kídni]

n. ① 신장(腎臟); 콩팥
② 성질, 기질, 종류, 형(型)

Besides their link to tooth decay and obesity, carbonated beverages are especially singled out as the culprit behind serious problems to the **kidneys** and liver.
충치와 비만과의 관련 이외에도, 탄산음료는 특히 콩팥과 간에 심각한 문제를 일으키는 주범으로 지목되고 있다.

MVP renal a. 신장(腎臟)의, 신장부의

2669 ★★★

entangle
[intǽŋgl]

vt. ① 엉키게 하다; 헝클리게 하다[in, with] = intertwine
② (함정·곤란 따위에) 빠뜨리다, 말려들게 하다 = entrap

The bird had become **entangled** in the wire netting.
그 새는 철망에 걸려 꼼짝을 못하고 있었다.

He became **entangled** in a series of conflicts with the management.
그는 경영진과 일련의 갈등 상황에 얽히게 되었다.

MVP entanglement n. 얽힘, 말려듦, 분규
tangle v. 엉키게[얽히게] 하다; 엉기다, 얽히다; n. 얽힌 것; 분규, 혼란
tangled a. 뒤얽힌, 헝클어진
↔ disentangle v. 얽힌 것을 풀다, 해방하다

DAY 54

2670 ★★
remnant
[rémnənt]

n. ① 남은 부분, 나머지 = remainder, residue
　② 유물, 자취 = leftover, remains, vestige

The woods are **remnants** of a huge forest which once covered the whole area.
그 숲은 한때 그 지역 전체를 덮고 있던 거대한 숲이 남은 부분이다.

2671 ★
nibble
[níbl]

v. ① (짐승·물고기 등이) 조금씩 물어뜯다, 갉아 먹다 = bite, eat, gnaw, nip, peck
　② (제의·생각 등에) 약간 관심을 보이다
n. (음식 등의) 한 입, 한 번 물어뜯는 양 = bite, morsel, snack, taste, titbit

When he becomes nervous, he is liable to **nibble** on his finger nails.
그는 조바심이 나면 손톱을 물어뜯는 버릇이 있다.

2672 ★★★
contract
n. [kántrækt]
v. [kəntrækt]

n. 계약, 약정; 계약서 = agreement, compact, covenant, pact
v. ① 계약하다, 계약을 맺다, 도급[청부]맡다
　② (나쁜 습관에) 물들다; (병에) 걸리다 = catch, develop
　③ 줄이다, 수축시키다; 줄어들다, 수축하다 = constrict, shrink

I signed a **contract** for the purchase of a new house.
나는 새 집의 매매 계약서에 서명했다.

I was bitten by a mosquito and I **contracted** Japanese encephalitis.
나는 모기에 물려 일본 뇌염에 걸렸다.

MVP contraction n. 수축, 축소; (병에) 걸림; (낱말의) 축약(형), 단축(형)(= abbreviation)

2673 ★★
obeisance
[oubéisəns]

n. ① 존경, 경의; 복종 = deference, homage, honor, respect, reverence
　② 경례, 절, 인사 = bow, salaam, salutation

One senses that he pays constant **obeisance** to a determined inner discipline.
그가 단호한 내적 규율에 항상 복종하고 있음을 모두가 느낄 수 있다.

MVP obeisant a. 경의를 표하는, 공손한

2674 ★★★
undertake
[ʌndərtéik]

v. ① (일·책임 등을) 떠맡다, 착수하다 = embark on, take on
　② 약속하다, 보증하다 = engage, guarantee, promise

Some 50,000 scientists, artists and other participants from 63 nations will **undertake** 460 projects.
63개국에서 온 약 50,000명의 과학자, 예술가, 다른 참가자들이 460개의 프로젝트에 착수할 것이다.

She **undertook** the task of monitoring the elections.
그녀는 선거를 감시하는 책무를 맡았다.

MVP undertaker n. 장의사(=mortician)

2675 ★★

autonomy

[ɔ:tánəmi]

n. ① 자율성, 자주성 = independence, initiative
② 자치권, 자치제; 자립; 자치 국가; 자치 단체

The angry factory workers were demanding **autonomy**.
화가 난 그 공장 근로자들은 자율성을 요구하고 있었다.

MVP autonomous a. 자주적인, 자율적인; 자치권이 있는
↩ heteronomy n. 타율, 타율성

2676 ★★★

persecute

[pə́:rsikjù:t]

vt. (종교·주의 따위를 이유로) 박해하다, 학대하다 = abuse, maltreat, mistreat

No matter how well-intentioned their bosses may be, many smokers feel **persecuted** by their firms' antismoking policies.
아무리 상사들이 선의로 한 것이라 하더라도, 많은 흡연자들은 회사의 금연 정책으로 인해 자신들이 핍박을 받고 있다고 생각한다.

Nero's evil reputation stems largely from the fact that he **persecuted** the early Christians.
네로(Nero)에 대한 악평은 주로 그가 초기 기독교도들을 박해한 사실에서 기인한다.

MVP persecution n. (특히 종교상의) 박해
persecutor n. 박해자

2677 ★

hindsight

[háindsàit]

n. (일이 다 벌어진 뒤에) 사정을 다 알게 됨, 뒤늦은 깨달음, 때늦은 지혜

He needed a care of his mother with the wisdom of **hindsight**.
뒤늦게 깨달은 것이지만 그는 그의 엄마의 보호가 필요했다.

MVP cf. foresight n. 예지, 선견지명(= prescience)

2678 ★★★

trap

[træp]

n. ① (새·짐승을 잡는) 덫, 올가미, 함정 = net, pitfall, snare
② (사람을 속이는) 함정, 계략 = artifice, deception, ruse, trick
v. ① (동물을) 덫으로[올가미로] 잡다 = catch, entrap, snare
② (사람을) 함정에 빠뜨리다, 속이다 = cheat, deceive, fool

CO_2 **traps** heat in our environment, causing extreme weather conditions.
이산화탄소는 우리의 환경에 있는 열기를 가두어 심각한 기상 상태를 유발한다.

MVP entrap vt. 덫으로 잡다; (남을) (위험·곤란에) 빠뜨리다

DAY 54

2679 ★★

augur

[ɔ́:gər]

v. 전조[조짐]가 되다; 점치다, 예언하다 = forebode, foreshadow, omen, portend

Injuries of main players do not **augur** well for the Korea team in the Worldcup.
주전 선수의 부상으로 인해 한국팀은 월드컵에서 좋은 전망은 보이지 않는다.

MVP augury n. 점(占); 전조, 조짐

2680 ★★★

crop

[krɑp]

n. ① 농작물, (특히) 곡물 = produce
　② 수확; 수확고 = harvest, yield

In ancient China rice was the first **crop** that was farmed.
고대 중국에서 쌀은 최초로 경작된 농작물이었다.

※ 농작물 관련 어휘

barley n. 보리	malt n. 맥아
millet n. 수수, 기장	oat n. 귀리
rice n. 쌀	wheat n. 밀

2681 ★★

incriminate

[inkrímənèit]

vt. 죄를 씌우다; 고소[고발]하다 = inculpate; accuse, charge

Never say anything that may **incriminate** you in any way.
어떤 식으로든 당신이 유죄가 되게 할 말을 절대로 하지마세요.

He protested his innocence and claimed that the drugs had been planted to **incriminate** him.
그는 자신의 결백을 항변했고 그 마약은 자신에게 죄를 뒤집어씌우려고 누군가가 고의로 놓아둔 것이었다고 주장했다.

MVP crime n. (법률상의) 죄, 범죄

2682 ★★

refuge

[réfjuːdʒ]

n. ① 피난, 보호
　② 피난처, 은신처 = asylum, haven, sanctuary, shelter
　③ 의지가 되는 사람[물건], 위안물

She used to find a **refuge** in religion.
그녀는 종교에서 위안을 찾곤 했었다.

MVP refugee n. 피난자, 난민; 망명자, 도피자

2683 ★★

sinister

[sínəstər]

a. 불길한, 재난의; 사악한, 나쁜 = disastrous; diabolic, evil, malignant

Events began to take on a more **sinister** aspect.
사태가 더 불길한 양상을 띠기 시작했다.

Captain Hook is dark and **sinister** and as charming as Peter Pan, in his own way.
후크 선장은 어둡고 사악한 인물이지만 그 나름으로는 피터팬 만큼이나 매력적인 인물이기도 하다.

MVP sinistral a. 왼쪽의, 왼손잡이의

2684 ★

geometry
[dʒiámətri]

n. 기하학

Thales, the Father of Science, used **geometry** to calculate the heights of pyramids and the distances of ships from shore.
과학의 아버지 탈레스(Thales)는 기하학을 이용하여 피라미드의 높이와 해안에서 배까지의 거리를 측정했다.

2685 ★★

heedless
[híːdlis]

a. 부주의한, 무관심한; 경솔한, 무분별한 = inattentive; careless, reckless

Heedless of the terrible noise all around, the boy carried on with his work.
주변의 소음에 주의를 기울이지 않은 채, 소년은 자기 일을 계속했다.

MVP heed v. 주의하다, 조심하다; n. 주의; 유의; 조심
heedful a. 주의 깊은, 조심하는

2686 ★★★

emit
[imít]

vt. (빛·열·냄새·소리 등을) 내다, 방출하다 = discharge, emanate, give off

Bats **emit** sounds to help them detect possible obstacles.
박쥐는 소리를 방출하여 있을 수 있는 장애물을 탐지하고 피하는 데 도움을 얻는다.

Nuclear power plants **emit** virtually no greenhouse gases.
원자력 발전소는 온실 가스를 사실상 거의 배출하지 않는다.

MVP emission n. (빛·열·가스 등의) 방출; (대기 속의) 배출물, 배기가스

2687 ★★

breakdown
[bréikdàun]

n. ① (기계의) 고장, 파손 = breakage, failure, malfunction
② (건강상의) 쇠약 = debility, emaciation, enervation, weakness
③ 분해; 몰락, 붕괴, 와해 = decomposition, disintegration; collapse

Important files have been erased by a sudden **breakdown** of the storage device.
저장 장치의 갑작스러운 고장으로 중요한 파일들이 삭제됐다.

2688 ★★★

delegate
n. [déligət]
v. [déligèit]

n. 대표자, 대리인 = ambassador, deputy, representative
vt. ① 대표[대리]로서 파견하다 = appoint, commission, depute
② (권한·임무 등을) 위임하다 = assign, entrust, transfer

There were some assignments the candidate could **delegate**.
그 후보가 위임할 수 있는 일이 몇 가지 있었다.

The tall man was sent as our **delegate**.
그 키 큰 남자가 우리의 대표로 파견되었다.

MVP delegation n. 대표단, 파견 위원단

DAY 54

2689 ★
limb
[lim]

n. ① (사람·동물의) 수족, 손발, 팔, 다리
② 큰 가지; 갈라진 가지[부분], 돌출부 = bough, branch, offshoot

He lost his leg in an accident and wears an artificial **limb**.
그는 사고로 다리를 잃어서 의족을 차고 있다.

2690 ★★★
melt
[melt]

v. ① 녹다, 용해하다; 녹이다, 용해시키다 = dissolve, flux, fuse, thaw
② ~이 차차 없어지다, 서서히 사라지다 = disappear, evaporate, fade, vanish
③ (감정·마음 등이) 누그러지다; 누그러지게 하다 = mollify, soften

Her beauty was enough to **melt** the heart of any man.
그녀의 미모는 모든 남성들의 애간장을 녹이기에 충분했다.

MVP melting a. 녹는; 상냥한, 인정 많은; 눈물을 자아내는
molten a. 녹은, 용해된
meltdown n. (제도·기업의) 완전 붕괴, (주가의) 폭락; (원자로의) 노심(爐心) 용해

2691 ★★
fervent
[fə́ːrvənt]

a. 열심인, 열렬한 = ardent, fervid, impassioned

She was a **fervent** supporter of Dr. Martin Luther King Jr.
그녀는 마틴 루터 킹(Martin Luther King) 박사의 열렬한 지지자였다.

MVP fervently ad. 열심히, 열렬하게
fervor n. 열정, 열렬

2692 ★★★
liability
[làiəbíləti]

n. ① 책임, 의무, 부담 = accountability, burden, responsibility
② 불리한 일, 장애 = disadvantage, handicap
③ (pl.) 빚, 부채 = debt

Congressman Hamilton was spared the **liability** of signing the surrender document, as he relegated this assignment to his political advisors.
해밀턴(Hamilton) 의원은 항복문서에 서명하는 일을 자신의 정치고문들에게 맡겼기 때문에, 그것에 대한 책임에서 벗어날 수 있었다.

Give me information about your assets and **liabilities**, so that I can recommend you to get a scholarship.
네가 장학금을 받을 수 있도록 추천할 수 있게 나에게 너희 집 자산과 부채에 대한 정보를 주려무나.

MVP liable a. 책임을 져야 할, 지급할 책임이 있는

2693 ★★
betoken
[bitóukən]

vt. ① 나타내다, 표시하다 = bespeak, declare, indicate, manifest, represent
② ~의 징조[전조]이다 = augur, bode, foreshadow, portend, presage

A dark cloud often **betokens** a storm.
먹구름은 흔히 폭풍우의 징조가 된다.

MVP token n. 토큰, 대용 화폐; 상품권, 교환권; (상품을 사면 주는) 선물권; 표시, 징표

2694 ★★★

component

[kəmpóunənt]

n. 성분, (구성) 요소, 부품 = constituent, element

The are many aspects to success; material wealth is only one **component**.

성공에는 여러 가지 측면들이 있는데, 물질적인 부(富)는 단지 한 요소일 뿐이다.

2695 ★★

stutter

[stʌtər]

vi. 말을 더듬다, 더듬거리며 말하다 = falter, stammer, stumble

n. 말더듬기 = falter, stammer

When we are very nervous, we tend to murmur or **stutter**.

매우 긴장할 때, 우리는 중얼거리거나 말을 더듬는 경향이 있다.

2696 ★

pawn

[pɔːn]

n. ① 전당; 전당물, 저당물 = guarantee, pledge, security

② 볼모, 인질 = hostage

③ (체스의) 졸(卒)

We had to move out as our home was at **pawn**.

집이 저당 잡혔기 때문에 우리는 이사를 해야만 했다.

MVP pawnbroker n. 전당포, 전당포 주인

2697 ★★

appreciably

[əpríːʃiəbli]

ad. 눈에 띄게, 상당하게 = considerably, markedly, noticeably, significantly

In the past few years, there have been **appreciably** lower temperatures during the winter months than are usual in this part of the region.

지난 몇 년 동안, 이 지역에서는 겨울에 기온이 예년보다 현저히 낮았다.

MVP appreciable a. 주목할 만한, 눈에 띄는, 상당한

2698 ★

roost

[ruːst]

n. ① (닭이나 새 등이 앉는) 홰; 보금자리 = nest, perch

② (사람의) 휴식처; 침소; 임시 숙소 = lodging, shelter

v. ① (새가) 나무에 앉다, 보금자리에 들다; 자리에 앉다 = alight, light, perch

② 잠자리에 들다; 숙박하다 = lodge

Birds are motivated to **roost** on a raised perch at night.

새들은 밤에 높은 횃대위에서 잠을 자려는 경향이 있다.

MVP rooster n. 수탉(= cock)

DAY 54

2699 ★

dysfunction
[disfʌŋkʃən]

n. 역(逆)기능; 〈의학〉 기능 장애[부전(不全)] = disfunction, malfunction

The doctor is treating her for a **dysfunction** of the kidneys.
의사는 그녀의 신부전증을 치료하고 있다.

MVP dysfunctional a. 기능 장애의, 제대로 기능을 하지 않는, 고장 난

2700 ★★★

instruct
[instrʌkt]

vt. ① 가르치다, 교육[교수]하다, 훈련하다 = edify, enlighten, illuminate, teach
② 지시하다, 명령하다 = command, direct, mandate, order
③ 알리다, 통지[통고]하다 = inform, notify

A doctor will often **instruct** patients to exercise.
의사들은 대개 환자들이 운동을 하도록 지시한다.

All our staff have been **instructed** in sign language.
우리 직원들은 모두 수화 교육을 받았다.

MVP instruction n. 훈련, 교육; 가르침; 지시, 명령
instructor n. 교사, 선생, 지도자
instructional a. 교육의, 교육용의

A. Write the meaning of the following words.

□ valiant	_____		□ trap	_____
□ pile	_____		□ crop	_____
□ refute	_____		□ refuge	_____
□ syllabus	_____		□ sinister	_____
□ dismal	_____		□ geometry	_____
□ parable	_____		□ emit	_____
□ cloy	_____		□ breakdown	_____
□ substance	_____		□ delegate	_____
□ mandate	_____		□ limb	_____
□ anemia	_____		□ melt	_____
□ proselyte	_____		□ fervent	_____
□ recall	_____		□ liability	_____
□ smear	_____		□ betoken	_____
□ kidney	_____		□ component	_____
□ nibble	_____		□ stutter	_____
□ contract	_____		□ pawn	_____
□ undertake	_____		□ appreciably	_____
□ autonomy	_____		□ roost	_____
□ persecute	_____		□ dysfunction	_____
□ hindsight	_____		□ instruct	_____

※ 주어진 단어의 뜻을 본문에서 확인하시고 틀린 단어의 경우 박스에 체크한 뒤에 나중에 다시 학습하시기 바랍니다.

B. Choose the synonym of the following words.

1. podium
2. irreparable
3. obstacle
4. incriminate
5. heedless
6. augur
7. obeisance
8. remnant
9. entangle
10. contaminate

Ⓐ intertwine
Ⓑ deference
Ⓒ pollute
Ⓓ rostrum
Ⓔ hindrance
Ⓕ irrecoverable
Ⓖ remainder
Ⓗ careless
Ⓘ inculpate
Ⓙ forebode

B. 1. Ⓓ 2. Ⓕ 3. Ⓔ 4. Ⓘ 5. Ⓗ 6. Ⓙ 7. Ⓑ 8. Ⓖ 9. Ⓐ 10. Ⓒ

2701 ★★★
partial
[páːrʃəl]

a. ① 부분적인, 불완전한 = imperfect, incomplete, unfinished
② 편파적인, 불공평한 = biased, one-sided, prejudiced, unjust

You must not be **partial** in dealing with your subordinates.
아랫사람을 대할 때 편파적이어선 안 된다.

MVP partiality n. 편파, 불공평, 치우침
partially ad. 부분적으로; 편파적으로
↔ impartial a. 공평한, 편견 없는
impartiality n. 불편부당, 공평무사, 공명정대

2702 ★★
reinstate
[rìːinstéit]

vt. 원상태로 회복시키다, 복귀[복직, 복권]시키다 = restore

He was **reinstated** in his post.
그는 자기 자리[직장]로 복귀 조치를 받았다.

There have been repeated calls to **reinstate** the death penalty.
사형 제도를 회복시켜야 한다는 요구가 반복되어 왔다.

MVP instate vt. 임명하다, 취임시키다

2703 ★★
derogatory
[dirágətɔ̀ːri]

a. 경멸적인, 깔보는, 얕보는 = contemptuous, disparaging, insulting, offensive

He was upset because his annual review was full of **derogatory** comments.
그의 연례 평가 보고서가 경멸적인 발언으로 가득했기 때문에 그는 기분이 상했다.

MVP derogate vi. (권위·평판·가치 등을) 떨어뜨리다, 훼손[손상]하다
derogation n. (명예·가치 등의) 손상, 훼손

2704 ★★
stink
[stiŋk]

v. ① 고약한 냄새가 나다, 악취를 풍기다 = pong, reek
② 구린내가 나다, 수상쩍다
n. ① 고약한, 냄새, 악취 = stench
② 소동, 물의 = disturbance, fuss

Sweat itself doesn't **stink** unless it touches human skin.
땀이 인간의 피부에 닿지 않는다면 땀 그 자체는 냄새가 나지 않는다.

MVP stinky a. 악취가 나는; 지독한, 역겨운
cf. skunk n. <동물> 스컹크; 역겨운 놈; v. (상대방을 경기에서) 완패시키다

2705 ★★★
akin
[əkín]

a. ① 혈족[동족]의[to] = agnate, kindred, related
② 같은 종류의, 유사한[to] = analogous, comparable, similar

He writes romantic adventure stories **akin** to those of earlier writers.
그는 이전의 작가들의 작품과 같은 류의 낭만적인 모험 소설을 쓴다.

2706 ★★

commencement
[kəménsmənt]

n. ① 시작 = beginning, outset
② 대학 졸업식, 학위 수여식 = graduation ceremony

The boat upset at the very **commencement** of the storm.
그 배는 폭풍이 시작되자마자 뒤집혔다.

Some schools get celebrities as their **commencement** speakers.
어떤 학교에서는 졸업식 연사로 유명 인사들을 초청한다.

MVP commence v. 시작하다[되다](= begin)

2707 ★★

wax
[wæks]

vi. ① 커지다, 증대하다 = grow, increase
② (달이) 차다
n. ① 증대, 번영; (달의) 참
② 밀랍

As the Moon **waxes** and wanes in its monthly cycle, the height of the tide varies.
달이 매달 차고 기울면서 조수의 높이도 변한다.

MVP wane vi. 약해지다, 쇠퇴하다; (달이) 이지러지다

2708 ★★

ingenious
[indʒíːnjəs]

a. ① (사람이) 재간[재치] 있는, 영리한 = clever, shrewd
② (발명품·장치·안 등이) 독창적인, 창의력이 있는, 정교한, 교묘한

He led us to victory in the war through his **ingenious** strategies.
그는 뛰어난 지략으로 전쟁을 승리로 이끌었다.

MVP ingenuity n. 발병의 재주, 독창성, 영리함(= cleverness)
ingeniously ad. 교묘하게; 독창적으로
cf. ingenuous a. 성실한, 정직한; 순진한

2709 ★★★

soak
[souk]

v. ① (물·액체 등에) 적시다, 담그다 = drench, saturate, steep, wet
② (물 따위에) 젖다, 잠기다; 흠뻑 젖다
③ (물기를) 빨아들이다; (햇빛 등을) 흠뻑 받다; (지식 따위를) 흡수하다, 이해하다

If you **soak** the tablecloth before you wash it, the stains should come out.
식탁보를 세탁하기 전에 물에 담가 두면 얼룩이 빠질 것이다.

2710 ★

habiliment
[həbíləmənt]

n. (pl.) 옷, 복장; 제복 = attire, clothes, clothing, dress, garb

Although not a minister, David Belasco used to wear clerical **habiliments**.
데이빗 벨라스코(David Belasco)는 목사는 아니었지만 성직자 복장을 하곤 했다.

DAY 55

2711 ★★★

repent
[ripént]

v. 후회하다, 유감으로 생각하다; 회개[참회]하다 = lament, rue; regret

Japan should learn from Germany and **repent** its past wrongdoings.
일본은 독일로부터 배워 과거의 범죄를 참회해야 한다.

> **MVP** repentance n. 후회; 회개
> repentant a. 후회하고 있는; 뉘우치는, 회개하는(= contrite, penitent)

2712 ★

premonition
[prìːməníʃən]

n. 예고, 사전 경고; 예감, 징후, 전조
  = foreboding, portent, warning; hunch, omen

He had a **premonition** that he would never see her again.
그는 그녀를 다시는 만나지 못할 것이라는 예감이 들었다.

> **MVP** premonish v. 미리 경고하다, 예고하다
> premonitory a. 예고의; 전조(前兆)의

2713 ★★★

deposit
[dipázit]

v. ① (어떤 장소에) 놓다, 두다; (알을) 낳다 = place, put; lay
  ② 침전시키다, 가라앉히다, 퇴적시키다 = precipitate, settle
  ③ (돈 등을) 맡기다, 예금하다; 공탁하다; 착수금으로서 주다[걸다] = lodge
n. ① 퇴적물, 침전물; (광석·석유·천연 가스 등의) 매장물 = sediment
  ② (은행) 예금; 공탁금, 적립금, 보증금, 착수금 = security
  ③ 저장소; 보관소, 창고 = depository, repository

The region has an inexhaustible **deposit** of iron ore.
그 지방의 철광석은 거의 무진장이다.

> **MVP** depository n. 창고, 저장소

2714 ★★

issue
[íʃuː]

n. ① 발행, 발표; 발행물 = publication
  ② 논쟁, 쟁점; 문제 = argument, controversy, question
  ③ 결과 = result
  ④ 자녀, 자손 = offspring, posterity
v. 발표[공표]하다; 발행하다 = publish, release

Philosophy addresses complex **issues** from all facets of life.
철학은 인생의 모든 측면에서 발생되는 복잡한 문제들을 다룬다.

The king died without **issue** and was eventually succeeded by his nephew.
그 왕은 후손을 두지 못한 채 죽었다. 그래서 결국 그의 조카가 왕위를 계승했다.

The number of work permits **issued** to Hong Kong nationals during the twelve-month period was eight hundred.
그 12개월 기간 동안 홍콩 사람들에게 발부된 취업 허가증의 수는 800개였다.

2715 ★★
affiliate
v. [əfílièit]
n. [əfíliət]

v. ① 제휴[연계]하다; 가입하다; 합병하다 = ally, associate, combine, join
② 양자로 삼다 = adopt

n. 지점, 지부; 계열 회사, 관련 회사 = branch

The annual fee for my credit card is high because there are a lot of **affiliated** benefits.
내 카드는 제휴 서비스가 많아서 연회비가 비싸다.

The World Chess Federation has **affiliates** in around 120 countries.
세계 체스 연맹은 120여 개국에 지부를 두고 있다.

MVP affiliation n. 소속, 입회, 가입; 제휴, 합병
affiliated a. 지부에 속한; 가맹돼 있는; 제휴한
↔ disaffiliate v. 유대[관계]를 끊다, 탈퇴하다; (단체에서) 제명하다

2716 ★★★
vulnerable
[vʌ́lnərəbəl]

a. 상처 입기 쉬운, 공격받기 쉬운; 비난받기 쉬운; 취약성[약점]이 있는; (유혹 등에)
넘어가기 쉬운 = susceptible, weak

In cases of food poisoning, young children are especially **vulnerable**.
어린 아이들이 특히 식중독에 취약하다.

Many sex trafficking victims are **vulnerable** children.
성매매 피해자의 상당수는 힘없는 아동청소년들이다.

MVP vulnerability n. 상처[비난]받기 쉬움, 약점이 있음, 취약성
↔ invulnerable a. 손상되지 않은, 공격할 수 없는

2717 ★
credence
[krí:dəns]

n. 신용, 신뢰, 신빙성 = confidence, trust

Historical evidence lends **credence** to his theory.
역사적 증거가 그의 이론에 신빙성을 부여해 준다.

They could give no **credence** to the findings of the survey.
그들은 그 조사 결과를 전혀 믿을 수 없었다.

MVP credential n. 자격증명서, 성적증명서

2718 ★★★
disclose
[disklóuz]

vt. ① (비밀이던 것을) 밝히다, 폭로하다 = divulge, reveal
② (눈에 안 보이던 것을) 드러내다 = expose, uncover

He **disclosed** the secret to his friend.
그는 친구에게 비밀을 털어놓았다.

The door swung open, **disclosing** a long dark passage.
문이 휙 열리자 어둡고 긴 통로가 드러났다.

MVP disclosure n. 발각, 드러남, 폭로; 발표

2719 ★

argot
[ά:rgou]

n. 은어, 속어 = cant, jargon, patter, slang

Many select or small groups have their own lingo or **argot**.
많은 선별된 집단 혹은 소규모 집단들은 자신들만의 전문용어나 은어가 있다.

2720 ★★★

steep
[sti:p]

a. ① 경사가 급한, 가파른, 험준한, 비탈진 = perpendicular, precipitous, sheer
② (양의 증감이) 급격한 = abrupt, drastic, sharp
v. 담그다, 적시다 = soak

The path grew **steeper** as we climbed higher.
우리가 높이 올라갈수록 길이 더 가팔라졌다.

2721 ★★

embezzle
[imbézl]

v. 횡령하다, 착복하다 = defalcate, misappropriate, peculate

The accountant has **embezzled** large sums of money from the company.
그 회계사는 회사로부터 거액의 돈을 횡령해왔다.

MVP embezzlement n. 횡령, 착복
embezzler n. 횡령자, 착복자

2722 ★★★

proposition
[pràpəzíʃən]

n. ① 제안, 건의 = proposal, suggestion
② 진술, 주장 = argument, statement
③ 명제 = idea, thesis

He made me a **proposition** that we start a business together.
그는 내게 사업을 함께 해 보자고 제안했다.

MVP propose v. 신청하다, 제안하다; 청혼하다
propound vt. 제출하다, (학설·문제·계획 등을) 제의하다
cf. preposition n. 전치사

2723 ★★

redress
[ridrés]

vt. ① (부당하거나 잘못된 것을) 바로잡다[시정하다] = correct, remedy
② (손해 따위를) 배상하다 = compensate
n. ① 교정 = correction, reform
② 보상, 배상 = compensation, reparation

Attempts are being made to **redress** the imbalance between our import and export figures.
우리의 수출입 수치상의 불균형을 바로잡기 위한 시도들이 이뤄지고 있다.

People now feel they have the right to legal **redress** if anyone or anything interferes with their ability to enjoy life.
사람들은 이제 누구든지 혹은 무엇이든지 그들이 삶을 즐길 능력을 방해하면 법적인 보상을 요구할 권리가 있다고 생각한다.

2724 ★★★

tip

[tip]

n. ① 팁, 사례금 = gratuity
② 정보, 조언 = information
③ 비결, 묘책
④ 끝, 첨단

v. 기울이다; 뒤집어엎다, 쓰러뜨리다

The police received **tips** about Jenkins from several people in the community.
경찰은 젠킨스(Jenkins)에 관한 정보를 그 지역 몇몇 사람들로부터 얻었다.

Her name is on the **tip** of my tongue.
그녀의 이름이 기억날 듯 말 듯하다.

MVP tipping point 티핑 포인트(어떠한 현상이 서서히 진행되다가 작은 요인으로 한순간
폭발하는 것을 의미함)

2725 ★★★

seduce

[sidjúːs]

vt. ① 부추기다, 속이다, 꾀다
② (이성을) 유혹하다; 매혹시키다, 반하게 하다

She was **seduced** by his sugar-coated words.
그녀는 그의 달콤한 말에 현혹되었다.

A special sale **seduced** more people into buying.
특별 할인은 더 많은 사람들의 구매를 부추겼다.

MVP seduction n. 유혹; (보통 pl.) 매력, 매혹; (부녀자) 유괴
seductive a. 유혹하는, 매력 있는

2726 ★

bowdlerize

[bóudləràiz, báud–]

vt. (저작물의) 충격적인[불온한] 문구를 삭제하다
= blue–pencil, censor, expurgate

I have been obliged to **bowdlerize** some words he used.
나는 그가 사용했던 일부 단어들을 어쩔 수 없이 삭제해야 했다.

2727 ★★

fiasco

[fiǽskou]

n. 대실패, 큰 실수 = catastrophe, debacle, flop, washout

The 1994 Swimming Championships were a **fiasco** because a wrong swimmer
was awarded a gold medal.
1994년의 수영선수권대회는 완전한 실패작으로 끝났는데, 잘못된 선수에게 금메달을 수
여했기 때문이다.

DAY 55

2728 ★★★

transmit
[trænsmít]

v. ① 보내다, 발송하다; (뉴스·지식 등을) 전하다 = convey, send, transport
② (병을) 옮기다, 전염시키다 = communicate, spread
③ (빛·열·전기·소리 등을) 전도하다 = conduct

Mosquitoes **transmit** more diseases than any other animal.
모기는 다른 어떤 동물보다 더 많은 질병을 옮긴다.

MVP transmission n. 전달, 전송; 전염; 변속기, 변속 장치
transmitter n. 전송기, 발신기; 전달자

2729 ★

ruffian
[rʌfiən]

n. 악한, 불한당, 깡패 = bully, hoodlum, scoundrel, thug, villain

Paine declared that one honest man was worth more to society than "all the crowned **ruffians** that ever lived."
페인(Paine)은 한 명의 정직한 사람이 '지금까지 살았던, 왕관을 쓴 모든 악한들'보다 더 사회에 유익하다고 공언했다.

2730 ★★★

synchronize
[síŋkrənàiz]

v. ① 동시에 일어나다 = coincide, concur
② (두 개의 시계 등을) 동일 시간으로 하다

Students in the classroom **synchronize** their watches.
그 교실에 있는 학생들은 시계의 시간을 모두 같도록 맞춘다.

MVP synchronous a. 동시의, 동시 발생하는; 동시대의

2731 ★★★

cradle
[kréidl]

n. ① 요람, 소아용 침대 = bassinet, cot, crib
② (the ~) 요람시대, 어린 시절; (예술·민족 등을 육성한) 요람지, (문화 등의) 발상지 = birthplace, fountainhead, source
v. ① 요람에 넣다; 흔들어 재우다 = bed, rock
② 보호하다; 육성하다 = protect; nurse, rear

Athens is widely known as the "**Cradle** of Western civilization" and the "Birthplace of Democracy."
아테네는 '서양 문명의 요람'과 '민주주의의 발상지'로 널리 알려져 있다.

2732 ★

nonage
[nάnidʒ]

n. ① (법률상의) 미성년 = adolescence, infancy, minority, pupilage
② 미발달, 미숙 = immaturity, inexperience, verdancy

She was in her **nonage** so it was still illegal for her to drive.
그녀는 미성년자이어서 운전하는 것이 여전히 불법이었다.

2733 ★★★

quench
[kwentʃ]

vt. ① (불을) 끄다 = extinguish, put out
② (갈증을) 풀다, (욕망 등을) 만족시키다 = appease, sate, satiate, satisfy
③ (희망·속력·동작을) 억누르다, 억압[억제]하다 = quell, stifle, suppress

Instead of tea or coffee, drink water to **quench** your thirst.
갈증을 해소하려면, 차나 커피대신 물을 마십시오.

MVP quenchable a. 끌 수 있는; 달랠 수 있는; 억제할 수 있는
↔ unquenchable a. 끌 수 없는; 막을 수 없는, 억제할 수 없는

2734 ★★

layman
[léimən]

n. ① 속인, 평신도 = layperson, secular
② 아마추어, 비전문가 = amateur

His father and brother are pastors but he is a **layman**.
그의 아버지와 형은 목사인데 그는 평신도이다.

All the plants look similar to the **layman**.
아마추어의 눈에는 모든 식물이 비슷해 보인다.

The surgeon tried to describe the procedure in terms of a **layman**.
그 외과의사는 비전문가적인 관점에서 그 과정을 설명하려고 애썼다.

2735 ★★★

intent
[intént]

n. ① 의향, 의도; 목적, 계획 = aim, intention
② 의미, 취지 = meaning, purport, purpose

a. 열심인; (~에) 몰두[열중]하고 있는 = absorbed, bent, committed, devoted

I was so **intent** on my work that I didn't notice the time.
나는 일에 매우 전념하고 있었기 때문에 시간 가는 줄도 몰랐다.

MVP intently ad. 열심히, 골똘하게, 오로지

2736 ★★

enrapture
[inrǽptʃər]

vt. 황홀하게 하다, 도취시키다 = captivate, enchant, fascinate

The audience was **enraptured** by the young soloist's performance.
청중들은 그 젊은 독주자의 연주에 넋을 잃었다.

MVP rapture n. 큰 기쁨, 환희, 황홀(= bliss, enchantment, euphoria)

2737 ★★★

obscene
[əbsíːn]

a. 음란한, 외설적인; 추잡한 = lascivious, lewd, salacious; indecent

The magistrate ruled that the novel was **obscene** and copies should be destroyed.
치안 판사는 그 소설을 음란물로 규정하고 책들을 파기해야 한다는 판결을 내렸다.

MVP obscenity n. 외설, 음란

DAY 55

2738 ★★

barricade
[bǽrəkèid]

n. 방책(防柵); 통행 차단물, 바리케이드; 장애[방해]물
= barrier, blockade, obstruction

Opposition demonstrators have erected **barricades** in roads leading to the parliament building.
반대 시위자들은 국회의사당으로 통하는 길에 바리케이드를 세워 놓았다.

2739 ★★★

locate
[lóukeit]

v. ① (점포·사무소 등을 특정한 위치에) 놓다, 두다, 설치하다
② (~의 위치를) 찾아내다, 발견하다 = detect, pinpoint

Thailand is **located** at the center of the Indochina peninsula in Southeast Asia.
태국은 동남아시아 인도차이나 반도의 중앙에 위치하고 있습니다.

MVP location n. 장소, 위치, 입지
locus n. 장소, 위치; 중심지

2740 ★★★

continent
[kántənənt]

a. 자제하는, 절제를 지키는, 금욕적인 = ascetic, abstemious

n. 대륙, 육지; 본토

To be **continent** is the best way to keep healthy.
자제하는 것이 건강을 유지하는 가장 좋은 방법이다.

MVP continence a. 자제, 극기; (성욕의) 절제, 금욕; 배설 억제 능력
intercontinental a. 대륙 간의
↔ incontinent a. 자제할 수 없는; 절제 없는, 음란한

2741 ★★★

realm
[relm]

n. ① 영역; 범위 = area, domain; scope
② 왕국, 국토 = empire, kingdom

Behavior is in the **realm** of morals, religion and law.
행동은 도덕, 종교, 법의 영역 안에 있다.

2742 ★

grime
[graim]

n. ① (표면·피부에 낀) 때, 그을음, 검댕 = crock, smut, soot
② (도덕적인) 오점 = blot, smirch, stain, taint

vt. (얼굴·물건 등을 먼지 등으로) 더럽히다[with] = soil, stain

Huge chimneys belched forth smoke and **grime**.
거대한 굴뚝들이 연기와 검댕을 토해 냈다.

MVP grimy a. (얼굴·물건 등이) 더러워진, 때[검댕, 먼지]가 묻은

2743 ★★
prologue
[próulɔ:g]

n. ① 머리말, 서문, 서언 = foreword, introduction, preface, prelude
② (연극의) 개막사(辭); 예비적인[서막이 되는] 사건

The coup was the **prologue** to the beginning of tyranny.
그 쿠데타는 독재정치의 시작을 알리는 서막이었다.

MVP ↔ epilogue n. 끝맺음, 에필로그

2744 ★★★
condition
[kəndíʃən]

n. ① 조건; 필요조건; (pl.) 조목, 조항 = proviso, qualification, requirement
② (종종 pl.) 주위의 상황, 형세, 사정 = circumstances, situation
③ 상태; (특히) 건강 상태 = shape, state, trim
④ 지위, 신분; 처지 = position, status
v. ① 조절[조정]하다; 길들이다, 훈련시키다 = accustom, adapt, adjust, train
② (사물이) ~을 좌우하다, ~의 필요조건이 되다 = affect, influence

I will undertake it on **condition** that you help me.
네가 도와준다는 조건으로 인수하겠다.

MVP conditional a. 조건부의
unconditional a. 무조건의, 절대적인

2745 ★★
alias
[éiliəs]

n. (범죄자 등의) 가명, 별명 = pseudonym

Jan Krissler, also known by his **alias** "Starbug," presented his findings at the CCC's 31st annual convention in Hamburg, Germany, this weekend.
'스타버그'라는 가명으로 유명한 얀 크리슬리아(Jan Krissler)는 이번 주말에 독일 함부르크에서 열린 CCC의 31차 연례회의에서 자신의 연구결과를 발표했다.

2746 ★★★
demerit
[dimérit]

n. ① 결점, 결함, 단점 = defect, fault, flaw, shortcoming
② (행실 불량으로 성적표에 기재되는) 벌점 = demerit mark

Every man has his merits and **demerits**.
사람은 누구나 장단점을 가지고 있다.

MVP ↔ merit n. 장점

2747 ★★
vault
[vɔ:lt]

v. ① 도약하다, 뛰어넘다 = jump, leap, spring
② 둥근 천장 모양으로 덮다
n. ① 뜀, 도약; 〈체조〉 도마
② 둥근 천장, 아치형 천장 = arch, dome
③ 지하(저장)실; 금고실; 지하 납골소 = cellar, crypt, depository, repository

She **vaulted** over the gate and ran up the path.
그녀는 출입문을 뛰어넘고 좁은 길을 달려 올라갔다.

MVP pole vault 장대높이뛰기

DAY 55

2748 ★★
mob
[mab]

n. ① 군중; 폭도, 오합지졸 = insurgent, mutineer, rioter
　② (사람·동물의) 무리, 떼, 모임 = crowd, flock, group, pack
　③ 〈경멸적〉 대중, 민중, 서민, 하층민 = canaille, rabble

vt. 떼 지어 몰려들다; (사람들·새떼 등이) 떼를 지어 습격하다 = swarm, throng

The man incited the **mob** to loot the store.
그 남자는 폭도들에게 그 가게를 약탈하도록 선동했다.

2749 ★
plume
[pluːm]

v. 깃털로 장식하다; 자랑하다

n. ① 커다란 깃털, 깃털 장식 = feather, pinion, plumage
　② (연기·수증기 등이 피어오르는 물기둥 등) 기둥 = column

She **plumes** herself on her success.
그녀는 자신의 성공을 뽐낸다.

Plumes of smoke rolled lavishly from the chimney.
굴뚝에서 연기가 무럭무럭 났다.

> **MVP** plumage n. 깃털; (화려하게) 공들인 옷
> plume oneself on ~을 자랑하다

2750 ★★★
fatigue
[fətíːg]

n. ① 피로, 피곤 = exhaustion, tiredness
　② (피로하게 하는) 노동, 노고, 노역 = exertion, toil

Sleep is essential for the recovery from **fatigue** and maintenance of health for young children.
수면은 어린 학생들의 피로 회복과 건강 유지에 있어 필수적이다.

> **MVP** fatigued a. 피로한, 지친
> indefatigable a. 지칠 줄 모르는, 끈질긴

A. Write the meaning of the following words.

- □ partial _____
- □ reinstate _____
- □ derogatory _____
- □ stink _____
- □ akin _____
- □ commencement _____
- □ wax _____
- □ ingenious _____
- □ premonition _____
- □ deposit _____
- □ issue _____
- □ affiliate _____
- □ vulnerable _____
- □ credence _____
- □ steep _____
- □ proposition _____
- □ redress _____
- □ tip _____
- □ seduce _____
- □ fiasco _____

- □ transmit _____
- □ synchronize _____
- □ cradle _____
- □ nonage _____
- □ quench _____
- □ layman _____
- □ intent _____
- □ enrapture _____
- □ barricade _____
- □ locate _____
- □ continent _____
- □ realm _____
- □ grime _____
- □ condition _____
- □ alias _____
- □ demerit _____
- □ vault _____
- □ mob _____
- □ plume _____
- □ fatigue _____

※ 주어진 단어의 뜻을 본문에서 확인하시고 틀린 단어의 경우 박스에 체크한 뒤에 나중에 다시 학습하시기 바랍니다.

B. Choose the synonym of the following words.

1. habiliment
2. soak
3. disclose
4. argot
5. bowdlerize
6. ruffian
7. obscene
8. prologue
9. repent
10. embezzle

Ⓐ foreword
Ⓑ lewd
Ⓒ bully
Ⓓ divulge
Ⓔ rue
Ⓕ drench
Ⓖ cant
Ⓗ blue-pencil
Ⓘ defalcate
Ⓙ attire

B. 1. Ⓙ 2. Ⓕ 3. Ⓓ 4. Ⓖ 5. Ⓗ 6. Ⓒ 7. Ⓑ 8. Ⓐ 9. Ⓔ 10. Ⓘ

2751 ★★

incorporate
v. [inkɔ́ːrpərèit]
a. [inkɔ́ːrpərit]

v. ① 통합[합병]하다; 혼합하다; 짜 넣다 = combine, integrate
　② ~을 법인[단체 조직]으로 만들다

a. 통합[합동]된; 법인의

He **incorporated** his new idea into the experiment.
그는 자신의 새 아이디어를 그 실험에서 구현했다.

MVP incorporation n. 혼성, 혼합; 합병; 법인
incorporated a. 법인[회사] 조직의; 합병한
corporate a. 기업의, 회사의, 법인의; (그룹 구성원을 다 포함하는) 공동의

2752 ★★

felony
[féləni]

n. 중죄(重罪), 흉악 범죄 = grave offense[crime]

Robbery is considered a **felony** in all states.
강도사건은 모든 주에서 중죄로 간주된다.

MVP felon n. 중죄인, 흉악범
cf. misdemeanour n. 경범죄

2753 ★★

rebuff
[ribʌ́f]

vt. 거절하다, 퇴짜 놓다 = refuse, reject, snub

n. 퇴짜, 거절 = refusal, rejection, repulse

My proposal has been **rebuffed** by him many times.
내 제안은 그에 의해 여러 번 거절당했다.

2754 ★★

sloth
[slouθ]

n. 게으름, 나태 = indolence, laziness, lethargy

I dreamt of becoming a librarian. But **sloth** and an ill-restrained fondness for travel decided otherwise.
나는 사서가 되길 꿈꿨다. 그러나 게을러지고 여행에 완전히 빠져버리는 바람에 다른 길을 가게 됐다.

2755 ★

preternatural
[prìːtərnǽtʃərəl]

a. 이상한, 기이한, 불가사의한; 초자연적인 = odd, strange; supernatural

Indian religion generally involves the belief that the universe is suffused with **preternatural** forces and powerful spirits.
인도 종교는 일반적으로 우주는 초자연적인 힘과 강렬한 정신들로 충만하다는 믿음과 관련되어 있다.

MVP preternaturalism n. 초자연주의[신앙]

2756 ★★★

estimate
v. [éstəmèit]
n. [éstəmət]

v. ① 어림잡다, 추정하다, 추산하다 = assess, guess
② 판단[평가]하다 = judge
n. ① 견적, 추정, 추산; (pl.) 견적서
② 평가, 판단

We **estimated** that it would take three months to finish the work.
우리는 그 일을 완성하기까지 3개월이 걸릴 것으로 어림잡았다.

MVP estimation n. 판단, 평가; 견적액, 추정치
estimated a. 평가상의, 견적의
overestimate vt. 과대평가하다; n. 과대평가
underestimate v. 싸게 어림하다, 과소평가하다; n. 과소평가

2757 ★★

misgiving
[misgíviŋ]

n. (종종 pl.) 걱정, 염려, 불안, 의혹 = anxiety, apprehension

He had **misgivings** about the man his daughter wants to marry.
그는 딸이 결혼하고자 하는 그 남자를 못 미더워했다.

She made a decision to go on with the trip despite her **misgiving**.
그녀는 불안감에도 불구하고 그 여행을 가기로 결심했다.

2758 ★★★

suit
[su:t]

n. ① 소송, 고소 = action, case, lawsuit, litigation, proceedings
② 요청, 청원, 탄원 = appeal, entreaty, invocation, petition
③ 정장; (복장의) 한 벌 = costume, outfit
v. ① 적합하게 하다, 맞추다 = adapt, adjust, fit, tailor
② 어울리다, 적합하다 = match

Choose a computer to **suit** your particular needs.
당신의 특정한 필요에 맞는 컴퓨터를 선택하라.

MVP suitable a. 적당한, 적합한, 어울리는

2759 ★★

assassinate
[əsǽsənèit]

vt. 암살하다 = eliminate, kill, murder, slay

The plot to **assassinate** the mayor ended in failure.
시장을 암살하려는 음모는 미수에 그쳤다.

MVP assassination n. 암살
assassinator n. 암살자(= assassin)

DAY 56

2760 ★

elf
[elf]

n. 작은 요정; 난쟁이, 꼬마; 장난꾸러기 = fairy, leprechaun, pixie, sprite

Elves are considered by many to be nonexistent but many children still believe in them.
많은 이들은 요정이 존재하지 않는다고 생각하지만, 많은 아이들은 여전히 그 존재를 믿고 있다.

2761 ★★★

random
[rǽndəm]

a. 닥치는 대로의, 임의의, 무작위의 = haphazard, indiscriminate, irregular

The information is processed in a **random** order.
그 정보는 무작위순으로 처리된다.

Many were confused by the **random** nature of the crime.
많은 사람들이 그 범죄의 무차별성에 당황스러워 했다.

> **MVP** randomness n. 무작위, 무목적, 무계획성
> randomly ad. 무작위로, 임의로
> cf. ransom n. (납치·유괴된 사람에 대한) 몸값; v. 몸값을 지불하다

2762 ★

skyrocket
[skáiràkit]

v. 급히 상승[출세]하다; 급히 증대하다, (물가 등이) 급등하다 = escalate, soar

A recent survey indicates that housing costs continue to **skyrocket**.
최근의 조사에 의하면 주거비가 계속 치솟고 있다.

> **MVP** cf. plummet v. 폭락하다; 수직으로 떨어지다
> cf. plunge v. 급락하다; 추락하다

2763 ★★

peer
[piər]

n. 또래친구; 같은 나이의 친구[동년배], 동료 = equal, fellow, match

Children with pets are less aggressive with their **peers** than children who don't have pets.
애완동물이 있는 아이들은 그렇지 않은 아이들보다 또래 친구들에게 덜 공격적이다.

> **MVP** peerless a. 비할 데 없는, 유례없는
> peer review 동료평가, 동료심사

2764 ★

dip
[dip]

v. (액체에) 살짝 담그다[적시다] = bathe, douse, drench, immerse, soak
n. ① 살짝 담그기
　② 급강하; (가격 등의) 하락

Sauce is served separately, so people **dip** the pizza in it before eating.
소스는 따로 서빙 되고, 그래서 사람들은 피자를 소스에 찍어서 먹는다.

> **MVP** dipper n. 국자(= scoop); (the ~) 북두칠성
> cf. dig v. (땅 등을) 파다, 파헤치다; 탐구하다, 캐내다

2765 ★★

coverage
[kʌ́vəridʒ]

n. ① (보험의) 담보 범위, 보상 범위; 적용[통용, 보장] 범위
　② (뉴스의) 취재 범위; 보도, 방송

The dog was later reunited with its owners thanks to the news **coverage**.
그 개는 뉴스 보도 덕분에 나중에 주인과 다시 만날 수 있었다.

2766 ★
bumble
[bʌ́mbl]

v. ① 실수하다, 실책을 하다, 갈팡질팡하다 = blunder, botch, flub, muff
② 말을 더듬다, 우물우물하다
= fumble, gibber, hesitate, mumble, stammer
③ 비틀거리다 = lurch, reel, stagger, stumble, totter

As I sat outside, the man **bumbled** comically.
내가 밖에 앉아 있었을 때, 그 노인은 웃기게 비틀거렸다.

MVP bumbling a. 실수를 잘하는; 무능력한; n. 실패 행위

2767 ★★★
spread
[spred]

v. ① 펴다, 펼치다 = extend, stretch, unfold, unfurl
② 퍼지다, 확산되다; 퍼뜨리다, 확산시키다 = diffuse, disperse, distribute
n. ① 퍼짐; 폭, 넓이
② 보급, 전파; 만연

The government tried to prevent the **spread** of disease.
정부는 질병의 확산을 막기 위해 노력했다.

MVP spread eagle (미국의 문장(紋章)에서) 날개를 편 독수리; 광신적 애국자

2768 ★★★
providence
[prɑ́vədəns]

n. ① (신의) 섭리
② (종종 P–) 신(神)
③ 선견지명; 신중, 조심; 절약 = foresight; prudence; thrift

Life and death are in the hands of **providence**.
인명은 재천이다.

It is no use quarreling with **Providence**.
하늘을 원망해 봤자 아무 소용없다.

MVP providential a. 섭리의, 신의 뜻에 의한

2769 ★★
upbeat
[ʌ́pbìːt]

a. 긍정적인, 낙관적인 = affirmative, bullish, optimistic, positive, sanguine

This article will explain why the Chancellor is so **upbeat** these days.
이 기사는 요즘 들어 왜 그 수상이 매우 낙관적인지를 설명해 줄 것이다.

MVP ↔ downbeat a. 침울한; 비관적인

DAY 56

2770 ★★
crave
[kreiv]

v. ① 갈망하다, 열망하다 = aspire, desire, long
② (열심히 아무에게) ~을 구하다, 간절히 원하다

People **crave** change but when faced with it, they become afraid.
사람들은 변화를 갈구하지만 막상 변화가 닥치면 두려워한다.

MVP craving n. 갈망, 열망
cf. craven a. 용기 없는, 겁 많은, 소심한; 비열한, 비겁한

2771 ★
lexicon
[léksəkàn]

n. 사전; 어휘, 어휘 목록 = dictionary, glossary, vocabulary

The lexicon of the Sumerian people included several **dialects**.
수메르 사람들이 쓰는 어휘에는 여러 방언들이 포함돼 있었다.

2772 ★★
hallow
[hǽlou]

v. 신성하게 하다, 신에게 바치다 = consecrate, sanctify

The ground is **hallowed** by the presence of a shrine.
그 땅은 사당이 있음으로 인해 신성시되고 있다.

> **MVP** hallowed a. 신성화된, 신성한
> cf. hollow a. 속이 빈; 내실이 없는

2773 ★★★
brink
[briŋk]

n. ① (벼랑 등의) 가장자리; 물가 = edge, fringe, margin, verge
② (~하기) 직전, (아슬아슬한) 고비

A large number of builders are on the **brink** of bankruptcy.
건설사들 상당수가 도산 위기에 내몰려 있다.

> **MVP** brinkmanship n. (아슬아슬한 상태까지 밀고 나가는) 극한 정책

2774 ★
pillory
[píləri]

vt. (대중의) 웃음거리[조롱거리]로 만들다, 강력히 비판하다
= gibbet, ridicule
n. ① 칼(죄인의 목과 양손을 끼워 사람 앞에 보이게 한 판자의 옛 형구)
② 오명(汚名), 웃음거리

He was **pilloried** by the press for his radical ideas.
그는 급진적인 사상 때문에 언론으로부터 강력한 비판을 받았다.

2775 ★★
wardrobe
[wɔ́:rdròub]

n. ① 옷장, 양복장; (특히 극장의) 의상실 = closet, clothes chest
② [집합적] (한 개인이나 극단이 가지고 있는) 옷, 의상 = apparel, attire, clothes

I bought a whole new **wardrobe** because I want to keep up with the times.
나는 시대에 뒤떨어지고 싶지 않아서 새로운 옷을 샀다.

2776 ★★★
trait
[treit]

n. (성격·습관의) 특징, 특성, 특색, 특질 = characteristic, feature, quality

The color of a person's eyes is an inherited **trait**.
사람의 눈동자 색깔은 유전적 특성이다.

2777 ★★

obnoxious
[əbnɑ́kʃəs]

a. 아주 싫은, 불쾌한 = disagreeable, loathsome, nasty, offensive, unpleasant

He has an **obnoxious** habit of picking his teeth during meals.
그 남자는 밥을 먹으면서 이를 쑤시는 불쾌한 습관이 있다.

2778 ★★★

fabrication
[fæ̀brikéiʃən]

n. ① 제작, 제조, 구성, 조립 = manufacture, production
　② 꾸며낸 것, 거짓말; 위조; 위조물, 위조문서
　　= fiction, figment, lie; forgery

He partly admitted that he had directed the **fabrication** of the thesis.
그는 자신이 그 논문 조작을 지시했음을 일부 시인했다.

2779 ★★

negate
[nigéit]

v. ① 무효로 하다, 취소하다 = invalidate, nullify, undo
　② 부정[부인]하다 = contradict, deny

Capital punishment opponents consider the deterrence argument fully **negated** and no longer part of the debate.
사형에 반대하는 사람들은 사형이 범죄를 억제시킨다는 주장이 완전히 무효화 되었으며 더 이상 논란거리가 되지 못한다고 여기고 있다.

He warned that to **negate** the results of elections would only make things worse.
그는 선거 결과를 부정하는 것은 사태를 악화시킬 뿐이라고 경고했다.

MVP negation n. 부정, 부인, 취소

2780 ★★★

animosity
[æ̀nəmɑ́səti]

n. 악의, 원한, 반감, 적대감 = animus, antagonism, enmity, hostility

The candidate felt no **animosity** towards his critics.
그 후보는 자기를 비판하는 사람들에 대해 아무런 적대감이 들지 않았다.

2781 ★

vertebrate
[və́:rtəbrət, -brèit]

n. 척추동물
a. 척추[등뼈]가 있는

Almost all snakes are missing the limbs typical of most land **vertebrates**.
거의 모든 뱀들은 대부분의 육지에 사는 척추동물들의 특징인 수족이 없다.

MVP cf. spine n. 척추
　　↔ invertebrate n. 무척추동물; a. 등뼈[척추]가 없는; 기골[기력]이 없는

DAY 56

2782 ★★★

congestion
[kəndʒéstʃən]

n. ① 혼잡, 붐빔; (인구) 과잉, 밀집 = bottleneck, crowding, jam, overcrowding
② 〈의학〉 충혈, 울혈 = afflux, hyperemia

Traffic **congestion** is becoming a big problem in a big city.
교통체증은 대도시에서 점점 더 심각한 문제가 되고 있다.

MVP congest v. 충만[밀집]시키다, 혼잡하게 하다; 충혈[울혈]시키다
congested a. (사람·교통 등이) 붐비는, 혼잡한; 울혈[출혈]된

2783 ★★

gratis
[grǽtis]

ad. a. 무료로[의], 공짜로[의] = complimentary, for nothing, free, gratuitous

On the first Sunday of each month, admission is **gratis**.
매월 첫 번째 일요일에 입장료가 무료이다.

I knew his help wouldn't be given **gratis**.
나는 그의 도움이 거저 주어지는 것이 아님을 알고 있었다.

2784 ★★★

restrict
[ristríkt]

vt. ① 제한하다, 한정하다 = circumscribe, curb, limit, regulate
② 금지하다, 제지하다 = hamper, impede, inhibit, restrain

I **restrict** myself to one cup of coffee a day.
나는 하루에 마시는 커피를 한 잔으로 제한하고 있다.

MVP restriction n. 제한, 한정; 구속; 사양
restrictive a. 제한하는, 한정하는
restrictively ad. 제한적으로

2785 ★★

priest
[priːst]

n. 성직자; 목사; (가톨릭) 사제 = clergyman, minister

Pope Francisco was the first Jesuit and the first Latin American **priest** to lead the Catholic Church.
프란치스코 교황(Pope Francisco)은 예수회 및 라틴아메리카 출신으로 교황이 된 최초의 사제였다.

2786 ★★★

detain
[ditéin]

vt. ① 구금[억류]하다 = confine, imprison, intern
② 붙들다, 지체하게 하다 = delay, hinder, retard

A Hong Kong journalist who has been **detained** in mainland China for nearly 16 months for spying charges will face trial this week.
중국 본토에서 스파이 혐의로 거의 16개월 동안 억류되어온 한 홍콩기자가 이번 주 법정에 서게 될 것이다.

Arriving at the meeting nearly an hour late, Tom apologized for having been **detained** by a traffic jam.
거의 한 시간가량이나 늦게 회의에 도착한 탐(Tom)은 교통체증으로 지체됐다고 사과했다.

MVP detention n. 구금, 수감(= confinement)
detainee n. 정치범; 수감자

2787 ★

temperament
[témpərəmənt]

n. 기질, 성질, 성미; 흥분하기 쉬운 기질; 신경질

My whole **temperament** rebelled against the surroundings.
나의 기질 전체가 그 환경에 전혀 맞지 않았다.

Jane in bad mood threw a **temperament** to her boy friend all day long.
기분이 좋지 않았던 제인은 남자친구에게 하루 종일 짜증을 냈다.

MVP temperamental a. 기질의; 성마른, 신경질적인

2788 ★★★

insight
[ínsàit]

n. 통찰, 간파; 통찰력 = acumen, intuition, perception, perspicacity

The author has a remarkably keen **insight** into human nature.
저자는 인간성에 대해 대단히 날카로운 통찰력을 갖고 있다.

MVP insightful a. 통찰력 있는(= perceptive)

2789 ★★

conjure
[kʌ́ndʒər]

v. ① 마법으로[요술로] ~하다; 마법[요술]을 부리다
② 상기시키다, 떠올리게 하다[up] = evoke, remind
③ 탄원[간청]하다 = adjure, beseech, entreat, implore

The word "robots" may **conjure** up an image of machines working at factories in automated production.
'로봇'이라는 단어는 자동생산 공장에서 작동중인 기계의 모습을 떠올리게 할지도 모른다.

We have **conjured** them by the ties of our common kindred to disavow these usurpations.
우리는 우리가 그들과 같은 핏줄이라는 사실을 호소하면서 이러한 부당한 탄압을 중단해 달라고 간청했다.

2790 ★

rend
[rend]

v. ① 째다, 찢다, 비틀어 뜯다 = cleave, rip, split, tear
② 나누다, 분열[분리]시키다; 떼어놓다 = divide, separate, sever

Lions **rend** meat with their teeth as they eat.
사자는 먹으면서 이빨로 고기를 찢는다.

MVP cf. render v. (어떤 상태가 되게) 만들다; 주다[제공하다]; 연기[연주]하다; 번역하다

DAY 56

2791 ★★★

obvious
[ɑ́bviəs]

a. 명백한, 분명한 = apparent, evident, palpable, plain

Gender differences become **obvious** by the time children reach the age of five.
아이들이 다섯 살쯤 되면 성별 차이가 분명하게 된다.

It was **obvious** from the concerned look at David's face that his spendthrift habits had placed him in a precarious financial situation.
데이비드(David)의 얼굴에 나타난 걱정스러운 표정으로 볼 때, 그의 낭비벽으로 인해 그가 금전적으로 위태로운 상황에 처했음이 명백했다.

(MVP) obviously ad. 명백히, 분명히

2792 ★

mantle
[mǽntl]

n. ① (권위 등의 상징으로서의) 망토, 소매 없는 외투 = cape, cloak, shawl
② (특히 남에게 물려주게 되는 중요한) ~의 역할, 책임 = responsibility, role
③ 싸개, 외피, 덮개 = blanket, cover, envelope, screen, shroud, veil
④ 〈지질〉 맨틀(지각(地殼)과 중심핵 사이의 층)

Deep inside the Earth, there is a solid mass of rock called the **mantle**.
지구 깊숙한 내부에는, 맨틀이라고 불리는 단단한 바위 덩어리가 있다.

(MVP) cf. mettle n. 성미, 기질; 열정, 패기; 원기, 기개

2793 ★★★

inspire
[inspáiər]

v. ① (자신감을 갖도록) 고무[격려]하다; (감정 등을) 불어넣다[고취시키다]
② (예술적 창조를 가능하게 하는) 영감을 주다
③ (공기·가스 따위)를 들이마시다 = draw, inhale

The teacher **inspired** us to work much harder.
선생님은 우리에게 더욱 열심히 공부하라고 격려했다.

The choice of decor was **inspired** by a trip to India.
그 실내 장식 선정은 인도 여행에서 영감을 받아 한 것이었다.

Men and animals **inspire** oxygen and exhale carbonic acid gas.
인간과 동물은 산소를 들이마시고 이산화탄소를 내쉰다.

(MVP) inspiration n. 영감; 영감을 주는 사람[것]; 기발한 생각; 고취, 고무, 격려; 감화, 감동
inspiratory a. 흡기(성)의, 숨을 들이 마시는, 빨아들이는
cf. expire v. 만기가 되다; 기한이 끝나 무효가 되다; 숨이 끊어지다, 죽다; 숨을 내쉬다

2794 ★★

havoc
[hǽvək]

n. 대황폐, 대파괴 = destruction, devastation

The hurricane caused great **havoc** on the island.
허리케인은 그 섬을 황폐화시켰다.

(MVP) wreak havoc on ~을 황폐화시키다, 엉망으로 만들다

2795 ★
audit
[ɔ́ːdit]

n. 회계감사

v. ① 회계를 감사하다
② (수업을) 청강하다

In recent **audits**, the state comptroller's office found more problems with commercial schools.
최근에 실시된 회계 감사에서, 주(州) 감사원은 상업전문학교들에서 더 많은 문제점을 발견했다.

MVP auditor n. 회계 감사관, 감사; (대학의) 청강생; 청취자, 방청인

2796 ★★
prostitute
[prɑ́stətjùːt]

n. ① 매춘부, 창녀 = harlot, hooker, trollop, whore
② 돈의 노예; (돈을 벌기 위해 작품의 질을 떨어뜨리는) 타락 작가

vt. ① 매춘하다, 몸을 팔다
② (작가·화가 등이 능력·명예 등을) 이익을 위해 팔다

She became a **prostitute** in order to pay for her cocaine habit.
그녀는 코카인 중독 때문에 드는 돈을 대기 위해 창녀가 되었다.

MVP prostitution n. 매춘, 매음; 절개를 팖; 타락; 퇴폐
prostitutor n. 매춘부; 변절자

2797 ★★
capsize
[kǽpsaiz]

v. 뒤집다[뒤집히다], 전복시키다

The boat **capsized** and three men were drowned.
배가 뒤집혀서 세 명이 익사했다.

2798 ★★
endemic
[endémik]

a. (특정 지역·집단) 고유의, 고질적인, 풍토적인 = indigenous
n. 풍토병

The **endemic** drug culture should be stamped out.
고질적인 마약 문화는 근절돼야 한다.

In certain tropical areas, malaria is an **endemic** disease.
어떤 열대지역에서는 말라리아가 풍토병이다.

MVP cf. pandemic n. 전국적[대륙적, 세계적]으로 유행하는 병
cf. epidemic n. 유행병, 전염병; (사상·전염병 따위의) 유행

DAY 56

2799 ★★
remit
[rimít]

v. ① (돈·화물 등을) 보내다, 우송하다; 송금하다 = forward, send, transmit
② (신이 죄를) 용서하다; (부채·세금·형벌 등을) 면제하다, 감면하다
= excuse, forgive, pardon
③ (노염·고통 등을) 누그러뜨리다, 경감[완화]하다
= abate, alleviate, lessen, mitigate
④ (소송을) 하급 법원으로 환송하다

Many immigrants regularly **remit** money to their families.
많은 이민자들은 가족들에게 정기적으로 송금을 한다.

> MVP remittance n. 송금; 송금액; 송금 수단
> remission n. 용서; (채무 등의) 면제; (병의) 회복; (고통의) 완화
> cf. remand vt. 돌려보내다, 송환하다; 재구속하다; 하급재판소로 반송하다

2800 ★★★

diversity
[divə́:rsəti]

n. 차이(점); 변화, 다양성 = difference; diversification, multiplicity, variety

Unfortunately, Korean society has yet to come to terms with the cultural **diversity** of its people.
불행히도, 한국 사회는 사람들의 문화적 다양성을 받아들이지 못하고 있다.

> MVP diverse a. 다양한, 가지각색의; 다른
> diversify v. 다양화하다, 다채롭게 하다; (사업을) 다각화하다
> diversification n. 다양성; 변화; (사업의) 다각화, (투자 대상의) 분산
> diversified a. 변화 많은, 다양한, 다채로운

A. Write the meaning of the following words.

- ☐ incorporate _____
- ☐ felony _____
- ☐ rebuff _____
- ☐ estimate _____
- ☐ suit _____
- ☐ elf _____
- ☐ random _____
- ☐ skyrocket _____
- ☐ peer _____
- ☐ dip _____
- ☐ coverage _____
- ☐ bumble _____
- ☐ spread _____
- ☐ providence _____
- ☐ upbeat _____
- ☐ brink _____
- ☐ pillory _____
- ☐ wardrobe _____
- ☐ trait _____
- ☐ fabrication _____

- ☐ negate _____
- ☐ animosity _____
- ☐ vertebrate _____
- ☐ congestion _____
- ☐ restrict _____
- ☐ detain _____
- ☐ temperament _____
- ☐ insight _____
- ☐ conjure _____
- ☐ rend _____
- ☐ obvious _____
- ☐ mantle _____
- ☐ inspire _____
- ☐ havoc _____
- ☐ audit _____
- ☐ prostitute _____
- ☐ capsize _____
- ☐ endemic _____
- ☐ remit _____
- ☐ diversity _____

※ 주어진 단어의 뜻을 본문에서 확인하시고 틀린 단어의 경우 박스에 체크한 뒤에 나중에 다시 학습하시기 바랍니다.

B. Choose the synonym of the following words.

1. sloth
2. misgiving
3. assassinate
4. lexicon
5. priest
6. gratis
7. obnoxious
8. hallow
9. crave
10. preternatural

Ⓐ dictionary
Ⓑ gratuitous
Ⓒ clergyman
Ⓓ loathsome
Ⓔ aspire
Ⓕ kill
Ⓖ anxiety
Ⓗ consecrate
Ⓘ odd
Ⓙ indolence

B. 1. Ⓙ 2. Ⓖ 3. Ⓕ 4. Ⓐ 5. Ⓒ 6. Ⓑ 7. Ⓓ 8. Ⓗ 9. Ⓔ 10. Ⓘ

2801 ★★★

hesitate

[hézətèit]

v. ① 주저하다, 망설이다, 결단을 못 내리다 = dither, falter, waver
② ~할 마음이 나지[내키지] 않다 = be reluctant (to do), be unwilling (to do)

Shoppers are **hesitating** to buy vegetables as prices are continuing to rise.
쇼핑객들은 야채의 가격이 계속 올라가고 있어 구입을 망설이고 있다.

MVP hesitation n. 주저, 망설임
hesitant a. 머뭇거리는, 주저하는, 주춤거리는; (태도가) 분명치 않은

2802 ★★★

circumspect

[sə́ːrkəmspèkt]

a. 신중한, 조심성 있는 = cautious, deliberate, discreet, judicious, prudent

They were **circumspect** not to leak the important issues to the press.
그들은 중요한 사안들을 언론에 흘리지 않기 위해 신중했다.

MVP circumspection n. 신중; 용의주도함

2803 ★★

reservoir

[rézərvwàːr]

n. ① 저수지; 저장소 = receptacle, repository
② (지식·부 등의) 축적, 저장 = accumulation, fund, reserve, stock, store

The **reservoir** dried up during the four-month drought.
저수지는 4개월간 계속된 가뭄으로 완전히 말라 버렸다.

2804 ★★★

designate

[dézignèit]

vt. ① ~을 나타내다, 가리키다, 표시하다, 나타내다 = denote, indicate, specify
② 지명하다, 임명하다, 선정하다 = appoint, assign, delegate

On this map red lines **designate** main roads.
이 지도에서 붉은 선은 주요 도로를 나타내고 있다.

At the party, Mr. Whitaker drank whisky rather than beer, so his friends **designated** his driver for the trip home.
파티에서 휘태커씨(Whitaker)는 맥주보다는 위스키를 마셨기 때문에, 그의 친구들은 그를 안전하게 귀가 시켜줄 운전사를 정해주었다.

MVP designation n. 지명
designated a. 지정된, 지명된
designated hitter (야구의) 지명타자

2805 ★

pusillanimous

[pjùːsəlǽnəməs]

a. 무기력한, 겁 많은, 소심한 = cowardly, craven, timid, timorous

The mayor's refusal to meet with the grief-stricken family was the ultimate **pusillanimous** act.
시장이 큰 슬픔에 잠긴 가족과의 만남을 거절한 것은 매우 소심한 행동이었다.

MVP pusillanimity n. 무기력, 겁이 많음, 소심, 비겁

2806 ★★
spearhead
[spíə:rhèd]

vt. (공격의) 선두에 서다, 선봉을 맡다 = head, lead, pioneer
n. 창끝; 선봉, 공격의 선두

He is **spearheading** a campaign for a new stadium in the town.
그는 그 소도시에 새 육상 경기장을 짓기 위한 운동의 선봉에 서 있다.

2807 ★★★
marked
[mɑ:rkt]

a. 명료한; 두드러진, 현저한; 저명한 = conspicuous, pronounced; prominent

The love of money has always been a **marked** characteristic of the Egyptian.
금전에 애착을 갖는 것은 줄곧 이집트인의 현저한 특색이었다.

MVP mark n. 자국; 기호, 부호; 점수; 특징; v. ~에 표를 하다; 채점하다; 특징짓다
markedly ad. 현저하게, 눈에 띄게, 뚜렷하게

2808 ★
dermatologist
[də̀:rmətá+lədʒist]

n. 피부과 의사

The **dermatologist** warned him to stay out of the sun to avoid skin cancer.
그 피부과 의사는 피부암을 예방하기 위해서는 햇볕을 쬐지 말아야 한다고 경고했다.

MVP dermatology n. 피부과
dermatitis n. 피부염

2809 ★★★
erase
[iréis]

v. ① 지우다; 말소[말살, 삭제]하다 = delete, efface, expunge, obliterate
② (마음에서) 없애다, 잊어버리다

It was only a matter of time before the one time big name gets **erased** from the fans' minds.
한때 대단했던 이름이 팬들의 마음속에서 지워지는 것은 단지 시간 문제였다.

2810 ★★
attrition
[ətríʃən]

n. ① 마찰; 마멸 = friction; abrasion
② (부단한 압박이나 공격에 의한) 소모
③ (수·크기의) 감소, 축소

It is vitally important in the war of **attrition** that individuals should give no inkling of when they are going to give up.
소모전에서는 자신이 언제 포기할 것인지에 대한 암시를 전혀 주지 않는 것이 대단히 중요하다.

The company has adopted a policy of reducing its workforce gradually, through **attrition**.
회사는 감축을 통해 단계적으로 직원 수를 줄이는 방안을 채택했다.

DAY 57

2811 ★

suppurate
[sʌpjurèit]

vi. (상처가) 곪다, 화농하다, 고름이 괴다 = fester, maturate, putrefy

The surgeon refused to lance the abscess until it **suppurated**.
외과 의사는 종기가 곪을 때까지 그것을 절개하지 않으려 했다.

MVP suppuration n. 화농, 고름(= pus)

2812 ★★

listless
[lístlis]

a. 열의 없는, 무기력한, 늘쩍지근한 = languid, lethargic, sluggish

I hate the heat — it makes me feel so **listless** I just don't want to move or do anything.
나는 더위를 싫어한다. 왜냐하면 더위는 내 기분을 나른하게 만들어서 몸을 움직이거나 무언가를 하고 싶지 않게 만들기 때문이다.

2813 ★★★

patron
[péitrən]

n. ① 단골, 고객 = client, customer, frequenter
② (예술·사업 등의) 도움을 주는 사람, 후원자 = benefactor, sponsor

It was possible to have a career as an author without a **patron**, living by selling what one wrote.
후원자 없이 자신이 쓴 글을 팔아 생계를 유지하는 작가로서의 직업을 갖는 것이 가능했다.

MVP patronize vt. 보호하다, 후원하다(= support), 장려하다; ~의 단골손님[고객]이 되다; ~에게 선심 쓰는 체하다
patronage n. 보호, 후원, 찬조, 장려
patronizing a. 은인인 체하는, 생색을 내는, 거만한

2814 ★★

inject
[indʒékt]

vt. ① (병 등에 대해) (예방) 주사하다 = inoculate, shoot, vaccinate
② (액체를) 주입하다; 도입하다, (의견·착상 등을) 삽입(揷入)하다, 끼우다

Diabetes patients have to **inject** themselves with insulin every day.
당뇨병 환자들은 매일 스스로 인슐린 주사를 놓아야 한다.

MVP injection n. 주사, 투여
injector n. 주사기; 주사 놓는 사람; (엔진의) 연료 분사 장치

2815 ★★

motto
[mátou]

n. ① 모토, 표어, 좌우명 = catch phrase, catchword, slogan, watchword
② 격언, 금 = adage, dictum, maxim, proverb, saying

We all know the **motto** of the President; "Business friendly government," and surely his background as a corporate man backs up the idea.
우리는 모두 대통령의 좌우명을 안다. 바로 '친 기업적 정부'이다. 확실히 그의 기업인으로서의 배경은 그 생각을 뒷받침한다.

2816 ★

wreath
[riːə]

n. 화환; 화관 = garland; chaplet

The laurel **wreath** stands for the ultimate prize in running.
월계관은 육상에서 최상의 영예를 의미한다.

MVP cf. wrath n. (극도의) 분노, 노여움; 복수, 징벌; 천벌

2817 ★★

annul
[ənʌ́l]

vt. 무효로 하다, 취소하다
　 = abrogate, invalidate, nullify, override, repeal, rescind

Opponents of gay marriage have filed a lawsuit to **annul** thousands of same-sex unions.
동성애자의 결혼을 반대하는 사람들은 수천 건의 동성 결혼을 무효화하기 위한 소송을 제기했다.

MVP annulment n. 취소, 실효(失效), 폐지
　　 cf. annual a. 매년의, 연례의; 연간의, 한 해의; n. 연보, 연감; 1년생 식물

2818 ★★★

conclusion
[kənklúːʒən]

n. ① 결말, 종결, 끝맺음, 종국; (분쟁 따위의) 최종적 해결
　 ② 결론

She drew improper **conclusion** from the scant evidence.
그녀는 불충분한 증거만 가지고 적절치 못한 결론을 도출해냈다.

MVP conclude v. 끝내다; 결론을 내리다
　　 conclusive a. 결정적인, 최종적인, 단호한
　　 conclusively ad. 확정적으로; 결정적으로

2819 ★

enmesh
[inméʃ]

vt. (곤란 등에) 말려들게 하다, 빠뜨리다 = embroil, entangle

Congress is worried about becoming **enmeshed** in a foreign war.
의회는 외국에서 벌어지고 있는 전쟁에 자국이 점점 말려들고 있는 것을 우려하고 있다.

MVP mesh n. 그물눈; 그물망, 철망; (남을 빠뜨리는) 함정, 올가미

2820 ★★★

judicial
[dʒuːdíʃəl]

a. ① 사법의, 재판상의; 재판소의, 재판관의 = judiciary, juridical, legal
　 ② 공정한, 공평한; 판단력 있는 = impartial; discriminating

A **judicial** review is under way and a decision is imminent.
판사의 검토가 진행 중에 있으며, 곧 재판결과가 나올 겁니다.

MVP judiciary a. 사법의; 재판관의; n. 사법부, 사법 제도; 재판관
　　 cf. judicious a. 현명한; 신중한, 판단력 있는

DAY 57

2821 ★★

drip
[drip]

v. (액체가) 똑똑 떨어지다 = dribble, drop, trickle

n. 방울져 떨어짐; 물방울 = bead, droplet, globule

Taps that **drip** one drop per second waste about 7,000 liters of water per year.
수도에서 매초 떨어지는 물방울로 인해 매년 약 7,000리터의 물이 낭비되고 있다.

MVP dripping a. 빗물이 떨어지는; 흠뻑 젖은
drip-dry a. 짜지 않고 널어도 곧 마르는 천으로 만든; 다림질이 필요 없는

2822 ★★★

moderate
a. n. [mάdərət]
v. [mάdərèit]

a. ① 절제하는, 삼가는 = temperate
② 알맞은, 적당한; (질·크기 등이) 보통의, 중간의 = reasonable; medium
③ (기후 따위가) 온화한 = mild
④ (정차·종교에서) 온건[중도]파의

vt. 알맞도록 하다, 완화하다; 경감하다, 조절하다

n. (특히 정치적으로) 중도파[온건파]인 사람

The hotel is **moderate** in its charges.
그 호텔은 요금이 적당하다.

Moderate doses of sleep help you look and feel better.
알맞은 양의 수면은 당신을 더욱 좋아보이게 하고 기분 좋게 하는 데 도움을 준다.

MVP moderation n. 중용, 온건, 적당
↔ immoderate a. 무절제한; 지나친, 극단적인

2823 ★★

veneer
[vəníər]

n. 겉치레, 겉치장, 허식 = gloss, pretense

v. 겉을 꾸미다, (결점 등을) ~으로 감추다

Under the **veneer** of toughness, the girl took up the leather jacket.
터프하게 보이기 위해 그 소녀는 가죽 자켓을 입었다.

He was able to fool the world with his **veneer** of education.
그는 교육받은 사람인 체하면서 세상을 속일 수 있었다.

2824 ★★★

inherent
[inhíərənt]

a. 본래부터 가지고 있는, 고유의, 타고난, 내재하는 = essential, innate, intrinsic

Every policeman knows there are **inherent** risks in his job.
모든 경찰관들은 자신의 직업에 위험이 내재되어 있다는 것을 알고 있다.

All kinds of contradictions are **inherent** in human society.
갖가지 모순들이 인간 사회에 내재되어 있다.

MVP inherence n. 타고남, 천성
inherently ad. 본질적으로
cf. coherent a. 일관성 있는, 논리정연한

2825 ★★

profile
[próufail]

n. ① (조상(彫像) 등의) 옆모습, 측면 = side
② 윤곽 = contour, outline, silhouette
③ (신문·텔레비전 등에서의) 인물 소묘, 프로필; (회사 등의) 평판

Interviewers sometimes look at applicants' **profiles** on social networking sites.
면접관들은 때때로 소셜 네트워킹 사이트에서 지원자들의 프로필을 본다.

MVP high profile 고자세; 명확한 태도, 선명한 입장
low profile 저자세(인 사람), 삼가는 태도(를 취하는 사람)

2826 ★★★

strain
[strein]

v. ① (로프 등을) 잡아당기다; (관계 등을) 긴장시키다 = draw, pull, tug
② (근육 등을) 혹사하다, 무리하게 사용하다 = stretch
③ (근육 등을) 삐다, 접질리다 = sprain, twist, wrench
④ 안간힘을 쓰다, 열심히 노력하다 = endeavor, strive, struggle
n. ① 부담, 중압감, 압박감; 압력, 압박 = burden, pressure, stress, tension
② (종족, 혈통, 가계(家系); 계통; 변종, 품종; 종류 = breed; kind, sort, type

People were **straining** to see what was going on.
사람들은 무슨 일이 일어나고 있는지 보려고 안간힘을 쓰고 있었다.

MVP strained a. 피곤한; 긴박한, 긴장된; 접질린; 부자연한
cf. sprain v. (특히 팔목·발목을) 삐다[접질리다]

2827 ★

budge
[bʌdʒ]

v. ① 조금 움직이다 = dislodge, move, shift, stir
② (의견·생각을) 바꾸다[바꾸게 하다]; 양보하다 = bend; yield

Jack won't **budge** an inch about the idea that he'd like to dress like a bacon during Halloween.
잭(Jack)은 할로윈 기간 동안에 베이컨 분장을 하고 싶다는 그의 주장을 한 치도 바꾸지 않을 것이다.

2828 ★★★

remedy
[rémədi]

n. ① 치료, 의료; 치료약 = treatment
② 구제책, 교정법 = corrective
v. ① 고치다, 치료[교정]하다; 보수하다 = cure; fix
② (폐해 따위를) 제거하다; 개선하다; 수습하다

No **remedy** can physic his mind.
그의 마음의 병을 낫게 할 약은 없다.

Knowledge is the best **remedy** for superstition.
지식은 미신을 없애는 최선의 구제책이다.

One soldier is trying to **remedy** his bad salute motion.
한 군인이 자신의 나쁜 경례 동작을 개선하기 위해 노력하고 있다.

MVP remediable a. 치료[해결]될 수 있는

DAY 57

2829 ★★★

apparel
[əpǽrəl]

n. 의복, 복장 = clothes, clothing, dress, garment

He did not go to the dance because he did not have any formal **apparel**.
그는 야회복이 하나도 없었기 때문에 무도회에 가지 않았다.

2830 ★★

threadbare
[θrédbɛ̀ə:r]

a. ① (의복 따위가) 닳아서 실밥이 보이는, 다 떨어진, 낡은; 초라한 = tattered
② 케케묵은, 케케묵은, 진부한, 흔해빠진 = banal, hackneyed, old-hat

He was wearing a **threadbare** shirt.
그는 다 떨어진 셔츠를 입고 있었다.

We are so tired of listening to those **threadbare** excuses for your failure to keep your promises.
우리는 네가 약속을 지키지 못한 것에 대한 저 케케묵은 변명들을 듣는 것에 정말 신물이 난다.

2831 ★★★

portray
[pɔ:rtréi]

vt. ① (인물·풍경을) 그리다, 초상을 그리다
② (글이나 말로) 묘사하다 = delineate, depict
③ (영화·연극에서 특정한 역할을) 연기하다

Asian mothers are often **portrayed** as scheming, callous, overdriven people indifferent to their kids' true interests.
아시아 엄마들은 흔히 약삭빠르고, 인정이 없으며, 자녀들의 진정한 관심사에는 무관심하고 지나치게 의욕이 넘치는 사람으로 묘사된다.

MVP portrayal n. 그리기; 묘사; 기술; 초상(화)
portrait n. 초상(화), 인물 사진; (언어에 의한 인물의) 상세한 묘사

2832 ★

corridor
[kɔ́:ridər]

n. 복도, 회랑(回廊) = aisle, gallery, hall(way), passage(way)

At these schools, solar energy is used to light classrooms and **corridors**.
이 학교들에서는 태양 에너지를 이용하여 교실과 복도를 밝힌다.

2833 ★★★

oblige
[əbláidʒ]

v. ① ~을 어쩔 수 없이 …하게 하다, ~에게 …하도록 강요하다
= compel, force, impel
② 돕다, ~에게 은혜를 베풀다 = assist, benefit, help
③ 〈보통 수동형으로〉 고맙게 여기게 하다

I'm much **obliged** to you for all you've done for me.
당신이 제게 베풀어 주신 모든 일에 대해 정말 감사드립니다.

MVP obliging a. 잘 돌봐 주는, 친절한; 정중한
obliged a. (감사를 표하거나 정중한 부탁을 할 때 써서) 고마운[감사한]

2834 ★★
luminary
[lú:mənèri]

n. ① 발광체(특히 태양·달 등) = luminant
② (특수 분야의) 전문가, 권위자, 지도자; 유명인 = authority, expert

She met jazz **luminaries** and later moved to New York.
그녀는 재즈계의 거장들을 만났으며, 나중에 뉴욕으로 옮겨갔다.

2835 ★★★
concern
[kənsə́:rn]

vt. ① ~에 관계하다; ~에 이해관계가 있다; ~에 중요하다[with]
= involve, regard; matter
② 관심을 갖다; 염려하다, 걱정하다[about, for, over] = apprehend, worry
n. ① 관계, 관련[with]; 이해관계[in] = interest, relation
② 중대한 관계; 중요성 = importance, significance
③ 관심; 염려, 걱정 = interest; anxiety, care
④ (종종 pl.) 관심사, 용건, 사건 = affair, business

His old age has been the cause of many **concerns** over his health.
그의 많은 나이는 그의 건강에 대한 많은 우려의 원인이 되어왔다.

MVP concerning prep. ~에 관하여, ~에 대하여

2836 ★
hull
[hʌl]

n. ① (배·비행선 등의) 선체(船體)
② 껍질, 껍데기, 외피 = covering, frame, framework, skin

Divers are still struggling to drill holes to open the bisected **hull** of the sunken vessel.
잠수부들은 여전히 침몰함의 둘로 나뉜 선체를 열기 위해 구멍을 뚫으려는 노력을 하고 있다.

MVP bow n. (종종 pl.) 이물, 뱃머리
stem n. 선수(船首), 이물
stern n. 고물, 선미(船尾)

2837 ★★★
assign
[əsáin]

v. ① 할당하다, 배당하다 = allocate, allot, apportion
② (임무·일 등을) 부여하다, 주다 = give, grant
③ 선임[선정]하다; 지명[임명]하다 = appoint, delegate, designate, nominate

The manager **assigned** work to each man in the workplace.
그 관리자는 작업장에서 각자에게 작업을 할당했다.

MVP assignment n. 숙제, 연구과제; 할당, 할당된 일

DAY **57**

2838 ★★

unbridled

[ʌnbráidld]

a. 고삐를 매지 않은; 억제되지 않은, 난폭한
= unchecked, uncurbed, unrestrained

It was about ten years ago that Tony Adams first detected Kevin Keegan's **unbridled** passion for football.
케빈 키건(Kevin Keegan)이 가진 축구를 향한 억누를 수 없는 열정을 토니 아담스(Tony Adams)가 처음 발견한 것은 약 10년 전이었다.

MVP cf. bridle v. (말에) 굴레를 씌우다; 구속하다, 제어하다; n. 굴레

2839 ★

straitjacket

[stréitdʒækit]

n. ① (정신병자·죄수에게 입히는) 구속복
② 구속, 엄한 속박 = chain, cramp, fetter, restraint

This is a way to free people from the **straitjacket** of federal regulations.
이것은 사람들을 연방 법규라는 속박으로부터 자유롭게 해주는 한 가지 방법이다.

2840 ★★★

transition

[trænzíʃən]

n. ① (위치·지위·단계 등의) 변천, 변화, 추이 = change, shift, transformation
② 과도기, 변천기

In a word, youth is a **transition** age, a prelude to adulthood.
한 마디로 청소년기는 과도기이다. 즉 성인이 되는 전 단계이다.

MVP transitional a. 변하는 시기의, 과도적인
transitory a. 일시적인, 덧없는

2841 ★

ferret

[férit]

v. (비밀·범인 등을) 캐내다, 찾아내다[out]
= dig out, rummage, search for, uncover, unearth
n. 탐정, 수색자; 족제비

I know his name but I haven't yet managed to **ferret** out his address.
나는 그의 이름은 알고 있지만 그의 주소를 찾아내지는 못했다.

2842 ★★★

eloquence

[éləkwəns]

n. 웅변, 달변 = fluency, oratory

Those who expected the governor to be inarticulate were shocked by his **eloquence**.
주지사가 말을 제대로 못할 것이라 예상했던 사람들은 그의 유창한 말솜씨에 매우 놀랐다.

MVP eloquent a. 웅변의, 설득력 있는, 유창한(= fluent)

2843 ★★

relegate
[réləgèit]

vt. 지위를 떨어뜨리다, 좌천시키다 = degrade, demote

The football team was **relegated** to the second division.
그 축구팀은 2부 리그로 강등 당했다.

They **relegated** these experienced people to positions of unimportance.
그들은 이렇게 경험 많은 사람들을 한직으로 좌천시켰다.

MVP relegation n. 좌천, 격하

2844 ★★

gourmand
[gúərmənd]

n. 대식가(大食家); 미식가 = epicure, glutton, gourmet

He was an enormous **gourmand** and gambler as well as a splendid actor.
그는 훌륭한 배우일 뿐만 아니라 엄청난 대식가였고 도박꾼이었다.

2845 ★★★

count
[kaunt]

v. ① (올바른 순서로 수를) 세다, 계산하다 = calculate, compute, figure
② 중요하다 = be important, matter, weigh
③ 간주되다, 여기다 = deem, regard
④ 의지하다, 기대하다 = rely

n. 백작 = earl

Mistakes are a fact of life. It is the response to an error that **counts**.
살다보면 실수를 하게 된다. 중요한 것은 실수에 대한 대응이다.

You can't **count** on him to be on time. He's usually late.
그가 시간을 지킬 거라고 기대하면 안 되지. 그는 예사로 늦는다니까.

MVP baron n. 남작(귀족의 최하위 계급)　　duke n. 공작
marquis n. 후작　　　　　　　　　　viscount n. 자작
baroness n. 남작 부인　　　　　　　duchess n. 공작 부인
marchioness n. 후작 부인　　　　　countess n. 백작 부인
viscountess n. 자작 부인

2846 ★★★

fable
[féibl]

n. ① 우화, 교훈적 이야기 = allegory, parable
② 신화, 전설, 설화 = legend, myth
③ 꾸며낸 이야기, 꾸며낸 일 = fiction, lie

Most myths, **fables** and traditional fairy tales describe a serpent as harmful to humans.
대부분의 신화나 설화, 전래동화에서 뱀은 인간을 해치는 존재로 그려지고 있다.

DAY 57

2847 ★★

privatize

[práivətàiz]

vt. ① (기업·산업 분야를) 민영화하다
② 배태[독점]하다; 한정[전유]하다

The Korean government has **privatized** many of the state-run companies.
한국 정부는 많은 공기업들을 민영화했다.

MVP privatization n. 민영화

2848 ★★★

rupture

[rʌptʃər]

n. 파열, 파괴; 결렬; 불화, 사이가 틀어짐 = fissure, fracture, split; breach, break

The negotiation between management and labor came to a **rupture**.
노사 간의 협상은 결렬되었다.

MVP cf. rapture n. 큰 기쁨, 환희, 황홀, 열중

2849 ★★

blast

[blæst]

n. ① 한바탕의 바람, 돌풍, 폭풍 = gale, gust, storm, wind
② 폭발, 폭파 = detonation, explosion
③ (감정의) 폭발, 심한 비난 = attack, criticism, flak, reproach

v. ① 폭파하다 = blow up, burst, detonate, explode
② ~에 맹공을 가하다; 비난하다; 매도하다 = abuse, condemn, denounce
③ (로켓 등을) 분사하여 발진시키다 = launch

The **blasts** turned the celebration into a bloody scene of chaos and carnage.
그 연쇄 폭발은 축제 분위기를 혼란과 학살의 피로 얼룩진 현장으로 바꿔놓았다.

2850 ★

snoop

[snuːp]

vi. 기웃거리며 다니다, 염탐하다; 꼬치꼬치 캐묻다 = peek, peep, prowl, pry
n. 기웃거리며 다니기, 염탐; 캐고 다니는 사람(탐정·스파이 등) = detective, ferret

A man is **snooping** around my apartment.
어떤 남자가 내 아파트를 계속 기웃거리고 있다.

MVP snooper n. 기웃거리며 돌아다니는 사람; 꼬치꼬치 캐는 사람; 귀찮게 참견하는 사람
snoopy a. 기웃거리며 돌아다니는; 이것저것 캐묻는, 참견하기 좋아하는

REVIEW TEST

A. Write the meaning of the following words.

□ hesitate	□ inherent
□ circumspect	□ profile
□ reservoir	□ strain
□ designate	□ budge
□ pusillanimous	□ remedy
□ spearhead	□ threadbare
□ marked	□ portray
□ dermatologist	□ luminary
□ erase	□ concern
□ listless	□ hull
□ patron	□ assign
□ inject	□ straitjacket
□ motto	□ transition
□ annul	□ ferret
□ conclusion	□ relegate
□ enmesh	□ count
□ judicial	□ privatize
□ drip	□ rupture
□ moderate	□ blast
□ veneer	□ snoop

※ 주어진 단어의 뜻을 본문에서 확인하시고 틀린 단어의 경우 박스에 체크한 뒤에 나중에 다시 학습하시기 바랍니다.

B. Choose the synonym of the following words.

1. suppurate
2. apparel
3. oblige
4. fable
5. corridor
6. gourmand
7. attrition
8. eloquence
9. unbridled
10. wreath

Ⓐ unchecked
Ⓑ fluency
Ⓒ garland
Ⓓ friction
Ⓔ compel
Ⓕ aisle
Ⓖ fester
Ⓗ parable
Ⓘ garment
Ⓙ glutton

B. 1. Ⓖ 2. Ⓘ 3. Ⓔ 4. Ⓗ 5. Ⓕ 6. Ⓙ 7. Ⓓ 8. Ⓑ 9. Ⓐ 10. Ⓒ

2851 ★★★

relevant
[rélǝvǝnt]

a. 관련 있는; 적절한, 타당한 = germane, pertinent

Some people feel that religious concerns are no longer **relevant** to modern life.
몇몇 사람들은 종교적인 일들이 현대의 삶과는 더 이상 관련이 없다고 생각한다.

I don't think his remarks are **relevant** to our subject.
나는 그의 발언이 우리의 주제와 관련이 있다고 생각하지 않는다.

MVP relevance n. (직접적인) 관련, 관련성; 타당성, 적당, 적절성
⟷ irrelevant a. 부적절한; 무관계한

2852 ★★

domesticate
[dǝméstikèit]

vt. ① (동물을) 길들이다, 사육하다; (작물을) 재배하다 = tame, train; cultivate
② (식물을) 토지에 순화(馴化)시키다, 풍토에 익숙하게 하다
③ (외국의 습관·말 따위를) 자기 나라에 받아들이다
④ (야만인을) 교화하다 = civilize, edify

In the 16th century, the Samis **domesticated** the reindeer — trained them to live with humans.
16세기에, 사미(Sami)족들은 순록을 길들였다. — 사람과 함께 살도록 순록을 훈련시켰던 것이다.

Cats and dogs are animals that have been **domesticated**.
고양이와 개는 길들여진 동물이다.

MVP domestic a. 가정의; 국내의; 사육되어 길든

2853 ★

convent
[kánvǝnt]

n. 수녀회, 수녀원; 수도원 = nunnery

Mona Lisa may be lying under a few feet of cement in a **convent** in Florence, Italy.
모나리자(Mona Lisa)는 이태리 플로렌스(Florence)의 한 수녀원 시멘트 바닥 밑에 누워 있을지도 모른다.

2854 ★★

stumble
[stʌmbl]

v. ① 걸려 넘어지다; 비틀거리다 = fall, trip; stagger, totter
② 실수하다, 잘못하다 = bumble
③ 마주치다, 우연히 만나다[on, upon] = encounter
④ 말을 더듬다 = stammer

I **stumbled** upon a rare book at a secondhand bookstore.
나는 헌책방에서 보기 드문 책을 우연히 발견했다.

A child **stumbled** over a rock and cried.
아이가 돌에 채어 넘어져서 울었다.

MVP stumbling a. 발부리에 걸리는, 방해가 되는; 망설이는; 더듬거리는

2855 ★★★

menace
[ménis]

n. 위협, 협박, 공갈; 위협적인[위험한] 존재 = intimidation, threat

v. 위협[협박]하다 = intimidate

In dry weather, forest fires are a great **menace**.
건조한 날씨에는 산불이 큰 위협이 된다.

A thief **menaced** the store owner with a gun.
도둑은 총으로 가게 주인을 위협했다.

MVP menacing a. 위협적인, 협박을 가하는(= threatening)
cf. minacious a. 위협적인, 협박하는(= minatory)

2856 ★★

supervene
[sjùːpərvíːn]

vi. 수반하여[잇따라] 일어나다, 결과로서 일어나다 = ensue, follow, result

He left the house holding a very strong belief that meningitis would **supervene**.
그는 수막염이 잇따라 일어날 것이라는 아주 강한 믿음을 가지고 그 집을 떠났다.

MVP supervenient a. 속발적인, 부수적인, 뜻밖에 일어나는

2857 ★

perdition
[pərdíʃən]

n. 멸망, 파멸, 영원한 죽음; 지옥에 떨어짐; 지옥 = damnation, ruin; hell, inferno

In the Christian religion, **perdition** is defined as a state of eternal punishment you experience after death if you were a sinner who did not repent to God.
기독교에서, 파멸이란 당신이 신에게 회개하지 않은 죄인인 경우에 죽음 후에 겪는 영원한 형벌의 상태로 정의된다.

2858 ★★★

intrigue
[intríːg]

n. ① 음모, 모의 = cabal, conspiracy, machination, plot, scheme
② 은밀한 관계, 불의, 밀통, 간통 = adultery, fornication, liaison, misconduct

v. ① 강한 흥미를[호기심을] 자아내다 = attract, fascinate, interest
② 모의하다, 음모를 꾸미다 = plot, machinate, scheme

Many of Greene's novels feature political **intrigue**.
그린(Greene)의 많은 소설들은 정치적인 음모를 특색으로 하고 있다.

Questions about whether snakes ever walked on legs have long **intrigued** scientists.
뱀이 다리로 걸어 다닌 적이 있는지에 대한 질문은 오랫동안 과학자들의 흥미를 불러일으켜 왔다.

MVP intriguing a. 흥미를 자아내는, 호기심을 자극하는
intrigued a. 흥미 있는, 호기심을 가진

DAY 58

2859 ★★

degenerate

[didʒénərèit]

vi. 저해[악화]되다, 나빠지다, 퇴보하다 = deteriorate, worsen

Liberty is apt to **degenerate** into lawlessness.
자유는 무법상태로 흐르기 쉽다.

> **MVP** degenerative a. 퇴화적인, 퇴행성의
> generate v. 발생시키다, 초래하다

2860 ★★★

survey

v. [sərvéi]
n. [sə́:rvei]

v. ① 살피다, 점검하다 = examine, inspect, scan, view
　② (토지 등을) 측량하다 = measure
　③ (설문) 조사하다 = poll, question
n. 개관; 측량; (설문) 조사, 검사

The next morning we **surveyed** the damage caused by the fire.
다음날 아침 우리는 그 화재로 인한 손상을 점검했다.

2861 ★★

querulous

[kwérjuləs]

a. 불평을 하는, 짜증내는; 성을 잘 내는
　= complaining, discontented, irritable; peevish

He became increasingly dissatisfied and **querulous** in his old age.
그는 노년에 점점 더 불만이 많고 성을 잘 내는 사람이 되었다.

2862 ★

pitch

[pitʃ]

v. ① 던지다 = cast, dart, throw
　② 선전하다, 홍보하다 = advertise, promote, publicize

In ancient Egypt, **pitching** stones was a favorite children's game.
고대 이집트에서 돌 던지기는 아이들이 좋아하는 놀이였다.

Representatives went to Japan to **pitch** the company's newest products.
회사의 신제품을 홍보하기 위해 대표들이 일본으로 갔다.

2863 ★★

coup

[kuː]

n. ① 쿠데타 = coup d'état
　② (불시의) 일격; 대성공, 대단한 성취 = achievement, stroke

Last week, 330 retired and serving military officers were convicted of a conspiracy to launch a **coup** in 2003.
지난주에, 330명의 전·현직 군 장교들이 2003년에 쿠데타 결행을 공모한 혐의로 유죄판결을 받았다.

> **MVP** coop n. 닭장, (짐승) 우리; 협동조합; v. 우리에 넣다, 가두다

2864 ★★

arbitrate

[á:rbətrèit]

v. 중재하다, 조정하다 = intercede, intermediate, intervene, mediate

The committee has the power to **arbitrate** in trade claims.
그 위원회는 무역과 관련한 이의 제기를 중재할 권한을 가지고 있다.

> **MVP** arbiter n. 중재인, 조정자; 심판자(= arbitrator, mediator)
> arbitration n. 중재, 조정; 중재 재판

2865 ★★★

habitat

[hǽbitæt]

n. 서식지, 생육지, 서식 환경 = environment, home

We must do what we can to protect animals and their **habitat**.
우리는 동물들과 그들의 서식지를 보호하기 위해 우리가 할 수 있는 일들을 해야 한다.

2866 ★

veer

[viər]

v. (바람의) 방향이 바뀌다; (의견·화제 등이) 바뀌다 = change, shift, swerve

The storm was expected to **veer** away from the US.
그 폭풍은 미국을 빗겨갈 것으로 예상되었다.

2867 ★★★

nerve

[nə:rv]

n. ① 신경; 신경 조직
　② 용기, 담력 = bravery, courage, fortitude
　③ 뻔뻔스러움, 철면피 = effrontery, impudence
v. 용기를[기운을] 북돋우다, 격려하다

Eggs are helpful for people who have **nerve** damage.
계란은 신경이 손상된 사람들에게 도움이 된다.

My guests kept bugging me to tell her, but I didn't have the **nerve**.
손님들은 그녀에게 이야기를 하라고 내게 성화였지만 나는 그럴 배짱이 없었다.

> **MVP** nervous a. 신경의; 신경질적인, 신경 과민한; 소심한, 겁 많은
> nervousness n. 신경질, 조바심; 긴장
> nerve-racking a. 안절부절못하게 하는, 신경에 거슬리는, 불쾌한
> ↔ unnerve v. ~의 기운을 빼앗다[잃게 하다], 무기력하게 하다

2868 ★

traduce

[trədjú:s]

vt. 비방하다, 중상하다 = defame, malign, slander, vilify

He was **traduced** as a sinner by his enemies.
그는 그의 적들에게 죄인으로 비방 당했다.

> **MVP** traducer n. 중상자, 명예 손상자
> traducement n. 중상, 험담

DAY 58

2869 ★★

untold
[ʌntóuld]

a. ① 말을 하지 않은, 밝혀지지 않은 = hidden, undisclosed, unknown
　② 셀 수 없는, 막대한 = countless, immense, incalculable, numerous

It would have taken **untold** hours to make this flawless sculpture.
이 흠잡을 데 없는 조각상을 만들기 위해서는 막대한 시간이 걸렸을 것이다.

2870 ★

stoop
[stuːp]

v. 몸을 굽히다, 구부리다 = bend, bow, crouch, duck, lean
n. ① 몸을 굽히기; 구부정한 자세 = slouch, slump
　② 현관 입구의 계단; 현관 = porch

The mother **stooped** down to pick up her child.
그 엄마는 그녀의 아이를 들어올리기 위해 몸을 아래로 굽혔다.

2871 ★★★

pledge
[pledʒ]

n. 서약, 약속; 저당, 담보 = assurance, vow; guarantee
v. ① ~을 맹세하다, 서약하다, 보증하다 = covenant, engage, vow
　② 저당을 잡히다 = pawn

After the earthquake, several governments made a **pledge** to help with disaster relief.
지진이 발생한 이후, 몇몇 국가들은 재난구조를 돕겠다고 약속을 하였다.

The party must keep their public **pledge**.
그 정당은 그들의 공약을 지켜야만 한다.

2872 ★

azure
[ǽʒər]

a. 하늘색의, 푸른 = cerulean
n. 하늘색 = sky-blue

Azure skies are indicative of good weather.
푸른 하늘은 좋은 날씨를 나타낸다.

2873 ★★★

loot
[luːt]

n. ① 약탈물, 전리품; 약탈(행위); 부정 이득 = booty, spoils
　② 돈, (특히) 거금 = big buck, hard coin
v. 약탈하다; 부정 이득을 보다 = despoil, pillage, plunder, ransack, ravage

The troops crossed the country, plundering and **looting** as they went.
군대는 그 나라를 지나가면서 강탈과 약탈을 일삼았다.

MVP root n. (식물의) 뿌리; (문제의) 근원[핵심]; (파생어 등의) 어근

2874 ★

cognomen
[kagnóumən]

n. ① (이름에서의) 성(姓) = family name, surname
② 이름, 명칭; 별명 = appellation; moniker, nickname

He asked the court to change his **cognomen** to a more American-sounding name.
그는 자신의 성(姓)을 더 미국적인 발음의 이름으로 바꾸어 달라고 법원에 요청했다.

2875 ★★★

submit
[səbmít]

v. ① 복종하다, 굴복하다[to] = bend, give in, surrender, yield
② (서류·제안서 등을) 제출하다 = hand in, present, put forward, tender

The government refused to **submit** to threats.
정부는 협박에 굴복하기를 거부했다.

We have to **submit** our term papers by next Friday.
우리는 다음 주 금요일까지 기말 리포트를 제출해야 한다.

> **MVP** submission n. 복종, 굴복, 항복; 제출; 제안
> submissive a. 순종적인; 복종하는

2876 ★★

flamboyant
[flæmbɔ́iənt]

a. 화려한, 현란한 = luxurious, ornate

His **flamboyant** clothing attracted so much attention that he was often drawn in newspaper cartoons.
그의 현란한 옷차림은 너무나도 시선을 집중 받은 나머지 신문의 만화에서도 자주 그려질 정도였다.

> **MVP** flamboyance n. 현란함, 화려함

2877 ★★★

rein
[rein]

n. ① (보통 pl.) 고삐 = halter, overcheck
② (pl.) 통제력, 통제권, 지휘권 = command, grip
v. 억제하다, 제어하다 = bridle, control, curb

If you love your company, you should **rein** in your spending a bit more.
만일 당신이 회사를 사랑한다면, 지출을 좀 더 억제해야 한다.

2878 ★

gazette
[gəzét]

n. 신문, (시사 문제 등의) 정기 간행물; 관보, (Oxford 대학 등의) 학보(學報)

The employees were all shocked when the company's CEO went into the **gazette**.
직원들은 회사의 최고 경영자가 파산자로서 관보에 게재되자 충격을 받았다.

> **MVP** go into the gazette 파산자로서 관보에 게재되다[고시되다]
> cf. gadget n. (작은) 기계 장치; (잘 고안된) 도구, 부속품

DAY 58

2879 ★★★

contest
v. [kəntést]
n. [kántest]

v. ① 다투다, 겨루다, 싸우다 = fight, struggle
　② 논쟁하다; 이의를 제기하다
n. 경쟁, 경기; 논쟁 = competition, match

Three candidates **contested** the leadership.
세 명의 후보가 대표 자리를 두고 경쟁을 벌였다.

The divorce was not **contested**.
그 이혼에는 이의가 제기되지 않았다.

MVP cf. context n. (어떤 일이나 글의) 맥락, 전후 사정, 문맥

2880 ★★

book
[buk]

v. ① (방·좌석 등을) 예약하다 = reserve
　② (문서·명부에 이름 등을) 기입[기장]하다 = enter, put, register

There are two places that offer free cleaning services in the city, but they are usually fully **booked** up.
그 도시에 무료 세탁 서비스를 제공하는 두 곳이 있지만, 두 곳 모두 보통 예약이 꽉 차있다.

MVP booking n. (좌석 등의) 예약

2881 ★★★

proper
[prápər]

a. ① 적당한, 타당한 = appropriate, becoming, fit, suitable
　② 예의바른, 품위 있는 = decent, mannerly, polite, seemly
　③ 고유의, 특유한, 독특한[to] = characteristic, particular, peculiar, specific

Taking **proper** actions during an earthquake can reduce injuries and save lives.
지진이 발생했을 때 적절한 행동을 취하는 것은 부상을 줄이고 목숨을 구할 수 있다.

MVP properly ad. 당연히; 올바르게, 정확히; 훌륭하게, 단정히; 적당하게
　↔ improper a. 부적당한, 타당치 않은; 어울리지 않는

2882 ★

torpedo
[tɔːrpíːdou]

n. 어뢰(魚雷), 수뢰 = mine
v. ① 어뢰[수뢰, 공뢰]로 공격[파괴]하다
　② (정책·제도를) 무력하게 하다, 무효화하다 = annul, invalidate, nullify, revoke

The **torpedo** struck home on the hull of the ship.
그 어뢰는 그 배의 선체에 정확히 명중했다.

2883 ★★★

officious
[əfíʃəs]

a. ① 참견하기 좋아하는, 주제넘게 나서는 = intrusive, meddlesome, obtrusive
　② 〈외교〉 비공식의 = unofficial

Foreign investors in China claim that authorities there have become unusually **officious**.
중국의 외국인 투자자들은 중국 정부당국이 유별나게 간섭하고 있다고 주장한다.

MVP cf. official a. 공무[직무]상의; 공식적인; n. 공무원[관리]

2884 ★

apartheid

[əpάːrtheit]

n. (남아프리카 공화국의) 인종 차별 정책; 분리, 배타 = segregation, separation

Mandela fought **apartheid** and was sent to prison for 27 years.
만델라(Mandela)는 인종 차별 정책에 맞서 싸웠으며 27년 동안 수감되었다.

2885 ★★★

eclipse

[iklíps]

n. ① (일식·월식의) 식(蝕)
② (명성·권세 등의) 실추, 쇠퇴 = decline, fall
vt. ① (천체가 다른 천체를) 가리다
② 빛을 잃게[무색하게] 만들다; 능가하다 = overshadow; surpass

A partial **eclipse** is when only part of the sun is blocked.
부분일식은 태양의 일부만이 가려지는 것이다.

Though a talented player, he was completely **eclipsed** by his brother.
그도 재능 있는 선수이긴 했지만 형 앞에서는 완전히 빛을 잃었다.

2886 ★★

vantage

[vǽntidʒ]

n. ① 우월, 우세, 유리함 = advantage, ascendancy, superiority
② 유리한 위치, 유리한 입장 = bridgehead

From a concealed **vantage** point, he saw a car arrive.
잘 안 보이게 은닉된 유리한 지점에서, 그는 자동차 한 대가 도착하는 것을 보았다.

MVP vantage point (무엇을 지켜보기에) 좋은 위치; (특히 과거를 생각해 보는) 시점[상황]
cf. vintage n. 포도주; 오래됨; a. 포도주의; 연대가 오래 된; (특정 인물의 작품들 중) 최고의

2887 ★

putrefy

[pjúːtrəfài]

v. 부패시키다, 썩게 하다; 부패하다, 썩다 = decay, decompose, rot, spoil

Brains are usually amongst the first parts to **putrefy** and start to go liquid within hours.
뇌는 인체에서 제일 빨리 부패하는 부위이며 몇 시간 이내에 액체로 변하기 시작한다.

MVP putrefaction n. 부패, 부패작용
cf. petrify v. 완고[무감각]하게 하다; 겁에 질리게 만들다; 석화(石化)하다

2888 ★★

descent

[disént]

n. ① 내리기, 강하, 하강 = drop, fall, plunge, swoop
② 내리막길; 내리막 경사 = decline; declivity, downhill
③ 가계, 혈통, 가문 = lineage, parentage, pedigree

Thousands of Cuban of Chinese **descent** came to New York after Fidel Castro rose to power.
피델 카스트로(Fidel Castro)가 권력을 잡은 후 수 천명의 중국계 쿠바 사람들이 뉴욕으로 왔다.

DAY 58

MVP descend v. 내려오다, 내려가다
↔ ascent n. 상승; 등반; 향상; 승진

2889 ★★★

expand
[ikspǽnd]

v. ① 확대[확장, 팽창]되다, 확대[확장, 팽창]시키다 = enlarge
② 발전하다, 성장하다 = develop
③ (생각 등을) 더 자세히 말하다, 부연하다 = expatiate

Metals **expand** when they are heated.
금속은 열을 받으면 팽창한다.

The small college has **expanded** into a big university.
그 작은 단과 대학이 발전하여 지금은 큰 종합 대학이 되었다.

Could you **expand** on your last comment, please?
마지막 말씀에 대해 좀 더 자세히 설명해 주시겠습니까?

MVP expansion n. 확대, 확장, 팽창; 발전
expanse n. 넓게 트인 지역, 광활한 공간; 확장, 팽창
expansive a. 확장적인; 발전적인; (사람이) 활달한, 꽁하지 않은
expansionism n. (영토·통화 등의) 팽창주의, 확장주의, 확장 정책
cf. expend v. (많은 돈·시간·에너지를) 쏟다[들이다]

2890 ★

bumptious
[bʌ́mpʃəs]

a. (사람·행위·태도가) 거만한, 오만한 = arrogant, haughty, insolent

There are few jobs in which a **bumptious** young man can be very successful.
오만한 젊은이가 크게 성공할 수 있는 직업은 거의 없다.

2891 ★★

interrogate
[intérəgèit]

v. 질문하다; 심문[문초]하다 = question; grill, investigate

Police are **interrogating** the suspect on a drug dealing charge.
경찰은 마약 거래 혐의로 용의자를 심문하고 있다.

MVP interrogation n. 질문, 심문

2892 ★★★

relinquish
[rilíŋkwiʃ]

vt. (권리 등을) 포기하다, 내주다; 그만 두다; 버리다, 단념하다, 철회하다
= renounce; waive, yield

He was forced to **relinquish** custody of the children.
그는 아이의 양육권을 포기해야만 했다.

They have **relinquished** their rights and responsibilities to the state.
그들은 국가에 대한 권리와 의무를 버렸다.

2893 ★★★

context
[kántekst]

n. (글의) 전후 관계, 문맥; (사건 등에 대한) 경위, 배경; 상황

His decision can only be understood in **context**.
그의 결정은 전후 사정을 알아야만 이해할 수 있다.

2894 ★★★

attest
[ətést]

v. ① 증명하다, 입증하다 = certify, confirm, prove, verify
　② 증명하다, 증언하다[to]

The child's good health **attests** his mother's care.
그 아이가 건강한 것은 어머니가 잘 돌보고 있는 증거이다.

He **attested** to the genuineness of the signature.
그는 서명이 진짜임을 증언했다.

2895 ★★

litigation
[litəgéiʃən]

n. 소송, 기소 = action, case, lawsuit, suit

Often the best alternative to **litigation** is an out-of-court settlement.
종종 소송을 피하는 가장 좋은 방법은 당사자들끼리 해결을 보는 것이다.

MVP litigate v. 소송[고소]하다
litigator n. 소송인, 기소자
litigious a. 소송하기 좋아하는, 소송의
litigant a. 소송하는, 소송의; n. 소송당사자

2896 ★

redound
[ridáund]

vi. ① (신용·이익·명예 등을) 초래하다, 높이다[to]
　② (행위 등의 결과가) (~에) 미치다, 돌아가다[to] = conduce, result
　③ (명예·불명예 등이) (~에게) 되돌아가다[on, upon] = react, recoil

Your bad manners will **redound** on your parents.
당신이 버릇없이 굴면 그것이 부모님에게로 그대로 되돌아간다.

MVP cf. rebound v. (공 등이) 다시 튀어 오르다. (어떤 행위가 자기에게) 되돌아오다;
(가격이) 반등하다

2897 ★★

mint
[mint]

n. ① 박하; 박하사탕 = peppermint, peppermint candy
　② 화폐 주조소, (the M—) 조폐국
　③ (종종 a mint) 거액, 다량, 많은 돈[of] = bundle, fortune, packet, pile
vt. (화폐를) 주조하다; (신어(新語)를) 만들어 내다 = coin
a. (화폐·우표 등이) 갓 발행한, 미사용의, 아주 새로운
　= brand-new, fresh, novel

We went through a house that was in **mint** condition, and decided to buy it.
우리는 새 집이나 마찬가지인 집 안을 둘러보고 나서 그 집을 사기로 결정했다.

MVP in mint condition 완전 새것인, 완벽한 상태인

DAY 58

2898 ★★

enfetter
[infétər]

vt. ~에게 족쇄를 채우다; 속박하다; 노예로 만들다
= constrain, fetter, restrict, shackle

Enfettered by debt, she was in no position to take early retirement.
빚에 묶여 있었기 때문에, 그녀는 조기 퇴직을 할 처지가 못 되었다.

MVP fetter n. 족쇄; (보통 pl.) 속박; 구속물; v. 족쇄를 채우다; 속박[구속]하다
↔ unfetter vt. 족쇄를 풀다; 자유롭게 하다, 석방하다

2899 ★★

repetitive
[ripétətiv]

a. 되풀이되는, 반복적인 = recurrent

I'm sick and tired of my monotonously **repetitive** daily life.
나는 매일 반복되는 단조로운 일상이 무척이나 지겹다.

MVP repeat v. 반복하다, 되풀이하다
repetition n. 되풀이, 반복
repeatedly ad. 되풀이하여, 여러 차례

2900 ★★★

feast
[fi:st]

n. ① (주로 종교상의) 축제; 축제일 = festival, fete
② 축연(祝宴), 잔치, 향연 = banquet, dinner
v. ① 마음껏 먹다; 잔뜩 즐기다[on, upon] = indulge, revel
② 대접하다, 잔치를 베풀다; (눈·귀를) 즐겁게 하다 = regale; delight

Every Thanksgiving, my whole family gets together and has a **feast**.
매년 추수감사절에는 온가족이 모여서 잔치를 벌인다.

REVIEW TEST

A. Write the meaning of the following words.

□ relevant	_____	□ book	_____
□ domesticate	_____	□ proper	_____
□ stumble	_____	□ torpedo	_____
□ perdition	_____	□ officious	_____
□ intrigue	_____	□ apartheid	_____
□ survey	_____	□ eclipse	_____
□ pitch	_____	□ vantage	_____
□ coup	_____	□ descent	_____
□ habitat	_____	□ expand	_____
□ veer	_____	□ bumptious	_____
□ nerve	_____	□ interrogate	_____
□ untold	_____	□ relinquish	_____
□ stoop	_____	□ context	_____
□ pledge	_____	□ attest	_____
□ azure	_____	□ litigation	_____
□ loot	_____	□ redound	_____
□ submit	_____	□ mint	_____
□ flamboyant	_____	□ enfetter	_____
□ gazette	_____	□ repetitive	_____
□ contest	_____	□ feast	_____

※ 주어진 단어의 뜻을 본문에서 확인하시고 틀린 단어의 경우 박스에 체크한 뒤에 나중에 다시 학습하시기 바랍니다.

B. Choose the synonym of the following words.

1. convent
2. degenerate
3. traduce
4. arbitrate
5. menace
6. cognomen
7. rein
8. putrefy
9. querulous
10. supervene

Ⓐ complaining
Ⓑ surname
Ⓒ halter
Ⓓ decay
Ⓔ defame
Ⓕ ensue
Ⓖ threat
Ⓗ nunnery
Ⓘ deteriorate
Ⓙ intercede

B. 1. Ⓗ 2. Ⓘ 3. Ⓔ 4. Ⓙ 5. Ⓖ 6. Ⓑ 7. Ⓒ 8. Ⓓ 9. Ⓐ 10. Ⓕ

2901 ★★★
shun
[ʃʌn]

vt. 피하다, 꺼리다 = avoid, dodge, evade

She was **shunned** by her family when she remarried.
그녀가 재혼을 하자 가족들은 그녀를 피했다.

> **MVP** cf. shunt v. (기차의) 선로를 바꾸다; (사람을 덜 중요한 곳으로) 이동시키다; (사람을) 따돌리다

2902 ★★
anthropoid
[ǽnθrəpɔ̀id]

n. 유인원

a. (동물이) 사람과 비슷한

Gorillas, orangutans and chimpanzees are **anthropoids**.
고릴라, 오랑우탄, 침팬지는 유인원이다.

> **MVP** cf. primate n. 영장류의 동물, 영장류

2903 ★★★
expose
[ikspóuz]

vt. ① (햇볕·바람 등에) 노출시키다; (공격·위험 등에) 몸을 드러내다;
   (환경 등에) 접하게 하다
② (죄·비밀 등을) 드러내다, 폭로하다 = disclose, reveal
③ 보이다; 진열하다, 팔려고 내놓다 = exhibit, show

Don't **expose** your body to the sun too much.
햇볕에 몸을 너무 많이 노출시키지 마십시오.

> **MVP** exposure n. 노출; (비리·나쁜 일 등의) 발각; 적발, 탄로, 폭로
> exposition n. 박람회, 전시회(= exhibition); (상세한) 설명[해설]
> exposed a. 드러난, (비바람·위험·공격 등에) 노출된

2904 ★★
nefarious
[niféəriəs]

a. 사악한, 극악한, 흉악한 = evil, iniquitous, vicious, wicked

An FBI agent slipped into the **nefarious** organization.
연방수사국 요원이 그 흉악한 조직에 잠입했다.

2905 ★★★
disgrace
[disgréis]

n. 불명예, 망신, 치욕 = disrepute, ignominy, shame, stigma
vt. 명예를 더럽히다, 망신시키다 = discredit, dishonor, humiliate, sully

His image quickly changed from a national hero to a national **disgrace**.
그의 이미지는 국가적인 영웅에서 국가적인 망신으로 급격하게 바뀌었다.

> **MVP** disgraced a. 망신을 당한; 실각한
> disgraceful a. 면목 없는, 수치스러운, 불명예스러운

2906 ★★

response

[rispάns]

n. ① 대답, 응답, 회신, 답장 = answer, reply
　② 반응, 대응, 부응 = reaction

Please send your **response** as soon as possible.
부디 귀하의 답변을 신속히 보내주시기 바랍니다.

The news provoked an angry **response**.
그 뉴스는 성난 반응을 불러일으켰다.

MVP respond v. 대답[응답]하다. 답장을 보내다; (남의 말에 대해 특정한) 반응을 보이다
responsive a. 즉각 반응[대응]하는; 관심[열의]을 보이는, 호응하는

2907 ★

plaster

[plǽstər]

vt. ① 회반죽을 바르다 = daub
　② 더덕더덕 바르다, 온통 붙이다 = bedaub, besmear, cover

n. 회반죽; 분말석고, 깁스

My room is **plastered** with pictures of stars.
내 방은 연예인 사진으로 도배되어 있다.

2908 ★★

render

[réndər]

v. ① ~을 만들다, ~이 되게 하다
　② 표현[묘사]하다; 연기[연주]하다; 번역하다
　　= delineate; perform; translate
　③ 주다, 제공하다 = give, provide

Hundreds of people were **rendered** homeless by the earthquake.
수백 명의 사람들이 그 지진으로 집을 잃게 되었다.

He stood up and **rendered** a beautiful version of "Summertime".
그는 일어서서 "서머타임"을 아름답게 연주했다.

MVP rendering n. 연주; 표현; 연출
rendition n. (연극·음악의) 연출, 연주; 번역; 용의자 인도
cf. reindeer n. <동물> 순록(馴鹿)

2909 ★★★

myth

[miθ]

n. ① 신화
　② (근거 없는) 사회적 통념 = conventional wisdom

Most societies have their own creation **myths**.
대부분의 사회에는 그들 나름의 창조 신화가 있다.

The notion that geniuses such as Shakespeare, Mozart, and Picasso were "gifted" is a **myth**, according to a study by a British psychologist.
영국의 한 심리학자의 연구에 따르면, 셰익스피어(Shakespeare), 모차르트(Mozart), 피카소(Picasso)와 같은 천재들이 '재능을 타고났다'라는 생각은 근거 없는 사회적 통념이다.

MVP cf. mythology n. [집합적] 신화; 신화집; 신화학

2910 ★★★
civil
[sívəl]

a. ① 시민의, 민간의 = civic, civilian
② 예의바른, 정중한 = courteous, polite

For decades, progress for **civil** rights groups was painfully slow.
수십 년 동안 민권 단체들의 진전은 고통스러울 정도로 서서히 진행됐다.

A **civil** denial is better than a rude grant.
예의 바른 거절이 무례한 승낙보다 낫다.

MVP civility n. 정중함, 공손함
civilize v. 개화[교화, 문명화]하다; (사람 등을) 세련되게 하다
civilization n. 문명

2911 ★★
engender
[indʒéndər]

v. (감정·상태 등을) 발생[야기]시키다, 일으키다 = create, generate

Behavioral modification based on compulsion **engenders** resistance rather than lasting positive change.
강요에 의한 행동 조정은 지속적인 긍정적인 변화보다는 저항을 불러일으킨다.

MVP cf. endanger v. 위험에 빠뜨리다, 위태롭게 만들다

2912 ★★
indigence
[índidʒəns]

n. 가난, 빈곤 = destitution, penury, poverty

The notion that income is a remedy for **indigence** has a certain forthright appeal.
소득이 빈곤에 대한 구제책이라는 생각에는 어떤 솔직한 매력이 있다.

MVP indigent a. 궁핍한, 가난한(= destitute, impoverished, needy, poor)

2913 ★★★
mutual
[mjúːtʃuəl]

a. ① 서로의, 상호관계가 있는 = bilateral, interactive, reciprocal
② 공통의, 공동의 = common, communal, joint

Their marriage was founded on love and **mutual** respect.
그들의 결혼 생활은 사랑과 상호 존중에 기반을 두고 있었다.

MVP mutuality n. 상호 관계, 상관
mutually ad. 서로, 공동으로

2914 ★★
suffice
[səfáis]

v. 충분하다, 족하다

I told him 20 gallons of gas would **suffice** to get me home.
나는 그에게 휘발유 20갤런이면 내가 집에 가는 데 충분할 것이라고 말했다.

MVP sufficient a. 충분한, 흡족한

2915 ★
aeon
[íːən]

n. 무한히 긴 시기, 영겁 = eternity, perpetuity, eon

Like Mars, the atmosphere on Venus should have thinned out to almost nothing **aeons** ago.
화성과 마찬가지로, 금성의 대기도 매우 오래 전에 거의 없을 정도로 줄어들었을 것이다.

MVP aeonian a. 영원한, 영겁의(= eternal)

2916 ★★
disillusion
[dìsilúːʒən]

vt. 환상을 깨뜨리다, 미몽을 깨우치다; 환멸을 느끼게 하다 = undeceive
n. 미몽을 깨우치기, 각성; 환멸

I hate to **disillusion** you, but not everyone is as honest as you.
네 환상을 깨고 싶진 않지만 모든 사람들이 너처럼 정직하지는 않다.

MVP disillusionment n. 환멸
disillusioned a. 환멸을 느낀
cf. illusion n. 환영(幻影), 환각; 착각; 환상, 망상

2917 ★★
plump
[plʌmp]

a. 통통한, 포동포동한 = chubby, rotund

Even though she is a model, she looks **plump** to me.
비록 그녀가 모델이긴 하지만, 나에게는 통통하게 보인다.

The long and thin branches were bearing clusters of **plump** fruit.
기다랗고 가는 나뭇가지에는 포동포동한 열매들이 주렁주렁 열려 있었다.

MVP cf. plumb v. (신비한 것을) 헤아리다[파헤치다]; ad. 바로, 정확히; 완전히
cf. plum n. 자두; 모두가 선망하는 자리[직업]

2918 ★★★
stroll
[stroul]

v. 한가로이 거닐다, 어슬렁거리다, 산책하다 = promenade, ramble, saunter
n. (한가로이) 거닐기, 산책

Many people love to **stroll** through recreational forests.
많은 사람들은 휴양림에서 산책하는 것을 좋아한다.

MVP stroller n. 어슬렁거리는 사람, 산책하는 사람; 순회 공연자; 유모차

2919 ★★★
odds
[adz]

n. ① 가망, 가능성, 확률 = chances, likelihood, probability
② 다툼, 불화; 역경, 곤란
③ 우세, 승산
④ (우열의) 차, 차이; 불평등

Since we are a better team, the **odds** are we will win.
우리가 더 잘 하는 팀이니까 우리가 이길 공산이 높다.

DAY 59

They secured a victory in the face of overwhelming **odds**.
그들은 헤어나기 힘들 것 같은 역경에도 불구하고 승리를 손에 넣었다.

Finance specialists are at **odds** over the proposals.
재정 전문가들은 그 제안에 대해 의견이 대립하고 있다.

2920 ★

trounce
[trauns]

vt. ① 몹시 때리다, 몹시 치다 = bash, beat, hit, slap
② 참패시키다, 완파하다 = annihilate, crush, demolish

Brazil **trounced** Japan 5-1 in preliminary round last year.
작년에 예선경기에서 브라질이 일본을 5-1로 완파했다.

2921 ★★

bud
[bʌd]

n. 싹, 눈; 봉오리 = shoot, sprout
v. 싹트다, 싹트게 하다; 발육하기[성장하기] 시작하다 = burgeon, germinate

A rose is sweeter in the **bud** than full blown.
장미는 활짝 핀 꽃보다 봉오리가 더 아름답다.

2922 ★

jettison
[dʒétəsn]

vt. (중량을 줄이기 위해 배·항공기에서) 짐을 버리다; (방해물 등을) 버리다
= discard, dump, scrap

Sailors **jettisoned** big boxes in the storm to make the ship lighter.
선원들은 폭풍 속에서 배를 가볍게 하기 위해 큰 상자들을 바다에 내던졌다.

The company has been forced to **jettison** 200 employees due to financial problems.
그 회사는 재정 문제 때문에 200명의 직원을 해고해야 했다.

2923 ★★

flair
[flɛ́ər]

n. ① 예민한 육감[직감]; (타고난) 재주, 재능 = gift, talent
② (스타일 등의) 세련, 멋 = chic, elegance, style, taste

She has a **flair** for acting.
그녀는 연기에 재능이 있다.

2924 ★

customize
[kʌ́stəmàiz]

vt. 주문 받아 만들다, 주문 제작하다 = custom—make, tailor—make

You can **customize** the software in several ways.
당신은 소프트웨어를 여러 가지 방식으로 주문제작할 수 있다.

MVP custom n. 관습, 풍습; (pl.) 관세; a. 맞춘, 주문한
custom-made a. 주문하여 만든, 맞춤인

2925 ★★

upright
[ʌ́pràit]

a. ① (자세가) 똑바른, 꼿꼿한, 수직으로 세워 둔
   = erect, perpendicular, vertical
  ② (사람이) 곧은, 강직한 = righteous, straightforward
ad. 직립(直立)하여, 수직으로 = palewise, perpendicularly, straight, vertically

He became famous with his unusual habit of walking **upright**.
그는 똑바로 서서 걷는 특이한 습관으로 유명해졌다.

2926 ★★

ambush
[ǽmbuʃ]

v. 매복하다; 매복하여 습격하다 = attack by surprise, bushwhack
n. 매복(공격)

We were worried that he might be **ambushed** by the terrorists.
우리는 그가 매복한 테러리스트들에게 습격을 받을까봐 걱정했다.

A sniper was waiting in **ambush** behind a tree.
저격수가 나무 뒤에 매복하고 있었다.

2927 ★

bullion
[búljən]

n. 금은괴; 순금, 순은

China, the world's second-largest **bullion** consumer, has installed gold vending machines in a busy shopping district.
세계에서 두 번째로 큰 금괴 소비 국가인 중국은 번화한 상점가에 금 자동판매기를 설치했다.

MVP sterling n. 순은; 순은 제품; a. 훌륭한
　　　 cf. billion n. 10억; 엄청난 양

2928 ★★★

credit
[krédit]

n. ① 신용, 신뢰 = trust
  ② 명성, 명예; 칭찬; 영예; (공적에 대한) 인정 = honor, kudos; praise
  ③ (금융상의) 신용; 신용 거래[대부], 외상 판매; 채권
  ④ (이수) 단위, 학점 = point, unit
vt. ① 신용하다, 신뢰하다, 믿다 = believe, rely on
  ② (공적·명예 등을) ~에게 돌리다[to]

Homemakers contribute greatly to society, but they do not receive enough **credit** for their work.
가정주부는 사회에 지대한 공헌을 하지만, 일에 대한 인정을 충분히 받지 못한다.

MVP creditor n. 채권자(↔ debtor)
　　　 creditable a. 명예로운; 칭찬할 만한, 평판이 좋은

DAY 59

2929 ★★★
occupy
[άkjəpài]

v. ① (시간·장소·지위 따위를) 차지하다; (시간을) 요하다
② 점령[점거]하다

The building **occupies** an entire block.
그 건물은 한 블록 전체를 차지하고 있다.

The army **occupied** the fortress.
군대는 그 요새를 점령했다.

MVP occupation n. 직업; 점령; 거주
occupant n. 점유자; 거주자
unoccupied a. 사람이 살고 있지 않는, 점거되지 않은

2930 ★★★
congress
[káŋgris]

n. ① 의회, 국회 = diet, legislature, parliament
② (대표자·사절·위원 등의) 회의, 회합 = assembly, conference, convention

The Peruvian **Congress** recently passed a bill to give an official name of the sky in Peru.
페루 의회는 페루 하늘에 공식적인 명칭을 붙이는 법안을 최근 통과시켰다.

2931 ★★
swap
[swap]

v. (물물) 교환하다, 바꾸다 = barter, exchange, interchange, switch, trade
n. 교환, 바꾸기; 교환품

We spent the evening in the pub **swapping** stories about our travels.
우리는 우리가 한 여행에 대해 이야기를 나누며 술집에서 그날 저녁을 보냈다.

MVP swap meet 중고품 시장, (소장품 등의) 교환 모임

2932 ★★
layout
[léiàut]

n. ① (공장 등의) 구획, 배치, 설계; 기획; 배치도 = arrangement, outline
② (신문·잡지 등의 편집상의) 페이지 배정, 레이아웃

May I have a look at the seating **layout** in this theater?
이 극장의 좌석 배치도를 보여주시겠습니까?

2933 ★
gravid
[grǽvid]

a. ① 임신한 = expecting, pregnant
② 전조가 되는, 불길한 = foreboding, ominous
③ 〈비유〉 ~으로 가득 찬, 꽉 찬[with] = crowded, packed

When **gravid**, female chameleons turn dark brown with orange striping to signify to males they have no intention of mating.
임신 중에, 암컷 카멜레온은 수컷에게 짝짓기를 하지 않을 것을 나타내기 위해 주황색 줄무늬를 가진 암갈색으로 변한다.

MVP gravida n. 임신한 여성의 상태; 임산부, 임부

2934 ★★
verisimilitude
[vèrəsimílətjùːd]

n. 정말[진실] 같음, 있을 법함, 신빙성 = authenticity, credibility, plausibility

Art that aims for realism seeks **verisimilitude**.
사실주의를 목표로 하는 예술은 진실성을 추구한다.

MVP verisimilar a. (드물게) 정말[사실]인 듯한, 있을 법한
verisimilarly ad. 정말같이, 그럴싸하게

2935 ★★★
pursue
[pərsúː]

v. ① 뒤쫓다, 추적하다 = chase, follow
② 추구하다 = seek
③ (일·연구 등을) 수행하다, 종사하다 = conduct, perform

The North Korean regime is boasting that it will **pursue** economic growth and develop nuclear weapons at the same time.
북한 정권은 경제 성장과 핵무기 개발을 동시에 추진하겠다고 공언하고 있다.

MVP pursuit n. 추적, 추격; 추구; 속행, 수행, 종사
pursuant a. ~에 따른, ~에 의한, 준(準)한[to]
cf. peruse v. 정독[숙독]하다, 읽다

2936 ★
farce
[fɑːrs]

n. ① 소극(笑劇), 익살극 = burlesque, comedy, satire, slapstick
② 익살, 우스개; 어리석은 짓, 웃음거리 = mockery; absurdity, nonsense

Farce is a dramatic form that derives much of its humor from improbable situations.
소극(笑劇)은 실제로는 있을 수 없는 상황들로부터 많은 유머를 얻어내는 하나의 극 형식이다.

MVP farcical a. 익살맞은, 웃기는, 웃음거리가 된

2937 ★★★
expedite
[ékspədàit]

vt. 촉진시키다; 신속히 처리하다 = accelerate, dispatch, facilitate, hasten

To **expedite** the processing of your claim, include your customer identification number on all correspondence.
귀하의 청구 건을 빨리 처리할 수 있도록 귀하의 고객번호를 모든 서신에 기재하여 주십시오.

MVP expedition n. 탐험 (여행), 원정; 탐험대, 원정대; 신속, 기민
expeditious a. 날쌘, 신속한, 급속한
expeditiously ad. 신속하게, 급속하게

2938 ★★
bridle
[bráidl]

n. ① 굴레(재갈·고삐 등의 총칭); 고삐 = halter, reins
② 구속, 속박, 제어; 구속하는 것 = fetters, restraint, shackles, trammels

Toby kept his tongue under a **bridle** to hide his identity.
토비(Toby)는 자신의 정체를 감추기 위해 말조심을 했다.

MVP keep one's tongue under a bridle 말을 삼가다, 말조심하다

DAY 59

2939 ★

deracinate
[diræsənèit]

vt. ① 근절하다, 뿌리 뽑다 = eradicate, uproot
② (사람을 그가 뿌리 내리고 살던 곳에서) 쫓아내다

The new police chief worked tirelessly to **deracinate** the last vestiges of corruption in his department.
신임 경찰서장은 자신의 부서에서 부패의 마지막 잔재를 근절하기 위해 부단히 노력했다.

2940 ★★★

herd
[hə:rd]

n. ① (함께 살고 함께 먹이를 먹는 동종 짐승의) 떼 = collection, crowd, flock
② 사람의 무리, 군중 = mob, the masses
v. ① (특정 방향으로) 이동하다[하게 하다]
② (짐승을) 몰다

The **herd** of wild cattle treaded under foot the man to death.
사나운 소떼가 그 사람을 짓밟아 죽였다.

2941 ★★

revel
[révəl]

v. ① 주연(酒宴)을 베풀다, 마시고 흥청거리다 = carouse, celebrate
② 한껏 즐기다, 매우 기뻐하다; ~에 빠지다[in] = delight; indulge
③ (시간·돈을) 흥청망청 쓰다, 허비하다[away]
n. (종종 pl.) 술잔치; 흥청망청 떠들기, 환락 = carousal, spree

Some people seem to **revel** in annoying others.
어떤 사람들은 다른 사람들을 짜증나게 하는 것을 대단히 즐기는 것 같다.

> **MVP** reveler n. 주연을 베푸는 사람, 술 마시고 떠드는 사람; 난봉꾼
> revelry n. 술 마시고[흥청망청] 떠들기, 환락
> cf. reveal v. (비밀 등을) 드러내다, 폭로하다

2942 ★★

console
[kənsóul]

vt. 위로하다, 위안하다 = comfort, solace, soothe
n. 조종대, 제어 탁자(컴퓨터를 제어·감시하기 위한 장치), 콘솔

Nothing could **console** him when his wife died.
아내가 죽었을 때 그에게는 그 무엇도 위로가 되지 않았다.

A **console** is a place where people keep a computer screen, television, or stereo.
콘솔은 사람들이 컴퓨터 스크린, 텔레비전, 혹은 전축 등을 두는 장소이다.

> **MVP** consolation n. 위로, 위안
> cf. condole v. 조위하다; 위로하다

2943 ★
regurgitate
[rigə́:rdʒətèit]

v. ① (세차게) 되 내뿜다, 역류시키다[하다]; 토하다 = puke, spew, vomit
② (듣거나 읽은 내용을 별 생각 없이) 그대로 되뇌다, 반복하다
= reiterate, repeat

After eating tainted meat at the restaurant, he **regurgitated** his food in the bathroom.
그는 식당에서 부패한 고기를 먹은 후에 욕실에서 그가 먹은 음식을 토했다.

2944 ★★★
procedure
[prəsí:dʒər]

n. (일 처리의) 순서, 절차, 방법 = method, process

A human embryo was previously created only by using the in-vitro fertilization **procedure**.
이전에는 시험관 수정 절차를 통해서만 인간 배아를 만들 수 있었다.

MVP procedural a. 절차상의, 처리상의

2945 ★
limpid
[límpid]

a. ① 맑은, 투명한 = pellucid, transparent
② 명쾌한 = clear, explicit, lucid

The author wrote in a **limpid** style.
그 작가는 명쾌한 문체로 글을 썼다.

2946 ★★★
assert
[əsə́:rt]

vt. 단언하다, 역설하다, 강력히 주장하다 = allege, claim

A behavioral theory **asserts** that consequences from the environment shape and maintain behaviors.
행동이론에서는 환경에서 비롯된 결과가 행동을 정하고 유지시킨다고 주장한다.

MVP assertion n. 주장, 단언
assertive a. 단언적인, 단정적인
cf. asset n. (부동산과 같은) 자산, 재산; 자산(이 되는 사람이나 물건)

2947 ★
squeamish
[skwí:miʃ]

a. ① 비위가 약한, 구역질이 잘 나는 = nauseated, nauseous, queasy, sick
② (도덕적으로) 지나치게 까다로운, 너무 결벽한 = dainty, fastidious

Some people are **squeamish** about worms.
몇몇 사람들은 벌레를 보면 구역질이 난다.

2948 ★★
testimony
[téstəmòuni]

n. ① (법정에서의) 선서 증언
② 증거 = evidence, proof

She gave **testimony** that the accused man was at home all day.
그녀는 피의자가 온종일 집에 있었다는 증언을 했다.

The pyramids are an eloquent **testimony** to the ancient Egyptians' engineering skills.
피라미드는 고대 이집트의 공학 기술을 보여주는 생생한 증거이다.

MVP testify v. 증명하다; 증언하다
testament n. 유언, 유서; (신과 사람과의) 계약; (사실·정당성 등의) 입증, 증거
testimonial n. (인물·자격 등의) 증명서; 추천장; 감사장, 표창장, 상장, 상금

2949 ★
redolent
[rédələnt]

a. ① 향기로운; (~의) 냄새[향기]가 나는[of, with]
= aromatic, fragrant, perfumed, scented
② 생각나게 하는, 암시하는[of, with] = evocative, reminiscent, suggestive

The mountain air was **redolent** with the scent of pine needles.
그 산의 공기는 솔잎 냄새로 향긋했다.

MVP redolence n. 방향(芳香), 향기
cf. indolent a. 게으른, 나태한

2950 ★★★
incline
[inkláin]

v. ① 기울이다, 경사지게 하다 = tilt
② (마음을) 내키게 하다, ~할 마음이 일게 하다 = dispose

Listeners **inclined** forward to better hear the speaker.
청취자들은 연사의 말을 더 잘 들으려고 몸을 앞으로 기울였다.

I am **inclined** to accept his offer.
나는 그의 제의를 받아들이는 쪽으로 마음이 기울었다.

MVP inclination n. 경향, 성향
inclined a. ~하고 싶은, ~하는 경향이 있는

A. Write the meaning of the following words.

- □ shun _____
- □ anthropoid _____
- □ expose _____
- □ response _____
- □ plaster _____
- □ render _____
- □ myth _____
- □ civil _____
- □ engender _____
- □ mutual _____
- □ suffice _____
- □ disillusion _____
- □ plump _____
- □ stroll _____
- □ odds _____
- □ trounce _____
- □ jettison _____
- □ flair _____
- □ upright _____
- □ ambush _____

- □ bullion _____
- □ credit _____
- □ occupy _____
- □ layout _____
- □ gravid _____
- □ verisimilitude _____
- □ pursue _____
- □ farce _____
- □ expedite _____
- □ bridle _____
- □ herd _____
- □ revel _____
- □ console _____
- □ regurgitate _____
- □ procedure _____
- □ assert _____
- □ squeamish _____
- □ testimony _____
- □ redolent _____
- □ incline _____

※ 주어진 단어의 뜻을 본문에서 확인하시고 틀린 단어의 경우 박스에 체크한 뒤에 나중에 다시 학습하시기 바랍니다.

B. Choose the synonym of the following words.

1. indigence
2. aeon
3. congress
4. limpid
5. deracinate
6. swap
7. customize
8. bud
9. disgrace
10. nefarious

Ⓐ sprout
Ⓑ tailor-make
Ⓒ barter
Ⓓ eradicate
Ⓔ pellucid
Ⓕ disrepute
Ⓖ evil
Ⓗ legislature
Ⓘ eternity
Ⓙ destitution

B. 1. Ⓙ 2. Ⓘ 3. Ⓗ 4. Ⓔ 5. Ⓓ 6. Ⓒ 7. Ⓑ 8. Ⓐ 9. Ⓕ 10. Ⓖ

2951 ★★★

tenacious
[tənéiʃəs]

a. 고집이 센, 집요한, 완강한 = determined, obstinate, stubborn

He is one of the most **tenacious** persons I have ever met.
그는 내가 만난 사람들 가운데 가장 집요한 사람 가운데 하나다.

MVP tenacity n. 고집, 끈기

2952 ★★

envelop
[invéləp]

vt. 싸다, 봉하다, 덮다, 덮어 가리다 = blanket, cover, enclose, swathe, wrap

A winter scarf is used to **envelop** the neck to keep it warm.
겨울 목도리는 목을 따뜻하게 유지하기 위해 목을 감싸는 데 사용된다.

MVP envelope n. 봉투; 덮개, 가리개

2953 ★★

siege
[si:dʒ]

n. ① 포위 공격, 공성(攻城), 포위 작전 = besiege, blockade, encirclement
    ② 끈덕진 권유; 끈질긴 병
vt. 둘러싸다, 포위하다 = beleaguer, besiege

The city was under **siege** on all sides.
그 도시는 사방으로 포위되어 있었다.

2954 ★★

assess
[əsés]

vt. ① (재산·수입 등을) 산정[사정]하다 = appraise, estimate, evaluate
    ② (성질·가치 등을) 판단[평가]하다

They have **assessed** the amount of compensation to be paid.
그들이 지불해야 할 보상액을 사정했다.

I feel this would be a good way of **assessing** his competence.
나는 이것이 그의 능력을 평가하는 좋은 방법이 될 거라고 생각한다.

MVP assessment n. (과세를 위한) 사정, 산정; (사람·사물 등의) 평가, 판단

2955 ★★★

portable
[pɔ́:rtəbl]

a. 휴대용의, 들고 나닐 수 있는

How much should I expect to pay for a good **portable** radio?
좋은 휴대용 라디오 하나 사려면 얼마나 예상해야 하나요?

MVP cf. potable a. 마시기에 알맞은; n. (보통 pl.) 음료, 술

2956 ★★

recital
[risáitl]

n. ① 독주회, 독창회; 한 작곡가의 작품만의 연주회, 리사이틀
    ② 암송, 낭독, 낭송 = reading, recitation
    ③ 상술(詳述), 상설(詳說); 이야기 = account, narrative, relation

He gave his first **recital** when he was just five years old.
그는 불과 다섯 살에 최초의 독주회를 가졌다.

MVP recite v. 암송하다, 낭송하다; 이야기하다
recitation n. 암송, 낭독, 낭송; 자세히 이야기함

2957 ★★★

startle
[stáːrtl]

v. 깜짝 놀라게 하다; 소스라치다, 깜짝 놀라다
= alarm, astonish, astound, surprise

n. 놀람; 깜짝 놀라게 하는 것 = amazement, astonishment

The barking of a dog **startled** me.
개 짖는 소리에 나는 깜짝 놀랐다.

MVP startling a. 놀라운, 깜짝 놀라게 하는

2958 ★

morsel
[mɔ́ːrsəl]

n. ① (음식물의) 한 입, 가벼운 식사 = bite, mouthful, nibble
② 한 조각, 소량, 조금 = bit, fragment, part, piece, slice
③ 맛있는 음식 = ambrosia, feast, good eats, tidbit

The hungry man ate it all, down to the last **morsel**.
굶주린 그 남자는 그것을 마지막 한 점까지 몽땅 다 먹었다.

2959 ★★

annex
v. [ənéks]
n. [ǽneks]

vt. ① 합병하다 = amalgamate, combine, merge, unite
② 부가하다, 첨부하다 = append, attach

n. ① 부속 건물, 별관 = pavilion
② 부가물, 부속 문서, 부록 = addendum, appendix

Israel seized east Jerusalem in the 1967 Mideast war and later **annexed** it.
이스라엘은 1967년 중동전쟁 때 동 예루살렘을 장악했고 나중에 합병했다.

MVP annexation n. 부가; 합병; 부가물; 합병된 영토

2960 ★★★

contagion
[kəntéidʒən]

n. ① (접촉) 전염[감염] = infection, transmission
② (사상·태도·감정·악평 등의) 전파, 전염

Cholera spreads by **contagion**.
콜레라는 접촉 전염으로 퍼진다.

It is difficult to prevent **contagion** in densely populated areas.
인구 밀집 지역에서는 전염을 방지하기 어렵다.

The **contagion** of corruption is not confined to business or to Government.
부정부패의 확산은 기업이나 정부에 국한되지 않는다.

MVP contagious a. 전염성의; 만연하는, 전파하는

DAY 60

2961 ★★★

spiritual
[spíritʃuəl]

a. ① 정신의, 영적인 = immaterial, incorporeal
② 종교적인 = divine, holy, religious

The **spiritual** strength is just the motive power of victory.
정신력이 바로 승리의 원동력이다.

MVP spirit n. 정신, 영혼; 독한 술, 독주

2962 ★

maul
[mɔːl]

vt. 거칠게 다루다; 혹평하다 = abuse, ill-treat

We must prevent one person from **mauling** another.
우리는 사람들이 서로 상대방을 거칠게 다루지 못하게 막아야 한다.

2963 ★★★

uneasy
[ʌníːzi]

a. 불안한, 우려되는; (몸이) 불편한, 불쾌한 = anxious, worried; troubled

Americans are **uneasy** when a President does not act decisively.
미국 국민들은 대통령이 단호하게 행동하지 못할 때는 불안감을 느낀다.

MVP uneasiness n. 불안, 걱정(= anxiety)

2964 ★★★

eliminate
[ilímənèit]

vt. ① 제거하다, 배제하다, 몰아내다 = eradicate, erase, obliterate
② 고려하지 않다, 무시하다; (예선 등에서) 실격시키다, 탈락시키다

She **eliminated** all errors from the typescript.
그녀는 타이프로 친 원고에서 틀린 것을 모두 없앴다.

That team suffered the shame of being **eliminated** in the preliminaries.
그 팀은 불명예스럽게도 예선에서 탈락했다.

MVP elimination n. 배제, 삭제, 제거; <경기> 예선

2965 ★★

spice
[spais]

n. ① 양념, 향신료 = condiment, flavor, seasoner, seasoning
② 흥취, 묘미 = excitement, interest, kick, zest

His humor lent **spice** to his lecture.
유머가 그의 강의에 묘미를 더해 주었다.

MVP spicy a. 양념을 친; 매운, 맛있는

2966 ★★★
inaugurate
[inɔ́:gjurèit]

vt. ① 취임시키다 = induct, install, instate
② 개시하다, 시작하다 = begin, initiate, launch
③ (새 시대를) 열다, 개시[발족]하다

He will be **inaugurated** as President in January.
그는 1월에 대통령으로 취임하게 된다.

The new theatre was **inaugurated** by the mayor.
시장은 그 새 극장의 개관을 선언했다.

The moon landing **inaugurated** a new era in space exploration.
달 착륙은 우주 탐험에 새로운 시대가 개시되었음을 알렸다.

MVP inauguration n. 취임, 취임식; 개시
inaugural a. 취임(식)의, 개시의

2967 ★★
hermit
[hə́:rmit]

n. 수행자; 은둔자, 은거자 = monk; anchorite, recluse

Although he is a **hermit**, he is not lonely.
비록 은둔자이지만, 그는 외롭지 않다.

2968 ★★★
reserve
[rizə́:rv]

v. ① (미래 혹은 어떤 목적을 위하여) 떼어두다, 비축하다
= save, stockpile, store
② 예약하다 = book, engage
③ (판단·처리 등을) 보류[유보]하다, 연기하다 = defer, delay, postpone
n. ① 비축, 저장; 예비[보존]품 = fund, reservoir, stock, store, supply
② (pl.) (석유·석탄 등의) 매장량 = deposit
③ 보류, 유보
④ 삼감; 자제

Reserve your strength for the climb.
등산에 대비하여 힘을 아껴 둬라.

These children have a huge **reserve** of latent talent.
이 아이들은 잠재된 재능을 엄청나게 많이 지니고 있다.

MVP reservation n. 보류; 조건, 제한, 단서(但書); 예약; 사양, 삼감
reserved a. 보류된; 예비의; 겸양하는, 수줍어하는, 말없는, 내성적인
without reserve 솔직히, 기탄없이, 거리낌 없이; 무조건으로

2969 ★★★
decisive
[disáisiv]

a. ① 결정적인, 결말짓는; 중대한 = conclusive; crucial, momentous, significant
② 과단성 있는, 단호한 = decided, determined, firm, resolute

The Constitutional Court's ruling is **decisive** in itself and cannot be appealed.
헌법재판소의 판결은 그 자체가 최종 판결이며 따라서 판결에 대해 항소할 수 없다.

MVP decisively ad. 결정적으로, 단호히
↔ indecisive a. 결단성이 없는, 우유부단한

DAY 60

2970 ★
nicety
[náisəti]

n. ① 정확성, 정밀성; 꼼꼼함 = accuracy, exactness, precision
② 세부 사항, 미세한 차이점; 미묘 = delicacy, nuance, refinement, subtlety
③ (감정·취미의) 섬세, 까다로움; 다루기 힘듦 = fastidiousness, particularity

I'm afraid I don't understand the **nicety** of your argument.
당신이 하는 주장의 미세한 차이점을 내가 잘 이해하지 못하고 있는 것 같다.

MVP to a nicety 세밀한 점까지, 정확하게, 꼼꼼하게(= exactly)

2971 ★★
digress
[daigrés]

vi. (이야기가) 옆길로 빗나가다, 본제를 벗어나다, 여담을 하다, 지엽(枝葉)적인
면으로 흐르다, 탈선하다[from]

The professor's lecture often **digresses** from the main topic.
그 교수님의 강의는 주제에서 자주 빗나간다.

She always **digresses** when telling a story.
그녀는 이야기할 때 항상 딴 길로 샌다.

MVP digressive a. 옆길로 벗어나기 쉬운; 본론을 떠난, 여담의, 지엽적인
digression n. 본제를 벗어나 지엽으로 흐름, 여담

2972 ★★
anachronism
[ənǽkrənìzm]

n. 시대착오, 시대착오적인 사람[것, 관습]; 연대[날짜]의 오기(誤記)

It is an **anachronism** to say that Shakespeare typed his manuscripts.
셰익스피어가 원고를 타이핑했다고 말하는 것은 시대착오이다.

MVP anachronistic a. 시대착오의

2973 ★★★
waver
[wéivər]

vi. ① 흔들리다; (불길 등이) 너울거리다; (목소리가) 떨리다 = flicker; tremble
② 망설이다, 주저하다 = dither, falter, hesitate, vacillate
n. 동요, 망설임; 흔들림 = hesitation, vacillation

He's a leader who doesn't flinch, who doesn't **waver**, and does not back down.
그는 주저하지 않고 흔들리지 않고 물러서지 않는 지도자이다.

MVP wavering a. 흔들리는, 펄럭이는; 떨리는; 주저하는
waveringly ad. 동요되어, 흔들려서; 주춤거려, 주저하여
wave n. 파도, 물결; v. (손·팔을) 흔들다; (바람 등에) 흔들리다, 나부끼다
flag-waver n. 선동가(= agitator)
cf. waiver n. (권리의) 포기, 기권, (지불 의무 등의) 면제

2974 ★★

terrestrial
[təréstriəl]

a. ① 지구의, 지구상의, 지상의; 현세의, 속세의 = earthly, terrene
② 육지의, 육상의; 육지에 사는
③ (방송 시스템이 위성이 아닌) 지상파를 이용하는
n. 지구상의 생물; 인간

The county is positioned above the **terrestrial** equator.
그 나라는 지구상의 적도 위에 위치해있다.

Of all **terrestrial** beings, man is the most noble.
육지에 사는 모든 생물들 중에서 인간이 가장 고귀하다.

MVP extraterrestrial a. 지구 밖의, 외계의; n. (이야기 속의) 외계인, 우주인
cf. celestial a. 하늘의; n. 천인(天人), 천사

2975 ★★★

convict
v. [kənvíkt]
n. [kánvikt]

vt. 유죄를 선고하다, 유죄를 입증하다 = condemn
n. 유죄 선고를 받은 사람, 기결수, 죄수 = criminal, prisoner

The military court **convicted** him of murder.
군사 법정은 그에게 살인에 대해 유죄를 선고했다.

The police are searching the area for an escaped **convict**.
경찰은 탈옥수를 찾기 위해 그 지역을 수색 중에 있다.

MVP ex-convict n. 전과자

2976 ★★

venue
[vénjuː]

n. 사건의 현장; (스포츠 경기·회담 등의) 장소, 개최지; 재판지
= locale, place, scene

The band will be playing at 20 different **venues** on their UK tour.
그 밴드는 영국 순회공연 중에 20곳의 다른 장소에서 공연할 것이다.

Please note the change of **venue** for this event.
이번 행사의 장소 변경에 유념해 주십시오.

MVP cf. avenue n. (도시의) 거리, -가; 대로, 큰 거리; (나아갈) 길, 수단, 방안

2977 ★★

polish
[páliʃ]

v. ① 닦다, 윤[광]을 내다 = buff, burnish, shine, wax
② 다듬다, 품위 있게 하다, 세련되게 하다; (문장의 글귀 등을) 퇴고하다 = refine
n. ① 광택제 = glaze, lacquer, varnish, wax
② 닦기, 광내기; 광택, 윤 = brilliance, gloss, luster, sheen
③ (태도·작법 등의) 세련, 품위 = refinement

Study hard and **polish** your English skills!
열심히 공부하여 여러분의 영어실력을 갈고 닦으십시오!

MVP polished a. 닦아진; 광택 있는; 품위 있는, 세련된

DAY 60

2978 ★

gaudy
[gɔ́:di]

a. 화려한; (색깔이) 야한, 천박한, 속되게 사치스러운 = garish, showy

I think the color of this clothes is rather **gaudy**.
이 옷은 색깔이 점잖지 못한 것 같아요.

Many of San Francisco's **gaudy** 19th century Victorian houses were lost in the earthquake.
샌프란시스코에 있는 19세기 빅토리아 양식의 화려한 가옥들 가운데 상당수는 지진으로 소실되었다.

2979 ★★

retort
[ritɔ́:rt]

v. ① (비난·모욕 등에) 보복하다, 앙갚음하다
　② 반론[반박]하다, 말대꾸하다, 쏘아붙이다, 응수하다 = reply, respond
n. 재치 있는 응수 말대꾸; 앙갚음, 보복 = rejoinder, riposte

She offered to help me, but I **retorted** that I could do it myself.
그녀가 나를 도와주겠다고 제안했지만 나는 혼자서도 해낼 수 있다고 응수했다.

2980 ★★★

asset
[æset]

n. ① (pl.) 자산, 재산 = possessions, property
　② 이점, 장점 = advantage, benefit, merit, strength

Her **assets** include shares in the company and a house in France.
그녀의 재산에는 그 회사의 주식과 프랑스에 있는 주택 한 채가 포함된다.

The actor was afraid that his accent would be a hindrance, but it turned out to be an **asset**.
그 배우는 자신의 억양이 장애가 되지 않을까 걱정했었지만, 그 억양은 오히려 장점이 되었다.

2981 ★★

pore
[pɔ:r]

vi. ① (책 따위를) 자세히 보다; 차분히 연구하다, (독서·연구에) 열중하다
　② 숙고하다, 열심히[골똘히] 생각하다 = contemplate, ponder, speculate
n. 털구멍; 기공(氣孔), 작은 구멍

I should like to have time to **pore** over a book.
나는 차분히 책을 읽을 시간을 가지고 싶다.

They were **poring** upon the problem.
그들은 그 문제를 골똘히 생각하고 있던 중이었다.

MVP porous a. 작은 구멍이 많은, 다공성의

2982 ★★

indisputable
[ìndispjú:təbl]

a. 논의[반박]의 여지가 없는, 명백[확실]한 = incontrovertible, unquestionable

Police have **indisputable** proof that the shotgun is yours.
경찰은 그 엽총이 네 것이라는 명백한 증거를 가지고 있다.

2983 ★

crucify
[krúːsəfài]

vt. ① 십자가에 못 박다; 십자가에 매달아 죽이다
② 호되게 비판하다, 혹평하다, 여럿이 규탄하다
③ 몹시 괴롭히다; 박해하다 = excruciate, torment, torture; persecute

The prime minister was **crucified** in the press for his handling of the affair.
그 총리는 그 문제의 처리를 두고 언론의 호된 질타를 받았다.

MVP crucifix n. 십자가에 못 박힌 예수상; 십자가

2984 ★★★

loaf
[louf]

v. 빈둥거리다, 놀고먹다 = dawdle, idle, loiter
n. (일정한 모양으로 구워 낸 빵의) 덩어리, 빵 한 덩어리

He **loafed** around the house all day.
그는 하루 종일 집안에서 빈둥거렸다.

2985 ★

brunt
[brʌnt]

n. (공격의) 예봉, 주력

Schools will bear the **brunt** of cuts in government spending.
학교가 정부 지출 삭감으로 가장 큰 타격을 받게 될 것이다.

2986 ★★★

grant
[grænt]

v. ① 주다, 수여하다, 부여하다 = award, bestow, give, present
② 승인하다, 허가하다; 인정하다 = accept, admit, allow; concede
n. ① 보조금, 조성금, 하사금 = contribution, donation, endowment, subsidy
② 수여, 교부; 허가, 인가 = approval, permission

The prestigious high schools and universities **grant** scholarships to outstanding chess players.
명문 고등학교와 대학교들은 뛰어난 체스 선수들에게 장학금을 준다.

2987 ★★

finesse
[finés]

n. ① 솜씨, 수완 = acumen, craft, skill
② 책략, 술책 = artifice, maneuver, stratagem

The surgeon sewed up the wound with **finesse**, making stitches so small one could barely see them.
그 의사는 상처를 기막힌 솜씨로 꿰매어, 꿰맨 자국이 너무나 작아 거의 알아볼 수 없었다.

DAY 60

2988 ★★★

conquer
[káŋkər]

v. ① 정복하다 = master, subjugate, subdue, vanquish
② (다루기 힘든 것을) 타파하다, 극복하다 = beat, defeat, overcome

During a ten-year period, Napoleon **conquered** most of the Baltic States and Spain.
10년 동안, 나폴레옹(Napoleon)은 발트해 국가 대부분과 스페인을 정복했다.

MVP conquest n. 정복; 획득
conqueror n. 정복자; 승리자

2989 ★★

poach
[poutʃ]

v. ① 밀렵하다
② (남의 권리·영역 등을) 침범[침해]하다 = encroach, infringe, trespass

Poaching has been a serious problem and threat to the elephant populations.
밀렵은 심각한 문제이며, 코끼리의 개체수에 위협이 되고 있다.

MVP poacher n. 밀렵꾼
cf. porch n. 현관, 입구, (현관의) 차를 대는 곳

2990 ★

onus
[óunəs]

n. 부담, 무거운 짐; 책임, 의무 = burden, weight; duty, liability, responsibility

A defendant is innocent until proven guilty, and the **onus** of proof rests with the prosecution.
피고는 유죄가 증명되기 전까지 무죄이며, 증명의 책임은 검찰에 달려 있다.

MVP lay[put] the onus on ~에게 책임을 돌리다

2991 ★★★

authenticate
[ɔ:θéntəkèit]

vt. 진짜임을 증명[입증]하다 = corroborate, substantiate, validate, verify

The letter has been **authenticated** by handwriting experts.
그 편지는 필체 전문가들에 의해 진짜임이 밝혀졌다.

Experts have **authenticated** the writing as that of Byron himself.
그 글은 바이런이 직접 쓴 것임을 전문가들이 입증했다.

MVP authentic a. 진본인, 진짜인, 정확한
authentically ad. 확실히, 진짜처럼, 믿을만하게

2992 ★

precinct
[prí:siŋkt]

n. ① (행정상의) 관구(管區); (지방) 선거구; (경찰서의) 관할 구역 = district
② (교회 등의) 경내(境內); 구내 = section, zone
③ (보통 pl.) 경계; 주위, 주변, 부근 = border, boundary; neighborhood

The cop on the beat knows his or her **precinct** better than anybody else in city government.
순찰 중인 경찰이 시 당국의 그 누구보다 자신의 관할 구역에 대해 잘 알고 있다.

2993 ★★

forerunner

[fɔ́:rrʌnə:r]

n. 선구자; 선조; 전조 = ancestor, harbinger, precursor, progenitor

Black clouds are **forerunners** of a storm.
먹구름은 폭풍의 전조이다.

MVP cf. foreman n. (노동자의) 십장(什長), 공장장, 감독

2994 ★★

repeal

[ripí:l]

vt. (법률 등을) 무효로 하다, 폐지[폐기]하다, 철회하다 = abrogate, annul, rescind
n. (법률의) 폐지, 폐기, 취소, 철회 = abrogation, annulment

The USA **repealed** slavery in the 19th century.
미국은 19세기에 노예 제도를 폐지했다.

2995 ★★

buoy

[bú:i]

n. 부표, 찌
v. ① 뜨게 하다; 뜨다, 떠오르다[up] = drift, float
  ② (희망·용기 등을) 지속케[잃지 않게] 하다, 기운을 북돋우다[up]
    = animate, encourage, energize, inspirit

The **buoy** is an object that floats on the sea to mark a safe or dangerous area.
부표는 바다에 떠 있는 채로 안전한 지역인지 위험한 지역인지를 알려 주는 물체이다.

MVP buoyancy n. 부력, 뜨는 성질; 쾌활함, 낙천적인 성질
buoyant a. (물건이) 부력이 있는, 뜨기 쉬운; 기운을[활기를] 돋우는; 기운찬, 명랑한

2996 ★

dissimulate

[disímjulèit]

v. (감정 등을) 숨기다; 모르는 체하다, 시치미 떼다
  = conceal, cover, disguise, dissemble, hide, mask, pretend

She tried to **dissimulate** her grief by her exuberant attitude.
그녀는 매우 활기찬 태도로 자신의 슬픔을 숨기려 했다.

MVP dissimulation n. (감정을) 감춤; 시치미 뗌; 위선; <정신의학> 질환 은폐
cf. simulate v. ~한 체[척]하다, 가장하다; 모의 실험하다, 시뮬레이션하다

2997 ★★

surname

[sə́:rnèim]

n. ① 성(姓) = family name, last name
  ② 별명, 다른 이름
vt. ~에게 별명[성]을 붙이다; 별명[성]으로 부르다 = dub, nickname

We have the same **surname**, but are not related by blood.
우리는 성이 같지만 같은 핏줄은 아니다.

MVP cf. patronymic a. 아버지[조상]의 이름을 딴; n. 아버지의 이름을 딴 이름; 성(姓)
cf. matronymic a. 모친[모계 조상]의 이름에서 딴; 모친의 이름에서 딴 이름

DAY **60**

727

2998 ★★★

corporation
[kɔ̀ːrpəréiʃən]

n. ① 기업, 회사, 법인, 사단법인, 협회
② 유한회사, 주식회사 = limited company, joint-stock company

Samsung is the biggest **corporation** in South Korea.
삼성은 한국에서 가장 큰 회사이다.

MVP corporate a. 법인[회사]의; 단체의, 집합적인; 공동의
cf. cooperation n. 협력, 협동, 제휴

2999 ★★

encumber
[enkʌ́mbər]

vt. 방해하다, 지장을 주다; (빚·의무 등을) 지우다; (장애물로 장소를) 막다

TV sound **encumbered** everybody.
TV 소리가 모든 사람들을 방해했다.

His overcoat **encumbered** his movement.
그는 외투를 입은 탓에 움직이기가 힘들었다.

MVP encumbrance n. 장애물, 귀찮은 것(= burden, impediment, obstacle)

3000 ★

logrolling
[lɔ́ɡròuliŋ]

n. (의원 간의) 상호 원조, 결탁; (동업자 사이의) 상부상조

How does **logrolling** influence a legislative process?
입법과정에서 의원 간의 상호원조가 입안과정에서 어떻게 영향을 미치는가?

MVP logroll v. (의안을) 협력[결탁]하여 통과시키다; 의안 통과에 협력하다
cf. railroad a bill 법안을 무리하게 통과시키다

A. Write the meaning of the following words.

- ☐ tenacious _____
- ☐ envelop _____
- ☐ siege _____
- ☐ portable _____
- ☐ recital _____
- ☐ morsel _____
- ☐ contagion _____
- ☐ spiritual _____
- ☐ maul _____
- ☐ eliminate _____
- ☐ inaugurate _____
- ☐ hermit _____
- ☐ reserve _____
- ☐ decisive _____
- ☐ nicety _____
- ☐ digress _____
- ☐ anachronism _____
- ☐ waver _____
- ☐ convict _____
- ☐ venue _____

- ☐ polish _____
- ☐ gaudy _____
- ☐ retort _____
- ☐ asset _____
- ☐ pore _____
- ☐ crucify _____
- ☐ loaf _____
- ☐ brunt _____
- ☐ grant _____
- ☐ finesse _____
- ☐ conquer _____
- ☐ poach _____
- ☐ authenticate _____
- ☐ precinct _____
- ☐ forerunner _____
- ☐ buoy _____
- ☐ dissimulate _____
- ☐ surname _____
- ☐ encumber _____
- ☐ logrolling _____

※ 주어진 단어의 뜻을 본문에서 확인하시고 틀린 단어의 경우 박스에 체크한 뒤에 나중에 다시 학습하시기 바랍니다.

B. Choose the synonym of the following words.

1. repeal
2. onus
3. uneasy
4. startle
5. annex
6. corporation
7. assess
8. indisputable
9. spice
10. terrestrial

Ⓐ condiment
Ⓑ earthly
Ⓒ amalgamate
Ⓓ company
Ⓔ surprise
Ⓕ appraise
Ⓖ abrogate
Ⓗ anxious
Ⓘ burden
Ⓙ unquestionable

B. 1. Ⓖ 2. Ⓘ 3. Ⓗ 4. Ⓔ 5. Ⓒ 6. Ⓓ 7. Ⓕ 8. Ⓙ 9. Ⓐ 10. Ⓑ

APPENDIX

a bird's eye view   조감도; 전경; (사물의) 개관

The camera gave us a bird's eye view of the golf course.
그 카메라는 우리에게 골프장 전경을 보여주었다.

a breath of fresh air   청량제 같은 사람[것]

Her brisk treatment of an almost taboo subject was a breath of fresh air.
금기나 다름없는 주제를 활기 있게 다루는 그녀의 모습은 일종의 청량제와 같았다.

a castle in the air[in Spain]   공중누각, 터무니없는 공상, 백일몽(= absent-minded dreaming while awake)

Even if you have built castles in the air, your work need not be lost; that is where they should be.
만약 당신이 공중누각을 세웠더라도 노력은 헛되지 않다. 그것은 있어야 할 곳에 있다.

a dime a dozen   흔해빠진, 싸구려의

There is no need to get excited or worried about finding something that is a dime a dozen.
흔해 빠진 것을 발견하는 것에 대해 흥분하거나 걱정할 필요는 없다.

a drop in the bucket[ocean]   바다의 물 한 방울, 새 발의 피; 극소량(= an insignificant amount)

When I think how many people there are in the world, I realize that my own problems are just a drop in the bucket.
세상에 사람들이 얼마나 많은지를 생각하면 나의 문제는 그저 새 발의 피라는 것을 깨닫게 된다.

a fish out of water   물 밖에 나온 고기(낯선 환경에 불편해 하는 사람)

When an individual enters a strange culture, he is like a fish out of water.
사람들이 낯선 문화 안으로 들어갈 때, 그는 물 밖에 나온 물고기처럼 된다.

a needle in a haystack   건초 더미에서 바늘 찾기(거의 불가능한 일을 의미)

The work is often compared to finding a needle in a haystack, and days passed without any trace of the jumbo jet.
그 일은 건초 더미에서 바늘을 찾는 일에 종종 비유되며 점보제트기의 어떤 흔적도 발견하지 못하고 며칠이 지났다.

a nest egg   밑천, 비상금, 저축금

Each thought that is welcomed and recorded is a nest egg, by the side of which more will be laid.
마음에 들어서 기록되는 각각의 생각은 하나의 귀중한 밑천이 되어서, 그 옆에 더 많은 생각들이 쌓이게 될 것이다.

a slap on the wrist   경고, 가벼운 꾸지람(= a soft punishment)

Many judges let a lot of criminals go with a slap on the wrist.
많은 판사들이 수많은 범인들에게 약한 처벌을 하고 있다.

a thorn in one's side[flesh] 골칫거리, 걱정거리

That neighbor was a thorn in my side for years, until he finally moved away.
그가 마침내 이사를 갈 때까지 그 이웃은 오랫동안 나의 골칫거리였다.

abide by (규칙·약속 등을) 따르다, 준수하다(= comply with, follow, obey, observe, stick to)

The corporations said they are fully willing to abide by regulations to help control pollution and a rising population.
기업들은 공해와 증가하는 인구를 통제하는 데 도움이 되도록 기꺼이 규칙을 따르겠다고 말하였다.

above all (else) 무엇보다도 (중요한 것은), 특히(= most important of all, principally)

What most students need above all else is practice in writing.
대부분의 학생들에게 무엇보다도 필요한 것은 글쓰기 연습이다.

abstain from ~을 삼가다[그만두다](= refrain from)

You need to abstain from alcohol for 24 hours before the medical check-up.
건강검진을 받기 전에 24시간 동안 금주를 할 필요가 있다.

abstract A from B B에서 A를 분리[추출]하다

Because of the pollution, water companies are no longer able to abstract drinking water from the river.
오염으로 인해 수도 회사들은 그 강으로부터 더 이상 식수를 끌어올 수 없다.

account for 설명하다(= explain); (부분·비율을) 차지하다(= form); ~의 원인이 되다(= cause)

Random mutations may account for two-thirds of the risk of getting many types of cancer.
무작위적 돌연변이는 많은 종류의 암에 걸릴 위험의 3분의 2를 차지할지도 모른다.

across the board 전면적으로, 일괄적으로(= on every item, overall, uniformly)

The company increased the salaries by 10% across the board.
그 회사는 임금을 일괄적으로 10% 인상했다.

add up to 합계 ~이 되다; 결국 ~이 되다; ~을 의미하다(= mean)

I refuted Billy's mathematical proof by showing him that it depended on two and two adding up to five.
나는 빌리(Billy)에게 그것은 2 더하기 2는 5가 된다는 논리에 의존해 있다는 것을 보여줌으로써 그의 수학적 증명을 반박했다.

again and again 몇 번이고, 되풀이해서(= recurrently, repeatedly)

Megan and Ted talked about their holiday again and again.
메간(Megan)과 테드(Ted)는 그들의 휴일에 대해 몇 번이고 이야기했다.

all at once 동시에; 별안간, 갑자기(= all of a sudden, on a sudden, suddenly, unexpectedly)

All at once, the sky became dark and it started to pour.
갑자기 하늘이 어두워지더니 비가 쏟아지기 시작했다.

all but 거의(= almost, very nearly); ~외에는 모두

Individuals die, but the culture which flows through them, and which they help to create and to change, is all but immortal.
개개인들은 죽지만, 개개인들 사이를 흘러가며 개개인들의 도움으로 창조되고 변화되는 문화는 거의 영원하다.

all or nothing 양자택일의; 모든 것을 건; 전부 아니면 아무것도 아닌
(= all-or-none, occurring completely or not occurring at all)

The "all or nothing" choice that is presented to the voter at election time gives him less control over his government.
선거에서 유권자에게 부여되는 '양자택일'의 선택은 유권자에게 정부에 대한 통제권을 덜 준다.

all the same 그래도, 그럼에도 불구하고(= nonetheless)

Translation seems to be a necessary evil, never quite right but indispensable all the same.
번역은 전적으로 옳지는 않지만 그럼에도 불구하고 없어서도 안 되는 필요악인 것처럼 보인다.

all things being equal 모든 조건이 같다면[그대로라면]

All things being equal, I would rather buy a car which a dealer has in stock.
모든 조건이 같다면, 나는 딜러가 가지고 있는 차를 구매하고 싶다.

all thumbs 일손이 아주 서툰, 재주가 없는(= awkward, clumsy)

When it come to undoing the strings of the parcel, he is all thumbs.
소포 끈을 푸는 것에 관해서라면 그는 매우 손재주가 없다.

amount to (합계가) ~에 이르다[달하다]

It is reported that his wealth amounts to 7.2 billion dollars.
그의 재산은 72억 달러에 달한다고 보고되고 있다.

anything but 결코 ~가 아닌(= never)

The media once portrayed the governor as anything but ineffective.
대중매체들은 한때 그 주지사가 전혀 무능하지 않다고 묘사했다.

apart from ~를 제외하고, ~외에는; ~와는 별개로(= aside from, except for, independently of)

Apart from a number of tourists around Westminster, London has virtually turned its back on the Thames.
웨스트민스터 주변에 모여드는 많은 관광객들을 제외하고 런던은 템스 강에 사실상 등을 돌렸다.

apply for ~에 지원하다

Those who are interested in applying for the position should submit their detailed resumes to the Personnel Department.
그 자리에 지원하고 싶은 사람들은 상세한 이력서를 인사과에 제출해야 한다.

around the clock 24시간 내내, 밤낮없이, 쉬지 않고(= all day and night)

Two outlets are for devices that need to stay on around the clock, like your Wi-Fi router or answering machine.
2개의 콘센트는 무선 인터넷 라우터나 자동응답기처럼 24시간 전원이 켜져 있어야 하는 장치를 위한 것이다.

around the corner 목전에 있는, 코앞에 와 있는, 임박한

Cars that need no driver are just around the corner according to Google.
구글(Google)에 따르면, 운전자를 필요로 하지 않는 자동차의 출현이 임박해 있다.

as a matter of fact 사실은(= really)

He usually had a good excuse, as a matter of fact.
사실 그에게는 보통 좋은 변명거리가 있었다.

as clear as mud 어려운, 이해되지 않는, 종잡을 수 없는

The explanation my math teacher gave me was as clear as mud so I could not understand it at all.
수학 선생님이 내게 해준 설명이 매우 어려웠기 때문에 나는 그것을 전혀 이해할 수 없었다.

(as) cool as a cucumber (특히 곤란한 상황에서) 대단히 침착한, 태연자약한

The president was as cool as a cucumber even under the pressure.
그 대통령은 심한 압력을 받으면서도 아주 침착했다.

(as) deaf as a post 귀가 하나도 안 들리는

You'll have to shout; she's as deaf as a post.
너는 소리쳐야만 한다. 그녀는 귀가 전혀 안 들리니까.

(as) hungry as a bear 몹시 시장한; 아주 배고픈

She was as hungry as a bear because she didn't have breakfast.
그녀는 아침식사를 하지 않았기 때문에 몹시 배가 고팠다.

as like as two peas (in a pod) 꼭 닮은, 쌍둥이같이 닮은

Those seven-year-old identical twin brothers are as like as two peas.
그 일곱 살짜리 일란성 쌍둥이 형제는 꼭 닮았다.

(as) mad as a hatter 아주 미친, 정신이 완전히 돈; 몹시 화난

My neighbor is as mad as a hatter and we never know what she will do next.
내 이웃은 아주 미쳐서 우리는 그녀가 다음에 무슨 행동을 할지 모른다.

as often as not 종종, 자주, 대체로(= more often than not, usually)

As often as not, he's late for work.
직장에 그는 자주 지각한다.

as opposed to ~에 대립되는 것으로서; ~와는 대조적으로, ~에 정반대로

Reality shows cost an average of $400,000 per hour to produce as opposed to $2 million an hour for dramatic series.
드라마 시리즈 1시간 당 평균 제작비 200만 달러와는 대조적으로 리얼리티 쇼는 평균 40만 달러가 든다.

(as) right as rain 아주 건강한[상태가 좋은]

You will be as right as rain as soon as you are back in your own home with your baby.
아기와 함께 집으로 돌아가자마자 당신은 건강을 완전히 되찾을 것이다.

as sick as a dog 너무 아픈; 많이 토하는

When she caught the flu, she was as sick as a dog.
그녀는 독감에 걸려서 너무 아팠다.

as thick as thieves 아주 가까운, 친밀한(= very closely allied, very friendly)

David and Larry have been as thick as thieves for years.
데이비드(David)와 래리(Larry)는 수년 동안 아주 친했다.

ascribe A to B A를 B의 탓으로 돌리다(= attribute A to B, impute A to B)

She ascribed her successful life to hard work.
그녀는 자신이 성공한 것은 열심히 일을 한 덕분이라고 했다.

at a loss 어찌할 바를 모르는, 당황한(= (all) at sea, at one's wit's end, embarrassed, perplexed)

Most people are at a loss to think of anything sufficiently pleasant to be worth doing.
대부분의 사람들은 할 만한 가치가 있을 만큼 충분히 유쾌한 어떤 것을 생각해 내느라 갈팡질팡한다.

at first hand 직접적으로, 직통으로(= directly)

Our children could travel around the world and learn the customs and thoughts of other people at first hand.
우리 아이들은 전 세계를 여행하며 다른 나라 사람들의 관습과 생각을 직접 배울 수 있을 것이다.

MVP cf at second hand 간접적으로(= indirectly)

at hand   가까이에; 가까운 장래에, 머지않아; 즉시 쓸 수 있도록 (준비하여)

I need an English dictionary constantly at hand.
나는 늘 곁에 두고 쓸 영어사전 한 권이 필요하다.

at large   (명사 뒤에서) 전체적인, 일반적인; (위험한 사람·동물이) 잡히지 않은[활개 치고 다니는]

The company is obliged to convert into a public company by issuing stock to investors at large.
그 회사는 일반 투자자들에게 주식을 발행해서 주식회사로 바꿔야 할 의무가 있다.

at odds with   ~와 불화하여(= in conflict with, in disagreement with)

My interest in war is how the brutality of the experience often appears to be at odds with the nature of the people fighting in it.
전쟁을 겪는 경험의 잔인성이 전쟁에서 싸우는 사람들의 본성과 어떻게 종종 상충되어 보이는지가 전쟁에 대한 나의 관심사이다.

at once   즉시, 곧(= immediately); 동시에, 한꺼번에

As he received a letter from his son, the old man at once felt the resolution he had built up over so many years falling in.
아들에게서 온 편지를 받고 그 노인은 오랫동안 굳혀 왔던 결심이 한꺼번에 무너지고 있다는 것을 즉시 느꼈다.

at once A and B   A하기도 하고 B하기도 한(= both A and B)

Tears of at once joy and sorrow flowed down from her eyes.
기쁘기도 하고 슬프기도 한 눈물이 그녀의 눈에서 흘러내렸다.

at one's disposal   ~의 마음대로 이용[사용]할 수 있게

My bottom line is that you've had my knowledge, such as it is, at your disposal.
내 말의 요점은 비록 변변치 못하지만, 당신은 내가 가진 지식을 마음대로 사용할 수 있다는 것이다.

at one's wit's[wits'] end   어찌할 바를 모르고

We are at our wits' end trying to solve the problem.
우리는 그 문제를 해결하려고 노력하는 데 속수무책이다.

at random   무작위로, 임의로, 닥치는 대로(= aimlessly, indiscriminately)

He asked a lot of questions at random.
그는 무작위로 많은 질문을 했다.

at sixes and sevens   난잡하게, 혼란하여

I've just moved to a new place and everything is still at sixes and sevens.
얼마 전에 새로 이사를 와서 여전히 모든 것이 혼란스럽다.

at stake (돈·목숨·운명이) 걸려 있는; 위태로운(= at risk, in danger)

It is impossible to remain indifferent to political parties when great issues are at stake.
중대한 문제가 걸려 있을 때 정당들에 대해 무관심한 상태로 있는 것은 불가능하다.

at the expense of ~의 비용으로, ~의 희생으로(= at the cost of)

The visual arts may enhance right-brain function, though not at the expense of verbal specialization in the left hemisphere.
시각 예술은 좌반구의 언어적 전문화를 희생시키지 않고서도 우뇌 기능을 향상시킬 수 있다.

at the mercy of ~의 처분[마음]대로, ~에 좌우되어(= wholly in the power of)

We may be at the mercy of social or economic forces, but we, as citizens, can work to change our society.
우리는 사회적 혹은 경제적 힘에 좌우될 수 있지만, 시민으로서 우리 사회를 변화시키기 위해 노력할 수 있다.

> **MVP** be[lie] at the mercy of ~에 좌우되다, ~의 마음대로이다

at the same time 동시에(= simultaneously)

As strange as it may sound, both John and Anne reached the same conclusion at the same time.
이상하게 들릴 수도 있지만, 존(John)과 앤(Anne) 둘은 동시에 같은 결론을 내렸다.

at the zenith of ~의 절정에 달하여

With a worldwide reputation and as yet unbroken string of notable successes to her credit, Carson was at the zenith of her career.
세계적인 명성과 그녀의 이름으로 아직 끊이지 않은 주목할 만한 성공을 이어온 카슨(Carson)은 자신의 생애의 절정에 있었다.

at variance with ~와 불일치하는, 사이가 안 좋은

Many of his statements were at variance with the facts.
그의 진술 중 많은 부분이 사실과 상충되었다.

attend on 시중들다, 돌보다, 간호하다(= look after)

Two nurses attended on the dying brave soldier day and night.
두 명의 간호사는 밤낮으로 죽어 가는 용감한 그 군인을 돌보았다.

attend to 주의하다(= pay attention to)

Managers in international businesses must attend to various organizing issues.
국제적인 사업에 종사하는 관리자들은 다양한 조직 문제에 주의를 기울여야 한다.

back away from ~에서 물러나다, 서서히 후퇴하다, 뒷걸음치다

The government has backed away from radical reshaping of the tax system.
정부는 세제를 급진적으로 개편하는 일에서 손을 뗐다.

back out (of something) (약속·계약 등을) 취소하다; 후퇴하다; (하기로 했던 일에서) 빠지다

They backed out of the deal the day before they were due to sign the contract.
그들은 계약서에 서명하기로 되어 있던 그 전날 그 거래에서 빠졌다.

back up 뒷받침하다, 후원[지원]하다(= support)

She could not provide any document to back up her claim that dinosaurs had once lived in these areas.
그녀는 공룡이 한때 이 지역에서 살았다는 그녀의 주장을 뒷받침하는 어떤 문서도 제시하지 못했다.

bail out ～을 (곤경에서) 구하다(= help out)

The father bailed out his child by explaining to his teacher why he was late.
그 아버지는 자기 아들이 왜 지각을 했는지 선생님에게 설명함으로써 아들을 곤경에서 구해주었다.

barge in on ～에 불쑥 끼어들다, ～에 쓸데없이 참견하다

I'm so sorry for barging in on you this late.
이렇게 늦은 시간에 불쑥 찾아와 정말 미안합니다.

bark up the wrong tree 헛다리짚다, 잘못 짚다; 엉뚱한 사람을 비난하다

He had nothing to do with the robbery — the cops are really barking up the wrong tree this time.
그는 강도사건과 아무런 관련이 없었다. 경찰이 이번에는 정말 엉뚱한 사람을 짚고 있다.

be about to do 막 ～하려고 하다(= be on the brink[point, verge] of)

He was about to go out of his house for dinner then.
그 때 그는 저녁을 먹으러 집을 막 나서려던 참이었다.

be[get, become] acquainted with (사실 등을) 알다[알게 되다]; ～와 아는 사이다[알게 되다]

Boas considered it unimaginable to study the culture of a foreign people without becoming acquainted with their language.
보아스(Boas)는 그들의 언어에 정통하지 않고서는 외국 민족의 문화를 연구하는 것은 상상할 수 없는 것이라고 여겼다.

be admitted to the bar 변호사 자격을 얻다

Thomas Jefferson graduated from the college of William and Mary in 1762 and was admitted to the bar in 1767.
토마스 제퍼슨(Thomas Jefferson)은 1762년 윌리엄메리(William and Mary) 대학을 졸업했으며, 1767년 변호사 자격을 얻었다.

be as good as one's word[bond, promise] 약속을 잘 지키다(= keep one's promise)

He promised to help and was as good as his word.
그는 돕겠다고 약속했고 자기가 약속한 대로 했다.

be at home ～에 정통하다, 익숙하다[in, on, with](= be familiar with, be well up in)

Jaguars are equally at home swimming in lakes or climbing in trees.
재규어는 호수에서 수영을 하거나 나무를 기어오르는 것 모두 능숙하다.

be beside oneself with ～으로 제정신이 아니다, 이성을 잃다

His mother was beside herself with terror about HIV because she was afraid that she was going to get HIV from him.
그의 어머니는 HIV에 대한 공포심으로 어찌할 바를 몰랐는데, 왜냐하면 그녀는 그로부터 HIV에 감염될 것을 우려했기 때문이다.

be booked up 예매표가 매진되다, 예약이 끝나다; 선약이 있다; 바쁘다(= be engaged with the tight schedule)

There are two places that offer free cleaning services, but they are usually fully booked up.
무료 세탁 서비스를 제공하는 두 곳이 있지만, 두 곳 모두 보통 예약이 꽉 차 있다.

be born with a silver spoon in one's mouth 부유한 집에 태어나다, 행운을 안고 태어나다

She was born with a silver spoon in her mouth and has never had to work a day in her life.
그녀는 부유한 집에 태어나서 평생 하루도 일해본 적이 없었다.

be bound to do 틀림없이 ～하다, ～하지 않을 수 없다

Even if countries try to get along, they are bound to differ on some of their foreign policy goals.
여러 국가들이 서로 좋은 관계 속에 있으려 노력을 하더라도, 그들의 대외 정책 목표 가운데 일부는 필연적으로 서로 다를 수밖에 없다.

be caught red-handed 현행범으로 잡히다

He was caught red-handed stealing money from the cash register.
그는 금전등록기에서 돈을 훔치다 현행범으로 체포당했다.

be caught up in ～에 휘말리다, 사로잡히다

Strictly speaking, they have no specific problems but are merely caught up in life's general misfortunes.
엄격히 말해, 그들은 특별히 문제가 있는 것이 아니고 단지 인생의 일반적인 불행에 빠져있다.

be closeted with ～와 밀담을 나누다, 몰래 만나다(= hold a private interview)

They were closeted with the other side.
그들은 다른 편과 밀담을 나누었다.

be concerned with ～에 관계가 있다, ～에 관심이 있다

The roles played by social workers for national security are most concerned with the nation's foreign policies.
국가안보를 위해 사회사업가들이 맡은 역할은 국가의 대외정책과 가장 많이 관련되어 있다.

be cut out for   ～에 적합하다[꼭 알맞다], ～에 적임이다(= be suited for, fit for)

He is squeamish, so he is not cut out for being a doctor.
그는 비위가 약해서 의사가 되기에 적합하지 않다.

be dead set against   ～에 단호히[결사] 반대하다(= be completely opposed to)

She wanted to move to Los Angeles but both her parents were dead set against it.
그녀는 로스앤젤레스로 이사 가고 싶었지만 부모님 두 분 모두 거기에 단호히 반대하셨다.

be devoid of   ～이 없다

The letter was devoid of warmth and feeling.
그 편지는 따뜻함과 감정이 결여되어 있었다.

be dying for   ～하고 싶어 죽다[못 견디다](= very much want to)

He looked as if he was dying for a cigarette: he gave up smoking two years ago when his secretary got lung cancer.
그는 몹시 담배를 피우고 싶어 하는 것처럼 보였다. 그는 2년 전 그의 비서가 폐암에 걸렸을 때 담배를 끊었다.

be enamored of   ～에게 매혹되다

He is enamored of the beautiful girl next door.
그는 옆집에 사는 미녀한테 반했다.

be engrossed in   ～에 몰두[열중]하다

He was engrossed in his job to the detriment of his health.
그는 너무 일에 빠져 결국에는 건강을 해쳤다.

be entitled to   ～를 받을 자격이 있다, 권리가 있다(= have a right to)

His hostess felt that he was entitled to a cup of tea.
그의 여주인은 그가 차 한 잔을 마실 자격이 있다고 생각했다.

be famous for   ～로 유명하다(= be renowned[well-known] for)

Jane Austin is famous for her stories of small-town life in England.
제인 오스틴(Jane Austin)은 영국 작은 마을에서의 그녀의 삶에 대한 이야기로 유명하다.

be[get] fed up with   ～에 싫증나다, 진저리가 나다(= be disgusted, be tired of, get sick of)

The song tells the story of a man who is fed up with the brutality of police and seeks revenge.
이 노래는 경찰의 야만적인 행위에 신물이 나서 복수를 시도한 한 시민의 이야기를 하고 있다.

be filled with ~로 가득 차다(= be full of, be rife with)

All my family members were filled with anticipation, because packages from our relatives for my family had arrived.
친척들이 우리 가족에게 보낸 소포들이 도착했기 때문에 우리 가족들은 모두 기대에 가득 차 있었다.

be good at ~에 능숙하다

You need manual dexterity to be good at video games.
비디오 게임을 잘 하려면 손재주가 있어야 한다.

be hard hit 심한 손해[타격]를 입다(= be hit hard)

Commuters in the south-west of the nation were hard hit by the labor strike.
그 나라의 남서부 지역 통근자들이 노동자 파업으로 큰 타격을 입었다.

be head over heels in love with ~에게 푹 빠져 있다, ~에게 완전히 빠지다

The rumor is that Mr. Kim is head over heels in love with Miss Park.
소문에 의하면 미스터 김이 미스 박에게 푹 빠져 있다.

be[get] hooked on ~에 빠져 있다, ~에 중독되다

Being hooked on the Internet and online games has become a social problem.
인터넷과 온라인 게임에 중독되는 것은 사회적 문제가 되었다.

be hung up on ~에 신경을 쓰다, ~에 마음이 떠나지 않다, ~에 열중해 있다(= be preoccupied with)

People should be content with themselves and not be so hung up on their looks.
사람들은 자기 자신에 만족해야 하고, 자신의 외모에 그렇게 지나치게 신경 써서는 안 된다.

be[stand] in a person's shoes 남의 입장이 되다, 남을 대신하다(= put oneself in one's position)

If you had been in my shoes, you would have said the same thing.
네가 만일 내 입장이었더라면, 너도 똑같이 말했을 것이다.

be in charge of ~을 담당하다(= take charge of, take[assume] the responsibility of)

I was in charge of formatting my school's student newspaper.
나는 우리 학교의 학생신문을 구성하는 일을 맡고 있었다.

be in for (어려움·악천후 등을) 당할[맞게 될] 상황이다

I am afraid we are in for a bumpy flight.
유감스럽게도 우리 비행기가 난기류를 만날 것 같아요.

be in labor   분만[진통] 중이다(= be in the act of giving birth)

She was in labor for ten hours with her first baby.
그녀는 큰 아이 때 10시간 동안 진통을 겪었다.

be in the same boat   같은 배를 탄 처지이다[똑같은 곤경에 처해 있다]

It's a pity you can't use a dictionary in your German exam, but at least everyone is in the same boat.
네가 독일어 시험에서 사전을 사용할 수 없다는 게 안 된 일이긴 하지만, 최소한 모두 같은 입장이다.

be inconsistent with   모순되다(= contradict)

His replies were inconsistent with his previous testimony.
그의 대답은 이전의 증언과 모순을 이루었다.

be indebted to   ∼에 은혜를 입다, ∼에 신세를 지다

Though I could not figure out her sacrifice then, I think I am indebted to only my wife for my status today.
비록 그때는 내가 그녀의 희생을 이해할 수 없었지만, 오늘날 나의 지위에 대해 나의 아내에게만 신세를 졌다고 나는 생각한다.

be[become, get] inured to   이골이 나다, ∼에 단련되어 있다, ∼에 익숙하다(= be accustomed to)

After 15 years in the army, the chaplain has not become inured to the sight of men dying in the battlefield.
군대에 15년간 있은 후에도 그 목사는 전쟁터에서 죽어가는 병사들의 광경에 익숙하지 않았다.

be[get] involved in   ∼에 휘말리다, 연루되다; ∼에 몰두하다

The spokesman for the party denied that the president was involved in the scandal.
그 정당의 대변인은 대통령이 스캔들에 연루되었다는 것을 부인했다.

be keen on   ∼에 열중하다[열심이다](= be eager about); ∼을 아주 좋아하다, ∼에 관심이 많다

He was keen on green policies and used to cycle to work in a variety of helmets.
그는 환경 친화적인 정책들에 관심이 많았고 다양한 헬멧을 쓰고 자전거로 출근하곤 했다.

be liable to do   ∼할 것 같다, ∼하기 쉽다

Lend money to a friend, and you are liable to lose both.
친구에게 돈을 빌려 주면, 친구와 돈을 모두 다 잃을 수 있다.

be loaded with   ∼로 가득 차 있다, 충분히[넘치게] 있다(= abound with)

Seaweed is not widespread in North America, which is too bad because seaweed is loaded with essential nutrients.
해초는 북아메리카에서는 널리 퍼져 있지 않은데, 그것은 해초가 필수 영양분이 풍부하다는 점에서 참 안된 일이다.

be lost in ~에 빠져 있다, 몰두하다(= be absorbed in, be engrossed in, be immersed in)

She was so lost in thought that she appeared quite docile as her father grew more and more emotional.
그녀의 아빠가 점점 더 감정에 치우침에 따라 그녀는 너무나 생각에 잠겨 상당히 온순한 것처럼 보였다.

be lost on[upon] ~에게 효과가 없다, ~에게 영향을 주지 못하다(= do not influence)

Her good advice is lost on him.
그녀의 좋은 충고는 그에게 영향을 주지 못한다.

be made up of ~로 구성되다(= be composed of, consist of)

English is made up of words that originated in many other languages.
영어는 다른 많은 언어에서 기원한 단어들로 이루어져 있다.

be obliged to do ~하지 않을 수 없다, ~할 의무가 있다(= be compelled to do)

The book fair outdoors was to be opened yesterday, but they were obliged to postpone it on account of the sudden blizzard.
야외 도서박람회가 어제 열릴 예정이었으나, 갑작스럽게 불어 닥친 눈보라로 인해 그들은 그 박람회를 연기할 수밖에 없었다.

be on speaking terms ~와 말을 하다, ~와 말을 주고받는 사이이다

We broke up last month and we haven't been on speaking terms since then.
우리 지난달에 헤어졌고, 그때 이후로 우리는 서로 말을 하지 않았다.

be on the same wavelength (~와) 마음이 잘 맞다

They've done a good job because they were on the same wavelength.
그들은 마음이 잘 맞았기 때문에 훌륭히 임무를 완수했다.

be on the wagon (단기적으로·영원히) 술을 안마시대[금주하다]

I used to drink, but because of liver problems I am on the wagon now.
한때 술을 잘 마셨지만, 간 문제 때문에 지금은 술을 안마시고 있다.

be on to (진상·음모 등을) 잘 알고 있다, 눈치 채고 있다

Sprint might well be on to something, because a good deal of research has confirmed the benefits of power-nap.
스프린트(Sprint)는 틀림없이 뭔가 있다는 것을 확신하는 듯 보이는데 상당한 연구에서 원기를 회복할 수 있는 낮잠의 혜택을 확인했기 때문이다.

be overcome with ~에 압도되다(= be overwhelmed with)

Finding my seat at last, I was overcome with a presentiment of worse things to come.
마침내 내 자리를 발견하고서, 나는 더 나쁜 일이 다가올 것 같은 예감에 압도되었다.

be prone to do ~의 경향이 있다, ~하기 쉽다(= be likely to do)

The significant point is that the Southern poets whom the magazine did publish were prone to exploit melancholy.
핵심은 그 잡지가 발표한 남부시인들은 우울을 과도하게 이용하는 경향이 있었다는 것이다.

be put on trial 재판에 회부되다

It is because the culprits are not put on trial in court that these crimes are on the increase in spite of more media reports and more laws on them.
이 범죄들이 더 많은 언론 보도와 더 많은 법에도 불구하고 증가하고 있는 것은 범죄자들이 법정에서 재판에 회부되지 않기 때문이다.

be riddled with (특히 나쁜 것이) 가득하다

These embedded computers are riddled with vulnerabilities, and there's no good way to patch them.
이들 내장형 컴퓨터들은 취약한 부분들로 가득한데, 이 취약한 부분들을 해결할 좋은 방법이 (현재) 존재하지 않는다.

be scared stiff 깜짝 놀라다, 질겁하다(= petrify)

I was scared stiff when a snake came near me.
뱀이 가까이 다가왔을 때 나는 깜짝 놀랐다.

be slated for ~될 예정이다

The houses were first slated for demolition five years ago.
그 주택들은 5년 전에 처음 철거 계획이 세워졌었다.

be steeped in ~에 깊이 빠지다, ~에 몰두하다; ~이 아주 많다[풍부하다](= be permeated with)

Japan is a society whose culture is steeped in the traditions and symbols of the past.
일본은 과거의 전통과 상징에 집착하는 문화를 지닌 사회이다.

be subject to ~의 지배를 받다, 종속하다; ~을 하기[겪기] 쉽다, ~에 걸리기 쉽다(= be prone to)

At last, with the Vietnam war, Americans are beginning to realize that they are subject to original sin as much as Europeans are.
마침내, 베트남전으로 인해, 미국인들은 그들이 유럽인들만큼이나 원죄의 지배하에 있다는 사실을 깨닫기 시작하고 있다.

be taken aback (~에) 깜짝 놀라다[충격을 받다](= be surprised)

Mr. Garstein was particularly taken aback to hear that sleeping problems are often linked to physical problems.
가스타인(Garstein)씨는 수면장애가 신체적 문제와 관련되어 있는 경우가 많다는 이야기를 듣고 매우 놀랐다.

be that as it may 그것은 그렇다 치고, 그렇기는 하지만(= nevertheless); 어쨌든(= anyway)

I know that he has tried hard; be that as it may, his work is just not good enough.
나는 그가 열심히 애를 썼다는 것을 안다. 그렇기는 하지만 그의 작업은 그다지 훌륭하지 못하다.

be the dead[the very] spit of   ～을 꼭[빼] 닮다

He is the dead spit of his grandfather.
그는 할아버지를 영락없이 빼 닮았다.

be tied up   ～으로 꼼짝 못하게 하다, ～으로 바쁘게 만들다

Murray wanted to take his wife out to lunch, but she was tied up at the hairdresser's.
머레이(Murray)는 아내와 점심 먹으러 나가고 싶었지만 그녀는 미용실에서 꼼짝할 수 없었다.

be tired of   ～에 싫증이 나다

I am tired of doing the same thing every day.
나는 매일 같은 일을 하는 것에 싫증이 난다.

be up to   ～에 달려 있다

It is up to a doctor to carefully weigh up their risks of cardiovascular disease and bleeding.
심혈관 질환과 출혈의 위험성을 면밀하게 평가하는 것은 의사에게 달려 있다.

be used to ~ing   ～하는 데 익숙하다

Some teachers argue that students who are used to using a calculator may forget how to do mental calculation.
몇몇 교사들은 계산기 사용에 익숙한 학생들은 암산 방법을 잊어버릴지도 모른다고 주장한다.

> **MVP** cf used to do ～하곤 했다

be well/better/badly off   (경제적으로) 잘 살다/더 잘 살다/못 살다

In poor countries, being well off does make for somewhat greater well-being.
가난한 나라에서는 잘 사는 것이 다소 더 큰 행복에 기여한다.

be[come] within a whisker of   거의 ～할 뻔하다

People in emerging markets are within a whisker of expressing the same level of satisfaction with their lives as people in rich countries.
신흥시장 국가의 국민들이 부유한 국가의 국민들만큼이나 그들의 삶의 수준에 대해 거의 만족한다.

be worth one's salt   제 몫을 하다, 급료에 상응한 일을 하다(= do one's duty)

Every politician who is worth his salt secretly aspires to be a dictator.
제구실을 하는 모든 정치인들은 비밀스럽게 독재자가 되길 열망한다.

bear out   지탱하다, 지지[입증]하다(= back up, support)

Unhappily the facts do not wholly bear out the theory.
불행하게도 그 사실들이 그 이론을 완전히 뒷받침해 주지는 않는다.

beat about　찾아다니다, 뒤지고 다니다, 찾다[for](= seek anxiously)

The prisoner beat about for a way to escape.
그 죄수는 이리저리 탈출할 방법을 찾아다녔다.

beat about[around] the bush　요점을 회피하다, 에둘러 말하다(= refuse to come to the point, say indirectly)

She tried to hide her lack of knowledge by beating about the bush.
그녀는 에둘러 말함으로써 자신의 부족한 지식을 감추려고 애썼다.

beef about　~에 대해 불평하다(= complain about)

He is always beefing about the amount of work he has to do.
그는 그가 해야 할 일의 양에 대해 항상 불평한다.

behind bars　철창 속에 갇힌, 투옥된(= in prison)

Brown met with his client behind bars for the first time Monday to begin building a defense.
브라운(Brown)은 변호활동을 시작하기 위해 수감 중인 소송 의뢰인을 월요일에 처음으로 만났다.

bend the law　(위법이 되지 않을 만큼) 슬쩍 속이다, 법을 어기다(= do something illegal)

Two top scams rely on a victim's greed and their willingness to bend the law.
최고의 신용사기 두 건은 피해자의 탐욕과 사기단의 불법행위도 꺼리지 않는 태도로 말미암아 일어난 것이다.

beside the point　요점을 벗어난, 예상에 어긋난(= beside the mark, irrelevant, off the subject)

Urging positivity is not just beside the point when our circumstances are rotten, it's also dangerously distracting.
우리의 상황이 좋지 않을 때 긍정을 촉구하는 일은 요점에서 벗어난 것일 뿐 아니라 위험할 정도로 정신을 산만하게 한다.

beyond the pale　도리를 벗어난, 일반적으로 용인될 수 없는(= socially unacceptable)

His business practices have always been questionable, but this last takeover was beyond the pale.
그의 사업 관행은 항상 의문의 여지가 있었지만, 최근의 기업 인수는 도리를 벗어난 것이었다.

bite one's tongue[lip]　(하고 싶은 말을) 이를 악물고 참다(= struggle not to say)

He bit his tongue many times during the fierce battle with his campaign rival.
그는 경쟁 후보와 격한 선거전을 벌이는 동안 하고 싶은 말을 여러 번 참았다.

blank out　지우다; 의식을 잃다, 멍해지다

My mind blanked out for an instant at hearing his question.
그의 질문을 듣고 나는 잠깐 동안 정신이 멍했다.

blaze a trail　새로운 길을 열다, 개척하다(= pioneer)

Nancy Pelosi, the California Democrat blazed a trail as the first female speaker of the House in U.S. history.
캘리포니아 주 민주당 소속의 낸시 펠로시(Nancy Pelosi)는 미국 역사상 최초의 여성 하원의장으로서 새로운 길을 열었다.

blend in with　~와 조화를 이루다(= harmonize)

Lions use camouflage to blend in with the savanna.
사자들은 대초원과 조화를 이루기 위해 위장한다.

blow a fuse　분통이 터지다[터뜨리다], 몹시 화내다

When the others confront him, he becomes furious and blows a fuse.
다른 사람들이 그에게 대항하면, 그는 격분하며 몹시 화를 낸다.

blow one's own horn[trumpet]　자화자찬하다, 자기 자랑을 늘어놓다(= boast)

It may sound like I'm blowing my own horn, but the success of this project is the result of my efforts.
자화자찬처럼 들릴지 모르겠지만 이 프로젝트의 성공은 내 노력의 결과이다.

blow out　(불 등을 불어서) 끄다; 파괴하다

A test blast over the Pacific Ocean ended up blowing out streetlights in parts of Hawaii, hundreds of miles away.
태평양에서 실시되었던 실험폭발로 인해 수백 마일 떨어진 하와이의 일부 가로등이 파괴되었다.

bode well[ill] for　~에게 좋은[나쁜] 징조이다

The news of such widespread support for ending marijuana prohibition bodes well for efforts under way to change the law.
마리화나 금지령을 종료하는 것에 대한 광범위한 지지 소식은 그 법을 개정하고자 진행 중인 노력에 대해 좋은 징조이다.

bottle up　(감정을) 억누르다(= keep down, repress, subdue, suppress)

It is not good for you to bottle up all your feelings.
모든 감정을 억누르는 것은 좋지 않다.

brace oneself (for)　마음의 준비를 단단히 하다, 대비하다, 준비하다(= prepare)

The revelation came as traders braced themselves for another turbulent week.
증권업자들이 또 한 번의 혼란스런 한 주에 대비하고 있을 때 그 폭로가 나왔다.

break a record　기록을 깨다[경신하다]

I broke a record for long distance swimming.
나는 장거리 수영에서 기록을 경신했다.

break away from ~에서 도망치다, ~로부터 벗어나다(= escape from)

Young adults must break away from their parents' control in order to achieve independence and maturity.
젊은이들은 독립과 성숙을 위해 부모의 통제에서 벗어나야 한다.

break down 고장 나다(= get out of order); 분해[분석]하다; 파괴하다; 자제력을 잃다

It takes so long for plastic to decay that scientists say it could take thousands of years for a plastic bag to break down.
플라스틱이 썩는 데 너무나 오랜 시간이 걸려서 과학자들은 비닐봉지가 분해되는 데 수천 년이 걸릴 수 있다고 주장한다.

break in on[upon] (느닷없이 끼어들어) 방해하다, 훼방 놓다(= interrupt)

I don't want to break in on their meeting, but there is an important call.
나는 그들의 회의를 방해하고 싶지 않지만, 중요한 전화가 왔다.

break into 침입하다; 갑자기 ~하기 시작하다

As the president's car appeared, the waiting crowds broke into loud cheers.
그 대통령의 차가 나타났을 때, 기다리던 군중들이 갑자기 큰 환호성을 지르기 시작했다.

break into pieces 여러 조각으로 깨지다, 산산조각이 나다(= come apart)

Many things are so badly made nowadays that they often break into pieces after only a few weeks.
요즘에는 많은 것들이 너무 나쁘게 만들어져서 그것들은 때때로 몇 주만 지나도 산산조각이 난다.

break out (전쟁·폭동·화재 등이) 일어나다, 발생하다(= begin, occur, take place)

By the time the war broke out, most of the people had already left.
전쟁이 발발했을 때는 대부분의 사람들이 이미 떠났다.

break the ice (모임·파티 등에서) 딱딱한 분위기를 깨다; (갈등·분쟁 등을 해결하기 위해) 실마리를 찾다

Nobody said anything at the meeting, so I plucked up my courage and broke the ice.
모임에서 아무도 말을 하지 않아서 나는 용기를 내어 딱딱한 분위기를 깼다.

break the news to ~에게 (나쁜) 소식을 전하다

I don't know how to break the news to Steven.
나는 스티븐(Steven)에게 그 소식을 어떻게 털어놓아야 할지 모르겠다.

break through 돌파하다, 뚫고 나아가다

Women have begun to occupy executive positions in business, breaking through the so-called glass ceiling.
여성들이 회사에서 임원자리를 차지하기 시작해, 소위 유리천장을 뚫었다.

break up 헤어지다; 분해하다; 해산시키다(= dismiss)

Couples face the choice of breaking up or continuing on out of habit.
연인들은 헤어질 것인지 아니면 습관에 의해 계속 사귈 것인지 선택에 직면한다.

break with ～와 단절[절연]하다, 관계를 끊다, 절교하다(= cast off, renounce)

Guerilla warfare broke with tradition by using surprise attacks by small groups instead of large cavalry charges.
게릴라전은 대규모의 기병대 습격 대신에 소수 집단의 기습공격을 사용함으로써 전통과 결별했다.

bring ~ to a halt 정지[중단]시키다(= discontinue)

Angry cabbies brought Rome to a halt, blockading the streets.
화가 난 택시운전사들은 도로를 봉쇄하여 로마를 마비시켰다.

bring ~ to bear (주의·노력 등을) 쏟다, (세력·압력을) 가하다

Pressure was brought to bear on us to finish the work on time.
우리에게 그 일을 시간 맞춰 끝내라는 압박이 가해졌다.

bring ~ to light 드러내다, 밝히다, 폭로하다(= reveal)

Various facts were brought to light telling his crimes.
그의 죄상을 말해 주는 여러 사실이 드러났다.

bring ~ under control ～을 통제[지배] 하에 두다

Many Americans have become accustomed to believing that technology can bring manmade calamities under control and help guide a nation's destiny.
많은 미국인들은 기술이 인재(人災)를 통제할 수 있고 국가의 운명을 이끄는 데 도움을 줄 수 있다고 믿는 것에 익숙해 졌다.

bring about 야기하다, 초래하다(= cause to happen, induce, produce)

The summit meeting will bring about a reconciliation between groups which were formerly antagonistic to one another.
그 정상 회담은 이전에는 서로 적대적이었던 진영들 사이에 화해를 가져다줄 것이다.

bring forth ～을 산출하다; (아이를) 낳다; (제안·증거를) 내놓다, 제출하다

He tried to bring forth evidence for his innocence.
그는 자신의 결백을 위해 증거를 제시하려고 노력하였다.

bring home to a person 남에게 ～을 명확히 깨닫게 하다, 충분히 납득시키다, 뼈저리게 느끼게 하다
(= bring ~ home to a person, lead ~ to realize)

Mr. Brady has done something to bring home to us the terrible reality of war.
브래디(Brady) 씨는 우리에게 전쟁의 끔찍한 참상을 깨닫게 해 줄 어떤 일을 했다.

bring out　～을 꺼내다, 내놓다(= introduce, issue, put out); 나타내다, 명백히 하다(= reveal)

The company will bring out a new car next year.
그 회사는 내년에 새로운 차를 내놓을 예정이다.

bring up　(화제 등을) 내놓다, 제기하다(= broach, mention); 양육하다(= foster)

Most people born after 1980 were brought up with the Internet.
1980년 이후에 태어난 대부분의 사람들은 인터넷과 함께 자라왔다.

brush aside　털어내다, 무시하다

Since conformity is the aim, what is distinctively individual in a young person is brushed aside or regarded as a source of mischief or anarchy.
순응이 목적이기 때문에, 젊은이 각자의 개성은 무시되거나, 혹은 해악이나 무질서의 원천으로 간주된다.

brush off　털어내다; 무시하다; 해고하다; 퇴짜 놓다

Those who brush off the issue of ageism must not forget that each day they, too, are growing a little older.
노인차별 문제를 무시하는 사람들은 그들 역시 매일 나이가 들고 있다는 점을 잊지 말아야 한다.

burn out　에너지를 소진하다[소진하게 만들다], 정력을 다 소모하다(= exhaust)

She said the work was just burning her out.
그녀는 그 일이 그녀를 완전히 지치게 했다고 말했다.

burn the candle at both ends　정력을 소비하다, 자기 자신을 혹사하다, 무리를 하다(= waste one's energy)

Burning the candle at both ends may have a serious effect on one's health.
무리를 하게 되면 건강에 심각한 영향을 줄 수 있다.

burn the midnight oil　밤늦게까지 공부하다[일하다]

I've got a test tomorrow so I'd better stay home and burn the midnight oil.
나는 내일 시험이 있어서 집에서 밤새워 공부해야 한다.

burst out ~ing　갑자기 ～하기 시작하다

She gave so witty an answer that everyone burst out laughing.
그녀가 어찌나 재치 있는 대답을 했던지 모두들 웃음을 터뜨렸다.

bustle about　분주히 돌아다니다(= walk energetically)

People bustled about on the streets, keeping their eyes low and their coats tight.
사람들은 시선을 내리깔고 코트를 여민 채 거리를 분주히 돌아다녔다.

butt it on[to] (남의 일·이야기 등에) 참견하다, 주제넘게 나서다

Impulsive children blurt out answers before hearing the entire question, or butt in on other people's conversations.

충동적인 아이들은 전체 질문을 듣기 전에 답을 불쑥 말하거나, 다른 사람들의 대화에 불쑥 끼어든다.

buy a pig in a poke 물건을 잘 모르고[보지 않고, 조사하지 않고] 사다, 충동구매하다

She did not want the house to buy a pig in a poke.

그녀는 그 집을 잘 알아보지도 않고 사는 것을 원하지 않았다.

by a hair's breadth 간발의 차이로, 아슬아슬하게

The car came careering round the bend and missed us by a hair's breadth.

그 차는 커브 길을 질주해서 우리들을 아슬아슬하게 놓쳤다.

by (a) rule of thumb 눈대중으로, 주먹구구식으로

We had taught a child mechanically and by rule of thumb, to play a song upon the piano.

우리는 한 아이에게 기계적이고 주먹구구식으로 피아노로 노래 한 곡을 연주하는 법을 가르쳤다.

MVP rule of thumb 경험 법칙, 어림 감정(= a rule or principle that provides guidance to appropriate behavior)

by (a) show of hands (찬반을) 거수로

The meeting approved the motion by a show of hands.

의회는 거수로 그 제안을 승인했다.

by accident 우연히(= accidentally, by chance)

The Internet, arguably the most important technological development of the past few decades, came into being almost by accident.

지난 수십 년 사이에 일어난 가장 중요한 과학적 발전임에 틀림없는 인터넷은 거의 우연히 생겨났다.

by all (manner of) means 어떻게든; 반드시, 꼭(= certainly, definitely)

By all means the police must provide fair and protective surveillance to root out drinking and driving from our society.

경찰은 우리 사회에서 음주 운전을 뿌리 뽑기 위해서 공정하고 방어적인 감시를 반드시 제공해야 한다.

by and by 머지않아, 곧(= after a while, before long, soon)

By and by the cold winter will be over.

얼마 안 가서 추운 겨울이 끝날 것이다.

by choice 원해서, 자진해서(= voluntarily)

Progressive relaxation refers to a method in which people learn to relax systematically, completely, and by choice.
점진적인 긴장 이완법은 사람들이 체계적으로 완전하게 그리고 자발적으로 긴장을 푸는 것을 배우는 방법을 가리킨다.

by design 고의로, 의도[계획]적으로(= deliberately)

By design, he publicly behaved in such ways as to show people what real life was.
의도적으로, 그는 사람들에게 진정한 삶이 무엇인가를 보여주기 위해 공공연히 그렇게 행동했다.

by dint of ~의 힘으로, ~에 의해서(= by means of, by virtue of)

By dint of many years' strenuous effort, he has won the honorable position he now occupies.
수년간에 걸친 불굴의 노력의 결과로 그는 오늘의 영예로운 지위를 얻었다.

by extension 더 나아가, 넓은 의미로

By extension the term *capital* is often used to refer to money that is available for investment.
넓은 의미로, '자본'이라는 용어는 흔히 투자에 이용할 수 있는 돈을 지칭하는 데 사용된다.

by[in] leaps and bounds 급속도로, 비약적으로(= quickly and greatly, rapidly)

The total number of species on the planet appears to be growing by leaps and bounds.
지구 행성에 존재하는 종들의 총수는 비약적으로 증가하는 것처럼 보인다.

by no means 결코 ~이 아닌(= far from being, never)

The change was gradual and, by no means, continuous.
그 변화는 점진적이었고, 결코 연속적이지 않았다.

by some means 어떻게 해서든

Man makes good resolutions, believing that by some means he will in the end be able to outwit the human nature of lacking willpower.
인간은 의지력 결여라는 인간 본성을 결국 어떻게 해서든 뛰어넘을 수 있을 거라고 믿으면서 훌륭한 결심을 한다.

by the book (엄격히) 규칙대로

The police officer does everything by the book when he arrests a criminal.
그 경찰관은 범인을 체포하면 원칙대로 모든 것을 한다.

MVP go by the book 원칙대로 하다(= adhere strictly to regulations, play by the rules)

by the same token 같은 이유로, 마찬가지로, 게다가(= for the same reason)

The penalty for failure will be high. But, by the same token, the rewards for success will be great.
실패에 대한 처벌은 클 것이다. 하지만 마찬가지로 성공에 대한 보상도 아주 클 것이다.

by[with] the skin of one's teeth 겨우, 간신히, 가까스로(= narrowly, with little margin)

I caught the plane by the skin of my teeth.
나는 간신히 그 비행기에 탔다.

call a person's attention to …에 ~의 주의를 환기시키다

Airplane workers demonstrated at European airports to call travelers' attention to their grueling shifts.
항공사 직원들이 자신들의 고된 교대근무에 대한 여행객들의 주의를 환기시키기 위하여 유럽공항에서 시위를 했다.

call a spade a spade 사실대로[솔직하게] 말하다(= be outspoken, speak plainly)

He is the kind of person who always calls a spade a spade.
그는 늘 솔직하게 말하는 부류의 사람이다.

call for ~을 필요로 하다, 요구하다(= demand, insist, need, require)

The president will call for a troop increase based on benchmarks for the performance.
대통령은 성과 척도에 기초하여 병력증강을 요청할 것이다.

call forth 불러일으키다

The writer failed to call forth much emotion from his readers.
그 작가는 독자들로부터 많은 감정을 불러일으키지 못했다.

call[bring] into being ~을 낳다, 생기게 하다, 만들어 내다(= call[bring] ~ into being)

As the rule of law was recognized, the right of the subject to be consulted had called into being the parliaments of the fourteenth century.
법치가 인정되었을 때, 국민이 자신의 의견을 개진할 수 있는 권리로 인해 14세기에 의회가 생겨났다.

call it a day 퇴근하다, 일과를 끝내다, 그만 하자고 말하다(= finish work of the day, quit, stop work for today)

She studied hard till 11 p.m., and then called it a day and went to bed.
그녀는 오후 11시까지 열심히 일했다. 그리고는 일과를 끝내고 잠자리에 들었다.

call off 취소하다, 중지하다(= cancel, retract)

Due to heavy snow, the President made her mind up to call off the New Year's ceremony for the sake of employee safety.
폭설 때문에 사장은 직원의 안전을 위해 새해 기념행사를 취소하기로 결정했다.

call somebody names ~을 욕하다[모욕하다], 험담하다(= abuse, curse, speak ill of somebody)

We will get nowhere by calling one another names.
서로에게 욕을 해대면 우리는 아무런 성과도 얻지 못할 것이다.

canary in a coal mine 아직 다가오지 않은 위험을 알려주는 경고

The idea that today's failing funds are proverbial canaries in the coal mine looks more like a false report.
오늘날 성과가 저조한 펀드들이 속담에 나오는 위험을 알려주는 경고라는 생각은 유언비어인 것 같다.

can't hold a candle[stick] to ~만 못하다[~와 비교가 안 되다], 발밑에도 못 따라가다

She can't hold a candle to him when it comes to athletics.
운동에 관한 한 그녀는 그의 발밑에도 못 따라간다.

capitalize on ~을 이용하다, 활용하다, 기회로 삼다(= exploit, make the most of, take advantage of)

If a person can just find a way to capitalize on a weakness, it can be turned into a strength.
만약 어떤 사람이 약점을 활용할 수 있는 길을 찾을 수만 있다면, 그 약점은 장점으로 변할 수 있다.

carry away 넋을 잃게 하다, 열중케 하다(= charm); 흥분시키다

Although she has shown interest in fashion, her husband is clearly not carried away by it.
비록 그녀가 패션에 관심을 보이긴 했지만, 그녀의 남편은 그것에 전혀 매력을 느끼지 못하고 있다.

carry on 계속하다 (= go on, continue); 경영하다 (= manage); 행하다, 처신하다(= behave, transact)

A balance of international payment refers to the net result of the business which a nation carries on with other nations in a given period.
국제수지는 어떤 국가가 일정 기간에 다른 국가들과 행하는 거래의 최종 결과를 지칭한다.

carry out 수행[이행]하다, 실시하다, 실행하다(= execute, perform, put into practice)

Your assignment is to prevent Dr. Claw from carrying out his plan.
너의 임무는 클로(Claw) 박사가 그 계획을 수행하지 못하게 막는 것이다.

carve out (명성·지위를) 노력 하여 얻다, 자수성가하다; (진로·토지를) 개척하다

Both nations were carving out separate territories in North America.
두 국가는 북아메리카에서 독립된 영토들을 개척하고 있었다.

cash in on ~으로 (돈을) 벌다; ~을 이용하다, ~에 편승하다(= capitalize on, profit from, receive benefit from, take advantage of)

He has happily spent his post-Olympic days making public appearances and cashing in on his celebrity.
그는 올림픽 이후의 날들을 공식석상에 모습을 드러내고 자신의 명성을 이용해 돈을 벌면서 행복하게 보냈다.

cast a chill over[on] ~에 찬물을 끼얹다, ~의 흥을 깨다; 오싹하게 만들다(= frighten)

The killing of a pro-democracy leader in Moscow has cast a chill over Russian dissidents.
모스크바에서 있었던 민주화 지도자의 살해는 러시아의 반체제 인사들을 두려움에 떨게 했다.

cast[throw] doubt on 의문을 제기하다

Top criminal psychologists cast doubt on the theory that juvenile delinquency is related to hate crime.
최고의 범죄 심리학자들은 청소년 범죄가 증오 범죄와 관계가 있다는 이론에 의문을 제기한다.

cast one's vote[ballot] 투표하다

About ninety-five percent of those who cast their votes approve the new constitution.
투표하는 사람들 중 약 95%가 새 헌법을 찬성하고 있다.

catch on 유행하다, 인기를 얻다(= become popular or fashionable); 이해하다; ~을 붙잡다

Coconut water is catching on as a hangover cure.
코코넛 즙은 숙취 치료제로 인기를 얻고 있다.

catch up with ~을 따라잡다(= overtake)

Other countries have caught up with the United States in the race to manufacture goods.
다른 나라들이 상품을 만드는 경쟁에서 미국을 따라잡고 있다.

cater to 음식물을 제공하다; ~의 구미에 맞추다, ~을 충족시키다(= gratify)

The new lifestyle magazine, focusing on fashion and travel, will cater to "modern, multitasking" men aged 25 to 45.
패션과 여행을 주로 다루는 그 새로운 라이프스타일 잡지는 25세에서 40세에 이르는 '현대적이고 동시에 여러 가지 일을 하는' 남성들에게 만족을 줄 것이다.

chew the fat 오래 담소를 나누다, 지껄이다, 재잘거리다(= gossip, shoot the breeze, shoot the bull)

They chewed the fat about the recent bribery conducted by a lawyer.
그들은 최근 변호사 뇌물 사건에 대해 잡담을 나눴다.

chime in with 대화에 끼어들어 ~을 말하다; 일치[조화]하다, ~에 동의하다

His opinions chimed in with the mood of the nation.
그의 의견은 전 국민이 느끼는 것과 비슷했다.

chip away at ~을 조금씩 깎아먹다, 조금씩 무너뜨리다(= gradually weaken)

In recent years, a rising China has used its development banks to begin to chip away at American dominance in global trade.
최근 들어, 부상하고 있는 중국은 자국의 개발은행들을 이용하여 세계무역에서 미국이 가진 지배력을 조금씩 무너뜨리기 시작한다.

churn out 대량으로 찍어내다[만들어 내다], 대량 생산하다

He began to churn out literary compositions in English.
그는 영어로 문학 작품을 속속 써내기 시작했다.

claim one's life ~의 목숨을 빼앗다

The airline lost two planes in disasters that claimed 537 lives.
그 항공사는 537명의 승객의 목숨을 앗아간 사고에서 비행기 두 대를 잃었다.

claw back (세금을 물려) 환수하다; (고생·노력하여) 되찾다

He clawed back his money.
그는 그의 돈을 되찾았다.

cling to ~에 매달리다[달라붙다]; 집착하다, 고수하다(= adhere to, hold fast to, stick to)

The public may still cling to a belief in the ideal of democracy.
대중들은 민주주의의 이상에 대한 신념을 여전히 고수하고 있을지도 모른다.

close in on (~에로) 접근하다; ~를 포위하다

Nigeria's swelling GDP is closing in on South Africa's.
치솟고 있는 나이지리아의 GDP는 남아프리카공화국의 GDP에 근접하고 있다.

clutter up 어수선하게 하다, 흩뜨리다; (너무 많은 것들을 어수선하게) 채우다[집어넣다](= fill up)

Our civilization was already sufficiently cluttered up with all sorts of pseudo-things and nonsense.
우리 문명은 이미 온갖 종류의 가짜와 난센스로 충분히 가득 차 있었다.

coincide with ~와 동시에 일어나다(= occur at the same time as), 일치하다(= correspond with)

They planned to sell luxury T-shirts and shoes to coincide with the movie's release.
그들은 그 영화 개봉에 맞추어 호화로운 티셔츠와 신발을 판매할 계획이었다.

comb through 샅샅이 뒤지다, 철저하게 조사하다(= carefully investigate, sift through)

Investigators will comb through any political funds, which are deemed illegal.
수사관들은 불법이라고 간주되는 모든 정치자금을 철저하게 조사할 것이다.

come a long way (사람·일이) 크게 발전[진보]하다; 출세하다

We've come a long way since the practices of the early Egyptians, who considered the heart, not the brain, the center of intelligence.
초기 이집트인들은 뇌가 아니라 심장이 지적활동의 중심이라고 관행적으로 여겼었는데, 그 이후로 우리는 큰 진전을 이뤄냈다.

come across 우연히 만나다(= encounter)

A tourist can hardly turn a corner without coming across a historical building, an old battle ground, or an ancient ruin.
관광객이 모퉁이를 돌 때마다 항상 역사적인 건물, 옛 전쟁터 또는 고대 유적지를 만나게 된다.

come around 의식을 되찾다, 정신이 들다; (의견·입장을) 바꾸다(= change one's opinion)

He eventually came around to our way of thinking.
그는 결국 우리가 생각하는 방식으로 바꾸었다.

come by ~을 얻다, 구하다, 입수하다(= gain, obtain)

Today's super-rich mostly come by their wealth through work rather than via inheritance.
오늘날의 엄청나게 부유한 사람들은 그들의 재산을 상속을 통해서라기보다는 일을 통해 얻는다.

come down to 결국 ~이 되다, ~로 요약되다(= be reduced to, boil down to)

Ultimately, the question of freedom of the press comes down to the question of freedom.
궁극적으로 언론의 자유라는 문제는 결국 자유의 문제로 요약된다.

come down with 병에 걸리다(= catch, contract, fall ill with, go down with)

Having a fever is rare in adults and older children who come down with a cold.
감기에 걸린 어른이나 큰 아이들에게 열이 나는 것은 드물다.

come in ~에 관여하다

Lawyers can't handle all their paperwork and legal work themselves, so that's where the paralegal comes in.
변호사들이 자신의 모든 서류 작업과 법률 업무를 손수 할 수는 없다. 따라서 그 업무는 변호사 보조원이 관여한다.

come in handy 쓸모가 있다, 유용하다(= be useful)

A storage of durable goods comes in handy in times of natural emergency.
자연재해의 위급상황이 발생했을 때 내구재 비축은 유용하다.

come into one's own 자기의 역량을 발휘하다; 정당한 지위[명성, 평가]를 얻다
(= show one's abilities; receive recognition)

Bill didn't do well in his early science courses, but he came into his own when he could work independently.
빌(Bill)은 자신의 초기 학문 연구에서는 성공을 거두지 못했지만, 독자적으로 연구했을 때에는 자신의 역량을 충분히 발휘해 성공을 이루었다.

come off (단추·부품 등이) 떨어지다; (일을) 끝내다, 그만두다; (말·자전거에서) 떨어지다; (가격이) 깎이다

Hardly had the car turned the corner when one of the front wheels came off.
그 차가 모퉁이를 돌자마자, 앞바퀴 중 하나가 떨어져 나갔다.

come to a halt 멈추다, 정지하다, 중단되다

Adam Smith felt that the growth of the market in a capitalistic society would eventually come to a halt.
아담 스미스(Adam Smith)는 자본주의 사회에서 시장의 성장은 결국 중단될 것이라고 생각했다.

MVP cf grind to a halt 서서히 멈추다(= come to a grinding halt)

come to grief   재난[불행]을 당하다; (계획·사업 등이) 실패하다(= end in total failure, fail)

All his schemes for making money seem to come to grief.
돈을 벌기 위한 그의 모든 계획은 실패한 것처럼 보인다.

come to one's senses   의식을 회복하다; 제정신이 들다

The good news is that America seems to be coming to its senses regarding destruction of unborn children.
미국이 태어나지 않은 아이를 살해하는 것에 관하여 자각하고 있는 것 같다는 희소식이 있다.

come to pass   일어나다, 발생하다, 생기다(= befall, come about, happen, occur, take place)

No one knows for sure how the accident came to pass.
그 사고가 어떻게 일어났는지 확실하게 아는 사람은 아무도 없다.

come to terms with   ~와 타협하다(= compromise); (사태 등을) 감수하다, 받아들이다(= accept)

Initially she was unable to come to terms with the fact that her parents were older and her friends looked so different.
처음에 그녀는 부모가 나이가 들고 친구들이 아주 다른 사람으로 보인다는 사실을 받아들일 수 없었다.

come to the fore   표면화되다, 주목을 받다[받게 되다](= become prominent)

He came to the fore in a rather lean time for British politics.
영국 정치가 다소 어렵던 시기에 그는 세상의 이목을 끌며 등장했다.

come to the point   요점을 언급하다, 핵심을 찌르다(= be definite in telling something)

He doesn't say anything that comes to the point.
그는 딱 부러지게 말을 하지 않는다.

come true   (꿈 등이) 이루어지다, 실현되다(= be realized)

Witnessing a prophetic dream come true makes us recognize that God's will is unchangeable.
예언적 꿈이 실현되는 것을 보는 것은 우리로 하여금 신의 의지는 변경할 수 없다는 것을 깨닫게 한다.

come under fire   비난을 받다, 빈축을 사다(= receive criticism)

He has come under fire for being too aggressive in his approach to the business.
그는 사업 추진 방식이 너무나 공격적이라는 이유로 비난을 받아왔다.

come up against   (곤란·반대 등에) 직면하다(= be confronted by[with]); ~와 대립하다

We never came up against a grain of matter that could not be divided further.
우리는 더 이상 나누어질 수 없는 극히 작은 물질에 직면하지 않았다.

come up with　～을 따라잡다; ～을 제안하다(= propose); (해답 등을) 찾아내다; 생각해내다

Professor Baker came up with an idea in his lecture yesterday.
베이커(Baker) 교수는 어제 강의에서 한 아이디어를 제안했다.

come upon　～을 우연히 만나다[발견하다](= come across, find unexpectedly, run across, run into)

He came upon the telescope principle when he was looking over some spectacles.
그는 안경을 유심히 보다가 망원경의 원리를 발견하였다.

commit suicide　자살하다

Picasso's close friend committed suicide after being rejected by a woman, which sent Picasso into a deep depression.
피카소(Picasso)의 절친한 친구는 실연당한 후 자살했는데, 이 사건으로 피카소는 심한 우울증에 빠졌다.

compensate for　보상하다, 보충하다(= make up for)

To compensate for some psychological problems in their lives, some people eat much more than needed to satisfy their hunger.
삶에서 어떤 심리적인 문제에 대하여 보상받기 위해 일부 사람들은 허기를 충족시키는 데 필요한 것보다 그 이상을 먹는다.

comply with　(규칙 등을) 따르다, 지키다, 준수하다(= abide by, act in harmony with, conform to[with], obey)

If you want to run a kindergarten, you must comply with the conditions laid down by the authorities.
만약 당신이 유치원을 운영해 보고 싶다면, 당국이 정해놓은 규정을 따라야만 한다.

compose oneself　마음을 가라앉히다[진정시키다](= control one's feelings)

John stood in the living room for a while, making an effort to compose himself.
존(John)은 자신을 진정시키려고 애쓰면서 잠깐 동안 거실에 서 있었다.

conceive of　～을 상상하다, 생각하다(= think of)

Mendel conceived of the laws of heredity from observing the growth of peas.
멘델(Mendel)은 완두콩의 성장을 관찰하여 유전 법칙을 생각해 냈다.

confine A to B　A를 B에 한정하다

Playing the lottery is a free choice and is by no means confined to the poorest.
복권을 하는 것은 자유로운 선택이고 결코 가난한 사람들에게만 국한된 것은 아니다.

conjure up　～을 마음속에 그려내다, 떠올리게 하다

Most spas have names that conjure up an atmosphere of bliss and tranquility.
대부분의 온천들은 행복과 평온함을 떠올리게 하는 이름들을 지녔다.

consist of ~으로 구성되다(= be composed of, be made up of)

The executive branch of the United States consists of the president, the vice president and 15 Cabinet-level executive departments.
미국의 행정부는 대통령, 부통령, 그리고 15개의 장관급 행정부처로 구성되어 있다.

MVP **cf** consist in ~에 존재하다, ~에 있다

consort with ~와 어울려 지내다, 교제하다(= associate with)

We frequently judge people by the company whom they consort with.
우리는 자주 사람들을 그들이 교제하는 친구를 보고 판단한다.

convert A into B A를 B로 바꾸다, 개종시키다

Food is assimilated and converted into organic tissue.
음식물은 소화, 흡수되어 유기조직으로 바꿔진다.

cool down (노여움·열의 등이) 식다[식히다], 가라앉다

Don't meet your father until he has cooled down.
아버지의 화가 다 가라앉을 때까지는 아버지를 만나지 마라.

cope with 대처하다, 처리하다(= deal with, manage)

His natural intelligence and experience enabled him to cope with the problem.
그의 타고난 지능과 경험은 그 문제를 처리하는 것을 가능하게 해주었다.

count on ~을 믿다, 의지하다(= depend on, rely on); 기대하다

We expect the weather to be capricious and even occasionally violent, but we count on the Earth to remain solid.
우리는 날씨는 변덕스럽고 심지어 때때로 혹독할 것으로 예상하지만, 지구 땅덩어리는 견고할 것이라고 믿는다.

cover (the) ground 여행하다, (일·연구 등이) 진척[진척]되다; (어느 범위에) 이르다, 미치다

He managed to cover a lot of ground in a short talk.
그는 짧은 연설 속에서 용케 많은 분야를 다루었다.

crack down on ~에 단호한 조치를 취하다(= take severe measures); ~을 엄히 단속하다(= clamp down on)

Iran is cracking down on its more decadent citizens.
이란은 자국의 방종한 시민들에 대해 단호한 조치를 취하고 있다.

crop up 불쑥 나타나다[발생하다](= appear unexpectedly)

Diseases that were once thought to exist only in the Western world are now cropping up all over the world.
한때 서구 세계에만 존재하는 걸로 생각되었던 질병들이 이제 전 세계적으로 갑자기 나타나고 있다.

cross[come into, come to, enter] one's mind 생각이 나다, 생각이 떠오르다(= occur to)

It has never crossed my mind to break the promise.
그 약속을 지키지 않겠다는 생각을 해본 적이 없다.

crowd out 밀어내다; (더 이상 공간이 없어) ~을 몰아내다, ~이 설 자리를 없게 만들다
(= press, force, or thrust out of a small space)

If diseased white blood cells crowd out healthy red blood cells, anemia may result.
병에 걸린 백혈구가 건강한 적혈구를 몰아내면, 빈혈이 야기될 수 있다.

curry favor with ~의 비위를 맞추다, ~에게 빌붙다

The government has promised lower taxes in an attempt to curry favor with the voters.
정부는 투표자들의 비위를 맞추기 위해 낮은 세금을 약속했다.

cut a fine figure 두각을 나타내다, 이채를 띠다(= be conspicuous, be noted for)

Bill cuts a fine figure, for he bought too many new clothes.
빌(Bill)은 두각을 나타냈는데, 왜냐하면 새 옷을 너무 많이 샀기 때문이다.

cut back on ~를 줄이다, 삭감하다

It is not easy to cut back on airline costs because much is fixed.
많은 것들이 고정된 금액이기 때문에 항공사 지출 비용을 줄이는 것은 쉽지 않다.

cut corners 절약하다; (일을 쉽게 하려고) 절차를 무시하다[생략하다]

Pressure to publish in leading academic journals encouraged researchers to cut corners.
주요 학술지에 발표해야 한다는 압박감은 연구자들로 하여금 절차를 무시하도록 부추겼다.

cut down (나무를) 베어 쓰러[넘어]뜨리다; 줄이다(= reduce); (비용 등을) 삭감하다

The compiler cuts down the article to make it fit the space available in a magazine.
편집자는 잡지의 여유 공간에 맞추기 위해 기사를 줄인다.

cut in line 새치기하다, 줄 가운데 끼어들다

A woman lets a shopper with fewer groceries cut in line at the supermarket.
한 여자는 슈퍼마켓에서 더 적은 식료품을 들고 있는 쇼핑객이 새치기 하는 것을 그대로 둔다.

cut no ice with 효과가 없다, ~에 영향을 끼치지 않다(= do not influence on, have no effect on)

His arguments cut no ice with me because they are not impressive at all.
그의 주장들은 나에게 아무런 영향을 주지 않는데, 왜냐하면 그것들은 전혀 인상적이지 않기 때문이다.

cut off 자르다; 끊다, 차단하다; (말을) 중단하다(= stop speaking)

The dam cut off the nutrients that had been washed to the Mediterranean Sea as a result of the annual floodings.
댐은 매년 홍수로 인해 지중해로 씻겨 내려가던 영양분의 유입을 차단시켰다.

cut somebody dead ~를 딱 못 본 척 하다

She recognized me and cut me dead.
그녀는 나를 알아봤는데 못 본 척 했다.

cut the Gordian knot 어려운 문제를 단번에 해결하다

The government attempted to cut the Gordian knot by changing its wage policy.
정부는 임금 정책을 변경하여 어려운 문제를 단번에 해결하려 했다.

cut the mustard 기대만큼 성과를 올리다

He didn't cut the mustard as a hockey player.
그는 하키 선수로서 기대에 부응하지 못했다.

date back to ~까지 거슬러 올라가다

Full Moon names date back to Native Americans.
보름달의 이름들은 북미 원주민들에게까지 거슬러 올라간다.

dawn on[upon] 깨닫게 되다, ~에게 분명해지다, (생각이) 떠오르다(= occur to)

It never dawned upon them that he is a victim to their greed.
그들은 그가 자기들의 탐욕의 희생자라는 생각을 전혀 하지 않았다.

day in (and) day out 날이면 날마다, 매일매일(= every day)

He was so tired of eating at the same restaurants day in and day out.
그는 날이면 날마다 같은 식당에서 밥 먹는 것에 신물이 났다.

dead from the neck up 머리가 텅 빈, 어리석은(= stupid)

You know, I'm not dead from the neck up, and I have followed the trends in popular music and in jazz.
당신도 알다시피 나는 멍청하지 않으며 대중음악과 재즈의 유행을 따라왔다.

dead heat 동시 우승, 무승부, 공동우승; (시합 등에서의) 접전[호각]

If there is no clear winner in the final outcome, commentators talk about a dead heat.
최종 결과에서 확실한 승자가 없으면 해설자는 공동우승에 대해 이야기한다.

deal with 다루다, 대처하다, 처리하다(= cope with)

All complaints must be dealt with by the customer service representatives in a timely manner.
모든 불만사항들은 반드시 고객 서비스 담당자에 의해 시기적절하게 처리되어야 한다.

MVP cf deal in 장사하다, 거래하다

deck out 갑판을 대다; 치장하다, 장식하다

Decked out in red and gold, this versatile space starts the day off as a place for social gatherings, and turns into a dinner show at night.
빨강색과 금색으로 장식된 이 다목적 공간은 낮에는 친목모임을 위한 장소로 시작해서 밤에는 디너쇼 장소로 변한다.

deliver on (약속을) 지키다, 이행하다

We lost confidence in him because he never delivered on the grandiose promises he had made.
우리는 그가 먼저 했던 거창한 약속을 이행하지 않았기 때문에 그에 대한 신뢰를 잃었다.

delve into 탐구하다, 깊이 파고들다, 철저히 조사하다(= examine)

We can delve into something and try to separate its parts, or we can look at two or more things and try to fit them together.
우리는 어떤 대상을 탐구하여 그것을 부분들로 나누려고 하거나, 또는 두 가지 이상의 대상들을 보고 그것들을 함께 맞추려 한다.

depend on[upon] ~에 달려 있다, 의존[의지]하다(= fall back on, rely on)

Appreciation of sculpture depends on the ability to respond to form in three dimensions.
조각의 감상은 3차원 형태에 반응하는 능력에 의존한다.

deter A from ~ing A가 ~하지 못하게 하다

Failure did not deter him from trying again.
실패는 그가 다시 도전하는 것을 단념시키지 못했다.

dine out 외식하다(= eat out)

By seven he was showering in his apartment before dining out in the West End.
7시에는 이미 그는 자신의 아파트에서 샤워를 하고 있었고 그 후 웨스트 엔드(레스토랑)에서 외식을 했다.

MVP cf dine in 집에서 식사하다

discourage A from ~ing A가 ~하지 못하게 막다

His parents tried to discourage him from being an actor.
그의 부모는 그가 배우가 되는 것을 막으려고 했다.

dispense with ~없이 지내다[해내다]; ~을 필요 없게 하다(= do without)

We can't dispense with water for too many days.
우리는 물 없이는 수많은 날들을 살 수 없다.

dispose of   처분[처리]하다, 버리다(= get rid of)

Do not dispose of the used syringe in the household waste.
집 휴지통에 사용한 주사기를 버리지 마세요.

do a snow job on   (감언이설로) 속이다(= cajole)

The easiest way to do a snow job on investors is to change one factor in the accounting each month.
투자자를 속이는 가장 쉬운 방법은 매달 회계보고에서 하나의 요인을 바꾸는 것이다.

do away with   제거하다, 폐지하다, 없애다(= abolish, get rid of)

Automation has done away with much of the drudgery of work.
자동화는 고된 작업을 많이 제거해주었다.

do[cause] damage (to)   ～에게 손해를 입히다; ～을 파괴[손상]하다

Vitamins A and D accumulate in the body and can do damage if taken in extremely high amounts over a period of time.
비타민 A와 D는 몸에 축적되므로 일정 기간에 걸쳐 아주 과도한 양을 섭취하면 몸을 해칠 수 있다.

do[go, make] the rounds   (뉴스·소문 등이) 전해지다, 퍼지다

A picture doing the rounds on social media a few months ago showed two Hong Kong lovers hugging on a train.
몇 개월 전 소셜 미디어에 퍼진 한 사진은 기차에서 포옹하고 있는 두 명의 홍콩 연인들을 보여주었다.

do up   (집 등을) 개조하다, 수리하다, 손보다(= decorate)

This should make quite a comfortable and attractive house if it's done up a bit.
약간 손을 보면 이 집은 아주 편하고 매력적인 집이 될 것이다.

dote on   ～을 맹목적으로 사랑하다, 애지중지하다

The old woman dotes on her grandson.
그 할머니는 손자를 애지중지한다.

draw forth   (정보 등을) 이끌어내다(= elicit)

The army interpreter tried to draw forth information from the captured soldier.
군 통역관은 포로로부터 정보를 캐내려 애를 썼다.

draw up   끌어올리다; (문서를) 작성하다(= complete, fill in, make out); (차량이) 다가와서 서다

Harriet drew up a paper on the subject of liberty.
해리엇(Harriet)은 자유라는 주제로 논문을 작성했다.

MVP draw up a contract 계약서를 작성하다(= sign a contract)
↔ draw back from a contract 협정에서 손을 떼다

drive a wedge between (문제 등이 둘 사이를) 이간시키다

The dispute that drove a wedge between them after the death of their father seemed unresolvable.
아버지가 돌아가신 후 둘 사이를 멀어지게 한 다툼은 해결할 수 없는 것 같았다.

drop[send] someone a line[a few lines] ~에게 편지를 보내다; 몇 줄 써 보내다
(= write briefly to somebody)

At once she sat down to drop him a line.
당장 그녀는 앉아서 그에게 편지를 쓰기 시작했다.

drop the ball 일을 망치다, 중대한 실수를 하다(= make a significant mistake)

Matthew really dropped the ball on this project by letting Susan be a part of the project team.
매튜(Matthew)는 수잔(Susan)을 그 사업팀의 일원이 되도록 함으로써 이 사업에 있어서 중대한 실수를 했다.

drum up ~을 얻어내다(= solicit); 알리다, 선전하다

The governor was in Vietnam trying to drum up business with America's once military adversary.
그 주지사는 베트남에서 한때는 미국의 군사적 적수였던 이 국가와의 사업을 얻어내 보려고 노력을 하고 있었다.

dwell on[upon] ~을 곰곰이[깊이] 생각하다, 숙고하다(= contemplate)

We will not dwell on the unpleasant subject.
우리는 그 불쾌한 주제를 깊이 생각하지 않을 것이다.

eat away 먹어 치우다; 부식[침식]하다(= erode)

There is concern that foreign capital will eat away at the domestic market.
외국자본이 국내시장을 잠식할 것이라는 우려가 있다.

eat one's hat 그럴 리가 없다; 손에 장을 지지다

If it happens, I will eat my hat.
그런 일이 일어난다면, 내가 손에 장을 지지겠어요.

eat[swallow] one's words 먼저 한 말을 취소하다; 자신의 잘못을 인정하다
(= retract criticism, withdraw one's statement)

Reporters said that we would never make a success of our magazine; now that we have proved them wrong, they will have to eat their words.
기자들은 결코 우리가 잡지로 성공할 수 없을 거라고 했다. 우리는 그들이 틀렸음을 입증했기 때문에 그들은 앞서 한 말을 취소해야 할 것이다.

edge out ~을 서서히 몰아내다[of]; 근소한 차이로 이기다

Girls edge out boys on tests of verbal reasoning.
여학생들이 언어추론시험에서 남학생들을 근소한 차이로 이기고 있다.

eke out a living[existence]　간신히 생계를 꾸려나가다, 근근이 살아가다(= make ends meet)

This drama depicts the bleak plight of Portuguese immigrants, menially eking out a living in Paris.
이 드라마는 파리에서 비천하게 근근이 살아가는 포르투갈 이민자들의 암담한 곤경을 묘사한다.

embark on　착수하다, 시작하다(= start out on)

She embarked on her career by working as a newspaper reporter in Wisconsin.
그녀는 위스콘신(Wisconsin) 주에서 신문 기자로 일하여 그녀의 경력의 첫발을 내디뎠다.

en route　도중에(= on the way)

It is impossible to obtain the lumber you ordered before next week because the shipment is en route.
선적이 진행 중이기 때문에 다음 주까지 주문한 목재를 받는 것은 불가능하다.

end up ~ing　결국 ~하게 되다

We set out to make a new luxury SUV, and ended up reinventing the category once again.
우리는 새로운 고급 SUV를 제작하는 일에 착수하여, 결국 다시 한 번 그 부문을 완전히 혁신시켜 놓았다.

engage in　~에 관여[참여]하다, ~에 종사하다

We often engage in what is so-called *brand switching* even if our current brand satisfies our needs.
현재 쓰고 있는 상표가 우리의 욕구를 충족시켜 준다 하더라도 우리는 소위 '브랜드 스위칭(상표대체)'에 종종 참여한다.

enter into an agreement　계약[협정]을 맺다

The two parties entered into an agreement to assist in planting a colony.
양측은 식민지 건설을 지원하기로 협정을 맺었다.

extricate oneself from　~에서 빠져 나오다, 모면하다

She extricated herself from financial difficulty by working two jobs.
그 여자는 두 가지 직업을 병행해서 경제적인 어려움에서 벗어났다.

face the music　(자신의 행동에 대해) 비난[벌]을 받다, 책임을 지다

He was forced to face the music for the crimes that he had committed.
그는 그가 저지른 죄에 대해 벌을 받아야만 했다.

face up to　~에 직면하다; ~에 감연히 맞서다; 인정[승인]하다

He had to face up to his own inadequacies as a father.
그는 아비로서 자신이 지닌 부족한 점들에 직면해야 했다.

factor in　계산에 넣다, ~을 고려[감안]하다(= consider)

If you then factor in the lack of someone to confide in, they can easily become desperate.
만약 당신이 털어놓고 이야기 할 누군가가 없다는 것을 감안한다면, 그들은 쉽게 절망에 빠질 수 있다.

fall back on   ～에 의지[의존]하다(= count on, depend on, rely on)

In an emergency we can always fall back on our savings.
비상시에 언제나 우리는 저축에 의존할 수 있다.

fall behind   뒤지다, 늦어지다

If he were to skip out on extracurricular activities, he would fall behind the other students.
만약 그가 과외활동을 빼먹는다면, 다른 학생들보다 뒤쳐질 것이다.

fall flat   발딱 넘어지다; 완전히 실패하다; 효과가[반응이] 없다

A powerful point can fall flat if it is not explained properly.
강력한 주장도 제대로 설명되지 않는다면 완전히 실패할 수 있다.

fall on deaf ears   (남이) 들은 체 만 체하다; 무시당하다(= be ignored)

The workers' demand for a wage increase has fallen on deaf ears.
직원들의 임금 인상 요구는 무시당했다.

fall out with   ～와 사이가 틀어지다, 다투다(= be alienated[estranged] from, contend with, have words with)

The North conducted its nuclear test and consequently fell out with the U.N. members including South Korea and the United States.
북한은 핵실험을 하였고 결과적으로 한국과 미국을 포함한 UN 회원국들과 사이가 틀어지게 되었다.

fall prey to   ～의 희생물이[포로가] 되다; ～에 사로잡혀 있다, ～에 빠지다

It is easy to fall prey to the illusion that you can communicate with almost anyone in the seemingly neutral sphere of the Internet.
당신은 인터넷이라는 겉보기에 중립적인 영역에서 거의 누구와도 의사소통을 할 수 있다는 착각에 빠지기 쉽다.

fall short of   ～에 미치지 못하다, ～이 부족하다

People often say that college education falls short of its reputation.
사람들은 대학교육이 그 평판에 못 미친다고 종종 말한다.

far from   ～하기는커녕, 결코 ～이 아닌(= anything but, never, not at all)

Far from being a misfortune, poverty may, by vigorous self-help, be converted into a blessing.
가난은 불행이기는커녕, 활발한 자립노력에 의해 축복으로 바뀔 수도 있다.

feed on   ～을 먹다[먹고 살다](= eat)

Frogs wander into backyards to feed on slugs, snails, and insects.
개구리는 뒤뜰을 돌아다니며 민달팽이, 달팽이, 그리고 곤충들을 먹고 산다.

feel for   ~을 불쌍히 여기다, 동정하다(= sympathize with)

You feel for a female colleague at work who seems to have so many problems and hang-ups.
당신은 아주 많은 문제와 고민이 있는 것처럼 보이는 직장 내 여성 동료를 동정한다.

feel the pinch   경제적으로 쪼들리다(= suffer financial hardship)

Even successful professionals, people who seem fully in charge of their destinies, feel the pinch.
완전히 그들의 운명을 책임지고 있는 것처럼 보이는 사람들인 성공한 전문가들조차 경제적으로 쪼들리고 있다.

fend for oneself   자활하다, 혼자 힘으로 생활해 나가다(= care for oneself, take care of oneself)

Even within intact families, children often had to fend for themselves.
심지어 온전한 가정에 있어서도, 아이들은 흔히 스스로의 힘으로 생활을 해야만 했다.

ferret out   (비밀·범인 등을) 캐내다, 찾아내다(= search for)

The police ferreted out the truth by questioning the suspects.
경찰은 용의자들을 심문해서 진실을 밝혀냈다.

few and far between   흔치[잦지] 않은, 아주 드문(= rare)

Job opportunities for aged citizens are few and far between.
고령자들을 위한 직업 기회란 좀처럼 없다.

fight tooth and nail   이를 악물고[필사적으로] 싸우다

They fought tooth and nail over the right to manage the company.
그들은 경영권을 놓고 필사적으로 싸웠다.

figure out   (생각한 끝에) ~을 이해하다[알아내다](= comprehend, make out, understand)

It took him about one month to figure out how to start the equipment.
그가 그 장비를 작동시키는 방법을 이해하는 데는 약 한 달이 걸렸다.

fill in for   ~을 대신[대리]하다(= replace)

Bill is on vacation, so his friend is filling in for him today.
빌(Bill)은 휴가 중이라 오늘은 그의 친구가 대신 일하고 있다.

fill out   (서식·문서 등의) 빈 곳을 채우다, 작성하다(= complete, fill in)

He suggested that all applicants fill out the forms at the front desk and submit them.
그는 모든 지원자가 안내 데스크에서 양식을 작성하고 제출해야 한다고 제안했다.

find fault with   ~을 흠을 잡다, 나무라다, 비난하다(= criticize)

The teacher always finds fault with my compositions.
선생님은 언제나 내가 쓴 글에서 흠을 찾기만 한다.

fit in with ~와 맞다, 어울리다, 조화하다

There is no objection to his joining the party provided he is willing to fit in with the plans of the group.
만일 그가 그 단체의 계획에 기꺼이 맞추려 한다면, 그가 입당하는 것에 이의가 없다.

fizzle out 흐지부지되다, 용두사미로 끝나다

Wall Street broke a four-day winning streak yesterday as the financial sector's rally fizzled out.
금융 분야의 회복이 흐지부지되면서 월가는 어제 나흘간의 상승세가 멈췄다.

flat on one's back (병 등으로) 누워 있기만 하는

I've been flat on my back for a week with a terrible cold.
나는 지독한 감기에 걸려서 일주일째 누워 있기만 했다.

flip a coin (동전을) 휙 던져 올리다

People usually flip a coin to decide something.
사람들은 보통 동전을 뒤집어 무엇인가를 결정한다.

flunk out of ~에서 성적불량으로 퇴학당하다

I knew I was going to fail and flunk out of college.
나는 낙제를 해서 학교에서 성적불량으로 제적당할 것임을 알고 있었다.

fly into 갑자기 ~하다(= go into)

Many people seem to fly into frenzied indignation at all manner of minor provocations.
많은 사람들은 온갖 종류의 사소한 화나는 일에 갑자기 분노하는 것 같다.

fly the coop 달아나다, 떠나다(= depart from, flee, leave)

With troubles at home, flocks of Asian investors have flown the coop over the past year.
국내의 문제들 때문에 지난해 많은 아시아 투자자들이 떠났다.

follow suit 선례를 따르다, 남을 흉내내다
(= do the same as a person does, get on the bandwagon, follow in one's footsteps)

William J. Powell started a flying club in Los Angeles named after her to inspire other African-Americans to follow suit.
윌리엄 파월(William J. Powell)이 그녀의 이름을 딴 비행모임을 로스앤젤레스에 만들어서 다른 흑인들이 선례를 따르도록 북돋아 주었다.

foot the bill 비용을 부담하다, 계산을 치르다(= pay for, pick up the tab)

She left in the middle of the meal, and I had to foot the bill.
그녀는 식사 도중에 나갔고 내가 계산을 해야 했다.

for a song 헐값으로, 싸구려로(= at a very low price, for an old song)

We could buy the house for a song, because a famous actor died there.
우리는 그 집을 헐값에 샀는데, 왜냐하면 한 유명한 배우가 그곳에서 죽었기 때문이다.

for all ∼에도 불구하고(= in spite of)

For all the ideological barriers, the two countries are culturally and geographically intimate.
이념적인 장벽에도 불구하고 두 나라는 문화적으로나 지리적으로 밀접하다.

for good (and all) 영원[영구]히(= forever, permanently)

Small businesses may have to move their production abroad or in some cases shut down for good.
중소기업들은 해외로 생산을 옮길 수도 혹은 경우에 따라서는 영원히 문을 닫을 수 있다.

for nothing 무료로[거저](= free, gratis); 헛되이(= in vain, vainly); 이유[까닭]없이(= without reason)

I worked on the report for one week, only to have all of my work go for nothing when my computer malfunctioned.
컴퓨터가 고장 나서 내가 일주일 동안 작업한 보고서가 헛수고가 되었다.

for the good of ∼을 위하여, ∼의 이익을 위하여

Raising awareness of endangered species is just one of the ways we are taking action for the good of the planet.
멸종위기 종에 대한 의식을 높이는 것은 우리가 지구를 위해 조치를 취하고 있는 여러 방법 중 하나에 불과하다.

for the life of me 〈부정문〉 도저히, 아무리 해도 (∼않다)(= for the world, try as I may)

I cannot do anything without this car for the life of me.
나는 도저히 이 차 없이는 아무 것도 할 수 없다.

for the sake of ∼때문에, ∼를 위해서(= to one's advantage)

He avoided any technical terms for the sake of clarity.
그는 명료함을 위하여 어떠한 전문적 용어의 사용도 피하였다.

for the time being 당분간(= for a while, for now, for the present)

The Great Powers can, for the time being, avoid major war among themselves by nuclear deterrence.
핵 억제력에 의해 강대국들이 당분간 그들 사이에서 벌어지는 대규모 전쟁을 피할 수 있다.

from A to B 어느 한 장소에서 다른 장소로(= from one place to another)

For me a car is just a means of getting from A to B.
나에게 자동차는 단지 어느 한 장소에서 다른 장소로 이동하는 수단일 뿐이다.

from hand to mouth 하루 벌어 하루 먹는 식으로, 하루살이 생활로

When my father was out of work, we lived from hand to mouth.
아버지가 실직하여 우리는 하루 벌어 하루 먹는 식으로 살아갔다.

from scratch 출발점부터, 맨 처음부터(= from the very beginning), 무에서(= from nothing)

Life would be a wearing process if we had to start from scratch in learning each and every thing.
어느 것이나 모든 것을 아주 처음부터 배우기 시작한다면 삶은 진저리나는 과정이 될 것이다.

(further) down the road 장차 언젠가는[앞으로], 장래에

Based on various statistics, the aging of Korea's population will likely speed up down the road.
다양한 통계수치들에 기초해 볼 때, 한국 인구의 노령화는 장래에 더욱 가속화될 가능성이 크다.

gain ground 전진하다; (지지·인기 등을) 얻다, 확고한 기반을 쌓다(= become more accepted)

The Christian right has been steadily gaining ground in state politics.
기독교도 권리가 꾸준히 정치에 있어서 지지기반을 얻고 있다.

gang up on[against] ~을 집단으로 공격[대항]하다(= get together against)

He complained that his colleagues ganged up on him.
그는 동료들이 자신을 집단적으로 공격한다고 불평했다.

gasp for air[breath] 거칠게 숨을 쉬다, 숨이 가쁘다, 헐떡이다(= pant)

When people don't get enough oxygen, they often begin to gasp for air.
사람들이 충분한 산소를 호흡하지 않을 경우, 종종 숨이 가쁘기 시작한다.

gear up 준비를 갖추다

China appears to be gearing up for a crackdown on its domestic Internet.
중국은 국내 인터넷에 대한 일제단속을 준비하고 있는 것 같다.

get a fix on ~의 위치를 확인하다; ~를 이해하다(= understand)

She tried to get a fix on the young man's motives, but she just couldn't understand him.
그녀는 그 젊은이의 동기를 파악해 보려 했지만 도저히 그를 이해할 수가 없었다.

get a grip on ~을 파악[이해]하다(= make out); 억제하다, 통제하다

The Internet is just too big and too global for anyone to get a grip on it.
인터넷은 누군가가 그것을 통제하기에는 너무 방대하고 포괄적이다.

get[have] a raw deal 부당한 대우를 받다, 푸대접 받다

It is unfair that high-performing authorities get a raw deal out of the system.
수행능력이 우수한 당국들이 그 제도 하에서 부당한 대우를 받는다는 것은 불공평하다.

get ahead 성공[출세]하다(= succeed)

Students quickly learn that it is very difficult for students to get ahead if they start out disadvantaged.
학생들은 그들이 시작할 때부터 불리했다면 성공하기가 매우 어렵다는 것을 금방 알게 된다.

MVP **cf** get a head 숙취하다

get ahead of ~의 앞으로 나아가다; (경쟁상대 등을) 능가하다(= outdo, surpass)

It annoys me to see her getting ahead of me.
그녀가 나를 앞서는 것을 보니 약이 오른다.

get along (~으로) 살아가다[on](= manage); ~와 잘 지내다[with](= be on good terms with)

A child needs to learn how to get along with other people.
아이는 다른 사람들과 사이좋게 지내는 법을 배울 필요가 있다.

get around 돌아다니다; (장애·곤란 등을) 피하다(= avoid); (법률 등의) 빠져나갈 구멍을 찾아내다

The lawyer was well known for his skill at getting around the law, usually on technical points.
그 변호사는 보통 기술적인 문제에서 법을 교묘히 피해가는 솜씨로 유명했다.

get away with ~을 벌 받지 않고 해내다, 벌을 교묘하게 피하다(= go unpunished for, not be punished for)

There is no way you can get away with cheating.
네가 부정행위에 대한 처벌을 피해갈 수 있는 방법은 없다.

get back on one's feet 다시 자립[회복]하다

Share prices will recover long before the economy gets back on its feet.
주가는 경제가 회복되기 훨씬 이전에 제자리를 찾아갈 것이다.

get by (on) ~로 그럭저럭 살아가다[해 나가다](= scrape by)

Humans will work for a pittance, if necessary, to get by.
인간은 근근이 살아가기 위해 필요하다면, 쥐꼬리만 한 박봉에도 기꺼이 일할 것이다.

get carried away 넋을 잃다, 흥분하다, 자제력을 잃다(= become too excited)

The robbers got carried away and took everything they possibly could.
강도들은 자제력을 잃고 가져갈 수 있는 모든 것을 가져가 버렸다.

get[have] cold feet 무서워하다, 주눅 들다, 겁을 먹다(= become timid, frighten)

Now comes a suggestion in the American observer that the officers are getting cold feet about carrying on with these renditions.
관리들이 이러한 범인 인도를 수행하는 것에 겁을 먹고 있다는 미국인 목격자로부터의 암시가 현재 있다.

get even with ~에 앙갚음하다, 복수하다, 보복하다(= avenge, retaliate, revenge, take revenge on)

He cheated me, but I'll get even with him one day.
그가 나를 속였지만, 나는 언젠가는 그에게 앙갚음하고야 말겠다.

get in a person's hair 남을 괴롭히다, 성가시게 굴다(= bother)

The children get in your hair, but you should try not to let it upset you so much.
아이들이 당신에게 성가시게 굴어도 많이 당황하지 않도록 애써야 한다.

get in on the act (남이 시작한 유망한 일에) 가담하다, 한몫 끼다

The company, anxious to get in on the act, launched its own instant camera.
한몫 끼고 싶어 하던 그 회사는 자체 브랜드의 인스턴트카메라(즉석 사진기)를 시장에 내놓았다.

get in touch with ~와 연락[접촉]하다(= communicate with, contact)

If you have any queries about this topic, please get in touch with me.
이 주제와 관련하여 문의사항이 있으시면 저에게 연락주세요.

get lost 길을 잃다(= lose one's way)

It's hard to get lost in Chicago because most of the streets are numbered and laid out in a grid pattern.
시카고에서는 대부분의 거리가 번호가 매겨져 있고 격자 모양으로 배열되었기 때문에 길을 잃을 일이 없다.

get[start] off on the wrong foot (with somebody) (~와) 잘못 시작하다, 첫 단추를 잘못 끼우다

I seem to have got off on the wrong foot with the new boss.
내가 새로 온 상사와 처음부터 관계가 꼬인 것 같다.

get off scot-free 처벌을 면하다

Murderers responsible for Israeli air strike that killed 21 members of Gazan family got off scot-free.
가자 지구에 거주하는 21명의 가족을 사망케 했던 이스라엘의 공습에 책임이 있는 살인자들이 처벌을 면했다.

get off the ground 이륙하다; 순조롭게 출발[시작]하다

He and his friend tried to start a band but it never got off the ground.
그와 그의 친구는 밴드를 시작하려 했지만, 그 일은 결코 순조롭게 시작되지 못했다.

get on one's nerves 신경을 건드리다, 짜증나게 하다(= make someone irritated)

Your condescending attitude is really getting on my nerves.
너의 그 잘난 척 하는 태도는 정말 나를 짜증나게 한다.

get[put, set] one's back up 짜증내다; 화내다(= become enraged)

The president got his back up when he heard that one of his top aides was involved in the bribery case.
대통령은 그의 수석 보좌관 중 한사람이 뇌물사건에 연루되었다는 것을 들었을 때 화를 냈다.

get[find] one's bearing 자기 처지[입장, 위치]를 알다

A cognitive map helps the human to get his bearings in his spatial environment.
인지 지도는 인간이 그의 공간적 환경에서 자기의 위치를 알도록 도와준다.

get over 극복하다, 회복하다(= overcome, recover from)

None of these countries has found a way yet to get over the problem of the polarization of wealth.
이 나라들 중 어떤 나라도 부의 양극화 문제를 극복하는 방법을 아직 찾지 못했다.

get rid of ～을 제거하다, 처리하다, 없애다(= eliminate, remove, throw away)

Once acquired, bad habits are hard to get rid of.
나쁜 습관은 한번 들면 고치기 어렵다.

get round[around] to ～을 할 시간[짬]을 내다

I kept meaning to do the ironing but I didn't get round to it.
내가 계속 다림질을 하려고 했는데 그럴 짬이 나지 않았다.

get stuck 바가지 쓰다(= pay too much); 꼼짝 못하게 되다

He got stuck in a traffic jam on his way to the airport.
그는 공항으로 가는 길에 교통 정체에 발이 묶였다.

get the better of ～을 이기다[능가하다](= defeat, excel)

Tom does not seem very athletic at tennis, but if you are not careful, he will get the better of you.
톰(Tom)은 테니스를 매우 잘 치는 것 같지 않다. 그러나 주의하지 않으면 그가 너를 이길 것이다.

get the edge on ～보다 우세하다, 능가하다(= have a slight advantage over)

Mary was always trying to get the edge on John.
메리(Mary)는 항상 존(John)보다 좀 잘하려고 애쓰고 있었다.

get the hang[knack] of ～의 요령을 터득하다(= get used to)

Once you get the hang of sewing, you can become creative and make your own clothes.
일단 바느질 요령을 터득하면 창조적이 되어 손수 옷을 지을 수 있다.

get the picture (상황을) 이해하다(= understand)

He tried to show her how to use the machine, but she just couldn't get the picture.
그는 그녀에게 그 기계의 사용법을 알려주려고 노력했으나 그녀는 전혀 이해하지 못했다.

get[put, set] the record straight 기록을 바로잡다; 오해를 풀다(= correct a misunderstanding)

She wanted to get the record straight about her relationship with her husband.
그녀는 남편과의 관계에 대한 오해를 바로잡기 원했다.

get through (일 등을) 끝내다[with](= complete, finish); 통과하다; (시험에) 합격하다

When I've got through the 'get through' entries, I'll get on with the 'get to' ones.
나는 'get through' 표제어들을 다 마치고 나서 'get to' 표제어들을 해나갈 것이다.

give[bear] ~ a hand (with) 도와주다, 거들어주다(= help)

Let me give you a hand with that heavy box.
저 무거운 박스 나르는 것을 내가 도와줄게요.

give a person the slip ~을 허탕 치게 하다, 남을 교묘히 따돌리다[따돌리고 도망치다](= get away from)

I think you need to give him the slip.
그를 교묘하게 따돌려야 할 것 같은데.

give a wide berth to ~에 대하여 충분한 거리를 두다; ~을 피하다

He resolved to give a wide berth to this lady.
그는 이 숙녀를 멀리 하기로 마음을 굳혔다.

give birth to (아이를) 낳다(= bear); (일이) ~을 일으키다; ~의 원인이 되다

Elzire Dionne gave birth to five daughters who became famous as the Dionne Quintuplets.
엘지레 디온(Elzire Dionne)은 디온 다섯 쌍둥이(Dionne Quintuplets)로 유명해진 5명의 딸을 낳았다.

give in to ~에 굴복하다(= succumb to, yield to)

He reluctantly gave in to public pressure and announced war on Germany and her allies.
그는 대중들의 압력에 굴복하여 마지못해서 독일과 독일의 연맹국과의 전쟁을 선언하였다.

give off (냄새·열·빛 등을) 내뿜다, 발산하다, 방출하다(= emit, release)

The automobile's exhaust system gave off foul-smelling fumes.
자동차의 배기장치는 고약한 냄새가 나는 연기를 내뿜었다.

give oneself up 항복하다, 단념하다; 자수하다

He was persuaded by the police to give himself up.
그는 경찰에 설득당해 자수했다.

MVP **cf** give oneself over to ~에 빠지다, 몰두하다

give rise to 일으키다, 초래하다, 야기하다(= bring about, cause)

Max Weber credited the Protestant ethic with giving rise to capitalism.
막스 베버(Max Weber)는 프로테스탄트 윤리가 자본주의를 발생시킨 것으로 보았다.

give someone a ring[buzz] ~에게 전화를 걸다(= telephone)

You have to give me a ring as soon as you get there.
너는 거기에 도착하자마자 나에게 전화해야 한다.

give[show, turn] the cold shoulder to ~에게 쌀쌀하게 대하다, 냉대하다, 무시하다, 퇴짜 놓다

The scuba diving club gave the cold shoulder to my brother's request to join it.
스쿠버 다이빙 클럽이 내 동생의 참여 신청을 차갑게 거절했다.

give the devil his due 싫은[하찮은] 사람이라도 좋은 점[인정할 것]은 인정하다

To give the devil his due, Peter is a very good father despite his drinking.
공정하게 말해서, 피터(Peter)는 술을 많이 마시긴 하지만 매우 훌륭한 아버지이다.

give up 그만두다, 포기하다(= abandon, abdicate, relinquish)

Only after three months in the office, the accountant gave up any pretence of enjoying his job.
그 사무실에서 석 달이 지나서야 그 회계사는 일이 재미있는 척하기를 그만두었다.

give vent to (감정·노여움 등을) 터뜨리다, 표출[발산]하다(= express)

Theresa would often give vent to her annoyance even in public places.
테레사(Theresa)는 심지어 공공장소에서도 자신의 짜증을 종종 표출한다.

give way to 굴복[항복]하다, 양보하다(= yield to); ~로 바뀌다; 무너지다(= collapse)

The heavy metal cans and glass bottles of the 1950s gave way to far lighter and more crushable containers.
1950년대의 중금속 캔과 유리병은 훨씬 더 가볍고 더 압착할 수 있는 용기(容器)로 바뀌었다.

gloss over 용케 숨기다[둘러대다], 속이다, ~에 대해 얼버무리고 넘어가다

Some foreign governments gloss over human rights abuses.
몇몇 외국 정부는 인권 침해에 관해 얼버무렸다.

go a long way 큰 영향을 미치다, 크게 도움이 되다

Having strong faith in yourself will go a long way in creating connections with people.
자신에 대한 강한 믿음을 갖는 것이 사람들과의 관계를 형성하는데 큰 도움이 될 것이다.

go against the grain 기질에 맞지 않다; 정상적인 것에 어긋나다[어긋나게 하다](= contradict)

The lawyer's argument went against the grain of conventional wisdom.
변호사의 주장은 일반적인 통념과는 모순됐다.

go along with 찬성하다, 동조하다

Steve had to go along with his classmates' decision to delay the test.
스티브(Steve)는 시험을 연기하기 위해 그의 동급생들의 의견에 따라야만 했다.

go back on (약속 등을) 취소하다, 어기다(= break)

I can't make a promise and go back on it, can I?
내가 약속을 하고 어길 수는 없잖니?

go back to the drawing board 처음부터 다시 시작하다, 계획을 다시 잡다, 백지로 돌리다

If the Higgs boson had not been found, physicists would have had to go back to the drawing board.
힉스 입자가 발견되지 않았다면, 물리학자들은 계획을 다시 잡아야 했을 것이다.

go bankrupt 파산하다(= go broke, go out of business)

Thousands of employees from the energy company Enron lost their life savings when the company went bankrupt.
에너지 회사 엔론(Enron)에서 근무하던 수천 명의 근로자들은 회사가 파산하자 노후 대비 저축금을 잃어버렸다.

go by 지나가다; ~을 따르다[길잡이로 삼다](= follow)

She went by what he said in the meeting.
그녀는 그가 회의에서 말했던 것을 따랐다.

go cold turkey (마약·습관 등을) 갑자기 끊다[그만두다]

I can't go cold turkey on shopping though ― the thought makes me panic.
하지만 나는 쇼핑하러 가는 것을 갑자기 중단할 수 없다. 그건 생각만 해도 고통스럽다.

> **MVP** cold turkey 준비 없이, 느닷없이(= without a plan)

go for ~을 가지로[데리러] 가다; ~을 얻으려고 애쓰다; ~을 좋아하다; ~에 해당되다(= be applicable to)

Britain has a high level of unemployment ― but the same goes for many other countries.
영국은 실업률이 아주 높다. 하지만 그것은 다른 많은 국가들에서도 마찬가지이다.

go hand in hand 함께 가다; 관련되다

It is common knowledge that ability to do a particular job and performance on the job do not always go hand in hand.
특정한 일을 할 수 있는 능력과 그 일에서의 실제적인 업무 수행이 항상 병행하는 것은 아니라는 것은 누구나 아는 사실이다.

go haywire (일이) 잘못되다[걷잡을 수 없게 되다]

At first, things were going well but later our plans began to go haywire.
처음에 일이 잘 되어갔지만, 후에 우리 계획은 잘못되기 시작했다.

go into ~에 들어가다; (일·행동을) 시작하다; 조사[검토]하다(= inspect, investigate, look over)

Once the proudest, busiest, richest waterway in the world, the Thames has gone into decline.
한때 세상에서 가장 자랑스럽고, 가장 붐비며, 가장 풍요로운 수로였던 템스 강은 이제 쇠퇴기에 접어들었다.

go into a huddle 밀담을 하다, 은밀히 의논하다[with]

Every time she asked a question, they went into a huddle before giving her an answer.
그녀가 질문을 할 때마다, 그들은 그녀에게 대답을 하기 전에 은밀히 의논했다.

go[come] into effect 실시되다, 발효하다

In yet another move to stimulate the economy, the government yesterday announced tax cuts that will go into effect next month.
경제를 부양하려는 또 다른 조처로서, 어제 정부는 세금 감면이 다음 달에 발효될 것이라고 발표했다.

go[run] like clockwork 계획대로[순조롭게] 진행되다

We didn't expect the performance to fail because everything was going like clockwork.
모든 일이 계획대로 잘 진행되었기 때문에, 우리는 그 일이 실패할 것이라고는 예상하지 못했다.

MVP like clockwork (시계처럼) 정확하게, 규칙적으로(= very regularly)

go off (음식이) 상하다(= decay); (폭탄이) 폭발하다(= explode); (경보기 등이) 울리다; (일이) 진행되다

While he was tamping down the explosive charge with an iron rod, it went off and sent the rod through his head.
그가 쇠막대기를 이용해 폭약을 눌러 담고 있었을 때, 폭약이 폭발하여 쇠막대기가 그의 머리를 관통했다.

go off the deep end 자제심을 잃다, 버럭 화내다, 욱하다(= lose one's self-restraint)

When he heard about John's smashing into his car, he went off the deep end.
그는 존(John)이 그의 차를 들이받았다는 이야기를 듣고 버럭 화를 냈다.

go on a[the] rampage 날뛰며 돌아다니다, 난동을 부리다

After Victor Frankenstein's Monster escaped from the laboratory, he went on a rampage of murder and mayhem.
빅터 프랑켄슈타인(Victor Frankenstein)의 괴물이 실험실에서 탈출한 후에, 그 괴물은 살인과 폭력을 행사하며 난동을 부렸다.

go out of ~을 떠나다(= leave); ~에서 벗어나다, ~하지 않게 되다(= give up)

Before the time of our coming to the city, they had gone out of business.
우리가 도시로 오기에 앞서서 그들은 사업을 그만두었다.

go out of one's mind 미치다, 발광하다(= lose one's marbles, lose one's mind)

He completely went out of his mind when his wife died.
아내가 죽자 그는 완전히 이성을 잃었다.

go out of one's way 굳이[일부러] ~하다, 비상한 노력을 하다(= make a special effort)

There's a natural law of karma that vindictive people, who go out of their way to hurt others, will end up alone.
다른 사람들에게 일부러 상처를 주는 악의적인 사람들이 결국 외톨이가 될 것이라는 자연적인 업보의 법칙이 있다.

go out of the window 사라지다(= be lost, disappear)

Efforts to withdraw ultra-thin models from catwalks seemed to have gone out of the window.
패션쇼 무대에서 극도로 마른 모델들을 퇴출시키려는 노력들이 사라진 것처럼 보였다.

go out with ~와 데이트를 하다, 사귀다(= have a date with)

She rather wants to be alone than goes out with a new boyfriend.
그녀는 새로운 남자 친구를 사귀기보다는 혼자 있고 싶어 한다.

go over ~을 점검[검토]하다, ~을 잘 살펴보다(= examine (carefully))

The instructor had gone over the problems many times before the students took the final examination.
선생님은 학생들이 기말시험을 보기 전에 시험문제들을 여러 번 검토해보았다.

go over the top 대담한 일을 하다; 목표 이상의 성과를 올리다; 지나치다, 한도를 넘다(= overspend)

Our sales volume this month has already gone over the top.
이번 달 우리의 판매량은 이미 목표를 초과했다.

go over[through] ~ with a fine tooth comb ~을 면밀히 조사하다, 철저히 수사하다

She went through this house with a fine tooth comb to find the missing papers.
그녀는 없어진 서류를 찾으려고 이 방을 샅샅이 뒤졌다.

go through (고난·경험 등을) 거치다, 경험하다

Bankruptcy was such a horrible experience for one man that he decided to help others who were going through it.
파산이 어떤 사람에게 너무나 끔찍한 경험이어서 그는 파산을 겪고 있는 다른 사람들을 도와주기로 결심했다.

go through the motions 마지못해 ~하다, ~하는 시늉을 하다(= pretend to do something)

After losing its first ten games, the team went through the motions for the rest of the season.
처음 열 번의 게임에 지고 난 후에, 그 팀은 그 시즌 나머지 기간 동안 마지못해 시늉만 해 보였다.

go through the roof (물가·가격 등이) 치솟다, 급등하다

Since the news spread through the media, the sale of self-defense gadgets has gone through the roof.
언론에서 그 사건이 보도된 이후, 자기방어용 기구들의 판매가 급증했다.

go to great lengths 많은 애를 쓰다, 어떤 고생도 마다하지 않다(= endeavor)

Some people will go to great lengths to avoid the number 13.
어떤 사람들은 13이라는 숫자를 피하려고 상당히 애를 쓸 것이다.

go up and down 오르내리다, 기복이 있다(= fluctuate)

The rate of inflation in Korea has not gone up and down more than 10 percent in recent years.
한국의 물가 상승률은 최근 몇 년간 10% 이상은 변동이 있지 않았다.

go with 어울리다; 동행하다(= accompany); 교제하다

Neither my shirts nor my hat goes with this pair of pants.
내 셔츠들과 모자 모두 이 바지와는 어울리지 않는다.

grasp at straws 지푸라기라도 잡으려 하다[잡고 싶은 심정이다], 기적을 바라다

He is grasping at straws with his weak excuse for his bad behavior.
그는 자신의 나쁜 행동에 대해 어설픈 변명으로 기적을 바라고 있다.

grease[gild, oil, tickle] a person's palm[hand, fist] ~에게 뇌물을 주다, ~을 매수하다

He finally told the truth after we greased his palm.
우리가 그에게 뇌물을 준 후에 그는 마침내 사실을 말했다.

grit one's teeth 이를 갈다, 이를 악물다

Others have no choice but to grit their teeth and nervously get through the day.
어떤 사람들은 어쩔 수 없이 이를 악물고 근심스럽게 하루를 보낸다.

grow out of ~에서 생겨나다, 발전하여 커지다; 벗어나다

I would have liked to tell you that my work on optimism grew out of a keen interest in the positive side of human nature.
나는 낙관론에 대한 나의 연구가 인간 본성의 긍정적 측면에 대한 강한 관심으로부터 생겨났다고 당신에게 말하고 싶었을 것이다.

hand down ~을 전하다, (후세에) 남기다, 물려주다(= bequeath, pass down)

Homer's stories and poems were handed down orally for centuries before ever being recorded on paper.
호머(Homer)의 이야기와 시는 종이에 기록되기도 전에 수세기 동안 구전으로 전해져 내려왔다.

hand in (과제물 등을) 제출하다[내다](= submit, turn in)

The students were asked to hand in their papers till the next week.
학생들은 다음 주까지 논문을 제출하도록 요청받았다.

hand out 나누어 주다, 배포하다(= distribute)

A decade ago, Eric Swalwell was working at a Capitol Hill gym handing out towels to members of Congress.
십년 전에 에릭 스월웰(Eric Swalwell)은 국회 의사당의 체육관에서 의원들에게 수건을 나누어 주는 일을 하고 있었다.

hang around 어슬렁거리다, 배회하다, 꾸물거리다(= roam, wander)

I won't hang around any longer than I have to.
필요 이상으로 오래 돌아다니지는 않겠다.

hang in the balance[air, wind] 미해결 상태에 있다; 위기에 처해 있다(= be in jeopardy)

Many mercenaries' lives may hang in the balance.
많은 용병들의 목숨이 위기에 처할지도 모른다.

hang out (~에서) 많은 시간을 보내다, 살다, 묵다[at, in]

If you are lazy, there are nice beaches to hang out at in the summer.
움직이는 게 싫다면, 여름에 편하게 머물 수 있는 멋진 해변들이 있다.

hark back to (생각·이야기 등에서) 과거지사로 되돌아가다; ~을 상기하다(= go back to something earlier)

Having survived the financial crisis relatively unscathed, Asians are harking back to the frugal ways of our grandparents.
상대적으로 타격을 적게 입은 채 금융위기를 벗어난 아시아인들은 할아버지 할머니가 살아가던 검소한 생활방식으로 되돌아가고 있다.

harp on ~을 되풀이하다

He is always harping on the glories of his former days.
그는 항상 옛날의 무훈담을 되풀이한다.

have[bear, keep] ~ in mind 명심하다, 기억하다, 유념하다(= remember)

Jane didn't have a destination in mind, but she knew that she wanted to be far away from the city.
제인(Jane)은 염두에 둔 목적지가 있었던 것은 아니었지만, 도시에서 멀리 떨어져 있고 싶다는 것을 알고 있었다.

have ~ in view (목표·계획 등을) 마음[염두]에 두고 있다

He wants to find work, but he has nothing particular in view.
그는 직장을 구하고 싶지만 특별히 염두에 두고 있는 곳은 없다.

have[stand] a chance of ~의 가능성이 있다(= have the possibility of)

A man who cannot win honor in his own age will have a very small chance of winning it from posterity.
자기 시대에 명성을 얻지 못하는 사람은 후대로부터도 명성을 얻을 가능성이 매우 적을 것이다.

have a good[great] command of ~을 자유자재로 구사하다

Laurie has a good command of the Italian language.
로리(Laurie)는 이탈리아어를 자유자재로 구사한다.

have a heart of gold 마음씨가 곱다, 인정이 많다

Your uncle helped a lot of people: he had a heart of gold.
네 삼촌은 많은 사람을 도왔다. 그는 인정이 많았다.

have a long run (영화나 연극 등이) 장기간 흥행하다

The musical had a long run of seventy nights.
그 뮤지컬은 70일에 걸쳐 장기간 흥행했다.

have a low opinion of ~을 얕보다, 업신여기다

Most tyrants had a very low opinion of their subjects.
대부분의 폭군들은 그들의 백성들을 매우 업신여겼다.

have a part in ~에 관여하다

The papacy is one of the most enduring institutions in the world and has had a prominent part in world history.
교황제도는 세계에서 가장 오래 지속되는 제도 중 하나이며, 세계사에서 주목할 정도의 역할을 해왔다.

have a stake in ~에 이해관계가 있다

Every country has a stake in improving China's environment.
모든 국가는 중국의 환경개선에 이해관계가 있다.

have an axe to grind 다른 속셈이 있다(= have a hidden motive)

It is a common misconception that the medical community has an axe to grind with alternative medical treatments because of a financial interest.
의학계가 경제적인 이익 때문에 대체 의학 치료와 관련하여 다른 속셈이 있다는 것은 일반적인 오해이다.

have[keep] an eye out[open] for ~을 감시[경계]하다

Some policemen are having their eyes out for a prisoner attempted to escape.
몇몇의 경찰들이 도주를 꾀했던 죄수를 감시하고 있다.

have butterflies in one's[the] stomach[tummy] (걱정으로) 속이 조마조마하다, (가슴이) 두근거리다

I have butterflies in my stomach because I don't know how to pronounce half the lines I have to say today.
오늘 내가 해야 할 대사의 절반도 어떻게 발음해야 하는지 모르기 때문에 나는 마음이 조마조마하다.

have no inkling of ~를 조금도 알아채지 못하다, 전혀 모르다(= do not know)

When Chandra arrived in Cambridge in 1930, his mentors had no inkling of the revolution that his question was to bring about.
1930년 찬드라(Chandra)가 캠브리지(Cambridge)에 도착했을 때 그의 조언자들은 그의 질문이 초래할 혁명에 대해 전혀 눈치 채지 못했다.

> **MVP** **cf** have[get] an inkling of ~을 어렴풋이 알다[알아차리다](= know)
> **cf** give a person an inkling of ~에 대한 암시를 주다, ~을 넌지시 알리다

have[eat] one's cake and eat[have] it (too) 두 가지를 다 하다[가지다], 꿩 먹고 알 먹다

He wants to have his cake and eat it: he wants a well-paid secure job, but he doesn't want to have to work evenings or weekends.
그는 두 가지를 다 하기를 원한다. 그는 보수가 좋은 안정된 일자리를 갖기 원하지만 밤이나 주말에는 일하고 싶어 하지 않는다.

have one's hands full 손이 비어 있지 않다; 아주 바쁘다(= be extremely[very] busy)

It's possible to take 18 credits and do well, but you would have your hands full.
18학점을 수강해서 잘 할 수는 있지만, 넌 무척 바쁠 거야.

have one's heart in one's mouth[throat] 몹시 놀라다, 혼비백산[기절초풍]하다

When it was my turn to speak, I really had my heart in my mouth.
내가 말할 차례가 되자, 나는 거의 정신이 다 나갔다.

have one's heart set on ~을 열망[갈망]하다(= long for); ~하기로 마음을 정하다

John had his heart set on seeing his family.
존(John)은 가족을 만나기를 간절히 바랬다.

have something to do with ~와 관계가 있다(= be connected[associated] with, have to do with)

The personality or attitude of a manager has something to do with his or her managerial success.
경영자의 성격이나 태도는 경영자의 경영 성과와 관계가 있다.

> **MVP** **cf** have nothing to do with ~와 관계가 없다

have the temerity to 무모하게 ~하다

He had the temerity to complain his professor.
그는 무모하게도 교수님에게 불평을 제기했다.

have too much on your plate 일이 산재해 있다, 처리해야 할 일이 너무 많다

If your go-to employees have too much on their plates, they will not be productive.
만일 당신이 믿음직하다고 여기는 직원들에게 처리해야 할 일이 너무 많이 있다면 그들은 생산적이지 않을 것이다.

have words with   ~와 언쟁[논쟁]하다, 말다툼하다(= quarrel with)

I had words with my boss because we had different opinions about the work.
나는 상사와 논쟁했는데, 왜냐하면 우리는 일에 대해 서로 다른 견해를 가지고 있었기 때문이다.

head off   막다, 저지하다(= block, forestall, prevent, ward off); 떠나다(= leave)

The first thing to be done was to head off the enemy from the tender spots and vital places.
첫 번째로 해야 할 일은 취약 지구와 중요한 장소들에서 적을 저지하는 것이었다.

high and dry   (사람이) 먹고 살 길이 막막한, 버림받은(= stranded)

When her secretary quit suddenly, she was left high and dry.
그녀의 비서가 갑자기 일을 그만 두면서 그녀는 홀로 남겨지게 되었다.

hinge on   ~에 달려 있다(= be contingent on, be dependent on, depend on)

A good business presentation hinges on the quality of the visual aids presented.
좋은 업무 발표는 제시되는 시각적인 보조물의 질에 달려 있다.

hit back   되받아치다, 반격하다

Dawkins points out that an organism differs from a rock or a river because it is inclined to hit back.
도킨스(Dawkins)는 유기체(생명체)는 반격하는 경향이 있기 때문에 바위나 강과는 다르다는 점을 지적하고 있다.

hit it off   (~와) 죽이 맞다, 잘 지내다(= get along well); 〈속어〉 잘 되어가다, 성공하다

We hit it off from the moment we teamed up together.
우리는 팀이 된 순간부터 마음이 잘 맞았다.

hit the books   열심히 공부하다

She hit the books to enter a good university.
그녀는 좋은 대학에 입학하기 위해 열심히 공부했다.

hit the ceiling[roof]   분통을 터뜨리다, 격노하다(= blow a fuse); 최고에 달하다

My father hit the ceiling when he found that I had damaged his new car.
아버지는 내가 그의 새 차를 파손시킨 것을 알았을 때 매우 화를 내셨다.

hit the road   여행에 나서다; 출발하다, 떠나다(= leave)

We should hit the road early tomorrow morning if we want to reach the seashore before evening.
우리가 저녁 전에 해변에 도착하길 원한다면 내일 아침 일찍 출발해야 한다.

hold back 저지[억제]하다(= inhibit, restrain); 비밀로 하다, 감추다; (진급·승진 등을) 지연시키다; 망설이다

Lack of basic education is a factor that can hold back a country's economic development.
기초 교육의 부족은 한 나라의 경제 발전을 저해할 수 있는 요인이다.

hold good 유효하다(= remain in effect)

The same argument does not hold good in every case.
동일한 주장이 모든 경우에 다 유효한 것은 아니다.

hold on to ~에 매달리다, 의지하다; 계속 유지하다

In the woods, despite being injured, she held on to the thought of being reunited with her beloved ones.
그녀는 숲에서 부상당했음에도 불구하고 사랑하는 사람들과 재회한다는 생각을 놓지 않았다.

hold one's own 자기 위치[입장]를 고수하다, 견디다(= continue to survive)

Two subspecies are extinct, ten have suffered steep declines, and only two are thought to be holding their own.
두 하위 종은 멸종되었으며 10종은 심각한 개체 수 감소를 겪었으며, 두 개의 종만이 잘 견디고 있는 것으로 추정된다.

hold out (어려운 상황에서) 저항하다[버티다]; 지속되다, 없어지지 않다(= persist)

The days of hunting witches have ended, but a few myths about cats still hold out.
마녀사냥의 시절이 끝났으나 고양이에 대한 몇 가지 통념은 아직도 남아있다.

hold sway over ~을 지배하다, 마음대로 하다

The terrorist network now holds sway over more territory than at any time in its 25-year history.
현재 그 테러 조직은 25년의 역사상 그 어느 시기보다도 더 많은 영토를 지배하고 있다.

hold up (총을 들이대고) 멈춰 세워 금품을 강탈하다(= extort, mug, rob); 바가지를 씌우다(= overcharge)

A man would not hold up another man on the street if he had plenty of money in his own pocket.
그가 주머니에 많은 돈이 있다면, 거리에서 강도질하지는 않을 것이다.

Holy Grail 성배(聖杯); 직업이나 노력에 있어 궁극적인 목표

The quest for absolute zero has become, for some scientists, analogous to the search for the Holy Grail.
절대 0도에 대한 탐색은 일부 과학자들에게 마치 성배 추구와 유사한 것이 되었다.

horse around 거칠게 놀다, 장난치다; 법석을 떨다

Not everyone is horsing around; over by the animation computers, three designers hunker down for a long haul.
모든 사람들이 난리 법석을 떨고 있는 것은 아니다. 건너 쪽 애니메이션 컴퓨터 옆에는 세 명의 디자이너들이 오랜 시간동안 쪼그려 앉아있다.

hue and cry 항의[고함] 소리, 심한 비난[against]; 대소동

Just as the show ended, he heard a huge hue and cry outside.
쇼가 끝나자마자 그는 바깥에서 나는 엄청난 항의 소리를 들었다.

> **MVP** raise a hue and cry 강력한 항의를 불러일으키다, 고함치다, 소리 지르다(= make a deal of noise)

hunt high and low 이곳저곳을 찾아다니다

I hunted high and low across the Internet looking for a recipe.
조리법을 찾으려고 인터넷 여기저기를 다 뒤져봤다.

in a bind 곤경에 처한, 매우 난처하여(= in distress)

The students know that the economy is in a bind and that jobs are scarce.
학생들은 경제가 어렵고, 일자리가 별로 없다는 사실을 알고 있다.

in a[some] measure 다소, 얼마간(= in some degree, somewhat)

The disaster was in a measure due to a confusion over authority, which arose among the heads of various departments.
그 재앙은 다소 여러 부서장들 사이에서 발생한 권한에 대한 혼란 때문이었다.

in a nutshell 아주 간결하게, 간단히 말해서(= briefly)

Walker's theme, in a nutshell, is a new turn on an old conservative cliché.
워커(Walker)의 주제는, 간단히 말해, 오래되고 보수적인 상투적 표현에 대한 새로운 변화이다.

in[at, on] a pinch 꼭 필요하면; 위기를 맞아, 만약의 경우에, 비상시에는

You can power these players from the sun, and, in a pinch, listen through the built-in speakers.
당신은 이 플레이어(재생장치)들을 태양열로 충전할 수 있으며, 위급 시에는 내장된 스피커를 통해 들을 수 있다.

in a row 일렬로; 잇따라, 연속적으로(= consecutively, successively)

He finished second in the championship four years in a row.
그는 4년 연속 그 선수권 대회에서 2등을 했다.

in a tangle 뒤얽혀, 혼란하여

His financial affairs are in a tangle.
그의 재정 문제는 엉망으로 꼬여 있다.

in addition to ~에 더하여, ~일 뿐 아니라

In addition to making antihydrogen easier to study, a new cooling technique could make it last longer in traps.
새로운 냉각 기술은 반(反) 수소의 연구를 보다 용이하게 할 뿐 아니라, 그것이 배출 장치 속에서 보다 오랫동안 지속되도록 만들 수 있을 것이다.

in case ～인 경우에는, ～에 대비하여

I was advised to get insurance in case I needed medical treatment while I was abroad.
내가 해외에서 치료받아야 할 때를 대비하여 보험에 가입하라는 조언을 들었다.

in clover 유복하게, 호화롭게(= in luxury, luxuriously)

John has been living in clover for some years.
존(John)은 몇 해 동안 호화롭게 살아 왔다.

in concert with ～와 협력하여

To survive in this world, we have to act in concert with others.
이 세상에서 살아남기 위해서 우리는 다른 사람들과 협력하여 행동해야 한다.

in conjunction with ～와 함께(= together with)

Sometimes the single building is not particularly historic, but in conjunction with other buildings it takes on meaning.
단일 건물로서는 특별히 역사적이지 못하지만 다른 건물들과 함께 그 건물이 의미를 띠게 되는 일이 더러 있다.

in deep water(s) 곤경에 처한, 궁지에 빠진(= in dire straits, in trouble)

Peter was in deep water for using his mother's car without her permission.
피터(Peter)는 어머니의 차를 허락 없이 사용하여 매우 곤란한 입장에 처했다.

in favor of ～에 찬성[지지]하여

Many people have argued in favor of e-books because of the convenience and lower cost of e-books.
많은 사람들이 전자책의 편리함과 보다 저렴한 비용 때문에 전자책을 지지한다고 주장하였다.

in full accord 완전히 합치하는, 만장일치의(= unanimous)

The committee of urban planning must be in full accord in their approval of the city's proposal.
도시계획 위원회는 시의 제안을 승인하는데 있어 완전한 합의를 이뤄야 한다.

in high relief 아주 돋보이게, 눈에 띄게(= with designs that stick out a lot)

The column was decorated in high relief with scenes from Greek mythology.
그 기둥에는 그리스 신화에 나오는 사건들이 아주 눈에 띄게 장식되어 있었다.

in large measure 꽤 많이, 대부분, 상당히(= mostly)

The stability of any given policy depends in large measure upon its legitimacy and effectiveness.
모든 지정된 정책의 안정성은 상당 부분 그것의 합법성과 효율성에 달려있다.

in lieu of ～대신에(= instead of)

In fact, most staff have chosen to have salary in lieu of stakeholder.
사실 대부분의 직원은 주주가 되는 것 대신에 급여 받는 것을 선택했다.

in light of ～에 비추어, ～을 고려하여(= in view of)

In light of the facts we have emphasized, these statements are puerile and are accepted only in ignorance.
우리가 강조한 사실들을 생각하면, 이 진술들은 바보 같아서 오직 모르고 있는 경우에만 받아들여진다.

in limbo 잊혀져, 무시되어; 불확실한 상태로

His life seemed stuck in limbo; he could not go forward and he could not go back.
그의 삶은 이도 저도 아닌 상태에 갇혀 있는 것 같았다. 그는 앞으로 나아갈 수도 없고 뒤로 돌아갈 수도 없었다.

in line with ～와 비슷한; ～에 따라

In line with company safety policy, all new workers must first participate in a safety briefing before attempting to operate dangerous machinery.
회사 안전 정책에 따라, 모든 신입 직원들은 위험한 기계를 작동시키기 전에 반드시 제일 먼저 안전 브리핑에 참여해야 한다.

in no time (at all) 곧, 바로, 즉시, 당장에(= in a flash, in a moment, very soon)

I'm sure we'll have the project done in no time.
우리는 곧 그 프로젝트를 끝낼 거예요.

in one's own time 형편이 좋을 때에, 사정이 허락할 때에

I'm sure we can get the project done in our own time.
우리는 한가할 때에 그 프로젝트를 끝낼 수 있어요.

in other words 다시 말해서, 바꾸어 말하면, 즉

In other words, the key to clear skin may all be in your mind.
다시 말해서, 피부를 깨끗하게 하는 비결은 전적으로 당신의 마음에 있을지도 모른다.

in person 직접, 몸소(= personally)

How one appears on paper is more important than how one appears in person.
서류상으로 어떻게 보이는가가 직접 대면했을 때 어떻게 보이느냐보다 더 중요하다.

in place of ～대신에(= instead of)

I was beginning to experience difficulty in swallowing food, so I was drinking more liquids in place of solids.
나는 음식을 삼키기가 어려워져서 고형 음식 대신에 액체류를 더 많이 마시고 있었다.

in proportion to ~와 비례하여(= relative to)

In social science and in politics, there is a tendency to assume that effects happen in proportion to their cause.

사회과학과 정치학에서는, 결과가 그 원인에 비례하여 발생한다고 가정하는 경향이 있다.

in relation to ~에 관하여[관계하여]; ~와 비교하여

We live exclusively in relation to others, and what disappears from our lives is solitude.

우리는 오로지 다른 사람들과 관계되어 살아가며, 우리의 삶에서 사라진 것은 고독이다.

in retrospect 돌이켜보면(= looking back)

In retrospect, his willingness to let life bleed into art, and art into life, seems remarkably prescient.

돌이켜보면, 삶이 예술에 배어들고, 예술이 삶에 배어나오게 하려 했던 그의 의지는 대단히 예지가 있어 보인다.

in return for ~의 답례로서, 대가로

Some English merchants agreed to pay for their journey in return for a share of the profits produced by the new colony.

일부 영국 상인들은 새로운 식민지에서 산출된 이익을 준 것에 대한 답례로 여행 경비를 지불하는 데 동의했다.

in round figures[numbers] 어림셈으로, 대략

That hat is not cheap because It's $100 in round figures.

그 모자는 대략 100달러이기 때문에 싸지 않다.

in short 요컨대, 요약하면, 간단히 말해(= in brief)

In short, sympathy is the ability to see what others actually think and feel.

간단히 말해, 공감은 다른 사람들이 실제로 생각하고 느끼는 것을 보는 능력이다.

in short order 곧, 신속하게, 재빨리(= quickly)

They came in and cleaned the place up in short order.

그들은 들어와서 그 곳을 재빨리 깨끗이 치워버렸다.

in spite of oneself 자기도 모르게, 무심코(= taking no notice of, unconsciously)

The blunt comment made Richard laugh in spite of himself.

그런 생각 없이 내뱉는 말을 듣고 리처드(Richard)는 자신도 모르게 웃었다.

in stark contrast to ~와 극명히 대조되는

The good weather was in stark contrast to the storms of previous weeks.

그 좋은 날씨는 그 이전 몇 주 동안의 폭풍우와 극명한 대조를 보였다.

in strict confidence   극비로

We must ask you to treat this information in strict confidence until the report is finally published.
우리는 그 보고서가 최종적으로 발표될 때까지 이 정보를 극비로 다룰 것을 요구해야 한다.

in succession   잇따라, 계속하여(= one by one)

Amid the heated dispute over gun control, shooting incidents have occurred in succession.
총기 규제에 대한 논란이 가열되고 있는 가운데 총기 난사 사건이 잇따라 발생했다.

in sympathy with   ～에 공감하여

Quite surprisingly, he found himself totally in sympathy with the views expressed at the conference.
매우 놀랍게도 그는 자신이 회의에서 표명된 견해에 전적으로 공감하고 있다는 것을 알았다.

in tatters   너덜너덜 해어진, 갈가리 찢긴, 누더기가 되어

With its economy in tatters, Italy was unable to preserve its cultural heritage.
경제가 파탄 상태에 있어서, 이탈리아는 자국의 문화유산을 보존할 수 없었다.

in terms of   ～의 면에서, ～에 관하여, ～의 관점에서(= from the standpoint of)

Spanish has grown to be roughly the same size as English in terms of the number of native speakers.
스페인어는 성장하여 원어민의 수에 있어서 영어와 거의 같은 규모가 되었다.

in[into] the bargain   게다가, 그 위에, 더욱이
(= as well, besides, in addition, on top of, to boot, what is more)

String theory promises to unify quantum physics with Einstein's relativity, shedding light on the origin of the universe in the bargain.
끈 이론은 양자 물리학을 아인슈타인(Einstein)의 상대성 이론과 통합시킴과 동시에 우주의 기원을 설명해 줄 수 있을 것이다.

in the black   (경영이) 흑자로(= profitable)

The company's exports put it in the black for the current fiscal year.
회사의 수출이 이번 회계연도에 흑자를 기록했다.

MVP ↔ in the red 빚지고; 적자로; 적자상태로(= in deficit)

in the face of   ～에도 불구하고; ～에 직면하여

The ability to carry out duties in the face of imminent danger lies in the area of the brain known as the basal ganglia.
급박한 위험에도 아랑곳하지 않고 책무를 수행할 수 있는 능력은 기저핵으로 알려져 있는 뇌 부위에 있다.

in the foreseeable future   가까운 장래에, 당분간(= soon)

It's unlikely that the hospital will be closed in the foreseeable future.
그 병원이 곧 문을 닫을 것 같지는 않다.

in the long run 긴 안목으로 보면, 결국에는(= at last, eventually, in the end, ultimately)

Continuity of purpose is one of the most essential ingredients of happiness in the long run.
목적의 지속성은 결국 행복의 가장 중요한 필수요소들 중 하나이다.

in the neighborhood of 약, 대략(= approximately)

The work now in progress is to cost in the neighborhood of $ 200,000.
현재 진행 중인 그 공사는 약 20만 달러의 비용이 들 것이다.

in the nick of time 알맞게[아슬아슬하게] 때를 맞추어

My friend Matthew arrived at the airport in the nick of time; the gate was just closing as he boarded.
내 친구 매튜(Matthew)는 아슬아슬하게 공항에 도착했다. 그가 탑승했을 때 출입문이 막 닫히고 있었다.

in the pipeline (제안·계획 등이) 진행 중인, 구체화 단계에 있는

Further schemes for supporting talented young people are in the pipeline.
재능 있는 젊은이들을 지원하기 위한 추가의 계획들이 진행 중에 있다.

in the wake of ~에 뒤이어, ~후에; ~의 결과로서, ~의 여파로(= coming after, following; as a result of)

Tragically, a 78 year-old professor emeritus took his own life in the wake of the recent scandal.
애석하게도 78세의 한 명예교수는 최근의 스캔들 후에 스스로 목숨을 끊었다.

in thrall to ~에 속박되어; ~에 사로잡혀

Americans and Cubans had been living in thrall to a history that had unfolded before most of them had even been born.
미국인들과 쿠바인들은 그들 대부분이 태어나기도 전에 펼쳐졌던 역사에 예속된 채 살아왔었다.

in vain 효과 없이, 보람 없이, 헛되이(= uselessly)

She wanted the world to know his son did not die in vain.
그녀는 세상 사람들이 자기 아들이 헛되이 죽지 않았다는 것을 알아주기를 원했다.

in vogue 유행하여, 인기를 얻어(= voguey)

It is in vogue to talk about South Korea as the new Japan, with Hyundai supplanting Toyota and Samsung surpassing Sony.
현대가 도요타를 대체하고 삼성이 소니를 능가함에 따라 한국을 새로운 일본으로 이야기하는 것이 유행이다.

into thin air 흔적도 없이(= completely out of sight)

The jewel in the safe has vanished into thin air.
금고 속에 넣어 둔 보석이 감쪽같이 사라졌다.

It's all Greek to me 도무지 알아들을 수 없는 소리다(= It's incomprehensible to me)

She tried to explain how the system works, but it's all Greek to me.
그녀가 그 시스템의 작동 법에 대해서 설명해주려 했지만 나는 전혀 모르겠다.

jack of all trades 무엇이든지 할 수 있는 사람, 만물박사, 팔방미인

If you refer to someone as a jack of all trades, you mean that they are able to do a variety of different jobs.
만약 당신이 누군가를 팔방미인이라고 말한다면, 그들은 다양한 많은 일들을 할 능력이 있다는 뜻이다.

jack up (가격을) 올리다, 인상하다(= raise) ; (특히 차를) 잭으로 들어 올리다(= elevate, lift)

You must jack up the car in order to change a tire.
타이어를 갈아 끼우려면 차를 들어 올려야 한다.

John Hancock 자필 서명(= John Henry, signature)

Just put your John Hancock on the dotted line.
점선 위에 당신의 자필 서명을 하세요.

jot down 쓰다, 적어두다, 메모하다(= note down, put down, record, take down, write down)

I must jot down that telephone number before I forget it.
잊기 전에 나는 그 전화번호를 적어두어야 한다.

jump[climb, get] on the bandwagon 우세한 쪽에 붙다, 시류에 편승하다(= follow the majority)

Mike jumped on the bandwagon since he was not sufficiently informed about the meeting beforehand.
마이크(Mike)는 그 회의에 대해 사전에 충분히 알지 못했기 때문에 시류에 편승했다.

jump the gun 섣불리[경솔하게] 행동하다 ; 신호보다 앞서 스타트하다

Athletes who jump the gun will be disqualified.
출발신호 전에 출발하는 운동선수는 실격 처리될 것이다.

jump to a conclusion 성급하게 결론을 내리다, 속단하다

We should not jump to a conclusion before considering all the facts.
모든 사실들을 고려해 보기 전에 성급하게 결론을 내리지 말아야 한다.

just off the boat 갓 이주해 온, 세상 물정을 몰라 속기 쉬운(= naive)

He acts like he is just off the boat.
그는 세상물정에 어두운 것처럼 군다.

keep[hold] ~ at bay ～을 가까이 못 오게 하다, 저지하다(= hold in check)

The officer might have difficulty keeping onlookers at bay or redirecting traffic away from the scene.
그 경찰은 구경꾼들을 저지하거나 사고 현장에서 교통을 정리하는 데 어려움을 겪을 수도 있다.

keep[hold] ~ in check ～을 저지[억제]하다

Our gut bacteria play a big role in keeping our fat genes in check by chomping on fiber.
우리의 장내 박테리아는 섬유질을 소화시킴으로써 지방 유전자를 억제하는 데 큰 역할을 한다.

keep ~ in suspense ～를 마음 졸이게 하다

The story was calculated to keep you in suspense.
그 이야기로 너를 불안하게 만들 심산이었다.

keep ~ under wraps ～을 숨기다, 비밀로 하다

Next year's collection is still being kept under wraps.
내년도 발표 작품들은 아직 비밀에 부쳐져 있다.

keep[maintain] a low profile 저자세를 취하다; 눈에 띄지 않고 있다

I advised her to keep a low profile for the next few days.
나는 그녀에게 그 다음 며칠 동안은 사람들의 눈에 띄지 않도록 하라고 충고했다.

keep a stiff upper lip (궁지에 몰려도) 내색하지 않다, 용감하게 불행에 맞서다, 의연하다

It is sometimes difficult to keep a stiff upper lip.
용감하게 불행에 맞서는 것은 때때로 힘들었다.

keep a straight face 웃지 않고 있다, 웃음을 참다, 진지한 표정을 하다(= look serious)

It's hard to keep a straight face when someone tells a funny joke.
누군가가 재미있는 농담을 던졌을 때, 웃음을 참기란 어렵다.

keep an eye on ～을 감시하다, ～을 계속 지켜보다(= watch)

Even though the virus is unlikely to spread worldwide, we should keep an eye on it and do our utmost to develop vaccines for it.
비록 이 바이러스가 전 세계로 확산될 것 같지는 않지만, 우리는 이 바이러스를 주시하고 백신을 개발하기 위해 최선을 다해야 한다.

MVP **cf** keep an eye out[open] for ~을 감시[경계]하고 있다

keep close tabs on ～을 예의 주시하다, 감시하다(= keep an eye on, observe, watch)

Young activists were kept close tabs on by FBI agents.
젊은 행동대원들은 FBI 요원들로부터 철저히 감시를 당하고 있었다.

keep in tune with ～와 가락을 맞추다, ～와 조화되다

A leader must always keep in tune with the voice of the people.
지도자는 항상 국민들의 목소리와 친화해야 한다.

keep[have] one's fingers crossed 기도하다, 좋은 결과[행운]를 빌다(= break a leg, knock on wood)

I'll keep my fingers crossed that everything will go well for you.
네가 하는 모든 일이 잘 되길 빌께

keep one's head[cool]   침착하다, 냉정을 유지하다(= remain calm)

The president is a very good leader and is able to keep his head during an emergency.
그 대통령은 매우 좋은 지도자이며, 비상시 냉정을 유지할 수 있다.

keep one's head above water   익사하지 않고 있다; 빚을 지지 않고 살다, 간신히 생계를 유지하다

When he lost his job, he could no longer keep his head above water.
그가 실직했을 때 그는 더 이상 빚을 지지 않고 살 수 없었다.

keep[have, hold, put] one's nose to the grindstone   악착같이[열심히] 일하다

He has to keep his nose to the grindstone to support his family.
그는 그의 가족을 부양하기 위해 악착같이 일해야만 한다.

keep one's shirt on   침착하다, 당황하지 않다

If you keep your shirt on you'll be able to overcome even the worst cases.
당신이 침착하면 최악의 상황도 극복할 수 있을 것이다.

keep pace with   ~와 보조를 맞추다, ~에 뒤지지 않도록 하다

Some firms slip into questionable business practices as a way to keep pace with competitors.
몇몇 기업에서는 경쟁사에 뒤지지 않기 위한 방편으로 미심쩍은 기업 관행에 몰입하고 있다.

keep somebody company   ~의 곁에 있어 주다, 친구가 되어 주다, ~와 동행하다(= accompany)

To keep the cats company after they died, mice were sometimes buried beside them.
고양이가 죽은 이후 고양이 친구가 되어주라고 생쥐들이 때때로 고양이 곁에 묻혔다.

keep track of   기억하다, 추적하다, ~에 대해 계속 알고[파악하고] 있다

One of the best ways to keep track of your personal health risks is to have a regular physical checkup every year.
본인 스스로 건강상의 위험을 계속 알고 있는 가장 좋은 방법들 중 하나는 정기적인 검진을 매년 받는 것이다.

keep up with   시류[유행]를 따르다; ~에 밝다, 정통하다(= remain informed about); ~에 뒤지지 않다

The suspect was running so fast that the police couldn't keep up with him.
그 용의자가 너무 빨리 뛰어서 경찰은 자꾸만 뒤쳐졌다.

MVP keep up with the Joneses (재산·사회적 성취 등에 있어서) 남에게 뒤지지 않으려 애쓰다

kick out   쫓아내다(= drive out, expel), 해고하다(= boot, fire)

You have every right to kick me out after what I've done.
내가 한 행동에 비추어 당신이 나를 해고하는 것은 당연하다.

knee-high to a grasshopper 아주 작은[어린]

He's been working very hard toward his goal since he was knee-high to a grasshopper.
그는 아주 어렸을 때부터 자신의 목표를 향해 정말 열심히 일을 해오고 있다.

knock up (별 힘들이지 않고) ~을 황급히 준비하다[만들어 내다](= prepare quickly)

My mother was a marvel at knocking up a meal for the guest.
우리 어머니는 손님을 위한 식사를 빨리 준비하는 데 놀라운 재주가 있으셨다.

know ~ like the back of one's hand ~을 훤히 알고 있다, 정통해 있다

He knew the city like the back of his hand, having lived there for nearly 50 years.
그는 거의 50년 동안 그곳에서 살아왔기 때문에 그 도시를 훤히 알고 있었다.

know (on) which side one's bread is buttered 자신의 이해득실을 잘 알고 있다, 이해타산에 밝다

Workers knew very well on which side their bread was buttered.
노동자들은 어느 쪽을 편드는 것이 이득인지를 잘 알고 있었다.

know the ropes 요령을 잘 알다

It won't take him long to know the ropes because he's done a similar job before.
그는 전에 유사 직종에 근무했기 때문에 얼마 안가 요령을 잘 알게 될 것이다.

lag[fall] behind 뒤(처)지다, ~보다 뒤떨어지다

South Korea is lagging behind other nations when it comes to space research and technology.
한국은 우주 연구와 기술면에서 다른 나라들보다 뒤처지고 있다.

laid up with ~으로 몸져누운

Mr. Watkins was laid up with some sort of virus infection.
와킨스(Watkins) 씨는 어떠한 바이러스 감염으로 몸져누웠다.

lap up ~을 기꺼이[선뜻] 받아들이다

In emerging markets, film fans are lapping up Hollywood's epics.
신흥 시장에서는 영화팬들이 할리우드의 대작들을 기꺼이 받아들이고 있다.

laugh at ~을 비웃다(= jeer at, mock, ridicule, scoff at)

Because of his stupid behavior, Max was laughed at by everybody.
그의 어리석은 행동 때문에, 맥스(Max)는 모든 사람들에게 비웃음을 받았다.

laugh off[away] 웃어넘기다, 일소에 부치다

The press thought the manager would be depressed by his dismissal but he just laughed it off.
언론은 그 매니저가 그의 해고로 우울해 할 것이라고 생각했지만 그는 그것을 가볍게 웃어넘겼다.

lay ~ at the door of ～의 탓으로 돌리다[탓이다]

As it is definitely your fault, you don't try to lay that failure at the door of me.
그것이 명백히 당신의 잘못이므로, 실패를 나의 탓으로 돌리려고 하지 마십시오.

lay off (일시) 해고하다(= discharge, dismiss, fire)

Businesses would respond to the sales decrease by reducing their own spending and laying off their employees.
기업은 판매 부진에 기업 자체의 지출을 줄이고 직원들을 일시 해고하는 것으로 대응한다.

lead off with ～로 시작하다(= start with)

In your resume, lead off with your most important accomplishments.
이력서에는 당신의 가장 중요한 경력부터 시작하시오.

lead to ～로 이어지다, ～을 초래하다(= bring about, cause, give rise to, result in)

During the winter, the shorter days can lead to seasonal affective disorder.
겨울철 동안에 짧아진 낮의 길이는 계절성 정서 장애(SAD)를 초래할 수 있다.

lead up to ～의 실마리[서곡]가 되다; ～으로 (넌지시) 화제를 끌고 가다

Prosecutors say there is still much they don't know about what led up to the attacks.
그 폭행사건의 실마리가 무엇이었는지에 관해 검찰은 모르는 부분이 여전히 많다고 주장한다.

leave ~ out of account ～을 무시하다, 고려하지 않다(= take no consideration of)

The plan has to be fixed as I left a very big point out of account.
내가 매우 중요한 점을 고려하지 않았기 때문에 그 계획은 수정되어야만 한다.

leave behind ～을 두고[놓고] 가다, ～을 둔 채 잊고 가다; 뒤에 남기다; 앞지르다

Today's information technology is changing so rapidly that many companies are being left behind every year.
오늘날의 정보 기술은 너무 빨리 변하고 있어서 많은 회사들이 해마다 뒤처지고 있다.

leave out ～을 빼다[배제시키다], 제외하다, 생략하다(= exclude, omit); 무시하다

My friend told me about the accident but he left out some of the main points.
내 친구는 내게 그 사고에 대해 말했지만, 일부 중요한 사항들을 빼먹었다.

leave somebody in the lurch 곤경에 빠진 사람을 버려두다, ~를 저버리다(= desert)

It's moral and human's duty not to leave a person in the lurch.
곤경에 처한 사람을 모르는 체 하지 않는 것이 도덕이자 인간의 의무이다.

left to one's own devices 제멋대로 하게 내버려 둔(= on one's own)

Individuals are usually best left to their own devices, without the heavy hand of government guiding their actions.
대개 개인들은 그들의 행동을 감독하는 정부의 강압 없이 그들 멋대로 하게 내버려두는 것이 가장 좋다.

let alone ~은 말할 것도 없이, ~커녕, ~은 고사하고(= not to mention)

The problem is that in fiction, let alone in life, the singular self does matter.
문제는 삶에서는 말할 것도 없고 소설에서도 단일한 자아가 중요하다는 것이다.

let down 실망시키다, 저버리다(= disappoint)

Sorry to let you down, but this picture is fake.
실망시켜드려 유감이지만, 이 그림은 위조품입니다.

let it go 묵과하다, 눈감아 주다, 그 이상 문제 삼지 않다, 넘어가다

Since this is the first time you've been late with an assignment, I'll let it go.
숙제를 늦게 제출한 것이 이번이 처음이니까, 이번엔 넘어갈 것이다.

let the cat out of the bag (무심코) 비밀을 누설하다(= reveal a secret, spill the beans)

I think I'll wait a few more weeks before I let the cat out of the bag.
나는 몇 주 더 기다렸다가 비밀을 말할 생각이다.

let up (비·눈 등이) 멎다, 약해지다; (강도가) 약해지다[누그러지다](= lessen, slacken, stop)

The rain didn't look like it was going to let up anytime soon.
비가 곧 그칠 것 같아 보이지 않았다.

level the playing field 공평한 경쟁의 장을 만들다(= be fair to all parties)

To level the playing field, France banned Christian and Jewish symbols.
공평하게 하기 위해, 프랑스는 기독교와 유대교의 상징을 금지시켰다.

little by little 조금씩, 서서히(= bit by bit, gradually)

The economy may be showing signs of recovery little by little, but we still need to be wary.
경제가 조금씩 회복 기미를 보이고 있지만 우리는 여전히 신중할 필요가 있다.

live it up   돈을 펑펑 쓰면서 마음껏 즐기다, 인생을 즐기다(= enjoy life)

He likes to live it up every weekend when he gets paid.
그는 월급을 받으면 주말마다 돈을 펑펑 쓰면서 마음껏 즐기는 것을 좋아한다.

live off   ～에 기식하다, 얹혀살다, ～에 의지해서 살다(= sponge off)

The people living in a ghetto live off social assistance.
빈민가에 살고 있는 사람들은 사회적 원조에 의지해서 살고 있다.

live on   ～을 먹고 살다

Owning life insurance is a way for a person to make sure his family will have money to live on after his death.
생명보험을 갖는 것은 자신이 죽은 후에 자신의 가족이 먹고 살 돈을 갖도록 해주는 방법이다.

live up to   (기대·명성 등에) 부응하다(= fulfill); ～에 따라 생활하다(= act on)

To live up to family expectations and provide for his family, the accountant had to steal the money from his business.
가족의 기대에 부응하고 그의 가족을 부양하기 위해서 그 회계사는 그가 일하던 회사에서 돈을 훔쳐야만 했다.

lock up   문단속을 하다; ～에 가두다

She still has nightmares from having been locked up in a small dark cupboard for hours.
그녀는 작고 컴컴한 벽장에 몇 시간 동안 갇혔던 악몽에 아직도 시달리고 있다.

look back on   ～을 뒤돌아보다

By looking back on what you did, you will be able to discover problems and find ways to eradicate those obstacles.
당신이 한 것을 뒤돌아봄으로써 당신은 문제를 발견하고 그 장애들을 제거할 방법을 찾아낼 수 있을 것이다.

look down on   ～을 경시하다, 깔보다(= despise, ignore, regard with contempt)

Ethnocentrism is the aspect that one is proud of his or her own culture while looking down on all others.
자기민족중심주의는 모든 다른 문화를 멸시하는 반면, 자기 민족의 문화는 자랑스러워하는 양상이다.

look for   ～을 찾다; ～을 기다리다[기대하다]

One of the things they will be looking for is whether or not you are a team player.
그들이 알아보려고 하는 것들 중의 하나는 네가 팀플레이를 잘하는 사람인지 아닌지 이다.

look forward to   ～을 고대[기대]하다(= anticipate, expect)

Today people often look forward to their middle age as a time when they will be able to take things easier.
오늘날 사람들은 종종 자신의 중년이 보다 편하게 일할 수 있는 때가 될 것이라 기대한다.

look into ～을 들여다보다; ～을 조사[연구]하다(= examine, investigate)

Doctors could use X-rays to look into a living person's body.
의사들은 살아있는 환자의 몸속을 X선을 통해 들여다 볼 수 있게 되었다.

look over 살피다, 검토하다(= examine, inspect); ～을 눈감아 주다(= overlook)

The architect looked over the blueprints.
그 건축가는 청사진을 살펴보았다.

look the other way 못 본[모르는] 척하다

Some traffickers bribe officials to look the other way.
몇몇 마약 거래상들은 못 본 척하는 대가로 공무원들에게 뇌물을 준다.

look up 올려다보대[쳐다보다]; (단어·해답 등을) 찾대(= search for)

Your short-term memory is at work when you look up a phone number, call the number, and then forget it.
전화번호를 찾아 그 번호로 전화를 걸고 그런 다음 그 번호를 잊어버릴 때가 단기 기억이 작용하고 있을 때이다.

look up to 존경하다, 우러러보다(= respect)

We learn good usage by listening to the usage of the people we look up to and wish to emulate.
우리가 존경하고 흉내 내길 원하는 사람들의 어법을 들음으로써 우리는 좋은 어법을 배운다.

lose face 체면[면목]을 잃다(= be humiliated, suffer humiliation)

It is inconceivable that the Communist Party would ever allow itself to lose face by losing an election.
공산당이 선거에서 패배함으로써 스스로의 체면을 구기게 내버려 둘 것이라고는 생각조차 할 수 없다.

lose one's temper 화를 내다, 흥분하다(= become angry, blow one's stack[top], fly off the handle)

Although he sometimes lost his temper, his pupils liked him no less for it.
비록 그가 이따금 화를 낼 때도 있었지만, 그의 학생들은 그럼에도 불구하고 여전히 그를 좋아했다.

> **MVP** ↔ keep one's temper 화를 참다

lose one's touch 기량이[솜씨가] 떨어지다

Despite his great age, we realized that he'd not lost his touch because he was still able to deliver a wonderful speech.
고령에도 불구하고, 우리는 그가 여전히 훌륭한 연설을 할 수 있었기 때문에 그가 기량이 떨어지지 않았다는 것을 알게 되었다.

lose touch with ～와 접촉[연락]이 끊기다(= lose friendship with); (시세 등에) 뒤지다

Even when achieving his lifelong dream of becoming a top-selling artist, this country boy never lost touch with his roots.
심지어 평생의 꿈이었던 최고의 아티스트가 되었을 때도, 이 시골 소년은 자신의 뿌리와의 접촉을 결코 끊지 않았다.

lose track of ～을 놓치다; ～을 잊어버리다(= forget, lose sight of)

I became so immersed in the film that I completely lost track of time.
나는 그 영화에 너무 몰입되어서 시간가는 줄을 전혀 몰랐다.

make a clean breast of 모조리 자백하다; 고백하다, 털어놓다(= confess)

He made a clean breast of his crime and tried to start over.
그는 죄를 모조리 자백하고 다시 시작하려고 노력했다.

make a difference 변화를 가져오다, 차이를 낳다; 중요하다(= matter)

Where you live can make a difference in how long you live.
당신이 어디서 사는지는 당신이 얼마나 오래 사느냐에 있어 차이가 나게 할 수 있다.

MVP cf make no difference 차이가 없다, 문제가 아니다

make[kick up] a fuss 소란을 피우다, 야단법석을 떨다[about, over]

She is always making a fuss about nothing, so everybody is unhappy with her.
그녀는 항상 아무것도 아닌 것에 대해 소란을 피워서 모든 사람들이 그녀에게 불만이다.

make a living 생계를 꾸리다

With improved access to education and health, people see new opportunities for making a living.
교육과 건강 서비스를 보다 쉽게 이용할 수 있게 됨에 따라, 사람들은 생계유지를 위한 새로운 기회를 맞이하고 있다.

make a splash 깜짝 놀라게 하다, 평판이 자자해지다, 큰 인기[관심]를 끌다(= become popular)

You don't have to do anything fancy to make a splash.
이목을 끌기 위해 멋있는 일을 해야만 하는 것은 아니다.

make allowance(s) for ～을 감안[참작]하다, 고려하다(= take into consideration)

In dealing with Tom's behavior, you must make allowances for his stained relationship with his parents.
톰(Tom)의 행동을 다루는 데 있어서, 당신은 그와 그의 부모 사이의 얼룩진 관계를 감안해야 한다.

make believe (～인) 체[척]하다(= feign, pretend)

Jack made believe that he had nothing to do with the incident.
잭(Jack)은 자신이 그 사건과 아무 관계가 없는 체 했다.

make (both) ends meet 겨우 먹고 살 만큼 벌다, 수입 내에서 살다, 수입과 지출을 맞추다, 분수에 맞게 살다
(= spend no more than the money one has)

With the failing economy, it is difficult just to make ends meet.
경제가 나빠짐에 따라, 수입에 알맞은 생활을 해나가기가 어렵다.

make do with ~으로 임시변통하다, 때우다(= make shift with, manage with)

The survivors of the shipwreck had to make do with whatever there was afloat on the water.
그 난파선의 생존자들은 그곳에서 물 위에 떠있는 것은 무엇이든 붙잡고 버텨야만 했다.

make fun of ~을 놀리다[비웃다]

A cartoonist exaggerates the features of well-known people to make fun of them.
만화가는 유명한 사람들을 조롱하기 위해 그들의 특징을 과장하여 그린다.

make it 성공하다, 해내다(= make good, succeed); (순조로이) 도착하다, (어떤 곳에 간신히) 시간에 맞춰 가다

The four ships which sailed for the East Indies safely made it back to England with a cargo of pepper, cloves, and nutmegs.
동인도제도를 향해 항해했던 네 척의 배는 후추, 정향, 육두구 등의 화물을 싣고서 영국으로 무사히 되돌아왔다.

make it up 화해하다[with]; 보충하다[to]

He tried to make it up with her, but it was in vain.
그는 그녀와 화해하려고 했으나 허사였다.

make light of ~을 가볍게 여기다, 경시하다(= belittle, depreciate, look down on, make little of)

My sister attempted to make light of my disapproval of her manners, but I said I was very serious.
나의 여동생은 그녀의 예절에 대한 나의 비판을 대수롭지 않게 여기려했지만, 나는 대단히 진지하게 말한 것이라고 말했다.

make one's way 나아가다, 가다; 출세하다

Declining an offer of work at nearby Santa Marta, he next made his way to the historic old city of Cartagena.
산타마르태(Santa Marta) 근처에서의 일자리 제안을 거절한 그는 그 뒤에 카르타헤나(Cartagena)라는 역사적으로 유명한 고대도시로 갔다.

make oneself at home 느긋하게[편히] 쉬다, 편하게 지내다(= feel comfortable)

She sits down on the couch and makes herself at home.
그녀는 소파에 앉아서 편히 쉬고 있다.

make out 이해하다(= figure out, understand); 작성하다(= draw up); ~인 척하다(= pretend)

No one could make out what he wanted to talk about because of his thick accent.
그의 심한 사투리 때문에 어떤 사람도 그가 말하고자 하는 것을 이해할 수 없었다.

make sense of ~의 뜻을 알다, 이해하다(= make out, understand)

I wanted to build a desk, but I couldn't make sense of the instructions.
나는 책상을 조립하고 싶었으나 제품 설명서를 이해할 수 없었다.

make something of oneself　성공하다, 출세하다(= get on in life, get on in the world)

If you want to make something of yourself, you need hard work and more discipline.
당신이 성공하길 원한다면, 열심히 일하고 더 많이 훈련해야 합니다.

make terms with　～와 타협하다

Harry tried to make terms with them within a couple of months.
해리(Harry)는 두 달 이내에 그들과 타협하려고 노력했다.

make the best of　최대한 이용하다; (역경·불리한 조건 등을) 어떻게든 극복하다

To make the best of her height, she learned to play basketball when she was young.
자신의 키를 최대한 활용하기 위해, 그녀는 어렸을 때 농구를 배웠다.

make the point　요점을 말하다; ～이라고 주장[강조]하다[that](= argue, insist)

He makes the point that only illegal immigrants with no criminal record would be granted citizenship under the new law.
그는 오직 범죄 기록이 없는 불법 이민자들만이 새로운 법에 의해 시민권을 취득하게 될 것이라고 지적한다.

make[go] the[one's] rounds　순시[순회]하다; 일정한 코스로 돌다; (뉴스·소문 등이) 전해지다, 퍼지다[of]

After school, I had picked up Nick and Ted and made the rounds of the dry cleaner and the grocery store.
방과 후에 나는 닉(Nick)과 테드(Ted)를 차로 데리러 갔고 세탁소와 식료품 가게에 들렀다.

make up　구성하다(= constitute); 지어[만들어] 내다, 날조하다(= invent); 화해하다

I made up every excuse about having to look after the kids.
나는 아이를 돌봐야하는 것에 대해 온갖 변명을 만들어냈다.

make up for　보상하다, 벌충하다, 만회하다(= compensate for)

No amount of beauty can make up for a bad personality.
아무리 아름답다 할지라도 안 좋은 성격을 만회할 수 없다.

make up one's mind　결심하다, 결단을 내리다(= decide)

Jurors aren't supposed to make up their minds until they've heard all the evidence.
배심원들은 그들이 모든 증언들을 다 들을 때까지는 결정을 내리지 않기로 되어 있다.

make use of　～을 이용[활용]하다

Endangered species require more attention than we have paid to the ways of making good use of natural resources.
멸종위기 종은 우리가 지금까지 천연자원을 잘 활용하는 방법에 기울인 것보다 더 많은 관심을 요한다.

map out ~을 세밀히 나타내다; (세심히) ~을 계획하다

A series of up to 50 tracers on her face map out every smile and grimace.
그녀의 얼굴에 부착된 50개나 되는 일련의 추적기들이 모든 미소와 얼굴 찌푸림을 정밀하게 표시한다.

measure up to ~에 달하다[필적하다](= emulate)

Shame is a very powerful feeling that we have when we feel that we don't measure up to certain standards.
수치심은 우리가 어떤 기준에 도달할 수 없다고 느낄 때 우리가 갖는 매우 강한 느낌이다.

meet a person halfway 남을 중간에서 만나다; 남을 도중까지 마중 나가다; 타협하다(= compromise with)

Unfortunately I refused to meet him halfway in this matter.
유감스럽게도 나는 이 문제에 있어서 그와 타협하는 것을 거절했다.

meet the mark 목표에 도달하다(= achieve the goal)

Scientists and engineers often say that our efforts to protect that earth's environment don't yet meet the mark.
과학자와 공학자들은 종종 지구의 환경을 지키기 위한 우리의 노력들이 아직 목표를 달성하지 못했다고 말한다.

minister to ~에 도움이 되다(= serve)

People propose one paramount objective for themselves, and restrain all impulses that do not minister to it.
사람들은 자신을 위해 최고의 목표를 제시해 놓고, 그것에 도움이 되지 않는 모든 충동들을 억제한다.

mix up 혼동하다(= confuse); 뒤섞다

Sometimes the information online is written by students who get facts and figures mixed up.
때때로, 온라인상의 정보들은 실제 사실이나 수치를 혼동한 학생들에 의해서 작성된다.

more often than not 자주, 대개(= frequently)

It is not too much to say that many nations more often than not resort to arms rather than words in the cross border relations.
많은 국가들이 국가 간 관계에 있어서 말보다는 무력에 자주 의지한다고 해도 과언이 아니다.

muster[pluck, screw] up courage 용기를 내다

Mrs. Brown recognized that Victor had no sense of humor, and she mustered up the courage to ask the reason.
브라운(Brown) 여사는 빅터(Victor)가 유머감각이 전혀 없다는 것을 알고는 용기를 내어 그 이유를 물어보았다.

narrow down (범위 등을) 좁히다

I think you need to learn how to narrow down your search with proper key words.
나는 당신이 적절한 핵심어로 검색 범위를 좁혀 나가는 방법을 배워야 한다고 생각한다.

neck and neck 막상막하로, 대등하게(= leg and leg)

The match was neck-and-neck from beginning to end, with the score tied at 3 to 3.
경기는 처음부터 끝까지 막상막하였고, 점수는 3–3 동점이었다.

next to ~의 옆에; (부정어의 앞에서) 거의(= almost)

For 30 years, I had next to nothing to do with Jane.
30년 동안 나는 제인(Jane)과 거의 아무런 관계도 없었다.

no later than 늦어도 ~까지(= by)

If you would like to receive application materials, please return the enclosed card as soon as possible, but no later than September 15.
입학 신청 자료를 받고 싶으시면 동봉된 카드를 가능한 한 빨리, 그러나 늦어도 9월 15일까지는 보내주시기 바랍니다.

not a whit 조금도 ~않다(= not at all)

Criminals have not a whit of conscience.
범죄자들은 양심이 조금도 없다.

not by a long shot 조금도 ~않은, 전혀 ~아닌, 결코 ~아닌(= absolutely not)

By the time Nazism arose in Germany in the 1930s, anti-Semitism was nothing new — not by a long shot.
1930년대에 독일에서 나치즘이 대두했을 때는 이미, 반유대주의 운동은 전혀 새로운 현상이 아니었다.

not least 특히, 그 중에서도 (중요한)(= especially)

Social security institutions have many roles to play, not least of which concerns the implementation of policies.
사회보장 기관들이 맡을 역할이 많이 있는데, 그중에 중요한 것은 정책 실행과 관련된 것이다.

MVP cf last but not least 마지막으로 말하지만 결코 무시하지 못할

not mince (one's) words 숨김없이 분명히 말하다, 까놓고[솔직하게] 말하다(= not mince matters)

The doctor did not mince words after he examined the patient.
의사는 환자를 검진한 후에 솔직하게 말했다.

not to put too fine a point on it 까놓고[노골적으로] 말해서

Not to put too fine a point on it, I think he is laughing at you.
까놓고 말하면 난 그가 너를 비웃는다고 생각한다.

nothing but 단지 ~뿐, ~에 불과한(= only)

For miles around, there was nothing but the lonely and desolate forest.
수 마일을 가도 주위는 쓸쓸하고 황량한 숲뿐이었다.

nothing less than 적어도 ~이상; 다름 아닌 바로[그야말로]

Kant's proposal amounts to nothing less than a revolution in our way of thinking.
칸트(Kant)의 제안은 다름 아닌 우리의 사고방식의 혁명에 해당한다.

nothing short of 거의 ~이나 마찬가지인, ~이나 다름없는(= almost same)

It was nothing short of a miracle that he survived the car accident.
그가 자동차 사고에서 살아남은 것은 거의 기적이나 다름없었다.

object to ~에 반대하다(= be opposed to)

I don't see why our boss would object to cancelling the meeting this afternoon.
나는 왜 우리 사장님이 오늘 오후에 있을 회의를 취소하지 않겠다고 하는지 알 수 없다.

of late 요즈음, 최근에(= lately, recently)

The trend among big firms to move production overseas has accelerated of late.
대기업들이 생산을 해외로 옮기는 경향이 최근에 더욱 더 가속화되었다.

of one's own accord 자발적으로(= voluntarily); 저절로, 자연히

She did it not from a sense of duty, but of her own accord.
그녀는 의무감에서가 아니라 자발적으로 그 일을 했다

off and on 때때로, 불규칙적으로, 단속적으로(= irregularly, now and then, occasionally)

He went to school off and on during his childhood, but not for very long.
그는 어린 시절 간간이 학교에 가긴 했지만 그리 오래 다니지는 못했다.

off duty 비번의(= not engaged in one's regular work)

Although the old man during daytime catered to children's parties playing the role of a clown, he was saturnine off duty.
낮 시간 동안에 광대 역할을 하며 아이들 파티에 응해주었지만, 그 노인은 비번일 때에는 침울했다.

off the beaten path[track] 인적이 드문 곳에(= in an unfamiliar or unusual place)

Last night, we went to a small restaurant that was off the beaten path.
어젯밤에 우리는 사람이 별로 가지 않는 작은 레스토랑에 갔다.

off the cuff 준비 없이, 즉석에서, 즉흥적으로(= extempore, off-hand, without preparation)

I gave him a difficult problem in algebra and he did it off the cuff.
나는 그에게 어려운 대수 문제를 하나 제시했는데 그는 그것을 즉석에서 풀어냈다.

MVP cf on the cuff 외상으로[의](= on credit); 공짜로[의]; 비밀로; 즉석에서

off the record   기록에 남기지 않는[고]; 비공개의[로], 비공식의[으로](= unofficial)

He told us off the record that the company was doing badly this year.
그는 그 회사가 올해 실적이 형편없었다고 비공식적으로 우리에게 말했다.

on[for] a lark   장난삼아, 농담으로

On a lark, the rock band sent a demo to the record executive, and landed a contract that led to their debut album.
그 록밴드는 음반사 중역에게 장난삼아 데모 테이프 하나를 보냈는데 계약을 체결하게 되었고 그것이 그대로 그들의 데뷔 앨범이 되었다.

on a par with   ~와 동등한[같은](= equivalent to)

Before printed books, the art of memory was considered a staple of classical education, on a par with grammar, logic, and rhetoric.
책으로 인쇄되기 전에는, 기억술이 문법, 논리학, 수사학에 맞먹는, 주요한 전통 교육으로 여겨졌다.

on account of   ~ 때문에(= because of, now that)

Ms. Popper's vacation in Frankfurt had to be cancelled on account of her husband's illness.
프랑크푸르트에서의 포퍼(Popper) 부인의 휴가는 남편의 병환 때문에 취소되어야 했다.

on all fours   네 발로 (기어); 꼭 들어맞아, 완전히 부합[일치]하여[with]

In a person's morning, or childhood, he or she crawls on all fours.
인간의 일생에서 아침에 해당하는 유년기에는 네 발로 기어 다닌다.

on an even keel   안정된, 평온한(= steady)

The manager couldn't keep the firm on an even keel any longer.
그 관리자는 더 이상 회사를 안정시킬 수 없었다.

on behalf of   ~을 대표하여, ~을 대신하여, ~을 위해서

Her mother encouraged her to go on to compete in the pageant on behalf of Israel.
그녀의 어머니는 그녀에게 용기를 주어 이스라엘 대표로 미스월드 대회에 출전하도록 했다.

on edge   흥분하여, 안절부절못하여, 불안하여(= irritable, nervous, tense)

The two countries were bitter enemies, and their relationship put the entire globe on edge.
두 나라는 앙숙이었으며 그들의 관계는 전 세계를 불안하게 했다.

on end   똑바로 서서, 곧추서서; 계속하여, 연달아(= continuously)

He lived inside the hotel for months on end.
그는 수개월 동안 계속해서 그 호텔에서 살았다.

on hand 수중에; (특히 도움을) 구할[얻을] 수 있는(= available)

The emergency services were on hand with medical advice.
의료 조언과 함께 구급대의 도움을 받을 수가 있었다.

on[under] pain of 위반하면 ∼의 벌을 받는다는 조건으로, ∼을 각오하고

They were required to cut pollution levels, on pain of a $10,000 fine if they disobeyed.
그들은 오염 수준을 낮추라는 지시를 받았고 이에 불복종할 경우 만 달러의 벌금을 물어야 한다.

on pins and needles 초조하여, 안달하여, 마음을 졸이는(= nervous, very anxious)

The company's shareholders are on pins and needles tonight as the tender offer comes to a close.
(주식) 공개매수가 마감되어, 그 회사의 주주들은 오늘밤 안절부절 못하고 있다.

on purpose 고의로, 일부러(= by design, intentionally)

Sometimes people lie on purpose for their own interest.
때때로 사람들은 자신들의 이익을 위해 고의로 거짓말을 한다.

on the brink[verge] of ∼의 직전에

When Hugo Chavez first came to power, the economy was on the brink of bankruptcy.
우고 차베스(Hugo Chavez)가 처음 정권을 장악했을 때, 경제는 파산 직전이었다.

on the cards 발생할 것 같은, 예상되는, 있을 수 있는(= likely to happen)

A quarter of a century on, such a test may be on the cards.
25년 정도의 세월이 지나고 나면, 그러한 실험이 가능할지도 모른다.

on the contrary 그와는 반대로, 오히려, 이에 반하여

Norms are not universal and eternal truths; on the contrary, as we have seen, they change drastically across time and cultures.
규범이 보편적이고 영원한 진실은 아니다. 오히려, 우리가 보아왔던 것처럼, 그것들은 시대와 문화에 걸쳐 크게 변화한다.

on the fly 비행 중에; 신속히, 황급히; 남몰래; 작동[가동]중에

The police were overwhelmed with evacuations, but a pair of ex-Marines stepped in, planning everything on the fly.
경찰은 주민대피에 엄두를 못 내고 있었지만, 두 명의 전직 해병대원들이 나서서 신속하게 모든 계획을 세워나갔다.

on the go 분주한, 쉴 새 없이 활동하여, 계속 일하여(= busy)

Jack has been on the go since the new project began last May.
잭(Jack)은 그 새로운 사업이 지난 5월에 시작된 이래로 쉴 새 없이 일만 하고 있었다.

on the grounds that ～라는 근거[이유]로

U.S. officials deported the religious leader on the grounds that he had lied on his visa application.
미국 관리들은 비자 신청서를 허위로 작성했다는 이유로 그 종교 지도자를 추방했다.

on the heels of 바쁘게; ～후 즉시, ～후 바로(= directly after)

That terrible crime came on the heels of a housewife being murdered by another illegal.
한 주부가 또 다른 불법체류자에 의해 살해된 후 바로 그 끔찍한 범죄가 일어났다.

on the horizon (사건 등이) 임박한, 곧 일어날 듯한

With breast cancer, as with many common diseases, there is no obvious breakthrough on the horizon.
여러 흔한 질병이 그러하듯이, 유방암에 대해서도 분명한 돌파구가 나타날 조짐이 없다.

on the horns of a dilemma 진퇴양난에 빠져(= in a fix, in a quandary)

We were on the horns of a dilemma as we tried to decide if we should move or stay in our apartment.
우리는 이사할지 아파트에 머무를지를 결정하려고 함에 따라 진퇴양난에 빠져 있었다.

on the level 정직한[하게]; 공평한[하게](= fair)

The committee is not sure whether the deal is on the level.
그 위원회는 그 거래가 공정한지 아닌지 확신이 서지 않는다.

on the line 위태로운(= jeopardized); 즉시, 즉석에서

Soldiers, emergency workers, police and many others in our society work everyday with their lives on the line.
군인, 긴급구조원, 경찰 그리고 우리 사회의 다른 많은 이들은 위태롭게 그들의 목숨을 걸고 매일 일한다.

on the mark 적중하여, 정확하게

His evaluation of the marketing department was right on the mark.
마케팅 부서에 대한 그의 평가는 매우 정확했다.

MVP be on the mark 정확하다[들어맞다]

on the mend (질병·곤경에서) 회복 중인

Iraq War Veteran Scott Olsen, critically injured at the demonstration, has been on the mend and will return to the protest next week.
시위에서 중상을 입었던 이라크 전쟁 참전 용사 스코트 올슨(Scott Olsen)은 지금 병세가 호전되어서 다음 주 시위에 다시 참석할 것이다.

on the move 매우 바빠, 분주하여; 활동적인; 전진 중인, 진행 중인(= going from one place to another)

We are always on the move, and we don't have much patience with slow systems of transportation.
우리는 늘 바쁘게 움직이고 있어서 느린 운송체계에 대해서 참지 못한다.

on the spur of the moment　순간적인 충동에서, 충동적으로

They admitted they had taken a vehicle on the spur of the moment.
그들은 순간적인 충동에서 차 한 대를 훔쳤다고 시인했다.

on[upon] the threshold of　이제 막[바야흐로] ~하려고 하여, ~의 시초에(= at the threshold of)

She felt as though she was on the threshold of a new life.
그녀는 자신이 새로운 삶의 문턱에 서 있는 것 같은 기분을 느꼈다.

on the wane　(달이) 이지러지기 시작하여; (인기 등이) 시들기[쇠퇴하기] 시작하여(= declining, dwindling)

Her popularity has been on the wane for some time.
그녀의 인기가 한동안 시들해지고 있었다.

on the whole　전체[전반]적으로 보아, 대체로(= generally)

Once established, writing systems on the whole change more slowly than their spoken counterparts.
문자 체계는 일단 만들어진 후에는 대체적으로 음성언어(말)보다 천천히 변한다.

once (and) for all　마지막으로 한 번만 더; 최종적으로(= for the last time); 단호하게; 한 번에, 한번만으로

The meeting will hopefully settle the matter once and for all.
그 회의가 최종적으로 그 문제를 해결하기를 희망한다.

one of a kind　유일한, 특별한(= unique)

My father is one of a kind because I've never seen anyone like him.
나의 아버지는 특별한 존재인데, 왜냐하면 아버지 같은 사람을 본 적이 없기 때문이다.

one's heart goes out to　~을 가엾게 생각하다, ~에 동정하다

My heart goes out to those who suffer from an incurable disease.
불치병을 앓고 있는 사람들에게 동정이 간다.

one's number is[goes] up　(사람이) 운이 다하다, 곤경에 빠지다; 죽어 가다, 임종이 가깝다

When I saw that big truck bearing down on me, I thought my number was up.
커다란 트럭이 내게 돌진하는 것을 보면서, 나는 내 운이 다했다고 생각했다.

opt for　~을[~하는 쪽을] 선택하다

He usually orders strawberry ice cream but opted for chocolate this time.
그는 보통 딸기 아이스크림을 주문하지만 이번에는 초콜릿 아이스크림을 선택했다.

opt out of　~에서 탈퇴하다, 손을 떼다, 벗어나다

Although Epicurean groups sought to opt out of public life, they respected civic justice.
에피쿠로스학파는 공적인 생활에서 벗어나는 것을 추구했지만, 시민 재판을 존중했다.

out of bounds   출입금지 구역에; 금지되어(= not allowed to go there, off limits)

For the last few days the area has been out of bounds to foreign journalists.
지난 며칠 동안 그 지역은 외신 기자들에게 출입금지 지역이었다.

out of hand   손을 쓸[통제할] 수 없는, 감당할 수 없는; 즉각, 즉시(= immediately)

You may well have misunderstandings about forgiveness that lead you to reject it out of hand.
당신이 용서에 대해 오해를 하고 있는 것도 당연하며, 그러한 오해가 당신으로 하여금 용서를 즉각적으로 거부하도록 하고 있다.

out of line   일치[조화]되지 않은; 관례[사회 통념]에 안 맞는

The costs were very much out of line with what we expected.
비용이 우리가 예상한 것과 아주 많이 달랐다.

out of order   (기계 등이) 고장 난(= broken); 정리가 안 된, 순서가 잘못된

When I mailed the 200-page manuscript to my editor, I didn't realize that the pages were completely out of order.
내가 편집자에게 200페이지 분량의 원고를 우편으로 보냈을 때 페이지의 차례가 완전히 뒤바뀐 것을 알지 못했다.

out of place   잘못 놓인; 어울리지 않는, 부적당한

The tree-lined streets of this city wouldn't be out of place in a small town.
이 도시의 나무가 늘어선 거리가 작은 마을에서는 부적절하지 않을 것이다.

MVP ↔ in place 적소에; 적절[적당]한

out of reach   ~의 손[힘]이 닿지 못하는

These products are harmful if swallowed and therefore, should be carefully kept out of reach of children.
이러한 물건들은 삼킬 경우 해로우므로 어린이들의 손에 닿지 않도록 해야 한다.

out of sight   보이지 않는 곳에; 먼 곳에

Homely children were often out of sight of their parents, and they were allowed to wander more than 10 feet away.
못생긴 아이들의 경우 자주 부모의 시야를 벗어났으며, 10피트 이상 떨어져서 돌아다니도록 허용되었다.

MVP keep out of sight 숨어 있다

out of sorts   몸이 불편한; 기분이 언짢은(= uncomfortable, unwell)

His a little out of sorts today so maybe you should wait until tomorrow to speak to him.
그가 오늘은 약간 기분이 좋지 않으니까 네가 그에게 말을 걸려면 내일까지는 기다려야 할 것 같다.

out of stock   품절[매진]이 되어, 재고가 떨어진(= unavailable)

I'm sorry but those items are temporarily out of stock.
죄송합니다만, 그 물품들은 일시적으로 재고가 없습니다.

out of sync 조화되지 않는, 화합되지 못하는

The school day is totally out of sync with working parents.
학교 수업일은 맞벌이 부모의 요구와 완전히 다르게 돌아간다.

out of the blue 느닷없이, 뜻밖에(= suddenly, unexpectedly)

Sometimes he brings up a funny question out of the blue.
때때로 그는 재미있는 문제를 뜻밖에 내놓는다.

out of the (one's) way 이상한, 보통이 아닌(= eccentric)

She had obviously noticed nothing out of the way.
그녀는 분명히 아무것도 이상한 눈치를 채지 못했었다.

out of the question 불가능한, 생각할 수 없는(= impossible, inconceivable, totally unlikely)

One man who is utterly unreformable is a corpse; and hanging is out of the question.
완전히 교정할 수 없는 인간은 시체이다. 그래서 교수형은 생각할 가치가 없다.

MVP **cf** out of question 틀림없이, 의심할 여지없이(= beyond doubt, beyond question)

out of the woods 위기를 모면하여, 위험[곤란]에서 벗어나(= safe from danger, stabilized)

Uncle Joe is in the Intensive Care Unit in hospital, but the doctor says he's out of the woods.
조(Joe) 아저씨는 지금은 병원 중환자실에 계시지만, 의사 말로는 고비는 넘겼다고 한다.

over and above ∼에 더하여, ∼외에도; 게다가(= besides, in addition)

Over and above his salary, he also gets a transportation allowance from his company.
봉급 외에도, 그는 또한 회사에서 교통수당을 받는다.

over-the-counter (약이) 처방전 없이 살 수 있는; (주식이) 비상장(非上場)의

Drugs for suppressing the appetite are available either over-the-counter or by prescription.
식욕을 억제하는 약은 처방전 없이 혹은 처방전을 받고서 구입이 가능하다.

over[throughout] the length and breadth of ∼의 전체에 걸쳐, ∼을 샅샅이

The ambitious politician travelled over the length and breadth of the nation in a bid to reach out to those in need.
그 야심 많은 정치가는 가난한 이들에게 다가가기 위해 전국 구석구석을 순방했다.

over the moon 하늘을 둥둥 떠다니는 듯한, 매우 행복하여, 크게 기뻐하여
(= in seventh heaven, on cloud nine)

He was over the moon and confessed nearly everything to Sandy.
그는 기쁨에 들떠서 샌디(Sandy)에게 거의 모든 것들을 털어놓았다.

own up to ∼을 모조리 자백[인정]하다(= admit, fess up, make a clean breast of)

The biggest European banks may finally have to own up to their losses.
유럽 최대의 은행들은 자신들의 손실을 마침내 인정해야 할지도 모른다.

palm off 속이다; (물건을 남에게) 속여서 팔아먹다(= foist off)

The jeweler palmed off a fake diamond on a customer.
그 보석상은 어떤 고객에게 가짜 다이아몬드를 속여 팔았다.

pan out 성공하다(= succeed); (특정 방식으로) 전개[진행]되다; ∼의 결과가 되다

He was a smart guy, but a number of his theories didn't pan out.
그는 똑똑한 사람이었지만 많은 그의 이론들은 성공하지 못했다.

parcel out 나누다, 분배하다(= distribute)

Like lots of animals, we tend to parcel out our resources on the basis of value.
많은 동물들과 마찬가지로, 우리는 우리의 자원을 가치의 기준에 의해 분배하는 경향이 있다.

part and parcel 본질적인 부분, 중요 부분(= an integral part)

Learning about life in a new culture is part and parcel of what newcomers to America face.
새로운 문화에서 살아가는 것을 배우는 것은 미국으로 새로 건너온 사람들이 직면하게 되는 중요한 부분이다.

pass away 죽다, 사망하다(= die)

If someone passed away there is an alarm in the village.
누군가가 죽으면 그 마을에는 경보가 울린다.

pass out 의식을 잃다, 기절하다(= faint, swoon)

She passed out immediately after crossing the finish line.
그녀는 결승선을 통과하고 바로 의식을 잃었다.

pass over 지나가다, 통과하다; 무시하다(= disregard)

We decided that it was wiser to pass over his insulting remark rather than call further attention to it.
우리는 그의 모욕적인 말에 좀 더 신경 쓰기보다는 차라리 무시해버리는 게 더 지혜롭다는 결정을 했다.

pat a person on the back ∼의 등을 톡톡 치다, ∼을 격려[축복, 칭찬]하다

California politicians are patting themselves on the back for enacting the nation's first comprehensive overhaul of home-mortgage laws.
캘리포니아의 정치인들은 미국 최초의 주택담보대출 포괄검토 법을 제정한 것에 대해 스스로를 칭찬하고 있다.

pave the way for ~의 길을 닦다; ~을 위해 준비하다(= prepare for); ~을 수월하게 하다(= make possible)

The two leaders shared the view that the FTA would pave the way for significant progresses in bilateral economic relations.
양국 정상은 FTA가 양국 간의 경제관계가 크게 발전할 수 있는 계기가 될 것이라는 데 견해를 같이 하였다.

pay attention to ~에 주의를 기울이다, 유의하다(= heed, take notice[note] of)

A business concerned about its efficiency should pay attention to the actions of its staff.
효율성을 걱정하는 기업은 직원의 행동에 주의를 기울여야 한다.

pay back (돈을) 갚다, 변제하다(= repay)

Bill asked me for the money he'd lent me, but I'd already paid it back.
빌(Bill)은 그가 나에게 빌려주었던 돈을 달라고 했지만 나는 이미 돈을 갚았다.

pay dividends 큰 이익[이득]을 주다; (장래) 도움이 되다

There are no quick fixes, though the time you invest in your health will pay dividends for years to come.
비록 당신이 건강에 투자한 시간은 향후 몇 년 동안 도움이 될 것이지만 즉효약은 없다.

pay off 성공하다, 기대했던 성과를 올리다(= be worthwhile); 빚을 다 갚다(= pay up)

Your clear knowledge of math paid off when you were interviewed for the bookkeeping job.
너의 정확한 수학 지식이 회계직 면접을 볼 때 좋은 결과를 가져다주었다.

pay the price 대가를 치르다

The US should realize that it is inevitable for the US to pay the price to do well out of a Sino-Japanese conflict.
중국과 일본 간의 갈등에서 이익을 얻기 위해서는 미국이 대가를 치러야 한다는 것을 미국은 깨달아야 한다.

pay through the nose 터무니없는 값을 지불하다, 바가지 쓰다(= pay too much money)

We don't like paying through the nose for our wine when eating out.
우리는 외식을 할 때 와인에 대해 터무니없는 값을 지불하는 것을 좋아하지 않는다.

pay tribute to ~에게 찬사를 바치다, 경의를 표하다(= honor, pay homage to)

Diderot paid tribute to role of women as interlocutors in shaping the intellectual conventions of the age.
디드로(Diderot)는 당대의 지성인의 집회를 만드는 데 있어 대화자로서의 여성의 역할에 경의를 표하였다.

peak and pine (상사병 등으로) 수척해지다(= become emaciated)

The girl peaked and pined after hearing the well-known voice from a loved one.
애인의 친숙한 목소리를 들은 후에, 그녀는 수척해졌다.

peter out   점차 작아지다[소멸하다]

Japanese success on land also petered out as US naval superiority pushed Japan out of Guadalcanal in Solomon Islands.
미 해군이 우월한 전력으로 일본을 솔로몬 제도의 과달카날 밖으로 몰아냄으로써, 육상에서의 일본의 성공도 점차 작아졌다.

phase out   ~을 단계적으로 중단[폐지, 제거]하다(= remove over time, terminate gradually)

The United Kingdom committed to phasing out coal and halving carbon emissions by 2025.
영국은 늦어도 2025년까지 석탄을 단계적으로 없애고 탄소 배출량을 반으로 줄이겠다고 약속했다.

pick on   ~의 흠을 들추다, 혹평하다; 괴롭히다(= annoy, harass, tease)

Due to the color of my skin, I was often picked on by bullies when I was young.
나는 피부 색 때문에 어렸을 때 나쁜 아이들한테 괴롭힘을 자주 당했다.

pick out   고르다, 골라내다(= select); 식별하다(= distinguish)

You can pick out Americans anyplace in the world, often very quickly, because of their behavior.
당신은 세계 어느 곳에서든 그들의 행동을 통해 미국인들을 종종 매우 빨리 알아볼 수 있다.

pick up   (물건 등을) 가져가다; (차로 사람을) 마중 나가다; 회복하다; (경기·날씨 등이) 좋아지다; (속력을) 더하다

In America, marijuana use among teens has picked up a little, but the use of cocaine has fallen drastically.
미국에서 10대 청소년들의 마리화나의 사용은 조금 개선되었지만, 코카인의 사용은 급격하게 줄어들어 왔다.

pin down   정확히 밝히다, 분명하게 정의하다

At times, we turn to external things to change that uncomfortable feeling inside that is hard to pin down.
때때로 우리는 설명하기 어려운 내면의 불편한 감정을 변화시키기 위해 외부적인 것에 의지한다.

pipe dream   몽상, 꿈같은 이야기(= daydream)

I'd love to have one home in the mountains and another at the seashore, but that's just a pipe dream.
나는 산에 집 한 채를, 바닷가에 또 다른 한 채를 갖고 싶다. 그러나 그것은 한낮 몽상에 불과하다.

pitch in   (작업·충고·자금 등을 지원하며) 협력하다

In times of trouble in our town, everyone pitches in and we all work together.
우리 마을이 어려울 때에는 모든 이들이 협력하여 우리 모두 함께 일한다.

play down   (상대에) 맞추어 정도를 낮추다[to]; 경시하다(= minimize)

The diplomats have played down the significance of the reports.
외교관들은 그 보고서의 중요성을 경시해 왔다.

play havoc with ～을 엉망으로 만들다, 파괴하다(= devastate, ruin, wreak havoc on)

A problem we have in Antarctica is the lack of darkness because it can play havoc with your body rhythms.
남극에서 당면하는 한 가지 문제는 어둠이 없다는 것인데, 왜냐하면 이것이 신체리듬을 파괴할 수 있기 때문이다.

play it by ear 임기응변의 조치를 취하다, 재치 있게 행동하다(= improvise)

We can play it by ear to clarify the truth in many circumstances and environments.
우리는 많은 상황과 환경에서 진실을 명확히 하기 위해 임기응변으로 대처할 수 있다.

play[hold, keep] one's cards close to the[one's] chest[vest] 불필요한 위험을 피하다; 속내를 드러내지 않다, 비밀로 하다

The laconic actor always has played his cards close to the chest, but he did offer *The Hollywood Reporter* a few curt words about his new film.
말수가 적은 그 영화배우는 항상 속내를 드러내지 않아 왔지만, 『할리우드 리포터(The Hollywood Reporter)』지에 그의 신작 영화에 대해 어느 정도 간략한 의견을 말했다.

plead guilty to ～의 죄를 인정하다(= plead no contest)

He was encouraged to plead guilty to the lesser offence.
그는 덜 중대한 범행에 대해서는 죄를 인정하라는 권고를 들었다.

plunk down (특히 거액의 돈을) 턱 내놓다[내주다]; 털썩 주저 않다

As I was leaving, the next customer plunked down two bottles of wine and said with a wink.
내가 떠나려고 했을 때 그 다음 고객이 포도주 두 병을 계산하고 윙크하면서 말했다.

point out 가리키다, 지적하다(= indicate)

No one feels pleased about having his fault pointed out, and thus criticism is what everyone usually wishes to fend off.
아무도 자신의 잘못이 지적되는 것에 대해 기뻐하지 않으며, 그래서 비판은 모든 사람이 대개 피하고 싶어 하는 것이다.

point the finger at ～을 비난[책망]하다, 손가락질하다(= blame)

Pointing the finger at others might seem like the easy way out, but it comes with a price.
남한테 손가락질 하는 것은 손쉬운 탈출구일지도 모르나, 그 손가락질에는 대가가 따른다.

pony up 돈을 내다, 지불하다

Each guest had to pony up $30 for the meal.
손님 각각이 식사비로 30달러를 내야 했다.

pop up in 〜에 등장하다

E-bombs started popping up in headlines only recently, but the concept of EMP (electromagnetic pulse) weaponry has been around for a long time.
전자폭탄은 최근에야 머리기사에 등장하기 시작했지만, 전자기펄스(EMP) 무기의 개념은 오래전부터 존재해 왔다.

preclude A from ~ing A를 〜하지 못하게 하다

The law precluded him from running his company for three months.
법은 그가 3달 동안 회사를 운영하지 못하게 했다.

prey upon[on] 잡아먹다; 괴롭히다; 등쳐먹다, 속이다

He preyed upon the gullible who believed his stories of easy wealth.
그는 일확천금을 벌었다는 자신의 이야기들을 믿는 잘 속는 사람들을 먹잇감으로 삼았다.

pride oneself on 〜을 자랑하다(= be proud of, plume oneself on, take pride in)

He prides himself on the fact that he is never absent from work.
그는 그가 결근하지 않는다는 사실을 자랑스러워한다.

prior to 〜보다 먼저, 〜에 앞서서(= before)

Prior to the career at the publishing company, Ms. Lexin worked as a reporter for a fashion magazine.
출판사에서 일하기 전에 렉신(Lexin) 씨는 패션 잡지 기자로 일했다.

promise (somebody) the moon 엉터리 약속을 하다, 불가능한 일을 약속하다

Before the election the politicians promised everybody the moon but after they were elected they began to talk differently.
선거 전에 그 정치인들은 모든 사람들에게 불가능한 일들을 약속했지만 당선된 후에 그들은 다르게 말하기 시작했다.

prop up 지원하다, 받쳐주다, 지지하다(= support)

The scientists are busy finding out some evidence to prop up the hypothesis.
과학자들은 그 가설을 뒷받침할 만한 어떤 증거를 찾느라 바쁘다.

pull a long face 우울한[시무룩한] 얼굴을 하다(= look disappointed, look sad)

When the people heard the news, they pulled a long face.
사람들은 그 소식을 듣고 슬픈 얼굴을 했다.

pull ahead 앞으로 나아가다, (남을) 앞지르다

Women in business often watch their male colleagues pull ahead, get promoted more quickly, and earn more money.
직장에 종사하는 여성들은 그들의 남성 동료들이 (자신을) 앞지르고, 승진을 더 빨리 하고, 돈을 더 많이 받는 것을 자주 보게 된다.

pull off 잡아 뜯다, 떼어내다(= tear away); (곤란을 무릅쓰고) 잘 해내다(= carry out despite difficulties)

She pulled off the price tag so that her mother would not know how expensive the blouse was.
그녀는 블라우스가 얼마나 비싼지 어머니가 알지 못하도록 가격표를 떼었다.

pull[get, take] one's finger out (다시 한 번) 열심히 일하기 시작하다

You're going to have to pull your finger out if you want to pass this exam.
네가 이 시험에 합격하고 싶으면 열심히 공부하기 시작해야 할 거야.

pull one's leg ～를 놀리다(= make fun of); ～를 속이다(= deceive, tease)

He praised my cooking, but he was actually pulling my leg.
그는 내 요리 솜씨를 칭찬했지만 사실은 놀리는 것이었다.

pull oneself together 기운을 되찾다, 정신[마음]을 가다듬다, 자제심을 되찾다
(= become calm, calm down, get hold of oneself)

You'd better pull yourself together; otherwise you are sure to flunk out of this class.
너는 정신 차려야겠다. 그렇지 않으면 이 강좌에서 틀림없이 낙제할 거야.

pull out of a nose dive 폭락에서 벗어나다

As Latvia's economy began to pull out of its nose dive, he returned to architecture and today employs 15 people.
라트비아(Latvia)의 경제가 침체에서 벗어나기 시작하자, 그는 건축일로 복귀했으며 현재 15명의 직원을 고용하고 있다.

pull over (차·배를) 길 한쪽에 대다

A lawyer drives through a stop sign and gets pulled over by a policeman.
한 변호사가 빨간불을 무시하고 지나쳐 경찰관이 차를 길가 쪽으로 대게 했다.

pull[draw] the wool over a person's eye (거짓말을 하여) ～을 속이다(= deceive, hoodwink)

He often pulls the wool over my eyes, but I know that he has no ill will.
그는 자주 나를 속이지만, 나는 그가 적의가 없다는 것을 안다.

pull up one's socks 정신을 차리고 새로 시작하다, 분기하다

If he's serious about going to college, he really will have to pull up his socks.
만약 그가 대학 진학에 대해 진지하게 생각한다면, 그는 정신 바짝 차려야 할 거예요.

push the envelope 한계를 초월하다, 한계에 도전하다(= go beyond the limits of what is allowed)

They are hip-hop performers who push the envelope.
그들은 한계에 도전하는 힙합 가수들이다.

put ~ on a pedestal　~을 받들어 모시다, 존경하다(= admire, hold ~ in high esteem)

We've set them up as wives and mothers, treated them with great respect, even put them on a pedestal.
우리는 그들을 아내로 그리고 어머니로 삼았고, 존경심을 갖고 그들을 대했으며 심지어는 그들을 받들기까지 했다.

put ~ on the back[front] burner　~을 나중으로 미루다[최우선 사항으로 하다]

He was working so hard that he had to put his family life on the back burner.
그는 너무 열심히 일을 해서 가정생활은 뒤로 미뤄야 했다.

put ~ to the back of one's mind　(불쾌한 기억을 잊기 위해) ~을 마음 한구석에 넣어 두다, 당장은 생각하지 않기로 하다

He put what happened during the game to the back of his mind.
그는 게임 중에 일어난 일을 당장은 생각하지 않기로 했다.

put a strain on　~에 중압을 가하다, ~을 짓누르다, 시련을 겪게 하다

Mary's homosexuality put a tremendous strain on the marriage.
메리(Mary)의 동성애는 결혼생활에 엄청난 시련을 가져왔다.

put across　(생각 등을) 이해시키다, 전달하다(= convey, get across)

A variety of communications' methods are being used to put across complex messages.
다양한 의사소통 방법들이 복잡한 메시지들을 전달하는 데 사용되고 있다.

put aside　제쳐놓다, 따로 남겨[떼어]두다

The chairman proposed for the time being to put aside new investments until the economic recovery.
회장은 경기 회복 때까지 새로운 투자는 당분간 제쳐둘 것을 제안했다.

put by　(특정한 목적을 위해 돈을) 모으다, 저축하다

He put by a hundred dollars a month for his summer holidays.
그는 여름휴가를 위해서 매달 백 달러씩 모았다.

put emphasis on　~을 강조하다, ~에 역점을 두다

Female managers were rated as putting more emphasis on happy interpersonal relationships and being receptive to new ideas.
여성 관리자들은 행복한 대인 관계를 더욱 강조하고, 새로운 생각을 잘 받아들이는 것으로 평가되었다.

put forth　(안건·문제 등을) 내다, 제출하다; (이론 등을) 발표[공표]하다

They put forth a mathematical formula to explain the genesis of cancer in a research paper.
그들은 연구 논문에서 암의 발병을 설명할 수 있는 수학적 공식을 발표했다.

put in for (정식으로) 요청[신청]하다

Ms. Ziehler put in for a transfer to another department but it was refused.
지엘러(Ziehler)씨는 다른 부서로 전출을 신청했지만, 거절당했다.

put off 연기하다, 미루다(= delay, postpone)

What the new boss finds most annoying with the young employees is their habitually putting off works.
새 상사가 젊은 직원들에게 가장 짜증스럽게 여기는 것은 그들이 습관적으로 일을 미루는 것이다.

put on a garb of ~의 옷을 입다; (성격·특징·모습 등을) 띠다(= assume)

Japan took to western machinery and industry and, with a modern army and navy, put on a garb of an advanced industrialized power.
일본은 서양의 기계와 산업에 몰두했고 현대적인 육군과 해군과 함께 선진 산업 강국의 면모를 띠었다.

put on one's thinking cap 곰곰이 생각하다, 심사숙고하다

It isn't a waste of time to study what happens when people put on their thinking caps.
사람들이 곰곰이 생각할 때 무엇이 일어나는지를 연구하는 것은 시간낭비가 아니다.

put[set] one's foot down 단호한 태도를 취하다, 단호하게 거절[반대]하다

You've got to put your foot down and make him stop seeing her.
당신은 단호히 반대를 해서 그가 그녀를 더 이상 못 만나게 해야 한다.

put one's foot in[into] it[one's mouth] (무심코 발을 들여놓아) 궁지에 빠지다; 실언하다, 실수하다

You really put your foot in it when you asked Sue how her cat was.
네가 수(Sue)한테 그녀의 고양이가 잘 지내고 있는지 물어본 건 완전히 실수한 거였어.

put out (불 등을) 끄다(= extinguish); 해고하다; 발표하다; 생산하다

This house was full of smoke, but Mary kept her composure and managed to put out the fire.
이 집은 연기로 가득 차 있었지만 메리(Mary)는 침착하게 어떻게든 해서 화재를 진압했다.

put the kibosh on ~을 막다[방지하다](= obstruct); (~의 계획을) 망치다, 끝장을 내다

The car industry has put the kibosh on EU CO_2 emission curbs.
자동차 업계는 유럽연합의 이산화탄소 배출을 억제시키려는 계획을 막았다.

put through 달성하다; (전화를) 연결하다; (법안 등을) 통과시키다; 졸업시키다; (곤경 등을) 겪게 하다

She put through her goal that she really wanted to achieve.
그녀는 자신이 이루려고 했던 목표를 달성했다.

put up at ～에 묵다, 투숙하다(=stay at)

Tired and hungry, we put up at a school for the night.
지치고 배고픈 상태에서 우리는 그날 밤 한 학교에 묵었다.

put up with ～을 참다, 견디다(= bear, endure, stand, tolerate)

Steven is allergic to tobacco smoke, so he can't put up with smoking.
스티븐(Steven)은 담배 연기를 몹시 싫어한다. 그래서 그는 담배 피는 것을 참을 수 없다.

rack[beat, cudgel] one's brain(s) 머리를 짜내다, 골똘히 생각하다(= think very hard)

She racked her brains, trying to remember exactly what she had said.
그녀는 자기가 말했던 것을 그대로 생각해내려고 애쓰면서 머리를 짜냈다.

MVP cf crack one's brain(s) 미치다

quick off the mark (상황 대처가) 빠른

China's coastal cities have been quicker off the mark because they have been more successful in attracting the cream of the knowledge workers from other parts of the country.
중국의 해안 도시들은 국내의 다른 지역 출신의 지식 근로자 중 최고 인재를 유치하는 데 더 성공적이었기 때문에 상황에 대한 대처가 더 빨랐다.

rack up 달성하다, 획득하다(= gain, get, obtain)

The company's sales continue to rack up double-digit growth rates.
그 회사의 판매고는 두 자리 수의 성장률을 계속 달성하고 있다.

ramp up ～을 늘리다, 증가시키다

Some people ramp up their exercise routines, hoping to sweat out a summer cold.
일부 사람들은 그들의 운동일정을 늘려서 땀을 내어 여름감기가 낫기를 바란다.

rat on 배반하다, 버리다, 밀고하다; (약속을) 깨다

They were accused of encouraging children to rat on their parents.
그들은 아이들이 부모를 밀고하도록 부추겼다는 혐의를 받았다.

MVP cf rat out 꽁지를 빼고 도망가다, 손을 떼다; (남을) 내버리고 돌보지 않다[on]
cf rat a person out ～을 배신하다, 밀고하다

read between the lines 행간[속뜻]을 읽다(= look for meaning not actually expressed)

You have to read between the lines to understand what the author is trying to say.
저자가 하고자 하는 말을 이해하려면 행간을 읽어야 한다.

rear one's head 고개[머리]를 들다; (나쁜 마음 등이) 고개를 치켜들다, (사람이) 두각을 나타내다

Less than two decades after the U.S. Congress outlawed job discrimination, discrimination in hiring is rearing its head again.
미국 의회가 고용 차별을 금지한지 20년도 채 지나지 않은 지금, 고용 차별이 다시 모습을 드러내고 있다.

red herring 사람의 주의를 딴 데로 돌리는 것, 사람을 헷갈리게 만드는 것(= irrelevant comment)

Matthews often confuses his address with red herrings.
매튜(Matthews)는 종종 주제와 무관한 엉뚱한 발언으로 그의 연설을 혼란스럽게 한다.

refrain from ~을 삼가다(= abstain from)

Visitors to the zoo are requested to refrain from feeding the animals in their cages.
동물원 방문객들은 우리에 있는 동물들에게 먹이 주는 것을 삼가도록 요청받는다.

regardless of ~에 상관없이(= irrespective of)

All citizens can get good public education, regardless of one's family background.
가정환경과 상관없이 모든 시민들이 양질의 공교육을 받을 수 있다.

resort to ~에 의지하다, 호소하다(= have recourse to, turn to)

Unhappy people often resort to violence as a means of expressing their suffering.
불행한 사람들은 종종 자신의 고통을 표현하는 수단으로 폭력에 의지한다.

ride out (폭풍·고난 등을) 잘 넘기다, 이겨내다, 극복하다(= overcome)

Companies have cut budgets and ditched staff in a bid to ride out the prolonged downturn in the industry.
회사들이 장기화된 경기 침체를 이겨내기 위해 예산을 삭감하고 인원을 감축했다.

ring a bell 들어본 적이 있는 것 같다[(들어보니) 낯이 익다], 생각나게 하다(= sound familiar)

His name rings a bell but I can't think where we met.
그의 이름은 낯이 익었지만 우리가 어디서 만났는지는 생각이 안 난다.

root for 응원[성원]하다, 지지하다(= cheer, support)

Brian is a hidebound Boston Red Sox fan; he has rooted for the team all his life.
브라이언(Brian)은 보스턴 레드삭스의 골수팬이다. 그는 평생 동안 그 팀을 응원해왔다.

rough it 불편한 생활을 하다[견디다](= do without basic comforts)

He seeks for new experience in life, and likes roughing it.
그는 인생에서 새로운 경험을 추구하고, 불편한 생활을 견디는 것을 즐긴다.

round off ～을 (잘) 마무리 짓다[완료하다](= finish)

He drew from the mantelpiece enough shag tobacco to fill the old clay pipe with which he invariably rounded off his breakfast.
그는 항상 자신의 아침식사를 마무리 지었던 낡은 도제 담뱃대를 가득 채울 정도로 충분한 하등품 살담배를 벽난로 선반에서 꺼냈다.

round on 심하게 비난하다, ～에게 벌컥 화를 내다; 배반하다

Accustomed to better efficiency, we rounded on an airport official.
효율적인 생활방식에 익숙해 있어서, 우리는 공항 직원에게 화를 냈다.

round up ～을 (찾아) 모으다(= gather)

Rounding up all 400 guests proved to be exhausting for the groom.
손님 400명을 전부 다 모으는 것은 신랑에게 힘겨운 일로 드러났다.

rub a person (up) the wrong way 화나게 하다, 짜증나게 하다, 신경을 건드리다(= annoy)

The woman's rude behavior always rubs me the wrong way.
그 여자의 무례한 행동은 항상 나를 화나게 한다.

rub salt in[into] the[a person's] wound(s) 사태를 더욱 악화시키다, 불난 집에 부채질하다

I think what you did was to rub salt in his wound.
내 생각엔 너의 행동이 그의 기분을 더욱 악화시킨 것 같다.

rule out (규정 등에 의해) 배제하다, 제외하다(= eliminate, exclude, remove)

The possibility cannot be ruled out that the enemy will attack us again.
적이 우리를 다시 공격해오리라는 가능성을 배제할 수 없다.

rule over ～을 지배[통치]하다

God did not remove a hair from Adam's head to create Eve, lest the woman should rule over her husband.
하느님은 이브가 그녀의 남편위에 군림하지 않도록 아담의 머리에서 머리카락을 떼어내어 이브를 만들지 않으셨다.

run across[into] 우연히 만나다[발견하다](= come across, happen to meet, meet by chance)

The Russians never smile like that when they run across a stranger.
러시아인들은 처음 보는 사람과 우연히 마주칠 때 그처럼 웃는 법이 결코 없다.

run afoul of ～와 충돌하다; ～에 위배[저촉]되다(= be at variance with)

A high-profile judge raised concerns that the procedure could run afoul of contract law in New Zealand.
한 유명 판사는 그 절차가 뉴질랜드의 계약법에 저촉될 수 있다는 우려를 제기했다.

run counter to 거스르다, 역행하다(= counteract)

The government's plans run counter to agreed European policy on this issue.
정부의 계획은 이 쟁점에 대해 합의된 유럽 정책과 역행한다.

run down 비방하다, 헐뜯다(= criticize)

She was not used to people running down their own families.
그녀는 자신의 가족을 비난하는 사람들에 익숙하지 않았다.

run for ~에 출마하다(= stand for)

She is running for Parliament in the next election.
그녀는 다음 국회의원 선거 때 출마할 것이다.

run into 우연히 만나다(= meet unexpectedly)

I ran into an old friend I hadn't seen in years.
나는 오랫동안 못 봤던 옛 친구를 우연히 만났다.

run out of (사람이) ~을 다 써 버리다, 동나다, 다 하다(= use up, run short of)

Someday the world may run out of oil and gasoline.
언젠가 세계는 석유와 휘발유를 다 써버릴지도 모른다.

run short of ~이 부족하다[없다]

The rescuers have run short of food rations.
구조대원들은 배급할 식량이 부족해졌다.

run the gauntlet 태형을 받다; 호된 시련을 겪다, 집중 공격을 받다

Some of the witnesses had to run the gauntlet of television cameras and reporters.
증인들 중 일부는 텔레비전 카메라와 기자들의 집중 공격을 받아야 했다.

run the risk of ~의 위험을 무릅쓰다, 대담하게 해보다

Anyone willing to treat Ebola victims ran the risk of becoming one.
누구든 에볼라 환자를 기꺼이 치료하려는 사람은 에볼라 환자가 되는 위험을 무릅쓴 것이었다.

run[boss] the show 일을 혼자서 처리하다, 운영하다, 좌지우지하다(= be in charge)

Although the new president of our club has not taken office yet, she is running the show already.
우리 클럽의 새로운 회장은 아직 취임을 하지 않았음에도 불구하고 벌써 클럽을 책임지고 있다.

run the (whole) gamut ~의 전 범위에 이르다, 모든 것을 포함하다

Posts run the gamut from barbs to sadistic antics by trolls who intentionally strive to distress or provoke.
게시글에는 의도적으로 마음을 아프게 하거나 성나게 하려고 노력하는 악플러들이 내뱉는 가시 돋친 말에서부터 가학적인 괴상한 말에 이르기까지 다양하다.

run up against ~와 충돌하다, (곤란에) 부닥치다(= encounter, experience); 우연히 만나다

Affluent people run up against prejudice too, if they are dark-skinned.
부유한 사람들도 피부색이 검으면 역시 편견에 부딪친다.

second to none 누구에게도 뒤지지 않는, 최고의(= next to none, the best)

He is second to none when it comes to finding fault with others.
다른 사람들의 흉을 보는 것이라면 그는 누구한테도 뒤지지 않는다.

see eye to eye (on) 남과 의견이[견해가] 일치하다(= agree, concur)

The two nations did not see eye to eye on the remaining legal issue of the conglomerate's hostile M&A.
그 대기업의 적대적 인수합병의 미해결된 법적 문제에 대해 양국은 이견을 좁히지 않았다.

see to it that 반드시 ~하도록 하다(= make sure)

The commanding officer saw to it that he rose no higher in the chain of military command.
그 부대장은 그가 군 지휘계통에서 더 이상 승진하지 못하도록 했다.

seize upon ~을 붙잡다, (특히 이롭게 이용할 수 있겠다 싶어서) ~에 달려들다

Invented a few years ago by students and seized upon by digital marketers, the festival for lonely hearts falls annually on the 11th day of the 11th month.
몇 년 전에 학생들이 생각해냈고 디지털 마케팅 담당자들이 달려든, 싱글들을 위한 축제의 날은 매년 11월 11일이다.

sell[go] (off) like hot cakes 날개 돋친 듯이 팔리다, 불티나게 팔리다(= command a ready sale)

A lot of items sell like hot cakes on the Internet because it is convenient to order and deliver them.
많은 품목들이 인터넷에서 날개 돋친 듯이 팔리는데, 왜냐하면 주문하고 배송하는 데 편리하기 때문이다.

send for ~을 부르러[가지러] 보내다

The teacher told Ellen that her refusal to work necessitated sending for her parents.
선생님은 엘렌(Ellen)에게 그녀가 공부하려 하지 않는 것이 그녀의 부모님을 부르러 보내도록 만들었다고 말했다.

set A apart from B A와 B를 다르게[돋보이게] 만들다

The use of language has often been said to set humans apart from all other animals.
언어 사용은 인간을 모든 다른 동물들과 구별해 주는 것으로 자주 언급되어왔다.

set back 저지[방해]하다, 지연시키다(= delay)

The bad weather will set back our building plans by three weeks.
날씨가 좋지 않아서 우리의 건설 계획은 3주가량 연기될 것이다.

set down ~을 적어 두다; (규칙·원칙 등을) 정하다[세우다]

Thomas Hobbes was the first to set down the theory of what has become known as the social contract.
토마스 홉스(Thomas Hobbes)는 사회계약설이라고 알려진 이론을 최초로 주창했다.

set[lay, put] great[little, no] store by[on] ~을 중시[경시]하다

We must be realistic and set great store by value for money.
우리는 현실을 직시하고 돈의 가치를 중시해야 한다.

set off 출발하다; 유발하다, 일으키다(= trigger); 돋보이게 하다

The import of African bees to Brazil to increase honey yields set off swarms of bees throughout the Americas.
벌꿀 수확량을 증대시키기 위해 아프리카산 꿀벌을 브라질로 수입했다가 아메리카 대륙 전역에 걸쳐 벌 떼가 유발되었다.

set one's heart on ~을 간절히 바라다; ~하려고 마음먹다

The children have set their hearts on going to the zoo, so we can't disappoint them.
아이들이 동물원에 너무나 가고 싶어 해서 우리는 그들을 실망시킬 수 없다.

set one's teeth on edge 불쾌감을 가지게 하다, 신경질 나게 하다

His advice was wise but his tone set my teeth on edge.
그의 조언은 훌륭했지만 그의 말투는 내 신경에 거슬렸다.

set out 출발하다; 착수하다; 말하다

The police considered this demonstration to be unlawful and set out to apprehend the leaders.
검찰은 이번 시위를 불법으로 규정하고 주동자 검거에 나섰다.

set the stage for ~의 기초를 닦다, ~을 위한 장(場)을 마련하다; ~의 준비[채비]를 하다

The deal was designed to set the stage for individuals and firms with creative and innovative ideas.
그 협정은 창조적이고 혁신적인 아이디어를 가진 개인들과 회사들을 위한 장을 마련하기 위해 계획된 것이었다.

settle for ~으로 만족하다, ~을 (불만스럽지만) 받아들이다(= accept)

She had to settle for the smaller apartment, because it was much closer to her office.
그녀는 작은 아파트에 만족해야 했는데, 왜냐하면 그것이 그녀의 사무실에 훨씬 더 가까웠기 때문이다.

shed[throw, cast] light on ~에 해결의 실마리를 던지다; ~을 분명히 하다, 해명하다(= clarify, elucidate)

A new approach offers an answer, and may shed light on an even bigger question.
새로운 접근방식은 대답을 제시할 뿐더러 훨씬 더 큰 문제들을 설명할 수도 있을 것이다.

shore up 지주로 받치다; (통화·가격 등을) 유지하다, 강화하다(= bolster, sustain)

During the financial meltdown, the region poured tens of billions of dollars into their economies to shore up employment.
금융위기 동안 그 지역은 고용을 강화하기 위해 지역 경제에 수백억 달러의 돈을 쏟아 부었다.

show off 과시하다, 자랑해 보이다(= display)

He was eager to show off his car to his friends.
그는 그의 친구들에게 자신의 자동차를 자랑해 보이는 데에 몹시 열심이었다.

show[reveal] one's true colors 의견[입장]을 분명히 하다, 본색을 드러내다(= reveal one's real nature)

Everyone thought he was completely honest, but he showed his true colors when he tried to use a stolen credit card.
모든 사람들은 그가 정말로 솔직하다고 생각했지만, 그가 훔친 신용카드를 사용하려 했을 때 그는 본성을 드러냈다.

sign up for ~을 신청[가입]하다

The social networking website only allows people older than 13 to sign up for the site.
그 소셜 네트워킹 웹사이트는 13세 이상의 사람들에게만 사이트의 가입을 허용하고 있습니다.

single out 선발하다, 선정하다, 뽑아내다(= choose)

The news report singled out three government ministers for criticism.
그 뉴스 보도는 비평을 위해 세 명의 정부 장관들을 선정했다.

sit on the fence 형세를 관망하다, 중립적인 태도를 취하다(= remain neutral, take a litmusless position)

He tends to sit on the fence at the meetings.
그는 회의에서 중립적인 태도를 취하는 경향이 있다.

MVP on the fence 애매한 태도를 취하여(= uncommitted, undecided)

slack off 게으름을 부리다, 태만히 하다

Near the end of the school year, she began to slack off, and her grades showed it.
학년이 끝날 무렵에 그녀는 태만해지기 시작했고, 성적이 그것을 보여주었다.

sleep in 늦잠자다

We usually sleep in on Sunday mornings, but we get up early on weekdays to work.
우리는 보통 일요일 아침마다 늦잠을 자지만 주중에는 일하기 위해서 일찍 일어난다.

sleep on[upon, over] ~을 하룻밤 자며 생각하다; ~의 결정을 다음날까지 미루다

Let me sleep on it and get back to you later.
좀 더 생각해보고 답변을 드리겠습니다.

slip[sink] into obscurity 세상에서 잊혀지다

Some former White House residents have remained in the public eye for life, while others have slipped into obscurity.
일부의 전 백악관 거주자들은 평생 대중의 눈에 띄었던 반면, 다른 전 거주자들은 세상에서 차츰 잊혀졌다.

slip one's mind 잊어버리다, 생각나지 않다(= forget)

I know I should have given you a call, but it completely slipped my mind.
내가 너한테 전화를 했어야 했다는 것을 알면서도 완전히 잊어버렸다.

slip up 미끄러져 넘어지다; 실수하다

The seasoned burglars were extremely careful not to leave any footprints, but this time they slipped up and were immediately apprehended.
그 노련한 강도들은 발자국 하나라도 남기지 않기 위해 극도로 조심했지만, 이번에는 실수를 해서 즉시 체포되었다.

speak up 큰 소리로 말하다; 거리낌 없이 말하다; 강력히 변호하다

You don't grumble out for no reason, but you do speak up when you feel wronged.
이유 없이 불평해서는 안 되지만, 부당한 취급을 받았다고 느낄 때는 소리 높여 이야기해야 한다.

spell out 판독하다; 상세히[명백히] 설명하다

The homeowner spelled out exactly what he wanted done.
집주인은 그가 해야 할 일이 정확하게 무엇인지 상세히 설명했다.

spill over ~으로 넘치다

Movers are spilling over from city to country, not to suburb.
이주자들은 도시로부터 근교가 아니라 시골로 넘치듯이 옮겨가고 있다.

spill the beans 무심코 비밀을 누설하다(= let the cat out of the bag)

Those who admit to keeping a secret from their husband or wife are afraid to spill the beans on the price tag of their purchases.
남편이나 아내에게 비밀을 가지고 있다고 시인한 사람들은 그들이 구입한 가격 정가표가 누설되는 것을 두려워한다.

split hairs (사소한 것을 가지고) 시시콜콜 따지다

She has a tendency to split hairs and waste our time.
그녀는 사소한 것을 가지고 시시콜콜 따져서 우리의 시간을 낭비하는 경향이 있다.

sponge off   우려내다, 뜯어먹다, 빌붙다

He should just get an honest job and stop sponging off the rest of us.
그는 떳떳한 직장을 구해서 우리한테 그만 빌붙어 살아야 한다.

square off   ~와 싸우다, 싸울 준비를 하다

The two presidential rivals squared off their final debate last week.
이 두 대선 후보는 지난 주 마지막 토론에서 맞설 준비가 되었다.

stack up against   ~에 견줄 만하다(= compare with)

We need a commercial model that stacks up against the existing system.
우린 기존 시스템에 필적하는 상업적인 모델이 필요하다.

stamp out   근절시키다, 박멸하다(= eradicate, root out)

After converting to Christianity a decade before, Theodosius had become a religious zealot determined to stamp out all pagan worship.
10년 전에 기독교로 개종한 이후, 테오도시우스(Theodosius) 황제는 모든 이교도 숭배를 근절하기로 결심한 종교적 광신자가 되었다.

stand behind   뒤에서 밀어주다, 후원하다, 지지하다

Although 75 percent of Torontonians say they want him gone, a quarter of voters stubbornly stand behind him.
비록 토론토 시민 가운데 75%가 그가 물러나길 원한다고 말하지만, 1/4의 유권자들은 고집스럽게 그를 지지하고 있다.

stand for   나타내다, 의미하다, 상징하다(= mean, represent); 지지하다; 입후보하다(= run for)

The stars in the American flag stand for the states constituting the United States of America.
성조기의 별들은 미합중국을 구성하고 있는 주들을 나타낸다.

stand in   참가하다; 대신하다, 대역을 하다[for]

During the dangerous scenes, a stunt woman will stand in for the actress.
위험한 장면에서는 대역 여성이 여배우를 대신하여 연기할 것이다.

stand in[put on] a white sheet   회개[참회]하다(= repent)

They say the hanged murderer stood in a white sheet just before his execution.
교수형이 집행된 살인자가 형 집행 바로 전에 죄를 뉘우쳤다고 한다.

stand[be, get] in the way (of)   방해가 되다, 훼방 놓다(= intrude, obstruct, prevent)

We must humbly reflect God-given realities on the pupils of our eyes and not let our beliefs or conceits stand in the way.
우리는 신(神)이 주신 현실을 우리 눈으로 겸허하게 보아야 하며, 우리의 믿음이나 자만심이 방해가 되게 해선 안 된다.

stand out 두드러지다, 눈에 띄다(= be noticeable[prominent])

Garden spiders use a special silk that makes their intricate decorations stand out.
무당거미는 그들의 복잡한 장식들을 두드러지게 만드는 특별한 실을 사용한다.

stand up for 옹호[지지]하다(= defend, support)

His mother stood up for him when he was questioned.
그가 의심을 받고 있었을 때 그의 어머니는 그를 옹호했다.

stand up to ~에 (용감히) 맞서다; 견디다(= endure)

Women need less food and less oxygen and they stand up to radiation better.
여자들은 더 적은 음식과 산소가 필요하고 복사에너지에 더 잘 견딜 수 있다.

stave off ~을 피하다, 비키다, 저지하다(= avoid, prevent)

In order to stave off a disaster, the world needs to respond in a rapid and coordinated fashion.
재난을 피하기 위해서, 세계는 신속하고 조화롭게 대응할 필요가 있다.

steal away 몰래 가버리다[떠나다](= go away secretly, leave furtively)

He stole away from his seat in the back row while the attention of the others was engaged.
다른 사람들의 관심이 쏠려 있는 동안 그는 뒷줄 그의 좌석에서 몰래 떠났다.

steel oneself (for, against) (~에 대비해서) 마음을 단단히 먹다

This time Dora bought the boring but dependable car and steeled herself for Hank's anger.
이번에는 도라(Dora)는 밋밋하긴 해도 믿을 수 있는 차를 샀고, 행크(Hank)가 화를 낼 것에 대비해 마음을 단단히 먹었다.

steer[keep, stay] clear of ~에 가까이 가지 않다, ~을 피하다(= avoid, evade, stay away from)

The president resolutely steered clear of any suggestion that he nationalize large ailing banks.
그 대통령은 그가 대형 부실은행들을 국영화해야 한다는 제안을 단호히 피했다.

stem from ~에서 기인하다, 유래하다(= originate from)

The recent big buzz about empathy stems from a revolutionary shift in how scientists understand human nature.
공감에 대한 최근 세간의 큰 관심은 과학자들이 인간 본성을 어떻게 이해하느냐에 있어서의 혁명적인 변화에 기인하는 것이다.

step down (높은 지위에서) 사직[사임, 은퇴]하다

The president stepped down last month because of illness.
대통령은 신병(身病)을 이유로 지난달에 사임했다.

step in   돕고 나서다, 개입하다

If no agreement was reached, the army would step in.
합의가 이루어지지 않으면 군대가 개입할 것이다.

step[tramp, tread] on the gas   속력을 내다; 행동[활동]을 가속화하다; 서두르다(= hurry)

I had to step on the gas in order to get to work on time.
나는 제시간에 출근하기 위해서 서둘러야만 했다.

stick out   눈에 띄다, 잘 보이다; ～을 내밀다, 튀어나오다

She wrote the notice in big red letters so that it would stick out.
그녀는 그 안내문이 잘 보이도록 크게 빨간 글씨로 썼다.

stick to   ～에 달라붙다(= hold fast to); 지키다, 고수하다(= adhere to, cleave to, cling to)

Homing pigeons are similar to humans, in that they sometimes stick to a linear route.
때때로 직선 모양의 길을 고수한다는 점에서 귀소성 비둘기는 인간과 비슷하다.

stick to[stand by] one's guns   자기의 입장을 고수하다(= remain firm, stand firm)

He should have stuck to his guns and refused to meet her.
그는 자기 입장을 고수하고 그녀를 만나지 말았어야 했다.

stick with   ～의 곁에 머물다; ～에 충실하다; ～을 계속하다(= not give up on)

Although the job is getting to be a pain, I will stick with it since it pays well.
직장일이 고통스러워지고 있지만, 보수가 좋기 때문에 나는 직장에 계속 다닐 것이다.

straddle the fence   (어떤 문제에 대하여) 확실한 태도를 취하지[보이지] 않다(= take both sides of an issue)

He straddled the fence between the life that was familiar and the life he knew deep in his soul he was supposed to lead.
그는 친숙한 삶과 마음 깊은 곳에 자신이 해야 했던 삶 사이에서 확실한 태도를 취하지 않았다.

straight from the shoulder   솔직하게, 단도직입적으로(= frankly and directly)

She told him straight from the shoulder that she wouldn't work for him any longer.
그녀는 더 이상 그를 위해 일하지 않을 것이라고 그에게 솔직하게 말했다.

strike up   (대화·관계 등을) 시작하다, 맺다[with](= begin)

Mary was an affable girl; she could strike up a pleasant conversation with almost anyone.
메리(Mary)는 붙임성이 있는 소녀였다. 그래서 그녀는 어느 누구와도 유쾌한 대화를 시작할 수 있었다.

stumble across[on, upon]   ~을 우연히 만나다[발견하다](= discover by accident, meet by chance)

He stumbled across a description of cancer as an evolving disease.
그는 암을 진화하는 질병으로 설명한 글을 우연히 발견했다.

suit somebody down to the ground   ~에게 꼭 들어맞다, 안성맞춤이다(= be perfectly appropriate for)

This job suits me down to the ground.
이 일자리는 내게 안성맞춤이다.

MVP down to the ground 땅에 넘어져; 아주, 완전히, 철저히(= completely)

suss out   의심하다; 조사[염탐]하다(= reconnoiter)

They are approved to suss out the area to see how strong the police presence is.
그들은 경찰의 존재가 얼마나 강한 힘을 발휘하는지 알아보고자 그 지역을 조사할 수 있도록 허락받았다.

take ~ at face value   ~을 액면가 그대로[곧이곧대로] 믿다

Clients should know better than to take the advice of a wholesaler at face value.
고객들은 도매업자의 말을 액면 그대로 받아들일 정도로 어리석진 않아야 한다.

take ~ by surprise   기습하다, 불시에 공격하다; 놀라게 하다(= surprise)

The sudden announcement took the political world by surprise.
갑작스런 발표는 정계를 깜짝 놀라게 했다.

take ~ in (one's) stride   ~을 수월하게 뛰어넘다, ~을 손쉽게 해내다(= deal calmly with, not be upset by)

Employers today are hiring managers who can take unfamiliar situations in stride.
고용주들은 오늘날 익숙하지 않은 상황을 수월하게 해결할 수 있는 관리자를 채용하고 있다.

take ~ lying down   (모욕 등을) 감수하다

Tom should know that John isn't going to take his insults lying down.
톰(Tom)은 존(John)이 더 이상 톰의 모욕을 감수하지 않을 거라는 걸 알아야 한다.

take ~ with a grain[pinch] of salt   ~을 에누리해서 듣다, ~을 액면 그대로 받아들이지 않다
(= accept the story with discretion)

Joe says he saw an elephant loose in the street, but I'm inclined to take that with a grain of salt.
조(Joe)는 코끼리 한 마리가 길거리에 풀려난 것을 보았다고 말하지만 나는 그 말을 액면 그대로 믿고 싶지 않다.

take a dim[poor] view of   ~을 비관적으로 보다, 의심[회의]하다(= have little confidence in)

She takes a dim view of her son's recent behaviour.
그녀는 아들의 최근 행동을 비관적으로 보고 있다.

take a fancy to ～을 좋아하다(= have a liking for, take a liking)

She took a fancy to the house at first sight.
그녀는 첫눈에 그 집이 마음에 들었다.

take a hit 타격을 입다

Mrs. Blair's image as an angel of justice took a hit when the port contractor claimed he had given her a bribe.
정의의 천사로 여겨지던 블레어(Blair) 여사의 이미지는 항만 도급업자가 그녀에게 뇌물을 주었다고 주장하였을 때 타격을 입었다.

take a nosedive 급강하하다; 대폭락하다(= plummet)

The show took a nosedive this season, a victim of too much hype and a repetitive format.
그 쇼 프로그램은 너무 지나친 과장과 반복적인 형식 때문에 이번 시즌에 대폭락했다.

take a[its] toll (on) (～에) 피해[타격]를 주다(= do much damage to, have a bad effect on)

The earthquake took a toll on the island's tourism industry.
지진은 그 섬의 관광산업에 타격을 주었다.

take advantage of ～을 이용하다(= avail oneself of, make use of, turn ～ to account, utilize)

Many students take advantage of the programs to improve their academic and conversational English skills.
많은 학생들이 학문적이며 일상적인 영어 능력을 향상시키고자 그 프로그램들을 이용한다.

take after ～을 닮다(= resemble)

In case of twins, even though one takes after the other, they are not totally identical.
쌍둥이의 경우, 비록 서로 닮기는 해도, 완전히 똑같은 것은 아니다.

take against ～에 반대하다, 반감을 가지다(= dislike)

I'm sure he took against me from the start.
나는 그가 처음부터 나를 싫어했다고 확신한다.

take back ～을 되찾다; (말·약속 등을) 취소[철회]하다

You'd better take back that presumptuous remark, or I will sue you for libel.
너는 그 건방진 말을 취소하는 것이 좋겠다. 그렇지 않으면, 나는 너를 모욕죄로 고소할 것이다.

take care of ～을 돌보다; ～에 주의하다[신경을 쓰다](= care for, look after)

A cat is not too difficult to take care of, but it must be trained to be a good pet.
고양이는 돌보기는 어렵지 않지만, 좋은 애완동물이 되려면 훈련을 받아야 한다.

take down (이야기 등을) 적어두다, 기록하다(= note down, put down, record)

He spoke so quickly that it was difficult to take down what he was saying.
그의 말이 너무 빨라서 그가 말하는 것을 받아 적기가 어려웠다.

take effect 효과가 나타나다, 효력을 나타내다; (법률이) 실시되다, 발효하다(= come[go] into effect)

This charter took effect on 24 October 1945, and the UN began operation.
이 유엔 헌장은 1945년 10월 24일 발효되어 유엔의 활동이 시작되었다.

take in 받아들이다; 섭취하다; 속이다(= deceive); 이해하다(= understand); (신문 등을) 구독하다(= subscribe)

That little girl was taken in when she bought that watch from a stranger in town.
저 작은 소녀가 시내에서 낯선 사람에게 그 시계를 샀을 때 그녀는 속았다.

take into account ～을 고려[참작]하다(= consider, take into consideration)

Salespeople have to take into account the differences between their customers.
판매원들은 그들의 고객들 간의 차이점들을 고려해야 한다.

take issue with 이의를 제기하다, 반대하다; ～와 논쟁하다(= disagree with)

He took issue with the view in the Europe that saw society as improving and in principle as perfectible.
사회가 개선되고 있고 원칙적으로 완벽할 수 있다고 보는 유럽의 견해에 그는 이의를 제기했다.

take it 믿다, 생각하다(= believe); 이해하다; (고통·벌 등을) 견디다

I take it that you have been quite frank with me.
나는 당신이 내게 무척 솔직하게 대했다고 생각한다.

take it for granted that ～을 당연하다고 생각하다, ～을 당연한 것으로 여기다(= accept without doubt)

Democratic countries take it for granted that peace is normal, and that war means something has gone wrong.
민주주의 국가들은 평화가 정상이며, 전쟁은 무언가가 잘못되었다는 것을 의미한다는 것을 당연시한다.

take it on the chin (고통·벌을) 참아내다, 견디다(= endure difficulties)

The bad news was a real shock, and he took it on the chin.
그 좋지 않은 소식은 정말 충격이었으나, 그는 그것을 잘 견디어냈다.

take no stock in ～을 신용하지 않다(= distrust)

He takes no stock in any opinion that is opposed to truth, no matter how formidable it may become.
그는 어떤 의견이 아무리 광장한 것이라고 할지라도 진실에 반하는 것은 신뢰하지 않는다.

take off (옷·모자 등을) 벗다; 급히 떠나다; (비행기가) 이륙하다; 급격히 인기를 얻다, 성공하다

No one knows if the technology that could juice up sales will take off.
판매를 촉진할 수 있는 그 기술이 성공할지는 아무도 모른다.

take offense at ∼에 성내다, 기분이 상하다

I hope you will not take any offense at my words.
제 말씀에 노여워하지 마십시오.

take on 고용하다; (일·책임 등을) 떠맡다(= assume); 다투다, 싸우다; (양상·색채 등을) 띠다

Every manager has a few go-to employees who take on any special project thrown at them.
모든 경영자들은 그들에게 던져진 어떤 특별한 프로젝트라도 책임을 지는 대단히 믿음직한 직원들이 있다.

take one's (own) life 자살하다(= commit suicide)

Her dissatisfaction with the condition of her marriage led her to take her life.
그녀의 결혼생활에 대한 불만족으로 인해 그녀는 결국 스스로 목숨을 끊었다.

take out 꺼내다; 인출하다; 죽이다, 없애다

An automatic teller machine is a machine that lets you make a deposit or take out cash from your bank account.
자동 현금 입출금기는 돈을 예치하거나 은행 계좌에서 현금을 인출하는 것이 가능한 기계이다.

take over 이어[인계]받다, 양도받다(= gain control over, succeed to); 접수하다, 점거하다

Automatic systems can take over tasks that used to be done by people.
자동화 시스템은 사람들이 이제껏 해왔던 일들을 떠맡을 수 있다.

take place 일어나다, 발생하다(= happen, occur)

Not all engineering failures take place suddenly and dramatically.
모든 공학기술의 실패가 갑자기 그리고 극적으로 일어나는 것은 아니다.

take precautions against ∼에 조심하다, ∼의 대비책을 강구하다
(= take measures to avoid possible dangers)

In times of war, we must take precautions against acts of sabotage as well as of direct violence.
전시에는 직접적인 폭력뿐만 아니라 파괴 행위에 대한 예방조치를 취해야 한다.

take sides 편을 들다

It is our government's consistent policy not to take sides in a civil war that breaks out in a neighboring nation.
이웃 국가에서 발발하는 내전에서 편을 들지 않는 것이 우리 정부의 일관된 정책이다.

take the bull by the horns 용감하게 난국에 맞서다(= face a problem directly, face difficulties without fear)

After several months of delay, the chief-commander decided to take the bull by the horns.
수개월을 지체한 후에, 총사령관은 용감하게 난국에 맞서기로 결심했다.

take the heat (~에 대해) 비난[질책, 처벌]을 받다

If he rats you out, he'll go free while you take the heat.
만약 그가 당신을 밀고한다면, 그는 풀려나겠지만 당신은 비난을 받을 것이다.

take the place of ~을 대신하다(= replace)

Machines took the place of men and caused considerable unemployment.
기계가 인간을 대신했고 상당한 실업을 야기했다.

take the throne[crown] 왕위에 오르다

He is depicted as a tyrant who killed his two nephews to take the throne.
그는 왕위에 오르기 위해 그의 두 조카를 죽인 독재자로 묘사된다.

take to ~하기 시작하다; ~에 전념하다; ~을 좋아하게 되다, ~에 순응[적응]하다; 호소하다, 의지하다

The eyes of animals that have taken to living in the dark grow smaller and smaller, until the late descendants are born eyeless.
어두운 곳에서 사는 것에 적응해온 동물들의 눈은 점점 더 작아지다가 마침내 요즘의 자손들은 눈이 먼 상태로 태어난다.

take to one's heels[legs] 도망가다, 달아나다(= flee, run away)

He took to his heels as he saw someone rounding the corner.
그는 어떤 사람이 모퉁이를 돌아서는 것을 보자 도망갔다.

take to the streets 가두시위에 나서다, 항의 데모를 하다

When Syrian protesters took to the streets, they were seeking the implementation of democratic ideals and an end of pervasive depravation.
시리아의 시위자들이 가두시위에 나섰을 때 그들은 민주적 이상의 실행과 만연한 부패의 종식을 추구하고 있었다.

take up (시간·장소를) 차지하다(= occupy)

Airlines have been retrofitting their cabins with lighter, thinner slim-line seats that take up less space.
항공사들은 공간을 더 적게 차지하는 더 가볍고, 더 얇은 슬림형 좌석을 객실에 새로 장착했다.

take upon oneself (책임·의무를) 지다, 떠맡다

A treasury of poetry has taken upon itself the authority to decide which poems should be considered the most valuable by its readers.
시의 보고는 어떤 시가 독자들에 의해 가장 가치 있게 여겨져야 하는지를 결정하는 권한을 가지고 있다.

talk down to ～을 깔보는 투로 말하다; ～에게 수준을 낮춰 이야기하다(= speak in an impolite manner)

Don't talk down to them, when you give a lecture.
강의할 때에는 너무 그들을 무시하는 투로 말하지 마라.

talk shop 전문적인 이야기를 하다, (때·장소를 가리지 않고) 자기의 일[직업, 장사] 이야기만 하다

Even when they go out in the evening, they just talk shop all the time.
그들은 저녁에 퇴근해서까지도 항상 일 얘기만 한다.

talk through one's hat 흰소리[허튼 소리, 엉뚱한 소리]를 늘어놓다, 허풍떨다(= exaggerate, talk nonsense)

He doesn't know the first thing about financial market; he is talking through his hat.
그는 금융시장에 대해 아무것도 모른다. 그는 허풍을 떨고 있다.

taper off 차츰 줄어들다, 차츰 약해지다(= become gradually weaker)

With hazardous road conditions expected tomorrow after the snow tapers off overnight, the governor has ordered only essential personnel to report to work.
눈이 밤새 잦아들면서 내일은 위험한 도로상태가 예상되는 가운데, 주지사는 필수 직원들에게만 출근하라는 지시를 내렸다.

tar and feather 남을 호되게 벌하다, 굴욕을 주다(= humiliate)

The teacher said that she would tar and feather anyone who did not do their homework.
그 선생님은 숙제를 하지 않은 사람은 누구든지 호되게 벌할 것이라고 말했다.

tear down 허물다, 부수다(= demolish); (명성 등을) 손상시키다, 비방하다(= disparage); 논박하다

The building was supposed to be torn down, in order to build a shopping center there.
그 건물은 그 곳에 쇼핑센터를 짓기 위해 철거되기로 되어 있었다.

tear into 마구 덤벼들다; 세차게 공격[비난]하다

Kandinsky completed his first abstract painting, but the public and art critics tore into him.
칸딘스키(Kandinsky)는 그의 첫 번째 추상화를 끝냈지만 대중과 미술 평론가들은 그를 세차게 비난하였다.

tease out (정보·진상 등을) 알아내려고 애쓰다, 캐어서 알아내다(= uncover)

Scientists will tease out richer science from the data that Huygens left them.
과학자들은 후이겐스(Huygens)가 그들에게 남겨 놓은 자료에서 보다 귀중한 과학적 지식을 알아내려고 애썼다.

the apple of one's eye 소중한[사랑하는] 사람[것], 눈에 넣어도 안 아픈 존재
(= a well loved person, something precious)

He just married off his daughter, who has always been the apple of his eye.
그는 눈에 넣어도 안 아픈 딸을 시집보냈다.

The cat has got your tongue   잠자코 있다, 꿀 먹은 벙어리가 되다

When Tom was asked about his mistake, the cat has got his tongue.
톰(Tom)은 자기실수에 대해 질문을 받았을 때 잠자코 있었다.

the hell out of   몹시, 사정없이

The policeman started beating the hell out of him with his truncheon.
경찰관은 그의 경찰봉으로 그를 사정없이 때리기 시작했다.

the icing[frosting] on the cake   금상첨화, 빛을 더해 주는 것

The icing on the cake was that while we were in Seogwipo, I ran into an old friend I hadn't seen in years.
금상첨화였던 것은 우리가 서귀포에 머무르는 동안, 오랫동안 못 봤던 옛 친구를 우연히 만난 것이었다.

the lion's share   가장 큰[좋은] 몫, 알짜(= the largest portion)

According to statistics, 1.41 million foreign nationals were present in the nation as of September, with Chinese taking the lion's share.
통계에 따르면, 9월 현재, 141만 명의 외국인이 국내에 있었는데, 중국인이 가장 많은 수를 차지했다.

the other way (a)round   반대로, 거꾸로

The government should reduce public projects and expand public welfare, not the other way round.
정부는 공공사업을 줄이고 공공복지를 늘려야지 그 반대로 하면 안 된다.

the same is true of   ～에서도 마찬가지다

Nuclear physics are well known to the public at large but the same is not true of elementary particle physics.
핵물리학은 대중들에게 전반적으로 잘 알려져 있지만, 소립자 물리학의 경우는 그렇지 않다.

throw[have] a fit[tantrum]   성질을 내다[부리다], 몹시 화내다(= become upset)

He will throw a fit when he finds out I've wrecked his car.
그는 내가 그의 차를 부순 것을 알면 몹시 화낼 것이다.

throw away   버리다; 허비[낭비]하다

One-third of all food in industrialized countries gets thrown away, according to the U.N.
유엔에 따르면 선진국의 모든 식량 중 3분의 1이 버려지게 된다.

throw[cast] in one's lot with   ～와 운명을 같이하다; ～와 동맹[연합]하다; 지지하다(= support)

The film throws in its lot with the rabble rather than the aristocracy.
그 영화는 특권계급보다는 서민을 지지한다.

throw in the sponge[towel] 패배를 인정하다(= admit defeat); 포기하다(= give up, yield)

Several times, she had felt all was lost and was ready to throw in the sponge.
몇 차례 그녀는 모두 실패했다고 느끼고 포기하려고 한 적이 있었다.

throw out the baby with the bathwater 중요한[좋은] 것을 쓸데없는[나쁜] 것과 함께 버리다

If you ban TV entirely from your child's life, it's like throwing out the baby with the bathwater.
만약 당신이 자녀의 삶에서 텔레비전을 전적으로 배제한다면 그것은 사소한 것 때문에 소중한 것까지 버리는 것과 같다.

throw the book at 엄벌에 처하다; 엄하게 벌하다(= punish)

My boss threw the book at me when he discovered that I had been using company time for personal business.
내 상사는 내가 업무시간을 이용해 개인적인 사무를 처리했다는 것을 알게 되었을 때 나를 처벌했다.

tie the knot 결혼하다(= get married)

After a long engagement, the two finally tied the knot.
긴 약혼 기간 후에, 그 두 사람은 마침내 결혼을 했다.

to a good cause 좋은 명분으로, 좋은 목적을 위해(= for a good cause)

Footracing is seen not only as a competitive sport but also as a way to exercise and to donate money to a good cause.
도보경주는 경기 스포츠종목으로써 뿐만 아니라 운동하면서 좋은 목적을 위해 돈을 기부하는 방법으로 여겨진다.

to date 지금까지, 현재까지(= until now)

The bodily processes behind taste remain unclear to date.
맛을 느끼는 것 이면에서 일어나는 신체 과정은 지금까지 불분명한 채로 남아있다.

to no avail 보람 없이, 헛되이(= without avail)

The doctors tried everything to keep him alive but to no avail.
의사들은 그를 살리려고 모든 노력을 다했지만 소용없었다.

MVP cf be of avail 소용이 되다, 쓸모가 있다
　　 cf be of no[little] avail 전혀[거의] 쓸모가 없다

to say nothing of ~은 말할 것도 없고(= not to mention)

China still has pronounced advantages in terms of labor costs, to say nothing of infrastructure, technology and consumers.
중국은 기간시설, 기술, 소비자들은 말할 것도 없고 노동 비용 면에서도 여전히 분명한 우위에 있다.

to the point 적절한, 요령 있는(= pertinent, relevant, to the purpose)

The 100-word message limit means employees must make emails concise and to the point.
100개의 단어로 메시지에 제한을 둔 것은 직원들이 이메일을 간결하고 적절하게 작성해야 하는 것을 의미한다.

tone in with ~과 (색이) 조화되다(= harmonize with)

He has bought the chairs to tone in with the new dining room carpet.
그는 새 식당 카펫과 어울리는 의자들을 샀다.

tongue in cheek 농담조의[로]; 비꼬는[비꼬아]

He said that he was a huge fan of the president, although I suspect it was tongue in cheek.
농담이라고 생각하지만 그는 자신이 대통령의 열렬한 팬이라고 말했다.

toss and turn 뒤척이다(= toss about)

I couldn't sleep but kept tossing and turning in bed all night.
나는 잠을 못 자고 밤새 잠자리에서 계속 뒤척였다.

touch off ~을 유발[촉발]하다(= cause, trigger)

The arrest of their leader touched off a riot.
그들의 지도자의 체포는 폭동을 유발시켰다.

touch up (더 좋게 하기 위해서) 약간 고치다, 손보다

Restorations are planned to clean or touch up the work so that it looks better.
복구활동은 작품을 청소하고 살짝 손질하여 더 나아 보이게 하는 방향으로 계획된다.

trace back to ~의 기원[유래]이 …까지 거슬러 올라가다; ~의 출처를 …까지 밝혀내다[확인하다]

A desire to eradicate irregular spellings in English can be traced back to the sixteenth century.
불규칙한 영어 철자법을 없애려는 욕망은 그 기원이 16세기로까지 거슬러 올라갈 수 있다.

tread carefully 신중을 기하다

In their rush to restore monuments, fashion executives have learned they have to tread carefully.
기념물 복원에 패션 업체들이 앞 다투어 동참하는 가운데, 패션 업체의 경영진들은 자신들이 신중을 기해야 한다는 것을 배워왔다.

tread water 제자리 걸음을 하다, 답보상태에 있다

For the chairman, it was a bold step to try to create value from a company whose stock price had been treading water.
회장의 입장에서, 주가가 답보상태에 있는 회사로부터 가치를 창출하려고 노력하는 것은 과감한 조치였다.

tumble to 불현듯 ~을 이해[인식]하다, 깨닫다(= become aware of)

He finally tumbled to what she was doing.
그는 마침내 그녀가 무엇을 하고 있는가를 불현듯 알아냈다.

tune in (라디오·텔레비전 프로를) 청취[시청]하다, 다이얼[채널]을 맞추다

We tune in to the local news on Black Friday to see the mobs streaming into department stores.
우리는 블랙프라이데이에 관한 국내 뉴스방송에 채널을 맞추면 군중들이 백화점에 때지어 몰려 들어가는 모습을 보게 된다.

tune out ~을 듣지 않다[무시하다]

It is sometimes necessary to tune out the criticism of others.
가끔 다른 사람들의 비판을 무시하는 것이 필요하기도 하다.

tune up (악기를) 조율하다[음을 맞추다]

Tom hired an expert to tune up his piano.
톰(Tom)은 피아노를 조율하기 위해 전문가를 채용했다.

turn[put] ~ to account ~을 이용[활용]하다(= make use of, utilize)

She turned remained time to account doing voluntary service.
그녀는 자투리 시간을 이용하여 봉사활동을 했다.

turn ~ upside down ~을 엉망으로 만들다, 다 뒤집어엎다

When his wife died, his entire world was turned upside down.
그의 아내가 죽었을 때 그의 세계 전부가 엉망이 되고 말았다.

turn a blind eye to ~을 보고도 못 본 체하다, 눈감아 주다; ~을 무시하다
(= disregard, ignore, refuse to acknowledge)

Every day laws are broken, but authorities turn a blind eye to those who break them.
매일 법은 어겨지지만, 정부는 법을 어기는 사람들을 눈감아 준다.

turn a deaf ear to ~에 귀를 기울이지 않다

He turned a deaf ear to the workers' demands.
그는 노동자들의 요구를 귀 기울여 듣지 않았다.

turn aside 옆으로 비키다; 벗어나다(= deflect, deviate, swerve)

Light rays are turned aside by the intense gravitational field surrounding a black hole.
빛은 블랙홀을 둘러싼 강력한 중력장에 의해 편향된다.

turn away ~을 외면하다, 돌보지 않다[from]; 거부[거절]하다

The nation took in many refugees, but had to turn away many more.
그 나라는 많은 피난민들을 수용했지만, 더 많은 사람들을 외면해야 했다.

turn down 거절[거부]하다(= refuse, reject)

They offered me a job, but I'm going to turn it down because of low salary.
그들이 내게 일자리를 제의했지만, 봉급이 적어서 나는 그 제의를 거절할 것이다.

turn in 제출하다(= hand in, submit)

Everyone must turn in his income tax report before May 4th.
모든 사람들은 5월 4일 이전에 자신의 소득세 신고서를 제출해야 한다.

turn into ~으로 변하다, ~이 되다(= become)

Someone's misfortune can turn into fortune for others.
누군가의 불행은 다른 사람에게는 행운이 될 수 있다.

turn off 끄다; 흥미를 잃게 하다

Sleep can produce a state of unconsciousness in which the mind and brain apparently turn off the functions that create experience.
수면은 정신과 뇌가 경험을 창조해 내는 기능들을 명백히 꺼버리는 무의식 상태를 야기할 수 있다.

MVP ↔ turn on 켜다; 흥분시키다; 흥미를 갖게 하다

turn one's back on ~에게 등을 돌리다, 외면하다(= avoid, turn away from)

She turned her back on them when they needed her.
그녀는 그들이 자기를 필요로 할 때 그들에게 등을 돌렸다.

turn one's nose up at 비웃다, 경멸하다(= ridicule, scorn, sneer at)

Europe has for years turned its nose up at American products like corn, tomatoes and soy.
유럽은 수년 동안 옥수수, 토마토 그리고 콩 같은 미국산 농산품들을 비웃었다.

turn out ~임이 판명되다(= prove to be); 생산하다(= produce); 참석하다, 모이다(= assemble)

The noises I heard last night turned out to be harmless.
어젯밤에 내가 들은 시끄러운 소리들은 해가 없는 것으로 드러났다.

turn over a new leaf 개과천선하다, 마음[행실]을 고치다, 생활을 일신하다(= begin a new life)

After a minor accident, he decided to turn over a new leaf and drive more carefully.
작은 사고 후, 그는 심기일전하여, 좀 더 신중하게 운전하기로 결심하였다.

turn the tables   형세를 역전시키다

He turned the tables and in the end he won the race.
그는 형세를 역전시키고 결국 경주에서 이겼다.

turn up   나타나다(= appear, arrive, show up)

They turned up unexpectedly while we were having dinner.
그들은 우리가 저녁을 먹고 있는 동안 예기치 않게 나타났다.

under a cloud   의심을 받는(= suspected)

Although the charge of espionage could not be proved, the affair put him under a cloud for several months.
비록 간첩혐의가 사실로 입증되지는 않았지만, 그 일로 그는 몇 달 동안 의심을 받았다.

under[below] one's breath   소곤소곤, 작은 목소리로(= in a whisper, quietly)

Tom muttered a few words against the boss under his breath.
톰(Tom)은 사장에게 반대하는 몇 마디 말을 작은 소리로 중얼거렸다.

under the guise of   ~을 가장하여; ~을 구실로(= in pretense of)

Under the guise of being a charity, he collected money illegitimately.
그는 자선을 구실로 부정하게 돈을 모았다.

under the gun   스트레스를 많이 받는

I was under the gun to impress my girlfriend's father.
나는 여자 친구 아버지에게 좋은 인상을 주느라고 스트레스를 많이 받았다.

under the weather   몸이 좀 안 좋은(= ill, indisposed, sick); 기분이 개운치 않은(= uncomfortable)

Frankie isn't the only superstar who is under the weather.
프랭키(Frankie)가 몸이 편치 않은 유일한 슈퍼스타는 아니다.

under way   진행 중인(= happening, in progress, progressing)

We arrived at the culture center when the concert was well under way.
우리가 문화 센터에 도착했을 때는 콘서트가 이미 상당히 진행되고 있었다.

up for grabs   (관심 있는 사람) 누구나 구할[차지할] 수 있는(= available to any bidder)

Three seats were up for grabs in this year's election as he opted not to run for reelection.
그가 재선에 출마하지 않기로 함에 따라 올해 선거에서 3석이 공석이었다.

up in the air   아직 미정인, 불확실한(= uncertain, undecided)

His post graduation future was up in the air at this point because he was not accepted to any law schools.
그는 어떤 법학 대학원에도 입학하지 못했기 때문에 졸업 후의 미래는 현 시점에서 확실하지 않았다.

use up 다 써버리다, 소모하다(= consume, deplete)

The brain uses up 25 percent of the oxygen you breathe in.
뇌는 당신이 들이마시는 산소의 25%를 소모한다.

usher in (손님을) 안내해 들이다; 예고하다; ～이 시작[도입]되게 하다

Forty years after the 1973 Middle East oil embargo ushered in an era of energy scarcity, the U.S. is in the midst of a power revolution.
1973년 중동 석유 수출금지 조치로 에너지 부족 시대가 시작되고 40년이 지난 지금, 미국은 에너지 혁명의 한가운데에 있다.

vice versa 거꾸로, 반대로; 반대의 경우도 마찬가지

In Sweden, gender stereotypes were not encouraged, and thus girls were often invited to partake in boyish activities and vice versa.
스웨덴에서는 성(性) 고정관념이 조장되지 않아서 여자아이들이 종종 남자아이들의 활동에 참여하도록 초대받고 남자아이들도 또한 그랬다.

vie with ～와 경쟁하다, 겨루다(= compete with, contend with)

He intends to vie with his colleagues for the coveted promotion.
몹시 바라던 승진을 위해 그는 동료들과 경쟁할 작정이다.

wait on 시중들다(= serve)

He is busy waiting on customers at the moment.
그는 지금 손님을 시중드느라 바쁘다.

ward off 피하다, 막다(= avert, fend off)

Different kinds of beads are used to ward off evil.
악(惡)을 막아내는 데 서로 다른 종류의 염주가 사용된다.

warts and all 흠을 하나도 감추지 않고, 있는 그대로(= with all its faults)

Seeing his country warts and all, the author is able to paint an affectionate and human picture of a country.
그의 조국을 있는 그대로 바라볼 때 작가는 한 나라의 사랑이 넘치고 인간적인 모습을 그릴 수 있다.

waste one's breath 쓸데없는 말을 하다; 말해봐야 소용없다(= speak in vain)

She wastes her breath to tell him not to smoke.
그녀가 그에게 담배를 피우지 말라고 말해봐야 소용없다.

wear away 차츰 닳다[닳게 만들다], 마모시키다(= erode)

Abrasives are sharp, hard materials used to wear away the surface of softer, less resistant materials.
연마재는 보다 부드럽고 저항력이 약한 물질의 표면을 마모시키기 위해 사용되는 날카롭고 단단한 물질이다.

wear off   점점 약해지다[없어지다]

Long-term happiness will remain constant regardless of what happens because the impact of both good and bad events will wear off over time.

장기간의 행복은 어떤 일이 일어나는지에 상관없이 일정하게 유지되는데, 왜냐하면 모든 호재와 악재의 영향은 시간이 지나면서 사라지기 때문이다.

wear[pin] one's heart on[upon] one's sleeve   생각하는 바를 기탄없이 말하다, 감정을 노골적으로 드러내다(= show one's emotions)

My brother always lets you know how he feels because he wears his heart on his sleeve.

내 동생은 자신의 생각을 노골적으로 드러내기 때문에 늘 그가 어떻게 느끼는지를 네가 알게 할 것이다.

wear out   닳아 해지게 하다; 지치게 하다(= exhaust, tire out)

Many people feel worn out after an ordinary day's work at the office.

많은 사람들은 사무실에서 평범한 하루 일과가 끝나면 피곤함을 느낀다.

weed out   (불필요하거나 부족한 대상 등을) 제거하다[뽑아내다](= eliminate)

Applicants with less than two years' experience will be weeded out in the initial stage of the selection process.

2년 미만의 경력을 가진 지원자는 선발 과정의 초기 단계에서 추려지게 될 것이다.

weigh up   경중을 헤아리다, 비교 고량(考量)하다, 평가하다(= estimate, size up)

It's up to a doctor to carefully weigh up their risks of cardiovascular disease and bleeding.

의사가 심혈관 질환과 출혈의 위험성을 면밀하게 평가해야 한다.

what is worse   설상가상으로(= to add insult to injury, to make matters worse)

He had weak lungs, and awkward manner, and, what was worse, a speech defect.

그는 폐가 약했고, 거동이 부자연스러웠으며, 설상가상으로 언어장애도 있었다.

when it comes to   ～에 관한 한, ～라면, ～에 대해서[관해서]라면

When it comes to keeping your weight down, a new study suggests that the quality of your food matters more than its calorie count.

체중을 줄이는 것에 관해서라면, 한 새로운 연구에서는 음식의 질(質)이 음식의 열량보다 중요하다는 사실을 시사하고 있다.

when the chips are down   다급할 때에, 무슨 일이 벌어질 때에, 유사시에(= when a situation is desperate)

The young men's experience level was naturally limited and yet they performed as a wonderful team when the chips were down.

젊은 사람들은 경험이 얼마 되진 않았지만 그럼에도 급박한 상황에서는 최고의 팀으로 일을 수행하였다.

wind down 긴장을 풀다; 단계적으로 축소하다

The war with Gaza was winding down, but Israel had dealt a significant military blow to the ruling party, Islamic Hamas.
가자(Gaza) 지구(팔레스타인)와의 전쟁이 단계적으로 축소되어가고 있었지만, 이스라엘은 집권당인 이슬람 하마스에게 상당한 군사적 타격을 가했다.

wind up ∼하는 것으로 끝나다, ∼에 결말을 짓다, ∼을 (…으로) 끝내다(= end up)

Richard lost his job and his home and eventually wound up living on the streets.
리처드(Richard)는 직장과 집을 잃었고 결국 길거리에 나앉는 신세가 되었다.

wipe out ∼을 완전히 파괴하다, 전멸하다(= destroy completely)

Before the 18th century, epidemics from unsanitary conditions used to wipe out entire towns.
18세기 전에는, 비위생 상태에서 시작된 전염병이 전체 마을들을 전멸시키곤 했다.

with a vengeance 호되게, 심하게, 맹렬히(= in the fullest sense, to an extreme degree)

Colds in summertime can last for weeks, at times seemingly going away and then suddenly storming back with a vengeance.
여름철 감기는 몇 주 동안 지속될 수 있으며, 때때로 겉보기에는 사라진 것 같다가도 갑자기 굉장히 맹위를 다시 떨친다.

with no strings attached 아무런 조건 없이; 무조건으로(= without any strings attached)

Aid should be given to developing countries with no strings attached.
개발도상국에 아무런 조건 없이 원조가 제공되어야 한다.

with[in] reference to ∼에 관하여(= in connection with, in[with] regard to)

With reference to your letter of 10 January, we are able to offer you an alternative delivery date.
1월 10일자 당신의 편지에 관하여, 우리는 당신에게 다른 인도 날짜를 제시할 수 있다.

without fail 틀림없이, 꼭, 반드시(= for certain)

If our names are uttered by someone in a group next to the person we are conversing with, we pick up our names without fail.
만약 우리가 대화하는 사람 옆에 있는 무리의 누군가가 우리의 이름을 입 밖에 낸다면, 우리는 틀림없이 우리의 이름을 포착하여 듣는다.

without limits 무제한으로, 한없이(= boundlessly, endlessly, infinitely, with no cap)

In the past, energy sources were thought to be without limits.
과거에는 에너지 자원이 무한하다고 여겨졌다.

without reservation 기탄없이, 솔직하게(= frankly); 무조건으로

After being offered a new job with a better salary, Tom accepted the offer without reservation.
더 나은 급여의 새 직장을 제안 받은 후에, 톰(Tom)은 주저하지 않고 그 제안을 받아들였다.

word for word 정확히 말한[글자] 그대로, 한 마디 한 마디, 축어적으로

Written exams often require students to repeat information given by the professor word for word.
필기시험은 흔히 학생들에게 교수가 제공한 정보를 그대로 반복해서 쓸 것을 요구한다.

work out (문제를) 풀다; 산출[계산]하다(= calculate); (일·계획 등이) 잘 되어가다

The Food and Agricultural Organization has worked out how the calorie intake of people compares with what they need for good health.
미국 식량농업기구(FAO)는 사람들의 칼로리 섭취량을 그들이 건강을 유지하는데 필요로 하는 것과 비교하는 방법을 산출해냈다.

wrap it up 마치다, 끝내다(= finish); 잘 해내다; (경쟁에서) 결정적인 타격을 가하다

If they pedal as fast as they can, they can wrap it up in 10 minutes.
만약 그들이 할 수 있는 한 빨리 페달을 밟는다면 10분 안에 끝낼 수 있다.

write off (부채를) 탕감하다; ~라고 치부하다; ~을 실패한[무가치한] 것으로 보고 단념하다

His critics write him off as too cautious to succeed.
그를 비판하는 사람들은 그가 성공하기에는 너무 신중하다고 치부한다.

zero in on ~에 초점을 맞추다, ~에 주의를 집중하다(= concentrate on, focus on)

For instance, listeners with only basic language skills tend to zero in on words but miss the meaning of phrases or sentences.
가령, 단지 기초적인 언어 능력만 가진 청자들은 단어에만 초점을 맞추거나 전체 문장의 의미를 놓치는 경향이 있다.

A bird in the hand is worth two in the bush.
손 안에 든 새 한 마리가 숲 속에 있는 두 마리보다 낫다.

A creaking gate hangs the longest.
삐걱거리는 문이 가장 오래 간다.

A little knowledge is a dangerous thing.
선무당이 사람 잡는다. / 약간의 지식은 오히려 위험하다.

A penny saved is a penny earned.
한 푼 아낀 것은 한 푼 번 것이나 마찬가지다. / 티끌 모아 태산

A person's eyes are bigger than his stomach[belly].
다 먹지도 못하면서 욕심을 내다.

A picture paints a thousand words.
한 장의 그림이 천 마디 말을 담는다.

A rolling stone gathers no moss.
구르는 돌에는 이끼가 끼지 않는다.

A soft answer turns away wrath.
부드러운 대답이 분노를 보내버린다. / 웃는 낯에 침 뱉으랴.

A stitch in time saves nine.
제때의 바늘 한번이 아홉 바느질을 던다. / 호미로 막을 데 가래로 막는다.

Actions speak louder than words.
말보다 행동이 중요하다.

All that glitters is not gold.
번쩍인다고 해서 모두 금인 것은 아니다.

All work and no play makes Jack a dull boy.
일만 하고 놀지 않으면 바보스런 아이가 된다.

An apple a day keeps the doctor away.
하루 사과 한 개면 의사가 필요 없다.

Beauty is in the eye of the beholder.
제 눈에 안경이다.

Better late than never.
하지 않는 것보다는 늦더라도 하는 것이 낫다.

Birds of a feather flock together.
깃털이 같은 새들이 함께 모인다. / 유유상종

Cast not your pearls before swine.
돼지에게 진주를 던져 주지마라. / 돼지 목에 진주 목걸이

Curiosity killed the cat.
호기심이 지나치면 위험할 수 있다.

Curses[chickens] come home to roost.
누워서 침 뱉기 / 자업자득이다.

Dead men tell no tales.
죽은 사람은 말이 없다.

Don't bite off more than you can chew.
너무 욕심 부리지 마라.

Don't change horses in the stream.
중도에 말을 바꿔 타지 말라.

Don't put all your eggs in one basket.
계란을 한 바구니에 담지 마라. / 위험은 분산시켜라.

Don't put off till tomorrow what you can do today.
오늘 일을 내일로 미루지 말라.

Don't put the cart before the horse.
본말을 전도하지 마라. / 일의 선후를 바꾸지 마라.

Drive gently over the stones.
호랑이한테 물려가도 정신만 차리면 된다.

Even Homer sometimes nods.
원숭이도 나무에서 떨어질 때가 있다.

Every cloud has a silver lining.
모든 구름의 뒤편은 은빛으로 빛난다. / 고생 끝에 낙이 온다.

Every dog has his day.
쥐구멍에도 볕들 날 있다.

Every flow has its ebb.
달도 차면 기운다. / 밀물이 있으면 썰물이 있다.

Familiarity breeds contempt.
너무 친숙하면 경멸을 불러일으킨다. / 친할수록 예의를 지켜라.

Forewarned is forearmed.
미리 주의하는 것이 미리 대비하는 것이다. / 유비무환

Give him an inch and he'll take an ell.
한 치를 주면 한 자를 달라 한다. / 봉당을 빌려주니 안방까지 달란다.

Haste makes waste.
서두르면 일을 그르친다.

Honesty is the best policy.
정직이 최선이다.

If it were a snake, it would bite you.
뱀이었으면 하마터면 물릴 뻔 했다. / 등잔 밑이 어둡다.

If you can't beat them, join them.
그들을 이길[능가할] 수 없으면 그들에게 합류하라.

It never rains but it pours.
안 좋은 일은 겹쳐서 일어난다. / 불운은 한꺼번에 닥친다.

It's (all) water under the bridge.
이미 다 지나간 일이다[과거지사이다].

It's like killing two birds with one stone.
일석이조 같다.

It's no use crying over spilt milk.
엎질러진 우유 앞에서 울어봐야 소용없다. / 이미 엎질러진 물이다.

Let the cobbler stick to his last.
구두 수선공은 구두 골을 지켜야 한다. / 송충이는 솔잎을 먹어야 한다.

Look before you leap.
돌다리도 두드려 보고 건너라. / 잘 생각해 보고 행동하라.

Make hay while the sun shines.
해가 비칠 때 건초를 말려라. / 기회를 놓치지 마라.

Misery loves company.
동병상련

No man is a hero to his valet.
영웅도 그 하인에게는 보통 사람이다.

No opportunity knocks twice.
기회는 두 번 오지 않는다.

No pain no gain.
고통 없이는 얻는 것도 없다.

Nothing ventured, nothing gained.
모험을 하지 않으면 아무것도 얻을 수 없다.

One good turn deserves another.
가는 말이 고우면 오는 말도 곱다.

One man sows and another man reaps.
한 사람이 씨 뿌리고 다른 사람이 거둔다. / 재주는 곰이 부리고 돈은 사람이 번다.

One man's medicine is another man's poison.
어떤 이에게 약이 되는 것이 다른 사람에게는 독이 된다.

People who live in glass houses shouldn't throw stones.
유리 집에 사는 사람은 돌을 던져서는 안 된다. / 함부로 남을 비난하지 마라.

Pride goes before destruction.
교만한 자는 오래가지 못 한다.

Second thoughts are best.
두 번째 생각한 것이 최고다.

Take no more than you can bear.
욕심내지 말라.

That's none of your business.
그건 네가 알 바 아니다.

The bark is always worse than the bite.
잘 물지 못하는 개가 소리만 요란하다.

The best defence is a good offence.
공격이 최선의 방어이다.

The early bird catches the worm.
일찍 일어나는 새가 벌레를 잡는다. / 부지런해야 성공한다.

The empty wagon makes the most noise.
빈 수레가 요란하다.

The first step is always the hardest.
첫 걸음이 항상 가장 어렵다. / 시작이 가장 힘들다.

The grass is greener on the other side of the fence.
남의 떡이 더 커 보인다.

The longest journey starts with a single step.
천리 길도 한걸음부터

The pen is mightier than the sword.
펜은 칼보다 강하다.

The squeaky wheel gets the grease[oil].
삐걱거리는 바퀴가 기름을 얻는다. / 우는 아이 젖 준다.

Throw not stones at your window.
누워서 침 뱉기

Too many cooks spoil the broth.
요리사가 많으면 수프를 망친다. / 사공이 많으면 배가 산으로 간다.

What's done is done.
이미 끝난 일이다.

When in Rome, do as the Romans do.
로마에 가면 로마법을 따라야 한다.

When the cat's away, the mice will play.
고양이가 없으면 쥐가 살판이 난다. / 호랑이 없는 굴에는 토끼가 왕이다.

Where there's smoke, there's fire.
아니 땐 굴뚝에 연기 나랴.

You are what you eat.
먹는 것을 보면 사람을 안다.

You can lead a horse to water, but you can't make it drink.
말을 물가에까지 데려갈 수는 있어도 물을 마시게 할 수는 없다.

You can't judge a book by its cover.
겉모습으로 판단해서는 안 된다.

You can't make an omelet without breaking eggs.
희생 없이 목적을 달성할 수는 없다.

You can't teach an old dog new tricks.
늙은 개에게 새로운 재주를 가르칠 수는 없다. / 오랜 습관은 고치기 힘들다.

You reap what you sow.
뿌린 대로 거둔다.

INDEX

MVP 엠브이피 **Vol.1**

INDEX

caliber	435	charity	92	coincidence	70
calibrate	108	charlatan	146	collapse	433
calligraphy	482	chart	388	collateral	551
calling	494	chatterbox	600	collision	140
callous	276	cheat	212	colloquial	114
callow	98	chest	375	colony	414
calumniate	425	chew	67	colossal	210
camouflage	54	chisel	470	comb	484
campaign	510	chivalry	112	combination	351
canard	476	choir	487	comely	384
candid	176	choreography	222	commandeer	83
candidate	458	chorus	556	commencement	659
canine	410	chunk	227	commend	605
cannibalism	390	churlish	15	commensurate	265
cantankerous	201	circulate	429	comment	147
capacious	62	circumference	611	commission	270
capitalize	273	circumscribe	158	commit	19
caprice	445	circumspect	682	commodious	240
capsize	679	circumstance	233	commodity	104
captive	464	civil	708	common	426
career	161	civilian	535	commonwealth	282
caress	567	claim	455	commotion	168
carnage	127	clairvoyant	80	commune	312
carnivore	364	clamor	447	communicate	350
cast	519	clarify	192	companion	589
castigate	399	clash	596	comparison	135
casuistry	206	classify	260	compartment	401
cavernous	189	climactic	27	compassion	547
cease	41	closet	516	compatible	252
celebrate	57	cloy	647	compensate	503
celebrity	574	clumsy	215	competition	31
cement	496	cluster	392	complacent	144
censor	618	clutter	248	complain	43
censure	138	coarse	511	complaisant	529
centennial	438	coax	626	complement	579
certificate	319	coerce	102	complicated	182
certify	34	coexist	468	complication	580
chagrin	528	coffin	225	complicit	129
chamber	463	cogent	37	compliment	188
champion	78	cognitive	235	comply	473
chance	240	cognizant	407	component	655
channel	122	cognomen	699	compose	498
chaos	562	coherent	94	comprehend	461
character	492	cohesion	638	comprise	303
charge	230	coin	442	compromise	612

dated	482	deity	163	desperate	518
dazzle	89	dejected	177	despise	496
deadlock	20	delegate	653	despot	165
deadly	349	delete	474	destruction	55
dearth	342	deleterious	180	detached	218
debacle	75	deliberate	387	detail	45
debar	127	delicate	554	detain	676
debate	532	delinquent	121	deter	460
debilitate	101	deliver	420	detergent	251
debris	91	delude	456	determination	212
debunk	259	deluge	248	detract	504
decade	511	demented	294	devaluation	575
decadence	45	dementia	199	device	305
deceit	239	demerit	667	devote	611
deceive	551	demographic	326	devout	269
decent	301	demolish	593	dexterous	508
deception	593	demonstrate	198	diabolical	208
deciduous	145	demote	113	diagnosis	565
decimal	317	demure	279	dialect	23
decimate	195	denotation	429	diameter	566
decipher	134	denounce	29	diametric	136
decisive	721	dense	533	dictator	410
decline	205	dent	632	diction	194
decomposition	567	dependable	388	differ	12
decoy	154	depict	329	diffuse	39
decree	398	deplore	256	dignity	32
decry	215	deposit	660	digress	722
deduce	406	depreciate	423	dilatory	115
deem	361	depredation	175	dilemma	630
defamation	270	deputy	254	dilettante	98
default	188	deracinate	714	diligent	70
defeat	557	derail	545	dilute	587
defiant	491	deride	371	dimension	400
deficiency	234	derive	446	diminish	277
deficit	275	dermatologist	683	din	541
define	478	derogatory	658	dint	306
definite	61	descend	311	dip	672
deflect	264	descendant	288	diploma	313
deform	147	descent	701	dirge	182
deft	235	desert	470	disapprove	76
defuse	574	designate	682	disband	517
defy	241	desirable	242	discard	602
degenerate	696	desist	534	discern	624
degrade	402	desolate	209	discernible	56
dehydrate	283	despair	366	discerning	460

G

INDEX

shambles	606	slander	382	solitary	385
sharpen	419	slang	349	solitude	506
shatter	361	slant	330	solstice	186
shed	173	slash	540	somatic	295
sheer	418	slay	161	somber	136
shield	140	sleek	520	somersault	224
shift	558	slender	79	somnambulism	492
shimmer	394	slight	635	somnolent	421
shiver	411	slim	228	soothe	610
shoal	229	slippery	379	sophist	176
shore	522	slipshod	126	sophisticated	271
shortchange	78	sloppy	87	sordid	341
shortcoming	258	sloth	670	sore	644
shorten	30	slovenly	398	sortition	407
shorthand	53	sluggish	112	sought-after	396
shortsighted	435	slumber	362	sour	485
showdown	383	slump	476	sovereign	67
shrewd	65	sly	206	spacious	405
shrill	189	smack	563	spangle	449
shrine	273	smear	649	spank	34
shrink	157	smuggle	232	spare	118
shudder	127	smut	265	spark	454
shun	706	snap	115	sparse	598
shutdown	510	snatch	218	spate	183
sibling	204	sneak	588	spawn	372
siege	718	sneer	578	spearhead	683
siesta	65	snoop	692	specialize	242
sieve	530	snowball	104	specify	91
sift	245	snug	397	specimen	162
significance	467	soak	659	specious	104
similarity	15	sob	266	speck	634
simultaneous	29	sober	149	spectacular	531
sinecure	43	social	125	specter	347
sinewy	336	soggy	538	spell	391
singular	456	soil	172	spew	139
sinister	652	sojourn	254	sphere	152
skeptical	221	solace	550	spice	720
sketchy	368	sole	623	spill	560
skim	99	solecism	92	spillover	208
skimp	193	solemn	371	spire	507
skip	430	solicit	568	spiritual	720
skittish	430	solid	230	spleen	146
skyrocket	672	solidarity	299	sponsor	261
slack	181	solidify	44	spontaneous	57
slacken	55	soliloquy	279	spooky	327

MEMO

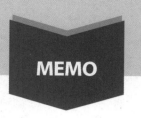

MEMO

MEMO